国家出版基金项目
NATIONAL PUBLICATION FOUNDATION

中国近代
思想家文库

◎

胡汉民卷

陈红民 方勇 编

中国人民大学出版社
·北京·

总　序

对于近代的理解，虽不见得所有人都是一致的，但总的说来，对于近代这个词所涵的基本意义，人们还是有共识的。一个国家、一个民族走入近代，就意味着以工业化为主导的经济取代了以地主经济、领主经济或自然经济为主导的中世纪的经济形态，也还意味着，它不再是孤立的或是封闭与半封闭的，而是以某种形式加入到世界总的发展进程。尤其重要的是，它以某种形式的民主制度取代君主专制或其他不同形式的专制制度。中国是个幅员广大、人口众多、历史悠久的多民族国家，由于长期历史发展是自成一体的，与外界的交往比较有限，其生产方式的代谢迟缓了一些。如果说，世界的近代是从 17 世纪开始的，那么中国的近代则是从 19 世纪中期才开始的。现在国内学界比较一致的认识，是把 1840 年到 1949 年视为中国的近代。

中国的近代起始的标志是 1840 年的鸦片战争。原来相对封闭的国门被拥有近代种种优势的英帝国以军舰、大炮再加上种种卑鄙的欺诈打开了。从此，中国不情愿地加入到世界秩序中，沦为半殖民地。原来独立的大一统的中央集权的君主专制国家，如今独立已经极大地被限制，大一统也逐渐残缺不全，中央集权因列强的侵夺也不完全名实相符了。后来因太平天国运动，地方军政势力崛起，形成内轻外重的形势，也使中央集权被弱化。经历第二次鸦片战争、中法战争、甲午战争、八国联军入侵的战争以及辛亥革命后的多次内外战争，直至日本全面侵略中国的战争，致使中国的经济、政治、教育、文化，都无法顺利走上近代发展的轨道。古今之间，新旧之间，中外之间，混杂、矛盾、冲突。总之，鸦片战争后的中国，既未能成为近代国家，更不能维持原有的统治秩序。而外患内忧咄咄逼人，人们都有某种程度"国将不国"的忧虑。

"天下兴亡，匹夫有责"，读书明理的士大夫，或今所谓知识分子，尤为敏感，在空前的危机与挑战面前，皆思有所献替。于是发生种种救亡图存的思想与主张。有的从所能见及的西方国家发展的经验中借鉴某些东西，形成自己的改革方案；有的从历史回忆中拾取某些智慧，形成某种民族复兴的设想；有的则力图把西方的和中国所固有的一些东西加以调和或结合，形成某种救亡图强的主张。这些方案、设想、主张，从世界上"最先进的"，到"最落后的"，几乎样样都有。就提出这些方案、设想、主张者的初衷而言，绝大多数都含着几分救国的意愿。其先进与落后，是否可行，能否成功，尽可充分讨论，但可不必过为诛心之论。显而易见，既然救国的问题最为紧迫，人们所心营目注者自然是种种与救国的方案直接相关的思想学说，而作为产生这些学说的更基础性的理论，及其他各种知识、思想，则关注者少。

围绕着救国、强国的大议题，知识精英们参考世界上种种思想学说，加以研究、选择，认为其中比较适用的思想学说，拿来向国人宣传，并赢得一部分人的认可。于是互相推引，互相激励，更加发挥，演而成潮。在近代中国，曾经得到比较广泛的传播的思想学说，或者够得上思潮的，主要有以下几种：

（一）进化论。近代西方思想较早被引介到中国，而又发生绝大影响的，要属进化论。中国人逐渐相信，进化是宇宙之铁则，不进化就必遭淘汰。以此思想警醒国人，颇曾有助于振作民族精神。但随后不久，社会达尔文主义伴随而来，不免发生一些负面的影响。人们对进化的了解，也存在某些片面性，有时把进化理解为一条简单的直线。辩证法思想帮助人们形成内容更丰富和更加符合实际的发展观念，减少或避免片面性的进化观念的某些负面影响。

（二）民族主义。中国古代的民族主义思想，其核心是"非我族类，其心必异"，所以最重"华夷之辨"。鸦片战争前后一段时期，中国人的民族思想，大体仍是如此。后来渐渐认识到"今之夷狄，非古之夷狄"，"西人治国有法度，不得以古旧之夷狄视之"。但当时中国正遭受西方列强的侵略和掠夺，追求民族独立是民族主义之第一义。20世纪初，中国知识精英开始有了"中华民族"的概念。于是，渐渐形成以建立近代民族国家为核心的近代民族主义。结束清朝君主专制，创立中华民国，是这一思想的初步实现。第一次世界大战爆发，中国加入"协约国"，第一次以主动的姿态参与世界事务，接着俄国十月革命爆发，这两件事对近代中国的发展历程造成绝大影响。同时也将中国人的民族主义提升到一个新的层次，即与国际主义（或世界主义）发生紧密联系。也可以说，中国人更加自觉地用世界的眼光来观察中国的问题。新生的中国共产党和改组后的国民党都是如此。民族主义成为中国的知识精英用来应对近代中国所面临的种种危机和种种挑战的一个重要的思想武器。

（三）社会主义。社会主义作为一种模糊的理想是早在古代就有的，而且不论东方和西方都曾有过。但作为近代思潮，它是于19世纪在批判近代资本主义的基础上产生的。起初仍带有空想的性质，直到马克思和恩格斯才创立起科学社会主义。20世纪初期，社会主义开始传入中国。当时的传播者不太了解科学社会主义与以往的社会主义学说的本质区别。有一部分人，明显地受到无政府主义的强烈影响，更远离科学社会主义。直到五四新文化运动兴起之后，中国人始较严格地引介、宣传科学社会主义。但有一段时间，无政府主义仍是一股很大的思想潮流。中国共产党的成立，从思想上说，是战胜无政府主义的结果。中国共产党把在中国实现社会主义乃至共产主义作为自己的奋斗目标。此后，社会主义者，多次同各种非科学社会主义思想的信仰者进行论争并不断克服种种非科学社会主义思想的影响。

（四）自由主义。自由主义也是从清末就被介绍到中国来，只是信从者一直寥寥。直到五四新文化运动兴起，具有欧美教育背景的知识精英的数量渐渐多起来，自由主义始渐渐形成一股思想潮流。自由主义强调个性解放、意志自由和自己承担责任，在政治上反对一切专制主义。在中国的社会条件下，自由主义缺乏社会基础。在政治激烈动荡的时候，自由主义者很难凝聚成一股有组织的力量；在稍稍平和的时候，他们往往更多沉浸在自己的专业中。所以，在中国近代史上，自由主义不曾有，也不可能有大的作为。

（五）激进主义与保守主义。处于转型期的社会，旧的东西尚未完全退出舞台，新的东西也还未能巩固地树立起来，新旧冲突往往要持续很长的时间，有时甚至达到很激烈的程度。凡助推新东西成长的，人们便视为进步的；凡帮助旧东西排斥新东西的，人们便视为保守的。其实，与保守主义对应的，应是进步主义；与顽固主义相对的则应是激进主义。不过在通常话语环境中人们不太严格加以区分。中国历史悠久，特别是君主专制制度持续两千余年，旧东西积累异常丰富，社会转型极其不易。而世界的发展却进步甚速。中国的一部分精英分子往往特别急切地想改造中国社会，总想找出最厉害的手段，选一条最捷近的路，以最快的速度实现全盘改造。这类思想、主张及其采取的行动，皆属激进主义。在中共党史上，它表现为"左"倾或极左的机会主义。从极端的激进主义到极端的顽固主义，中间有着各种程度的进步与保守的流派。社会的稳定，或社会和平改革的成功，都依赖有一个实力雄厚的中间力量。但因种种原因，中国社会的中间力量一直未能成长到足够的程度。进步主义与保守主义，以及激进主义与顽固主义，不断进行斗争，而实际所获进步不大。

（六）革命与和平改革。中国近代史上，革命运动与和平改革运动交替进行，有时又是平行发展。两者的宗旨都是为改变原有的君主专制制度而代之以某种形式的近代民主制度。有很长一个时期，有两种错误的观念，一是把革命理解为仅仅是指以暴力取得政权的行动，二是与此相关联，把暴力革命与和平改革对立起来，认为革命是推动历史进步的，而改革是维护旧有统治秩序的。这两种论调既无理论根据，也不合历史实际。凡是有助于改变君主专制制度的探索，无论暴力的或和平的改革都是应予肯定的。

中国近代揭幕之时，西方列强正在疯狂地侵略与掠夺殖民地和半殖民地，中国是它们互相争夺的最后一块、也是最大的资源地。而这时的中国，沿袭了两千年的君主专制制度已到了奄奄一息的末日，统治当局腐朽无能，对外不足以御侮，对内不足以言治，其统治的合法性和统治的能力均招致怀疑。革命运动与改革的呼声，以及自发的民变接连不断。国家、民族的命运真的到了千钧一发之际，危机极端紧迫。先觉分子救国之心切，每遇稍具新意义的思想学说便急不可待地学习引介。于是西方思想学说纷纷涌进中国，各阶层、各领域，凡能读书读报者，受其影响，各依其家庭、职业、教育之不同背景而选择自以为不错的一种，接受之，信仰之，传播之。于是西方几百年里相继风行的思想学说，在短时期内纷纷涌进中国。在清末最后的十几年里是这样，五四时期在较高的水准上重复出现这种情况。

这种情况直接造成两个重要的历史现象：一个是中国社会的实际代谢过程（亦即社会转型过程）相对迟缓，而思想的代谢过程却来得格外神速。另一个是在西方原是差不多三百年的历史中渐次出现的各种思想学说，集中在几年或十几年的时间里狂泻而来，人们不及深入研究、审慎抉择，便匆忙引介、传播，引介者、传播者、听闻者，都难免有些消化不良。其实，这种情况在清末，在五四时期，都已有人觉察。我们现在指出这些问题并非苛求前人，而是要引为教训。

同时我们也看到，中国近代思想无比的多样性与复杂性呈现出绚丽多彩的姿态，各种思想持续不断地展开论争，这又构成中国近代思想史的一个突出特点。有些论争为我们留下了非常丰富的思想资料。如兴洋务与反洋务之争，变法与反变法之争，革命与改良之争，共和与立宪之争，东西文化之争，文言与白话之争，新旧伦理之争，科学与人生观之争，中国社会性质的论争，社会史的论争，人权与约法之争，全盘西化与本位文化之争，民主与独裁之争，等等。这些争论都不同程度地关联着一直影响甚至困扰着中国人的几个核心问题，即所谓中西问题、古今问题与心物关系问题。

中国近代思想的光谱虽比较齐全，但各种思想的存在状态及其影响力是很不平衡的。有些思想信从者多，言论著作亦多，且略成系统；有些可能只有很少的人做过介绍或略加研究；有的还可能因种种原因，只存在私人载记中，当时未及面世。然这些思想，其中有很多并不因时间久远而失去其价值。因为就总的情况说，我们还没有完成社会的近代转型，所以先贤们对某些问题的思考，在今天对我们仍有参考借鉴的价值。我们编辑这套《中国近代思想家文库》，希望尽可能全面地、系统地整理出近代中国思想家的思想成果，一则借以保存这份珍贵遗产，再则为研究思想史提供方便，三则为有心于中国思想文化建设者提供参考借鉴的便利。

考虑到中国近代思想的上述诸特点，我们编辑本《文库》时，对于思想家不取太严格的界定，凡在某一学科、某一领域，有其独立思考、提出特别见解和主张者，都尽量收入。虽然其中有些主张与表述有时代和个人的局限，但为反映近代思想发展的轨迹，以供今人参考，我们亦保留其原貌。所以本《文库》实为"中国近代思想集成"。

本《文库》入选的思想家，主要是活跃在1840年至1949年之间的思想人物。但中共领袖人物，因有较为丰富的研究著述，本《文库》则未收入。

编辑如此规模的《文库》，对象范围的确定，材料的搜集，版本的比勘，体例的斟酌，在在皆非易事。限于我们的水平，容有瑕隙，敬请方家指正。

《中国近代思想家文库》编纂委员会

目　录

导　言

　　经过一段辛勤的工作，《中国近代思想家文库·胡汉民卷》终于编成。它是从国民党早期重要领导人与理论家之一胡汉民众多的论著中选编而成。在此，有必要对胡汉民的生涯事迹与论著出版情况做简要的介绍。

一

　　胡汉民，初名衍鹤，后名衍鸿，字展堂，别号"不匮室主"。"汉民"是他在《民报》发表文章时用的笔名，并以此行世。

　　胡家原籍江西吉安府延福乡青山村（胡晚年与密友通信时，常自署"延福乡人"、"延"、"福"与"大福佬"等）。祖父宦游至广东，遂定居于此。其父胡文照曾担任"刑名"等小官职，他秉性耿介，恃才自傲，抱持"合则留，不合则去"，常难容于上司，游幕于广东的番禺、博罗、茂名等处。胡文照的个性对胡汉民有较大的影响。其母文氏出生于江西望族，受过良好的教育，对琴棋书画略有所通，她长年随夫流寓各地，相夫教子，操持家务，生活清贫而无所怨。

　　1879 年 12 月 9 日（清光绪五年十月二十六日）胡汉民出生于广东番禺。在兄弟姐妹七人之中，排行第四。胡汉民的童年是在其乐融融的家庭气氛中度过的，他聪颖好学，在母亲教导下能背诵大量的诗词。但他 13 岁时，父亲胡文照病逝。15 岁时，疼爱他的母亲文氏离开人世。家境中落，他的一个哥哥一个姐姐及两个弟弟均因无钱医病而遽然离世。短短几年中，胡汉民接连失去六位亲人，这对他是巨大的打击。由此也养成了他在逆境中不屈求生，争强好胜的性格。

　　为求生存，胡汉民自 16 岁起就与长兄一起充当私塾老师，开始了舌耕养家的"小先生"生涯。教书之余，他仍发愤读书，终于考取了学海堂。学海堂是两广总督阮元于 1824 年倡办，是广东当时的最高学府，学风别具一格，招生严格，忽视传统空洞的理学，注重引导学子从事"经世致用"之学的研究。胡汉民不仅学业上大有长进，眼界也开阔了，结识了史坚如（后为配合孙中山的反清起义而牺牲）等有为青年朋友，更重要的是，他在此听说了孙中山的名字，了解到孙中山的反清事迹。他开始从家庭的不幸中走出来，关注国家的兴衰与民族的命运。接连发生的中日甲午战争、《马关条约》签订、公车上书、百日维新等事件，对胡汉民都产生了巨大的冲击，使他产生了对清廷的不满与改造社会的理想。20 岁那年，胡汉民决心投身到改造社会的洪流之中，他去广州的《岭海报》做记者。报社记者在当时是个非常新的职业。

　　在晚清各种救国的潮流中，孙中山的革命活动对胡汉民最具吸引力。他了解到日本东京是革命党人活动的中心，乃决心东渡留学，去寻找革命同志与救国道路。1902 年春，胡汉民与其好友陈融的妹妹陈淑子结婚，陈淑子后来也加入同盟会，参加过反清武装起义活动。5 月，胡汉民即满怀激情地奔赴海外革命党人聚集的东京，开始了由一个爱国、愤恨清廷统治的青年向革命党人的转变。

　　胡汉民到日本后，选择了中国留学生聚集的弘文学校师范科学习，当时黄兴也在此校学习，但没有资料显示他们此时有交集。胡汉民初到国外，言语不通，"苦求不得革命之方略"，决定从教育入手，以达到中国之独立富强。然而，这次精心筹备的留学生活，只有两个月就遽然结束。这年 8 月，留日学生因清朝驻日公使蔡钧迫害学生而发起反对风潮，部分激进留学生更以"退学"向日本当局施压，胡汉民即其中之一。事情到最后，不少人退缩了，耿直固执的胡汉民独自写了"退学书"，愤然归国。这次留学时间很短，但对胡汉民的思想影响颇大。回国后，他即将"教育救国"的初衷付诸实践。

　　1903 年，胡汉民应聘于广西梧州中学，担任总教习兼师范讲习所所长，主讲国文、修身等课程。他制定了校训 5 条，戒律 7 条，其中包括"吾人当铭记此身为中国之国民"、"不可无爱国心而甘为他人之奴隶"等等。他在授课时，巧妙地将民族革命贯穿其中，宣传革命思想，学生深受影响。胡的活动，受到当地官僚的忌恨，有人向上级举报胡在学校里提倡革命、诋毁孔孟、踩践上谕。胡汉民被迫提出辞职。但接受了新思想的学生拥护胡，派出代表到广州抗争，结果胡获留任。胡在梧州中学的任职时间也不长，但他在学生中宣传的进步思想，播下了种子。辛亥革命期间，广西从事革命的青年中许多人是他的学生。

1904 年冬，胡汉民作为广东省的官费留学生再次赴日留学。同行者中有汪精卫、朱执信、古应芬、陈融等，这批追求进步的广东青年人，因年龄、观念等方面相近，结成了挚友，日后在中国的政治舞台上扮演了重要角色。胡汉民选择了攻读政法，他进入日本法政大学速成班学习，这是一种两年制的短期大学，主要开设法律、政治、理财、外交方面的课程。胡汉民全面系统地接触与学习了西方的政治、经济、法律与伦理等方面的理论，思想有了质的飞跃，从一个反满爱国的知识分子转变为资产阶级革命者。

1905 年 8 月，中国同盟会在东京正式成立时，胡汉民恰巧利用暑假回国接妻子、妹妹到日本留学，未能参加成立大会。他闻讯后，立即与廖仲恺等赶回日本。9 月 1 日晚，他们请孙中山到其寓所。孙向这批景仰他的广东青年讲述中国革命的必要性与三民主义政治主张，胡汉民表示“革命本素志，民族主义、民权主义，俱丝毫无疑义矣，惟民生主义，犹有未达之点”。孙中山便对民生主义，“平均地权”详加细说。大家越谈越投机，不觉间竟至天明。当晚，即由孙中山主盟，胡汉民、廖仲恺等人宣誓加入同盟会。

胡汉民的才华为孙中山所赏识，不久即被孙中山指定为本部秘书，协助处理本部日常事务，掌管机要文件，有了大量与孙中山接触、参与重要活动筹划的机会。此后长期的患难与相聚，他们之间形成了“领袖—助手”的亲密关系。1905 年 11 月，同盟会的机关报《民报》创刊，孙中山指派胡主持《民报》的编辑工作，《民报》的名称也是依胡汉民建议而确定的。

二

胡汉民在《民报》上大力宣传孙中山的三民主义，“为文立论，探奥撅微，莫不以阐发此三大主义为任”①。胡汉民在传播三民主义，与保皇派论战方面，冲锋陷阵，在此过程中，他也不断地学习，完善自己

---

① 胡汉民：《南洋与中国革命》，载《新亚细亚》，第 1 卷第 6 期。

的思想体系。由孙中山口授、胡汉民执笔的民报《发刊词》，首次高揭了"民族、民权与民生"三大主义。此后，胡发表《民报之六大主义》、《告非难民生主义者》等文章，更细致地阐述三民主义。他主持《民报》期间，该刊行文通俗易懂，反清革命的思想流传广泛，影响深远。之后，胡汉民参与在新加坡筹办《中兴日报》，担任过主编，在南洋地区与保皇派的《南洋总汇报》展开论战。他在《中兴日报》上共发表20余篇文章，深入浅出地宣传革命，驳斥保皇派，孙中山称赞其文"非惧外媚满者所能置辩也"①。

胡汉民直接参加孙中山领导的反清武装起义。1907年春，胡汉民到达河内组织机关，策应黄冈、惠州起义。10月的镇南关起义时，胡汉民随孙中山到达前线参与。这一时期的反清起义，都因势单力薄寡不敌众而失败。1908年河口起义失败后，胡汉民等革命党人的活动受到法国警察的限制，他们被迫离开河内。为加强对南洋革命力量的统一领导，1908年秋，同盟会建立南洋支部，孙中山委胡汉民为支部长，具体负责。1909年春，同盟会再建南方支部，以有效领导南方各地的斗争，胡汉民出任支部长，他在同盟会内的地位不断上升。在此期间，胡为筹划和领导广州新军起义、"三二九"起义倾注了大量心血。1911年"三二九"起义时，胡汉民差点在广州被捕，侥幸脱险回到香港。

1911年10月10日，武昌起义爆发，各地响应。胡汉民等人利用形势，策反清军将领，实现了广东的和平光复。11月9日，广州各界开会宣布独立。胡汉民当选为光复后的首任广东都督。新政权建立，百废待举，胡汉民等人面临着财政与军事的巨大困难，他们采取各种措施，不仅稳定了广东的军政局面，还组织北伐军出师，援助北方的起义省份，对扩张革命形势起了重要作用。这段短暂的执政经历，对胡汉民是极好的锻炼。

12月下旬，孙中山从美国转道欧洲回到香港，准备北上。胡汉民、朱执信等人专程去香港迎接，他们希望孙能留在广东，建立根据地，然后北伐抵定全国。此主张被孙中山否定，他坚持北上，且要求胡汉民随行。胡汉民遂以大局为重，匆匆写信委托陈炯明代理都督，随孙中山到达上海。

1912年元旦，孙中山在南京就任中华民国临时大总统。他任命34

① 孙中山：《论惧革命召瓜分者乃不误用时务者》，载《中兴日报》，1908-09-12。

岁的胡汉民为临时政府秘书长，负责处理日常工作。胡汉民在任内，勇于任事负责，体现出行政才能，他致力于各种民主法制新制度的建立，对旧衙门作风进行改革，分担了孙中山的繁重工作，被人称为"二总统"。在"让位"于袁世凯的问题上，胡汉民与孙中山看法一致，促成此事。

胡汉民随孙中山辞职后，于1912年4月初返回广州，复任广东都督。他以建设"模范省"的目标，力图在广东全面试行孙中山的"建国方略"，贯彻在南京临时政府期间未落实的政策。其中包括，禁止种植鸦片与吸食鸦片，推动农业发展，采取保护工商业发展的措施与行动，加强基层政权建设等。胡汉民在广东的作为，为袁世凯所嫉恨，他利用陈炯明的政治野心，抬陈以压制胡汉民，使广东内部不团结，"都督府徒负虚名"，这也使得胡汉民第二次督粤虽取得局部性的成绩，但总体上没有大的作为。

袁世凯对革命党人步步紧逼，1913年3月，国民党代理理事长宋教仁在上海遇刺。6月，袁世凯下令免去胡汉民广东都督职，调为西藏宣抚使。胡一度答应，但终未就职。孙中山决定发动讨伐袁世凯的"二次革命"，革命党人任都督的江西、广东、安徽等省先后宣布独立。然而，在袁强大的攻势之下，"二次革命"维持了不到20天即速败，孙中山、胡汉民等遭到通缉。8月2日，胡汉民随孙中山再次离国，流亡日本。

为继续革命事业，孙中山在日本建立中华革命党，胡汉民虽对孙所提党员绝对服从其个人的规定有所不满，还是配合孙的建党工作。1914年7月，孙中山任总理的中华革命党在日本正式成立，胡汉民出任政治部长，其职责是物色与培育政才、规划地方自治、筹备中央政府等，而当务之急的工作，是进行反袁宣传，重新集结革命力量。胡汉民担任中华革命党党刊《民国》的主编。《民国》以捍卫中华民国为号召，揭露袁世凯倒行逆施、背叛"民国"的种种恶行。1916年4月，胡汉民从日本潜回国内，到上海协助陈其美策动反袁斗争。

袁世凯死后，国内政治陷入军阀混战的乱局。在此期间，胡汉民一直追随孙中山，参加其在南方领导的反对军阀的各项斗争。1917年孙中山在广州建立护法军政府，自任大元帅，下设6部，胡汉民任交通总长。护法战争取得了一定的进展，但护法军政府内部矛盾重重，1918年5月，孙中山被迫通电辞去大元帅职。胡汉民随孙中山离开广州到上海。之后很长的一段时间，胡汉民在沪闲居，读书、吟诗、练字。他对曹全碑产生兴趣，专心临摹，得其精髓。期间，他也曾代表孙中山出席南北"议和"的会议。

1919 年 8 月，孙中山在上海创办《建设》杂志，并亲撰发刊词。《建设》是国民党的重要理论刊物，胡汉民担任总编辑，且是主要撰稿人，他在一年多时间里，共发表了约 15 万字的论著、演说与通信，内容驳杂，但给人印象最深的就是他对于唯物史观的研究与宣传，在当时独树一帜。胡汉民介绍唯物史观的基本观点与重要意义，对非难攻击唯物史观的观点进行驳斥，并试图用唯物史观作为基本方法，对中国的历史与现实问题进行分析。这显示胡汉民面对国民党不断的失败与新思潮的冲击，开始了全新的思考。唯物史观对胡汉民的思想方法影响颇深，他后来的一些论著中也用经济决定政治及阶级观点等唯物史观的基本方法分析问题。

1920 年 9 月，陈炯明率粤军攻克广州，迎接孙中山回粤。次年 5 月，孙中山在广州就任中华民国非常大总统，胡汉民在新政府中担任总参议兼文官长、政治部长。孙中山在广西建立大本营，希望出师北伐，统一全国。陈炯明则希望能先建设两广，反对孙的北伐计划，两人矛盾渐显。孙宣布免除陈的粤军总司令等职，激起陈下属的强烈反抗。1922年 6 月 16 日，陈的下属炮轰孙中山的总统府，迫使孙离开广州。此时在韶关的胡汉民心急如焚，试图率部救援，未果，只得自己转道由闽至沪。孙中山的事业再次受挫。1923 年初，孙中山又一次受邀回广东，建立了陆海军大元帅府大本营，胡汉民则被任命为总参议，主持大本营的日常工作，且可在孙中山出征期间，代行大元帅职务。胡汉民勇于任事，他帮助孙稳固后方，筹措军饷粮草，平衡各方关系，使得广东根据地能够初步稳定。

三

孙中山在不断受挫之际，决定接受苏联的援助，实行"联俄"，吸收共产党员加入国民党的政策。事先，他曾经专门召集其主要干部胡汉民、汪精卫、廖仲恺等征询意见。胡汉民的态度是矛盾的，一方面，他深知国民党的困难处境，只有借助苏联的帮助才能走出困境；另一方面他对国民党在吸收了更有活力的中共党员之后能否保持其地位信心不足。故他提出要有条件地与共产党合作，在真正信仰三民主义的前提下，吸纳共产党员以个人身份加入国民党。1922 年 9 月孙中山指定胡汉民、汪精卫等人起草国民党的改进宣言。1923 年 10 月，国民党临时中央执行委员会组成，具体负责改组工作，胡汉民是 9 位执行委员之一。他的具体职责是负责上海的国民党改组工作，并参与起草国民党《第一次全国代表大会宣言》。

1924 年 1 月，中国国民党第一次全国代表大会在广州召开，胡汉民是大会主席之一，负责大会宣言的审查工作。会议期间，有代表提出要禁止国民党员隶属于其他政党，即反对共产党员加入国民党。胡汉民以大会主席的身份说明，只要遵守党的纪律，不必限制。他的意见客观上保证了中共党员加入国民党的权利。大会结束前，孙中山选定 24 位国民党第一届中央执行委员，胡汉民名列第一位。会后，胡汉民被派往上海拓展党务，任国民党上海执行部的常委兼组织部长。毛泽东一度担任组织部秘书，执行部的会议，通常是胡汉民主持，毛泽东记录。胡汉民不仅与共产党人友好相处，还曾著《中国国民党批评之批评》一文，表示国民党欢迎共产党员的加入，诚恳接受共产党的建议与批评，并对社会上对国民党改组的种种批评加以澄清。

以上史实显示，在国民党实施改组的过程中，胡汉民对孙中山联合共产党的政策是有限度支持的，即在保持国民党"独大"与三民主义主导的前提下，吸收共产党人共同奋斗，以往论著中认定胡汉民一开始就是"反共"的老右派，与事实不符。

1924 年 4 月，孙中山电召胡汉民回粤，再次将大本营事务交其处理。不久，孙赴韶关准备北伐，命胡留守广州代理大元帅，并兼理广东省长。此时，广东商团气焰嚣张，挑战革命政权权威。胡汉民试图以妥协方式处理，商团变本加厉，枪杀群众，胡汉民等遂遵孙中山命令，果断地平定了商团叛乱。是年底，孙中山应邀北上共商国是，启程前，他宣布由胡汉民代理大元帅职，并代理国民党政治会议主席、军事委员会主席，"统治后方"①，充满了对胡的信任。

孙中山于 1925 年 3 月病逝于北京，国民党的事业与胡汉民的人生均由此而进入新的阶段。之前，胡汉民的重要性和影响力是通过辅佐孙中山折射出来的，然而，他缺乏在复杂的局面中独当一面的领袖气质与

① 《胡汉民个人全宗》，中国第二历史档案馆藏，全宗号：三〇一〇一。

才干，这使他在孙中山去世后，在国民党内的最高权力很快受到挑战。

国民党改组后迅速发展，胡汉民对苏联与共产党的不满却逐渐上升。首先是他认为苏联一面援助国民党，一面通过第三国际直接联络共产党而对国民党保密的做法是藐视国民党的尊严，他也看不惯苏联顾问鲍罗廷等人的作风。同时，他也对共产党力量的发展心存疑虑。反过来，鲍罗廷也将胡汉民视为国民党内保守势力的代表，有诸多不满。孙中山去世，鲍罗廷对国民党事务的影响力更大。1925 年 6 月，国民党中央决定将大元帅府改组为委员制的国民政府，胡汉民以代理大元帅名义发表了《革命政府改组宣言》等文件。此举虽是形势发展的必然，但削弱胡汉民地位的意图也十分明显。胡基本被架空，排除在了实际操作之外。7 月 1 日，国民政府正式成立。胡汉民辞去代理大元帅和广东省长职，出任国民政府的 5 位常委之一，兼任外交部长。国民政府主席由汪精卫出任。胡的地位明显下降。

更大的厄运随后而至。8 月，国民政府财政部长廖仲恺遇刺身亡。鲍罗廷等即以胡汉民与涉案的胡毅生等人关系密切为由，派兵搜查胡的住宅，胡暂时失去自由。9 月 15 日，国民党中央决定派胡汉民赴苏联，接洽协商"关于政治经济之一切重要问题"。但是，无论是胡汉民本人还是不少后来的论者，都认为这是将胡汉民排挤出国民党最高领导层的步骤之一，胡作《楚囚》诗一首，自比为失势被放逐的屈原。

胡汉民抵达苏联时，受到了高规格的接待，当地政府组织了有近 6 万人参加的欢迎式。他在苏联有半年的时间，会见过斯大林、托洛茨基、季诺维也夫、李可夫等苏联与共产国际的领导人，参加过共产国际的会议，也到处参观苏联的各类机关与建设情形。胡汉民积极宣传国民党的历史与在中国革命中的领导地位，其目的是想让国民党直接加入共产国际，以取代共产党。他直接向共产国际提出过申请，他对斯大林说："你们如果承认国民党是同志，就应该正式联络，断断不可用暗昧的手段。……如果要联合，那我们只有直接参加第三国际。"① 然而，胡汉民的主张并未被采纳。

或许是受到环境的影响，或许是出于个人安全的考虑，胡汉民在苏联期间的言论出乎意料的"左倾"，是其一生最"激进"的时期，他对苏联革命进行称赞，对共产国际进行称赞。他在为《真理报》所写的

---

① 胡汉民：《民族国际与第三国际》，见《胡汉民选集》，79 页。

《苏俄十月革命的感想》一文中说："苏俄十月的革命是二十世纪的第一件大事，是无产阶级解放第一声，是宣告资本帝国主义死刑的第一法庭，是世界被压迫民族第一福音，是实现马克思主义革命成功第一幕，是人类真正历史的第一篇。"[1] 他在文章中还列举了十月革命给中国革命的诸多启示与帮助。他在共产国际会议上发言时高呼："全世界无产阶级团结万岁！""全世界共产党万岁！"当时，旅苏华人出版的《前进报》是莫斯科的第一份中文报纸，以赞成国民革命、支持"联俄"政策、反对帝国主义为宗旨。胡汉民在《前进报》上共发表 13 篇文章，4篇演讲，均以称赞苏联，宣传国民党与中国革命为主旨，"可作为研究胡汉民左倾言论的好材料"[2]。

　　1926 年 1 月国民党"二全大会"在广州召开，缺席的胡汉民却以全票当选为中央执行委员。国民党内一些反对与共产党合作的人士在北京召开"西山会议"，要求驱逐共产党。胡汉民与西山会议派的首领有不错的私人友谊，但他从国民党团结的立场出发，反对西山会议派的行径。3 月，胡汉民离开莫斯科，在回国途中得知"中山舰事件"发生。4 月中旬，他回到广州。胡汉民回到广州后，立即提出"党外无党，党内无派"的主张，意在排斥中共。此也为胡之后坚定反共的先声。胡的主张暂未被蒋介石等人采纳，他只得再到上海，"闭户读书"，静观形势变化。胡在苏联期间有非常左倾的言论，何以在回国之后却急骤地转向反对苏联与中共？原因颇为复杂，其中之一就是他在苏联期间希望国民党加入共产国际以排挤中共的目的没有达到，他也在实地考察中看到斯大林的独断专行，看到苏联领导层的内部矛盾、经济困难等。但是，苏联党政的组织动员能力，苏联经济的快速发展给胡留下深刻印象，以致1930 年以后他还写过关于苏联建设与孙中山建国方略关系的文章。

　　1927 年 4 月，蒋介石等人决定实行反共清党政策，另立门户。为对抗武汉的汪精卫，蒋要联合在党内有地位的胡汉民。4 月 18 日，以蒋介石与胡汉民合作为基础的南京国民政府成立。成立仪式上，胡汉民代表国民政府接受信印，他成为南京实际主持人（有人曾称他为"胡主席"）。他不仅积极推行反共清党政策，还发表了一系列文章，为反共清党政策提供理论依据。然而，国民党内部的纷争使得当年 8 月蒋介石下

　　① 　胡汉民：《苏俄十月革命的感想》，见《胡汉民先生在俄演讲录》，第 1 集，1 页。
　　② 　余敏玲：《出版缀语》，见《前进报》（"中央研究院"近代史研究所史料丛刊 29），2页，"中央研究院"近代史研究所出版，1996。

野，胡汉民失去凭藉，也宣布"议席让步"，退出南京到了上海。1928年初，胡汉民与孙科等赴欧洲考察。他的首次欧洲之行持续了7个月，先后去过东南亚、印度、伊朗、埃及、土耳其、意大利、法国、英国等国。他在土耳其考察两周，对其国家复兴之路与党政制度极有兴趣，认为可为中国之榜样。他在与法、英等国领导人见面时，均提出了废除不平等条约的要求。6月，北伐军到达北京，国民党统一全国的局面基本形成，面临执政与建设国家的任务。胡汉民从巴黎寄回《训政大纲案》，提出未来国家将依孙中山提出的革命程序，进入"训政"阶段，要实行"以党治国"的方针。国民党接受了胡的主张。8月胡汉民回到国内，立即着手与蒋介石合作，他熟悉孙中山思想并有民国初年执政的经验，在国民党转变为全国性执政大党的过程中起了重要作用。

国民党决定在"训政"时期组建五院制的国民政府。1928年10月，胡汉民出任立法院长。之后的两年多中，他督促立法委员们勤勉工作，共制定了民法、刑法、土地法、公司法等16种法律，奠定了国民政府法律的基础。与此同时，他还主持国民党的党务，在纷乱的政争及蒋介石平定各路军阀的过程中，帮助镇守后方。他与蒋介石一文一武，配合颇默契。

1930年底，蒋介石取得了中原大战的胜利后，回应各方的要求，提出要召开国民会议，制定约法。胡汉民则认为，根据孙中山的"遗教"，训政时期可以召开国民会议，但无须再定约法。蒋、胡二人的矛盾由此激化。"约法之争"的背后，既包含着二人政见政略的不同，也有深厚的权力之争色彩，加上二人个性均要强，不肯退让，因而愈演愈烈，从最初的私下较劲，变成公开的争论，最后成为政潮。蒋介石为压制胡汉民的反对声，于1931年2月28日以邀请去总司令部赴宴为名，强行扣留胡汉民。胡汉民不肯屈服，据理力争。他气恼惊吓，加之彻夜未眠，血压升高，几至昏厥。次日，胡汉民被软禁于汤山。此后，蒋介石操纵国民党会议，决定召开国民会议，制定约法，并以胡汉民"积劳多病"，"准辞"国民政府委员、立法院长本兼各职。胡汉民的政治生涯再度陷入低谷。

四

蒋介石擅自扣押胡汉民，不仅未能平息争论，反而引起了国民党内反蒋派更激烈的反抗，他们在广州召集"非常会议"，组织国民政府，形成"宁粤之争"。1931 年 9 月 18 日，日军侵华的九一八事变发生。蒋介石内外交困，胡汉民的处境有所改善，至 10 月 14 日，胡汉民结束七个半月的软禁生活，重获自由，到达上海。10 月 22 日，胡汉民、汪精卫、蒋介石这三位国民党的巨头在上海见面，胡汉民拒绝了蒋介石"和解"的要求，坚持在"宁粤和谈"中的"中立"立场。在其他场合，胡汉民则表明蒋介石必须下野，幻想能在上海与汪精卫合作，控制政局。

然而，支持胡汉民的粤方首先发生分裂，粤方的"四全大会"几乎中断，胡汉民只得南下广州处理危机。结果是汪精卫等人脱离粤方，自行在上海召开"四全大会"。在胡汉民与粤方的逼迫下，蒋介石于 12 月 12 日通电下野。12 月 24 日，国民党四届一中全会上，蒋介石、胡汉民、汪精卫被推为国民党中央常委与中央政治会议常委，轮流主持会议。为了照顾胡汉民等的特殊利益，四届一中全会还决定在广州建立国民党中央党部西南执行部与国民政府西南执行委员会，分别代表国民党中央与国民政府处理西南的党务、政务，两机关由胡汉民"主持一切"。但是，胡汉民所支持的行政院长孙科无法支撑局面，转而呼吁蒋、胡、汪联合出山。蒋介石遂不再理睬胡汉民，与汪精卫联袂入京，形成了蒋汪合作的局面。胡汉民被挤出国民党最高决策圈，成为党内的"在野派"。他在 1932 年 1 月中旬发表谈话，宣布与蒋、汪决裂。从此，他基本偏居香港，以两广为依托，宣传自己的抗日反蒋主张，进行相关的政治活动。

胡汉民曾对自己晚年的政治主张有如下表述："自东北事变发生以还，余以国内政治，厥持三义：曰抗日、曰剿共、曰反对军阀政治。"他的主要活动集中在进行抗日宣传和从事反蒋两个方面。

随着日本侵略的加深，抗日救国成为当务之急，中国人民的抗日情绪不断高涨。胡汉民有强烈的民族主义意识，他坚决支持抗日活动，不懈地进行抗日宣传，反对南京政府的对日妥协，批驳"抗日亡国"等悲观论调，坚信抗战的前途一定是光明的。1933 年，胡明确提出"假如政府不抗战，那我们便说，惟有推翻不抗战的政府"。他对东北义勇军、1932 年的"一·二八"淞沪抗战和 1933 年的察哈尔抗日同盟都给了精神与物资方面的支持，并一再建议组织西南的军队北上抗日。胡汉民根据民族矛盾上升的形势，认为"抗日重于剿共"。1934 年 4 月，中国共产党支持宋庆龄等 1 700 多知名人士发表了《抗日救国六大纲领》，胡汉民也列名其中。日本侵略军数次派人见胡汉民，想利用他与蒋介石的矛盾，在西南组织亲日政府，并以供给钱款军械来利诱。胡均严辞拒绝，并斥责日本的不义行为，保持了民族尊严。历史是复杂的，当时主张抗日的西南在南京政府的重压之下，也与日本有一定的军事与经济联系。

在反蒋的问题上，胡汉民是很坚决的。他的"三项主张"中，反蒋最重要，他说："抗日剿共，又必以推倒军阀统治为第一要义。"在他为西南制定的政策中，最重要的就是"对中央行为均表示反对"。为了宣传自己的政治主张，他 1933 年创办了《三民主义月刊》，自任主编，他在该刊上发表了以宣传反蒋抗日为主旨的文章、通电等计有 50 余篇。哈佛燕京收藏的"胡汉民资料"显示，胡汉民曾计划搞"西南七省大联合"，他与广西李宗仁白崇禧、四川刘湘、云南龙云、贵州王家烈、福建蔡廷锴、陕西杨虎城、山东韩复榘、山西阎锡山及张学良、冯玉祥等人都有过密切的联络，希望能联络全国各方的力量组织一场以西南为中心的大规模军事反蒋运动。在组织方面，胡汉民认为蒋介石把持的国民党已经丧失了"革命精神"，必须重建党的组织。为此，他与邹鲁、萧佛成等人从 1932 年起联络各地的反蒋人士，另建立了一个新组织，仍称为"中国国民党"，但一般人称其为"新国民党"，以示区别。"新国民党"以西南执行部为中央机关，尊胡汉民为领袖，邹鲁为书记长。胡汉民与海外华侨也有联系，向他们宣传抗日反蒋的主张。

然而，胡汉民的各项活动实际成效甚微，主观原因在于他身体有病，畏惧在第一线的艰苦斗争，他始终偏居香港，遥控指挥两广，热衷于坐而言，而不敢起而行，客观上是受制于广东实力派陈济棠。陈济棠、李宗仁等人的实力是胡汉民能够立足西南对抗蒋介石的基础，胡个人的生活也靠陈接济。陈最关心的是如何能保住在广东的统治和自己"南天王"的位置，对胡的志在全国的各项主张并不感兴趣，甚至还处处设障。此时的胡、陈关系，很像是此前孙中山与陈炯明的矛盾。由于陈济棠的干涉与阻挠，胡的反蒋抗日计划次次落空。此外，胡汉民内心有着根深蒂固的国民党意识，还要维护国民党的利益，因而当与西南有密切联系的十九路军于 1933 年底发动"福建事变"，真正推动反蒋抗日运动时，胡汉民因其废除国民党等举措，而未加支持。

胡汉民居住香港期间，南京政府不时地派人联络示好。1935 年，南京政府的对日政策有所变化，而胡汉民与陈济棠的彼此不满在加深，胡的好友邹鲁等人认为，随着国内形势的变化与蒋介石合作也有可能，建议胡以"养病"为名暂时出国，以观形势发展。胡在这年 7 月往欧洲养病。

1935 年底，国民党五届一中全会上选举胡汉民为中央常务委员会主席，蒋介石在对日态度上也有强硬表示，并热情地邀胡回国，特地转寄去了旅费。胡汉民 1936 年 1 月回到广州。当时蒋介石和西南实力派都要拉拢他，所以形成了一场小小的迎胡返国热潮。胡汉民对蒋介石不完全信任，没有立即去南京，留在广州进一步观察。他的身体状况欠佳，心绪更是忧郁烦闷。

1936 年 5 月 9 日下午，胡汉民在亲友家吃晚饭后下棋娱乐，因对着棋盘长时间思考，血涌入脑致血管破裂，当场翻落在地。医生诊断为用脑过度，右脑溢血。当夜他清醒过来，留下遗嘱。12 日晚 7 时不治身死，终年 58 岁。胡汉民死后，国民党中央召开临时会议，决定为他举行国葬，派居正、孙科等到广州致祭，国民政府也专门发了"褒扬令"。7 月 13 日，胡汉民安葬于广东番禺的龙眼洞狮岭斗文塱。

五

如前所述，胡汉民是国民党早期的重要领导人与理论家之一，一生著述颇丰。他曾担任过不少重要报刊的编辑或主笔，如《民报》、《中兴日报》、《民国》、《建设》、《三民主义月刊》等，他又擅长演讲，留下不少重要的演讲稿。他的著述内容，基本上可分为三部分：一是阐述宣传其政治理想与主张的，较为系统且偏重于理论；二是驳斥政治对手（如清廷、立宪派、袁世凯及蒋介石等人）的政论性文章；三是针对当时具体问题发表的时论。胡汉民著述的出版与典藏情况如下：

（一）刊载他早期文章的《民报》、《中兴日报》、《民国》与《建设》等期刊，均已经有影印本出版，可资查阅。

（二）在胡汉民生前，即有些文章结集出版，大致有：

1.《胡汉民先生在俄演讲录》（第 1 集），广州民智书局 1927 年 5 月版。

2.《胡汉民先生演讲集》（第 1—第 6 集），上海民智书局 1927—1929 年版。

3.《三民主义者之使命》，（南京）军事委员会政治训练部印行，1928 年 9 月翻印。

4.《胡汉民先生最近言论集》，上海三民公司 1928 年 11 月版。

5.《党国要人胡汉民最近言论集》（上），上海大东书局 1928 年印行。

6.《革命理论与革命工作》（3 册），上海民智书局 1932 年 8 月版。此书由胡汉民的秘书王养冲所编，收录的是胡汉民 1928 年至 1931 年 2 月间的文章与演讲。

7.《胡汉民先生政论选编——二十年十月至二十三年三月》，广州先导社编，1934 年印行。该书所收都是胡汉民在《三民主义月刊》发表的文章。

8.《胡汉民先生名著集》，军事新闻出版部 1936 年 5 月版。

（三）1936 年胡汉民逝世时的出版品：

1.《胡汉民先生遗教辑录》，国民党西南执行部印行。主要由胡汉民逝世前在《三民主义月刊》上发表的文章组成。

2.《不匮室诗钞》，国葬典礼委员会编 1936 年印行。是胡汉民诗作的结集。

（四）胡汉民去世后别人编辑出版的文集：

1. 吴曼君编：《胡汉民选集》，（台湾）帕米尔书店 1959 年印行。

2. 国民党中央党史会编辑：《胡汉民先生文集》（4 册），1978 年出版。

3. 国民党中央党史会编辑：《胡汉民先生诗集》，1978 年出版。

4. 国民党中央党史会编辑：《胡汉民先生墨迹》，1978 年出版。

其中 2～4，系国民党中央党史会为纪念胡汉民诞辰百年的出版品。文集的第 1 册为胡民国前著述，第 2 册为民国后著述，第 3—4 册为《革命理论与革命工作》的原版影印。

5.《胡汉民自传》（传记文学丛书之 43），（台湾）传记文学出版社 1982 年版。

6. 陈红民辑注：《胡汉民未刊往来函电稿》（15 册，哈佛燕京图书馆学术丛刊第四种），广西师范大学出版社 2005 年版。

（五）胡汉民资料的典藏：

1.《胡汉民个人全宗》，中国第二历史档案馆藏，全宗号：三〇一〇。卷宗量不多，其中没有胡汉民自己留下的东西，多是别人回忆与剪报，没有什么太有价值的资料。

2.《胡汉民往来函电稿》，哈佛燕京图书馆（Harvard Yenching Library）藏。此为胡汉民女儿胡木兰收藏 1931 年后胡汉民的往来函电稿，数量大，是研究胡汉民晚年的重要资料。全部内容已经编入《胡汉民未刊往来函电稿》（广西师范大学出版社 2005 年版）。

六

最后，说明本书的特点：

1. 本书是 1949 年后大陆地区首次出版胡汉民的文集，其意义与学术价值，自不待多言。

2. 本书最全面地收录了胡汉民一生各个时期的代表作，弥补了以前所有文集的不足：民国时期出版的几种胡汉民文集，所选都是其某一特定阶段的著述，不能涵盖其一生。后来在台湾出版的两种文集，虽力图在时段上包括胡汉民的一生，但当时台湾的政治环境下无法处理胡汉民 1931 年后公开反对蒋介石的言行，故完全略去他晚年的文章。本书增补了这一时段的内容。

3. 本书发掘出相当多的胡汉民的重要资料，扩大了选择文章的来源。新的资料包括：胡汉民女儿捐献给哈佛燕京图书馆的一大批珍贵函电稿，胡汉民 1925—1926 年访问苏联期间在《前进报》上发表的文章，胡汉民晚年在其主编的《三民主义月刊》上发表的大量文章。

4. 如前所述，胡汉民一生著述颇丰，本书篇幅所限，不能尽收。收入文章的基本原则是：1）胡汉民有影响的代表作；2）各个时期尽量均衡；3）侧重于其宣传政治理想与主张的理论性文章；4）加入新发现的资料，尤其是胡汉民晚年的往来函电稿；5）有些文章，如胡汉民自传等，对了解胡汉民的思想较为重要，但篇幅太长，且有单行本发表，故未收入。

5. 胡汉民的文章，有鲜明的时代印记，几篇文章收入时有少量删节，均在删节处有说明。

本书的选编工作，由安徽工业大学方勇副教授与我共同完成，安徽工业大学罗彩云副教授也做了大量工作。

相信本书的出版，对全面认识胡汉民这个复杂的历史人物，推动对其思想与生平的研究大有助益。

陈红民

2013 年仲秋时节于仿秋斋

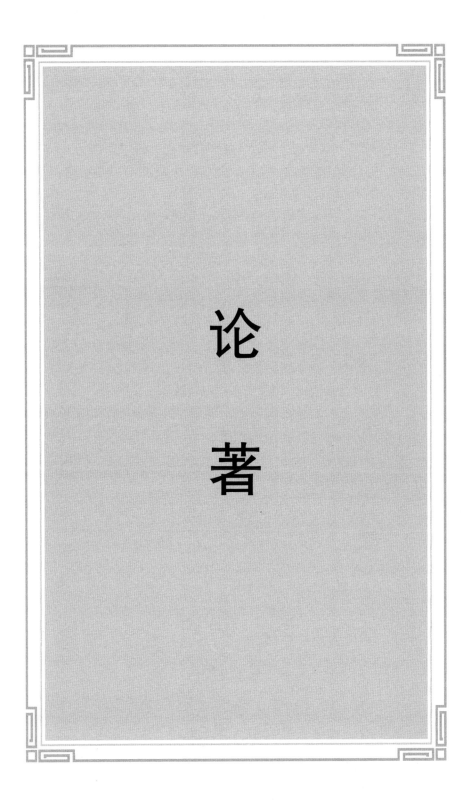

论

著

民报之六大主义 *
（1906 年 4 月 5 日）

　　本社近得阅者诸君函，举问所标六主义之概，关于此节既不能繁称以答，而本报自始期以来，所发阐者，拘于篇幅，未尽厥旨。盖一主义之函，累年月而莫殚，而意有所注，则词亦有所倾，其为详略，殆非偶然。本社因诸君之问，急期相与了解，爰属记者为文说明之，义取解释，语其详，则俟他篇也。

　　解释民报主义有二大前提：其一曰知革命之必要；其二曰革命报之能力作用。知革命之为必要，由于革命之必要也，此如人民以法律为必要，因以知法律为必要。故欲于理论上研究其原因，则不可不先言革命。然革命之为必要，更仆难终。（民报一二期已从各方面揭其要概，其理非一文所尽也）吾之为是解释，亦难遽为反对革命者说法，则先假定为革命必要而就事实上研究乎。不知革命之结果，于其间又有主观客观之区别。主观的谓为革命活动者，客观的则谓革命时代之社会也。夫曰为革命活动者，犹有不知革命之虑，此其语甚奇，惟吾之所谓知非有具体之观念之谓，必抽象研究各得其真确之知识之谓也。于二十世纪之中国为革命，诚不可以无意识之破坏，而邀天之幸。彼以革命为口头禅，而未尝志于是者勿论，即其志于是者，试问以我之地位如何？敌之所处如何？我所主持以革命者为如何之目的，所挟持者为如何之实力？而彼敌之对待我者为如何手段？抵抗我者为如何权势？革命前所不可无者预备有几？革命时之应用者方法有几？何者为所急趋？何者为所必

---

　　* 本文出处：《胡汉民先生文集》，第 1 册，中国国民党中央委员会党史委员会，1978。署名：胡汉民。

避？与革命同时进行者何等事业？革命后之建设以何等方针？其结果之在我民族及其影响于世界皆为何？若如是种种，非一二人所能具办者。而为革命之人则宜言之有故，而喻之有素，若都未能置答，则其果举大事，不徒无以昌我民族，利我国民，甚或予以非常之危害。以观于各国革命之历史，其为一时代革命之领袖者，其人之才否犹后，其了于时机而熟虑周思能为备者，其最先也。世有瞀儒，自为曲说，预计乎革命时不注意而易生之危险，以排革命，则不悟其所举者，可使为革命之人善思所以为备，而不足以梗之也。使革命之人，能为抽象的研究，则其举事殆有不徒足塞反对之口实者。夫人以有为或事功之目的而条理生，不得曰吾目的不误，而条理容疏略也。敌所持者，远不逮吾之正确，而其所资与吾敌者，谋力皆与我为倍蓰，则胜败之数，将有所在，我蹶而敌益严，众为之慴，后者不易骤起，则贸贸为革命者之使然也。更转一方面而言，革命为就一时所为之事业，其举动与社会共之，故社会程度之高下，与革命成绩之优劣为正比例。人固恒言，欲得伟人之铸其群，非其群之先铸伟人不可。又以佛国革命惨剧于英伦，而民权之发达不若，引为民族优劣之证。然则国家革命不独视为革命活动者，亦更视乎革命之社会。佛以屡革命而后底于立宪，用力之艰，不得不然。使非革命，且将无立宪可望，而卒以革命致立宪，仍其民族之能也。且如佛国者，犹将以革命求立宪，今日中国民族未足以革命，而独已能革命，其论理刺谬，无怪为通人所斥。然国民之能力其可革命与否，无所取验，惟于其客观之认识，亟求了解，以免主观之困难，则亦要务，而吾党所不以为谬者。虽客观之知识不能如主观之真切，即欧美最文明之革命，其主动者之意思，亦有不能尽喻诸当此者。然其主义必为社会心理所向，其举动必受一般舆论之欢迎，然后能获优胜，而鲜失败。其不然者，则其结果可分为二：事为亿兆所震袭恐恶，而失其常度，昧者用之，冒大不韪，既无以喻于群，群亦指为拂逆悖乱，若是者无成功，一也。狡者用之，巧驭而术制，阳辟阴翕，期其业之成，叛公理而不顾，犹藉口于社会时势之束缚，二也。故主观者，不能脱离于客观，而有并负其责任之时，此第一前提之无可疑也。

革命报之作，所以使人知革命也。盖革命有秘密之举动，而革命之主义，则无当秘密者，非惟不当秘密而已，直当普遍之于社会，以斟灌其心，而造成舆论。行于专制之国，格于禁令，应而和者不遽显，然深蓄力厚，其收效乃益大。如俄之革命党，当言网至密之时，为秘密运动，其最大机关报，日出数十万纸。俄革命党旧分三大派，今则有组合为一民权立宪党之势。其军人往昔亦主革命，而与民党不合，时为大冲激，近亦渐趋于同，皆以革命报鼓吹之力为多。中国内地压于异族政府，无言论自由，故杂志新闻，意微而隐。至其发展于海外者，则自一二有所为而求媚异族者外，可一言以蔽之，曰：皆革命报也。夫此已见为社会心理所同，而今日最有力之舆论矣。或谓革命者，非徒以触发社会之感情而已，必且导其知识，养其能力，三者具而后革命可言。若革命报作，其触发于人感情者独多。人无知识能力，而动以感情，则发为狂热，周脉愤兴，无与匡救。是说也，以为革命报规善也，以为革命报惟有触发感情之效力不可也。夫人召其感情之发动易而直其辩理心难，感情诚强，有灭其辩理心而不自悟者。然而，其不载辩理心以俱也，其感情必不久。故夫论舆论之真价者，贵其依于理性为判断，而感情用事者弗尚焉。曰区区于触发感情而他无裨益，此革命报之未尽其责，未可以为概也。且吾既已言之，革命当为抽象的研究，革命报不能如是，不足为革命报也。能如是，而尚不足以导社会之知识而养其能力亦无有也。抑充养社会之知识能力者，当莫如教育。然以学校立于彼族压力下，允不自由，故或语焉不详，辩之不确，则间接之取效，不如其直接也。况专门高等之学术，其得益诸学校教育，犹恒有不如杂志多者，以其为精专之研究能竟其端委耳。若夫革命报之言论，其了解不待有专门知识之人，故其始也，发表少数人之意思，而为舆论所趋附，洎渐造成舆论，则凡主之之人之意思，以之为代表，而横靡一世，其效力孰可比耶！此第二前提之无可疑也。

为知革命之必要，而有革命报。而革命报之作，又在使人有真知识，而不徒挑拨其感情。故民报，革命报也，以使人真知革命为目的，其所标之主义，即不离是目的者外。浑而举之，止一革命主义，析言之，则为六也。苟无疑于知革命之必要，与革命报之能力作用，当亦无疑于民报主义。而吾人因欲相与为抽象的研究，则就各方面以为解释，又必然也。凡主义云者，指其对于一事业而可为根本之思想，因是思想而后生种种之策画，至其事业之结果，或止焉，或交进焉，要不与之相戾也。且惟是思想恒附丽于事业，故一大事业中，其函括不止数端，则其主义亦从而判分为数事。民报以革命为惟一主义，而此主义之所函者，即由革命之当有种种事业而来，必分致之，而后其大主义完成无缺。自其表面骤观，有令人疑为陈义过高者，而舍是殆不足以支配其事业。语曰:"非常之原,黎民惧焉。"惧则非民报使人知革命之目的也。此吾人说明之责任也。

民报之主义有其顺序,今亦依其顺序以解释之。

一、倾覆现今之恶劣政府 此造端之事业也。以吾多数优美之民族,钳制于少数恶劣民族之下,彼不为我同化,而强我同化于彼,以言其理则不顺,以言其势则不久;是故排满者,为独立计,为救亡计也。以满人创汉之深,故两皆称界必不能平,而论者以为我可与之同化,引夫氐、羌、鲜卑入立中夏,而旋折入同化于我者为比。其不等伦,姑置不论,然问氐羌鲜卑之同化于汉,为当其僭主猾夏之日而许之乎?抑俟我汉族复振,被我摧夷散伏在下之日,而后许之乎?故以满政府不倾而遂许其同化者,以狐媚为虎伥,无耻之大者也。吾人之民族思想,不与政治思想相蒙混,然所以痛心疾首而不可以终日安者,则不能居于被征服者之地位也。故一旦能光复旧物,更居于征服者之地位,则不必使其丑类靡有孑遗,而后快我民族之心志也。满人恃其政权,乃以少数恶劣之民族而制多数,故一度倾覆其政府,则彼必无以自存,其为元胡之穷败,遁走其巢穴,未可知也。其为氐羌鲜卑等为我摧夷而同化于我,未可知也。然非如是,则汉人永为被征服者,不能独立,而缚轭于浅演之民族,与外邻之深演民族战,必至偕亡,则无贰也。故曰理不顺于势不久也。所谓恶劣之政府,谓以恶劣之民族而篡据我政府,其为恶也,根源于种性,无可剪除,无可增饰,且不指一二端之弊政而云然。故虽有伪改革,而恶劣如故。即亟亟然袭用欧美之宪章成法,而恶劣亦如故。章太炎比之醋母之无投不酸,得其例耳。然仅曰倾覆政府而已足者,则尤有说。满洲以蛮武入居中国,然其能力实不足以亡我。何者?国家之存亡,一视其机关组织之存灭,而以一国家蹄一国家者,必其固有之机关组织完备优美,足以含孕其胜家,而胜家之被征服也,乃悉摧丧退听,如无官品无机体物之徒存焉。故严复氏论欧洲之罗马、俄国、亚洲之埃及、印度,谓如封豕长蛇,吞食鹿豕,入其腹中,鹿豕机关,尽成齑粉,徐徐转变,化合新体。又曰新胜之家为极强立之官品,其无机消散者,独见胜之群,见灭之国。其举胡元而不及满清者,固为有所隐讳,然如其学说之分类,亦足见满族无亡中国之能力。盖论满族入寇之初,则无异于元,而其种智抑更劣下,故其固有之机关组织,既不足以胜我,乃仅得篡据为构成机关之分子,张皇百计,以求自固,而久乃并忘其习惯,失其故居。视严氏所云,为极强立之官品,使胜家变合为新体者，断乎其不能。故今日满人，与氐羌鲜卑之猾乱中夏，特有久暂之殊，而其情实无以过。质而言之，则皆据有我政府而非灭亡我国家也。我国民一旦奋兴，则较有明之驱蒙古为尤易，直日本一倒幕之举而已也。

二、建共和政体 有破坏而无建设，曰无意识之破坏，此尽人所知也。然所谓建设者，决不可以后时，故先有建设之预备而后动，抑吾人之所以异于无政府党也。吾人信今日支那国民之程度，不可以无政府，惟旧日之为异族政府所有者，固当倾覆之，而数千年君主专制之政府，亦必同时改造，而后可以保种而竞存。夫君主专制政体之不宜于今世，无待辨者，而觇国者且问其政体之尚含有专制性质与否，以为其文明程度之高下，然则二十世纪，苟创设新政体者，必思涤除专制惟恐不尽。中国前此屡起革命，而卒无大良果，则以政体之不能改造。故有明之胜元，不满三百年，而汉族复衰。异族之政府去矣，而代之者，虽为同种人，而专制如旧，则必非国民心理之所欲也。普通政治之论，反乎君主专制者，为共和，故共和政体，广义有三：曰贵族政体，曰民权政体，曰民权立宪政体。兹之所云，盖指民权立宪之政，非独不同于贵族，抑与民权专制者，亦大有别也。今之佥人，动言我民族历史无有民权之习惯，以是而摧伤爱国志士之气。呜呼！是非惟不知政治学也，又不足与言历史。夫各国立宪之难，未有难于以平民而当战胜君主贵族之两阶级者也。故美洲独立，惟有平民，其立宪乃独易，而民权亦最伸，吾国之贵族阶级，自秦汉而来久已绝灭，此诚政治史上一大特色（其元胡满清，以异种为制，行贵族阶级者，不足算）。今惟扑满，而一切之阶级无不平（美国犹有经济的阶级，而中国亦无之）。其立宪也，视之各国有其易耳，无难焉也。且吾人闻最新法学者之言，谓立宪之先，必有开明专制时代。所谓开明专制时代者，其君以植民权为目的，而用民权为手段，训练其民，使有立宪国民之资格者，如拿破仑之于法是也。以言中国，则汉唐盛时亦为开明专制时代（说本日本法学博士笕克彦）。准是以言，则中国之为开明专制久矣，虽中经异族之乱，而根株不尽斫丧。今日征以历史而断言我民族不可以为共和立宪，不知何据！嗟呼！此辈即薄志弱行，亦惟缄口待尽可耳，何取为邪说以诬毁我先民也。斯宾塞尔以生物之干局已成，难与改组者，比国家成制改革之难，惟吾人之意亦然。故必革命而后可言立宪。而一度革命，更不可不求至公至良之政体，而留改革之遗憾。故言专制，则无论其为君权专制、民权专制，皆无道不平之政体也。而言立宪，则君主立宪，其治人者与治于人者等差厘然，各殊其爱情，亦从而生阶级。民权立宪，则并此无之，而一是平等。惟我汉族民族思想与民权思想发达充满，故能排满，能立国，而既已能排满立国，则探乎一般社会之心理，必无有舍至平等之制不用，而犹留治人者与治于人者之阶级也。然虑夫革命之际，兵权与民权相抵触而无以定之，则孙逸仙先生之言约法精矣。

三、**土地国有**　近世文明国家所病者，非政治的阶级，而经济的阶级也。于是而发生社会主义。其学说则繁，而皆以平经济的阶级为主。言其大别，则分共产主义与国产主义。而土地国有，又国产主义之一部也。世界惟民主立宪国，可行国产主义，盖其统治权在国家，其国家总揽机关为人民代表之议会，则社会心理反映于上，而国家以之为国民谋幸福，无乎不公，无乎不平，非稍有政治阶级者所能比也。然一切国产主义，按以今兹吾国程度，犹有未能行者，惟土地国有，则三代井田之制，以见其规模。以吾种智所固有者，行之于改革政治之时代，必所不难。原本土地国有之论，以反对私有者而起。以言其理由，则土地为生产要素，而非人为造成，同于日光空气，本不当有私有者。至由种种原因而生地主制度，其始犹或有以劳动储蓄得之为资本，以供生产之用者，其继则封殖日盛，地利为所专有，群资本劳动者，皆不能不依赖之，而所得为所先取焉。盖劳动者每困于资本家，而资本家之所以能困劳动者，又以劳动者不能有土地故。且土地价值因时代而异，社会文明，则其进率益大。此进率者，非地主毫未之功而独坐收其利，是又不啻驱社会之人而悉为之仆也。至论其流弊则可使地主有绝对之强权于社会，可使为吸收并吞之原因，可使农民废业，可使食艰而仰给于外，可使全国困穷而资本富厚悉归于地主。例如爱尔兰自一八四九年至一八五二年间，方饥馑大起，而前后二十余万农民，被遣逐于地主。又苏格兰之大地主，有计其收入之利，而变耕地为牧场猎场者，于英国屡起国有问题，显已积重难返。今中国土地，以通商港岸衡之，则其值有阅十年而不止十倍其旧者。革命以后，文明骤进，则内地之趋势亦复可知。倘复行私有制度，则经济阶级将与政治阶级代兴，而及其始为之备，则害未见而易图也。吾人用国有主义，其为施行政策不一，然其目的，则使人民不得有土地所有权，惟得有其他权（如地上权永小作权地役权等）。且是诸权必得国家许可，无私佣，亦无永贷，如是则地主强权将绝迹于支那大陆。国家之课于土地上者，必经国会之承认，亦必无私有营利之弊，以重征而病农。地利既厚，而非躬耕无缘得授诸国，则民日趋业而无旷土，地主夙昔坐而分利，今亦与平民比，而转为生利之企业，此于一国经济已著莫大之良果，而以吾国已为民权立宪政体之故，则地利所入虽丰，仍以为民政种种设施之用，其为益愈大。盖专制政府之富，民之贼也。而民权立宪国家之富，犹共产也。失均地之政，至平等耳。文明各国，其社会志士竭诚损己，以骤谋于下，其政府亦时时利用其政策。然或在立宪而未忘专制之国，则国家之利不尽利民，甚有假之而阴绝社会革命之根株，以保其阶级之制度者。其政治上势力既不为助矣，而社会上势力抑未易变，则持之数十年，而成效绝鲜。若中国者，仅一扑灭异族政府之劳，而国中一切阶级，无复存遗。社会主义乃顺于国民心理，而又择其易者以从事，其成功非独所期，殆可预必也。

四、维持世界真正之平和 平和为人类之福，犹一国之安宁秩序。是故扰世界之平和者，为人道之贼。而今日文明诸邦，其所持以通国际之情谊，谋一国之利益者，皆曰维持平和也。自世不知夫革命家之真相者，概推定以为含破坏爆裂之性质而远之。夫革命家因其所遭值横逆，愤激而莫收者，亦有之矣，然其初志，固未有不以求平和为目的者也。若夫吾党之革命，则所谓破坏爆裂者，不过对于区区之一满洲政府，然至彼政权尽褫而退就被征服者之地位，则吾汉族且将无仇于其丑类，而况与我为邻，平等为国者耶！且吾人之颠覆恶劣政府，直接为中国国民之幸福，间接为世界之平和也。何者，今各国鹰瞵鹗视，竞逐于世界之舞台，相惮莫敢后，相顾莫敢先者何为也？曰：为均势问题也。均势问题不在弱小之邦，而在强国，若英法俄德。若英若日本，皆其倚著之重点也。然尚有中国以其位置资格决然不当后于六强，而萎靡不振，几徒供他人鼎俎之餕，此远东问题所以极促世界之注目，而终以均势之难而不能解决也。日俄之战，其剧烈殆前古无有，其直接于本国之利害，猝未易见，而以谓为均势问题而起，则两国人民当公认之。其幸今日复底于平和，两国国民乃得以稍稍息肩，然经年之苦斗，所损不为不多，其后此之不更生冲突与否，尤不可知耳。然而，各国则仍不知求解决远东问题之根本，则所谓真正之平和，不能遇也。欲求真正平和，当始于中国为独立强国之日，中国为独立强国，则远东问题解决，均势问题亦解决也。夫惟大陆无垠不能自守，而后导聚强以侵入，而是国之政府，又为纵横捭阖之术，阴有所侵，而坐至其冲突，以至争战。日俄之外交破坏，清政府之外交实使然。且自诩为能颠覆人国也。今日各国所要求至切要者，不过开放通商之事，而轶此范围，至为冲突战争之原因。宜不足以相偿，则为深远计虑。苟能得真正之平和，必其所不贪矣。然是固非可望于一国之让步者，又有难于众议之同意，此英日同盟所以深踌躇也。且岂英日而已，各国有志平和者，莫不以保全支那领土为言，然使中国自强，与待他人之保佐，其难易必有能辨之者，而各国独无睹于此，则由其未知中国民族之历史与吾国今日坐毙之大原因也。夫以恶劣政府为制于上，而一大民族压伏于下，舍其防家贼之政策外，无他事焉。而是大民族者，固断断其不能同化变合以忠事之也；则政府与国民为公敌。夫政府与民为公敌而能振其国力者，未之闻也。是故满洲去，则中国强；中国强，则远东问题解决；远东问题解决，则世界真正平和可睹，而满洲今日实为之梗也。故曰吾人所以倾覆政府者，直接为国民幸福，间接为世界平和也。若既革命之后，建新政府以与列强交，则孙逸仙先生亦言之曰：支那人为最平和、最勤勉、最守法之民族，非剽悍好侵掠之民族也。其征事战争，亦止自卫，使外人果始终去其机械之心，则吾敢谓世界民族未有能及支那人之平和者也。更由经济上观之，支那建设文明政府，其利益不仅在本邦，时旁及各国云云，其言可深味也（见所著支那问题真解，其言支那革命关系世界平和，最为透辟，文实本其意。日本大隈伯谓中国政府偷安，惟企革命之不起，利用列国之冲突及其嫉妒心，而无信义，故英日同盟，实行均势主义，然战国派之外交，当召内部之变动。支那问题真解，亦云满洲政府所为，足扰世界平均之局。然大隈欲以日本威压为解决，支那问题真解以革命为解决，则一由不知支那之历史，一精熟之也。民报第一册时评，有所未尽，特志于此。）吾于是更有为吾党申明之者：曰革命家之破坏非得已也，其目的物至单纯也。苟有触而辄发，非特衷情褊浅，亦徒扰国人之平和，无所取也，以为利用民气，则尤不可试也。我不能教国民以真正之独立，而教以无理之排外，是无异使习为无意识之破坏也，而以是期大目的之达，不亦远乘！今使人一度为无理之排外，而外人且从而疑之，然我之敌方持两端，不遽示其恶意于国际上，人忘远虑，姑喜其目前之尚可近也，则彼合而我携矣。拘方之士，未观其通，辄曰革命者召外患而为瓜分之由为不可为，此其理论实谬，然所虑亦未始无据也。吾人平居所以训诫国民者，即当使知革命之后，吾中国与日本欧美之交际，乃始益密，即革命之际，亦不可有妨害外国人之举动，是不惟政策之宜，人道当如此也。呜呼！吾党其当守此主义勿替也。

五、主张中国日本两国之国民的连合 此犹前条之意义，而特揭之者，以中日两国国际问题犹未解决也。日本所筹以对待中国者，其全体之意思不可具晓，而以吾人所知，则有二派：其一曰侵掠主义，二曰吸收主义。第一派主之者无几人，其政策亦过于武断，且贻外交之憎忌，无势力也。故二派中以吸收派为占优势，然曰吸收，则显非平等相交之道，以支那四百兆之大民族，其间岂无自觉者，睹此主义之不诚，必以其不愿下人者，而深怀疑猜忌。如是，两国国民将不可合。盖凡国交际，智取术驭，不可长也。中国人士，对待日本者，亦向分排日亲日两派，排日非大势所宜，我之不能排日，犹日之不能排我，而亲日者，徒企人之我保，而无实力以盾其后，亦非吾人所取也。吾人所谓两国国民的结合，则为两方之交谊，为中国者讲求实力，以保其对等之资格，使交际间自无所屈辱，而日本亦当泯厥雄心，推诚相与，盖非如我国亲日者之言，而日本吸收派之论，亦无所用之耳。于此有当注意者，则中国国民非满洲也，如大隈之论。满洲政府，既不可信，而日本亦不乐为以狐媚手段，为目论之外交，然则舍政府而结国民，又岂独日本为有利耶！至有谓日本文明，畴昔悉取诸中国，故今日以得诸欧美之文明为报酬，此则客观之问题，不待吾人之研究矣。

六、要求世界列国赞成中国革新之事业 由上言之，则我中国将来革新之事可知矣。其对于世界各国之利害，亦可知矣。如大隈之论满洲政府之无信义，岂独日本不能与亲，即世界各国亦鲜能与亲者，徒以其篡据中国政府之上，乃不得不虚与之委蛇而已。有新政府代之以兴，以一大民族为一强国，亲仁善邻，以与各国交际，其孰不乐就之。然当革命军初起，其成功未著，而能使各国赞成其事者，又在革命者之举动能合于国际法，与其势力之如何。考之历史，革命团体离其母国独立，战争相持，而友邦率先承认之者，由母国视之，非所好也，而承认之之国，则不以是而却顾，尊人道表公理明实益也。如美之独立，英犹继续战争，而法先承认之，先例之最大者也。亦有未承认国家，而先认为交战团体者，认其与两本国有战争之能力，比于国际上之交战，而承认之之国宣告中立于两者间。如一七七九年前，法未认美独立国，而各国之认为交战团体。日本维新前，幕府与朝廷抗，外国亦视为交战团体，宣告中立。我汉族奋起，革满政府之命，以光复故物，视他团体之脱离母国者，尤合于人道公理。而义旗所指，为有规律之战争，而不悖于今日所谓战时法规惯例者，则始而认为交战团体，继而为独立国，其理势有必然自至者。或曰希腊之独立，英助之，意大利之独立，法助之，皆前世纪之事也。中国之形势利便，非意希之比，列强或挟野心，而为我助，其事已可畏，或者藉以为干涉之口实，而召变瓜分。斯时非革命者负其责任乎？应之曰：吾人所谓赞成者，非必求臂助于外人也。不为吾阻力，依于国际法之行动而宣告中立，则吾人之受赐已多矣。夫不谋自力之发舒而仰企于他人之捍卫，未有幸者，是不当问彼强者之野心如何也。若夫虑为列国干涉瓜分之渐，则为是说者，其殆已忘庚子之役也。彼强国已大有藉手之时机，而不实行瓜分之策，则首以均势问题为难解决，而其次亦以中国民族之大，未可猝然兼并之。故各国苟可以瓜分中国者，不必其有所藉口，而况其为藉口者，不必遇革命军之起也耶！或又曰：凡言要求，必有实力，革命军之对于各国，疑其讬空言。则应之曰：吾人革命以维持世界平和为义务，此主义者，列强所不能反对也，革新事业已成，邻之我附，固在意计之内，即当始事而于外人物业无扰，则彼列强者，无难使之守局外中立。盖干涉为地势之不利，既如曩言，则中立为所最利，以如是而后可使革命军负损害赔偿之责也。夫故非赞成中国革命之事业，则无以保世界之平和，犹其间接之利益。由后言之也，而有交战团体之承认，则直接而先享中立国之权利。凡此皆以事实为后盾，故在我之要求，不得谓徒有空言也。或又曰：中国方今为各国之债务者，其关税铁路等，多供债务之担保，一旦革命军起，则债务者几同破产，各国偿款将何从出，故各国务求满政府得以支持现状，而未敢遽赞成革新事业也，则应之曰：洵如是言，则各国之过虑也，于国际法，旧政府虽倾覆，而其外交所订之条约，则当承认于新政府，而不失其效力，新政府当继续其债务及一切之义务。盖外交上条约，非旧政府之私，以国家之名义为之也。其债务亦国家负之，故新政府不能弛此负担者也。吾人革命军起，必恪守国际法而行，其遂逐满政府，则立新政府，必承认其条约，即分割数省而宣告独立，于各国之债权亦断许其无损失也。要之，吾人所企望者，察于内外之情势，皆至易达，且至安全者也。

以上六主义，得分之为二：曰颠覆现今之恶劣政府，曰建设共和政体，曰土地国有，所以对内也；曰维持世界真正之平和，曰主张中日两国之国民的连合，曰要求世界列国赞成中国之革新事业，所以对外也。而又得合为一大主义，则革命也。为革命言，为知革命言，故革命所挟持之目的，所预备之实力及其进行之事业，不可不避之手段，为种种方面之研究，而俱函括于六主义之内，非惟应用于主观，而施得其当，即客观者，能知其意与革命之事，亦大有功也。孙逸仙先生之叙民报也，曰非常革新之学说，输灌于人心，而化为常识，则其去实行也近。然则能诵民报，知民报之主义，则革命可能。然哉然哉。

斥新民丛报之谬妄[*]
（1906 年 6 月 26 日）

　　新民丛报最近梁氏之非革命论，本报前期精卫所著，于其根本之错误，学说之支离，及其盲猜瞎说而不足以难本报之处，已抉举大要。梁氏宜知反省矣。虽然吾独恶梁氏之嫚骂无状，妄言无实也，故辨而斥之。

　　梁氏之结论也，曰："有赐教者，苟依正当之理论，则鄙人深愿更相攻错，而成为嬉笑怒骂之言，深文周纳以相责，则村妪之角口耳，酷吏之舞文耳，凡此皆无相与攻错之价值，则恕其不报。"吾见此数行文字，亦疑梁氏既持是为约，则其文不知若何严正有据，不堕村妪酷吏之失。而孰料有大不然者，己则无稽喋喋，妄言不惭，而犹持以语人曰：我所言无臆测，无意气也。人无以臆测意气之言进，嘻！此真村妪之伎俩也。

　　梁氏曰："所谓民生主义者，撺拾布鲁仙士门麦喀等架空理想之唾余，欲夺富人所有以均诸贫民。"夫梁氏于民生主义无所知，以为架空理想，不能实现，本不足怪。但谓夺富人之所有，夺之一字，谁告汝者。岂民生主义，梁氏以归纳之论理学，证其必出于夺耶？抑本报曾以夺富之主义手段，高揭于纸上耶？均富之方法至多，民生主义学者所主，不胜屡举。梁氏不解所谓，则不知盖阙可耳，而遂谬作是语，是决为无理嫚骂不得自解也。而梁氏又进语曰："夫以欧美贫富极悬绝之社会，故此主义常足以煽下流，若其终不可现于实际，即现矣，而非千数百年以内所能致，此世界学者之公论，非吾一人私言也。论者所戴之首领，其或偶涉西史，偶践西土，见夫各国煽动家利用此主义而常有效也，羡西子之颦而捧心焉。"梁氏不知民生主义为何物，而谬曰此主义足以煽下流，煽动家利用此主义，此不惟嫚骂本报，即举世界一般民生主义学者，而尽以轻薄之词抹煞之矣。吾今诲梁氏以民生主义之由来曰：民生主义者，先觉之士见乎经济阶级之为梗于社会，而讲救济之方法，欲实现其平等博爱之思想者也。其为革命家而兼言民生主义，亦实见其当着手并行之处，而非如梁氏之言排满，谓政治革命之一手段。保皇党之欺人，谓名为保皇，实则革命也。今试问彼言民生主义者，仅以为名耶？抑不过一手段耶？梁氏虽愚悍，恐不能下此断语。至谓必千数百年此主义始现，则英之于澳洲，德之于胶州，其所用改良土地之政策为何，姑不暇远举，而如日本近铁道国有案之通过，宁非国家民生主义之实现耶？且即以法律言，几疑与民生主义格不相入矣。然自最新学者论之，则近时各国民法已有趋重广义的民生主义之势，此尤非梁氏所能知也。而梁氏或强词夺理，必谓极端之民生主义既现，而后可言，则吾今谓中国无一人读书者，必其读尽中国之书而后云读书，岂非大不通之论乎？且居然断论千数百年之世局，大言无稽，吾恐世界无此学者。此等公论，亦只让梁氏为代表耳。夫梁氏认民生主义，为煽动下流之具，基此前提，辄下判断，如其言演为三段法论理式，则必云：

民生主义者，煽动家利用之以煽下流者也；民报言民生主义，故民报亦利用之煽下流者也。

持此以语当世，稍知民生主义者，问孰为承认之？而梁氏之说，则固尔尔也。（吾更有为梁氏言者，凡理论学者，专就形式上以正思想之真妄，而实质之真妄如何，则反而俟诸他学问者也。故有就理论上知其形式之不错，而实质全错。至不可究诘者任举一事，他无根据证明，而但以论理式演之谓之不错，无是理也。梁氏谈政治法律而遁于论理学，即一二论式，许其不错，然其所以证明实质者，于学说则东牵西扯，同时而至于三歧。如本报前期所举，于事实则茫然无知，恣口诬摆，自欺欺人如是，虽演百十之论理式尤无当也。故吾就梁氏之言为上三段论式，俾知凡说论理者，形式之事，而他尚贵实质之考求，否则徒使阅者一览而斥其谬耳。例如云凡中国人皆碧眼红髯，李鸿章中国人，故李鸿章亦碧眼红髯。此于论理形式亦无所误，然其前提不正确，实质之误，常人一览而知。以之自为说明，则无异助敌而反攻也。）梁氏乃竟基于民生主义煽动下流之前提，而更推定曰："必乙丙等县之游荡无赖子，乃至乞丐与罪囚之类，艳羡富民之财产，可以均占，利用新政府之主义，而屠上流社会之族，潴上流社会之家。"夫民生主义无事于夺富而予贫，前已辨之。（梁氏若据字书夺字之义为夺失以自解，则吾等诸康氏之解商报为商榷之意，将不屑与辨。）梁氏所谓上流社会，必与为敌，即从此夺之一字而来。于前说既无以证明，则此处亦不攻而自破。至其游荡无赖乞丐罪囚云云，不过力为丑俚之词用相诋諆而已。夫于其所不知者逞其臆说，复主张之以为前提。缘彼前提，更生臆断，附会颠倒，至于极端，村妪之口角耶？酷吏之舞文耶？盲人扪鼎以为寝器，漫谓可以置溺，遂以诉人，胡以登诸庙堂之上。梁氏议论，毋乃类是。梁氏最悖谬无理之点，则在伪造孙君之言，谓大革命后四万万人必残其半，及主张大流血以达此目的等语。一派诬词，以吾人有十数年前，即与孙君游者，固未尝闻此诐说。吾人已共信为非孙君之独谩梁氏，而梁氏之诬孙君矣。吾顷又以此言质诸孙君，君曰："恶是何言？革命之目的，以保国而存种，至仁之事，何嗜于杀，彼书生之见，以为革命必以屠人民为第一要着，故以其所梦想者而相诬。以余之意，则中国民族主义日明，人心之反正者日多，昔为我敌，今为我友，革命军之兴，必无极强之抵力。吾所主张终始一贯，惟以梁氏反覆无恒，故不告以约法。若民生主义，梁氏至今梦如数年前更难语以实行之方法，彼乃向壁虚造，乌足诬我。"噫！此言足自白，而正梁氏之谬矣。夫惟不知中国民族主义之前途与革命之事业，故有四万万人死亡过半之言。惟不知民生主义实行之方法，故有夺富予贫及觊田土无主而收。之证未尝学问而逞其小慧，以为他人实不过是，而即以之为他人之怀抱鼫鼠之技，尽于是耳。夫与本报辩论，则就所引约法为词足矣。而忽谓数年前有彼所得诸孙君之说，斯已轶出范围之外。而梁氏又虚造其词以相诬。且以其虚造而惧同时与孙君游者，得以相纠。则又狡狯其言曰："独怪其昔日语我者如彼，今日所以语论者又如此，其已变其说耶，则所谓民生主义社会革命者，固大张于其机关报中。"梁氏遁词，藉兹愈见。盖梁氏知其言大异于吾人所闻，决不足以征信，则谬谓孙君今兹殆变其前说。而昔者尝有恶意，犹将以此见疑于人。万分无聊，勉欲收一二谖言之效，梁氏亦太可怜矣。以吾人所知，则孙君抱持革命宗旨凡十余年，未尝有如梁氏自相挑战之病，既无前说，何变之云。而梁氏之讥，乃曰所谓民生主义社会革命者，固大张于机关报中，吾不知此何足以证梁氏诬词之确实，岂以为言民生主义社会革命者，则必主残四万万人之半，积尸满地，榛莽成林，以达其目的耶？抑必主残杀以达其目的者，然后竖民生主义于报中耶？此等论理又吾所百思不得其解也。无他，梁氏之攻民生主义，于民生主义毫无所知者也。故先以为夺富予贫，继则以为煽动下流之具，于是而乞丐罪囚游荡无赖利用新政府主义之说相续来矣。又继而主张大流血残四万万人半之说进矣。而一切非民生主义之真，非吾人怀抱之真，而信口开河，狂噪不止，不仁不智，吾于梁氏之心声征之。

　　梁氏于法学，犹其于民生主义也，故有同时主张三说自相矛盾而不知之弊。（前期本报精卫著三十八三十九页揭之）而梁氏则自以为工掎扯有心得也者，乃大张其词，驳孙君演说之语。按孙君之言，以策进国民之能力，以追及英法之民权。而梁氏之言，则望现在政府之进其能力，而为开明专制根本之不同。前期本报已痛彻言之。（二十八页以下）梁氏断断于此，则真不过摭拾词句之本领。梁氏欲知我国民有为民权立宪之资格否，则熟读前期本报可耳。演说之取譬，不尽谨严。（如前月日本法学博士一木喜德郎，于法政大学演说，有云使人人如关张则兵法可废，使人人优于自治则国家法律可废，诸如此类，无有泥之以相难者也）。而梁氏以一隙之明，知国家客体说国家器械说，见驳于近世学者，遂沾沾自喜，以为得敌之瑕。而不料其曾不旋踵，复主张专制行干涉政策，增进人民之幸福。夫在人为取譬之不工，在己见为竖义之不确，厥失滋甚，而漫以讥人，多见其不知量耳。梁氏竟狂逞其词曰："敢公然演说于号称文明社会之学界，而学界中以之为虾而自为之水母者，且若干云云。"盖至是而梁氏村姬之口角尽出矣。夫谓设譬而采国家客体说为虾，则梁氏之虾实甚。斯不足辩者，吾特恶为是之喻之无状也。梁氏亦知尔日欢迎孙君者几何人耶，其乐与孙君研究讨论者为何等耶？复国扶种，同具热念，平等博爱，同是良知，精诚交孚，而所根据以为行为者，又共无疑义。覆满政府也，创民权立宪国也，均地权也，皆吾人良知热血所莹发而为此主义者也，故主义既定，能共信，不为利动，不为威惕，于同志之内，更相研究其实行尽善之方法，孙君亦研究讨论之一人也。而梁氏以轻薄之意为险恶之词，一则曰其所戴之首领，再则曰其所戴之首领，夫如约法一节，本报明引孙君之言，梁氏则亦明驳之足耳。孙君之言之是非，与为人戴之与否，有何关系？梁氏而能堂堂正正以与人决战，亦何特此尖薄之口吻。矧乃肆无忌惮，而为嫚骂于学界若是。咄尔梁氏，岂以今日有不言保皇及不言开明专制者，即谓之水母目虾耶？呜呼！梁氏休矣！吾人相与，非尔所知，尔之与孙君缔交之颠末，则吾知之矣。尔本不知有民族主义，从中国来，与孙君游数月，乃大为所动，几尽弃所学，由是乃高谈破坏，斯时殆即尔所谓骤接一理初念最真，尔之良知也。其后尔为利所惑，即尔转念复转念之时代，孙君遂绝尔。而尔则作书谢过，孙君以为尔能依初念，爰交好如初，然尔卒反覆无常，且造出名保皇实革命之说以欺人。孙君乃为书斥尔，且谓尔舍革命而复保皇，犹不足责，至遇保皇者而与言保皇，遇革命者而又与言革命，以致遁为此名实反对之说，诘尔宗旨安在？尔无词以答，遂与尔割席。（初梁氏语其友某某，言孙君责彼以诈伪，友以告孙君。君曰诚然也，乃驰书斥之。某某犹在，可为证也。）尔岂忘此一段历史耶？而或今日为此报复也。且尔梁氏至今日犹翘其曾倡排满共和论，以自表微劳与其关系之不薄，则劳过于尔关系切予尔，且于尔之，能倡排满共和论，而亦有微劳关系者之大。而尔乃敢于轻诋耶？呜呼！尔梁氏可以休矣。

吾更请直抉梁氏之隐。梁氏非能于理论上求胜者也，其所主张亦非有一定之政见也。徒怯乎民族主义之日盛，而使彼保皇党人无立足之余地，故强起而争之。首加丑诋于孙君，以谓使吾人见孙君之被诋于新民丛报也如是，则必有因而轻孙君者，而不知吾人之意识，固不如是之简单也。而梁氏犹未已也，以陈君天华亦为吾人所推服者，且已湛死，则割裂其文字，而颠倒其主义焉。以为陈君固尝云云，则一般敬爱陈君者，将相率而去。而不知陈君之文章具在，陈君之知己有人，亦不任梁氏之作贼也。凡若是者，作伪心劳，不见其效，则亦成为梁氏之谬妄而已。（观于今年四号新民丛报，力云敬陈君为人，自命知己，而三号对于陈君所作中国宜改创共和政体一篇，则非理攻击，谓其脆而易破，末更揶揄其词曰：今其人既已辞此世间，彼继续主持某报之人，能并代彼赐答辩否耶，轻薄口吻，不觉尽露，以为素敬陈君为人，吾不之信。至关于陈君论旨，本报他篇辨之。）其他有一味轻薄嫚骂者，如不解本报所揭第五条主义，而谓因结识日本之浮浪子数辈，恃为奥援之故。不知梁氏何术能尽知吾人所交结者，且又知其悉为浮浪子也。又康氏之至日本也，宫崎氏有力焉，浮浪子也。梁氏之至日本也，平山氏有力焉，亦浮浪子也。今梁氏久处安乐，已忘患难，遂轻此辈。意惟阀族元勋之是重，则势力之劣性根使然耳。梁氏又曰以吾读该报除陈君天华外，可直谓无一语非梦呓，此其狂悖不伦已属可笑。而其下数页，则对于本报民族的国民一篇，云乐承认者，一云承认者数四焉。是梁氏亦乐闻呓语者也。至梁氏谓彼文本无价值姑宽假之荣幸而与之言等语，则如卖淫之妇弄姿骄人，不知夫见者方作恶欲吐也。以上略举数端，其余村姬口角之一般，亦可以见，不赘举以烦笔墨也。

吾于篇终更有一言质诸阅者，而并促梁氏之反省。盖吾以谓梁氏洋洋千言，是丹非紫，于排满共和论，极端排斥，疑其所见固已确定矣。而于其词将毕也，犹曰"夫鄙人岂敢竟自以为是，苟答辨而使鄙人心折者，鄙人必为最后之降伏，毋为各趋一途，而使力之互相消也。"然则梁氏指天画地狂噪久之，而犹未有定见也。夫以惯自相挑战之人，而于其未有定见之时代，辄剑拔弩张排斥他人之说，力所不逮，则为种种轻薄浮词以求取胜。梁氏良知其殆蔑矣。至于篇末，而气尽声嘶似犹有一线之未尽。然梁氏劝人毋任感情，毋挟党见，吾则劝梁氏毋怀私欲，毋多转念。至于辨论之际，则梁氏所以约人者，宜先守之。庶几当于攻错之义，若如其第三四期之报，则先自违反而有意，以凭真听也。梁氏不能一一反省，则伊虽欲为最后之降伏，亦无有收此反覆之徒者也。

辨奸子此文，成于新民丛报第六期之后。迨第七期出，而辨奸子已归国，故所斥梁氏之谬者止此。又梁氏七期报对于民生主义，复致崇拜。盖睹本报三号号外，知不能自完其说，乃又反其前言也。然其第三期报文具在，厥谬实如辨奸子所言。梁氏虽善反覆，亦能自掩耳。编辑人识。

告非难民生主义者[*]
——驳《新民丛报》第十四号《社会主义论》
（1907 年 3 月 20 日）

去新历十二月二日为本报纪元节庆祝大会，而记者适任笔记之责，既终会，以其词登诸前第十号。其间所记演说各稿，于孙先生之言民生主义，尤兢兢焉；良以此问题隐患在将来，而此学于吾国，亦鲜以能研究者称也。记者从先生游，屡问其所称道之理论，及其方案条理，多不胜述；顾缘扰于他事，不克编集为文，以实本报，良自引憾。近顷见新民丛报第十四号，有梁氏《杂答某报》文《社会革命果为中国今日所必要乎?》一节，力反对吾人所持之政策。虽未尝不恶其恣睢悖谬，然自喜遇此而得贡言于我国民之机会，盖乐以加我之诋諆，为我研究之问题，以期第三者之易于了解，此记者夙所认也。爰为文辩之，以告梁氏，并告一二惑于梁氏而非难民生主义者。

凡为驳论，贵先有自我之主见，继审观他人之言论，觉其所持，为与我见为不合，不反覆而得发见其缺点焉，然后辨之。故其所驳者，即不必尽当了然持之有故，言之成理，两端相折，而此问题之真相，倍易于发露。梁氏不然，其初固非有自我之主见，继亦未尝审观他人之文，而但以问诸革命党之故，则遂贸贸然执笔相攻；条理不一贯，更杂以同时自相挑战之活剧，故所病于梁氏者，非好为驳论也；病其不能为驳论，而颠倒矛盾，自扰扰人，使阅者亦为瞀乱迷惑，而脑筋不宁者终日，从其后而规正之者又必不免于词费也。即如梁氏此十四号之文，谓绝对赞成社会改良主义，而反对社会革命主义，于社会主义学说中，硬

* 本文出处：《胡汉民先生文集》，第 1 册，中国国民党中央委员会党史委员会，1978。署名：胡汉民。

分其若者为属于改良，若者为属于革命，且企以此而斡旋其前后议论之矛盾，而不知其终不可掩，何者？梁氏于彼报去年第三号以前，既极力认绍介社会主义之学说于中国，而其第三号以民报言社会主义也，则曰："此主义在欧洲社会常足以煽下流"此一度挑战也；及第四号则曰："如某氏持土地国有主义，在鄙人固承认此主义为将来世界最高尚美妙之主义。"其所承认者，即第三号所斥为煽动下流、各国煽动家利用之而有效者也，此二度挑战也；既曰承认土地国有主义，为最高尚美妙之主义！而今十四号文中又谓吾人言土地国有，为"卤莽灭裂盗取社会主义之一节，冀以欺天下之无识。"又谓以"简单之土地国有论，而谓可以矫正现在之社会组织，免富者愈富贫者愈贫之恶果，是则不成问题。"夫彼第四号固已赞美土地国有为最高尚美妙之主义，而特嫌其未能以实现于目前耳！而今则并斥之以为体段不圆满不成问题，此三度挑战也；然尤有奇者，则此十四号文四十八页云："社会主义学说，其属于改良主义者，吾固绝对表同情，其关于革命主义者，则吾未始不赞美之，而谓其必不可行，即行亦在千数百年之后。"其第四十九页亦云："中国今日若从事于立法事业，其应参用今世学者所倡社会主义之精神与否？此问题则吾所绝对赞成者也。"至其篇中结论则曰："故吾以为种族革命不必要也，社会革命尤不必要也。"更易其词曰："今日欲救中国，惟有昌国家主义，其他民族主义、社会主义皆当诎于国家主义之下。"依梁氏所区分者，则社会改良主义，自当诎也。相距数页之间，而其文之不自掩也如是，岂梁氏所谓绝对赞成采用者，固止为一种口头禅耶？抑梁氏至于终局，又但以社会革命主义为社会主义，而社会改良主义，非社会主义耶？此四度挑战也。凡是，皆梁氏所持与吾人辩争之主题，即彼军成立之徽帜也。（阅者审之，作者亦自审之，此宁非荦荦大端耶？）而犹反覆颠倒，莫名其是，其他抑又可知。（本论篇末特摘取梁氏此次文中自相挑战之大点，列为精细矛盾表以促作者之反省。）梁氏于他人文，为己所不能辩攻者，则辄抹以无辩驳之价值。若此类者，乃真无辩驳之价值也。

梁氏于其本论之前，谓不可不先示革命之概念，而其概念曰："凡事物之变迁有二种，一缓一急，其变化之程度缓慢，缘周遭之情状；而生活方向，渐趋于新生面，其变迁时代，无太甚之损害及痛苦，如植物然。观乎其外，始终若一，而内部实时时变化，若此者谓之发达，亦谓之进化。反之其变化性极急剧，不与周遭之情状相应，旧制度秩序忽被破坏，社会之混乱苦痛缘之，若此者，谓之革命。"（按此数行为美国学者伊里氏经济概论上卷第五章英国工业革命第一之前数行语，梁氏从日本山内正瞭译本译抄，几无一字改易，自谓是所下革命概念云云，殊不可解。或谓梁于彼报体例，其著作征引，恒不言所出，自民报第一号发行，梁氏乃变其例，既复屡为民报纠其译文之误，无以自解，故兹复用前例，理或然欤。）按伊里氏之言，只以解英国自营业商业时代变迁于工业时所以号为革命之故，非谓一切之进化革命皆严有此之区别，而不相容也。故依于生物学者之言，则进化之事，其道至多，有必经革命而后进化者，而历史上所号为革命者，又不必皆生混乱痛苦于社会也。今即姑如伊里之言，譬之植物，其外观始终若一，而内部时时变化者，曰进化。则譬有植物家于此，其种树也，断树及根，而更续以他本，使其发生，其外观始终不若一，其变化不隐涵于内部，是则伊里氏所以为革命非进化，而梁氏亦必以为革命而非进化也。则更证以实例：如我国内地广东等省，所用之肩舆，其始当如今山间僻县之制，殆至陋劣，其继进化则制愈备，饰愈美，肩者亦自二人而三人四人，进化至于八人而极其能事矣！顾近者粤汉铁道兴，将来吾粤之民，即舍肩舆而乘汽车，肩舆与汽车不同物，即断树而更续以他本之类也，梁氏于此，其得谓之非革命耶？得无谓此自肩舆而汽车者亦当循轨道以发达进化，不如用北省之驼轿以代肩舆，（驼轿不以人肩负，可谓之进化。）浸假浸变，而后合于缓慢之程度耶？而梁氏亦自知其不然，而曰："我国今后不能不采用机器，以从事生产，势使然也。既采用机器以从事生产，则必结合大资本，而小资本必被侵蚀，经济社会组织不得不缘此一变，又势使然也。"是工业之革命，梁氏亦认为不可避者，且并认现在经济社会组织，不得不缘之一变矣。然恐以承认工业革命之故，将并不能反对社会革命之说，乃急变其词曰："欧人工业革命所生之恶果，我虽不能尽免，而决不至如彼之甚；今后生产问题，虽有进化，而分配问题，仍可循此进化之轨而行，两度之革命，殆皆可以不起。"又曰："欧人前此之工业革命，可谓之'生产的革命'，今后之社会革命，可谓之'分配的革命'。"意谓欧人惟以生产的革命，故生分配的革命，而我以生产的进化，而无须为分配的革命也。（梁氏论新国分配之谬，下方驳之。）梁氏既先置分配而言生产，则吾亦姑先与之言生产。夫梁氏所谓欧洲生产革命，其最大者，即前此人类从筋力全部以从事制作，利用自然力之器械绝无，及机器发明，普通视人力加十二倍，或加数百倍、至千倍，生产之方法，划然为一新纪元也。而此之景象，则我国今后所必同。然以我数千年文明之旧国，一旦举其生产方法改革纪元，旧制度随之破坏，而日与社会周遭之情状，能相应不至生其混乱苦痛，其谁信之？故以中国今后之经济社会言，梁氏即欲不承认有生产的革命而不得，不然则必自背其开宗明义所自下之概念而后可也。

今于驳正梁氏本论之前，特先举梁氏致误之根本，而后详论之。梁氏致误之总根本，在不识经济学与社会主义之为何，而其经济观念之谬误，则其大者有八，列示于左，供阅者之研究评判：

其一，梁氏以土地为末，以资本为本。

其二，梁氏以生产为难，以分配为易。

其三，梁氏以牺牲他部人，而奖励资本家为政策。

其四，梁氏以排斥外资为政策。

其五，梁氏不知物价之由来。

其六，梁氏不知物价贵贱之真相。

其七，梁氏不知地租与地税之分别。（日本指吾国习惯所称之地租为地代，而指吾国所称之地税为地租，详见下方。）

其八，梁氏不知个人的经济与社会的经济之分别。

总此八误，而梁氏全文，乃几无一语之不误；同时自相挑战，亦缘之而起。梁氏谓予不信，则请观就其原文次第评论之各节：

第一节　驳所谓中国不必行社会革命之说

梁氏以欧洲经济社会史为惟一之论据。梁氏不敢道美国经济社会史只字。引伊里述美国经济社会史以补梁氏之缺。就美国经济社会史正梁氏三谬。梁氏之论据不攻自破。美之经济组织更良于我。梁氏土地资本论之不中肯。梁氏土地资本论之矛盾。论粤汉铁道集股事。我国经济社会之现象不足恃。梁氏亦赞成社会主义。梁氏不知病源治法。病源治法不外土地国有。

（原文）吾以为欧美今日之经济社会，殆陷于不能不革命之穷境。而中国经济社会则惟当稍加补苴之力，使循轨道以进化，而危险之革命手段，非所适用……彼欧人之经济社会，所以积成今日状态者，全由革命来也。而今之社会革命论，则前度革命之反动也；中国可以避前度之革命，是故不必为再度之革命。夫谓欧人今日经济社会状态，全由革命者，何也？……盖欧人今日社会革命论，经由现今经济社会组织不完善而来，而欧人现今经济社会组织之不完善，又由工业革命前之经济社会组织不完善而来。我国现今经济社会之组织，虽未可云完善，然比诸工业革命之欧洲，则固优于彼，故今后虽有生产问题，虽有进化而分配问题，仍可循此进化之轨而行。而两度之革命，殆皆可以不起。……此在欧美诚医群之圣药，而施诸今日恐利不足以偿病也。

驳之曰：此梁氏以欧洲之经济社会历史，证言我国不同，则其谓中国不必行社会革命之惟一论据也。其本于伊里氏，谓欧洲工业组织之变迁，不以进化的，而以革命的。及其所述欧洲历史之概略，亦可谓为无大误者。然其于欧洲之经济社会历史称述若是其详，而于美洲则无一字道及，此则吾人所不能解也。夫既以欧美并称，而与我国比较其得失优劣矣，则欧与美国为梁氏所宜知，而胡独见遗其一？且审梁氏之文，于称欧洲历史以前，则曰吾以欧美今日经济社会，陷于不能不革命之穷境；而中国不然，其既称述欧洲历史之后，则又曰社会革命，在欧美诚医群之圣药，而中国不然，是梁氏初非忘情于美也。梁氏得无谓欧洲经济社会之历史，即可以括美洲经济社会之历史，举其一而可令阅者囫囵读过，遂信欧美当日之历史为无以异耶？抑梁氏亦自知，夫美之经济社会历史不同于欧，言之而惧自破其说耶？他书或为梁氏所不乐道，伊里之书则梁氏既明述且暗袭之矣！吾请以伊里之书补梁氏之缺可乎？按伊里述英国工业革命之下，其第八章即为《关于美国经济之注意》，其大略谓随于英国工业革命而生之苦痛有二，而美国皆得免之。其在过后之困难，则汽机发明之日，适为美国独立之时，本无足称之工业与所谓当改革之旧制，故新工厂制度直采用为美国本来之制，故英国为革命之性质，有浴血淋漓之现象，而美则为履道坦坦之一进化而已。（伊里分别革命与进化之历史如是）其在实施上之苦难，则美既以工业狭隘免过渡之轧轹，而其境域，复庞大以调和自由主义之实施，人民亦乐逐利迁移，不感竞争之压力，此伊里氏述美国采用汽机制造时之社会状态，盖与欧洲为大相悬绝也。而继言竞争之结果，则曰试观东部诸州，人口繁密，自由地渐稀，获得之道因而烦；劳动者渐感生活上之困，纵令庸银不落，而生计已不如前，富者增加，贫者赤众，以其阶级悬隔之不平，至于暴动，劳军队之镇抚。其次则述佣主间之争竞及事业之集中，劳动者之困苦：一国之事业，落于少数人之手，以为较他国为尤甚，而其理由则以为一因无限制其趋势之法律，上复媚于铁道大资本家而助其进步，此伊里言美国社会进步之后，其分配之不均尤甚剧也。故就伊氏之言论之，则有足以正梁氏之谬失，而畅吾人前说者为三焉：美国惟以新立之国，无可称之工业，无可言之旧制，故于过渡不感其困难。若我国有数千年之文明习惯，而旧业之倚手工为活者，亦非美国当年之极狭隘无称可比。然则美以新立之国，故免过渡之困难；以其免过渡之困难，故伊里氏以为进化而非革命。我国情态既与美异，梁氏何据而谓为今后生产问题但有进化的耶？此足正梁氏之谬失者一。美之得为坦夷进化也，如伊里之言，则不仅恃旧业旧制之无称，而更赖邦土广阔有自由之土地（自由土地，谓自由占有者），以使劳动者迁徙自如，善自为计，故能不受事业竞争之苦。我国虽地大物博，而以四千年之旧国，宁复有此以为调和耶？（故吾人注意于整理土地之法，其说详下方。）此足正梁氏之谬失者二。夫以上二者较，则我国经济社会之现象，其断不如美之当日，已不烦言而解矣！而美之以其真进化的，非革命者犹浸假而有今日之社会，不免与欧洲同陷于不能不革命之穷境。且自伊里氏言之，则宁视欧洲为倍惨，即今世言社会主义者，亦群认美为急于欧也。而梁氏乃谓欧洲今日之社会革命论，全由前度而来，中国可以选前度之革命，故不必为再度之"革命"。夫美则固已为能避前度之革命者，而胡以生社会革命于今日耶？此足正梁氏之谬失者三。故梁氏所以谓中国为不必行社会革命者，其前后若以与欧美历史不同为论据，而及其述彼方经济社会历史以为证，则但及欧而遗美，是独以欧洲之历史为主据也。若更以吾人所举述美国经济社会历史证之，则并其所主张欧洲历史之论据亦不存，何者？以所谓我国经济社会组织及经济社会现象优于工业革命前之欧洲云者，证以美国而皆词穷也。虽然吾谓梁氏非必不知美国经济社会历史者，而伊里氏之书其言英美比较之异同，尤不应未睹，但以言及美国之历史，则其所以为证者，不攻而自破，故无宁缺之，此梁氏之苦心也。贼有盗铃者自掩其耳以防人觉，而不虞闻声而来捕者之使无所逃避也。

（原文）彼贫富悬隔之现象，自工业革命前而既植其基，及工业革命以后，则其基益固，其程度益显著云耳。盖当瓦特与斯密之未出世，而全欧之土地本已在少数人之手，全欧资本自然亦在少数人之手……故工业革命之结果，非自革命后而富者始富，贫者始贫；实则革命前之富者愈以富，革命前之贫者终以贫也。我国现时之经济社会组织与欧洲工业革命前之组织，则既有异，中产之家多，而特别富豪之家少，其所以能致此良现象者，原因盖有数端：一曰无贵族制度……二曰行平均相续法……三曰赋税极轻。

驳之曰：梁氏以吾国经济社会组织，为视欧洲工业革命前之经济社会为优焉，则谓彼今日社会问题，为我将来无有之问题。然一证以美国，则其说无复立足之地。盖美之初亦无贵族制度也，亦无长子相续不平均之制也，亦无贵族教会重重压制，供亿烦苛，朘削无艺，侯伯僧侣，不负纳税义务，而一切负担全委齐氓之弊也。故我国所视为良因以造良果而傲视欧洲者，美皆不我让。至其以新国之美质，自由土地之多，既不感过渡之困难，复能调剂竞争之压迫，则非我国现时所望。梁氏但侈言我经济社会组织为善于欧洲当日，遂谓可免将来革命之患，然则美之经济社会组织更良于我者，今果何如？我胡弗视此较良于我者为不足恃，而自警惕也？梁氏以我国中产家多，而特别富豪家之少，引为幸事，此亦惟足以傲彼欧洲之封建制度耳！若美则其始纯为经济界之干净土，其今日之以巨富称者，皆以徒手而创业，不因英伦资本之挹注也。然而托辣斯之骄横，全国事业之兼并，租贵佣病之困苦，其社会革命问题，乃视欧洲为后来居上，梁氏亦尝于贵族封建之外，而一审察欧洲社会之问题否耶？然谓梁氏全不知欧美社会问题之由来，则梁氏亦当不受，以梁氏固能言"全欧土地在少数人之手，全欧资本亦自然在少数人之手也。"而且继之曰："少数之贵族，即地主也，多数齐氓无立锥焉。生产之三要素，其一已归诸少数人之独占矣，故贵族即兼为富族。"是则梁氏于研究欧洲昔日经济社会问题，固未尝无一隙之明，而观察点亦有所中也；且梁氏非惟可与言欧洲之经济社会历史也，即美之经济社会历史，为梁氏所不乐称述者，亦未尝不可不以梁氏此言通之。盖以言乎欧则曰：全欧土地在少数人手，故全欧资本亦在少数人之手；而以言乎美，则亦可曰：全美土地在少数人手，故全美资本亦在少数人之手也。美之先固无封建贵族制度矣！而以有天然独占性之土地，放任私有，且以国家奖励资本家之故，而复多所滥与。如南北太平洋铁道，其敷设时，特由国家奖励，而与之以轨道两旁各六十英里至于百余英里之地，如是之类，故美之土地亦入于少数人之手，而资本亦附属焉。所异者，则欧洲之得为大地主者，以贵族之资格；而美之得为大地主者，不以贵族资格，而以平民资格而已。其以土地入少数人手酿为贫富悬隔，陷社会于不能不革命之穷境则一也。故吾人以为欲解决社会问题，必先解决土地问题，解决土地问题，则不外土地国有，使其不得入少数人之手也。夫然后不至陷于欧美今日之穷境，此所谓先患而预防也。梁氏虽欲隐没美之经济社会历史而不言，而于欧人以土地问题生社会问题者，则言之若是其切，而下文则又忽自反之，而与人争土地资本之孰重，谓资本能支配土地，土地不过为资本附属物，以与其前大相挑战焉！梁氏岂以为如是而后可以乱敌人之耳目耶？嘻！亦异矣！

（原文）粤汉铁路招股二千万今已满额，而其最大股东不过占二十五万及至三十万耳，其数又不过一二人，其占十股以下者乃最大多数。盖公司全股四百万份，而其为股东者百万余人，此我国经济社会分配均善之表征，亦即我国将来经济社会分配均善之朕兆也。……

公司愈发达，获利愈丰，而股东所受者亦愈多，股东之人数既繁，大股少小股多，则分配不期均而自均，将来风气大开，人人知非资本结合不足以获利，举国中产以下之家，悉举其所贮蓄以投于公司，出产方法大变，而进于前分配方法，仍可以率循而无大轶于旧。

驳之曰：此梁氏以粤汉铁路集股之事，证我国经济现象为良于欧洲昔日也。就粤汉铁路言，则不可不知此事有附加的原因，即全省士民一时激于义愤，而非尽中产之家，举贮所余牟利而来也。故香山唐绍仪知忧之，忧其大股之不能交，而亟筹保护之善法。（见唐与粤绅商书，粤中各报皆载之。）而梁氏乃以为股东者百余万人为幸，亦忘其附加之原因耳。且就令以此附加之原因为不足论，而谓此占十股以下之最大多数股东，能永保其股份以形成梁氏所期分配平均之现象乎？吾见铁路之才着手于工事，而股份之转易于他手者，已不知凡几矣！而此之从他手买得者，其大半必非中产以下之家，及其买收之不止十股以下，又可决也。而铁路之利非逾五年不见，此五年间凡百余万之中产以下之家，其能久待者几何乎？即幸而待至获利之日，则豫计为所获颇丰者，若岁得什一之利则占十股者，其岁收利当为五元，或三四元不等，此五元或三四元之利，以之加入一人一岁生活最少费中，（谓一人一岁所必需为生活之费也。）实不过可有可无之数，斯时或有以倍其原来之股金，或百元或八九十元求购者，则鲜不售也。于时其有三十万股之大股东，则每年以什一之利与之，则其人岁可得十五万元，除生活之费，优计之亦当余十余万元，仅举十余万元之所得，用以买收他股，倍其原价不惜，亦岁可多得万余股，而此股东之能应募至三十万者，必非倾产为之，苟见铁道公司之获利而肯营殖焉，则其所能买收之股更不可算，而其次第先被买收者，又必其为占十股以下之大多数股东可知也。如是者年复一年，铁路之获利愈丰，则此大股东之购求愈急，四百万分之股终必落于少数人之手，而今不遽见者特尚需时日耳。一二股东既垄断一公司之股，转而更谋他路之公司，其兼并之法如前而益较为易，而铁道为自然独占之事业，不数十年将见广东全省或东南数省之铁道，悉落于少数人之手，而形成今日美国铁道之现象，盖至是而所谓股东之人数繁，大股少而小股多者，渺不可见矣！故目前经济之现象为决不足恃，而分配之问题不注意，则社会将来必感竞争压迫之祸。且夫生产方法之未改，自由竞争之未烈，则其国经济社会，每可以苟安而无事，非惟美洲，非惟我国，即欧洲工业革命前之经济社会，其现象亦非甚恶也。梁氏不观之伊里氏称述英国手工制造时代之美点乎？（伊里氏之书，为梁氏所知，故篇中多引述之。）曰："其时手工制造家，各自有其居宅牛马，其业成于家，而鬻于市，利固不大，其人亦未尝贪大利也。论此时代之制度，于进步发达，缺点固多，而维持一般之独立安宁，所谓乞丐流氓之绝无者，不可谓非大美点也。"然则使梁氏生于当日，亦将以经济社会现象之良而自安耶？又况如梁氏曩者诋毁吾人之持民生主义者，谓利用此以博一般下等社会同情，冀赌徒、光棍、大盗、小偷、乞丐、流氓、狱囚之悉为我用，（此证之悖谬，本报前号已痛斥之。）所谓赌徒、光棍、大盗、小偷、乞丐、流氓、狱囚之属，岂尚为社会之良现象耶？夫即谓我国经济社会现象为良，而睹于美之以一片干净土为发脚点者，犹有近今社会之穷境，则先事预防之策，其必不可缓矣！况我国经济现象，如上所称不足谓善，以与人较量短长，则纵优于欧而必不如美，而梁氏乃一再称幸之不已，殆必得风雨飘摇之日，而后许为绸缪之计也，吾哀其无及也。

（原文）然又非徒特现在经济社会组织之差完善，而遂以自安也。彼欧人所以致今日之恶现象者：其一固由彼旧社会所孕育，其二亦由彼政府误用学理放任而助长之。今我既具此天然之美质，复鉴彼百余年来之流弊，熟察其受病之源，博征其救治之法，其可用者先事而施焉（其条理详下方），则亦可以消患于未然，而覆辙之轨吾知免矣！所谓不必行社会革命者此也。

驳之曰：梁氏亦知现在经济社会组织之差完善，而不足自安耶？是亦梁氏一隙之明也。而梁氏所指欧洲恶现象之原因，抑亦不谬，惟以美言之则微异。盖欧有其三，而美有其一，一切旧社会之孕育，例如封建贵族制度为美所无，而政府误用学理放任助长，则美亦同病，此当注意者也。至梁氏所谓熟察病源，博征治法，先事而施消患未然者，则孙先生前日之演说，已详哉言之曰："社会问题，隐患在将来，不像民族、民权两问题，是燃眉之急，所以少人去理会他。虽然，如此人的眼光要看得远，凡是大灾大祸，没生的时候，要防止他是容易的，到了发生之后，要扑灭他却是极难。社会问题在欧美是积重难返，在中国却还在幼稚时代，但是将来总会发生，到那时候，收拾不来，又要弄成大革命。革命的事情是万不得已才用，不可频频伤国民的元气，我们实行民族革命、政治革命的时候，须同时想法子改良社会经济组织，防止后来的社会革命，这是最大的责任。"（本报十号纪演说词第七页）故吾人闻梁氏此言，几忘其立于正反对者之地位也。梁氏岂不曰：吾之救治法，非革命党之救治法也，即吾下方所言，铁道等事业归诸国有，制定工场条例，产业组合法，以累进率行所得税、遗产税，诸类之条理耶？姑勿论是种种之方案，皆逐末而无足以救患，而即以梁氏所自言，鉴欧美百余年来之流弊，熟察其受病之源者论之，而见其不相应。盖欧美受病之源，在封建贵族之制度，即梁氏上所云自工业革命前而既植其基也。而其直接以成今日社会之恶果者，则由于土地在少数人之手，使资本亦自然归之，而齐民无立锥地，所谓社会之孕育为之也。故但遡因于土地，而已得欧洲受病之源，使欧洲当日不以其土地归少数人之手，则贵族不为患也。又使欧洲以他之原因，而土地归少数人之手，即无贵族犹为社会之患也。更以推诸美国，则初无贵族制度，而以认许土地私有制度及崇奖资本家，而土地亦在少数人之手，以渔猎社会之资本一为今日之大患，故知土地问题决为社会问题之源。而不能解决土地问题，即为不能知欧美社会受病之源也。梁氏对于欧洲既往之历史，既历言其土地垄断于私人之弊，以为造恶现象之原因，于此复曰：当熟察欧人受病之源，博征救治之法，而于下方则极力反对吾人之言土地国有者，而但以其铁道国有，制定产业组合、工场条例，行累进税为已足，吾不知此数者于欧人受病之源，果何与耶？故使梁氏必反对土地国有而行其补苴漏罅之法也，则必取消此熟察病源，博征治法之言，而后可使梁氏而必强认所举诸条理，为即病源救治之法也。则必取消其论欧洲经济社会历史之言而后可。（即所谓全欧土地在少数人之手，全欧资本亦自然在少数人之手，及生产三要素，其一已归少数人之独占，故贵族即兼为富族，多数贫民皆无立锥等语。）然吾人窃以为此数语者，固梁氏一隙之明而不可没者，则何去何从，愿梁氏更就此而熟思之也。

第二节　驳所谓中国不可行社会革命之说

梁氏奖励资本家排斥外资之非。经济竞争与武力竞争不尽同。经济问题与政治问题有分别。保护贸易非梁氏所能藉口。土地国有使国家为大资本家以经营独占之事业。对于外资，中国之现象与梁氏之政策之非。用土地国有主义，则外资输入不致为损。梁氏以生产分配问题为必不可合之谬。中国经济界穷蹙之因。解决生产问题不必反对社会主义。梁氏乐蹈他人之覆辙。

（原文）社会革命论以分配之趋均为期。质言之，则抑资本家之专横，谋劳动者之利益也。此在欧美诚医群之圣药，而施诸今日之中国，恐利不足以偿其病也。吾以为策中国今日经济界之前途，当以奖励资本家为第一义，而以保护劳动者为第二义……欧人自工业革命以来，日以过富为患，母财进而业场不增。其在欧土土地之租与劳力之庸，皆日涨日甚，资本家不能不用之求赢，乃一转而趋于美澳洲诸新地。此新地者，其土地率未经利用，租可以薄；而人口甚希，庸不能轻，于是招募华工以充之，则租庸两薄而赢倍蓰。乃不数十年，而美澳诸地昔为旧陆尾闾者，今其自身且以资本过剩为患，一方面堵截旧陆之资本，使不得侵入新陆以求赢，而旧陆之资本病；一方面其自身过剩之资本，不能求赢于本土，而新陆之资本家亦病。日本以后起锐进，十年之间，资本八九倍于前，国中租庸日涨月腾，而日本资本家亦病，于是相旁却顾，临睨全球。现今租庸两薄之地，无如中国，故挟资本以求赢其最良之市场，亦莫如中国。世界各国咸以支那问题为唯一之大问题，皆此之由。（按此段梁氏饤口作历史谈，殊觉词费，然以其足为自论自驳之材料，故具引之。）

自今以往，我国若无大资本家出现，则将有他国之大资本家入而代之。而彼大资本家既占势力以后，则凡无资本或有资本而不大者，只能宛转瘦死于其脚下，而永无复苏生之一日。彼欧美今日之劳动者，其欲见天日犹如此其艰也。但使他国资本势力充满于我国中之时，即我四万万同胞为马牛以终古之日。……

　　我们中国今日欲解决此至危极险之问题，惟有奖励资本家使举其所贮蓄者结合焉，而采百余年来西人所发明之新生产方法，以从事于生产，国家则珍惜而保护之，使其事业可以发达，以与外抗，使他之资本家闻其风羡其利而相率以图结集，从各方以抵当外竞之潮流，庶或有济。虽作始数年间，稍牺牲他部分人之利益，然为国家计所不辞也。……

　　吾以为今后中国经济上之国际竞争，其浴血淋漓之象，必当若是矣！现在各国制造品之输入我国者，滔滔若注巨壑，徒以我地广人众，虽十倍其分量犹能容受，而我国又未尝自制造以相抵制。故各国各占一方面以为尾闾，而未至短兵相搏之时，一旦我国睡狮忽起，改变生产方法以堵其进途，彼时各国资本家必有瞠目相视，攘袂竞起挟其托辣斯巨灵之掌，以与我殊死战。我国如能闯过此难关，乃可以自立于世界。……

　　吾之经济政策，以奖励保护资本家，并力外竞为主，而其余为辅。……

　　驳之曰：此梁氏以奖励资本家，排斥外资为政策，而谓社会革命为不可行也。（其实则主张奖励资本家，使与社会主义反对，盖以分配之趋均为期，抑资本家之专横，谋劳动者之利益，即梁氏行绝对赞成之社会改良主义学者，亦无不如是也。故梁氏此节文，实与前后文为最轰烈之挑战，使人惊诧。）其以外资为恐也，词繁不杀，而其情状一若颤声长号与共和哭别之日，吾人虽欲俟其怯病之稍苏，而后纠正之不可得，则姑徐徐语之曰：梁氏其毋过戚也。梁氏昔日亦尝言外资输入问题矣！且以为用之于生产则善，而用之消费始害矣！（见彼第三年第五号报以下）梁氏岂今独畏外国之资本家耶？则外国资本，其能输借于中国类其大资本家之资本也。如曰：我吸收为用与其用资本而来经营者为不同耶？则彼者之为企业，犹有盈亏，而前者乃使彼安坐而获也。且梁氏所患乃各国资本家之欲得业场，而趋我耳，此奚足为患者？我宁欢迎之不暇，何则？如梁氏自言不数十年，美澳诸地，昔为旧陆尾闾者也，今其自身且以资本过剩为患。然则使各国资本家而群趋我，以注入其资本也，则我将为数十年前之美澳，而后此数十年我为今日之美澳，亦且以自身资本过剩为虑，安有为马牛终古之理耶？言至是则梁氏必破涕为笑，而其怯病可愈十之六七；则更进而语之曰：梁氏勿疑经济的国际竞争为一如武力的战争，必此仆而后彼与，此菀而彼必枯也。不通工易事，则农有余粟，女有余布，交易而退，各得其所，此其为理，通中外古今无以易也。故其能商于我国而获赢者，大抵其能有利于我，而非朘我以自肥也。使必为朘我以自肥，则通商者真吾国之最大漏卮，而锁国者，诚经济家之大政策矣！我国近百年来，生齿日繁，而经济界生产分配之方法，不见其改良进步，故社会有穷蹙之象；然以归咎于外资之输入，则不通之论也。即梁氏亦自知其谬而矫言："前兹未尝制造抵制，故各国各占一方面为尾闾，不至短兵相搏。使我国改变生产方法，则各国资本家，瞠目攘袂，而与我殊死战。"如是言，我国殆不如因仍旧日之生产方法，永古不变犹得以相安，无取冒险侥幸与人拼命也，而各国资本家必惊恶此改变生产方法，益益进步之国，又何理耶？吾见生产方法改变，则财富日增，而外国资本家乃益乐与我为市耳！观于文明富强之国，其出入口货物皆较野蛮贫困之国为多，可证也。且日本后起，其国小于我，而当其采用新机改变生产方法，以与欧美为国际竞争之日，胡不闻各国资本家之皆攘臂瞋目，灭此而后朝食也？梁氏则曰"昔日本越后有煤油矿，所处颇丰，美国斯坦达会社者，欲夺其业，拼五百万美金之亏衄，贬价而与之竞，越后碌卒不支，降于斯坦达，受其支配。使越后矿之力能拼著亏衄一千万美金以与之竞，又安见斯坦达之不反降于彼？"噫！梁氏亦痴矣！一千万之美金，曾不足以当煤油大王岁入四分之一，而遂望其能倾斯坦达会社而降之耶？而其不能，则梁氏引为大戚，不知此事于日本经济界，曾不感其苦痛，惟越后矿之公司其利或稍贬损耳。夫一公司之成败，一私人之得失，不足为一国经济竞争胜负之左券，必考其全国财富之显象，以较其前后孰为优绌而后得之。而日本则固自与外国通商及改变生产方法以来，其经济界之活气逐岁增加，此夫人能知者，而今且提出六亿之豫算案于国会矣！且借外债至八亿余矣！其又曷尝恃一二大资本家与人殊死战之力耶？且万一用梁氏之言，奖励中国之资本家而求与外竞，则必亦无胜理，盖以欧美各国资本家皆瞠目攘袂而前，而独以中国当之，此以一敌八之势，而况我现在资本之微微不振，星星不团，不能从事于大事业，固梁氏所知耶？而犹曰：使举贮蓄者而结合之与抗，是又梁氏所谓犹以千百之僬侥国人与一二之龙伯国人抗，蔑有济也。（彼报原文十四页语）言至是而梁氏亦当爽然自失，而怯病愈十之八九，则更正语之曰：梁氏勿以经济问题与政治问题混为一谈也。近时我国内地主张收回利权者纷起，其所争者皆铁道、矿山之业，带有领土权之关系，而为政治上之问题，固非一切以排抵外资为务也。然而侯官严氏且忧之曰："方今吾国固以开通为先，而大害无逾于窒塞。自开自造抵制利权之说日牢不可破如此，他日恶果必有所见。"又曰："已闻留学生有言，宁使中国之路不成矿不开，不令外国输财于吾国而得利。此言与昔徐东海相国云能攻夷狄，虽坐此亡国亦为至荣，何以异？"夫严氏之言未及政治问题之方面，此其缺也，而单以经济问题之一方面言，则无以易。今梁氏畏外资如虎，欲奖励本国资本家斗之，虽牺牲他部分人之利益而不惜，此其"能攻夷狄亡国犹荣"之心事也。梁氏其或以今世各国有行保护贸易之政策者，援之为论据乎？则自由贸易与保护贸易其学说之相攻难者，至今无定论；而即依于主张保护贸易者之言，亦谓自由贸易为原则，而保护贸易为其例外，故其行保护政策者必有其特别之原因。例如甲国以或种之工业为其国特色或所倚重，则设保护制度而助长之，使不为他国抑压也，否则不欲以一国生存之要需，悉仰于外国之供给，（如粮食之类，近时策英国者，谓当参用保护贸易以保护农业，即此意。）宁奖励助长之，使其国人不止从事于其贸易上最适宜之生产也。故主自由贸易说者谓依保护而成立生产，非必适于其国自然之状况，且使企业者有依赖心怠于改良进步。而主保护贸易者，则以此为教育国民之手段，俾养成其业以收利益于将来。夫然，故与梁氏奖励内国资本家以抵制外国资本家之说为大不侔也。盖保护贸易者以一种之生产业为主体，而梁氏则以一切资本家为主体也。保护贸易者："以防护本国或各种工业不为他国之业所抑压"为目的，而梁氏则"以大惧外国资本家之来而奖励资本家敌之"为目的也。故行保护政策者同时采用社会主义，而梁氏则以中国方惧外资而曰："以分配之趋均为期，抑资本家之专横谋劳动者之利益者，施诸中国，利不足偿病也。"故梁氏抵排外资之政策，求之各国，无其类例。而梁氏下方（彼报五十页文）所绝对赞成之社会改良主义，胪举其条理，则有所谓以累进率行所得税及遗产税者，非以期分配之趋均耶？制定工场条例，制定各种产业组合法者，非抑资本家之专横谋劳动者之利益耶？奈何其自诟之也。言至是则梁氏当塞口无言，而怯病可以尽愈，然后语以吾人所主张之社会主义，则对于中国今日实有容缓者。夫以国家之资历足以开放一国之重要利源，此必谈经济政策者所乐闻也。（严氏谓开通为善，闭塞为害，故与其闭塞，毋宁任外资之经营，此比较为愈之说也。然一国重要之利源，与夫国中自然独占之事业，能以国力举之，则更较任外人经营之为利。盖同为生产事业，有容许自由竞争者，有不容自由竞争者，此不独不宜任外人经营，即今日之铁道、矿山等事业，固宜悉归诸国有也。此与梁氏一意抵制外国资本家者，其事不可同日语。）既有开发一国重要利源及经营一般独占事业之能力，则国富必骤进，而生产事业日增，此又经济界必然之趋势也。然国家之资力果何自而来乎？则惟用土地国有主义使全国土地归于国有，即全国大资本亦归于国有。盖用吾人之政策，则不必奖励资本家，尤不必望国中绝大之资本家出现，惟以国家为大地主，即以国家为大资本家，其足以造福种种于全体国民者不待言，而于国中有经营大事业之能力亦其一也，此非虚言以相蒙也。夫今日之中国所谋于民之地税，为其租之二十分之一而已。其取诸民而达诸中央政府，不知经几度之吞蚀偷减，而中央政府每岁收入犹有四千万之总额。英人赫德有言：中国倘能经理有方，则不必加额为赋而岁可得四万万。然则中国地租之总额为八十万万也，经国家核定其价额之后，以新中国文明发达之趋势，则不待十年，而全国之土地，其地代（即租）进率必不止一倍，而此一倍八十万之加增，实为国有。（经国家定地价之后，则地主止能收前此原有之租额，而因于文明进步所增加之租额，则归国家，故曰地主无损而民生国计大有利益也。）国家举八十万万之岁入，以从事于铁道、矿山、邮便、电信、自来水等一切事业，而不虞其不足。即其初之数年，地租之涨价或不及此数，而有是可岁收之巨额，新政府即有莫大之信用，而可以借入若干亿之外债，一面用之于最要的生产事业不患其糜费之过多，一面有此岁收之巨额，不患其偿还之无着。盖是时国家之财政巩固，则全国之富源广辟，外资之输入，其初以补助本国资本力之不足，而产业既发达，则自身之资本弥满充实于全国而有余，此殆以自然之进步为之，而非恃奖励资本家政策所能望，是故"国中一切生产方法、分配方法皆不讲求，惟有外资输入者，今日之现象也。奖励国内之资本家以抵制外资输入，其结果不能抵制而徒生社会贫富阶级者，梁氏之政策也。以中国国家为大地主，大资本家，则外资输入有利无损者，吾人所持之政策也。"梁氏既忧吾国资本之力不足以经营一切重大之事业；又颇主张铁道等事业之归国有公有，则正宜崇拜吾人所主社会主义之不遑。（梁氏亦信国家缘此可得莫大之岁入，可为财政开一新纪元；而又谓土地国有，总以社会主义，均少数利益于多数之本旨，为不相及。不知社会主义的国家，其所得者，即还为社会用之，国家之收入愈多，即一般国民之所得愈多，何得谓非均少数利益于多数之旨耶？）何至出奖励资本家牺牲他部分之下策，以与其绝对赞成之学说为反对？是真梁氏之不智也。且梁氏亦知大资本家之为害，尝曰："牺牲无量数之资本，牺牲无量数之人之劳力，然后乃造成今日所谓富者之一阶级，一将功成万骨枯，今日欧洲经济社会当之。"而今又孳孳然以奖励资本家为务，至不惜牺牲他部分人利益以为殉，功成骨枯在所不计。核其受病之源，则始终以畏惧外资之故，甚至以筑路假资于人及各国制造品输入为疚。浸假使其言可以惑众，不又令我国反为攘夷锁国之时代耶？梁氏之罪不可逭矣！

（原文）今日中国所急当研究者乃生产问题，非分配问题也，何则？生产问题者，国际竞争问题也；分配问题者，国内竞争问题也。生产问题能解决与否，则国家之存亡系焉；生产问题不解决，则后此将无复分配问题容我解决也。由此言之，则虽目前以解决生产问题，故致使全国富量落于少数人之手，贻分配问题之隐祸于将来，而急则治标，犹将舍彼而趋此，而况乎其可毋虑是也。

驳之曰：此梁氏重视生产问题而轻分配问题，又以二者为不相容也。故于其论分配问题时，崇拜社会主义；而于其论生产问题时，则反对之，此其所以为大矛盾也。伊里氏曰："吾人由生产论而入于分配论，其研究之范围事物二者毫不异，所异者观察点而已。"然则专言生产问题而不及分配问题者，非伊里氏之所许甚明。而近世经济学者且每以分配问题为重要，故分配含有二义：其一为关于个人财产贫富之问题，其二为庸银与租息赢之问题。（据伊里氏分配论第一章）二者皆社会主义学者所重，使租庸息赢之问题不解决，则生产亦为之不遂；而个人财产贫富之问题不解决，则生产虽多而无益。使梁氏而专急生产问题也，则亦能置租庸息赢于不讲，而贸易以从事乎？惟知从事于生产而不计社会个人贫富之家，其生产又宁无过剩之虑乎？即如梁氏上方所主抵制外资之政策，行使吾国集一省或数省中等以下之家，悉举其贮蓄投之于公司；其为劳动者，亦宁牺牲其利益，务增时间减庸率以听命，而梁氏则为之画策经营，见夫日本大阪之织布公司，其以购自我国之棉为布而与我市也，以为宜并力与竞，拼着亏岫若干万金，乃以其出布之多，且遂足以倾日本大阪布公司而降之，则梁氏当欣喜愉快而相贺矣！然此事之结果，则大阪布公司舍其业而改织西洋屏画之属，其获利仍复不细，而日本国中得衣廉价之布，只有所益无减其毫末。而我国则以工场之增时间，减庸率，而其始劳动者已病，出布虽极多且廉，而一般下等社会无力购买，（所谓波士顿靴工之子无靴，而冷卡塞布工之妻无衣，非其地无是生产物，实其人无自瞻之力也。）货滞于国内，其以日本为市场者又以减价竞争而无利，于是资本家亦病。中等之家既尽其贮蓄以入公司，公司数年不能收利，则其股份必以贱价售卖与人（若公司亏蚀甚，则将至无可售卖），其家落而转为人庸矣！此何也？则不计分配而专言生产之病也。又专言抵制外资，即不解贸易自然趋势之故也。则更反其例而言之，今夫西蜀夔峡之水，其倒泻而下者几百尺，其可发生之电不知几亿万匹马力，则有外国最大之资本家投资本数万万而蓄之，购机募工，穷几月之力工成，而以视美之邦雅华拉瀑布为用且十倍焉，遂以供吾国东南诸省所有通都大邑一切制造机器之用，则梁氏必惊走告人谓："他国资本势力充满于我国中，我四万万同胞为马牛以终古矣。"而细审其结果，则或此公司者以供给过于需要，或作始过巨，而后无以偿，势遂不自支，倾折而去乎？则此大资本家之资本大半落于吾国人之手，其于我固利，兹事犹不成问题。而窥梁氏排斥外资之深心，亦惟惧此公司之能获利，所谓以百兆雄资伏已，而监其脑也。曾不知此公司之获利愈丰，财其为利于我国也必愈大，盖彼非能有贸易外之奇术，以攫我资而入其囊也。必其所经营生产者，足以使我有利，而彼乃得以取偿于我。则如以一纺织公司，每年所仰供给于夔峡水公司者为十万元之费，则其为效用于纺织公司者，必不止十万元之费也。（凡交易之事，皆以就于自己比较的效用少之财货，与比较的效用多之财货变换，日本山崎博士尝为譬之：有甲乙二人，甲有米三石，布六十匹，其效用相等；乙有米二石，布六十匹，其效用亦相等；则在甲米一斗之效用，等于布二匹，在乙米一斗之效用，等于布三匹也。故甲若以米一斗而与乙换布二匹半，是甲以等于布二匹之米一斗，而换得布二匹半也；乙又以布二匹半而易得等于三匹布之米一斗也。故以交换而增加双方财货之效用，非一方有利而他方即蒙其损也。）而水公司所生之电力，若更能胜煤汽之用者，则其事尤显如纺织公司，前用煤一岁消费十万，今用电力可省五万，故舍煤而用水公司之供给，每年即可省费五万，以其所有余者并用之生产，则岁能多资本五万，其他公司所省生产费额如是，即同时增多资本额亦如是，而其余尚有用煤而生产费过巨，不敢投资以从事于各业者，今亦得此省半费之电力而群起，是于社会增加生产的资本为不可胜算也。是时国中业煤之公司未尝不受其影响，然以煤汽而为电力之补助品，其效用必无全废之理。即一公司果因是倾跌坠其资本，然着眼于社会的经济，则一时所增殖之资本额实百倍之，不止利相衡者取其重，吾未见有以社会增殖百倍之资为不足重，而顾惜此一家公司之资本者也。如是而外资输入之利害可知矣。梁氏忧中国资本之不足而排斥外资，则不知外资输入，乃使我国资本增殖，而非侵蚀我资本者也。请言其理。夫资本之性质，依于各经济家所下定义，其大略从同如伊里氏云："自生产额所得除生活费之必要而有若干之余剩，此余剩者为生产而用之，或为生产而蓄之，则成资本。"然则资本所从来必自生产之结果与消费所余，自属不易之义。而当外资之输入，则如夔峡公司者，于我国能造成可发生几亿万马力之电机，即增长我国以可发生几亿万马力之生产额也。而为用于社会可得减省其消费额之半，故直接间接而皆使我资本增殖也。（图示之如下）

夫外资输入之为我增殖资本如是，而梁氏独恐惧之如不胜者，吾人于其此节之欲舍分配而言生产也，则知其所蔽，盖梁氏不识分配之理而因以疑外资之营殖于我国者，为彼国资本家之独利也。夫土地、劳力、资本三者为生产之要素，合三成物而为生产，故地主也，劳动者也，资本家也，皆参加于生产事业中，而有其不离之关系者也。然三者初非自然结合，故必有集是三种要素冒损失之危险，而从于事业之人谓之企业者，故生产所得财货分配别之四，曰：地代（租）以为土地之报酬，地主之所得也。曰：赁银（庸）以为劳力之报酬，劳动者之所得也。曰：利子（息）以为资本之报酬，资本家之所得也。曰利润（赢），于利子、赁银、地代之外以为企业之报酬，而企业者之所得也。企业者有时即为地主或资本家，有时则在于二者之外。外资之输入我国，其企业者或为中国人或为外国人，（亦有资本家为甲外国人，而企业者为乙外国人者。）是利润之所得，亦或为中国人或外国人也。其生产事业之供劳力者，不能不用中国人，是赁银为中国人所得也。行社会主义土地归国有，则中国国家为地主而得其地代，是四者中惟利子之一部分，完全为外国资本家所得耳。故夫外资一输入，而我国之土地劳力之需要立增，（梁氏曾论外资之可怖，历举其与中国劳动者之关系，举中国资本家与中国地主之关系，而终局则曰：使不藉外资而吾国民能以自力变更其产业之组织，与欧美列强竞，则其因缘而起之现象，亦固与外资无择云云，是又不成问题也。顾其中有虑外人审机之早，当租率未涨以前，而买收我土地使我不能获地代之利者，今吾人以土地国有主义解之，如汤沃雪矣！）其财货分配之所得，我实有其二分又半，而外国人则有其一分又半也。（图示之如左）

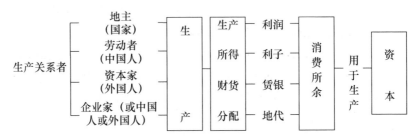

地代赁银之量或不如利润，利子之多，然比较之为确实。如企业者纵不获利，亦不能对于使用之土地劳力资本要求损失赔偿；若以资本家而兼企业者之资格，则脱有蒙损，身自当之；地主之地代，劳动者之赁银不能减蚀也。然则于外资输入之际，实先具有增殖我国资本之效用，而分配之后，我国人又沾其利益，其两度之利，使其当我国资本缺乏之时，利也；其当我国资本充裕之时，亦利也。而为外国资本家者，彼亦非无当得之利。梁氏谓生产方法变后，大资本家之资本与小资本家之资本，其量同时而进。吾则谓外资输入，而中国不殆于生产，则外国之资本与内国之资本，其量乃真同时而进耳，而梁氏何畏之深也？梁氏见吾国近日经济界之窘，求其故而不得，则以为外商之迫压及其制造品之夺吾业也，而不知其病实不坐是。自通商以来八十年，人口不能无激增于旧，而水旱疾疫，无岁无之，厉禁苛捐，层见叠出，内之则农工商一切之业，不闻尺寸之进步，因而社会之生产物，不足以为供给，其所以不至于凋敝者，犹赖有外国制造品之输入，以增加生产额，而并得减省其消费。其次则海外商民，已分殖其数百万之生齿于国外，而复大有所挹注于国中也。（昔之应募而往为华工者，大半濒于冻馁之民，此举世所知也。）顾其生产之所以不进者，其原因亦约略可言，其一曰：生产方法之不变，不能采用百年来西人所发明之新生产方法以从事，此梁氏所知也。（按此非社会智识之不足，由政府有厉禁也。自马关结约后，始许内地航驶小轮即用机器制造，前此织布用机惟有上海汉阳官业耳，于生产事业自为遏抑可叹。）其二曰：交通机关之不备。其三曰：货币之不统一。交通机关不备，则运输困难；货币不统一，则取引不安。运输困难是使生产费重而交易无利也；取引不安是使企业者裹足而商务衰

也。其四曰：厘税之烦苛，凡一物之作成，其自生产者之方而入于消费
者手也，则不知经几度之厘税，其道路之相距愈远者，则其经关卡愈
多，并其取引之时间而误之，而生产费之加增又不待言。故滇、黔之产
至繁富，而其得输入于吾粤者，惟烟土一宗，盖他物以不能堪若干度之
征抽，非远莫能致也。贸易之衰，其间接即使生产力蹙缩，何者？农有
余粟，女有余布，此有余而无与为易者，即生产过剩而失其效用者也。
譬有人耕于荒野，岁收谷二百石，而其所食及其耕数人所需，尽于百
石，欲引而鬻诸城市，则搬运之费，犹且过之，为农之计固所不愿，惟
有贮蓄之以待不时，及乎新谷既升，而陈因不尽，则有举而弃之者，此
越南未隶于法兰西之前，所以常闻烧谷之事也。如是而犹望其能尽地力
也，殆未之有。故异日者新政府立，举国家之资本，以营设国内之交通
机关，统一货币，除去厘金，则交易之事，安全迅速有倍于今兹，而厉
禁既除，则其采用新机以从事生产，又不待教而谕，所谓因利善导无所
难也。惟文明之进步速，则社会之问题亦接踵而生，不预为解决，则必
有欧美今日噬脐之悔。夫欧美今日之富量，惟在少数贫富阶级，悬绝不
平，劳动者之痛苦如在地狱，此亦社会主义者所恒道矣！然当其生产方
法未变以前固无此现象，而其所以养成积重难返之势者，亦正以其徒急
于生产问题，而置分配问题不讲也。今梁氏曰："生产问题不解决，则
后此将无复分配问题容我解决。"曾亦知生产问题之解决易，而分配问
题之解决难，社会主义学者勿论，即夫当世经济大家，其所郑重研究
者，皆分配问题而非生产问题也。生产问题大半可任自然的趋势，而分
配问题，则不可不维持之以人为的政策。即如上所论，则吾国生产问题
受病之源，举而措之裕如耳！以视欧美今日分配问题其于社会之解决，
孰难孰易乎？而况乎以兴利除弊解决生产问题者，固与社会主义无丝毫
之反对也。按土地国有之制行，国中之生产业必大进，何者？既无坐食
分利之地主，而无业废耕者，国家又不令其久拥虚地，则皆尽力于生产
事业也。梁氏惟认排斥外资为解决生产问题之唯一主义，而又以奖励资
本家为排斥外资之唯一政策，故使生产问题与分配问题若冰炭之必不可
合，此全由其特具之一种怯病而来，而又不能自疗也。梁氏既痛论欧美
社会，陷于不能不革命之穷境，又曰："其所以致今日之恶现象者，由
彼政府误用学理，放任而助长之。"吾人于此亦许其有一隙之明矣。而
至其策中国经济界之前途，一则曰："当以奖励资本家为第一义，稍牺
牲他部分人之利益，不辞也。"再则曰："吾之经济政策，以奖励保护资

本家并力外竞为主，而其余皆为辅，虽目前以解决生产问题故，致全国富量落于少数人之手，贻分配问题之隐祸于将来，而急则治标，犹将舍彼而趋此。"是明知放任助长为欧美已然至覆辙，而犹不惮于蹈袭其后也。昔南洋群岛有蛮族酋长出猎逐兽，偶蹶于地，至今此岛之蛮人，每经其地犹必蹶而效之。今梁氏以蹶为乐，无亦崇拜欧风之结果耶？虽梁氏以谓可以毋虑，聊自解嘲，而既以放任助长与人同其恶因，则他日积重难返，亦与人同其恶果。梁氏所恃或即其下方所列所谓改良之条理，其结果足以救患与否，亦姑勿辨，而当梁氏以奖励资本家为第一义之时代，则铁道国有，工场条例，累进率税皆与其政策反对而不相容者，梁氏其更何所恃耶！盖梁氏始终不能与言民生主义者，立于正反对之地位，而救治病源消患未然之说，又既附和无异词，乃不得已遁于排斥外资之政策，以为格人论锋之质。然就上方所辨，则排斥外资奖励资本家政策，无复扎寨之余地。梁氏所恃为唯一之论据已破，则其谓社会革命为不可行之说，亦不必取消而先无效矣。

按梁氏此数段文字，大抵剿袭近刊某报第一号，金铁主义第三节。至某报持论，尚谓应于时势，为救时之计，非祝贫富阶级之分，以不平均为幸，特以生产为急，分配为后，姑以此抵制外人，惟当思别种良法，以救其弊，而梁氏变本加厉，直谓牺牲他部分人之利益而不辞，并诋言社会主义者为亡国罪人，则又某报始料所不及也。但某报谓中国所急，方在生产不发达，不在分配不平均，故社会主义尚未发生，同盟罢工尚未一见；又曰于本国无一同盟罢工之事，斯言若为吾粤言之，则闻者皆得反唇相讥矣！盖吾粤每岁若织工，若木工，若饼工，若鞋工，其每年同盟罢工之事，层见叠出也。又依吾人所持土地国有主义，既一面解决分配问题，而国家自为大资本家得从事路矿各种事业，虽工商立国政策，何以加焉？而又何至患生产问题与分配问题为不相容也?!

第三节　驳所谓中国不能行社会革命之说

梁氏以极端之说为圆满之无理。梁氏土地资本论既自矛盾，复倒果为因。地主与资本家之势力。地价腾贵之原因。都会之成立及其发达。地有天然之利，而后人力因之。梁氏亦认土地私有制之害。梁氏谓土地为资本附属之奇谬。言凡资本悉为国有之不可。吾人之社会主义。心理的平等与数理的平等之别。社会革命论之精神。梁氏不知个人资本与社会资本之区别。梁氏崇信误字至自背其学说。梁氏以可租之土地为无价格可言。梁氏混地税于地租。土地国有即均少数利益于多数。大资本家不能垄断土地于国有之后。国有土地与井田古制不同。结论。附论。

（原文）欲为社会革命，非体段圆满，则不能收其功。而圆满之社会革命，虽以欧美现在之程度更历百年后，犹未必能行之，而现在之中国更无论也。今排满家之言社会革命者，以土地国有为唯一之揭橥。不知土地国有者，社会革命中之一条件，而非其全体也。各国社会主义者流，屡提出土地国有之议案，不过此为进行之着手，而非谓舍此无余事也。如今排满家所倡社会革命者之言，谓欧美所以不能解决社会问题者，因为未能解决土地问题，一旦若解决土地问题，则社会问题即全部解决者，然是由未识社会主义之为何物也。

驳之曰：此梁氏以圆满之社会革命非中国所能行，又以吾人所主张为非圆满之社会革命也。夫以欧美所不能者，即谓中国无足论，是真徒识崇拜欧美而不识社会主义者也。近世社会主义学者，恒承认一国社会主义之能实行与否，与其文明之进步为反比例；故纽斯纶者，南洋之一蛮岛也，而可倏变为社会主义之乐土，言欧美社会问题者，则曰积重难返；而对于中国，则曰消患未然，其处势之异如此。然则欧美之不能者，固不害为我国所能也。梁氏谓为社会革命，必体段圆满，不知此圆满之云者，将于何程度定之？以社会主义之争鸣于今世，其派别主张，言人人殊，由其是丹非素之见，则甲可以不圆满者加诸乙，乙亦可以不圆满者反诸甲，有第三说之丙出，则并得举甲乙而短之，其或以条件之多少为圆满否之程式乎？则彼固有认为不必要者，不能强益以蛇足也。其或以绝对者为圆满，相对者为不圆满乎？则是使持论者必走于极端，而不容有折衷之说也，是皆不通之论也。若夫一主义之立，其理论足以自完而无矛盾之点，施诸实际有莫大之成功，则虽谓之不圆满而不可得。梁氏曰："各国社会主义者，以土地国有为进行之著手，非谓舍此无余事。"即吾人亦曷尝谓土地国有之外，其余无一事耶？所谓欧美不能解决社会问题，为未能解决土地问题者；谓土地问题为之梗，不解决其重要者，则无能为役也，非谓土地问题之外无问题也。梁氏而欲反对是言乎？则梁氏于述欧洲经济社会历史，亦明明曰："全欧土地本已在少数人之手，全欧之资本亦自然在少数人之手。"及谓"生产三要素，其一已归少数人独占，故贵族即兼为富族。"然则欧美社会问题，以其国富量在于少数人之手而起，其富量所以在少数人之手，又以土地为少数人独占而起；梁氏固已绝对承认矣。于其所以致病之源则认之，而于其解决之法则否之，则适成为梁氏圆满之社会主义而已。

（原文）近世最圆满之社会革命论，其最大宗旨不外举生产机关而归诸国有。土地之所以必须为国有者，以其为重要生产机关之一也。然土地之外，尚有其重要之生产机关焉，即资本是也。而推原欧美现社会分配不均之根由，两者相衡，则资本又为其主动，盖自生产方法一变以后，无资本者万不能与资本者竞，小资本者万不能与大资本者竞，此资本直接之势力无待言矣！若语其间接之势力，则地价、地租之所以腾涨者何自乎？亦都会发达之结果而已；都会之发达何自乎？亦资本膨胀之结果而已。彼欧洲当工业革命以前，土地为少数人所占有者已久，然社会问题不发生于彼时，而发生于今日者，土地之利用不广，虽拥之犹石田也。及资本之所殖益进，则土地之价值随而益腾，地主所以能占势力于生产界者，食资本之赐也。又况彼资本家常能以贱价买收未发达之土地，而自以资本之力以发达之，以两收其利，是又以资本之力支配土地也。

驳之曰：梁氏此论与其叙列欧洲经济社会历史之言，为自相挑战，上文已辨之。然其所蔽固不可不详为之解也，今请诘梁氏以资本之所从出，梁氏能勿推本于土地耶？惟人工与土地合而后生资本，此一般经济学者所以认土地为福之源也。梁氏谓资本为主动力，吾人则以土地为资本之原动力，土地既生资本，而人用之更得助地力之发达，比之无资本者其生产较多。然即大有资本者亦不能离土地以言生产，（梁氏原文亦谓资本家所操资本，无论以之治何业，总不能离土地而独立，见彼报四十页。）故资本实始终缘附于土地，其势力不得相抗，若言其例，则观于地主与资本家之关系而知之。譬如甲为地主，有耕地二分，贷与于乙丙二人，乙为无资本者，其每岁收获得五十石，甲取其半以为地代（租），则乙所余者二十五石耳，丙为有资本者，顾其费不过十石（如以十石米赁耕具牛马之属而耕之类），而岁收获得百石，则甲亦欲收其半以为地代，丙以其比于乙所得为已多二十五石，以偿其所费之资本犹余四十石，则惮于迁徙他业而愿从之，然甲之所获，已并侵丙资本利益之范围矣。又如今日伦敦、纽约宅地之主人，其贷地于建筑者，岁收其相当之租，贷地之约既解，则勿论其营造之资本若干万，亦悉归地主所有，盖地主有左右资本家运命之势力，而资本家不能不仰地主之颐指，文明之时代，地之为需要愈甚，则地主之势力愈横，而资本家亦愈非其敌。梁氏谓无资本者不能与有资本者竞，以证资本之势力是则然矣，然无土地者抑能与有土地者竞否耶？至谓地价、地租之腾涨，亦止为资本之势力则大不然。地价之贵，其重要直接原因有三，而资本之势力不与焉、一曰：土地之性质，肥腴之地与硗确之地，其使用收益不同，则其价值不同也。二曰：土地之位置，其位置便于交通者贵，其不便于交通者贱也。三曰：人口之加增，地广人稀，则土地之供给浮于需要；地狭人稠，则土地之需要强于供给，而价值亦因之为贵贱也。以地价腾涨为由资本间接之力，则无宁以为土地本体之力。盖虽人口增加之强弱，亦未尝与地力无关，而地之性质与其位置，亦必有天然之利，而后人力因之。（伊里氏谓市街地之租，比于市外及小都会之租为昂，皆不过由位置便否之结果。交通之便利，开则地租甚受其影响，虽为市外地而有交通之便，则其租渐腾。据或论者之说云：交通机关发达，市内之租不仅阻其趋贵之势力，比于旧日反形减退云云。按伊里但言租贵直接之原因耳，至都市所以成立与交通之延长，则未之及也。）凡此皆非资本所能居首功者。梁氏谓地价腾涨，由都会发达之结果可也；都会亦土地也，谓都会发达，由资本膨胀之结果则谬也。欲知都会膨胀所由来，宜先知都会之所由成立，此则轩利佐治氏曾言之，其精辟为他学者所不逮。其大略谓“以一人而耕于荒野，自食其力，所资为养生之具，必不能给，故以十日治田，而必中废一日以远与人易所需，然是时用力虽多，其所得仍不免于缺憾。假而有十人聚居其地，则纵皆业耕，而十人者各更番任以粟易器之劳，其用力必较少，而所得较备，继而农之耕者愈多，其所需亦盛，则有不业耕而以农之需为业者。若布匹农器之属，是时必农之需要与业是者之供给为相当，然后能双方交利，故日中为市，必其地便。交易者先兴焉！以其便交易也，人亦趋之久而不废，乃成都会。”由是言之，则地之所以贵日，由人争之趋于都会也；人所以争趋于都会，由其有交通之便也；其最先之原因，则以农地之发达也。故农地王盛，而都会亦以繁荣；农地萧条，都会亦受其影响；凡此皆数见不鲜之象也。又纵当工商业极盛之时代，其地之得为都会与人之争趋之者，亦不外其便于交通之一大原因，以通商口岸证之，则其最便于交通者，其必最发达，而此外有所不逮者，皆其位置为之也。今梁氏谓都会发达由于资本膨胀，曾不问资本所以群趋于都会之故，是所谓倒果为因者耳。

且梁氏意以为一般资本增殖，而地价始腾贵乎？抑必资本家投资其地而地价始腾贵乎？如谓一般资本增殖而地价腾贵，则其事与少数之资本家无与，即社会主义实现土地与大部分之资本归国有。（社会主义亦止言资本之大部分归国有，不能谓一部分资本归国有，下详之。）而其社会的国家，亦未尝不从事于生产以增殖其资本也。但又使资本之于社会为分配本平，而无甚富甚贫之象者，则资本同时而殖，亦有利社会而无害者也，故于此不生问题也。如谓必资本家投资而后地价始贵，则吾未见于土地本体，无致贵之原因，而独以少数资本家之力能使之立贵者也。（本体致贵之原因，即上所举土地之性质及其位置也。）檀香山之初隶为美属也，资本家之善趋利者，以为其地之发达将逾倍，争投资本租地而大建筑营造焉。不意其地固无非常之进步，致使家屋营造之物供过于求，利润不可得，而地代无所出，卒尽弃所有，与地主毁其契约而后已。故资本家不能因应于地之进步发达，而勉强投资者并其资本而亏蚀之，（此役资本家之亏跌甚巨，梁氏友人黄某最热心于保皇者，亦以此失十余万。）安在其能使土地腾贵耶？夫所谓必有天然之利而后人力因之者，其在地味则有报酬渐减之法则，亦经济家所恒道矣。至以交通言，则如伦敦城内地贵，其距伦敦城远者价则远逊，自有为隧道之轨以通者，使其交通之便，与城内地无异，则其地价亦立起。或以为是资本支配土地之力，殊不知惟伦敦为交通最便之点，故得被及于余地。伦敦城其本位也，城外地之得触接伦敦亦其地位为之也。使其不然，则隧道之通轨，胡必依于伦敦等名城，而不随地构设之耶？若夫同一土地于野蛮时代则贱，于文明时代则贵者：其一由人口之激增；其二由生产方法之改变。人口激增，地之为需要以倍，不待言矣，生产方法变，然后地力尽，昔之以为不可用，与用之无利，今乃为人所争取，而遂至皆有善价，社会主义学者有恒言："地主者食文明之赐"，即以此也。今梁氏惟曰："地主食资本之赐"，是又知二五而不知一十者也。尤可笑者，梁氏既反对言土地国有者为不完全，而又谓资本家能两收其利，夫岂知吾人所以主张国有土地者，即虑是两收其利者为不平之竞争，以酿成社会问题而已耶？土地、资本、劳力三者并立为生产之要素，交相待而后成。私有土地之制不废，则资本家兼为地主，而劳动者有其一以敌其二，斯所以恒败而不可救。梁氏而真知资本家有两收其利之弊，乃今始可与言土地国有耳。

（原文）要之欲解决社会问题者，当以解决资本问题为第一义，以解决土地问题为第二义，且土地问题虽谓为资本问题之附属焉可也，若工场，若道具（机器），其性质亦与土地近，皆资本之附属也。

土地问题与资本问题孰先，吾于上文已辨之详，今不复赘。惟吾人有一语诘梁氏者，则其所谓"全欧土地已在少数人之手，全欧资本亦自然在少数人之手。"及所云："资本家所操资本无论用之以治何业，总不能离土地而独立。"云云者，其意亦岂以申明资本问题之当先于土地耶？梁氏于是不可不为一语以解答也。至谓土地问题为资本问题之附属，举工场、道具为证，其不通至此，阅者亦可以征梁氏于经济学之深矣！盖自来经济学家无有不以工场、道具（机器）为资本者。（他书不胜引，即伊里氏亦同，建物、器具、机械、蒸汽船、铁道、电信、电话工业及商业设备之类，皆生产的资本也。）而此云资本之附属，然则梁氏将认之为资本耶？抑不认之为资本耶？又谬云：其性质与土地相近。夫工场、道具属于资本，土地属于自然，二者绝不相蒙，无可相比，梁氏欲言土地附属于资本，求其说而不得，乃强认工场、道具为资本附属，而又谓其性质与土地近焉。由梁氏之说：则与土地性质近者为资本之附属，故土地亦可言资本之附属也。然则吾谓狗与梁氏之性质相近，狗为畜类故梁氏亦为畜类乎？故其曰：性质相近，勉强傅会之词也；曰资本之附属，模糊影响之语也。以勉强傅会模糊影响之说为证而衡以论理，则又只字不通，昔人有言："可怜无益费精神"，梁氏当之矣。

（原文）质而言之，则必举一切之生产机关而悉为国有，然后可称为圆满之社会革命，若其一部分为国有，而他之大部分仍为私有，则社会革命之目的终不能达也。……现行社会革命，建设社会的国家，则必以国家为一公司，且为独一无二之公司，此公司之性质，则收全国人之衣、食、住，乃至所执职业一切干涉之而负其责任。

夫论者固明知社会革命之不能实行也，于是卤莽灭裂，盗取其主义之一节，以为旗帜，冀以欺天下之无识者，庸讵知凡一学说之立，必有其一贯之精神，盗取一节未或能于其精神有当也。

驳之曰：梁氏以必举一切生产机关悉为国有，然后许为圆满之社会革命，此即吾上文所谓以绝对的为圆满，以相对的为不圆满之说也。夫如是则凡持议者惟走于极端，而后当圆满之名言社会主义，则一切生产机关皆为国有，而不容私有，不言社会主义，则一切生产机关皆当为私有，而不容国有，更无介乎其间之第三说而后可。而且所谓举一切生产机关悉为国有者，必并劳力亦与土地资本同为国有而后可。何则？劳力亦一生产大机关也。而问其事之可行否耶？梁氏必执绝对之说以为圆满，则宜其不能行，其不能行乃其所以为不圆满耳！不第此也，即舍劳力不言，但论资本国有之问题，则今之最能以资本论警动一世者，莫如马尔喀及烟格尔士。而二氏不惟认许自用资本之私有，即农夫及手工业者之资本私有，亦认许之。故日本河上学士曰："社会主义者往往慢言，凡资本以为公有，禁其私有，故世人惊之，识者笑之。若夫拘墟之学者，则喋喋其不能实行，以为覆斯主义之根本。"又谓安部矶雄及幸德秋水所论资本国有，其曰：悉曰：凡实为用语不当盖即最极端之社会主义，亦不能言一切资本国有。而梁氏所期之圆满社会革命论，不知其何所指也。若夫吾人之社会主义则不然，曰：土地国有，曰：大资本国有。土地国有，则国家为惟一之地主，而以地代之收入，即同时得为大资本家，因而举一切自然独占之事业而经营之，其余之生产事业则不为私人靳也。盖社会主义者非恶其人民之富也，恶其富量在少数人而生社会不平之阶级也。今者吾国社会贫富之阶级虽未大著，然土地已在私人之手，循其私有之制不改，则他日以少数之地主而兼有资本家之资格者，即其垄断社会之富，而为经济界之莫大专制者也。惟举而归诸国有，则社会之富量聚于国家，国家之富还于社会，如是而可期分配之趋均者有六事焉：土地既不能私有，则社会中将无有为地主者，以坐食土地之利占优势于生产界，一也；资本家不能持双利器以制劳动者之命，则资本之势力为之大杀，二也；无土地私有之制，则资本皆用于生利的事业，而不用于分利的事业，社会之资本日益增，无供不应求之患，三也；（以上土地投机者实为分利的，无益于社会者也。土地国有后，则可使其皆用于生利之事业，而社会资本日多。）具独占之性质者土地为大，土地国有，其余独占事业亦随之，其可竞争的事业，则任私人经营，既无他障碍之因，而一视其企业之才为得利之厚薄，社会自无不平之感，四也；劳动者有田可耕，于工业之供给，无过多之虑，则资本家益不能制劳动者之命，五也；小民之恒情视自耕为乐，而工役为苦，故庸银亦不得视耕者所获为绌，其他劳动者之利益皆准于是，六也。印即当世之热于极端社会主义者，亦只能言土地国有与大部分资本国有而已。由吾人所主张，则土地国有而外，以独占的事业为限，而社会资本亦大部分归于国有，所异者，则彼于竞争的事业禁私人经营，而吾人则容许之耳。然惟彼干涉之过度，故发生种种问题，而令人疑社会主义为理想的而不可实现。若吾人所主张，则但使社会无不平之竞争，而分配自然趋均，不为过度之干涉。故所谓自由竞争绝而进化将滞之问题，报酬平等遏绝劳动动机之问题，皆以不起，而施诸我国今日之社会，则尤为最宜适当，盖国法学者之言自由分配也，曰：当为心理的，不当为数理的。而心理的之平等，真平等，数理的之平等，非平等。数理的者，以十人而分百，则人各得一十，无有多寡参差之不齐也。心理的者，以人各起于平等之地位，而其所付与，则视其材力聪明者也。吾人于经济社会，亦持此义，其为分配之趋均，亦心理的而非数理的也，故不必尽取其生产消费之事而干涉之，但使其于经济界无有不平之阶级，两个人各立于平等之地位，犹其于立宪国中无有贵族等阶级者然，然后其所得各视其材力聪明，虽有差异不为不均，此吾人社会革命论之精神也。然则从吾人之政策，非使将来之中国损富者以益贫，乃从吾人之政策而富者愈富，贫者亦富也。夫革命之云者，对于所有者而言，中国土地已为私人所有，而资本家未出世，故社会革命但以土地国有为重要，从而国家为惟一之大资本家所不待言。以简单之语说明之，则曰："吾人将来之中国，土地国有，大资本国有，土地国有者法定而归诸国有者也。大资本国有者，土地为国家所有，资本亦自然为国家所有也。何以言土地而不及资本？以土地现时已在私人手，而资本家则未出世也。何以土地必法定而尽归诸国有，资本不必然者？以土地有独占的性质，而资本不如是也。"其主义切实可行，其精神始终一贯，惟梁氏以其牺牲他部人奖励资本家之眼光观之，则宜其枘凿不入耳。（梁氏谓吾人盗取社会主义之一节以为旗帜。夫梁氏所崇拜之社会改良主义，一方求不变现社会之组织，一方望其改革，得无亦盗取社会主义之一节者耶？若梁氏者忽而主张奖励资本家以言分配趋均者为病国，忽而又绝对赞成社会改良主义，是则虽欲盗取而无从也。）

（原文）盖地价之涨，乃资本膨胀之结果而非其原因，而资本家但使拥有若干之债券株式就令无尺寸之地，或所有之地价永不涨价，而犹不害其日富也。孙文误认土地涨价为致富之惟一原因，故立论往往而谬也。香港、上海地价比内地高数百倍，孙文亦知其何为而有此现象乎？痛哉！此外国资本之结果也。黄埔滩地每亩值百数十万元，然除税关及招商局两片地外，更无尺寸为我国人所有权矣。孙文亦知中国没有资本家出现，故地价没有加增，然则地价之加增由资本家之出现，其理甚明。使资本家永不出现，则地价永不加增矣。而曰革命之后却不能与前同，吾不知彼革命之后所以致地价之涨者其道何由？吾但知资本家之一名词，孙文所最嫌恶也，恶其富之日以富，而使他部之贫日以贫也。如是则必压抑资本家使不起，然后民生主义之目的如是，则以彼前说论之，吾果不知革命后之地价何由而涨也。

驳之曰：谓地价之涨，全由资本膨胀之结果，此于上文已辨，然就于社会论之，则尚成问题。若就私人言，则地主拥有其土地，地租日腾，地价日贵，一社会人所极力经营以成此文明之社会者，其利实彼坐获之，安在其不可以日富也？夫今日中国资本家尚未出现，孙先生演说词及之，梁氏亦承认之，惟虽无资本家，而已有地主，则虑以文明进步之结果，而使少数之地主独成其莫大之富量宜也。梁氏欲驳此言，则必谓地主所有土地虽涨价，而其地主不能以富，则此说始破，而梁氏徒举资本家以相吓何也？梁氏而真不信有土地为致富之原因耶？则其云全欧土地在少数人之手，全欧资本亦自然在少数人之手者，梁氏亦何指也。即如英国大地主威斯敏士打公爵有敌国之富，梁氏断断然争为资本之结果，然就威公爵言之，能谓其不由土地致富耶？凡此皆坐不知个人的土地与社会的资本之区别也。更即致富之方言之，则勿论债券株券之涨落无恒者，不足比于土地；但以资本家与地主较之，如甲以金十万元购地为地主，岁收五千元之地代，而乙以十万元营一织布公司，岁收八千元之利，并其企业所得亦姑以为资本之赐，则乙比于甲，其岁入恒多三千，至十年而多得金三万也。惟十年之后，则布公司资本少亦当损耗其十分之三，而须有种种修缮增补之费，核除此费，乃与地主前此所得相埒，而十年间甲租价已稍涨，则乙之收入不如甲，又不待言矣。凡凭藉土地以致富者，厥有多种，英威公爵则坐守其封地以富者也；其余有以本家买贱价之地，而两收其利者；又有并非资本家，但用诈术渔猎土地以富者；近见东京二月十五号时事新闻纪美国富人腓力特力威雅可查致富之事，为言社会主义者之好材料，录之且以见土地私有制之弊。

世以洛格飞为富豪之巨擘，然有富出其右，且能巧免报章之指摘而为世人所未熟察者：美国圣德堡卢之市民，名为腓力特·威雅可查者是也。其所有之森林价格逾数十亿，氏夙于西北部地方，以林业称霸，然语其所有森林之面积，实三千万英亩，亘于华盛顿、护列根威、斯堪新、米尼梭打诸州，此则虽其昵友闻之，恐犹有咋舌者也。以平方里核算之，实为五万平方里（英里）其面积六倍于纽查沙州，其土地之价格递年腾贵，利益之巨，无与比侔。氏本德意志人，年十八，徒手游北美，以勤俭善治其业，久之遂创立威雅可查会社。至其致富之由，最足为世人注意，其行为有类窃盗，即既不抵触于法令，且反为扩张之法律所保护，则其事为最不可思议也。盖千八百九十七年以前，美国国有地之获得，依于宅地条例，以百六十英亩为一区域，限于实际住居其地者，始许与之。至是年更发布土地选择条例，当时中央西部，即威斯堪新、米尼梭打及密西西比河流域，凡属于威雅可查会社营业之区域者，既已采伐无余，乃急欲求适当之森林。先是华盛顿、护列根爱达及门他拿之大森林，未经斧斤，材木丰积，然以法律不许采伐，无从觊觎，盖是等林野为国有财产，置实际之移住者，使保存之，而其林野亘数百英亩，材木丰富，莫之于京，常为林业者所垂涎，至千八百九十七年，议会终期所发布之土地选择条例，中有如左之规定：

条件未完了善意之权利主张或附带特权之土地，有在保存林野范围内者，从于其土地之住居者或所有者之希望，得返其土地于政府，而于不逾越前记之权利主张或附带特权之土地之面积范围内，选择许移住之无主土地以为偿。

此规定之趣旨，盖为小地主因保存林野之设定而蒙损害，欲以此救济之也。然以规定不完全，至酿意外之弊害，使富裕之国有林野遂为一二人所掠夺。先是议会以奖励建设横断大陆铁道之目的，而给与土地于铁道会社，于其线路两旁，每延长二十里，即给与六百四十英亩之土地，故其所得常逾数百万英亩，于千八百九十七年，当入于保存林野之范围内者，尚不下四百万英亩，嗣土地选择条例发布，各铁道会社竞以无值之土地，而易最良之国有森林，诺簪攀收希会社亦出此策，而垄断其利益者，实为威雅可查。彼最近三十年间对于诺簪攀收希铁道会社之森林财产，为事实之代理者。该会社之管理人，实党于彼，以其饫地贬价而卖诸威雅可查，约百万英亩，每一英亩，价止六美金耳！未几，威雅可查卖其土地四分之一，每一百六十英亩，得价七万六千美金，二三年间而利逾二十倍，故此等狡狯之交易，与无代价者无异，而所志未已，更转起西北地方，继复渔密西西比流域之利，后乃蚕食西部地方，其间或因卖买或因其他手段，以获得西北部之土地，千九百年更买收属于诺簪攀收希铁道会社所有之西方土地全部，约百万英亩。每一英里平均值六美金，以是交易获二千万美金之利益云。

据右之事实，则人固有徒手倚藉土地而成巨富者，以视拥有若干之债券株式者，其为富何如？而如美之林业，其始为国有而保存，则垂涎而莫利，及法令有阙，则猾者乘之，而数十亿之富量，入于一人之手，然则土地问题与资本问题孰轻孰重亦可知矣。又梁氏谓："资本家固非必其皆有土地，往往纳地代于他之地主，借其地以从事生产，而未尝不可以为剧烈之竞争。"此亦强词夺理者也。今姑即美国论之，其最大资本及为最剧烈竞争者：若航业大王，其船厂、船澳、码头之地，问为其所有者耶？抑借诸人者耶？若煤油大王，其矿山及所恃以运输之铁道，问为其所有耶？抑借诸人者耶？其他若牛肉托辣斯牧牛之地，烟草托辣斯种烟草之地，面粉托辣斯种麦之地，亦问为其所有耶？抑借诸人者耶？乃若借地于人而能大获者，则间亦有之。英伦之西看温加顿有卖花者租地为贸易，人以为此微业也，而不知其赢甚多。卖花者，乃身与妻子为弊服以欺其地主，使不为加租之议，及地主廉得其情，而卖花者已富，此所谓漏网之鱼也。至梁氏屡震惊于外资之输入，吾意彼以商工业为重，则尚成问题，今其言乃曰："黄埔滩地，每亩值百数十万元，除税关及招商局两片地外，更无尺寸为我国人所有权。"然则梁氏之深痛大恨者，乃外国人之夺我土地所有权，而使我国人不得享地主之利耳。若土地归国有，不能以为卖买之品，则彼外人何自而得我土地所有权者？（如外人租地营业者，期满而契约解除，所营建大抵归诸我国家，如今英威公爵者然，纵令外人投资几何，何害于国？吾恐此时中国国家，富过威公爵不知几千万倍耳。故梁氏此言，直为吾人土地国有主义者增一解而已，惟其下有"中国设①有资本家出现，故地价没有加增云云。"记者骤阅亦不解所谓，继而审之，乃因读本报第十号演说词误字所致。演说词第十一页云："中国现在资本家还没有出世，加以几千年地价从来没有增加，这是与各国不同的，但是革命之后，却不能照前一样，比方现在香港、上海地价，比内地高至数百倍，因为文明发达，交通便利，故此涨到这样，假如他日全国改良，那地价一定

---

① "设"，疑作"没"。

是跟着文明日日涨高的。""加以"二字出版时误作"所以",然原演说词之意系以资本家未出现,与地价未增相提并论,初非谓资本家不出现为地价不涨之原因,故下言上海、香港地价之高为文明发达交通便利而起;又云全国改良地价必随文明而日涨。(演说词"全国改良"四字,所包甚广,即政治、法律改良亦在其内,故文明二字,所包亦甚广也。)同页十二行又云:"那地将来因交通发达,涨至一万。"自始至终皆以"文明发达、交通便利"为地价腾涨之原因,而不及资本家之力。故上文一字之误,细心读书者必能以意逆志而得之,梁氏立于反对之地位,其不及此亦不深怪,而徒以崇信此误字之过,遂至力主张资本家出世为地贵之原因,而与其评论欧洲经济社会历史之语大起挑战,杀伤相当,是则非梁氏之负本报,乃本报之负梁氏也。(又梁氏于彼文有云:质言之:"文明进步,资本进步谓也。"以资本包括一切文明,可称奇语,此又因缘误字视为师说,谓地价之加增由资本家之出现,然则资本家者,可称为一切文明之代表欤?究之此说万难自完,实不如梁氏所云:"全欧土地本在少数人之手,全欧资本自然亦在少数人之手。"及谓:"生产三要素,其一已为少数人独占,贵族即兼为富族。"等语,浏亮多矣!)

(原文)嘻嘻!是即孙文新发明之社会革命的政策耶?吾反覆十百遍而不解。其所谓请一一诘之,不知孙文所谓定地价的法,将于定地价后,而犹准买卖乎?抑不准买卖也?彼既自言为土地国有主义,则此问殆可无庸发,不过费所解已耳,姑舍是(按此数语,其梁氏所谓自论自驳,无一可通者,幸而"姑舍是"三字尚善于解围耳。)则不知政府于定地价时随即买收之乎?抑定地价后迟之又久,然后收买之乎?若于定价时随即收买之,既买收后,即不复许买卖。夫物之不可交换者,即无价格之可言,此经济学之通义也。土地既非卖品,则初时以一千收入者,得强名为值一千,以二千收入者,得强名为二千耳,而何从有价涨至一万,赢利八千以归国之说也?若迟之又久然后买收之,则何必豫为定价?其所以豫为定价者,恐此地于未买收以前,因买卖频繁而价地将来买收之费将多也。殊不知既定价之后,则买卖必立时止截。如甲有地,定价二千,因交通发达,而乙以四千购诸甲及政府,从乙手买收时则仍给原定价二千耳!如是则谁肯为乙者?故定价后迟之又久然后买收者,谓以财政所暂不逮而姑为先后斯可耳!若既定价后则土地立失其有价值之性质，而断无涨价至一万，赢利七千以归国家之理，又可断言也。

驳之曰：此以下梁氏以吾人社会革命的政策，为不能行之主要论据也。孙先生言："定地价之法，如地主方地，价值千元，可定价为一千，或多至二千，其地将来因交通发达，涨至一万，地主应得二千，已属有益无损，赢利八千当归国家，于国计民生皆有大益。"其言明白易晓。而梁氏谓反覆十百遍而不解，吾始亦疑之，然继观梁氏所言，则经济学中最浅之理，梁氏亦未之知，以此头脑，而强与人论社会革命政策，虽反覆千万遍，庸能得其解耶？吾以是哀梁氏之愚，而又未尝不服其胆也。梁氏曰：物不可交换者，即无价格之可言，此似足为其稍涉猎经济学书之据。然正惟其随手剿来，未尝知其意义，故谬援以驳人，而不知贻识者之笑。吾今为梁氏正之，梁氏其亦肯俯首受教乎？夫谓物之不可交换无价格可言者，非谓不可买卖者，即无价格之可言也。土地归国有，定价后诚不可买卖，然非禁人之租借利用也。有其租借利用者，则必有地代（租），地代者，对于土地使用之对价也。（此伊里氏所下地代定义，其他学者亦复相似也。）其地代为若干，即知其使用之价格为若干，盖租地者之地代（租）而使用其地者，即交换之事也。故经济学所指不可交换即无价格可言者，为一国法令所绝对禁止不容交换之物，如盗贼之属，不谓明明有使用交换之土地而无价格也。吾国习惯所称地价者，则为对于土地所有之对价（即买卖之价），此价由其使用之对价而来，如普通地代（租）之价格为六元（年租），其所有之对价可值百元，则其地代（租）若增至十二元者，其所有之对价亦必增一倍，无论若何涨落，皆可比例而得。故当国家未定价以前，曰：甲之土地其价值一千元者，必其地代（租）先有五六十元之收入者也。租六十元者，其价千元，及其增租为六百，则无异增价为一万，虽其时土地皆为国有，不许买卖，然以租之价格，即可以推知地之价值。如国家有银二千，其岁收利子不过百二十元，今以买收价值千元之地，买收之后，其租立有至六百，是国家以二千元之土地而得等于万元利子之收入也。故曰：涨价一万，赢利八千，以归国家也。此无论于定价时即行买收，及定价后随时买收，其理皆不异。梁氏谓："定价之后，则土地立失其有价值之性质。""曾不知地代（租）亦为一种之地价，不许买卖而许租用，则土地使用之价格自在。又普通人皆知土地买卖之价，因于地租，而梁氏之意反之，故不信定价后国家赢利之说，今吾之剖析如是，梁氏其犹有所不解耶？则再质问可也。

（原文）如是则国家欲缘此而于财政上得一时之大宗收入，万无是理，而惟有责效于将来。将来之效如何？则国家自以地主之资格征地代于民，即彼所谓但收地租一项已成地球最富之国是也。然收租之率，将依买收时之价值而勘定之乎？抑比例交通发达之程度随时而消长之乎？……吾为彼计厥有二法：一曰：国家自估价者如此，地当买收时值价一千，其地主岁收租一百。今估量交通发达之后，此地应值一万，则国家岁收租一千，此一法也。然官吏能无舞弊以厉民否耶？民能服官吏所估之价与否耶？夫现在各国之收地租，大率以地价为标准，如日本所谓土地台账法是也。政府略堪定全国之地价，第其高下而据置之以租，经若干年地价既涨，则改正而增收之，所谓地价修正案是也。然必有交换，然后有价格，有价格然后可据为收租之标准，而民无异言。若土地国有后无复价格之可言，则除估价之外，实无他术，而民之能服与否，则正乃一问题也。二曰：参用竞买法，国家悬一地以召租，欲租者各出价，价高得焉，此亦一法也；此法最公，民无异言，然豪强兼并，必因兹而益甚，且其他诸弊尚有不可胜言者。

驳之曰：梁氏欲以此言而难吾人之社会政策耶？则各嫌其未免太早计也。盖梁氏于一田主佃人之事，且未之知，而自论自驳，自苦乃尔，此真出吾人意料外者。今使梁氏而有数十亩于社会，则吾亦问收租之率将依买收之价值而勘定之乎？抑此例交通发达之程度，随时而消长之乎？度梁氏亦将哑然失笑也。又使梁氏有地若干亩，其始收租一千，而值一万，今其租再涨至五千，则其值亦必涨至五万。或不幸其收租额降而为五百，则其值必降为五千。梁氏虽欲株守一定之价值，以求租额与之相当不可得也，故国家收买土地之后，必视其租之升降如何，而后能估量其值，安有估价而后收租者？盖租为使用之对价，视其土地之收益及社会之需要而定，租地者初不问其地之值如何也。（孙先生为言，梁氏昔刊其广智书局招股章程，有云："将来股份之值愈高，则分息亦缘之多。"先生力辩其谬，梁氏乃已，不谓今复萌故智也。）至梁氏举现在各国之收租为比，则尤令人绝倒不置。夫日本之收租以地价为标准者，此吾国所谓地税也。吾国所谓租，乃日本所谓地代也。其性质大异之点，则地代（租）为以地主之资格对于使用土地者而收之；地租（税）则就土地之收入所课于地主之租税也。（此定义，本日本高野博士。其他学者，亦复无甚出入。）梁氏亦知定价收买后为国家以地主之资格征地代于民矣！而又云："必有价格然后可据之为收租之标准。"引各国之收地租为证。然则梁氏亦始终不识此二者之区别而已。若夫竞卖法之弊，梁氏既未详言，则各人亦无从驳诘，大抵其所依据者，亦当如上云云，无有驳论之价值也。

（原文）要之，无论用何法，谓国家缘此得莫大之岁入，可以为财政开一新纪元，则诚有之。若绳于社会主义，所谓均少数利益于多数之本旨，则风马牛不相及也。何也？必有资本者，乃能向国家租地，其无资本者无立锥如故也。又必有大资本者，乃能租得广大之面积与良好之地段，而小资本则惟踟蹰于硗确之一隅也。

不过现行之地代，少数地主垄断之；土地国有后之地代，唯一之国家垄断之；其位置虽移其性质无别也。而资本家实居间以握其大权，盖纳地代而得使用国家之土地者资本家也。给赁银而得左右贫民之运命者亦资本家也。

驳之曰：梁氏以土地国有为财政上问题，无关均少数利益于多数之旨，吾人不暇致辨。但即以梁氏次版之语析之：现行之地代，少数地主垄断，土地国有后之地代，唯国家收之。夫国家者何？国民之团体人格也。少数地主之利益而移诸国家，犹曰：于均利益于多数之旨无关，其性质与在少数地主之手无异，是惟以语诸专制之国。其所谓国有制度，但以政府专其利者则可耳，非所论于将来之中华立宪民国也。资本家与地主之关系及其势力之如何？上文已详言，而尚有当再陈者，则地主与租地者其事不可同日语也。地主惟坐食社会文明之赐，不须费何等之经营。租地者，则先须纳租于地主，继后须除赁银利子之额，然后为其所得，则其经营不得少懈，此其不同一也。既为地主，则无论其所有地若干，非国家强制收买或其人得过当之值而愿售之，则他人永不能动其毫末。而租地者国家可因为制限，如其既租而不能用者返收之，则其业可得限制也。虽"永小作人"，亦附以三十年或四十年之期间，则其时可得制限也。故无垄断于私人之患，此其不同二也。地主既以安坐而获，而又得乘时居奇，持一般资本家劳动者之短长。租地者则断无牺牲多数之金钱拥旷地而不营之理，而国家又得禁其转贷于人者，则永绝居奇之弊，此其不同三也。凡是三者，皆在土地私有时代，各国经济家所共忧之弊，而在国有时代，则无之。梁氏亦能比是二者而同之乎？又梁氏谓："必有资本者乃能向国家租地，无资本者，无立锥如故，云云。"吾不知所谓无资本者，将绝对的言之耶？抑相对言之耶？若绝对的言之，则其人倘并锹锄斧斤之属而亦无之，其不能不为他人作嫁固耳；若其有农具之资本足以施于农事，则自可向国家请愿而租地，凡各国制度"永小作料"，（以耕牧为目的，而使用他人土地者，曰"永小作人"，其所纳使用土地之代价，曰"永小作料"。）皆以不必前纳为原则。必其继续二年以上不能纳者，地主始请求废其契约，然则虽甚贫之佃户不患无耕地也。若云大资本者能租广大面积，良好地段，小资本者不能引以为病，则吾闻诸师矣！曰："人民初移住于未开之地者，必择其地味及位置比较最优之土地而耕作之，其时土地无优劣之差异，地代未成立也。然人口繁殖，不能仅以第一等土地之收获满其欲望，而谷米价格腾贵，则第二等之土地亦将见用。以第二等地比于第一等地，收获虽少而谷物腾贵，其收获足偿其生产费，且由于报酬渐减之法则，（土地之生产力，不应于所投之劳动资本而增加者，曰报酬渐减法则。如十人耕之，而得生产百石，二十人耕之，不能增为二百石，则为劳动之报酬渐减；今年所施肥料，增于去年二倍，而所收获不见二倍于去年，则为资本之报酬渐减。盖达于一定之程度，则为此法则所限也。）比之对于第一等地而增加资本劳动，则不如投于第二等地收获反大也。假定第一等地产米二石，第二等地产米一石五斗，其差五斗，即为第一等地之地代，而第一等地之所有者得之。其时使用第二等地者，得收获之全部而借用第一等地者约五斗地代，其所得即同为一石五斗，既而人口更增加，米价益腾，则虽耕产米一石之第三等地，而亦足偿其生产费，而其时第一等地代为一石，第二等地代为五斗矣。"据此，则梁氏所谓或得良好之地，或得硗确之地者，犹此所云第一等地，第二、三等地也。其第一等地诚良好矣！而其纳地代必倍于第二等。第二、三等地虽比较的为硗确，而其地代或得半额或直免除，则各除其地代与其生产费三者之所获，将无几何之差异，见得第一等地者而羡之，见得第三等地者而病之，而不知有地代一物为平衡于其后焉，则惑矣！且将来中国农业必不患为大资本家所垄断者，则尤有说。据新农学家言，农业异于他事，比较以分耕为利。盖农事之大部分必须人工，而机器之用反绌。取美国用机器之大农，与欧洲小农之耕地每亩而衡之，则美农之所获，不过欧农四分之一，彼美洲之大农所以乐用机器者，则以一时得耕多地为利也；就其私人资本计之则便，而就社会资本计之实非利也。（法国经济学家李赖波刘氏痛论美国农业，谓其粪田及其他农功，皆视欧洲大陆为远逊也云。）国有土地之后，必求地力之尽，则如小农分耕之，可获四分者以为标准，而收其半或三分之一以为租。而大农之用机器合耕者，乃每亩而得一分，非其私人所有土地，而须纳之以为租，则不惟无利而有损。故资本国有之制行，而不患资本家之垄断农业，此非反对者所能梦见也。（梁氏谓吾人尊农为业，排斥他业，此语谬绝。夫重农则岂必排斥他业者？梁氏以其奖励资本家则牺牲他部分人之脑筋臆测之，故有此语耳。梁氏岂能得吾人排斥工商业之证据乎？若夫以重农为病，则又大奇。今世界各国，工商业发达莫如英，重工商业者宜亦莫如英，然前年爱尔兰田案通过，则每年由政府拨一万万二千万以与农民，重农如是，梁氏岂亦以为多事耶？）

（原文）抑孙文昔尝与我言曰："今之耕者率贡其所获之半于租主，而未有己农之所以困也。土地国有必能耕者而后授以田，直纳若干之租于国，而无复一层地主从中朘削之，则可以大苏。"此于前两法以外为一法者也。此法颇有合于古者井田之意，且与社会主义本旨不谬，吾所深许，虽然，此以施诸农民则可矣！顾孙文能率一国之民而尽农乎？且一人所租地之面积有限制乎？无限制乎？其所租地之位置由政府指定乎？由租者请愿乎？如所租之面积有限制也，则有欲开牧场者，有欲开工厂者，所需地必较农为广，限之是无异夺其业耳。（按谓工厂需地广于农，费解，工厂广袤百亩已称大工，而小农亦耕百亩，大农则千亩以上，比较孰为多耶？）且岂必工与牧为然，即同一农也，而躬耕者与用机器者，其一人所能耕之面积，则迥绝，其限以躬耕所能耕者为标准，则无异国家禁用机器；如以用机为标准，则国家安得此广土？如躬耕者与用机器者各异其标准，则国家何厚于有机器者而苛于无机器者；是限制之法终不可行也。如无限制也，则谁不欲多租者，国家又安从而给之？是无限制之法亦终不可行也。要之若欲行井田之意，薄其租以听民之自名田，则无论有限无限而皆不可行。何也？即使小其限至人租一亩，而将来人口加增之法果终非此永古不增之地面所能给也。复次如所租之位置由政府指定之也，则业农牧者欲租田野，业工商者欲租都市，政府宁能反其所欲而授之？若位置由租者请愿也，则人人欲得一廛于黄浦滩，政府将何以给其欲也？是两者皆不可行也。

驳之曰：此又梁氏所据以难土地国有不能行之说，其言絮絮不绝，若颇善发问者然，实按之，则皆不成问题。盖如梁氏所引述孙先生曩日之言，亦谓土地国有，小民有田可耕及非能耕者不得赁田，直接纳租，不受地主私人之朘削而已，非谓苟能耕者即必授以田，又非谓凡人皆必授以田而使之耕也。梁氏夙昔好言论理学，试取"必能耕者而后授以田"一语细解之，当无误会。故谓此法颇合于古者井田之意可也，谓即古者井田之法，则谬也。夫必能耕者而后授以田，所以使田无旷废，此意岂惟可行于农地？即工厂建物之需地也，苟非能用之者，亦不任其虚拥之也。此则非吾人之创作，今日各国固已有行之者，而美行之于全国及其领土，梁氏尚不知耶？梁氏谬认吾人所主张者为即井田之法，而其所言亦仅足以难欲复古井田制之辈而已，非可以难吾人之社会政策也。盖井田之法为数理的分配，吾人社会政策为心理的分配，此其大异之点也。国家为唯一之地主，而国内人人皆为租地者，则其立脚点为平等，至其面积不妨依其业异其标准，而为之制限。如用机器者得租可以用机之地，能耕者得租可以躬耕之地，则各如其分，何所不平？此犹饥者得食，寒者得衣，是之谓平。若皆授以衣或皆授以食，则反为不平耳。故制限之法无不可行也。即无限制亦不患其多租，何者？凡农地之租者不得废耕，业场之租者不得废业，（此为产业之制限，与期间之制限皆不可少者。至面积之制限，则犹视之为宽。近世学者所言，亦往往谓无须制限也。）则无资本劳力以经营者，自不能久拥虚地，而社会上亦必无愿掷黄金于虚牝者。梁氏云："谁不欲多租者，国家又安从而给之。"则吾问梁氏于上海仅以广智书局卜地一廛，何不欲多租者而�┴踏至是，此言者不闻之而失笑者乎？故无限制之法亦未尝不可行也。又如所租之位置，梁氏谓："若由租者请愿，则人人欲得一廛于黄浦滩，政府何以给其欲？"此言尤堪捧腹。夫政府为唯一之地主，若人人不欲得地于黄浦滩者，或其所忧，若人人欲得，则政府亦视其能出租最高者贷与之斯已耳，岂人人欲得地者即必人人而与耶？梁氏而忧此，则何异代资本家忧其利子之厚，代企业者忧其利润之丰也？盖梁氏始终谬认吾人之政策，为即古代井田之法，故有"薄租以听民自名田"之说，不知土地国有之后，其异于私有时代者，则租之涨落一应需要供给之自然，而无有为地主者居奇垄断，以使贵逾其真值，则民已大利，非必强抑其租额，与强肥腴硗确之地租于同等而后利民也。梁氏惟识数理的分配，而不识心理的分配，此其所以四冲八撞为说自困，而无可通也。

按以上所引驳各节，皆梁氏所谓中国不能行社会革命之说也。吾人社会革命之政策为土地国有，土地国有之办法为定价收买，梁氏既谓社会革命为不能行，舍谓定价收买法之不可行外，实无以自完其说。今梁氏于此已不闻只词之反对，而但置疑于土地收买之后，此岂非已承认土地国有主义，而但欲相与研究此后之施行手续法者耶？故就令梁氏所置疑为当，已不得谓土地国有为不可能，而况梁氏之地租地价论，谬想天开得未曾有。如谓："可租之土地已失有价值之性。"谓："国家必估价而收租"，"以地租拟于地税"，"忧人民之欲租多地，而国家无从给之。"其言殆庶几可为今日沪上、粤中滑稽小报之资料，而供人笑柄耳！盲人扪烛而以为日，欲正告之，则不能免于词费，此吾人所以哀梁氏驳论之无聊也。梁氏而必谓有土地为不能行，则宜更有以语我。

是故综三节而言之，知吾国经济现象之不足恃，而当消患未然者，则社会革命不必行之说破；知国家为大地主、大资本家而外资无足忧者，则社会革命不可行之说破；知国有土地主义，其定价买收方法更无驳论者，则社会革命不能行之说亦破；而吾人之言非只以自完其义也，所以解一部分人之惑而期此主义之实行也。孙先生曰：民生主义一名词，当为 Demosology 而不为 Socialism 由理想而见诸实际之意也。故当世而有愿与研究商榷其得失者，皆吾人所乐欢迎也。

以上反驳梁氏之说，而引申正论者已毕，此外尚有与本旨无大关系，而梁氏以为能抵本报之瑕隙，自鸣得意不已者，己所不知，辄谓人为误，不有以正之，梁氏将大惑终身矣！故此以下，不惜更纠其谬，而所言亦多关于经济之问题，非徒笔舌相斫，阅者当亦乐为仲裁裁判也。

（原文）孙文又谓：欧美各国地价已涨至极点，就算要定地价苦于没有标准，故此难行，而因以证明社会革命在外国难，在中国易就是为此，此可谓奇谬之谈。谓欧美地价涨至极点，孙文能为保险公司保其不再涨乎？吾见伦敦、巴黎、柏林、纽约、芝加哥之地价方月异而岁不同也。且谓价已涨者则无标准，价未涨者则有标准是何道理？吾国现在之地价则涨于秦汉唐宋时多多矣！吾粤新宁、香山之地价则涨于二十年前多多矣！若因其涨而谓其无标准，则我国亦何从觅标准耶？若我国有标准则欧美各国果以何理由而无标准？吾以为欲求正当之标准亦曰时价而已。我国有我国的时价，欧美有欧美之时价，吾苦不解其难易之有何差别也。若曰：我国以价贱故，故买收之所费少而易，欧美以价高故，故买收之费巨而难，则何不思欧美国富之比例与吾国相去几何也？

驳之曰：此即梁氏于其所不知而辄谓人为误者也。孙先生演说谓：欧美之地价已涨至极点者，谓如纽约南部及伦敦城之地，今以涨至极点，而为地道以通于他处，其所通至之地价渐起，而纽约南部及伦敦城中之地则不更贵，且因有此而迁往所通地者，而纽约、伦敦之极贵点转有稍落之象，此即伊里氏所谓："交通机关发达，市内之地代不止阻其趋贵之势，反使成退于旧者也。"故欧美今日之地价涨至极点者。（如图）

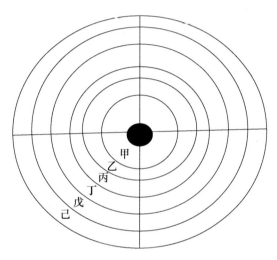

如图最中心为价涨至极点之地，引而外通则次第为甲、乙、丙、丁、戊、己之各图，先通第一图至其价渐贵与中心之地等，则必又通至第二图，次第旁及不已，其中心地不复贵，而旁地亦无能过之者，故曰已涨至极点。此之现象吾国实无之，任令指定某省某地为最贵，然文明发达后，则此地可立贵百倍或数十倍于今日，而他地之贵亦容易过其现在之额也。盖欧美为已经发达之阶级，而我国则在未开时代，故其不同如此。至梁氏所谓伦敦、纽约、芝加哥之地驳骎日上，此乃其未贵至极点者，今故日贵耳。若纽约南伦敦中之地，何尝有日贵之象耶？而演说词固未尝言欧美之地皆贵至极点，则此语不足为难也。若夫谓地价既极，即欲定价而苦无标准者，此理亦非难解，梁氏独未细思耳！演说词云："定地价之法，譬如地主有地价值一千元，可定价为一千或至二千，将来因交通发达，价涨至一万，地主应得二千，已属有益无损，赢利八千当归国家，于民生国计皆有大益。"何以谓今日价值一千之地，将来可涨至一万？此纯因其今日之价为未开时代之价，故可逆计将来交通发达后之价为必涨至若干倍，又可预算其赢利若干倍归于国家也，即此可预算其涨价而赢利者，实为收买定价之标准也。其在纽约南部伦敦城之地，则其价已极涨而几无再涨之望，若国家借债而买收之一如其现价，则虽阅数十年亦无丝毫之利可得。或以轨道之通而反少有降落，则损且归于国家，而又无抑减其现在之值以定价买收之理。其价最贵之地不能买收，即土地国有主义不能贯彻，故在我国则以逆知其价涨而国家可赢利之故，得就其地之值而定之，或倍定之而皆有标准。欧美反是，即依其现价定之犹不能，故曰苦无标准也。梁氏但知依于时价，岂知中国今日之时价为未文明发达之时价，欧美之时价为已文明发达之时价；中国今日之时价可因文明而将来骤涨，欧美之时价，则已极贵而将来无大加增，为国家买收计者其算定之标准实不在时价而在将来也。此何止以其一时所费之大小，而情况大异耶？

（原文）孙文又谓：德国在胶州，荷兰在爪哇行之已有实效，而欲我中国彷行起来，嘻！非丧心病狂而安得有此言也？孙文亦思胶州之在德国，爪哇之在荷兰果居何等位置焉否也？（按此句文理难解，然原文如是，姑仍之。）夫德、荷政府则腴胶州、爪哇之脂膏以自肥者也。孙文欲胶州、爪哇我全国耶？吾真不料其丧心病狂一致此极也。夫中华民国共和政府而忧贫也，则所以救之者亦多术矣！而何必以儳亡之余自拟者？

驳之曰：此又梁氏以政治问题混入经济问题也。夫胶州于德，爪哇于荷兰，居何等位置？与德在胶州，荷在爪哇，其所行之土地法为何等？实风马牛之不相及也。梁氏以为德、荷所行者，一在其属土，一在其租借地，遂硬认为此腴脂膏以自肥。以吾所闻，则爪哇之人以荷兰行新法后地主不能久拥虚地，而细民则得地以耕，其政府所得乃为后此文明进步地价涨起之利，与使人民尽力于生产而有税额增收之利，如是而已。未尝有所腴于小民之脂膏，即地主亦未尝蒙其损害也。梁氏先存一谬见，以为各国皆必厚于宗邦而薄于属地，而荷兰、德国又不闻先以其土地整理法施诸本国，故直认此为腴民自肥之具。殊不知地法之在欧洲，其积重难返有种种原因，而其地为已经文明发达之阶级与尽在少数贵族之手，（伊里氏曰：农业劳动者，于英国近年始渐有唱其改良进步之必要者，议会之多数为地主，而地主与劳动者之利益相反，故此方面之改良殊困难，观此则行地法之不易可知。）则其显易可见者也。故于

此亦足为社会革命，欧美难行而中国独易之一证。梁氏谓：以欧美程度
不能行者，即无论中国，其所见如是，宜乎智不及此，则惟有疑其施行
者为胺属地以肥宗邦而已。然姑如梁氏之臆测，德、荷之在胶州、爪
哇，犹有宗邦、属土之别，而土地国有，梁氏既知为中华民国之施设，
则所收于地主少数人偷来之利，还为全国用者，天下之智仁莫过于是，
而谓之丧心病狂，此语无乃梁氏自道耶？梁氏以德、荷对于胶州、爪哇
所行之地法见人称善之，则曰：是欲胶州、爪哇我全国，近者日本注意
于台湾，使博士冈松参等调查其民法习惯而报告之，他日我国从事立法
而称道日本调查手续之善者，梁氏亦将谓是欲台湾我全国耶？故使梁氏
而不知胶州、爪哇之地法，为非德、荷厉民之政，而谬谓其胺削自肥者
妄也。明知胶州、爪哇之土地法非厉民之政，然故意颠倒是非企嫁恶名
于人者贼也。贼与妄。梁氏必有一于是矣！

（原文）又孙文之言尚可有发大噱者，彼云："英国一百年前，
人数已有一千余万，本地之粮供给有余，到了今日，人数不过加三
倍，粮米已不够二月之用，民食专靠外国之粟；故英国要注重海
军，保护海权，防粮运不继；因英国富人把耕地改变做牧地或猎
场，所获较丰，且征收容易，故农事暂废，并非土地不足，贫民无
田可耕，都靠做工糊口云云。"谓英国注重海军，其目的乃专在防
粮运不继，真是闻所未闻。夫经济无国界，利之所在，商民趋之如
水就壑，英国既乏粮，他国之余于粮者，自能饷之，非有爱于英，
利在则然耳！虽无海军岂忧不继？若曰战时不能以此论，则当日、
俄战役中我国人之以米饷日本者又岂少耶？虽买十分有一之兵事保
险犹且为之矣。夫英国所以注重海军，一则因沿海为国，非此不足
以自存；一则因殖民地众多，非此不足以为守。此虽小学校生徒类
能解之者，而其不得不并力于殖民地，又资本膨胀之结果也。如孙
文言岂谓英国苟非改农地为猎牧地，国内农产足以自赡而即无待于
海军乎？此与本问题无关，本不必齿及，所以齿及者，以觇所谓大
革命家之学识有如是耳。

驳之曰：此般文字，梁氏自鸣得意极矣！然其指为他人之误谬者实
得其反，则吾不知其手舞足蹈之胡为也。语曰：聋者不歌无以自乐。梁
氏倘以为自乐之道则可耳。梁氏谓英国注重海军，只因沿海为国及保护
殖民地，为小学校生徒能解，此固也。惟军国之大事为政府所注重，国
会所讨论者，则非小学校生徒所能解，梁氏但以小学生之智识为已足而

不更他求，故闻粮运之说而不信，吾请举例证之。格兰斯顿，英人之不主张殖民地者也，其为相时，波人欲独立于脱兰斯哇而许之，法人收马达加斯加（非洲东大海岛）而不与之争，檀香山群岛请保护则拒之，沙摩群岛已久在英国势力范围者，亦弃之，至今英国言帝国主义者，号之为小英人（Little Englangder），而不知海军扩张之案，则自格兰斯顿内阁时成立，则不重殖民地而重海军者也。然此犹可曰：或有其他之目的，非必与粮运有密切之关系也。（按孙先生演说词，但言"注意海军，保护海权，防粮运不继。"以此为英国注重海军之一重要目的，不谓此外更无目的也。而梁氏乃易为谓英国注重海军，其目的乃专在防粮运不继，加一"专"字，变为全称命题，此与孙先生云"必能耕者而后授以田。"而梁氏易为"凡能耕者则授以田"，语意全差，实由梁氏不通论理学之过也。）则更观于英国自格兰斯顿内阁后，而海军岁费日加无已，英人无怨言，至去岁新内阁减去海军经费三千万，而国民乃反对之。议院中粮运调查委员 Good supply Commission 即质问海军部以何方法而可保粮运之无虞，而提督不烈殊答谓："英国海军集中之策，其力尚为世界最强，若有战争，敌万不敢分力以掠我粮道，以其力既薄弱不如我英故，若果有出此下策者，则我英犹可分军倍其力而击之也。"夫各国关于海陆军军费增加案，其为国民所难不易通过，稍知各国政治史者所能知也。（如德国为殖民地而营海军，故今皇深谋十年，而后通过议院，其攫我胶州亦即彼谋之一，此又读近世外交史者所能知也。）而英之国民独以减消为忧，其质问政府者又独在粮运调查委员，则其海军与粮运之关系亦可见矣。倘使其粮食非重大问题，如梁氏所云云，他国自然趋之者，则此粮运调查委员何自而来？而不烈殊提督之答辩亦岂非无谓耶？要之，此事并非难知，求其例证则俯拾皆是。梁氏惟于小学校生徒能解者则知之，而一国政府议院研讨之要政，则不之知，乃叹为闻所未闻耳。（稿成，就正于孙先生，先生阅至此，莞尔笑曰：然则子与小学生对语，无乃劳乎？仆曰：不然，今梁氏新民丛报尚能发行千数百分，其阅者不以小学生视梁氏也。而梁氏乃以小学生之知识议论报之，仆此论乃为阅彼报者作，无使为所愚也。先生曰：子之言然。）又梁氏谓："日、俄战役中我国以米饷日本者岂少云云。"此亦谬绝。夫日本所以得此者，又幸其不失制海权耳。使日本海军败丧而俄得海权，则兵事保险之价几何？而我国尚有憨不畏死，以源源接济日本者几人耶？以吾人所闻，则日、俄之战，俄国所定为战时禁制品者，实绝对包含米谷食品，而俄舰之举措，往往逸于常轨，凡中立船少有嫌疑者，审检之手续未尽，直捕获没收之，以是当日本海海战全捷以前，日本沿岸近海之航行者皆不自由，人有戒心，保险会社，虑俄舰捕获之危险，或奇高其战时保险，或并谢绝之，全国有货物减退物价暴腾之感，而制海权，则固在日本也。故当俄旅顺舰队已被封围于日本海军，海参崴逸出三舰击英商船沉之，于是日本各港商船停留不敢发，举国震惊，群咎上村中将之失，此时梁氏亦在横滨，不应无所见闻，夫谋国之政策，贵出万全，不在侥幸，梁氏以侥幸之政策为已足耶？

（原文）英国以农地变为猎牧地，此自是彼资本家应于其国之经济之现状，见乎业此焉而可以得较厚之赢也，则群焉趋之。此亦如荷兰之资本家率业船，比利时之资本家率业铁，凡以为增殖资本之手段而已，而未尝以其趋重何业而影响及于贫民生计也。（"原注"影响所以及于贫民生计者，以资本在少数人手之故，而非因其以此业之资本移于彼业，而遂生影响也。）夫土地之面积自数十万年前既已确定，造化主不能因吾人类之增加而日造新壤，计口分以授之，此玛尔梭士之人口论所以不胜其杞人之忧也。（中略）即如孙文所述，英国今日人口三倍于百年，则百年前本地之粮供给有余者，而今日需要三倍之，其将何以自存？

驳之曰：此又不通之论也。如梁氏言，则举一国之农地而立变为猎场，举一国之资本而不投之生产的事业，皆为无影响于贫民生计耶？梁氏谓影响及贫民之生计，但以资本在少数人手故，而其所业可不问，是何重资本而轻所业也。则无怪梁氏之解决生产问题，惟以奖励资本为首要矣。夫改农地为猎场，资本家之所得或亦如故，然此所谓挹彼注兹之富，其于社会资本无所增也。而其农民立时失业，仰食无所，势必趋工，工业之劳动者供给额固早与一时之需要相当，其骤增者必将无所藉手，工业之供给既骤增，则竞争之结果庸银又必减薄，是故非但农业受其影响，而工业之劳动者亦且受其影响也。今梁氏云云，即欲以媚世之资本家，然恐其尚不敢受也。更就英国之实例言之，则华拉斯之资本国有论，所举例如左：

其一例 爱尔兰自千八百四十九年至五十二年，凡四年间，大饥，而前后共二十二万余农民，为地主所斥逐，此以饥馑之结果，逐"小作人"而代以牛马羊豚之类，"小作人"中有夜中命退者，虽其病妻弱息，不得及于翌日。

其二例　苏格兰地主，由其收益之便利，多变耕地为牧场，以致前后数万农民置身无所，有昔时出兵数千之地，而今仅住居四人者。

其三例　苏格兰之大地主，为造己之游猎，由耕地斥退小作人，其地任使归于荒芜。

读右之所列述，而犹以为与贫民生计无关系者，是直无有人心者也。至论土地之法则，吾人本无计口分授之旨，梁氏误解谬认，上文已明辨之。即玛尔梭士人口论，自机器发明生产法改变以来，已大减其势力矣。（按玛尔梭士人口论，谓人口之增多为倍加之率，食物之增多为递加之率，故其示两者之比例如左。）

人口　1，2，4，8，16，32，64，128，256

食物　1，2，3，4，5，6，7，8，9

（谓人口二十五年而增加一倍，五十年为二倍也，常人执此，每认一人而有二子，其子各生二人，即为合于倍加之数，此实大谬。盖忘却配偶之数也。故一人生二子，子各生二人，则于人口初无增加，以原由配偶二人而生二子也。今以一人生二子，子各生二人以次递降为例，则其理当如轩利·佐治所作之图，由自身下推于子孙与上遡于父祖，其数相等，此亦玛尔梭士人口论不正确之一端也。）

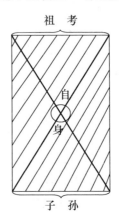

又演说词谓："英国百年前人数一千余万，本地之粮供给有余，到今日人数不过加三倍，粮米不够二月之用，谓非土地不足。"此其故可以极浅之数学明之。盖昔之土地养千余万人，而足供一年食者，今三倍其人为三千余万，则本当足供四月之食也，今乃以供二月之食而不足，是已少去一半矣！梁氏犹不知耶？（此小学生可知之数，梁氏昧昧，则且小学生之不如矣。）且文明进步，地之生产额，其足供人口之数，必与百年不同比例，此又稍知农学或地理学者所能知也。故曰：此由农业渐废并非土地不足也。

（原文）又孙文谓："行了这法之后，物价也渐便宜了，人民也渐富足也。"此语又不解其所谓。夫物价之贵贱，果从何处觅其标准耶？（中略）若夫一切物品举十年之通以较之，而无一不涨于其前，是则金价或银价之趋贱耳，而非其余物价之趋贵也。何也？物价之贵贱何以名？以其与金银之比价而名之耳。若求诸货币以外，则尚有原则焉！曰：物价必比例于需要额与生产费需要者多，则物价必腾，生产费重则物价必腾，然文明程度高则庸钱必涨，庸钱涨亦为生产费增加之一，故物价必随文明程度而日腾，又经济界普通之现象也。今孙文谓：行了彼土地国有政策后物价必渐贱，吾真不解其所由。（中略）物价而趋贱，则必其需要日减也，是贫困之一征也。否则庸钱趋微也，亦贫困之一征也，而又何人民富足之有？吾观于此而益疑孙文之社会革命论，除反复于古昔井田时代之社会无他途也。举农业以外一切之诸业而悉禁之，以国有之土地授诸能耕之人，而课其租税有四万万人，苟国中有四十万万亩地，则人授十亩焉云云。

驳之曰：梁氏而又不解耶！凡梁氏所不解者，皆以其未尝研究经济学之故。遇此等处，辄生疑问，亦不足怪。寄语梁氏，但洁己以进求教可耳，无盲猜瞎说，自苦乃尔也。梁氏曰："物价之贵贱，果从何处觅其标准耶？"是梁氏先不知物价贵贱之标准也。继而辛苦求索，索诸金银之比价，然犹曰："金价银价之趋贱，而非其余物价之趋贵。"是则梁氏亦知以金银比价者，其为贵贱，非真物之贵贱，于此亦可谓一隙之明矣。然终无以得物价贵贱之标准，乃转其词曰："求诸货币以外，尚有一原则云云。"此以下则不过为物价贵贱之原因法则耳，非论定其贵贱之标准也。梁氏辗转及此，不知其即以为言物价之标准耶？抑别有所谓标准耶？吾今简单为数语以诲梁氏，而并以极浅之证例明之。盖言物价贵贱之标准，当以劳力为比例，不当以金银为比例。其社会人民用力多而所得少者曰物贵；其社会人民用力少而所得多者曰物贱；人民之用劳力不齐等，所得亦不齐等，然其劳银所得最低之度，与其生活最少之费，两举而比较之，则无不见。举例言之，如河南省，鸡卵一枚售钱三文，广东省鸡卵一枚售钱三十文，自俗人言之，则曰在河南省物贱，在广东省物贵矣。然河南之挽手车者，每人终日不过得钱三十，广东之肩舆者则一出而可得钱数百，每人终日可得三千，以之易物，则以河南车夫一日之力不过得鸡卵十枚，而广东舆夫一日之力可得鸡卵百枚也。然则两者之人民，其物价贵贱之感为如何耶？又如野蛮荒岛，百物无一钱之价值，若至贱也，然其人终日劳动，乃仅足以赡其生，曾不得一息之暇逸。而文明之国物皆有价，然劳动以自养者若非有他之原因，则必不如野蛮人用力之多也，此教梁氏论物价贵贱之标准也。又梁氏述其致贵贱之原则曰："物价必比例于需要额与生产费。"是固然矣！然供给之额能远过于需要者。梁氏将以为贵耶贱耶？文明进步生产方法改良，则每能以少数之生产费，而得多数之生产物，（此即文明物价便宜之一大原因。）而用机器者，其用人工既少，则庸钱之涨亦无甚影响于物价，美洲之庸钱数十倍于山东，而美洲所出之面粉，乃更贱于山东，即缘此故，故即以金银之价额论，而文明国之物品，较诸野蛮国亦多有反贱者也。美洲之民不困于物价之贵，而苦于租，其租之贵，多由地主垄断封殖使然，而非其本价。若我国将来土地国有，则无此患，故生产力大，而供给倍多，民生其时，可以少劳而多得，故曰：物价渐便宜，人民渐富足也。梁氏于此一切不知，乃谓："必庸钱趋微需要日减而后物贱。"由此谬乱否塞之脑筋，妄用推测，而遂谓吾人将来必悉禁诸业云云，愚悍如是，亦一绝物也。

以上皆梁氏所致难于吾人之语，而吾人从而纠正之者。梁氏见之，得无又谓本报诋之无所不用其极耶！然梁氏既以能摘人误，自鸣得意，而所论既破，则自无容身之地，非吾人迫之于险，实梁氏自取之也。又梁氏于本报第五号《论社会革命与政治革命并行》一篇，摘其中数语以相稽，殊不知论者意旨所在，即如所谓行之政治革命后易为功者，盖征之历史，凡善政之兴，弊政之革，皆在鼎革之时代为易，而守成之时代为难。梁氏虽愚，宁不识此公例？而故意颠倒其词，谓即利丧乱，而为掠夺之事，然则凡当新朝，百度具举者，悉掠夺丧乱为之耶？至明之革元胡异种贵族之政，称之以政治革命，亦复何愧？而梁氏曰："以明初为政治革命，则公等所谓政治革命者，吾今知之。"夫政治革命不必出于一轨，许明为政治革命，则必效法之耶？此又不知梁氏所据为何种论理也。

吾人纵笔为文，亦岂能自谓无一误语？然如梁氏所举，则彼辄自陷于巨谬而不知，亦一异也。第十号演说词有云："解决的方法，社会学者之言，兄弟所最修的云云。"梁氏拾此，沾沾自喜，则亟加按语其下曰："岂有倡民生主义之人而不知 Socialism 与 Sociology 之分耶？抑笔记者之陋也。"不知此语不误，而笔记者亦未尝陋。盖自来言私有土地之不公，及地主之害者，不止为民生主义学者也。如斯宾塞尔，抱个人主义而言社会学者也，而四十岁前曾著书详论私有土地之非，其办法尤为激烈，及晚年所著乃稍平和，然其说地主之弊，则同其少作。（按以是而轩利佐治斥之曰："作者殆近与富人游，而改为此态耶？昔有北美教师盛主放奴之论，及至南美人搜得其旧作，则张筵招之以听其议论，欲重辱之。而是教师乃圆通其词，谓奴以买得，放奴不公，赎奴则无此资本，闻者乃大悦。"以讥斯氏，然氏之议论，始终未尝矛盾，但变其强行之手段为和平耳。）轩利佐治主张单税法，其论土地私有之弊最痛彻，而轩氏则固不认为民生主义学者者。弥勒约翰以经济大家，而定价收买之法，则氏倡之，孙先生曰：吾对于此数家之言，将有所斟酌去取，而演说之际，概括以言，不暇缕举，故统而称之曰社会学者，盖政治、经济、法律皆社会学之分科也。记者按伊里之书，亦言经济学为社会学之一部，梁氏若不信此名称，则盖试就左举之文，倩人译而读之，当知非杜撰也。所举之文为《美国国民读本》，以梁氏自足于小学生程度，故稍进之也。

Sociology, or the fundamental social science, deals with society as a whole, and studies certain, general principles that lie at the basis of each of the separate social sciences. Economics is one of these separate social sciences. The ethical, the legel①, the political and the economic relations of men are all outgrowths of social life; and what is common to them all falls with the province of sociology.

至梁氏必诬孙先生旧日曾语彼以社会革命为当杀中国四万万人之半或四分之一等语。孙先生曰："六年前，吾与梁氏语，彼并不知有社会主义之一名词。又自戊戌贬斥，含恨莫伸，以伸谓革命为杀人雪愤之事，此种恶念，萦绕其脑筋不去，其与我辨者，更瞀乱于今日十倍，我故无从语以办法条理，然彼今闻吾人定价收买之法，不能就此反驳，而

---

① "legel"，疑作 "legal"。

举其所梦想者，强以属人，企乱他人耳目，卑劣甚矣!"按梁氏此等语已于本报第五号驳之，而梁氏生平惯于作伪，此又路人皆知者，今以非本论之范围，姑不复论。

梁氏彼报十四号之文，凡分三大股，股各立义，不复相谋，盖以矛盾为工，合掌为病，八股家之通例如是。分评之，则：第一股作历史谈，足称明畅，惜读伊里经济学概论未熟，挂漏尚多。第二股抵制外资，人云亦云未得真谛。第三股有意逞奇，而自论自驳，多不可通，亦由其无所倚据，故每下愈况也。（于前人之书，固不必随其脚跟，一切是认，惟有所引述，必贯彻其论点，始能用为注脚。若梁氏于伊里之欧美经济历史谈，袭其半面而掩其半面，则所未尝见也。）

驳论既终，犹有余墨，爰以梁氏原文自相挑战之大者，列为矛盾表，以饷阅者。表中所列，皆择其直接挑战者，而间接矛盾者略之，但列原文相对，不加一字批评，其以数矛而刺一盾，或以双盾而抵一矛，皆梁氏本来之部勒，记者无容心于其间也。

矛	彼欧人所以致今日之恶现象者，其一固由彼旧社会所孕育，其二亦由彼政府误用学理放任而助长之。（原文十六页第六行至第七行。）
盾	吾以为策中国今日经济界之前途，当以奖励资本家为第一义，而保护劳动者为第二义。（原文十六页第十二行十七页第一行。） 吾之经济政策，以奖励保护经济家并力外竞，而其余皆为辅。（原文二十八页第五行至第六行。）

矛	彼贫富悬隔之现象，自工业革命前而既植其基，及工业革命以后则其基益巩固，而其程度显著云耳，盖当瓦特与斯密之未出世，而全欧之土地本已在少数人之手，全欧之经济自然亦在少数人之手。（中略）故工业革命之结果，非自革命后而富者始富，贫者始贫，实则革命前之富者愈富，革命前之贫者终以贫也。（原文十页第十一至十三行，十一页第一行又自三至五行。）
盾	若以简单之土地国有论，而谓可以矫正现在之经济社会组织，免富者愈富贫者愈贫之恶果也，是则不成问题也。（原文三十五页第三行至第四行）

矛	则虽目前以解决生产问题，故致使全国富量落于少数人之手，贻分配问题之隐祸于将来，而急则治标犹将舍彼而趋此。（原文二十页第九行至第十一行）
盾	但使一国之资本在多数人之手，而不为少数人所垄断，则此问题亦可以解决几分。（原文二十五页第九行至第十行）

矛	若国家仅垄断其一机关，而以他之重要机关仍委诸私人，国家乃享前此此机关主人所享之利，是不啻国家自以私人之资格，插足于竞争场里，而与其民猎一围也，是亦欲止沸而益以薪已耳。（原文三十四页第十三行，三十五页第一行至第二行）
盾	则如铁道、市街、电车、电灯、煤灯、自来水等事，皆鲜诸国有或市有也。（原文五十页第一行至第二行）

矛	欧人自工业革命以来，日以过富为患，母财岁进而业场不增，其在欧土土地之租与劳力之庸，皆日涨日甚，资本家不能用之求赢，乃一转而趋于美洲、澳洲诸新地，此新地者其土地率未经利用，租可以薄；而人口甚希，庸不能轻。于是以招募华工以充之，则租庸两薄而赢倍蓰矣。乃不数十年，而美、澳诸地昔为旧陆尾闾者，今其自身且以土地过剩为患。（原文二十六页第八行）
盾	但使他国资本势力充满于我国中之时，即我四万万同胞为牛马，以终古之日。（原文十八页十二行，十九页第一至二行）痛哉！此外国资本之结果也。（原文十八页第十三行）

矛	而全欧之土地本已在少数人之手，全欧之资本自然亦在少数人之手。（原文十页第十三行，十一页第一行）
盾	要之欲解决社会问题者，当以解决资本问题为第一义，以解决土地问题为第二义。（原文二十二页第十二行至第十三行）

矛	夫自生产方法革新以后，惟资本家为能食文明之利；而非资本家，则反蒙文明之害。（中略）而彼大资本家既占势力以后，则凡无资本者，或有资本而不大者，只能宛转瘐死于其脚下，而永无复苏生之一日。彼欧美今日之劳动者，其欲见天日犹如此其艰也。（原文十八页第八行至第十二行） 而产业革命已同时并起，无复贫民苏生之余地矣！（原文十二页第十一行）
盾	夫英民今日得免于饥饿者，虽谓全食工业革命之赐焉可也。（原文四十页第一行至第二行）

矛	惟一切生产机关皆国有，国家为唯一之地主，为唯一之资本家，而全国民供其劳力，然后分配之均乃可得言。（原文第二十四页第一行至第二行）
盾	盖公司全股四百万份，而其股东者百余万人，此我国前此经济社会分配均善之表征，亦即我国经济社会分配均善之朕兆也。（中略）大股少而小股多，则分配不期均而自均（原文十五页第三行至第五行又第七行）

矛	而全欧之土地本已在少数人之手，全欧之资本自然亦在少数人之手。（原文十页第十三行，第十一页第一行） 欧洲各国皆有贵族，其贵族大率有封地，少数之贵族即地主也，而多数之齐民率皆无立锥焉。生产之三要素，其一已归少数人之独占矣。（经济学者言生产三要素，一曰土地，二曰资本，三曰劳力。）故贵族即兼为富族，势则然也。（原文十一页第七行至第九行） 然所操资本，无论用之以治何业，总不能离土地而独立，以国中有定限之土地，而资本家咸欲得之为业场，竞争之结果，而租必日增，租厚则病赢，而资本家将无所利，于是益不得不转而求租薄之地，此殖民政策所以为今日各国惟一之政策也。（原文四十页第十三行，四十一页第一行至第三行）
盾	盖地价之涨，乃资本膨胀之结果，而非其原因。而资本家但使拥有若干之债券株式，就令无尺寸之地，或所有之地永不涨价，而犹不害其日富也。（原文二十六页第四行至第六行）

矛	而不知乃社会改良主义，非社会革命主义，而两者之最大异点则以承认现在之经济社会组织与否为界也。（即以一切生产机关之私用权与否为界。）（原文第四十六页第九行至第十行）
盾	我国今后不能不采用机器以从事生产，势使然也。既采用机器以从事生产，则必须结合大资本，而小资本必侵蚀，而经济社会组织不得不缘此而一变，又势使然也。（原文十三页第九行至第十一行）

矛	盖自生产方法一变以后，无资本者万不能与有资本者竞，小资本者万不能与大资本者竞。（原文二十页第二行第三行） 既采用机器以从事生产，则必须结合大资本家，而小资本家必被侵蚀。（原文十三页第十行）
盾	将来生产方法一变以后，大资本家之资本与小资本家之资本，其量同时并进。（原文五十页第十行）

矛	社会革命论以分配之趋均为期，质言之，则抑资本家之专横，谋劳动者之利益也。此在欧美诚医群之圣药，而施诸今日，恐利不足以偿其病。吾以为策中国今日经济界之前途，当以奖励资本家为第一义，而以保护劳动者为第二义。
盾	中国今日若从事于立法事业，其应参用今世学者所倡社会主义之精神与否之一问题，此问题则吾所绝对赞成也。此种社会主义即所谓社会改良主义也。略举其概，则如铁道、市街、电车、电灯、煤灯、自来水等事业，皆归诸国有或市有也。如是工场条例也，如制定各种产业组合法也，如制定各强制保险法也，如特置种种贮蓄机关也，如以累进率行所得税及遗产税也。

中兴日报发刊词[*]
（1907 年 8 月 20 日）

　　南洋同志寄书，言方发起为中兴日报属为之词。且曰：吾人之宗旨，在开发民智，而使数百万华侨，生其爱国爱种之思想者也。惟夫言论之始，则务求平和，以徐导之，子其不以为谬。予维今日之讥薄吾种民者，辄谓英伦之氓所至之地，虽百数十人，而自治整齐，俨如敌国。若吾华侨居南洋者，数逾百万，而所至乃恒不免为人臧获，其言不可谓非事实矣。然彼实未深思其所以然，夫谓吾华人生而猥下无自治之性，而彼晳种人独擅之，则盍观之东瀛三岛之国，其初见轻蔑无异我华者，今且傲然伸其头角，所至莫敢犯而几与英美人齐等，抑何道耶。故吾求华侨所以颓弱不振之故，而得其二因焉：其一曰国力不足以覆之，而政府亦无意于覆之也，自各国领土权发达以来，属人之治一变为属地之治，国家之权力，不能伸张于他国领土之上，然为其自国人民之利益，而有所拥护争持，则于积极消极之二方面，隐作后援，无殊本国之自为卵翼，盖个人之所以能竞者，视乎其群，更视乎其群之丽属也。彼人皆有国力以为之盾，少有不平，举国以争，则其气日扬而志日遒上。吾华不然，虽极憔悴颠危，遇困虐而无所呼吁，纵呼吁之，亦无所应，国又不竞，群之所丽属外人，恒易视之，则姑抑其志气，逊让不遑，阅几岁时，遂以卑屈从顺者为其天职。而所以养成此种习惯者，宁敢谓为个人种性之罪耶！其二曰：教育之不及也，吾华之出旅于外者，其始皆蹙逼于惟生计困绝食无所之氓也，未尝涵煦于教育。而其初至厥土，辛苦经营，惟日不足，衣食住之外

---

　　* 本文出处：《胡汉民先生文集》，第 1 册，中国国民党中央委员会党史委员会，1978。著名：胡汉民。

无暇他求，曾无足怪。洎乎生计稍丰，知务教育其子弟，亦不过为其营生之利便，使略习外国之语言文字而止。若夫道德伦理之教，政治法律之学，则未之有睹。故南洋群岛其工商重大之业，未尝不操诸吾华侨之手，而政治之权则悉皙种人得之。其政治之极修整，无有待遇不平等者，华人固乐于服从，其稍不然，有阶级之异视者，华人亦不得不戢戢以就范。故泛言工商之天才，则吾华人可睥睨五洲无愧色。惟政治之思想能力独为缺点，因是缺点，而吾华侨今日之位置，乃无术以更进，而推究其本，则皆基于教育之不逮。今世之论者，不探求是二者，而思矫治之，不能得则诋厉不置，以为吾人种性之病，何其陋也。余杭章太炎先生，居恒相语：谓南洋之华侨，其所短乃在无自尊之性。斯性也，吾华内国之民，则固乏之。然游于东者，犹过半不失，其或曰，妄自尊大乎，犹贤于妄自菲薄者远矣，余深韪此论。今试执南洋之华侨，而语以民族之大齐，国民之大义，使求个人团体，将来安身立命之所，则什九皇瞿避席谓吾侪小民，不足以及此，此所谓妄自菲薄者非耶？其或操业稍裕，家蓄余财，求所以表异于众者，不可见则纳赀出粟，沽翎顶于伪朝，以为焜耀。然所得至虚假，习久亦生轻厌。其黠而无赖者，乃教以尽心献曝于异族专制之君主，以海外保护之为名，为异日倖分荣禄之阶梯，愚者信之，不惜附和，虽其持之无故，言之不成理，亦姑与为缘，企其说之或信，及其伪终不可掩蒙欺太甚而悔悼已无及。嗟乎！使其人自始无倚赖之心者，则必不至是，而不识主奴之易位，从盗我者乞其余，甘叱逐而不耻，妄自菲薄，至兹而极矣。凡是之属，救之之道，惟在日聒以言，提撕其自尊之心，使求自立之道，其智之未开，则觉之。其智既开，而惑于邪也，则正之。人人自发挥其能力，以爱种爱国，则异族罔得为制于内，而我华神明之胄，光复中兴，以此民族厕于他种人之间，则无或敢轻视。举凡今兹，所含忍不敢以为不平者也，他日将勿争而自袪，是则中兴报所为，奋然电然思尽其言责者也。惟夫吾同志所谓平和，则当与世俗之论差异，俗论所谓平和者，曰责人以还我河山，此强以所必不应也，非平和也。又曰：以就现在之君主，而修其政法为宜，盖以争言民族之辨者为非平和，而能姑息偷安于他族宇下为平和也。若中兴报则以爱国爱种为唯一之揭橥，惟平和其声，而引导以渐，譬之行路此虽徐行而必至于大道，彼则以歧途为趋者耳。故平和与激烈为程度之分，而非性质之别，或昔以为激烈，而今日为平和者，则今日所谓激烈，转瞬即视为平和，因乎其时代社会之观察，而非得一定不易之故，孩提之童不能教以疾趋，而离于乳抱者，曾不待教，此吾人所谓平和之道也。余嘉南洋之创此报，而多数之心理将自是开发转移，因书所怀抱寄之，俾为发刊之词。

强有力之政府辩[*]
（1914 年 6 月）

　　近年一般政客所极端排斥以为吾国政治之恶现象者，曰暴民政治也，曰约法亡国也，曰国会捣乱政党捣乱也。凡若此类，其言皆有所自来，盖谋专制者必剪除异己，破坏成法，然后可以为所欲为，而见夫人心方向于共和有所惮，而不敢遽发，乃以变乱是非，淆惑社会为第一步，于彼之权势有所妨者，既一切敌视之。因而加以最丑恶之名，使望风承旨之徒，为之煽播其说，以为祸阶乱本之在，是嗾群众而集矢焉，此辛壬之交舆论所以极纷扰也。然无积极的主张，仍不足以欺世，而所谓教猱升木者，则先以强有力之政府说进，俾有以为号召，于是藏身至固，凡所反对所排斥者，不曰于彼为不利，而曰强有力之政府所不容。而彼一人暴戾恣睢，无恶弗作，亦以是为口实。故欲破其种种邪说，而诘其非违，不能不先致辩乎此。

　　政府者，一国之机关也。以人民集合而成国家，以集合之心理自规律其行动，而有法律。故国家与法律同时成立，国家机关之权力，为法所赋与，而其源本则在于人民，故古来推本神权以政府为万能之说，不能行于今日。且其权力为法律所赋与，即同时当受法律之制限，于法律范围之内，能尽其职责者，良政府也。旁溢于范围之外自肆其行动者，恶政府也。良政府能尊重国民之总意，故对内之设施能得一致之信仰，对外亦能保其国家独立自主之地位。而恶政府则反之，既与民意睽离，即因革损益皆无由举其实，其内政必无足观，而国际交涉无国民之后援亦必终于失败。就其运用国权之方面，为之比较其得失，已不可同日而

　　* 本文出处：《胡汉民先生文集》，第 2 册，中国国民党中央委员会党史委员会，1978。署名：胡汉民。

语，更论政府自身之命运，则尤未有日试其非法之行动而可以巩固长久者。盖法律观念，既破社会之扰攘，无术防止，非取首恶之政府而更新之，则其国亦沦胥以亡也。今之言强有力之政府者，谓当此内忧外患方亟之时，惟此为能图治，其说颇可以动人。然其所谓强者，无有界说，无复范围，虽极端专制，犹若有所未足，则稍识政体者，亦将斥其无当。夫满人为帝于中国二百六十年矣。武汉起义，不数月而政府倾覆，非其制驭之力大逊于前也，国人不堪于专制，其革新之要求，非少数人所能御也。今乃蔑视此种民意，尤效满族而加甚焉，谓可以为国利为民福，是惟认今日国民程度，为更低于满族为政之时则可耳，而岂其然耶。且民主国体，国民既以无数生命财产之牺牲而购得之，虽甚枭杰亦必不敢忽然变易。而不得不仍袭其名号。当此之时，名实不相应犹不足餍国民之愿望。况其背道而驰。故就民主国政治论之，与言强有力之政府，不如言强有力之国会。何则，主权在民，民主国之通义也。虽国家主权说，不认人民为主权主体，然最高机关于君主国为元首，于民主国为国会，此则何人所不能难也。有强有力之国会，而后国体巩固，而当革专制为共和之初，行政部时虞有违法之举，尤必赖国会以监督之，于强有力之国会监督之下，依法行动，尽其职责，则所谓强有力之政府生焉。而反是者，行政部逞其蛮力压迫国会，使其不能存在，遑论监督，于时惟见专横独裁之政治而已。论者辄举法兰西内阁更迭频繁，谓国会权力过大，而法以不强。夫内阁更迭为一事，政府强否为一事，非可混同，即姑如其说。而法内阁所以不能长久，实有种种缘因，无大政党足以制合多数，尤其显而易知者，置之不问，而以归咎于国会。则如英国国会，其权力最大，而内阁何以不若法国更迭之繁，且更未闻有訾之为非强有力之政府者，故知谓趋重国会。而政府即不能强者，其理由至薄弱也。今中国政治暴乱，上下相蒙，国势危于累卵，而言者偶及法制，辄谓弱国为不足师，于其立国变政之本末都不深考，吾人亦姑勿深辩。第问如法国庶政之修明，国力之充裕，我期以若干岁月能与比衡则善矣。或又谓中国惟积弱不振，故当与政府以无上之权力，庶几行政敏活，可以救时，不能与先进强国比。然离于国会之监督不循轨道，则所谓敏活者，不过增加横暴之程度耳。今即立宪各国未有不以行政敏活为尚者，顾自有其范围，而不敢轻于逾越，苟以振弱起衰之故。任一姓之专横，则何如直截推翻共和之为愈哉。尤有甚者，谓君宪国之国会，其权限可扩张。民主国之国会，其权限宜缩小。吾国既建共和，得最良之国体，即不能得最良之政体。（庸言报某氏之说）奇谬之谈，得未曾有，乃竟指英法两国谓为佐证。夫以法之国会为权力过大，当减缩以让行政，法固不承。即以英之代议政体，为独与君主为相宜，恐亦英人所不受。论者胸中横亘一天亶神圣之总统，惟恐以内阁制度，掩其万能，而先进民主国又俨然有成法之可见，则惟有妄加附会，信口雌黄，以求自完其说，不知法非无当选之总统为第一流人物，尤非不顾置总统于内阁之下，无以见其才气为可惜。然为国本巩固计，则决不以彼易此，盖鉴于拿破仑第一拿破仑第三之前辙故也。论者心目中之人物，尤视拿破仑第三远逊，而其野心与其暴行，则颇仿佛焉。以之治安民国则不足，以之破坏国体则有余，此虽有严重之法律制度以防闲之，犹惧其无补，乃曰是区区者，不当为第一流人物之总统而设，是则法自一八七五年确定宪法以来，其国民皆大愚，而墨西哥假总统胡尔达者，真世界共和国之大模范也，人必欲以文字取媚权贵，则羞恶之良，亦复何有，然虑世之犹有惑其说而称道之者，斯不可不辩耳。

政府自始仇视约法，其谋推翻破坏之，不自今日，尝疾首蹙额言之，问何以故，则曰束缚行政，亡国之约法也。其所举例，则如国务员任命之同意，及宣战媾和结约之同意各条。案此等规定，他共和国实有先例，其政府亦未尝苦其束缚，而以为无活动之余地，独至行于我国，乃谓国势日削，政务日堕，无非缘因约法，缘因国会。则试问两年以来，政府有何善政良策为国会所抑阻，致吾民不能被其泽者。以吾人所见，唐内阁倒后，仅一次国务员提出不得同意，即嗾军警而哄之。奥国军事借款及大借款，俱以秘密签字成立，约法上国会决议增加国库负担契约之权，不问也。中俄条约，国会不能通过，而率与缔结，断送外蒙，国会同意权如何，不问也。甚至国会要求预算案，亦竟未尝正当提出，其蔑视国会久矣。而谓日受约法之束缚国会之牵掣，其谁信之。然曰国会惟事党争，捣乱政府，则吾未见世界各国有国会而无党争者，若一惟政府之意见是从而无有所主张，如所谓政治会议约法会议者，则只为官僚之附属品，其去人民代表之性质已远。即不禁其党争而自无，然此岂立宪国家所宜有者哉。若政府欲行其私见，国会反对即加以捣乱之名，是世界各国亦无不捣乱之国会也。自参议院迁入北京，即无时不在军警恫吓胁迫之中，赵秉钧之内阁，既因军警责问之故，议员不敢置喙，于是政府认此为压服国会之良手段，小用小效，大用大效。当选举正式总统之日，严陈警兵，围视国会，如临巨寇，更使军队多人，怀枪易服，号为公民。胁迫开票，不得不休。至宪法草案成，则直公然发电，令一般武人攘袂竞起，为绝大之声援。而国会遂被划灭，若是种种，吾不知国会捣乱政府耶，抑政府捣乱国会耶。不宁惟是，国会议员不能自整其一党之步武，而个人行谊，亦有甚不检以贻人口实者，此亦政府捣乱之也。试观正式国会未成立以前，国民党与非国民党相崎角立，各自主张其政见，旗帜鲜明，例之先进国之政党，无大愧色。天下訾赘之声，亦不屡发。迨正式国会选举既竣，国民党员得多数，政府乃大放金钱而播弄之，非国民党既利于见收，而国民党不健全之份子，亦始动摇。其不为利诱者，则怵之以威，有故入以嫌疑之罪而捕辱之者，有使刺客日伺其旁者，有挟其亲族劫之使引去者，魑魅魍魉，莫名一状。然后脱党自营者渐多，受贿投票者日闻，且既降志失身，则沉溺于声色之欲而不知返。虽其人之不肖，不足以概括全体，然攻国会者已于此振振有词。此如挟金与刃，踰东家墙搂其处子，而中冓之言，即出是狂且之口，滋可恨也。然而讨袁之军既熸，独夫之焰，不可向迩。而国会草定宪法，犹能持正不阿，则犹不得谓秦无人，且聚七党之人于委员会，而翕然无争，尤足称尚。乃国会之被解散，其真正原因，反在此而不在彼，从知国会与约法同其运命，使国会而能视政府之颜色为趋向，举约法而破弃之，即宪法起草，亦惟政府之意所欲出。则国会虽至今存可也。惟其不能，政府乃急出其最后之手段以对待，欲加之罪，不患无词，归狱于国民党，而追缴议员证书徽章之命令出，纯用暴力，恣情蹂躏，且自食速令候补议员递补之言，假手于各省师武人之反对，而国会之生命以绝。而现世界遂有特别独异无国会之民主国，彼其仇国会，实仇约法也。其仇约法以为不便于己也，而曰有国会约法如此，即不能得强有力之政府，则其所藉口也。由是而一国之根本法，乃不产自人民代表机关。民定之宪法不成，钦定之约法先出，亦谓将为强有力之政府不得不尔也。

从来言政府者，有广狭二义。其广义指国家机关，对国民而言，国会亦包举在内。狭义则惟言行政机关，而与国会及司法为对峙，今举强有力之政府为揭橥，而使民选之国会就于渐灭，同时更取地方自治之机关尽毁弃之，犹以为未足。则藉口于财政，藉口于人才，侵害及司法，俾等于告朔之饩羊，专庞大行政一部，而违反宪政之原则，固昭昭然矣。然其用心则不止此，盖集收国家权力于一机关，而不容他机关分有者，其标帜也，集收其权力于一人，直以一人而专制全国者，其主义也。是故总统制与内阁制，必以死力争之，而以其私意修改约法。则凡世界上君主国元首所不皆有之权力，亦攘之无遗。国务卿赞襄总统，实准于前清之军机大臣，各部总长分掌总统所命为各种事物。政事会议，不得与闻，此于昔日之次官权限犹小。然则所谓强有力之政府，质言之，只强有力之总统耳。其最可异者，则如去年四川县令某呈请袁氏为终身总统，此亦袭平治之变相。为地方官，以此要宠，最当谴责，而乃欣然交付阁议，盖方当民党丧败，知天下莫敢谁何，故其态度自殊也。今观其所私定之约法，于总统任期，固无年限，亦更不知总统选自何种机关，谓其为疏略耶。则此约法不啻以总统为主体，关于总统之条文，殆至详备，决不当有无心之缺漏。谓其事关于正式总统，将俟规定于宪法而昭慎重，则现在已非临时政府时代，此过时之约法，实无所用，胡不一一俟宪法之规定也。盖惟个人有家天下之意，故任期年限不必定再选，机关不必言，虚悬此案，尝试天下之人心，若国人竟熟视无睹，则终身总统当遂见于明文。万一犹有责言，则长期连任之主张彼亦必锲而不舍。于是吾人敢为诛心之论曰，所谓强有力之政府，直强有力之袁氏而已。彼两年以来，其行事足为证据者甚多，姑举其著者，如采中央集权主义，欲破坏省制，持之甚坚。当日方恨党人，不易附和，迨去秋以还，各省已无党人之迹，宜可以畅行其志，而此问题转置高阁，八十三州之案，不闻再付讨论，则系徐氏世昌为袁画策。谓昔日党人据有势力于各省。故建此议者，为对症发药，今则各省军民政长，皆热心拥护之人，无取更张，致滋纷扰。夫省制存废当否？姑勿具论，惟其始以剪除异己之故而欲废之，今利于私人之拥戴而又存之，是则颠倒一切，皆为一人。所谓国是，所谓政纲，只其门客走卒为之敷衍成说，其所由来固莫测也。故违法借款，四省都督争之，先后摈逐以去，人以为中央威严，果不可犯。前清时代督抚有抗言时政者，今将不能复见，乃未几而宪法草案披露，则握有兵权雄长一方者，皆悍然为申讨立法机关之檄文。其违法越权殆十倍于争借款者，顾以奉扬袁氏之意旨为之。则袁方借以为助，此真孟德斯鸠所云："官专制无法，徒有其君随时之意旨也。而强有力政府之真谛，亦在此矣。"

夫其揽权自恣如彼，国会既仆。民党亦除，殆无人焉，敢怀异议，而望风奔走之徒，方遍于国内，不特夫己氏可以顾盼自豪。即旁观者为之拟议其政治，亦觉自赢秦新莽以来，无此气象。所谓强有力之政府，庶几旦暮遇之，乃夷考其实则又不然。以言外交，则惟有割地丧权，为极端之媚外，而纵军警以挑拨，更时时以赔金谢罪，为交涉之上仪也。以言财政，则收支大不相偿，专恃外债以延残喘，而各省之自为政如故也。以言军事，则不特裁兵减费不敢着手，且将骄卒惰无术控驭，凡所要挟惟恃金钱为解决之方。若张勋之于江南，龙济光之于广东，李纯之于江西，可谓数不见鲜。至黑龙江之兵变，则直以赏罚黜陟操之在下矣。以言内政，则官纪败坏，贿赂公行，盗贼披猖，民生憔悴。区区一白狼，举天下之兵曾不减其凶焰，而兵与吏之残民，又不啻什佰白狼也。凡此数端，为政府最大之职责。袁氏专国，纵不必其过人，亦当不至不及。而见之成事者，乃如是，且较之未仆国会除民党之日尤有所不逮，是虽谥为至弱无力之政府，恐亦无词，羊质虎皮，见豺则慄，无足怪者。侯方域曰，所谓强者，强于盗柄，强于饰罪，强于拒言，强于护其私局，其言不啻为袁氏而发，惟其独强于此，正其所以为弱也。夫政府之权限广狭如何，为一问题，其能强固有力与否，为一问题。得强有力之政府是否即以致治，又为一问题。今混而同之，似政府苟强，即国无不治。而求其所以为强，则舍破坏宪法蹂躏人权而外无他事。此无异谓紾兄夺食者其人必肥，而开门揖盗者其家必泰也，有是理哉。故取证于事实论列如上，苟其不能指鹿为马，则因果必致之关系，实予人以共见，所谓强有力政府之价值，固无足道也。

吾为此篇，非为袁氏及依附袁氏者言也。袁之本怀，不在民国。知保其个人之权势而已。其阿附之者惟袁马首是瞻，以为利禄之门而已。从古小人，决不以国家之危亡，易其当前之富贵。而查尔斯路易之辈，虽至死不悟，与狐谋皮，宁非词费，所痛心者吾四万万之民族耳。蝉蜕于清政府之压制，曾几岁月，如水益深，如火益热，生民之乐，已几于无有，而媚外自封者，不惟丧其主权，即山泽之宝，亦惟强者之欲是供，不为国人稍留生息之余地，波兰埃及，招手前途，吾固乐以此终耶，抑犹迷而不悟耶。语有之曰：学如逆水行舟，不进则退。为治亦然，即行而求前，去之将愈远。吾民纵昧于是非，何至并忘其利害，惟有苟且偷安之志，辄为黠者所乘。售其一切欺罔之术，顾其术亦非难知。如彼所云，维持现状之为急，而不可无强有力之政府。维持现状非他，保专制之遗迹，植官僚之势力也。强有力之政府，非他以一人独揽大权，削尽四百兆之民权也。吾民望治未见，则强颜相抵，谓强有力之程度犹未至，于是民国制度扫地无遗。今兹硕果所存，不过一总统之名义耳。夫以共和之名，行帝者之事，纵真有强固庞大之政府可以制内而攘外，民亦不受其福。世无痴人，必不游美利坚而梦俄罗斯也。而况其政府实至弱无力，惟恃乱暴，对待一般平民则作此种期望者，至是犹不可以废然返乎。法布罗尔氏曰：诈术暴力之胜利，刹那之顷而已。以长岁月视之，未有能免于失败者，人生如朝露，故为恶者或未及受罚而死。国民之生命，非是之比，故政治之罪恶，虽收利益于一时，终不能不被其罚，然则吾民不能取诈术暴力之政府而罚之，将必有同受其罚之日，是在所自择也。

（民国杂志第一年第二号）

中国国民党批评之批评*
（1924 年 4 月 20 日）

（1）三种谣言的驳斥

（2）就"民治主义至社会主义"的观察

（3）加入国民党的提议

（4）批评的态度

（5）批评失当

（6）根本观念和历史上的成绩

（7）革命党的经过

（8）为环境和自己的手段所牵制

（9）中山先生的人生观

（10）自己的批评指摘

（11）以前组织缺点

（12）运用训练

（13）誓词手印绝非儿戏

（14）唯物史观的论调

（15）"下等阶级"的解释

（16）改组以前和改组以后的批评

（17）以词害意的弊病

（18）新旧同志的分别

（19）左右派的分别

（20）华侨同志的性质解剖

---

* 本文出处：《胡汉民先生文集》，第 2 册，中国国民党中央委员会党史委员会，1978。署名：胡汉民。

（21）个人的牺牲和群众的顾虑

（22）华侨同志不能硬指为何派

（23）党团的误会

（24）李守常在大会中的自述

（25）一封答同志怀疑的信

国民党这次代表大会经过，发表了宣言政纲和党章等等，这事在党内固然是一个很重要的步骤，而党以外也当然引起许多人的注意。我们就中颇希望或者有反对党的批评，就于主义和政纲组织等来指摘我们，使我们更得相与研究讨论，发挥我们的意见，也许比我们自己内部平常研究讨论为更有益处。却是可惜，我从代表大会将开跑回广州，及大会开过回来上海，直到今天，综看反对党以及许多普通报纸对我的说话，不外三种（1）：第一种批评，在大会将要开始的时候，就说"这回大会不过孙中山要组织政府，要大会代表来选举他做总统，对于国民党本身没有什么商量办法的。"这是一个不管事实而含有恶意的臆测。到了大会开过，并没有选举总统的话，仅是由总理提出组织国民政府之必要案，大会决议赞成，列为各种决议案之一，于是反对党的报纸也就没有什么话说了。第二种批评却说"国民党此次改组联合了俄罗斯，已经赤色化，变成波斯域。"（按此为 Bolshevik 即布尔雪维域之另一译音）这是一个有心中伤的话，以为俄国波斯域是许多国家所怕恨的，以前并且有极端诅咒波斯域的口调。中国人不甚了解俄国革命历史和多数党真相的人，以耳为目，也往往看作洪水猛兽。他们这么样一说，如果外国人和中国多少人相信他的话，便会对于国民党怕恨起来。这和前年陈炯明的人故意发露中山先生主张联合俄、德两国的密函，一般作用。国民党改组是否就赤化？和俄国波斯域是否一样？这全是事实问题，现在有宣言政纲明明白白摆着，我们也不用费笔墨来辩解。但是可笑的是这种中伤的计谋，很短的时间，就叫他们失了大半的作用。他们的报纸记者是在香港，他们的一厢情愿，尤其要耸动到香港怕恨国民党，当作波斯域，立时防碍国民党党员的行动。不料英国的工党政府骤然成立，早已有承认苏维埃政府的政策，不上几天便已实行，香港地方当然不会反对波斯域的事情。他们是想借外人势力来迫害国民党的人，到了这时只有认为晦气。于是又变了口调，说"国民党改组以后，元老派的胡、汪、廖、邹加入共产党，和什么派的谢持、居正对抗，国民党已经分裂。"这是一个有心挑拨的话。前一个礼拜，上海的报纸也有上他们造谣的当，把这类的话登载起来的，上海国民党执行部已经正式的辩正，旁人都可以明白。我个人只有觉得好笑，因为他全没有一些合于事实的话。如果他稍为晓得我们在大会的态度，比方宣言政纲里对于一个土地问题是当时讨论得最认真的；然而不但我和谢先生居先生的意见，一样无异，就是从前曾入共产党社会主义青年团几位先生，也是一样意见，认定我们改造的政策，合乎今日国民的必要，并不主张仿效波斯域的手段。国民党党员这样公正的态度，自然为反对党所不及料。我只好告诉造谣的人像那样无稽好笑的话，是中伤挑拨不来的，还是另想方法罢。

以上三种算不得什么批评，我们只好当做一个个的笑话答他。就我所见对于国民党的批评，要算屈维它君登在《新青年》第二号的《自民治主义至社会主义》一篇文字，很可以供我们的参考。我听见广州的同志有好几个人对着这篇文字起了"不快感"的，我因而把这篇文字，细看了几遍。我的观察所得却有如下之五点（2）：

（一）这篇文字，屈君是要叫国民党以外其他有革命新思想主义的人，无论共产及若何的党派——尤其是共产党——尽量加入国民党（3）。主要的意思不在于对国民党的批评。

（二）主要的意思既如前条所说，因而要批评国民党，不能作笼统的口吻，不能一味叫好恭维。

（三）有一部分批评很为深刻，用语有时涉于轻薄。

（四）这篇文字作于国民党正式改组以前，对于过去的有多少不满，我相信屈君对国民党改组以后必又不同。

（五）所批评的话多半是重视国民党，而期望甚切，看的人不可"因词害意"。

第一点要使凡有革新思想的人，集中革命的势力，为最大的结合，一致的成一全民的运动，我们是绝对的赞成的。如屈君意想的共产党及若何的党派加入国民党，固然是欢迎；即其他任何阶级的人，或是素来不喜欢结党的人，有同此的觉悟而加入国民党，我们也是欢迎之不暇。我们却想询求那不愿加入国民党人的意见，还想看他对于屈君这一个重大提议，有什么反驳。

第二点就是我先前说过的，反对党的批评我们尚且欢喜看他有什么攻击指摘，何况屈君不是立于反对者的地位，而很想用冷静公平的态度来评议我们，比之笼统的恭维，实在有益。这是就我们国民党人方面的说法。至于就此外的方面说，假使屈君一味的说国民党好到万分，把那过去事实，连我国民党拿着原来的主义理想来衡量，都自己觉有许多不能满足的地方，一概不提；不但好像叫人讳疾忌医，并还像中国旧式的媒婆，替女子说就是"国色天香"，替男子说就是"家财百万"。其实女子的相貌原也不差，男子的家道也算殷实，何必一定说得过火，反叫人家疑惑他不实不尽。中国旧时的历史家批评家最犯毛病，就是把好人必定说好到万全，把坏人必定说坏到万恶。一个人物，要人就历史批评所说的万全万能的当中，很用工夫才寻出他的那一时代社会重要的价值，这就是媒婆式的历史家批评家累人费事的。对于这一层，我不能说屈君的态度不对（4）。

第三点是屈君原文说"国民党历史上就是纯粹的民族主义的政党。——那时所谓民生民主主义都只是富强……到现在方才开始走上民主主义的路，渐渐的想代表平民群众而抗争……至今他的根本观念还是在政治清明，国家强富而已……仍不离民族的资产阶级的意识。"这些批评是不对的（5）。

我们自从中山先生结合革命同志成立中国同盟会以来，就提倡三民主义到现在。同盟会入会极简单的誓词，就是"恢复中华"、"创立民国"、"平均地权"；如何可以说是纯粹的民族主义的政党呢？同盟会发表意思的机关，在东京的《民报》里，中山先生的序文，就说"我人不能以效法欧美得到富强为已足，而应注重民生主义。"《民报》当中还有和梁启超就民生主义上的大论战。他说"我们只是为乞丐流氓说法"。我们也答应他"不能像你和康有为只记得士大夫忘记了乞丐流氓"。诸如此类，可见我们从来的根本观念。又如何可以说"只是富强不离民族的资产阶级的意识"呢？然而我还要认屈君的话是很深刻而有价值的批评。这不在我们根本的观念，而在我们历史的成绩（6）。

我们虽有三民主义的根本观念，却是因于革命的环境，仅达到民族主义的一部；而民主主义只达到挂上民国的招牌；民生主义更不消说得。所以就历史上说，我们以前是民族主义的政党，我可以相当承认的——这句话照我这样解释，不必屈君，就是我们许多国民党同志也常常自己说的。还有一层，就是当辛亥革命以后，有些主义不坚的党员，也许是仅仅倾信民族主义的党员，造出一个"革命军兴，革命党消"的话，投合一般国民偷安的心理弱点。他自己脱了革命党党籍，同时惹起好些革命党党员，要改组同盟会，要由秘密而公开，由革命党而政党。按着当时的环境，也不算很错；然而我就很怕自己壁垒不坚，因手段而蒙混了目的，因分子的不纯而累了团体。所以当宋钝初在北京改成国民党，使其他的几个政党整个的加入党内，我和广东的同志都不赞成。最后格于本部的命令，和多数的意思，才勉强照办。自此以后，我们党员是怎么样？我个人不避忌讳的，敢说主义目的为了环境和自己的手段所限制牵扯，不像辛亥以前的鲜明；所抱的民主民生主义使命底下应有的工作，于可能的范围以内，不能够努力（7）。我个人就是常常如此的自责。到了讨袁失败，亡命东京，中山先生改组中华革命党，本是想重活革命的同盟会的意义，但是组织方法"严而未密"，又且偏重于倒袁的这一件事；主义的宣传，还较同盟会时代薄弱；其他党的运用，党员的训练，更是无暇做许多工夫。及至袁世凯倒败，重回到中国，把中华革命党改组为中国国民党，当然我们的观念是一个革命的政党，与其他一切政党性质不同（8）。然而还洗不清民国元、二年国民党的余染，也还时时因环境和所用的手段牵掣，不能以我们所做的工作，一一证明我们的主义，日日在那里推行。我们真是要提高警觉，督促我们的任务。我所以虽不承认屈君所说是合当的，但我总愿看见屈君那样的批评。

我最佩服孙中山先生是他的根本观念坚确而不可动摇的，同时他的精神意力，又是日日向上进取的。他以消极为罪恶的，所以他好像只有看见将来，而没有忆着过去（9）。不特凡俗所争的势位虚名，他不当作一回事，甚至他自己对于社会做了若干的劳作事业，他也不当作一回事。人家对于他的过去事业，怎样恭维，他不会高兴；就是怎样指摘，他也略不关怀，除非是那件事是十分和他现在及将来社会的事业，有甚重大的关系，他才去理会理会。我们究竟没有看见他对于许多恭维指摘，会激动他的喜怒感情，这是我们应当以为模范的。我个人的见解，以为我们要改造建设一个绝大的新事业，我们至少要和一个艺术家相似，有教多数民众做"艺术化"的志愿；而当他自己造诣未到完成的时候，决不是只愿受观众听众的拍手恭维，而不许人家有些子批评指摘的（10）。我们自己的批评指摘，也总觉得以前我党的缺点，大半是在组织方法不能完密（11）。例如党员和党的关系，过于松泛，就不容易有全党动员的动作。党员依于主义的工作，往往以个人自动的尽其能力。一个大党的效能，许多时候都看不见。比方编制不完全的军队，纪律上作战上都要时时感着困难。就党的历史说，将近改组的时间，把一大批"贿选"议员削除党籍，为党中不可少的制裁（12）。然而到了贿选已成才施以最后的惩罚，以前不能监视他的行动，不能强迫他遵守党的决议，那就党的组织方法言，也要担负若干的罪过，掉转头来说，许多本党议员宁可牺牲个人利益，不肯失节去做"贿选"的勾当，这可以证明党员的革命根本观念未尝抛弃，而还不能证明以前我党的组织方法已经完善。较论我们的功过，是要于根本观念之下，看我们历史的事实的；因于环境和手段的牵掣，有时使人只见我们这些事实，便会对于我党根本观念怀疑。所以党的责任，就是于确定党员根本观念之后，还要有很完密的组织和纪律，来运用他训练他（12）。我们未行改组以前，实在有这种自己的批评概念，所以才有这回改组的事实的。

至于屈君原文用语涉于轻薄的地方，就如说"他的国家社会主义的价值不过如此"，"既要组织政党也可以不像以前那样儿戏了，什么罚咒打手印等"。这种口吻，是文人通病，尤其是做驳议论文章的时候，怕看的人沉闷，就会欢喜说两句俏皮话，屈君也犯了这类毛病。须知评定民生主义的价值，不是可以那么简单的。屈君上文还未能说对了我们的根本观念，如何可以评定我们主义的价值？讲到发誓打手印，或者可以说是过于严重，而绝非儿戏（13）。要了解从前何以要用誓词手印的方式，且听中山先生在代表大会追悼列宁那一段话，就最为真挚明白。他说："我在同盟会时代及在此以前，要推倒一个满洲政府，做他们所谓谋反大逆的事；乙未失败，我到香港，所有相识亲友都避道而行，所以我结合同志，要十分严重，这个情形已不消说了。就是讨袁失败的时候，同志许多人都几乎丧失了勇气，以为要歇待若干年，才好谈革命的话；其他不是革命同志的人，更是难说。所以我只能自己立在最前的战线，策励同志，负责进行。现在就可以不必如此。……"这段话可以答复当时怀疑手续过于严重的人。屈君以为"儿戏"，适得其反。此等处随便用语，在原文中是无关批评大旨的，故我们也无暇深论。惟有说："中国现在的国民党因其宗法社会的出身，旧历史的关系，军事崇拜的习惯，中国旧式下等阶级的会党遗传等，他所有不良的地方，也是自然的现象。……他当时亦确只能如此，而且正惟因为如此，而能行一部分历史使命。与他同时的其余一切维新派，却因完全是上等社会式，而绝无革命性，只有国民党能秉此革命性而适行进化。"这一段完全是向国民极力推重，并无半点恶意。我料屈君是信"唯物史观"的人（14），又是主张以无产阶级为革命基础的人。马克斯说"革命家不过是一个接生的女医"；据这个理想，革命还是因于时代经济的进程来改造的，不是和时代经济无关而可凭空创造的。"确只能如此"，"能适应进化"，一个唯物史观的人说话，要他再加此以上的褒扬，想他也说不出来了。我听见广州有几个同志因为"下等阶级"的话，发生误会，或者过于断章取义，以为下等就是不好；我却很信屈君不是梁启超，因为梁启超骂我们帮着乞丐流氓说话的时候，他也许瞧下等阶级不起；然而屈君简直说梁启超是"喂猪的社会主义，……不知道谁和他同主义"，屈君的立场很可以明白。屈君说下等阶级的时候，断然没有轻蔑的意思的，果然今天我见屈君在最近第五十五期的《向导周报》登了《国民党与下等阶级》一篇文章，说（15）：

> 各国的革命都是下等阶级（平民）反抗上等阶级的行动，所以革命党必定是代表下等阶级利益的政党，而且革命的组织总是有下等阶级的后盾的，试看欧美各国的社会党，哪一个不是工人的团体，各国社会党的分子，大多数是工人或贫农。若是我们说某国的社会党不是下等阶级的政党，——这正是骂他背叛革命，骂他等于中国研究系。

> 中国国民党——以前是同盟会，联合了受上等阶级咒骂的种种会党而成立的。中国的会党，正是许多穷而无告的下等阶级，受尽官僚富豪的压迫，结合起来以图反抗的团体。国民党的所以始终是革命党，始终是代表大多数人民（下等阶级）利益的政党——正因为他的出身是会党。会党的弱点，仅仅在于他们的组织方法，不能脱离宗法社会的旧习——希望他们采取先进各国下等阶级的组织方法，来继续革命的伟业——有几个国民党同志对于我在《新青年》月刊上所说与此同样的理论，颇有误会，实在是憾事。

可见屈君下等阶级的话，完全没有恶意，和他处不检点而用轻薄的字眼不同，我们要分别清楚才好。

第四点我的观察在未见《向导周报》这篇文章以前，我觉得屈君原文带有两个使命，一是劝人入国民党，一是劝国民党改组，都是期望甚殷，知无不言，言无不尽的；所以有许多不满意的批评，都是对于过去的（16）。而国民党改组以后种种表示，定能使屈君满足，所以我敢断定屈君批评的说话，必有不同。果然屈君《向导周报》那篇下文，就有如下的论调：

> 近年以来，中国的下等阶级（平民）因中国经济的变动，亦发现许多城市工人。他们的文化程度，自然而然已经比前二十年高得多，他们组织也比以前的会党要进步得多。国民党秉着他的革命

性，适应这种环境而进步，与新的下等阶级组织相结合，继续国民革命的事业，也是当然的事——所以有国民党的大改组。

国民党改组以来，发展的形势非常明了——内中急进及缓进的各种分子互相辩论争执，也是很平常的事——可是一班上等阶级的政党及报纸（如时事新报、新闻报等）一方面惟恐国民党发展，别方面幸灾乐祸，拼命的造谣挑拨，有意离间。然而即此更足以证明：国民党始终是下等阶级的政党，是革命的政党，是代表大多数平民的利益而奋斗的政党。不然，那些少数的上等阶级的新闻纸、参与贿选的立宪派政党，何苦又这样毒恨他呢？

这无异乎为我第四点观察的实证，连第五点我说他重视国民党而期望甚切，也得了证据。

却是以词害意，这个弊病不可不防（17）。孟老先生可算是善于读书的人，他提出这个病症，教人要"知人论世"、"以意逆志"来医治他。我想头脑稍为不冷静的人，遇着人家批评和自己有关系的文章，尤其易于"以词害意"；看成和原本意思一个反面，固然危险，或者把原本主要的意思看轻，把余波附带的意思看重，也是不幸。就如我这篇文字，主要的意思，自然是为国民党"张目"；也许人家有意外的发生别的误会。批评的文字，实在不易作，最妙的是我昨天晚上，遇着一位同志，同他谈起屈君的原文。他说"屈君认我们只是富强主义不离民族的资产阶级的意识，这是什么话？"我说"这也不错的"。他很露出不平的颜色，几乎要拂衣而去。我晓得我的话说得顽皮，而且太浑沦了；急忙把我的意思（就是上文对于第三点观察的意思）清楚的说出来。他却点头承认，没有反驳。我又顽皮的说"要是不只富强主义而离了资产阶级意识的人，他受了批评，便会愤激不平，我更要说屈君的话不错。"他也笑说"果然不错"。可见好朋友对面说话，尚且会"以词害意"，何况做文章？我相信这位同志就是三民主义的根本观念始终未尝摇夺的人，而前此也不能把他的能力在主义底下的工作，尽量发挥。就这些地方要我批评，我只有用着有治法无治人的套话。

我在广州的时候，有人说旧同志新同志的话。李守常（按即李大钊字）先生听见了，就对我说："这不过是一个入会先后暂时的分别，切不可弄成有其他意味的分别；因为这入会先后，不能作为趋向知识及种种分别的论据的"（18）。我很佩服这几句话，我们要党员全体一致的进行，如何好妄生分别？同一服从党的主义和党纲章程纪律，对于党有同一的义务，如何可以妄生分别？比方说旧的趋向早定，为新的所不如；又或者说新的知识更新，为旧的所不及；都等于望文生义，无有是处。或许因此而发生误会，上了人家挑拨离间的当，真是不值。反对党纷纷造谣，固然可以毫无故实；而他中伤的伎俩，就想从这些地方发生。我们对于善意的批评，不可"以词害意"，而我们自己立言，若是故意分别，有心抑扬，那就不能说人家"以词害意"了。又比方外国的政党常有左党右党的名，不过是一派比较的急进或比较的缓进的代名，没含有好丑高下的分别。在主张急进的，以急进为好，不会听着左派的一个名词，有所不欢。在主张缓进的，以缓进为宜，也不会听着右派的一个名词，有所不乐。但是如果当一党中未曾有明了的分别的时候，过早的提出左党右党的名，也是会令人"以词害意"，徒滋纷扰。这和李守常先生所虑的同一正比例。如果含着一个轩轾抑扬的成见，来分别他，这个弊害，自是更大。代表大会开时，有个外国朋友曾对我说："国民党好像已有左右派的分别，将来最高干部却要居中调和，教他一致的动作"（19）。我说："我现时还看不出这种显然分别的情形，比方某一个问题，甲等主张急进，乙等主张缓进，而到了某一个问题，乙等却主张急进，甲等却主张缓进；又到了某某几个问题，甲乙等同时主张急进，或同时主张缓进。我们一时卤莽的就他近似的言论状态，作甲乙左右党的假定，这未免陷于有心'助长'的错误。一面助长的分别他，一面又要去调和他，这不是自寻烦恼吗？而且我想问你意中以为右派的是指那些同志？"他说："我想华侨同志就是右派，原先含有资产阶级的意识居多。"我说：你错了，你是外国人，不明白华侨同志的性质（20）。也许你是唯物史观，以为华侨生长于外国资产阶级制度之下，应有资产阶级的意识。然而唯物史观不是这样简单的。华侨被帝国主义和资本制度两种的压迫，甚于内地的人；惟其内地的人，也因为近年渐渐感受帝国主义和资本主义制度两种压迫，所以渐渐认识反抗的必要。由此比证，足见华侨的觉悟反抗，更当容易。华侨同志站在资产阶级的人很少，而美洲则更是完全劳动者，而属于无产阶级。就以南洋等处同志论，纵然有资产阶级的人，他若果不能排除资产阶级的意识，他也不来做革命的同志了。我们不可看错了他。把以前的历史来看，华侨同志以牺牲个人利益供给革命，为其必然的义务。此种普遍性为内地同志所不及。广州三月二十九之役，以及北伐、讨袁等役，华侨加入革命军牺牲性命的，不在少数。温生才、陈敬岳、钟光明等，个人挺身，流血五步，刺杀民贼，也出在华侨同志。他们的急进性质，可以概见。就如大会里讨论各种问题，也不见得华侨同志因有资产阶级的意识，偏于缓进的主张。例如土地问题，固然许多华侨同志取慎重的办法，就是我们和几个原先曾入共产党青年团的同志，也是同样的主张慎重；却是澳洲的同志就觉得很是平常的问题。可知就华侨论华侨同志，已经不能执行过于简单一偏的论据。我们更有要知道的，做革命党原要最富于牺牲的德性，所谓义无反顾，就是不怕牺牲，但是就狭义而属于个人的关系利益而言，自然不生什么计较；如果为一群的利害关系，要去牺牲，那就算很急进热烈的人，也许他要问问牺牲的代价了（21）。如果不然，就只可奖励一班一味盲进破坏的人，而各种行动也不必讲什么方法策略，甚至于不必有什么目的了。故此以个人处一部分群众中间，遇着一个问题，和他这一部分群众有利害急切的关系的，他自然要加以考虑；那个问题如果是在全部的关系来看，尚非重要，或即重大而不到感着必要的时候，一部分群众申出他的顾虑，是应该有的。而全部的总决定，也就当然要采纳他的意见，再就那问题审察是否重大必要，而可以不顾虑这一部分的牺牲。更就那问题决定议案时，也须看施行的方法手段，可否免这一部分的牺牲；或是那问题对于全部关系重要到了不得，尽值得牺牲一部分群众而不顾，而且方法手段也无从避免，然后使这一部分群众深切了解这种种不得已的理由，而为最后的决定。断没有提出一个问题，有以上的情形，尚不经过我以上所说的讨论审查，而可以冒昧的决定执行的。当讨论审查的时节，他们有所顾虑，就说他不离资产阶级的意识，是个党的右派，这如何说得着？据我所知，不仅是华侨同志，就是平日大家知道如某君等几个同志，思想言论早就反对帝国主义，急激得非常，而他们就于某个问题是极为持重的。他们觉得"种种为目的而预备的工作和材料都没有弄好，忽然提出，近于放空炮；无端放个空炮，自己却要牺牲一部分的力量，甚不值得。"你看某君等个人是左派呢？还是右派呢？或是对于一种问题是左派，对于某种问题是右派呢？从第二说，就真不必在平时分别他的左右了。比方我们有个宣传机关在某处地方，原是很可以宣传我们的主义的；但他在那地方究竟不得绝对的自由，还有一两点的忌讳，如果一定触犯这些忌讳，就要把我们宣传机关付之牺牲。我们固然不是要一味迁就，忘了本来面目，然而毫不在宣传的全部较虑①

---

① 疑为"考虑"之误。

他的轻重关系，冒冒失失去牺牲了自己机关，便说尽了我宣传的任务，这种做法，恐怕只算得是"无知之勇"罢。总之，国民党中尚未有左右派之可分，华侨同志也不能硬指为何派（22）。就于一个问题而有一部分急切利害的顾虑，不是缓进的性质使然，尤其不是资产阶级的意识的表示。

那个外国朋友很热心表同情于我们的，不过有些神经过敏，他那近于武断的批评，也由于想激励我们勇敢进行的热心所致。我听了他的话，很明白他的意思，自然不致"因词害意"。但是左派右派的名词，倘竟在这个时候生起分别来，真会令人"以词害意"的。我劝我们同志遇着人家善意的批评，不可误会；同时我劝要做批评的人，也须十分慎重。还有一层很为重要，我也很盼望人不可"以词害意"的。屈君原文注重的要点我已指出，就是说："努力扩大国民党的组织于全国，使中国革命分子集中于国民党，应目前中国国民革命之需要。……"这是他结论的几句话。但是他文章上面说："中国客观的政治经济状况及其国际地位，实在要求资产阶级式的革命，同时此种绝对资产阶级性的所谓民族民主革命，却非借重国际的及国内的无产阶级不可。"又说："只有以世界无产阶级的观察点为根据的政党，才能用社会主义的见解及运动方法，来促进这国民运动，或者简直改造国民党，同时这亦是中国无产阶级最正确的策略。"他的意思都是根于期望国民党改组、扩大组织、和期望革命分子尽量加入国民党这两点来的；不过什么借重，什么策略，就涉于互相利用的话，而放在要真诚的结合、真实的改造的意思里头，便觉得有些渣滓。不善看的人，如果"因词害意"，就会一直误会到加入国民党不过是一个策略，差不多是以党团加入其他非该党的社会里头的行动（23）；会误会到多少党员是另外一个党团，在本党内另自造他的活动，时时另受他党暗里的指挥。这种分别，固然在头脑冷静的人，必能够按着行为与事实来判定；然而作文章的人，因于文字的障碍，如上所述，易于使人"以词害意"。我想使多数的人免除这种的误会，要看李守常先生在代表大会自述的（24），大略是："本人原为第三国际共产党员，此次和诸同志加入本党，是为服从主义，遵守本党章，参加国民的革命事业；绝不是想把国民党化为共产党，乃是以个人的第三国际共产党员资格加入国民党，从事国民的革命事业。"这种话就很明白了当，可以解释一切的疑问了。在试办改组而代表大会未开以前，我曾有答同志某君的一封信，现在附录于后，也是一种批评（25）：

（前略）"你向来是很明决的，而你这回的怀疑，我敢认为是无益有损的'过虑'。你说有若干由共产党加入本党的同志，我们自然是欢迎，你说选举的时候，他们居然以少数竞选胜利，你甚为不安。我推测你的意思，大约是歧视他们，我以为不应该的。……至现在已经加入本党的党员，就要是党中同志，还有什么可以歧视的地方？他们以少数人能竞选胜利，是他们对于党的热心，是他们能奋斗的结果，难道妒忌他，可以说他们不对么？譬如同一反对直系之中，浙奉便是我们的友军，我们对于友军，已有互相提携的义务。假使有浙奉军籍的人员，改而隶属于广东军政府，听受编制，奉行一切命令指挥，我们就只该晓得这是我们的军队，毫不会问到他从奉浙两省而来起个畛域之见。他能够奋勇服务，我们也只认为自己军队人员有若何成绩，断不会因他们能奋勉尽职，而起疑惑不安。你看我这个比譬喻，是否适当？你说他们还和共产党未断关系，这也不是什么大不了的事。你知道当同盟会的时代，同志李石曾、吴稚晖、褚民谊几位先生，曾在巴黎入过无政府主义党吗？褚民谊先生还和雷铁厓先生为政府问题大笔战一次。在他人说，或者疑惑这几位先生已经不做同盟会的党员，不和我们一起进行革命；谁知到了辛亥革命实现的时候，这几位先生同我们一样尽力，而且至今天还承认和我们是同志。无政府主义离我们比较共产员①更要远些，几位先生和无政府发生关系，尚且不必怕，他们和共产党不断关系，又有什么可怕呢？这个先例，或者你以为是最少数的人；几位先生不是他人所能及，就请再看同盟会时代，三点会、哥老会等会员加入本党，我们欢迎之下，并不迫他们断绝原有会党的关系，也不会发生什么问题。三点会等只是反清复明为宗旨，和同盟会的民族主义相近，也就如共产主义和我们的民生主义相近。我想这个先例，你不能不承认了。我劝你并劝同志抛去彼此歧视见解，一致的向主义进行，努力于主义底下所应有的工作，到了大家一样的努力，那时就什么猜疑都没有了。"

这可算是我对于一二同志怀疑意见的批评。现在正式改组之后，正如屈君的批评"发展的形势非常明了"，同志某君料不致再有怀疑，而我也不必多说了。

以上拉杂说了许多话，就着人家的批评意见，说明本党的真相，就算了我的批评。我的见解还只是三句话：（一）是我们最愿意看人批评

---

① "员"，疑作"党"。

我们的——除了故意造谣中伤的，都许于我们有益；（二）是看人家的批评不可因词害意，发生误会；（三）是做批评的人，也要仔细用心，求真求是。这些见解，我想许多人都要赞成的，便作为我对于党内外的人一个贡献。

　　编者按： 本文录自中国国民党改组纪念民国日报特刊，系民国十三年出版（并见民国十三年四月二十日《中国国民党周刊》第十七期）。胡汉民先生此文，自系根据当时革命环境，对党的决策有所解释与分辩；但彼仍然指明中共渗透工作之危机，故读者可注意下列一段文字："如果'因词害意'，就会一直误会到加入国民党不过是一个策略，差不多是以党团加入其他非该党的社会里头的行动；会误会到多少党员是另外一个党团，在本党内另自造他的活动，时时另受他党暗里的指挥。"

就外交部长职演说词[*]
（1925 年 7 月 8 日）

　　诸位，外国和本国来宾：今天汉民就外交部长的职任，前几天奉本党命令改组国民政府，汉民被任政府委员之一，同时被任政府外交部长。现在外交的重要，刚才政府代表已经说明过了，我们的工作大旨，外宾及同僚大概都知道，在汉民未做及将做外交部长之际，外间测度的意思，是有两种：第一种测度的意思，是为外交是很闲的职务，不必找到汉民去担任；第二种测度的意思，是以为外交是现在的一个难关，必须要汉民来担任。其实两说都猜错了，国家的外交，是非常重要，刚才政府代表已经说过，所以第一种测度的意思，是不对。至于第二说所谓难关，革命党为国家做事，向来不识有难关的。外交的难关，本人更无所谓，况且汉民以党人而为国服务，那一回不是受命于危难之时。外间对于汉民就职，是不明外交的重要，所以两种测度的意思，都完全错误。

　　向来办理外交的人员是深通外国语言文字的，但是汉民除日本的语言文字稍可通多少外，各国语言都不懂，外国交际的礼节，更不熟习，大家不明外交重要，及外交方法的，以为本人的性质如何能够合于办外交。但是本人办理外交，以前也有多少经验，因为本人以前曾理过民政，而广东的民事，多是于外交上有关系的，多数就地由民政长官与外国领事解决。更有一件反面证明外交上谙熟外国语言的人，不是一定于外交上办得好的。本人可以举出两个事实来说明，当民国元年时候，就是北京外交上最有名称为外交之花的人，他办理广东两件外交上的事，

　　* 本文出处：《胡汉民先生文集》，第 2 册，中国国民党中央委员会党史委员会，1978。署名：胡汉民。

也不如本人，第一件是沙面发生的一件事，有一间德国洋行，因为他的侍役不好，把他送到英国领事署，英国领事把德国洋行的侍役打了六鞭，关了一夜，这件事给我知道了，马上就对英国的领事抗议，要驱逐他出境，同时给电报到北京外交部长陆征祥，把陆征祥吓到魂不附体，以为英国领事鞭打做德国洋行侍役的中国人，这些小事，不应该小题大做，要英国领事出境。第二件事，是因为广东省内做士敏土的灰石，向来是封禁不准私采，私运出口的，英国在香港的士敏①土厂，有一次私运灰石，被我们政府扣留，香港的青山士敏土厂没有灰石来供给，只好停工。英国领事便借扣留灰石这个问题，要我们政府赔偿几百万。这件事传到北京，北京的外交部长陆征祥，便异常恐慌，以为赔偿几百万的问题，何等重大，怪责我不把这件事早早通报外交部。陆征祥以为第一件事是很轻，第二件事是很重，这完全认错了，以为银多的便是重要。其实照第一件事来说，我们中国人被英国领事鞭打，是侵犯我国家主权的问题，我们国家的主权，不能被人侵害的。所以我为国权起见，要严重抗议，要驱逐英领事出境。至于第二件事，不过是商业问题，在地方交涉便可以解决。陆征祥把这两件事颠倒轻重，所以错了。陆征祥曾在国会里头说他能够开很好的西菜单，但是本人不懂开什么西菜单，这是不及陆征祥的地方。本人不及陆征祥，所以在外交上是和陆征祥一派的外交很多不同，这不是滑稽的话，是的确的话。

现在外交的方针，是根据国民党的对外方针，我们总理遗嘱说，求中国之自由平等。要中国能够自由平等，这便是外交的事，便是我们外交的目的。要达到这个目的，我们便要遵照总理遗嘱所说联合世界上以平等待我之民族，共同奋斗，而废除不平等条约，这便是外交上的大工作。现时各国里头多数都不是以平等待中国的，所以要废除不平等条约。废除不平等条约和联合世界上以平等待我之民族，共同奋斗，这便是国民党对外的方针。本人于外交上的应酬，虽然是不大熟悉，但是对于总理遗嘱，和国民党主义所定的外交的方针，一定是努力去做的。现在中国的外交，是非常重要，如果认为闲事，中国是不可救，因为大元帅说过，中国是各国的次殖民地，次殖民地是比殖民地还低一等，所以大家非要争回中国的地位不可。我们中国四万万人，应该大家齐心合力去做，做的方法，便是外交。外交便是救中国地位的一件大工具。

---

① "敏"，原作"纯"，误，校改。

大家现在都知道要打倒帝国主义，但是大家须要知道帝国主义者不是一个人。我相信现在世界上觉悟的人，都反对帝国主义，所以明明是帝国主义的人，也不敢公然承认。我记得有一回伍前部长在这外交部请客席上，演说反对帝国主义，当时帝国主义的人，也表同情来反对。所以我敢断言现在是帝国主义的末日，反对帝国主义的民众，已经开辟了一条光明的途径。以后我们要把帝国主义的人都清除，帝国主义的人都无所藉口，无所施其技，中国才能够自由平等，世界的国际间，才有真正的和平。

故此我们求中国之自由平等，不但是为中国计，并且是为世界和平计。如果中国不能平等独立，中国的内部必定分裂，而像欧战一般的第二次战争，便在太平洋发现。如果发生这样战争，不但是中国的不幸，世界人类也是大大不幸，世界人类将要受重大的灾惨。所以中国的外交问题，不但是中国的平等独立问题，并且是世界人类的和平幸福问题。

最近上海的惨案，为甚么发生呢，汉口九江青岛的惨案为甚么继续发生呢，更有六月廿三那一天，我们民众极和平的运动，极有秩序的巡行，但是帝国主义的英国法国为什么拿大炮机关枪来打死我们同胞一百多人？由此可见帝国主义者已经向我们挑战。这次广州的惨杀，比较上海九江尤为暴戾。我们大家结合来反抗帝国主义，对于此次广东沙面的暴行，不可以就本地撤兵谢罪赔款等等，便算胜利，根本上还要遵照大元帅的遗嘱，达到废除不平等条约，才是正本清源的办法，以后才没有同样的事件发生。本人在省长任内与前外交部伍部长，对英国提出的五种条件，像收回沙面租借等等。最近接到英国的答复，说是他们奉到北京英法公使的训令，对于这种条件，尚未能商量。这种卸责的复文，很像盗贼的杀人放火之后，以为可以不必讲理一样的，狡赖一样的不负责任。本人就职之后，定要再提出很严重的抗议。但是外交不是一个人的外交，是全国人民的外交，所以希望大家一致努力，为外交的后援。

今日汉民就职，蒙各界诸君和外国来宾，盛意指导，是很感谢的。本人还有几句话和同僚诸君说一说，第一件是请诸君不要学陆征祥派的外交。第二件是不可学前清的外交，以为取退让主义，可以苟安无事。第三件不可迷信强国有外交，弱国没有外交这种谬说。第四件是不可信寻常人所说内政不修明，外交应该失败的话。第一第二两条，诸君是容易明白的。就第三条来说，自有外交以来，越是强国越不必要外交，惟其是弱国，才要靠外交。现在是世界民族自决的时代，先大元帅指示我们的外交方针，是联合世界上以平等待我之民族共同奋斗，求中国之自由平等。我们能够联合世界上以平等待我之民族共同奋斗，不患夫弱，何畏人强。至于我国内政不修明，是因为各国政治之压迫，惟其受帝国主义之压迫，所以政治上经济上处处都受帝国主义的束缚，受帝国主义的操纵，到处都有乱事。帝国主义操纵我国政治，是和我国的军阀相勾结，自袁世凯冯国璋，以至陈炯明，和最近杨希闵刘震寰，这些军阀，虽然是无一不是失败，但是造成万恶军阀的原因，是不能够消灭。这个原因，是由于帝国主义有一种武器，这种武器就是不平等条约。有这种不平等条约来做武器，帝国主义便无形之中时时打死许多中国人。这次沙面打死我们一百多人，是有形的。其实帝国主义拿不平等条约的武器，无形中打死中国人比较沙面打死的，还不知几多千百倍。所以外交不能胜利，内治越不能修明，先大元帅主张非废除不平等条约，中国不能统一，有真知灼见的。中国现时的外交，是要来救亡。中国民族受帝国主义的压迫，所以先大元帅要求中国之自由平等。要求中国之自由平等，便要靠外交。本人办理外交，是诚心遵照先大元帅遗嘱奉政府和党的训令。至于寻常外交小节，或有不同的地方，还要请大家原谅原谅。

（民国十四年七月十一日民国日报）

华侨与革命[*]
（1926 年 1 月 1 日）

我们要分析华侨对于革命的问题，我们要先知华侨的环境。

我一踏入俄国境地，见了旅海参崴的华侨，便觉得别有天地。我这个感想从何发生的呢？因为我在辛亥革命以前，我到过荷、法、葡、英、美等国的属地，以及暹罗，所见的华侨不少，辛亥以后各处的华侨同志，也常和我通信，华侨的生活状态，我是常记着的。我这次来俄，在海参崴不过住了两日，我却是见所未见，闻所未闻。旁的事且不必说，只举出重大的两件事：一件是工人组织起来的团体，一件是集会言论的自由。因为有组织，所以工人群众能够自己主张自己的权利，免除许多压迫许多痛苦，并且逐渐地讲求卫生和教育的种种进步。所以在工会里遇着随便一个工人，都有新鲜的活气，同时工友们对于中国革命的事情十分关切，听着上海广东和帝国主义争斗的报告，就热血沸腾，声振瓦屋。我一面认识他们的觉悟程度，一面认识他们真有集会言论的自由，拿这种情形和我从前所见过所知道荷、法、英、葡、美等国各属地的华侨，来比较一下，真有天渊之别。从前英国人有句话说："太阳所照的地方就有英国的商旗，太阳所照的地方，也就有中国的'苦力'。"英国商旗底下的人是什么地位？怎样享乐？我们且不说他，至于中国的工人，简直是没有过人的生活的。他们也不客气，给他以一种特别征号，叫做"苦力"。甚至勾着中国的匪徒，将中国失业的工农人成群的贩卖去做他们的奴隶，那时候就叫做"猪仔"。这种猪仔，就是占了英荷等属的华侨最大多数。孙中山先生曾对华侨的富豪，如陆佑、黄仲涵几个人说："你积了千百万的财产，却不知你是把中国几千万人的骨头

---

* 本文出处：《前进报》，1926 年 1 月 1 日。署名：胡汉民。

换来的。你还说是英国或荷国给你的好处"。华侨中实在只有极少数人替帝国主义的政府包工、包矿、包赌、包烟的才许发迹，陆佑等就是认帝国主义的政府和其大资本家做主人，替他当刽子手杀害了无数工人，才从主人的食桌下分得馂余变成富翁的。依他的性质，自然记念红发绿眼的主人，哪里还顾得猪仔同胞。中山先生的话，只是对牛弹琴罢了。所以在这些地方的华侨工人，万万说不到组织团体。其初英荷等属地有"三点会"、"三合会"秘密结社，是从广东福建带出去的，却经帝国主义的政府当作谋反大逆，诛锄得十分干净。就是那些算有体面的华侨商人集会、结社、言论、出版，一概也没有自由，最厉害的就是荷属，如果不得地方警察官特别的许可，就连十个人以上在一处饮食，都要重罚。晚上出街，要预先领有街照。种种苛刻限制，只是施于华侨，白种侨民固然一切自由，黄种的日本人也不受这种苛例。大抵帝国主义的列强，在各个的殖民地，都有同样欺侮虐待华侨的政策，我们除开那极少数依附帝国主义者分得余利的"洋奴"、"钱狗"之外，任何华侨，决没有说得出所在地的待遇有如何好处的，如果和他们说及旅俄的华工有这种生活，和这样地位，不但猪仔工人不会梦见，就什么人也不相信。在英美等本国的华侨，自然比在各国殖民地的好些，但是人种的歧视，究竟利害。华侨的总量，除却在南洋的大多数外，就是以美洲为大部分。在南洋是"猪仔"，在美洲是"开荒牛"。两个名词是两处的华侨充分认识的。未曾开荒，那些牛还用得着，荒地既开，牛便无用。像开巴拿马运河的时候，要牺牲无数的工人生命，华工是受欢迎的，开好了运河，自然排斥华工了。又像欧战大战的时候，法国要华工去做"炮灰""替死鬼"，就令梁士诒一班猪仔头也大发其财，欧战完了，华工就要驱逐押解回国。这都是很明显的公例。美洲自从有了华工禁例，华侨只有日见减少。华侨最爱乡土，一度领有来往的护照回国，再要踏上美洲，就往往要尝"木屋"的滋味，受囚犯所未有的监狱待遇。平时社会上十分鄙视华人，华侨也只有自为风气，形同化外。美国的巡警，却正利用华侨有赌博、吸烟、私斗的恶习惯，拏之敲诈发财。一般英美人更把华侨过的贫苦无聊的生活，所有褴褛污秽的情状，用心写做图画或摄作电影戏，为助证他们所以排斥华工的理由。这就是离开南洋殖民地而在所谓充满了自由空气的共和合众国国内的华侨，所有的境遇。

华侨对于中国的革命，是有很可纪念的历史的。从来革命的运动，其费用百分之九十是出自华侨，其总额有数百万，总结一句话说，就是孙中山先生"致力国民革命四十年",都靠华侨的赞助。凡是有华侨的地方,差不多都有革命党的机关,且多半是秘密的组织。辛亥革命以前,革命党海外的敌人就是保皇党,到处反对革命,妨害革命的运动,其始是革命党的领袖和他们斗争,其后就是华侨革命的分子也能向敌党进攻,使保皇派的势力微微不发。辛亥以后,保皇党如梁启超汤化龙一班人因为扛不住保皇的招牌,在国内摇身一变,变为研究系,而以其反革命的历史性质,还是和革命党为敌;在海外的保皇派,自然也是如此。所以觉悟的革命华侨份子,仍不能抛荒了匡谬辟邪的工作。有许多的地方,可说是华侨份子的努力,有过于内地的革命党员而无不及的。把华侨全都分析起来,南洋是有大资本家、小资产阶级和工人,三种份子。美洲就只有小资产家和少数的工人。美洲的华侨,最初多是从太平天国失败之后,逃往美洲的。故此"反清复明"的"洪门"差不多是一种宗教,而且美洲的致公堂并不像南洋英荷属受当地政府的禁制,所以接受民族革命和排满的口号都非常容易。当梁启超游美国而梦俄罗斯的时候——在此二十年前,梁启超觉得美国太过自由,就说①"我游美洲而梦俄罗斯也",是景仰那时皇本专制的俄国。读者莫误会梁启超要赤化——他要求革命党人写信介绍,他还要厚着面皮,提出一个口号说:"我们名为保皇,其实革命"。可见美洲华侨的空气。但是"洪门"有个缺点,他是从很旧的封建宗法社会演出的方式,太过不要教育、不要经济②政治的常识,所以在内地的洪门"哥老会"就会被曾国藩、左宗棠一辈人利用着来打太平天国的"三点会"、"三合会",在美洲的洪门,也有时会被梁启超一流人利用来反革命。这都是③"数典忘祖",忘却了本来革命的面目,更有一两个洪门头目如黄三德等,起初也很赞成革命,后来因为个人④得不到官做,便反对革命,甚至帮忙陈炯明来攻击孙中山先生。这种人其实是洪门中的败类,我们从大部分来看,究竟美洲华侨革命的成绩,总不在南洋华侨之下,而且比较的普遍平均。这其中最大的原因,就是因为构成的分子,是大多数的工人和少数的小资产家,并没有像南洋倚恃着帝国主义起家至十数百万的大资产阶级。我敢断言南洋的大资产阶级是绝对不革命的。本来华侨对于革命共公的要

---

① "就说",原作"说就",误,校改。

② "经济",原作"济经",误,校改。

③ "都是",原作"是都",误,校改。

④ "人"字,原脱,校补。

求，是反对帝制军阀，反对帝国主义。他们的家乡和他们回国的时候，
都常受帝国主义的蹂躏，而他们在侨居的时候，就受帝国主义的压迫。
所以打倒本国土豪和军阀，使中国成为国际上自由平等的国家，是华侨
和国内的民众一样的公共利益，更无疑义的。只有南洋的大资本家，他
是和内地的买办阶级同一性质，他还丑老八工的掠夺残害着大群的华侨
工人，他才能积产致富。他自己以为很体面的，已经入了英荷的国籍，
或是得到什么皇家爵位宝星，他和中国已觉得没有关系，他对于中国革
命党人，当然只有致"敬远"主义。就是次一等的资本家，他的财力比
不上陆佑、黄仲涵几个人，但已有摹仿阔人的意识。我曾经实地的领教
过。有一个大□商姓余的，未发财之先，曾经说过赞成革命，将近广东
三月二十九之役，他的朋友劝他帮助军费，他说："事情是好，然不过
依现时的地位不比小康之家，和你们不同，只好让你们去做。"这是代
表一般华侨资本家的心理。又有一个姓卢的，从前更是加入过中国同盟
会的人。我因为汪精卫入北京行刺载沣，被捕入狱，正要设法营救，我
和一个同志去见他，晓得他新近买了一个树胶园，赚得三十多万。我和
他足足讲了四五个钟头，他时而点头太息，时而击掌称善，讲完了他差
不多流出眼泪。他还说："我对于革命，总要尽一分责任的，你们一面
要营救精卫，又要一面进行革命，我一定要帮你的忙。"及至我将要出
门，他将我们带去的捐册，掩着送还，原来填了卢某某捐助二十元的几
个大字。把我和同行的同志气到了不得。还是我安慰他说："把这种人
认作同志，原是我们殆。"这类的教训，我们在南洋几年常遇着的。所
以从前精卫也常说："做革命运动最难堪的，就是要财主佬的面。"至于
够不上称财主的小资产阶级，却是不然。他比较的有教育知识，他不但
不是和大资本家干着同样的营生，也并没有大资本家为富不仁的习惯观
念。帝国主义对于一般华侨的压迫，他最先感受，自然而然发生爱国思
想，而乐于参加革命。辛亥革命的前后，有许多小资产阶级的华侨，为
革命而倾家破产，所有各处革命的机关报，大抵是各该地的小资产阶级
华侨创办经营的。南洋华侨对于回国革命的援助，和他所在地革命机关
的维持费，多数也出于小资产阶级。再讲南洋华侨的工人，我上文已经
说了一个大概，他真正是无产阶级，真正是受人污辱残踏的群众。他过
的生活惨过美洲华侨工人好几倍，论他那样生活，自然不能把资助内地
革命的一件事，较量他们革命的程度。然而因为这一阶级的份子革命性
的富有，而且强烈，除非是革命党人不能和他接近，如果他听着了革命

党人的演说，晓得有革命的运动，那就锡矿的工人也①好，树胶园的工
人也好，他们可以一齐将一个月或两个月的工资捐助出来，每个人比起
新嘉坡那个姓卢的富翁捐款，还要多些。不过革命党人和工人接近，是
很不容易的事。他们在帝国主义和大资本家势力之下，时时禁止，防他
们抬起头来，有什么反动。小资产阶级雇用的工人又是不多。那替大资
本家管领多数工人的，便是百无仅有的，似得犯了一件大罪，才敢引着
我们和工人见面，因此我们实在未曾充分发现华侨工人革命的力量。然
而杀死清将军孚琦的温生才，暗杀洪宪郡王龙济光的钟明光，都是刚从
华侨工人队里回去的革命党员。黄花岗上的七十二烈士，也有好几个华
侨工人在内。这都是可以看出华侨工人革命的热烈。现在有人向我说：
"华侨都是革命的"，更有人说："华侨已经不革命了。"两句话同样是未
曾将华侨的份子分析得清楚。拿三种华侨分开来看，第一，华侨的大资
产阶级，从来就不革命，而且还是反革命的，就是满洲政府当时害着
"伪革命"病，也晓得将华侨财主算出例外，我们如何可以胡乱为□；
第二，小资产阶级呢，除却一味拜金，拿陆佑、黄仲涵做他的偶像及以
受了保皇党、研究系、陈炯明一派煽惑者之外，就多数有革命的趋向。
至若几百万的工人，只要稍为有革命的教训，都可以当革命的先锋，从
前固是如此，现在仍是如此。我们又何能一概抹杀。□□道理是我们从
运动事实得来的。我们运动华侨，自始就宣传三民主义，大资产阶级是
什么都不愿意的，小资产阶级对于民族主义、民权主义，都很容易赞
同，到得讲民生主义，就要发生疑问，有的经了许多解释，还是勉强的
答应。惟有觉悟的华侨工人，就整个三民主义能够接受。我们说彻底的
解决社会经济问题，要等到政治革命之后，他们也能了解。三种人对于
革命的认识不同是这样的，这其间的原因极为明显，我也不用多说了。

　　现在回头说到旅俄的华侨，我有极大的希望。因为旅俄的华侨完全
没有受资本主义的压迫，没有受人权的歧视，和帝国主义下的华侨已是
无可比例。然而俗语说得好："腹饱不知人腹饿"，我把南洋美洲华侨的
情形以及南洋美洲华侨对于革命的趋向，细述出来，不但要使今后做华
侨运动的人得有正确的观点，由此可以研究出具体的方法，更是希望旅
俄的华侨试一设身处地，设想他们在美洲南洋受的什么痛苦，过的什么
生活，而他们觉悟的份子，都能为中国革命那样尽力，他们处的逆境，

---

① "也"字，原脱，校补。

尚且如此，我们处着顺境，难道就忘记我们是人类社会的一分子么？我们在苏俄有受一切教育的机会，为他处华侨所无，尤其是革命的经验和方法都摆在我们眼前，我们如果不能学得什么，以及把所得教训实现起来，岂不是太过辜负吗？一个人和世界都有关系的，一个地方的革命和世界全体的革命是分不开的。人要做有益人群的事，革命只是为人类谋幸福为人类除痛苦。须知由社会的生产力造成社会的生产方法，因此而有种种社会制度，旧的制度已经到了无可发展的余地，而叫社会受着不相应的极矛盾的痛苦，这就是革命的需要。一个资本主义走到末路，成了帝国主义，便是列宁说的"被压迫的大多数民族和少数侵掠人的民族"。列宁主义要世界被压迫民族联合起来，孙中山先生也说："所有弱小民族都是被强暴的压制，受种种痛苦，将来一定联合起来，抗抵强暴。"强暴是什么？就是资本主义演成的帝国主义，我们在已经从资本帝国主义之下解放出来的社会里面，我们更应该和苏俄的工农阶级联合，进而与世界一起被压迫阶级被压迫民族联合，向着帝国主义进攻，把他打倒，然后现在人类幸福的障碍打破，人类社会的痛苦免除。苏俄革命党很明白的认识这个意义，所以俄国革命之后，毅然提出世界革命，并不是"舍己益人"，是自己应有的任务。至于一个民族自身的解放革命的努力，固于历史环境种种关系，自然是责任更加重大了。我希望旅俄华侨，已经得有特殊的境遇，和特殊的□□，对于革命的工作，马上就有百十倍于他处华侨的成绩，这才不枉住在一个充满世界革命精神的地方呀！前进报的发刊词说得好，他说：

> 国内民众自五卅事变以来，已奋不顾身向着帝国主义者的大炮和刺刀，流着多重的血，冲锋进前。我们要踏着这条血路向前进！目前中国民族前进就是生路，后退便是死路！

我不知道旅俄全体侨胞，读此作何感想？

苏俄十月革命八周年纪念的感想[*]
（1926 年 1 月 8 日）

胡同志这篇文章，是为苏俄十月革命八周年而作，已译登莫斯科真理报了。记者觉得这篇文章在说明十月革命与中国革命的关系底中间，颇能以国际主义者的眼光明白指出中国革命过去失败的真因，及今后应取的正确的道路。就中有些事实是由胡同志个人亲身参加革命过程中得来的，只有他自己才能看得见说得出。这尤其是很宝贵的革命经验之言了！故有介绍出来与赞成和努力于中国革命者见面的必要。

记者

苏俄十月革命，是二十世纪第一件大事，是无产阶级解放第一声，是宣告资本帝国主义死刑的第一法庭，是世界被压迫民族第一福音，是实现马克斯主义，革命成功的第一幕，是人类真正历史开始的第一篇。我们当着苏俄一万万五千万民众举行革命八周年纪念的日子，有各种无限的感想，非笔墨所能尽的。现在只就十月革命和中国革命的关系举出最大四点。

（一）使中国国民革命的意义更加显明并促其前进。一九一一年中国的革命原本抱有重大的民族主义的使命，因为中国受列①强帝国主义的包围，用武力的掠夺和经济的压迫，使中国丧失独立，陷于半殖民地的地位。满洲政府只知奴视中华民族，并无力量抵抗外侮，甚且取媚于帝国主义者而做的工具。中华民族乃成为第二重奴隶。当时革命的目

---

* 本文出处：《前进报》，1926 年 1 月 8 日。署名：胡汉民。原文为"八周"，为"八周年"之误，校改。

① "列"字，原脱，校补。

的，不是仅推翻满洲政府以后，使半殖民地的中国变为独立的中国，这个意义本来很明白的，但是当时有个弱点是只提出排满的口号，未曾提出打倒帝国主义的口号，以致革命党人一经推翻满洲政府，便多数认为民族主义已告成功。在革命起义和临时政府成立的时候，对外宣言首先承认了满洲政府以前和帝国主义国家所订的条约、赔款、外债，甚至海关收入的支配权，上海混合的裁判法权更是无条件的送给列强而成为恶例，都是很大的错误，是使国民革命失败的重要原因之一。一九一三年袁世凯借得卖国大债来反革命，除却革命党，中国的民众都不晓得来反对，也就是革命时候未曾提出打倒帝国主义口号的原故。我们革命党人不能承认的，但是研究所以弄成这个弱点的原故，也要回顾当时的历史。当时帝国主义者联合的对于中国的进攻，十分凶悍，瓜分中国的问题公然提出，而中国民众的力量，又未经过训练，组织异常薄弱。承着一九〇〇年一班帝国主义者虎狼一样的蹂躏搏噬以后，中国民众简直是敢怒而不敢言。革命党人为因要就着群众的心理，急要解脱满洲政府第一种的束缚，故不能同时提出打倒帝国主义的口号，以至于失败。却是苏俄十月革命成功，便使中国民众从新认识国民革命的意义，认识帝国主义是唯一的敌人，以百倍从前的决心和勇气起来抵抗。因为是从前一个帝国主义首班的俄国，从无产阶级解放的革命，抛弃了帝国主义，对于中国更不平等民众的要求，犹也不平等条约，和一切帝国主义所加在中国的枷锁尽量销毁，这种物质的教训，不由中国民众不觉悟起来。尤其是十月革命，实现了列宁主义要援助世界大多数被压迫民族来对抗世界少数压迫人的民族，把马克斯主义从诡辩诈欺龌龊糊涂得要死的第二国际里面救治起来，成立了第三国际。这个太阳一般的光亮照耀到中华民族的眼前，得着精神上莫大之援助，自然增加和帝国主义决死奋斗的勇气。最近对于沪粤等处惨杀的事件，尤为表示得明显。英国帝国主义者说："这不是中国人民自动，是被苏俄煽动起来的。"在他们帝国主义者的立场，自然蔑视并且否认中国民族精神的存在，毫不足怪。但是他的评判也有一半是不错的，我们的国民革命对于帝国主义的进攻，既有受苏俄抛弃不平等条约的物质的教训，又受列宁主义解放世界被压迫民族的精神的援助。如果说苏俄十月革命成功的影响所及使中国民族运动更加热烈无异接受了苏俄的宣传，这便任何人不能反对，因为这是很光明正大且不可磨灭的事实。

（二）使中国工农团体觉悟发展进而与国际工农团体联合奋斗。一九一一年中国革命的运动未曾深入于民众，革命的基础和革命的后援都很薄弱。及至满洲政府推翻，反革命的军阀代之而起，革命的势力几乎被军阀扫除净尽。人民由武昌起义经过不过几个月，便已禁不住比较不大的牺牲，只听得军阀代表袁世凯"维持现状"的口号，已从风而靡。把革命派加上"暴民政治"的徽号，居然接受"非袁莫属"的一种宣传。这一点又是国民革命失败重要的原因之一。固然当革命战争的时候，民众也起来参加，但是对于国民革命的意义认识不清，印象至浅。民众的本身，既无组织，未经训练，无异于一哄之市，临时的爆发①起来，随声附和。原来国民革命的目的是为大多数民众利益的，大多数人当然是工农团体，若是工农团体毫无阶级觉悟，必定不晓得如何主张他的利益。以中国经济落后的国家革命时期②，必不能抛弃许多的小资产阶级和知识的分子，这些分子是游离分子，是摇动不定的阶级分子，虽然同着工农阶级受资本帝国主义的压迫，应当共谋解放，但他的地位很可以做投机的勾当。所以革命进行的当中很容易被人收买，而帮着反革命来强压或是欺骗大多数的民众。工农团体未进步发达，便不能监视这些游离阶级的分子，反至受其蒙蔽。从一九一二年以后，仍由专制封建的余孽军阀官僚政客斗个不了——尽是反革命的行动——中国民众不能不负一半的责任，而根本则在工农阶级无觉团体的缘故。苏俄十月革命，是由苏俄工农团体在共产党指导之下，联合起来做一条战线，先把帝国主义的头目俄皇推翻，次把明与资本主义妥协暗与帝国主义勾结的官僚军阀打倒，更把一切甘心为帝国主义的工具走狗的反革命派扫除，把帝国主义帮忙反革命的军队逐退，把帝国主义封锁苏俄一切计划和实力打破，都是捱着饿拼着命经好几年的牺牲痛苦去干的工作。而且一面破坏，一面建设，到得反革命派的势力消除净尽，苏俄的经济也就以工农阶级自己力量恢复到大战前的物质状况而向着社会主义的路途日益发展。这些地方都无处不表现农工阶级的力量伟大。所以苏俄十月革命的历史，使中国民众得很大的教训。既然证明除却了革命不能得民族解放，除却了打倒帝国主义扫除反革命派不能达到国民革命，和算学上的公式一样的明确，更且证明革命工作最是工人农人们要起来负担，也最是工人农人们能够负担。工农团体联合起来可以统一全民众的战线于革

---

① "发"字下，原有衍文"的"，今删。

② "时期"，原作"期时"，误，校改。

命旗帜之下，可以促迫着监视不明显的阶级游离分子一致走向前去而不致中途反叛，也就可以消灭内外的一切反革命而完成革命的事业。苏俄十月革命事业的教训，已经足以使中国工人农人十分的认识，十分的兴奋。而在苏俄的革命主义还不止以在苏俄地域内的工人农人①得到解放为完满了革命的使命，更且以全世界的工人农人都得到解放为完满了他的使命，列宁主义本着马克斯"劳动者无国界"、"世界劳动者联合起来"两个口号成立国际职工农人国际，切实的有组织的使世界工人农人携手，把从前第二国际装做看不见或是愚弄嘲笑他的那些被资本帝国主义压迫掠夺的殖民地半殖民地的工人农人都要援救起来，认为是全部革命工作中的主要工作。因此中国的工人农人首先觉悟，大多数有组织的份子，都受革命党的指导，勇猛的向国民革命的道路前进，不怕牺牲的当着先锋队和帝国主义抵抗宣战。当革命党讨伐军阀和反革命派的时候，就积极的直接援助革命军给敌人以莫大之损害，使革命军胜利。最近像对于上海、沙面等处惨杀事件，工人团体奋斗的壮烈，惹起全世界人的注意，实为中国历史从未有的事。就是广东国民政府几次讨伐和制止反革命派的时候，工人团体的努力援助也是中国革命历史空前的事实。工人们都说："国民政府是我们的政府"，可以见他们的意志趋向。中国的农人无教育而过于保守，和政治虽隔得远，并且散处各地农村，所以比较工人落后些，但是农人占民众百分之八十几，中国工商业极其幼稚，国家一切收入靠来做种种经费的，实在是直接间接从农人的身上刮取，资本帝国主义的压迫固然容易使工人认识，而农人所受帝国主义的工具一般军阀所摧残蹂躏得更为痛苦不堪，所以也紧随着工人受革命党的指导扶助，而有很大的农民团体，参加国民革命。当广东革命党驱逐北来的军阀军队，讨伐东江的陈炯明，讨伐反革命的杨希闵、刘震寰，各处的农民都和工人一样的尽其能力帮助革命军，而给敌人以很大的打击。现在工农阶级觉悟的分子都曾有代表到苏俄和工农国际联合，他们革命的趋向更加明确，向帝国主义进攻的勇气和力量更加扩大。我相信中国的国民革命在最近的将来，决不容有和资本帝国主义明或暗的勾结妥协，像克伦斯基那种的势力存在，必定是使革命彻底。这是从中国工农团得了苏俄十月革命成功的历史教训看出来的。

（三）使中国革命党改善党的组织，得了坚强伟大的指导革命的力

---

① "农人"字，原作"农工"，误，校改。

量。中国于中国革命同盟会以前，说不上有革命党。由中国同盟会的指导运动发生了一九一一年的革命，纯是唯一领袖者孙逸仙先生创造革命党的成绩，到推翻满洲政府的时候，应该按着三民主义的战略。民族方面，由一民族的专横宰制过渡到诸民族的平等结合，政治方面由专制制度过渡到民权制度。经济方面，由手工业的生产过渡到国家资本制度的生产。然而种种都未做到，已迫着和帝制封建的余孽反革命的军阀去谋妥协，此时军阀的势力并不甚强大，而党人乃退却让步，取消其革命战争所应得的胜利。最重要的原因，在党人多数不能了解本身的责任和目的，并且没有完密的组织和严正的纪律，以致意志行动不一致，不能实行党的战略和一切策略。当南北议和条件要签字的时候，让渡政权于袁世凯的时候，孙先生极力不肯答应的。无奈一般群众，已渴望和平，怕的国内战争延长。就是党内平时极忠于革命的这时负有重要责务的同志，差不多都愿意和平了事。内中分析起来，有三种见解，从中国封建时代的理论蜕化而出的就说，"名不必自我成，功不必自我立"，其次亦"功成而不居"。带西欧无政府的色彩就说："政治是污浊，政权是罪恶，断不可争政权而延长中国的战乱。"受了日本维新的暗示和无意中受了德国社会民主党的口号就说："以后我们武装运动可为和平的革命运动。"我自己并不隐讳，我也就是①当时执着上面三种见解，来和孙先生力争的一个人。党内的意见如此，简直叫孙先生不能不屈意曲从和反革命军阀妥协的这一幕。及到袁世凯暗杀了宋教仁的时候，孙先生即时从日本返国，命令党员，即刻起兵讨袁，要乘他向帝国主义列强大借债未成约交款的时候，扑灭他的势力。而各同志总是迁延时日，说要种种的筹备。在广东拥有兵权的陈炯明更对他的部下说："南北交战，战必俱疲，我乘其□。"完全露出"不革命、假革命"的面目。所以被袁世凯各个击破。由这两处失败的历史，证出党人不能了解自身的责任和目的，并且因为党的组织不好，纪律不严，不能听党魁的指挥。这两个大毛病，竟无辩解余地。我以为在一九一二——一三年由同盟会改造的国民党，既以国会运动为目的，又混合了许多官僚、政客不革命的份子，这时竟是革命党退转的时期，无批评的必要——当时孙先生被举为五个理事之一，孙先生也不过问党事。广东的同盟会起先反对改组，到各处都已改组的最后，才换上国民党的招牌——就是成功了推翻满洲政府的

① "就是"，原作"是就"，误，校改。

同盟会，其中份子从各阶级吸收进来，但是智识阶级和小资产阶级占重要的分量。他们脱不了生活于封建时代的遗传性，又且接受了欧美和日本资本主义的文化，于是爱浪漫性情，讲个人自由的理解，都和真正革命党的性质不能适合。往往误认党仅是一种感情道义的结合——很好的革命同志的见解都是如此——纪律过严就说是机械的人生，党魁行使其指挥的权力，就说是过于专制，党员不明了党的策略，党的命令也不能贯彻到各个党员。除却极少数的党员外，各人对于革命工作，差不多和间歇热一般，有时有许多不由党议，而是由个人侠义的自由行动。这些缺点，追溯前时各个党员的行状，是随时可以发见的。孙先生常对党员说："做革命党得同志要牺牲自由。""要绝对服从命令。""不怕有反对的敌人，而怕有假服从的党员。我未打倒那些敌人，先要打倒这种党员。"都是对症发药的话。到得苏俄十月革命是完全以多数党指导成功，并且革命以后，还领着民众步步进行。因此中国革命派人认识党的性质和功用，知道党要能代表多人的利益，要能做群众的指导和训练者，要能做革命斗争的先锋，要能做替民众夺取政权的工具。知道党不是许多同情的结合，而是整个统一的机关，必定要有网一般的组织，和铁一般的纪律。孙先生统御全体国民党员于一九二三年采取多数党的组织方法，实行改组国民党。我们是革命党人，不必夸说改组以来本党有如何进步，我们都应自己检查，对于新的组织，是否能运动适当，对于党内党外发生甚么影响，这尽可以客观的事实来回答。只看这一年多时间，党员所做革命工作，抵得过以前整十倍时间，可见紧张得多，不比从前的懒慢。党员和党的机关也密切得多，能一致行动，不比从前的松漫。党内几次能把不革命假革命有势力的分子淘汰，是纪律分明，不比以前的姑息。工农团体很迅速的接受本党的革命口号，而反革命和帝国主义者则加倍仇视，多方的造谣攻击，革命的战线比前明显得多。两方的倾向都可证明革命的力量真实扩大，我们得着良好的组织法矫正了此前许多弱点，以促进国民革命的成功，不能不感谢苏俄十月革命。

（四）使中国革命党学得党军的组织，创造人民的武力。

一九一一年中国革命所以不能成功的还有很重要的一个原因，就是没有真正的革命党军。当时南京政府要和反革命的军阀代表袁世凯妥协，固然是莫大的错误，但所以致此的原因，军事上要负重大的责任。南京政府旗帜之下的军队号称有十七师人，只有广东和浙江两处调来的北伐军比较有战斗力。浙江的军队长官，不愿意向前打仗，而最高军事机关不能加以裁判。广东的军队不满一师人的力量，还靠他打退张勋和北洋第五镇，其余的军队都是乌合儿戏，骤然间一个连长营长变过来收拾些散兵，加上许多土匪流氓，就要成立军队，目的是自己要做师长旅长，不在乎打仗。而这些人却一样要领饷的，稍一怠慢，就要向兵变的玩意。在这种情形之下，所以孙先生不肯受侮的时候，南京政府的陆军总长兼参谋总长的黄克强，就告诉我和汪精卫说："如果和议决裂，我是不能下动员令的，我只有切腹以谢天下。"黄克强当时决不是假革命的人。不过他完全没有组织革命党的本领，弄成束手无策。第二次革命讨袁的时候，南京和江西、广东等省份，都是因没有为革命主义而战的军队，所以失败。本来革命的进行，最要是破坏旧的政治机关，军队是政治机关的重要部分。在北方不能把北洋几镇的军队破坏，所以延长了反革命的势力。而南方破坏了旧的军队，却不能产生新的有主义的军队。于是不能脱离两种方式，一是因乌合的民军毫无训练缺乏战斗的力量，二是利用现成的军队，遇有事变，就成反革命的敌人。龙济光、陆荣廷入此类，杨希闵等等也入此类。即在平时，这两种军队，也决不[①]能和人民合作。自从苏俄十月革命攻打反革命的时候，创设红军，收伟大的成功，不特为世界革命开一新纪元。其最大特色，就是军事教育之外，有政治的训练，使军队人人明白革命的主义。战争的目的，完全受党的指挥。同时利用旧军事专门家的经验技术，以保持必然的胜利。这种军官也受党员的监视。这种红军凡是革命党的军队，应该学他的组织，也只有革命的军队能够学他的组织。帝国主义的国家常说："军人不应与闻政治。"中国智识阶级中途反革命的时候说"革命军兴，革命党消"，孙先生说"革命军兴，革命党成"。党是军队的头目，军队是党的手足，两者是不能分离的。苏俄红军的组织可以证明孙先生上面的话。用苏俄十月革命成功，给我们以可能和经验的教训，创造了统一中国唯一的柱石。我们的党军成立日子尚浅，而讨伐陈炯明，讨伐杨刘，两次的战役，以少数的队伍，战胜数倍的敌人。尤其可喜的则党军中每一个兵士都有自信力，信本军之必胜，这是有主义的军队和其他军队不同之点。且所到之处，都受农民的欢迎和爱护，农民并叫他做"娃娃军"[②]。党军经过的地方，农民接受革命的宣传，比之普通农村尤为容

---

① "决不"，原作"不决"，误，校改。

② "娃娃军"，原作"妈妈军"，误，校改。

易。海丰为陈炯明的家乡，党军驱逐陈炯明之后，农民协会的发达，转为他处所不及。现时党军不但为革命斗争的工具，而且为主义宣传的工具，不止与人民合作，而简直是人民的武力。如果是未有苏俄十月革命成功，我们从何处学得这个党军组织的模范呢？

我敢说在中国革命史上，党军创设的价值，要和国民党改组同一重要的。以上四点不过就事实来说明苏俄十月革命和中国革命关系的重大。这是可见我们和农人一般，遇着年丰高兴的日子，一面饮食欢呼，一面计划收获，还预备继续一切的耕作，不敢偷懒。这就是我当着苏俄十月革命纪念日第一种感想。革命的同志是老早化除一切国界种界的见解的，中国的革命是世界革命的一部分，和全体的关联是无法打断析开的。我们在莫斯科遇着这里的同志庆贺纪念，我们一样的欢喜高兴。这种心理不是革命中人，当然不懂。我在广东的时候，有人问我，为什么苏俄的革命党人，对于中国的革命这样休戚相关，我答他说："你要是革命党人，你自然懂得。"我是奉国民党、国民政府的使命来此地的，我谨代表国民党、国民政府和中国民众觉悟的分子敬祝

苏俄社会主义建设万岁！

世界被压迫民族解放万岁！

世界工人农人联合万岁！

革命的马克斯主义万岁！

列宁主义万岁！

孙中山主义万岁！

国民党的真解 *
（1926 年 1 月 8 日）

工人报要我做一篇说明国民党的文章，这是很费笔墨的事，我现在只能做一个真切浅近的解释，教世界无产阶级认识国民党的真相。

"记者注"：工人报是莫斯科的工人报。

中国国民党是一个抱有由中国国民革命到世界革命和社会革命的使命的党。国民党的党纲由三民主义演绎而出。国民党是中国革命份子惟一的组合体。国民党为以党作国民的领导者，植基础于工农阶级而为全民的利益，同时分析各阶级的分子力量，利用其革命性推动前进。注重的是保护工农阶级的利益，扶助其团体发展谋其解放。于现在国民革命的时期，则集合全国民众从军阀专制的手中夺取政权，还之民众。并与"以平等待我之民族"——便是被压迫的民族和世界无产阶级——联合共同奋斗打倒帝国主义。这便是国民党的性质，和其在中国的作用。

现在无人不知国民党是三民主义的革命政党，也知三民主义是民族主义、民权主义、民生主义，却未必知道三民主义的解释，故此常不免有误会。我可以把本党总理孙逸仙博士的解释引述出来，这是本党的训条，本党党员一体接受，不能有别的曲解的。

就于民族主义，孙博士说：无论那一个民族或那一个国家，只要被压迫的或受委曲的，必联合一致去抵抗强权……亚洲除日本以外，所有弱小民族都被强暴的压制，受种种痛苦。他们同病相怜，一定联合起来去抵抗强暴的国家，这些被压迫的民族联合，一定要和那些强暴国家拼命一战。将来国际大战不是起于不同种之间，是起于同种之间，白种与

---

* 本文出处：《前进报》，1926 年 1 月 8 日。署名：胡汉民。

白种分开来战，黄种与黄种分开来战。那种战争是阶级战争，是被压迫者和压迫人者的战争。……我们要能抵抗强权，就要我们四万万人和世界上被压迫的十二万万五千万人联合起来。——提倡民族主义，自己先联合起来，推己及人，再把各弱小民族都联合起来，共同去打破压迫人的二万万五千万人。

就于民权主义，孙博士说：替人民算打把全国的政权交到人民。……以有团体有组织的民众管理政事才叫做民权。……国民是主人，就是有权的人，政府是专门家，就是有能的人。……万能的政府完全归人民使用，为人民谋幸福。

就于民生主义，孙博士说：民生主义就是社会主义又名共产主义。共产主义是民生的理想，民生主义是共产的实行，所以两种主义没有什么分别。要全国人民都可以得安乐，都不受财产分配不均的痛苦，就是要共产。我们三民主义的意思就是民有、民治、民享，就是国家是人民所共有，政治是人民所共管，利益是人民所共享。人民对于国家不止是共产，什么事都可以共的，人民对于国家甚么事都可以共，才真达到民生主义的目的。

国民党的三民主义是这样的。可见国民党是抱有由国民革命到世界革命社会革命的使命的党而毫无疑义。只有遵守着三民主义的党纲为革命奋斗的人，才是孙总理的信徒，是国民党忠实的党员。三民主义是整个的，是一贯的，依着孙总理的解释而规定了的主义范围，固然绝对不容把民族主义变做狭隘的祖国主义，把民权主义变做中产阶级的民主政治，把民生主义变做改良社会主义，像现时已经倒败的第二国际一派人的思想见解。更其绝对不容有人从三民主义割裂的就其阶级本身利益接受一部分而抛弃遗忘了其全部。我看报纸上有时有"国民党代表小资产阶级"一句话。这容许是未认识国民党整个的三民主义和国民党真正革命的精神。或者是因为国民党的党员一派有如上文所述误解了三民主义或只是割裂的接收主义的一部，违反了全部，他不经党的决定——且与党的决议违反——而自发表其意见带有资产阶级的意识，于是招惹此种批评。然而这种党员不是谬误，就是犯了不忠于党的罪过，国民党自有严正的党纲，不容假借，决不能以这种个人的非党的言论行动而认为代表了国民党。我敢说做国民党党员的应先排除了资产阶级的意识，至若强派国民党去代表什么资产阶级，更其无谓——主义上既是不可，事实上又是不能，这是无待深论的——好好的一个革命的马克思主义，可以弄出什么改良的马克思主义，修正的马克思主义。我也难保中国不发生出什么改良的孙逸仙主义，修正的孙逸仙主义。既是成了修正的和改良的主义，便不是孙逸仙主义。犹之社会改良修正派，决不是马克思主义。我所以常说，孙逸仙总理的伟大完全从革命上来。如果离掉革命说，就没有孙逸仙，也不是孙逸仙，除了革命性就没有三民主义。以不革命的社会改良主义派的思想，说他代表什么资产阶级是可以的，然而他们决不足以代表国民党呀！至于在国民革命时期，全中国民众还是整个的受帝国主义压迫着痛苦的阶级，除却勾结帝国主义的军阀和买办阶级，则任何阶级，都可以求得中国之自由平等，为一般莫大的利益。我们当然可以集合各阶级的力量向革命前进，当然不是蔑视各阶级而不和他发生关系。却是我们于根本问题——整个的三民主义——始终的旗帜鲜明着，不调和，不妥协的。我们在广东讨伐商团的事实，就完全可以证明了。如果仅就某一时节和某一阶级发生关系的一点，就说是代表了某一阶级，这样的观察，未免太不顾事实了。列宁也曾说："我们应当组织反对政府一切势力，成一个全民运动……这样去实行各方面的政治鼓动，应当有一政党能结合一切攻击政府的军队，成一统一的集中的中心，以全体平民的名义去行。"这无异乎替中国的现时的革命说法。国民党的策略就是如此。

国民党的真相我已说得很清很明白。至于国民党在中国三十年革命的历史为民族主义的使命，推翻满洲政府的经过，以后和军阀及帝国主义的奋斗，一九二三年改组以来的进步，国民党现时的组织，对于工农阶级的关系，全国工农群众的倾向，我曾于苏俄十月革命纪念的感想一篇文章内，以本身检查的意义说过了多少，可以供读者参考。我从不惯替自己的同志夸张揄扬，我觉得我的文章向来就是过于老实，而缺乏一种煽动性，所以现在这篇文章就说到这里为止。

二七纪念*
（1926 年 2 月 5 日）

一九二三年（中华民国十一年）二月七日京汉工人流血的惨史，是中国工人阶级空前的惨史，即是自有史以来中国工人阶级正式开始与帝国主义、军阀官僚、买办阶级的资本家斗争流血的惨史。不止是中国劳工阶级所永不能忘的一个纪念，而且是世界被压迫民族和无产阶级所永不能忘的一个纪念。京汉路工人这次的牺牲，竟直是叫起世界被压迫民族和无产阶级联合起来的一个纪念，当着"二七"纪念这一天，最简单明了的使人们认识如下的两个意义。

一、劳动阶级是最富有革命性而是世界革命的主动力。当一八四七年的马克思那时劳动阶级在欧洲尚初萌芽①，他就首先提出劳动阶级是解放全世界人民的阶级和世界革命的主动力。当一八八十几年的列宁那时苏俄的劳动阶级也甚幼稚，他就提出劳动阶级优先权是劳动阶级负指导革命的责任，做革命的先锋。这种先觉的眼光，真是伟大到了不得，然而在历史进化的行程中，劳动阶级本身实在是具备了这个可能性。马克思和列宁的伟大并非是发明了一个劳动阶级，乃是能发见了一个劳动阶级，中国京汉工人二七的斗争就是把马克思②和列宁两人革命的理论在事实上证明起来，即使我们拿在此以前最有价值的五四运动来比，仍觉得团体行动的整齐奋斗、牺牲的壮烈，有许多不及的地方。"五四"运动是智识的主动，而"二七"则是劳动阶级自身的表现，同时智识阶级在中国社会向来有地位的，差不多就是舆论的代表。官僚滑透的徐世昌正在利用皖直军阀的暗斗，买好多舆论，保持其禄位。故此和"五

---

* 本文出处：《前进报》，1926 年 2 月 5 日。署名：胡汉民。
① "萌芽"，原作"芽萌"，误，校改。
② "思"字，原脱，校补。

四"触接的是在已形分裂的军阀权力范围之下,敌人的势头不凶,则我军进攻应战都比较容易。而"二七"却是不然。那时正是曹锟、吴佩孚全盛时代,京汉铁路更是完全在曹吴军队铁蹄践踏之下,他们所有是枪炮,工人所有的只是血肉,还有几省的官僚走狗替他们设着陷阱。北京、上海等处买办资本阶级做他们的应声,太上政府的帝国主义①者更从中指导帮助,都从这种种杀气包围里面表示出中国工人的精神魄力。这样是够为革命的主动和革命的先锋性能,是任何人不能不承认的。

二、劳动阶级的解放,只有革命的一条出路。革命是中国劳动阶级自身和全民众的要求,这个道理本来极为明显确实,惟自资本主义的社会改良主义发生,就不免蒙混了多少什么资劳协调,什么阶级合作,许多又苦又甜的话,把世界劳动的分子都有些弄得头昏眼花。姑息偷安本来是人性的弱点,何况有那么多的扭转了良心的政客学者,做什么"银库"的工具,自然要做解放前进的障碍。我们只要拿"二七"的事实来看,压迫工人、残杀工人的直接是军阀官僚,间接是资本家、帝国主义。吴佩孚说着保护劳工的时候,已满怀着杀机而发他遣兵调将的密电。由京津至汉口杀成一条血路。吴佩孚一杀人才洋洋得意,为的是不许工人有集合结社自由权利。难道劳动阶级还有和军阀调和的余地吗?事前的军阀既受帝国主义者暗中指挥,事后又从东交民巷的政府迫着北京傀儡的黎元洪下令禁止援助工人的各团体行动,任从全国无数团体同情声援。而什么总商会受帝国主义者的暗示,竟发出通电为军阀张目。各地租界就如防贼一般防御罢工的工人。难道劳动阶级还有和资本帝国主义调和的余地吗?"二七"惨杀发生的那几天,湖北全省工团联合会发出檄文,最为沉痛。他说:

"亲爱的工友们!我们从此明白了,军阀官僚、中外资本家与我们是势不两立的仇人!我们是永远被他们残杀的,我们从此更明白了,我们只向军阀官僚、中外资本家要示威请愿是等于与虎谋皮!惟一的方法,只有用我们的力量打倒他们呀!"

这是劳动阶级革命的呼声,也就是从奋斗事实得来的真理。俄国的普列汉诺夫当一八八九年他是马克思派的领袖,他攻击民意派,认劳动阶级为扶助革命的力量说:"利用工人来革命,因为工人在革命中甚为

---

① "义"字,原脱,校补。

重要。"普列汉诺夫说："这就错得很①,应将这个形式倒转来说,革命对工人阶级甚为重要,如果照民意派的意思,仿佛人类是为星期六,不是星期六为人类的。"中国国民党第一次全国代表大会宣言却很清楚的说："国民党现正从事于反抗帝国主义与军阀,反抗不利于工人农人之特殊阶级,以谋工人农人的解放。质言之为工人农人而奋斗,亦即工人农人为自身而奋斗。"换一句话说就是不为工人农人奋斗的便不是革命,工人农人要为自身奋斗,也只有革命。

我们此时旅居苏俄,纪念"二七"的先烈,应记得那时远东中国部工人的电报说："诸位可敬爱的同志!在中国阶级间极表明显的斗争,真是自诸位始!诸君的流血,决非为自己一二事,亦非仅为中国民族,乃为全世界无产阶级。诸君实为无产阶级的领导,亦万代流芳人类史上的明星。""二七"的惨史经过四年了,诸先烈的血就更促进中国全劳动阶级的团结力和革命的奋斗。最近抵抗帝国主义空前普遍的运动,就是"二七"烈士的血所灌溉而出的自由花。我们应以愈进愈勇的努力,收最后的胜利!打倒军阀,同时打倒资本帝国主义,是先烈未完的②志愿,便是我们担负的责任!

我们猛向前进!猛向前进!

---

① "得很",原作"很得",误,校改。
② "的",原作"是",误,校改。

胡汉民告别苏俄工农 *
（1926 年 3 月 12 日，莫斯科）

　　亲爱的同志、苏俄工农群众：予以国民党及中国革命工农的名义来俄，得与你和群众相见，今已阅四月。我们承认莫斯科为革命的中心。予来此的目的：（一）在研究革命的方法；（二）更进一步使我们的革命与革命中心有密切的结合。以充分的满意，以真心感谢你们的援助。你们对于我们工农兄弟的友谊，你们对于我们所受损失的惋惜，你们对于我们革命战胜热烈的欢愉，你们对于我们在满洲失败的感伤，你们对于我们被压迫的工农群众的同情，以及你们与我们反对帝国主义者及资产主义者的共同作战，这一切我都要带回国去，将要向我们的工农群众报告。我想，在世界上只能有一个革命的，这个革命最终的目标就是共产主义或社会主义，如不达到最终的目标，则革命事业尚未完成，或是革命已经流产。我们的伟大的领袖孙逸仙博士已为我们的革命划出路线了，就是由国民革命到世界革命，换一句话来说，就是由中国工农群众的解放，到世界工农群众的解放。所以我们的胜利，就是你们的胜利，我们的失败，就是你们的失败。反过来，你们胜利，就是我们的胜利，你们的损失，就是我们的损失，你们的困难，就是我们的困难。工农群众同是一样的血，一样的肉，用一样力，洒一样的汗来作工，以图生存。真革命党是不知种族、颜色及国籍的识别的，全世界人类就是一个全神筋（经）系，一个肢体受伤，别个肢体即刻感觉，因之全身不快。以充分的满意，我赢得这感觉，认识你们的胜利，你［们］的进步，你们在无产阶级文化与文明的建设及发展。这种功业，这种勉力，不但是

---

　　* 本文出处：《胡汉民未刊往来函电稿》（哈佛燕京图书馆学术丛刊第四种），第 1 册，广西师范大学出版社，2005。

你们之幸，且是世界人类之幸，尤其是世界工农群众之幸。你们是地球上的丽日，你们是被压迫民族及被掠夺群众黑暗界中的明星，我们将提醒我们的工农群众，令他们跟随你们。今日在中国，帝国主义者与被压迫的群众之间，发生了如火之烈的战争，已将到判决之焦点。或是帝国主义的世界，抑是无产阶级的世界。所以，世界帝国主义者萃其全力加于中国，我们已到头上来了，要解决我们于世界革命中分给我们的一部分使命，我们应以全力完成我们的义务。我们希望世界工农群众各处同时向帝国主义者施行总攻击，打破帝国主义萃全力于中国的计划，在中国的战争。我们赢得胜利，则世界帝国主义者将受绝大的打击，且从此消歇。同时，所有被压迫的民族，如印度、安南、高丽、种洼（爪哇）各族，将一个一个的起来，而得到解放，则将有第二个苏联出现，红的光线将照耀地球之半，则苏联始能再进一步，而近于共产主义的目标，则人道又进一步，而近于实现。反过来，如其在中国的战争为我们的不利，则世界帝国主义者将有一时间保持他们的地位，则被压迫的民族与殖民地的人民，将更受虐待，更受暴掠，帝国主义者欺诈政策，将更发展，由他们所吮吸的膏血，新掠夺的胜利，以求进攻苏俄，而绝灭解放人类的种子。所以，我们要联合战线，要共同作战，如有一国工农群众受了失败，则世界帝国主义者就有一部的手松出来了，则帝国主义者加于普通工农群众的压力就加大了。我们现在是看得狠（很）鲜明的，帝国主义者吸取的精华，转而化为加于本国人民的压力，就是加于本国工农群众的压力。所以，世界帝国主义者的殖民政策与其加于本国工农群众的压力成正比例，殖民政策的效果愈大，则其主治阶级加于本国工农群众阶级的压力亦愈大。所以，我们希望不止苏俄的工农群众与我们共同作战，尤其是希望帝国主义者的工农群众与我们共同作战。所以，我们要用莫斯科为革命的中心，所以，愿意选你们为领导者、为教员，不但是为我们，是乃为世界的工农群众，尤其是为帝国主义者国内的工农群众。列宁同志曾于侵略大战开始之前出一个口号："化侵略战争为国内战争"。我们现在亦可以出相似的口号："化殖民政策为解放被压迫民族及殖民地的政策"，"解放他人即是解放自己"。这两个口号，我留得欧洲，请由你们转达到帝国主义者工农群众。革命的事业、理论与事实并进，我在你们这里已赢得了充分的理论，将要回国实行，在中国正待用我赢得新战斗方法，所以我须告别你们。我可以保证，我在中国还是想你们于战斗之中，与你们是呼吸相通的。我祝你们进步，你们安全。

世界革命成功万岁！

被压迫民族与被压迫群众解放万岁！

苏俄工农群众进步及安全万岁！

三民主义之认识*

——十六年四月为中央半月刊作

（1927 年 4 月）

一、三民主义是以博大的无所不包的
世界进化定律为总枢纽的

　　本党总理孙中山先生创立三民主义，是从古今中外所有革命的历史事实归纳出来的。先生从古今中外的历史事实看出两个要点：（一）世界历史是依进化的定律而演进的，进化又是以争生存为中心的；（二）由争生存这个中心，分演出各种的进化现象和事实，由进化的定律，分演出民族同民族争，国同国争，国内人民同君主争，劳动家同资本家争的种种现象和事实。这两个要点，站在进化定律的立场看，是一贯的：这是先生的历史观。所以依先生所说：人类在世界进化中争生存，第一个时期是人同兽争。第二个时期是人同天争，第三个时期是人同人争。世界自有历史以来，都是人同人争。人同人争，一定要到大同，才能解决。

　　在人同人争的全部历史当中，所发生的争多得很。举其最著者，如君权与神权之争，君主与贵族之争，君主与人民之争，劳动阶级与资本阶级之争，殖民地与帝国主义之争，国与国之争，民族与民族之争。这许多斗争，并不是在全部历史上分了显明的阶段的。许多著名的史家，因受时间和空间的限制，把这种种斗争，分做由神权与君权之争，到君权与民权之争，再到劳动阶级与资本阶级之争的阶段，这是不甚正确

---

　　* 本文出处：《胡汉民先生文集》，第 3 册，中国国民党中央委员会党史委员会，1978。署名：胡汉民。

的，易引起误解的。孙先生的学力之伟大处，就在于能把这种浅狭的时间和空间的界限看破，而一口道出各种斗争的联属性，总括的说："世界自有历史以来，都是人同人争。"在人同人争的全部历史当中，君权与神权之争不过是占一极小的部分，推而至于民权与君权之争，劳动阶级与资本阶级之争，民族与民族之争，也都不过是各占一部分。只拿一种斗争去解释历史，不但不足以尽人同人争的全部，而且会走到和世界进化相反的末路上去。简单的说，各种斗争，在历史上有时是各别的发生，有时是混同的发生，有时是间断的发生，有时是片段的发生，这都是由一时一地的实际因果关系所决定。但是一时一地的实际因果关系，还不过是各种各别的斗争的枝节因缘，而非全部人同人争的总因缘。人同人争的总因缘，就是以争生存为中心的进化定律。

孙先生将历史上各种各别的斗争，归纳为三种革命：即民族革命，政治革命，社会革命。这三种革命，可以包括所有的历史事实，故亦可以括尽人同人争的内容。而且，在历史上，三种革命也没有什么显明的阶段可分。我们只要取十七世纪以来的世界史一看，就够证明民族革命政治革命经济革命是常常同时并起的。但是世界的学者，都是就一种革命的要求而发为革命的思想，如卢梭天赋人权之说，专重民权运动，马克思的共产主义，专重无产阶级运动，可为明证。孙先生独能超越于任何一种革命之上，而创立一个崭新博大的三民主义，这是先生最伟大的所在。先生看到人同人争的历史的行程，是民族革命民权革命民生革命由比较的各别发动而趋于混同发动，由比较的和缓演进而趋于急激展开，由比较的涉及于少数人而趋于涉及最大多数人。所以先生创造三民主义，就是应合这种历史的行程，而成为一个整个的革命主义。世界上无论那一派的革命主义，在理论上固没有那个能如三民主义的完备，在实行上更没有那个能够跳出三民主义的范围，这就可见三民主义之博大了。

结论：争生存是进化的中心；进化是世界历史的中心；三民主义是以世界历史的中心为纲领，其范围则为过去现在未来人同人争的革命运动所莫能外。

二、三民主义的连环关系

现在是民族革命民权革命民生革命同时急进化的时代，其原因就是全世界的民族，民权，民生的三大问题，充满了世界历史。从前各国有解决了民族问题的，而没有解决民权民生问题；有解决了民权问题的，而没有解决民生问题。纵有解决了民族问题或民权问题的，而没有解决民生问题，也是落空。就时间上说，自古以来的世界，是这三大问题递嬗堆积下来至今还未解决的悬案，尤其是到了现在必须一同解决的悬案。

就这三大问题亘①古久悬不决一点上看，这就是需要世界革命的世界；就世界革命所要求解决的三大问题看，这就是三民主义的世界；更就三大问题成为整个的连环的悬案看，现在就是整个的连环的三民主义最需要的时代。在这个时候，世界革命的统一性与各部分革命的特殊性必须保持首尾相顾之关系。换言之，各部革命要保持世界革命的统一性，但同时不要失却各部革命的特殊性；反之，世界革命要保持各部革命的特殊性，但同时不要失却世界革命的统一性。这个条件是世界革命成功的大关键。

能够适合于这个条件，而可操世界革命成功之左券的，唯有整个的连环的三民主义。三民主义的相互关系，正如三个小环扣合起来的一个大连环。以这一个大连环的普遍性和博大性去满足世界革命的统一要求，以三个小环的实行性去应合各部革命的特殊需要，是最适用的，最切合的。

三民主义为什么最适合于世界革命，还可进一层从三民主义连环关系的本身认识出来。（一）民族主义，必须要是民权主义和民生主义的民族主义，才不会变为帝国主义。（二）民权主义，必须要是民族主义的民生主义的民权主义，才不会变为虚伪的资产阶级的民主政治。（三）民生主义，必须要是民族主义的民权主义的民生主义，才不会变成资本主义。要三民主义连环的实现，人同人的斗争才能终熄，大同世界就可实现。

结论：世界各国的民族、民权、民生问题有同时解决的需要，是为世界革命的目标；三民主义因其连环的内容和关系，为世界革命唯一最高最博大最适合的原则。

三、以三民主义批评其他主义

三民主义的整个性和连环性，既如上述，我们就可站在它的连环性

---

① "亘"，原作"互"，误，校改。

上面，来简单的批评国家主义，无政府主义，和共产主义的弱点了。

（一）国家主义，没有世界革命的资格，自不必说。固然，在求国家之自由独立一个目的上，它也是要抵抗强权，因此他就可以牵合到民族主义的底下，但它却不是民族主义全体，尤其不是整个的和连环的三民主义中的民族主义全体，而况事实上发展到德意志，意大利，和日本那种国家主义，就成了帝国主义的代表。所以国家主义，一行到国际上头去，就发生毛病，即近代谈国际主义者也要反对，何况三民主义的民族主义，其最终目的是做到世界主义的，还能够不反对它么？于此我们就可以说世界主义是民族主义的理想，民族主义是世界主义的实行。至于在走偏到帝国主义一条路上去的一点上，国家主义简直要变成民族主义的敌人了。

（二）无政府主义的最终目的为无治，为大同，与三民主义目的完全一样；但其最大的弱点，在于没有实现大同的方法，它有世界革命的愿望，却无世界革命的方法与行动。孙先生的三民主义，比无政府主义更博大，与无政府主义有同一之目的，而其方法则为无政府主义之所无。因为先生的三民主义中的民权主义，由权与能之分开，由打破强权就可达到平权，由平权就可达到无权，无权就是无治。再加上三民主义之连环的实现，民族由平等而至无争，民生由平等而至无阶级无贫富，这岂不是世界归于大同了么？到了这一步，文化一定极优美，道德一定极高尚。所以我们可以说，无政府主义不过是民权主义的理想，民权主义才是无政府主义的实行。

（三）马克思的共产主义，这几年被俄国和第三国际采用得来倡世界革命，便成了流行一时的旧骨董。[①]

四、总结论

从以上简括的说明，我们更作一个总结论，就是：人类以争生存为中心，而争生存就是世界进化的中心。从世界进化的行程，自古以来就生出民族民权民生的三大问题。革命者的唯一任务，即在于了解此三大问题之所从出，依其需要解决的企望，和客观的实际所备具的条件，定出一个完备的革命主义，以求全部澈底的解决。孙先生的三民主义，即

---

① 此处略有删节。

本此义而创立，故其博大悠久的适用性，古今中外实无伦比。马克思主义，固不失为一种富有革命性的学说，然受时间和空间的限制，未能了解历史的真正重心，遂失其领导世界革命的可能性。能纠正马克思主义对于历史的观念之错误的，最近固有一派，如美国学者威廉氏，即其一人，但其短处在昧于世界革命的急切需要，而不知世界进化实有日向激急的革命化之趋势，故其学说不能逃缺乏革命性的批评。孙先生之三民主义，则兼具两派学说之长，而无其短。这就可知先生眼力之伟大，学力之伟大，魄力之伟大，革命性之伟大。许多人以为现在只管国民革命，等到国民革命的结果，大家已死在地下，共产主义也好，三民主义也好，横竖管不到的，何不等后来人去争个解决？说这种话的人，最大的错误，就是没有懂得为什么有革命的需要，没有懂得革命为什么要主义，更没有懂得我们的世界是什么世界，所以他就根本上把国民革命看做一回事，世界革命另看做一回事，这哪里是忠实的革命者？哪里是三民主义的信徒？哪里是孙总理的信徒？我们是中国国民党党员，都应该了解总理的历史观和进化观，都应该了解总理的主义之出发点和开展线，然后才能了解国民革命和世界革命之一致，才能了解各部革命和世界革命，都必须为三民主义的革命。凡我同志，当急起注意。

青年的烦闷与出路 *
——十六年六月为中央半月刊作
（1927 年 6 月）

现今的青年都感着烦闷，尤其是觉悟的青年越感到烦闷。

烦闷的来由，固然有种种，政治的不清明，社会的不安宁，都直接间接给青年以重大的刺激。但这都不过是刺激罢了，还不是烦闷的总因。总因是：青年正在生理的发育最紧张的时刻，血气是刚强的，筋肉是饱满的，天机是活泼的；他的生理的发育，使他时时刻刻起种种的冲动，而这些冲动是无目的的、无恶意的、无选择的。简单言之，他的生理上的要求，只是使他好动而恶静，只要给他满足了，就可算得是"得遂其生"；如果遇着环境的障碍，给他一个不满足，他便不知不觉的起了心理的烦闷。心理的烦闷一起，他便不知不觉的埋怨一切的环境，诅咒一切的制度和习惯。我并不是说一切环境都是好的，更不是说一切制度习惯都是对的，我所着重的是：如果我们分析青年生理上的发育现象，就可以解释他心理上的烦闷；从他心理上的烦闷就可以解释他对于一切环境的不满。

因为青年的生理发育最紧张，于是他的欲望也最亢进。就中国一般青年说，他们最普通的欲望有四种：（一）求知欲；（二）性欲；（三）占有欲；（四）支配欲；这四种欲望，占领着青年全部，而且支配着青年的全部人生观。在旧社会的环境尚没有改造成功的中国，青年这四种欲望不能满足，是毫无疑问的。不能满足，便起烦闷，所以现在中国青年最感烦闷的切身问题，就是：

---

　　* 本文出处：《胡汉民先生文集》，第 4 册，中国国民党中央委员会党史委员会，1978。署名：胡汉民。

一、读书问题。青年的求知欲是强烈的，读书当然是求知欲必然的结果。有时读书问题，在青年心目中简直占非常重要的地位，甚至把支配欲占有欲性欲问题都暂且搁开，首先为谋满足求知欲而读书的，这种实例倒是很多。好些青年，在求知欲最高的时候，为了读书，竟可以牺牲了恋爱，这种实例也不少。前几年家庭问题闹得最凶的时候，青年往往因为要求婚姻自由，几乎人人都要和家庭翻脸，而同时却有多少人并没有和家庭翻脸的，其原因就是"为了读书，不得不要家里的钱；要它的钱，就只好服从它；要服从它，就只好牺牲了婚姻自由权。"这种青年便是为了要读书而情愿牺牲恋爱自由的。有人以为这是一种缺乏奋斗精神的青年，实在是冤枉了他。求知欲支配欲占有欲和性欲，既然都是青年的欲望，而事实上又不能同时满足，那自然就有一个先后缓急之分。求知欲比较强的青年，牺牲了婚姻自由，抑制了占有欲，甚至忍受家庭无理的支配，而求达到读书的目的，这岂是缺乏奋斗精神所能做得来的吗？凡是奋斗，都要忍受几方面的牺牲，而达到一方面的目的，都要忍受许多的觖望而满足一个急切的需要。在青年心目中，有时读书问题比任何问题占的地位都高，有时恋爱问题比任何问题占的地位都高，有时读书恋爱都不觉重要，而求活动求事业的问题反占重要的地位，这都是随着各人生理发育的程序和特性而差异的。当读书问题在青年心目中比恋爱问题还觉重要的时候，失学的痛苦也许不减于失恋吧。所以我们只看青年在恋爱上努力而忍受了种种痛苦，或只看他在读书上努力而忍受了痛苦，只看他的一面的努力而称许他能奋斗，或只看他的一面的忍受苦痛而批评他不能奋斗，都不是对于青年合理的态度。我总认为青年是生理发育最旺盛的时候，如果他生理上是健全的，没有先天的缺点和后天的残废，他一定是能够奋斗的。所以问题并不在那个青年能奋斗，那个青年不能奋斗，而在如何发展他的天性和能力。青年要求在读书上面来发展他的天性和能力时，只怕谁都要承认他是正常的吧。可是在中国现状之下，青年要读书，便要遇着种种困难，种种障碍。大多数青年，困于穷乏，不能求学和不能升学的，固是很普遍的现象，就是少数不受经济压迫得升学的青年，又扰于社会的不安，和政治的纷乱，不能安心求学。只看几年来全国的大中小学，不是因为无钱停闭，便是因为欠薪罢课，不然就是因外交上的惨案罢课，再不然就是因内战陡起，交通阻隔，学生困在家园不能返校，或是学校受战事影响不能开课。在这种种情形之下，教热心求学的青年如何能不烦闷呢？

二、恋爱问题。性欲是本能之一。儒家说："食色性也"，性欲与食欲并举，实是一语破的，何况青年在血气刚强的时候，色情的冲动，本来只有盲目的要求，那有自制的能力？而且在中国因为一向把未成婚的男女关系，用"男女授受不亲"的礼教，约束得很严，就是男女婚姻，一向都是受父母之命，媒妁之言的，纵有怨偶，大家也归之于天命以自慰，所以几千年来，社会只把性爱纳诸礼教的约束当中，却没成为什么大了不得的问题。自从自由结婚的思潮流入中国，爱伦凯结婚必基于恋爱的话深入青年人的心，又因少数青年研究介绍西洋文学的结果，使一般青年都沉醉于恋爱的迷梦中，性爱问题便成了青年切身严重的问题了。这些青年所接受、所信仰、所沉醉的一切，都是和中国一向的风俗习惯相背谬的。你要自由，老习惯叫你服从父母；你要结婚先有恋爱，旧风俗说，男女是授受不亲的。社会既没有承认男女的交际为正当，青年人自然很难得有自由选择配偶的机会。意中人寻不着，青年人是照例要发生"何处是我的归宿"的悲哀的。就是偶然给你遇见了一个恋爱的对象，还怕是你自己害单相思。即使有了双思的条件，经过了相当时期的"弄情"，英语所谓 love making，彼此都有愿为配偶的时候，又许有家庭社会或其他无可奈何的障碍不容你们结合在一起，不少的青年人或许冲破了一切家庭社会的藩篱，老实做了旧风俗习惯的公敌，又往往遇着自由恋爱的毛病，结果为求自由反而得着不自由。所以现在的青年，为了性爱，跟着旧礼教走的，固然有烦闷，随着新思想走的，也还是不自由。这就是因为太不自由，和太自由，都会生出不自由的同样结果。由这一个同样的结果，所生的烦闷，现今的青年，有几个没有经验过的呢？

三、经济独立问题。这几年有一件很奇怪的事，就是女子的经济独立问题，成了妇女解放问题的中心论点，而青年男子的经济独立问题，倒反没有人注意。其实中国民族的生存问题当中，青年不能独立谋生存，这个问题如果不是比女子谋生存的问题更占重要地位，至少也应二者一样的注重。一般人的下意识底下，只以为青年是受了教育的，有了相当的学问就自然谋生有路，所以就漠视了这一个问题。然而事实上青年所感受经济不能独立的痛苦，已经成了普遍的现象。青年入学的时候，几乎没有几人不听着他家里发出一种"不能担负学费"的哀声。好容易凑得一年半载的学费给他上学去，而家里还要焦着心肠，给他筹下学期的学费。家里既然如此的过了今日又愁明日，他到了学校里想想家里的窘状，也是忧多于喜，那里还能安心求学？这是一般家庭的穷乏，已足以引起青年心里的烦闷了。进了一个学校，甚至得了升学的幸运，他自己还须得忧虑，因为究竟毕业之后，他是否能够独立谋生，还是一个没有把握的问题。就一般的现状来看，中国现在的学校，是不能给学生以独立谋生的技能的。教育的失败，便是青年谋生的最大障碍。不幸中之幸的，就是我们社会的人才同时最感缺乏，所以毕业后的青年，多少还能遇着不被社会事业所遗弃的机会。然而因为没有真实技能，或有真实技能而遭遗弃的，这种青年尤占大多数。青年们的占有欲是最强烈的，但是经家庭的窘迫，教育的不健全，和社会的不接受，他们的占有欲就完全陷于失望的境地。由这种失望而生的烦闷，在二十五岁以上的青年当中，比任何烦闷都实在严重得多。

四、事业问题。青年要做成一件事业的心理，大抵起于支配欲的居多。但是我们这里所当分别的有三点。其一，求知欲和性欲，占有欲和支配欲，都是社会的遗传，换言之，就是得诸模仿社会的习惯或环境的传染。其二，这四种欲，在作用上都是交相连结的，不易分开的，所以青年的一种欲活动时，其他三种欲也常常夹在一起活动的。譬如恋爱时，支配欲和占有欲都会跟着性欲一起活动的，这就是明证。其三，支配欲固然和其他三种欲相连，但是如果不经过健全的教育的训练和改造，没有良善社会组织的扶持和国家的利导，则只能成为自私自利的支配欲而已。青年的事业，本来要基于创造欲，才不至落到自私自利的个人主义。因为创造欲发展的结果，如发明家，科学家，纯然是利他的，是服务人群的，是不希冀报酬的。但是在中国几乎没有教育没有社会组织没有国家建设的现状之下，只能使青年发展支配欲而不发展创造欲，不能发展创造欲，就是民族建设的力量要衰落下去，而他方面支配欲发展的弊害，不是因为不能作出正当事业而起烦闷，便是因为失去了一切藩篱而冲成自私自利的个人主义。这两种弊害，不是民族生存上的良好现象；深切言之，其不良足以陷中国民族于绝望。眼前中国个人主义的普遍，引起社会的纷乱和烦闷已经不少；这种纷乱和烦闷，可以说得是个人主义者的支配欲成功的结果，和那些作不出正当事业的青年由支配欲失败而生的烦闷结果，完全没有两样。所以中国现在的青年，因为不是发展创造欲，而是发展支配欲，在事业上便生出两种结果：（一）支配欲成功，便是个人主义；（二）支配欲失败，便是消极主义；二者都归结到社会和个人的烦闷。

青年们为了这四个问题，都陷于烦闷当中；这个时候，于是有许多人为他们说法。总合这几年一般人对于青年的态度，约不外三种：（一）禁欲主义；（二）纵欲主义；（三）三民主义。其他出入于三种态度之间而无系统的主张的，我们可以略而不论。

（一）禁欲主义者说：青年们好好地去读书吧；读书就是你们的出路，读书你们就可以忘记了烦闷，读书你们就可以得到了无限的安慰，求足了学问，你们就可以谋生，可以做事，可以得到爱妻，可以改造社会。所以，你们一定不要性急，求学的时候，只管求学，其他一切问题等你们有了学问再来管罢。这一派人的话，表面似乎把青年一切烦闷都信托于书，让青年到书本子中去慢慢寻求解决，然而心里却主张青年人是不应该谈自由恋爱的，不应该忧虑将来经济不独立的，而且不应该忧虑将来没有事做；青年人所应该做的只有读书一件事。试想青年们的感觉是灵敏的，天性是活泼的，感情是亢烈的，叫他们耐着心肠去读书，就行了吗？学校里所教的，终是这么几本没有进步的老教科书，所请的终是这么几个没有长进的老教员，所讲的终是这几本没有改变的旧讲义。有些青年听了禁欲主义派的教诲，书自然会读的不少，可是人却是越读越糊涂了，渐渐地只认识这么几本老教科书，只听到这么几篇旧讲演，而不知世界的形势社会的变迁了。读文学的只知有风花雪月，读哲学的只知有唯心唯物了。这条路是走不通的，汩没了性灵，还要不认得世界和社会的实际，多数青年终于会有一天忍不住外来的刺激，禁不起心头的烦闷，而不能不走向别方的。

（二）于是纵欲主义者①就说：青年们来吧，来革命吧，读什么书呢？现在是无产阶级革命的时代，不是读书的时候了；而且，读多了书，就会变成反革命。智识阶级多数是反革命的。我们革命，还要打倒智识阶级哩？本来，读书可以满足青年的求知欲。纵欲主义的共产党深知中国的教育制度不能满足青年的欲望，而且深知青年的欲望是什么，所以就拿出一套足以麻醉青年的法宝，向青年工作起来。它的法宝是什么呢？第一件，叫做夸大狂。青年的求知欲，是带着一个畸形的好奇性的。如果你能满足他的好奇性，他的求知欲也就可以不向求真理的方向发展，而偏向求新奇的方向发展了。共产党的夸大狂正是引动好奇心的吗啡针。你要什么知识呢？共产党是用不着知识而可以征服全世界

---

① 这里胡汉民将共产党等同于纵欲主义者，显然是错误的，对此应加以辨析。

的。无产阶级都是没有知识的，但是只要全世界无产阶级联合起来大革命，就可以造成无产阶级专政。无产阶级专政了，那还有旁的人敢说我们没有知识吗？这一种口调，原来是反乎常理，但唯其反乎常理，才显得出新奇。有些青年因为长久处在烦闷中，自然容易接受这种新奇夸大的宣传。他们哪里会想到秀才造反，三年尚且不成，何况不要知识的人，岂能革命呢？又哪里会想到如果真要打倒智识阶级，为什么共产党不就先打倒发明这口号的人呢？俄国大革命后，苏联政府规定全国一切机关工厂等的职员月薪，最高的不得过二百三十卢布，但是悬二百三十卢布的月薪，在俄国找不出一个专门人才来管理一个高加索煤油矿，苏联政府便不顾法律，却破例每月花了二万卢布去请了一个美国技师来管理这件利益丰富的事业。这就可证明共产党一面喊打倒知识阶级，一面又要优待知识阶级；共产党这种对着众人打自己的嘴巴的事实，中国青年们又有几人知道呢？所以共产党自己并不是不要知识，只是拿不要知识的口号去放纵青年好奇的心理，同时也就骗到一般没知识和懒于求知识的青年人去替它作牺牲。受其欺的，固然得以大大发泄一点好奇心和懒学心，然而欺人的共产党也就大大发泄它的支配欲了。

尤其狡狯的，就是共产党的第二件法宝，叫做性交自由。这个法宝的作用，简直不仅仅可以投合青年的色情狂，并且足以麻醉青年的好奇狂支配狂和占有狂。什么裸体游行，男女同浴，打破廉耻，在事实上虽不必共产党的青年个个有此举，然而以作宣传的工具，已足以诱惑一般人的好奇心和性爱欲。戴季陶先生前两年对于施存统张春木的故事，很抱不平，而 CP 却认为是对于 CY 男女最妙的办法。在莫斯科东方劳动大学和假借孙总理之名的大学当中，更是尽天下男女之奇观。还有一次一个共产党员强奸了同党一个有夫之妇，双方闹到党来审判，而裁判的人只说："强奸人的固然是幼稚病，但被强奸的也未免思想落后！"所谓幼稚病，所谓思想落后的批评，真是再妙不过。共产党来到中国，是奉旨犯幼稚病的，尽管强奸有夫之妇，算不上何种罪过，而怕受人思想落后的批评，就只可任人强奸。——这一段风流公案的裁判，令人想起在武汉被强奸的多少国民党员。我相信柳子厚的河间妇人传，是一篇忏悔的文字，可惜他们没有读过。——中国一般人受了共产党的渲染，性问题的文字也就越发风行。就中有个所谓张竞生的，竟放着多少事情不去做，却穷年累月去研究这个与有生以俱来的旧题目。而一般人倒以为新奇。这种又幼稚而又思想落后的性狂家，却更远在别具肺肠的共产党之下了。或者老实一点说，青年是应该有相当的性知识，然而研究性知识教人懂得卫生和优生也就够了，何以所研究的又不特与卫生学和优生学的目的无关，并且只会把青年都葬送到肺痨病的窟中呢？只要看那些做共产党而兼性狂家的人，如蔡和森瞿秋白之流，无产阶级专政尚未成功，痨病却已到了第三期，纵使他们把中国青年牺牲了一大半，做到了无产阶级专政，也只怕是痨病鬼专政吧！

末了，共产党的第三件法宝是捧场，而第四个法宝是收买。青年的支配欲和占有欲是后天发达的居多；而且青年最得意的也不过是初出茅庐；怀着支配欲和占有欲的，比较还是希望不奢；但是共产党却尽量地给 CY 一个超过奢望的捧场和酬报，青年人那得不为所颠倒呢？前天有同志告诉我，说陕西的农民协会委员长不过十几岁。上海工友都知道李立三等都发了大财。陈独秀不知个中玄机，还在 CY 开大会时，说"中国的 CY 不该竟做了 CP 的工作"，无怪共产党说他还是右派。共产党如此激进青年的支配欲和占有欲，几个青年人能够不入壳中呢？许多人都晓得说：理想中的共产，须得要支配欲和占有欲低减到消灭的程度，才能实现。现在共产党却以虚荣和金钱去诱致青年，激进他们的支配欲和占有欲，这那里是走朝着共产主义的理想所走的路呢？这一说虽可以显出共产党的作伪，然而我们也要看透共产党所以用虚名厚利去勾引青年，其目的并非推行共产主义，实是要取得民众，扰乱社会。因为列宁的秘诀是：乱，大乱，才是少数党徒能够夺取政权的唯一机会。

总括地说，共产党的纵欲主义，是要纵好奇欲，纵淫欲，纵名欲，纵利欲：这无一不是以兽性的个人主义为出发点，亦无不是以兽性的个人主义为归宿点。纵欲，才能迷惑民众，迷农人，迷工人，迷青年男女；纵欲，才能生乱，乱人性，乱家庭，乱社会，乱国家，乱世界：这就是共产党的所谓革命战术。从重重叠叠的乱当中，以迅雷不及掩耳的手段夺取政权，这便是共产党的最终目的。为了共产党少数人这种主观的目的，于是生出种种造乱的主观策略和战术；为了要施用主观的策略和战术，于是采用了一个投合个人主观的纵欲主义或快乐主义；结果，无论共产党成功或失败，天下人都要生出普遍的主观的痛苦和悲哀。所以，青年人从禁欲主义中被勾引出来，却又要死向纵欲主义中去；所谓工具的牺牲，还有过于此的吗？

以上这一切，都是卑之无甚高论。只是这样讨论下来，我们得了三个主要论点；其一，就是青年的欲望不满足而起烦闷；其二，就是禁欲主义者不满足青年的欲望而使青年别寻出路；其三，就是纵欲主义尽量激增青年的欲狂而陷青年于死路。于此，三民主义者，就不能不救救青年了。

（三）在三民主义者的立场，我不是主张像禁欲主义那样否认欲的存在，或认其存在而认定凡欲都是恶的，更不是主张像纵欲主义那样纯以利用人们的兽性为造乱的工具的。其实禁欲主义和纵欲主义，二者都是谬误的，其谬误可以举二事来证明。从前孙少侯学佛，坐关三年。他不仅是禁欲，简直是断欲。但是他经过坐关以后，在还俗的那一年之中，犯了九个女子。这是他在一个时期性欲独强的故事，可见凡欲都不是人人平行发展的，而且因为断欲，欲反横决起来了。孔德少时，爱了一个女子，经过两次的求婚，都被拒绝。过了多少时候，她就死了。他因此就将他的爱情升华起来，转而用于求知，遂造成他的哲学系统①，为社会学的先觉。这又以可以证明人生的欲，是可以变移的。三民主义固不否认欲，但是认定欲是随人不同，欲和欲的发展，其次第不同，其强弱亦复不同。不但如此，欲是可以变移的；譬如以发泄性欲的精神去求知，以发展支配欲或占有欲的精神去求创造求发明，这都是合乎今日科学的教育的精神。孙总理说："古人所谓天理，其实属于人，所谓人欲，其实属于天。"又说："人的本源便是动物，所赋的天性，便有多少动物性质。换句话说，就是人本来是兽，所以带有多少兽性，人性很少。我们要人类进步，是在造就高尚人格。要人类有高尚人格，就在减少兽性，增多人性。没有兽性，自然不至于作恶。完全是人性，自然道德高尚。道德高尚，所做的事情，当然是向轨道而行，日日求进步。"这段话，就认定认人的兽性和人性都可以改造的；欲改造而成理性的进步，理性造就而求社会人类的进步，这才是革命的教育的最高目的。

从禁欲主义和纵欲主义的种种相反的差别当中，还可以看出这两个主义有一相同的短处，就是二者都是归结到个人主义。因为禁欲的成功是独善其身，而其末路便是反动的放纵。至于纵欲主义的成功和失败，更不必再说了。纵欲禁欲，都是利己。唯三民主义承认凡欲都有其相当的功用，而在乎调理造就之得其道；得其道，就可以利人。总理说："我们把人类两种思想来比对，便可以明白了：一种就是利己，一种就是利人。重于己者，每每出于害人，亦有所不惜；此种思想发达，则聪

---

① "系统"原作"统系"，误，校改。

明才力之人，专用彼之才能去夺取人家之利益，渐而积成专制之阶级，生出政治上之不平等，此民权革命以前之世界也。重于利人者，每每至于牺牲自己，亦乐而为之；此种思想发达，则聪明才力之人，专用彼之才能，以谋他人的幸福。"禁欲主义是消极的利己的，所以成功不过独善其身，失败则无补于世乱；反之，纵欲主义如共产党之所提倡，则简直是总理所谓"出于害人，亦有所不惜"，而"专用彼之才能，去夺取人家之利益，渐而积成专制之阶级，生出政治上之不平等"，以返于"民权革命以前之世界"的了。三民主义者却是总理所谓"重于利人者，每每至于牺牲自己，……以谋他人的幸福。"三民主义所以提倡利人而反对利己，就是由于观察过许多历史的事实，深知人欲是天然的；天然的就无所谓善恶，由天然而生的人欲，于一个时代适于社会的生存和需要，则人欲也就是善，善就是道德；于一个时代有害于社会的生存和需要，则虽天理也是恶，恶就是不道德。所以利己的欲望，如支配欲，占有欲，放纵起来，便会危害社会的生存，违反群体生活的需要。然而天然的欲可以造成人为的理，所以三民主义提倡把利己的欲改造成为利人的理。依中国现状的需要，支配欲和占有欲是要改造的；依生理学卫生学和优生学的指证，性欲是要节制或纠正的；更依我们中国的需要和科学知识的贫乏，求知欲是特别要提高的。总理说："世界人类，其得之天赋者，约有三种：有先知先觉者；有后知后觉者；有不知不觉者。先知先觉者为发明家；后知后觉者为宣传家；不知不觉者为实行家。此三种人互相为用，协力进行，则人类之文明进步，必能一日千里。"总理这一个发明，是他对于人性的观察社会的建设和国家的建设之总结晶的一段话。我们看这段话，就可知三民主义对人性是持着一个多元的认识，于教育上是主张依三种人不同的天赋而发展其才能，以供社会人群的需要，于政治上是要依三种人的才能组织一个使"此三种人互相为用，协力进行"的国家，以求发展人类的文化。所以我于此更要拿总理关于平等精义的话来劝告今日的青年和革命的教育家和政治家："从此以后，要调和三种之人，使之平等，则人人当以服务为目的，而不以夺取为目的。聪明才力愈大者，当尽其能力以服千万人之务，造千万人之福；聪明才力略小者，当尽其能力以服十百人之务，造十百人之幸福；……至于全无聪明才力者，亦当尽一己之能力，以服一人之务，造一人之福。"

生理发育正盛的青年们，用不着烦闷吧。只要认识自己的聪明才力，向三民主义求出路，那就一定不会走上禁欲主义者所给你们的绝路和纵欲主义者所给你们的死路了。依三民主义所指示的路径，在这个革命时代的需要，青年必须要发展他的创造欲；要给一切欲以正当的出路，也须得以创造欲的发展为鹄的。分别的说，创造是求知欲的直捷目的。求知须得求于一个时代的需要有关的知识，求足以供一个社会的实用的知识。离开了社会的需要和时代的实用，便没有求知识的意义和价值，前几年有句很通行的"为学问而求学"的话，被大家误解了，反而变成一句反对"求学以致用"的口号。不知当初说这句话的蔡子民先生，因为看见了中国人一向都是"为做官而求学"所以才说出"为学问而求学"这一句话来纠正大家向来的错误观念。他所以要打破向来"为做官而求学"的观念，就是因为这个科举时代的旧观念是不适用于现在；归结起来，他的话何尝是反对"求学以致用"的呢？可是现在一般纵欲主义者却又把"求学以致用"的话，变为"不学以致用"的精神。他们不要青年求知识，但要青年求新奇，而是否适用则完全不管，不求知识，专务新奇，便使一般青年们见着极腐败极复古极陈旧的事物也惊为新奇。前年有一人在俄国见我，拿出了他在德国同几个不知名的女子合拍的裸体照片，说道："你看这是多么文明！"我当时就答道："你若说是多么'新奇'，多么'自然'，多么'美丽'，或多么'野蛮'，都还说得上，若说多么'文明'，则你还比不上牛马猪狗那样'文明'。因为你脱掉衣服，还只是一时的事，而这些兽物简直是长期天然的裸体，岂不是照你说，它们都比你'文明'多了么？"人在古代野蛮的时代，就是没有穿衣服的，这事原是极古极旧的，而这种人反以为新，以为文明，这岂不是笑话！这一事，就可以证明共产党的方法，只是要窒塞青年的理智，使之不辨菽麦，然后才会跟着少数专制阶级去指鹿为马。照这种办法，一定会弄到青年们连自动的求新奇的能力也会渐渐泊没了。因为共产党是新式科举主义者，目的在使民众闭聪塞明，不知道自身的真实需要，社会的真实需要，所以才采用离开一切做人的需要的新奇品，去迷惑青年的肉眼。这样，肉眼是迷了，但是智眼也同样塞了。共产党如果成功，青年又如果弄到这样地步，中国民众当中先知先觉者固要绝灭，连后知后觉者也要绝灭，剩下来只有大多数无领导无发明无指挥的不知不觉的愚民，到了这种地步，就是连那当初靠愚民政策成功的少数共产党专政阶级，也要如古代专制皇帝的子孙，一代一代就要退化下去，成为昏庸顽鲁，以至于倒塌，而中国民族的生死存亡就更不堪问了。所以，青年们要赶快觉悟：为求新奇而得的新奇不是学问；离开社会和民族需要的，不是学问；本着民族和社会的需要而创造科学的真理和实用的发明，才是新鲜的学问。青年是可以做先知先觉者，尤其容易做后知后觉者。有了这两种人，合起聪明才力低下的不知不觉者，共同努力，我们的民族才有继续生存的大希望。总理把这个道理曾经反复的说过："天下事业的进步，……世界上进步的责任，都在三种人的身上。……但是其中大部分人，都是实行家，都是不知不觉；次少数的人，便是后知后觉；最少数的人，才是先知先觉。世界上如果没有先知先觉，便没有发起人；如果没有后知后觉，便没有赞成人；如果没有不知不觉，便没有实行的人。……所以世界的进步，都是靠这三种人，无论是缺少了那一种人，都是不可能的。现在世界上的国家，实行民权，改革政治，那些改革的责任，应该是人人都有份的。先知先觉的人要有一分；后知后觉的人要有一分；就是不知不觉的人也要有一分。"我劝青年们都来顶受总理这个教训的洗礼，在三种人当中创造一部分的事业，择定一个位置呵！

创造欲发展是求知欲的发展，可以明白了。然而所最忌的是创造欲受支配欲和占有欲的支配。因为创造欲如果不能胜过支配欲和占有欲，其结果便是个人聪明才力，不以服务社会为目的，而以夺取为目的。要打破这种个人主义，唯有提高革命的人生观。刘芦隐同志在他起草的国民党的宣传方略上对于革命者的人生观有一段话，大意是说："革命者必须这样认识自己：一切都不是我的所有，身体是社会的，不是我的；知识是社会的，不是我的；我生时不是我要生的，我死时不是我要死的；一切都本来不是我的，我的智识是因为社会而有，我的才力是因为社会而用；所以要看破我的一切所有，才能成就社会的一切所需。"这话真是能够表现三民主义者的革命人生观，然而同时也是今日青年应有的人生观。因为要有这样的人生观的人，才能破一切成个人主义的私欲，而发展为社会和人类谋公共福利的创造欲。在我们革命者今日所负的建设三民主义的国家责任上，总理已告诉我们，先知先觉者要有一分，后知后觉者要有一分，不知不觉者也要有一分。全民族的人既然都负一分责任，那就在这一个总合的负责救国负责建国的工作当中，还容得个人主义的存在吗？

然而同时也要知道，三民主义者提倡创造欲之发展，而打破个人主义，并不是对于支配欲占有欲和性爱欲持禁欲主义，而实是把后面这三种欲望通过创造欲的进展之路，而获得正当的扩大和实现。三民主义，我视为可以称之为唯民主义。民族主义之目的在民有；民权主义之目的在民治；民生主义之目的在民享。民有民治民享，就是全民一切欲望的总扩大和总实现。个人主义的禁欲固够不上说到这一个大目的；就是个人主义的纵欲，也倒会破坏这一个大目的。唯有三民主义，对个人主张把一切欲归到创造欲的发展上面，或把一切欲调理到不妨碍革命工作的限度，然后人人都能对实现三民主义总目的各负一部分创造的责任，三民主义实现了，则全民族的生存目的也达到了。这样，就可以说得是：以个人的创造欲，去满足全民的生存欲。全民生存欲满足，则其所满足的，就中自然有人人的欲望的满足。青年们只要过细把三民主义研究贯通，就晓得三民主义的社会，人人是有权的，人人是各因其才能而有用的，人人是衣食住行四项需要都有着落的。这样一个新社会，还愁有人生的烦闷么？

要实现这种新社会，青年们就要知道努力的方法。禁欲主义教人只管读书，不管革命；纵欲主义骗人只管革命，不要读书。这都是大错。总理说："除了革命，没有学问"；又说："革命的基础，在高深的学问"。凡是有志的青年，都应该在这个教训之下来努力，才不至走错路。因为要在这个教训之下，我们才晓得革命和求学是并不相妨的，而且在中国尤其是要同时并行的。青年当中往往有句错误的话，就是做了事就不能读书，读着书就不能做事。对于这一个错误指摘得最透彻的，有朱执信先生《读书与做事》一文，希望一般青年去过细读读那篇文，一定可以受到很深的感动。总理一生，就是我们大家的模范。他除了革命就是读书；无论在军中、舟中、车中，只要一得空，就拿着大本的书，一页一页的看。无论任何青年人的生活，难道还有比总理繁忙的吗？总理一面做事，一面读书，而许多青年说做了事，就不能读书，岂不自欺欺人？所以青年努力的方法，应该是读书与做事并重，这是第一点。做事，现在最重大的就要做革命的事；求学，就要求革命的学问。革命的学问就是一切能增加我们革命效率的学问。不能增加革命效率的，和那与革命风马牛不相及的学问，是不要去学的，免得消耗我们一分有益于革命的光阴。所以总理说："革命以外，没有学问"。但是他又怕我们误解革命就是片面破坏的事，所以又告诉我们说："革命的基础，在高深的学问"。这就是说破坏是为建设而始破坏的，学问是为建设而求的。没有高深学问，三民主义怎样能够实行呢？所以，求学是为要增加革命的效能，其意就在此，这是第二点。在三民主义的建设上，最需要的学问是科学。建国方略，建国大纲，三民主义，没有一项计划或理论是没有科学在里面的。青年要负得起建国的责任，决不能像以前读死书而可以担当得起的。世界上唯美国的自然科学和实用科学的教育最普及，但是它的社会科学教育却没有进步。所以有人批评美国是跛行的教育。我们中国向来求学的趋势，却正与美国相反；偏重于社会政治文学哲学一类，而自然科学和实用科学却只有退步。美国教育是跛行，而中国教育直是断了一个足。我们以后补偏救弊，直当以东方民族的革命精神去求美国的科学知识。这是青年努力所应注意的第三点。

总结说来，青年的烦闷，问题并不在欲望不遂，而在不知所以遂欲之道。只为求遂欲，必至牺牲生以殉欲；所以纵欲主义，不特不是遂欲，并且不能遂生。反之，只为防身以制欲，少数人或不失为独善，而大多数必至益禁欲而欲益横决；所以禁欲主义终必为纵欲主义所乘。为个人之生以遂欲，不如为全社会之生以遂生；为全社会之生以遂生，便当发展个人的创造欲，求社会生存能力的增加。增加社会生存能力，是全社会分子人人的责任，而不只是少数人的责任。人人依其聪明才力的高下而服社会之务，就是社会生存能力增加的唯一之路。青年应从增加社会生存能力的路上前进。以个人创造欲，充实社会的生存，便是青年得着欲望的协调，生命的扩大。但是社会的生存之充实，必待科学的发展。有科学，才能使人尽其才，地尽其利，物尽其用，货畅其流；在这四种努力当中，才见着青年们条条都是生机蓬勃的出路！

国民党民众运动的理论[*]
——十六年七月为中央半月刊作
（1927 年 7 月）

一、一般的观察

民众运动，在中国已由多年实际的试验时期进到理论的确立时期。经过多年试验的行程当中，我们应该把民众运动一般现象作一个总观察，从观察当中，估定它的内容和价值。

先就它的一般现象说，我们知道凡是民众运动，其起因总是由于社会的大变或国家的危亡。民族间战争的失败，外人的欺凌屠杀，军阀官僚的卖国殃民，少数特权者的荼毒压迫，都是直接制造民众运动的原料。没有这种种原料，民众运动的火焰是燃烧不起来的，纵燃烧也不长久，不普遍。在中国，军阀的迭起，帝国主义者的相继掠夺，继续供给我们民众以运动的燃料，而我们的民众运动因之也有备具永久性的可能。这是值得注意的第一点。民众运动是最富于狂热性的，其所感受的刺激大，其所发的刺激亦大。巨风怒雨，固然发了天地间不平之气，然狂暴的倾向，也随着而来。所以凡是个人批评的理性，一到群众的狂热里面，就最不容易表现，而反常的行动，往往随狂热与俱进。这种民众运动的现象，便引起了世人两种的批评：一种认定民众运动是最富危险性的，是不应该有的；一种认定民众运动是最有力量的，最能促进社会的改造的；前者是法国心理学家吕邦 G. Le Bon 的态度；后者是革命者

---

* 本文出处：《胡汉民先生文集》，第 3 册，中国国民党中央委员会党史委员会，1978。署名：胡汉民。

的态度。但是社会不能免避罪恶，不能保证不遭受危险，则民众运动自不能保其不发生。所以问题并不在民众运动是否应该有，而在如何使民众运动成为有益于社会生存的利器。这是值得注意的第二点。民众运动，结果往往归于失败，历史上这种例很不少，而且失败的结果，往往引起社会民众若干时的消沉。究其失败的原因，不外几种。如果是由于目标太多，或问题太复杂，则民众到了认清一个总的最大目标，或找出许多问题的一个中心问题的时候，还会运动起来。如果失败是由于民众运动当中起了野心家，那末民众不久必将转移他们的目标，向着野心家挞击。如果失败的原因，在于敌方的压迫太强大，那末民众势力一时屈服，不久必将再起，而且再起的力量必将更大。假使失败的原因，由于思想错误，方向歧谬，则民众因失败而受的教训和觉悟，比什么教育制度所生的效果还要更大而更敏捷。这是应该注意的第三点。

依第一点说，民众运动是挽救国家危亡和保障社会生存的一个力量，是应该鼓励的。依第二点说，民众运动便有如何始可使之成为有益于社会的问题。依第三点说，民众运动，失败和成功，都于社会有很大的影响，而我们的问题，便是要如何才能使它成功多于失败，及如何使它好影响多于恶影响。总括地说，民众运动一定是以救国救社会为目的；要保证它的成功和好影响，自然要有必具的条件。这些条件当中，第一须有不拐骗民众的忠实领导；第二须有强固的组织；第三，须有共同的信仰。这三个重要条件完备了，民众运动才有不可摇撼的基础和不可抵抗的力量。①

二、舍三民主义外无民众运动的理论

何以三民主义必定是中国民众运动的基础呢？这问题有两种答案：一是从中国实际的需要上来的；一是从各国历史的教训上来的。为容易明了起见，我们且先看各国历史的教训罢。

历史是有两面的：有纵面；有横面。横的一面，它有各种民众运动的事迹。拿破仑的时代，在中欧各国有民族运动，在非洲有回民的宗教运动，同时在欧洲也发生经济的斗争运动。到了现在，各国间的民族运动，政治运动，和经济运动，更是同时并起的普遍现象。这一切运动，

---

① 以下略有删节。

实在都是民众运动，因为运动之所以起，乃起于和多数民众有关的问题，而其所有的目的，乃在解决民众切身的苦痛。不过各国的民众运动，有的是为经济斗争，有的是为民权斗争，有的是为反抗外力压迫的运动，而都是各为各的特殊问题而起，各依各的方式进行，而且各照各的预定主义而谋问题的解决，所以各种运动横的一面没有连属，纵的一面没有相同的步骤，结果往往没有多大的成绩。

从各国历史上这种种民众运动事实看来，无论那一个民族，它的问题，总括不外三类：一是属于民族的问题，一是属于民权的问题，一是属于民生的问题。孙中山先生三民主义，所以有世界历史的根据，所以备具了适用于世界的特长，都是为此。然而在过去历史上，各国对于这三类的问题，都是遇着特殊的事故发生了之后，随时来谋解决，没有像孙先生这样博大的眼光和精神，能预先为一个国家定出长治久安的大计画来。所以各国解决这三类问题，各有各的历史因缘，而大抵都犯了头痛医头脚痛医脚的毛病，结果连一个大问题都没有解决。

如果再把各国历史纵的一面看来，我们更可以明白这三类的问题是不能各别的或任从一个来单独的解决，同时也可以明了我们的民众运动，为什么要以三民主义为基础的道理。英国在历史因缘上是首先注重民权问题的一个最好的例证。从十四世纪起，英国的民众运动，直可以说是由贵族僧侣反抗君权之争，到中产阶级反抗贵族僧侣的特权之争，由中产阶级反抗贵族僧侣的特权之争，到近代平民选举权之争。英国民众解决民权问题的方法，就是一贯的要求一个代议制度。他们的历史仿佛告诉我们道：只要代议制度一巩固，民权就可逐步的解放出来；只要民权问题有了解决，其他都不是根本问题了。固然，自从代议制度的成立以来，英国诚然对于什么问题似乎都能迎刃而解了。然而英国在历史上曾经遇着一个宗教和政治相冲突的问题，它的代议民主制就经了百多年而找不出办法。后来找着一个办法，叫做"政教分离"，凡是宗教的信仰问题，任个人自由抉择，国家不去干涉，而个人就再也不必把教争混入政争。其实所谓"政教分离"，何尝是什么办法？这不过把宗教之争与政治之争劈开，而宗教之争这个问题仍还存在着。这是民权问题解决而其他问题不能解决的一个证明。到了近代，社会经济组织大变迁，代议民主制就更遇着困难。国会是要有大多数议员赞同一种政策，才能维持政府的，而议员却代表了许多不相同的经济利益，要维持政府，代表各种不相同的经济利益的议员，便不能不有种种随时的新结合。议员

一方面是和政党有密切的关连，一方和社会经济团体有密切的关连，他
们的随时结合，当然就是政党间和社会经济团体间的随时结合。但这种
种结合，又并非依照阶级属性为标准的。譬如一个主张私有财产权的农
民团体，事实上遇有必要，就不能不同一个反对私有财产权的工人团体
联合起来反对一个资本家的团体；这种结合，不适合于阶级经济的理论
可知。即在劳工组合当中，虽然彼此都以同样的社会主义原则为基础，
而彼此间利益的冲突，往往比劳工和资本家的阶级斗争剧烈的多。遇着
保护政策提出到国会的时候，棉纱业的工人和织布业的工人间，其斗争
常常比棉纱工人和棉纱资本家之争还更凶些。在这种经济团体交相冲突
的情况之下。英国的国会不啻分裂为多少经济利益互相水火的集团，谁
也不能长久地联合谁，谁也不能长久地分裂谁，但总是合不能好好地统
治全国，分不能澈底的改革社会。所谓两党制，虽没有完全僵死，可是
代议民主制已不复有两个以利害感情完全相同为基础的政党来运用，而
有时时被多少利益冲突的经济集团所拆裂的危机。代议民主制是从前许
多人认为可以解决民权问题的，而英国又是代议制的祖国；它现在被事
实证明，是以解决民权问题始，而将以不能解决经济问题终。但是经济
问题是近代政治问题的中心，经济问题不能解决，政治问题也当然不能
解决。英国的民主，到了近百年来所以无进步，而只落得一个虚伪而不
澈底的民主之批评，其原因就在此。依英国这个历史的例，我们就可知
凡是一个国家，要想单独解决民权问题，而同时不想解决民生问题，是
决不成功的。英国历史是从民权问题着手的历史，现在它却不但不能解
决经济问题，而且不能澈底解决民权问题，这岂非民权问题和民生问题
有连锁关系的最大史例么？

其次，有的国家，其历史的发展，并非沿着一条解决民权问题的线
索而来的，换言之，就是没有民权发达史的因缘，而一到现在工业发达
的时候，各种经济团体的斗争便成了国家的最大问题。奥国就是这种国
家的一个最好的例证。奥国各种经济团体是有组织的，所以它的民众运
动，显著地是经济的斗争运动。国中各种经济团体的力量，是势均力敌
的，而在政争上也就各不相让。不消说，奥国人民的政治生活，就是利
害不同的经济团体有组织的长期斗争。这种斗争，不但资本家与资本家
争，并且劳动者与劳动者争。因为经济团体的分野，事实上并非依阶级
的差别而分，乃依各项工业的相互的利害冲突而分，所以表现在政治上
的分野，就更加复杂。一个经济团体的主张和政策，不能强其他团体的

赞同，国家就因之长在各团体相持不下之中，而陷于僵化的政局里面。这种国家，当然是没有敏活的进步，所以在国际上尤其要受英法意和国际联盟的支配了。这一个例，就可以证明凡是一个国家，若任经济的行程自然发展，到了阶级之间不断有冲突，而且同一阶级同一职业之间也有冲突的时候，不独民生问题是不能解决，就是民族问题也无法解决；可知民生问题和民族问题也是互相连带的，要解决这个，就决不能抛弃那个。

站在历史的总枢纽上观察现在的世界，我们可以说：一个国家，如果单独把权给与人民，把富给与几个资本家，这种国家是不能称为民主的；一个国家，把富和权都只给与少数人，而大多数人却一无所有，这种国家是决不能存在的；如果少数国家，对内把政治不平和经济不平的争端解决，对外却强人忍受政治不平等和经济不平等的压迫，这种国家是世界和平的最大罪人。现在的世界现象，正是如此可见民族民权民生三大问题，是今日世界的三个连环问题。将这三个连环的问题缩小到一个人的生存上说，就是人不能有财产权而无自治权，也不能有自治权而无财产权，更不能有自治权和财产权就自视若天之骄子，而施压迫于他人。倡无治主义者，理想在于破除个人之被治，而心里何尝否认个人之自治；主张废除私有财产制者，理想在于破除支配他人之财产，而心里何尝否认财产之享用；主张国际主义者，理想在于破除统治他民族的强权，而心里亦何尝否认各民族之自治？苟明此义，则民族民权民生三大问题，实人类全体的问题，也就是个个人的切身问题。在这三大问题不能同时解决的社会当中，个个人便都有发起或参加三民主义的民众运动的必要！

这是根据世界历史的教训所下的断案，然而再看我们中国自己的实祸，这三个切身问题，尤其是急迫多了。孙中山先生早已和我们说过：中国民族所有的祸害，一是受列强人口增加的压迫，一是受外国政治的压迫，一是受外国经济的压迫。这三种压迫，不是仅仅一小部分中国人受的，也不是一大部分中国人受的，而是全中国人受的。全中国人切身的三个大问题，就在此。我们受外国帝国主义这三种压迫之外，再加上民心涣散，没有抵抗强暴的团结和能力，是自己第一种积弱；帝政遗毒，流为军阀，窃夺国家政权来涂炭生灵，而人民却不但没有管理国家事业的权力，并且没有抵抗军阀的能力，是自己第二种积弱；机器发明了几百年，而我们还是生产落后，天然的富藏，自己不知享用，而任人占取得去做吸收中国人血汗的资料，弄到一种全国皆穷的景况，是自己第三种积弱。这三种积弱是内部的，那三种压迫是外来的。内外的祸害两两比合拢来，便成为民族民权民生的三个总问题。所以我们中国的需要是马上就须得解决这三个总问题，否则，国要亡，种要灭，到了那时，四万万人是要同归于尽，决不能幸免的。

但是我们要解决全国民众人人有切身关系的三大问题，我们就决不能走各国历史所走的路。照以前世界历史所给与的教训，我们不能像英国那样只从解决民权问题入手，而不同时解决民族和民生问题；我们更不能像奥国那样任个人资本生产制度自然的发展，结果就连社会国家都分裂成多少经济的团体而长相冲突。我们的问题，须民族民权民生三个问题在同一计画中谋整个的解决：这就是说，我们中国民族的自救运动要有整个的解决三个问题的计画做中心。整个的计画是甚么，就是孙中山先生的三民主义。三民主义的作用，在于消灭中国外来的三种压迫和内部的三种积弱。详言之，民族主义，在打破外来的人口压迫政治压迫和经济压迫，而恢复中国民族独立自由的地位和权能；民权主义，在打破帝国主义和军阀两种政治的掠夺，而建立人民自己管理自己政事的一个国家，使人人都有自保自养的能力和机会；民生主义，在打破帝国主义军阀及其他特权者的剥削，而以国家的力量来扶植生产交通事业的发达，以满足人民衣食住行的四大需要。孙先生的建国大纲，更把三民主义具体的表现出来说："建设之首要在民生，故对于全国人民之衣食住行四大需要，政府当与人民协力共谋农业之发展以足民食，共谋织造之发展以裕民衣，建筑大计画之各式屋舍以乐民居，修治道路运河以利民行；其次为民权，故对于人民之政治知识能力，政府当训导之以行使其选举权，行使其罢官权，行使其创制权，行使其复决权；其三为民族，故对于国内弱小民族，政府当扶植之，使之能自决自治，对于国外之侵略强权，政府当抵御之，并同时修改各国条约，以恢复我国际平等，国家独立。"在这三民主义的具体方案之中，孙先生完全没有为甚么帝国主义军阀官僚一类的特权阶级预留余地，而只有纯粹的为民众的福利打算。所以三民主义，就其作用说，实在是唯民主义：衣食住行的需要为民而谋，政治知识和权能的需要为民而谋，国际平等独立地位的需要亦无不为民而谋。我们民众除了这三大需要而外，还有甚么更切身而更急迫的需要呢？我们四万万人所受的压迫，可以总括在一句话里面，就是受着这三种需要的穷乏的压迫。在这一种总压迫之下，我们的民众运动，当然是为反抗这个总压迫而奋起，而进行，而非达到目的不止。以世界各国的民众运动的历史比较起来说，我们的民众不是要像英国只一贯的做了民权运动，也不是要像奥国只等到资本生产出了毛病才来做纷乱的经济斗争运动；换言之，我们做三民主义的民众运动，是民族运动政治运动经济运动三种合而为一的运动，而其所以必须合而为一的原因，是事实上中国的地位民众的苦痛所决定的，而非任何人空想所决定的。再比照一切民众的原则来说，唯三民主义的民众运动，是备具了永久的可能性，是社会生存的唯一利器，而且是备具了成功的条件。如果真实依照三民主义目的来作民众运动，除却一切个人的错误和缺点外，三民主义的民众运动决不会使民众受欺骗而失望，决不会使信仰不一致而组织上起分裂。过去民众运动失败的反证，世界历史的教训，和国家实际的需要，在在都肯定了，唯三民主义才是民众运动的基础，亦唯三民主义的民众运动才是真切的民众运动，无论何种阻力，都不能防止其成功。

三、民众运动的三大程序

根据中国的民族民权民生三大问题有整个解决的必要，和整个的连环的三民主义的原则，我们既然明了民众运动必须以三民主义为基础，那么民众运动就非依据三民主义而定出整个的进行计画不可。由此要点，遂产生一个根本原则，就是：

三民主义之实现，必须依总理手定军政训政宪政三个革命程序。在此三程序中，革命的政府和民众运动必须相互的密切的联合一致以并进；此其要义，盖在举国家的力量和人民的力量团结为一种大力量，而急速的完成破坏和建设双方的工作；但在国家的力量和人民的力量之间，其所赖以沟通双方团结为一个整个大力量者，必须忠实健全的中国国民党，故党必须一方为民众团体的训练指导，使其能自由对于国家社会问题表现其意思，贡献其能力，一方为政府的监督指挥，使其扶助民众相互的利益，其权力得为民众的权力，其政策得为民众谋福利的政策。

基此根本原则，我们且将军政训政宪政三个革命期内民众运动的方针，定明其概要如左：

一、在军政时期，一切制度悉隶属于军政之下，政府一方面用革命的武力扫除国内的障碍，党的民众运动一方面必须派训练成熟的人员到各县指导民众，做三种主要工作：（一）协助革命的武力；（二）训导民众团体之组织及其发展；（三）宣传革命的主义，和军政时期的革命政策。

二、凡一省完全底定之日，为训政开始之时，在此时期，党的民众运动，必须备具大规模的计画，为建设的训练，率导人民依照建国大纲的训政实业计画，而扶助其使用直接民权及解决民生问题的知识和能力之发达，以协助各县自治基础的创立；尤当注意的，就是在此期内的民众运动，对于本省训政基础之确立与全国军政统一之促进，两种工作必须兼顾，而尤其对于民众的训政工作与政府的训政方法保持密切的协调。①

三、凡一省全数之县皆达完全自治者，则为一省宪政开始时期，全国有过半数省份达至宪政开始时期，则为制定全国宪法时期，在此期内，民众运动之目的，在于完全养成民众运用直接民权和参与国家政权的自动能力，宣传训政宪政两期内的成绩，以求五权宪法和直接民权在实际运用上收完满的效果，同时对于民生主义的具体建设，必须使人民与政府协力共谋衣食住行四大需要之大规模的进行。

这三时期民众运动的方针，我们更可详细说明其内容。第一，军政时期，民众运动必须确立于集合全国人民的力量以扫除障碍之基础上，故除以革命的武力奠定新国家以外交方式废除不平等条约外，必须以政治法律的力量规定公共的度量权衡及一切法令，禁止阻碍改革的恶制度和恶风俗如厘卡陋规苛捐杂税贩卖人口等；保护民众团体组织的自由；制定训练民众团体的方法；防止高利盘剥的压迫民众及阶级斗争的行动；禁止引诱或胁迫民众团体离开党与政府的指导训练而破坏革命之进行；确定民众团体在地方的基本组织之完成，以植训政时期县自治的基础，其在基本组织未臻完善以前，非得党与政府之认可，民众团体即不得任意组织上级机关以免奸人截断民众树立民主的自治之根基而利用之以为破坏革命的工具；而尤须解除非属于革命武力系统之一切武装，使民众完全受革命的武力之保护，庶不复有共产党土豪劣绅地痞流氓挟武

---

① "协调"原为"调协"，误，校改。

装以鱼肉地方人民的危险。总括的说，军政时期的民众运动，在于确立民众团体的组织，以为三民主义的新国家之基础，协助革命武力的破坏工作，而防制任何恶势力破坏革命之展进。第二，破坏工作完成，须接着开始做建设工作。所以训政时期的民众运动，须养成民众使用直接民权的知识和能力，扶植其使用科学方法以改进各阶级民众的生产，而增加其购买力，调查地方人口及农工业的实况，赞助生产和消费合作事业，测量县市的土地，整理农田经界，以为平均地权节制资本之准备，改革地方的警察卫生及农村工厂卫生等，使民众直接享受社会生活的实际利益。故此时期民众运动的主要目的，在培植社会的基础，使民众的保和养两件大事得以由巩固而趋于发达，才能直接进于国家大建设的宪政时期。第三，宪政时期，民众在政治上和经济上的实力已有基础，国家就可进而实施三民主义的大计画，如五权宪法的颁布，和实业计画的施行等。这时候民众运动完全要以民众已经行使熟练的民权和已经树立基础的经济能力，促进国家建设各大计画之实施。凡土地生产力的增加，矿产的开发，交通的建设，水力的利用，及育幼养老济贫救灾等项大规模的公共事业，都须民众督促政府，合国家与人民之力共同进行。总合言之，此三时期民众运动，在第一期为破坏恶势力，在第二期为确立新社会的根基，在第三期为完成国家的建设。三者分言之必须步骤不乱，合言之必须精神一贯，而每一时期的进行，必须民众与政府一致，政府与民众一致，然后民众运动才不失为三民主义的运动，才能步步取得不可磨灭的成功。

我们从这三个时期的方针和内容里面，可以看得出中国民众运动，决没有适用阶级斗争理论之余地。我们首先看军政时期，其革命目的，在扫除国内障碍，换言之，即扫除帝国主义军阀和社会固有的恶制度恶习惯。这种种恶势力是全体人民不分阶级的公敌。在扫除一切恶势力，决不容人民分裂为两个对垒的阶级以自相残害，而转为帝国主义军阀所乘。要晓得阶级斗争的作用，在于把已成的资本制度的社会拆成碎片，造成大纷乱，而非集中社会的力量来革命的。我们中国的恶势力，非资本制度从社会内部长成起来的，是一方面帝国主义由外压迫过来和国内旧日封建社会没落后骚乱起来的，所以中国革命所取的方式，不是把已成的社会根本捣碎，是把已碎的社会根本改造，不是把社会的力量拆散，是把社会的力量集中。阶级斗争的社会，它的社会是反革命的，只有少数人是革命的，所以拆散社会就是革命；我们中国现在既贫且弱，生存之机日微，所以社会是革命的，只有最少数人是反革命的，所以集中社会力量，就是集中革命力量，而拆散社会力量便是反革命。因此之故，阶级革命的口号只是喊"无产阶级联合起来"，实际上无产阶级联合又只是工人的联合，而我们中国革命，就一定要喊"各阶级革命分子联合起来"，而各阶级联合具有整个社会结合在革命线上的趋向。我们不能一方面喊着"各阶级革命分子联合起来"，一方面又把社会力量捣散，更不能一方面要建设三民主义的新国家，一方面又叫农工陷入阶级斗争的空途而破坏正在建设的国家。明白了这个要义，我们可以站在三民主义的民众运动的立场，把阶级斗争的民众运动作一个较深切的批评。

四、阶级斗争的民众运动之批评

依阶级革命的理论，只有工人可以革命，因为他们受着资本阶级的压迫。既然只有工人可以革命，所以唯有工人才是革命的主力军，而农民不过只能做同盟者。从这一个原则里面，我们可以首先注意阶级革命的理论，一开始已陷在一个很狭小的立场，而其所以如此，就是因为事实上已受了制限——限于工人阶级。既然以工人为主力军，以农民为同盟者，于是民众运动就全然依此目的进行，换言之，舍工农运动外，便无运动了。在这一点上，马克思和列宁可谓大体是一致的，都认定农民是为别一个阶级的同盟者。然而精密地研究起来，马克思和列宁两人乃大不相同。马克思的理论是：大农经营是优越的，资本一到农村，其结果与城市资本一样，酿成两个对垒的阶级，一方是大地主之形成，一方是中农小农之瓦解或没落。他推测客观的事实如此，所以他对于大农主张防制，对于中农却无主张，对于小农只说是"自然会没落"。法国马克思派社会党曾有保护小农的主张，而恩格斯就说："我们对于小农既不应该说促其消灭，也不要说保护他。"可知马克思和恩格斯两人，根本上认定了中农小农是自然会没落的，而其没落就必定是农业自然集中在大地主手里的结果。要防止大地主，马克思在共产党宣言里面就提出了四个政策：（一）废止土地私有，以地租充国费；（二）以共同计画，改良开垦土地；（三）编成产业军，尤其对于农业；（四）将农业工业的经营结合起来，渐次消除都市和农村的区别。从这四个政策上，我们知道马克思的目的，乃将农产业和工产业做到同一基础上面，——工业社会主义的基础上面——而农民都变成工人，至是都会和农村的区别也消灭了。至于列宁，他所有的对象，是俄国的特殊实情。俄国贵族就是大地主，而同时工业尚未发达，没有西欧那种大资本侵入农村的现象；所以他的农业政策，乃分为三个时期：（一）在开始革命时期，主张土地农有，目的在引动农民赞助革命；（二）农民得了土地，便发生小资产阶级意识，这时候就须使农民中立，换言之，就是使农民失却与工人同盟之地位；（三）到实行新经济政策时，对中农仍使之复为工人的同盟者。这时候，苏俄就由国家给以帮助使合作发达于农村，引农民向社会主义的建设之路。

马克思和列宁不同之点在哪里呢？就上述两人的思想和政策说，彼此不同之点有三。第一，马克思所谓农民阶级同盟，和列宁所谓农民阶级同盟有别。苏俄的农民阶级与无产阶级联合在一起，对帝制和资本阶级作战，因无产阶级革命而得土地和自由，所以它是做无产阶级预备军的农民阶级。列宁所谓农民阶级同盟，就是做无产阶级的预备军。这一种农民阶级，和马克思所指的在西欧资产阶级革命之间，与资产阶级的自由主义联合在一起作战，从资产阶级而得土地，做资产阶级预备军的农民阶级，当然是大不相同。马克思所谓农民阶级同盟，就是客观事实上认定农民阶级做了资产阶级的预备军，而农业之发达，一定是大资本侵入农村，大地主之成形，和中小农阶级之没落。第二，苏俄的农业和西欧的农业，也有区别。在西欧，农业发达，是依资本主义通常的轨道，一方面是巨大的地主和资本主义的巨大地主，一方面是在贫困穷乏及所谓赁银奴隶极显著的分化种种关系之下，完成所有的农业。马克思以这种事实做背景，所以他推断农民阶级衰颓没落，全是自然而然的结果。苏俄的事情却不同，农业因苏维埃政权成立，和重要生产方法之国有化，阻止了西欧这样的发达，所以就不能不另辟途径。所谓另辟途径的方法，就是列宁的合作计画。史丹林在他去年出版的《列宁主义是什么》一书里面曾扼要的说明他的合作计画之目的："几百万中小农民的合作组织，由国家给之以有利的信用而得以支持的合作社，便发达于农村。我们的农业新途径，乃由合作社引多数农民而趋于社会主义之建设。以集合主义的原则徐徐施诸农业，即先侵到农业的贩路方面，次侵到农业的生产方面。……贩路的合作组织化，经济配给的合作组织化，以及农业的信用和生产的合作组织化，是农村幸福向上的唯一途径，从贫困零落中救出农民群众的唯一手段。"史丹林解释列宁这种合作计画，先以苏俄国营工业的社会主义的性质为前提，以表示苏俄合作社之性质不同于他国，遂谓列宁的合作制为合理，然而合作制不能到共产主义，列宁派自己也曾承认过的。这且不说，我们所应该注意的，还要看马克思和列宁的农业政策的异点。第三，将列宁的政策与马克思的比较，就晓得马克思以为西欧农民阶级自然会没落，所以他的政策，意在帮助这种没落的倾向，而消灭农村和都市的差别，而列宁则并不作如此想，所以他还极力用国家的力量，实施农业方面的合作社组织化。将这三个异点下批评，我们可以说：马克思的城市资本集中和中产阶级没落的原则，事实上已经不是如此，但还说得像；至于以这一个原则推断农村阶级对垒和中小农阶级没落，现在事实上简直说不上了，而列宁采用大规模合作组织于农业，也就是并不认定农民阶级有没落趋向的反证。然而列宁的土地农有和合作组织化的政策，一个是意在引动农民来革命，一个是意在引农民为无产阶级专政的预备军，总言之，就是以农民为工具罢了。

因为马克思和列宁的政策不同，理论上就包藏了争点。列宁死后，托罗茨基，辛诺维耶夫，加米尼夫三人因此和史丹林起了大争论。托氏一派，主张估量大农的力量，课以重税，以打消他的过剩的力量，对中农使他中立，对小农就予以帮助。史氏一派就反驳说：你们估量大农力量过大；我们对中农不只是要他中立，兼要和他同盟；对于小农，在国家力量不够的时候，不应该去挑拨他。托氏一派，当然是懂了马克思主义的精神，然而史氏一派却完全守着列宁的革命策略，并且引证列宁的三个时期的农民政策，只是引中农为同盟，对小农就无帮助。我们对于马克思派和列宁派的农民政策，可以简括的更下两批评：第一，农民为工人同盟者的策略，在打破封建土地制的俄国还比较行得通，在封建土地制没落了许久的国家，尤其在以农业生产为主的国家，就还不够，其所以不够的缘故，就是因为他只是政治上的策略，而并非纯粹为农民幸福打算的社会政策；第二，农工同盟，如果不能朝消除都市和农村区别的方向走，或事实上不能到那种地步，则所谓"中立""同盟"，简直是握政权者利用操纵的代名，于农民实际毫无半点利益和进步，这是俄国现在农民的实况，在在可以证明的。[①]

孙总理的农业政策又是怎样呢？概括地说，他的政策，理论是纯然

---

① 以下略有删节。

以农业社会主义为原则，而具体方案是完全适合于中国的实际情形；所以他主张"平均地权"，是对于城市土地预料其地价必日见增高，而以高率的税额及国家收买两个方法以截断大地主的发生，同时主张"耕者有其田"，就是对于田价必欲使其平，庶几农民易获安定的生活，而城市工人，自愿改业者，亦可退而业农：这也就可知孙总理注重农民问题的精神了。但是总理的政策，是要以国家的力量去帮助农民，而不是以国家的力量去捣乱农民。以国家力量帮助农民，则就中国实情而论，只要国民革命经过军政程序，政府保障耕者有其田，并设农民银行以便其低率之借助，而免土豪劣绅之高利贷，设合作社以便其农产品之销售，而免奸商之操纵盘剥，开发水利以便其灌溉，而免天然之灾害，资以科学知识以利其农具之改良和肥料之利用，而促进其产额之增加，如此，农民的福利也就可以增进，哪里用得着共产党捣乱的方法呢？列宁实行土地农有的政策，在原则上原亦与耕者有其田同一理想，但在策略上却全不如此，因为他目的在引动农民来革命，一方固然要打破俄国贵族的大地主。一方也要使农民来把波希维克推上政台。等到他握了政权，他就说农民得了土地，有小资产阶级意识，又把农民来挑拨拆散，使之永无反抗波希维克的力量。有人曾批评列宁，说他"土地农有"政策，实在是违反废除私有财产的原则，因为把田分给农民，就是使人各有产。列宁就说："你却不知道取得农民在政治上是若何的重要；我们失了共产主义的原理，却得了大多数的农民呀！"可知列宁式的农民运动，全然是重在政治作用，并非重在经济理论；此与布哈林的减租革命论，同是不讲经济原则的证明。这种农民政策，目的不过为共产党夺取政权的手段，全然是利己主义，也就是害农主义，与我们总理唯民主义的农民政策，相差真不知有几万里程途。

依以上的批评，我们就明了共产党和国民党民众运动的区别了。共产党的农工群众运动，显然只是为 CP 争夺政权的工具，而国民党的民众运动，在农工方面，都是要造成全国的经济组织之发展。我们总要从毫无健全社会组织的纷乱国家里，把民众引上三民主义之路，经过军政训政宪政三个程序，使民众由社会组织化，进而为政治的自治组织化，由政治的自治组织化，进而为经济的组织化，乃至使民众组织同时备具社会政治经济三种性质的基础，中国才有巩固发达的希望。总结的说来，三民主义是唯民主义，民众运动是要三民主义自民实现的；共产党没有真实为民众而谋生的主义，只有夺取政权的策略，它的民众运动是要拿民众做工具，而为它夺取政权的牺牲品的。唯民主义的革命，是革命党自己牺牲去换取革命的成功，而以利益付之民众；共产党的革命，是要引动民众去牺牲，换取革命成功的利益，是要归之共产党的。共产党的革命成功，只有党是成功，而民众是牺牲了一部分，所剩的一部分，即使大乱之余能够共一点现成的产，也是有限。国民党的革命成了功，党的损失必大，然而民众却能站起来行使自己的权能，同在三民主义下获得民族平等政治平等经济平等的利益，而其所获的利益，是创造新的，不是瓜分现有的。有人曾经批评过俄国共产主义说："现有的经济的生产，就是收到国家手里来重新分配，纵使分得平均，人民也所得无几，必须要重新造产来分配，人民才所得无穷。"所以孙总理说他的民生主义是造产的，"是要共将来，不是要共现在"其所含的真理，实不仅仅施之于中国实际情况而适合，乃放之世界而皆准的。由此一义，也就可以区别共产党的民众运动，是困在现状里面混战的，而国民党的民众运动，是引向未来新社会创造的。中国革命的民众，努力向三民主义的创造之路来啊！

三民主义的连环性[*]
（1928 年 6 月）

一、世界反革命的势力

现在的革命，无论世界的，抑或部分的，很显著地要掊击的目标是相同的。这目标，分别说，一曰军国主义，二曰寡头政治，或虚伪的和阶级的民主政治，三曰资本主义：总括说，就是帝国主义。分的为求各民族平等的生存，总的为求世界大同，都要打破这三个反革命势力或其总结晶的帝国主义，才能造起新的基础。

军国主义，寡头政治，资本主义，所以成为现今革命的三个障碍，就是因为它们互相关连的成了三位一体的罪恶。人类供这三位一体的罪恶展转相循之牺牲，已经有五百多年，而全世界三分之二的土地和人口，到现在都受着了欧洲美国和日本的帝国主义之支配。以人口和面积论，英帝国主义的成就，实居俄法葡荷比意日美诸帝国主义之冠。若单以人口为比例，英帝国主义所统制的各种属地的人口有四万万一千七百万，平均英国的男女老少，每人有黄棕黑各种的属地子民十人。若单以面积为比例，法帝国主义的各种属地共有四百一十三万六千方英里，比法国的面积多了二十倍。葡萄牙虽然在各帝国主义当中为最弱，却也有九十三万六千方英里的殖民地，较它本国的面积，多了二十二倍。比利时，在各帝国主义当中为最小，却也有属地九十三万一千方英里，而它的本国面积不过是相当于八十分之一。这些例，就可证帝国主义的势

---

* 本文出处：《胡汉民先生文集》，第 2 册，中国国民党中央委员会党史委员会，1978。署名：胡汉民。

力，靠着军国主义寡头政治资本主义三种桎梏，把人类大多数捆缚起来了。

要是追寻一个解释的根源，我们可以采用个人主义为说明这三种反革命势力的基点。因为，如果我们暂且把帝国主义的经济基础的一面保留在后面来说明，则我们这里可以说，帝国主义的内心，完全是个人主义中支配欲之扩大。所谓支配，就是把自己的欲望压倒他人的欲望，自己的权力压倒他人的权力，自己的生存压倒他人的生存。这种支配欲最易活动的处所，无过于政治社会和经济社会。在社会的公共政治生活和经济生活里面，才有支配人们的最大机会。我不是说政治和经济的生活当中，只容许人们的支配欲发展而不容许其他人性的发展。科学家政治家的创造欲，离了公众的具体生活问题，就再没有造福人类的处所，这是显而易见的事。但是最足诱惑支配欲发展的，也是政治和经济。在封建时代，支配欲的表现是贵族争雄，诸侯争霸，土地兼并，豪强侵夺。到了近代，支配欲的表现，便更充实的组织化，其裹挟一个国家或民族的力量结晶起来，便是军国主义，资本主义，官僚主义这三个东西。

第一，军国主义。它是强大的国家武力组织，其作用在于屈服本国人和外国民族，迫到它们违背自己意愿而供它的牺牲。以前十七世纪的自由主义者，以为到了资本制度全兴的时候，战争和黩武主义都自然而然会消灭。这种迷信乐观主义者的预言，却没有顾虑到机器一经应用在工业上面来了以后，一般野心的个人和国家都拿经济的力量和工具做扩大陆海空军权的主要根据。这种武力扩大的趋势，不久就成了一种支配人们的桎梏，而军国主义就成了一种变相的野蛮主义。人类本来是用武力以自保的，但是军国主义的武力是用以侵害人的；武力用得其当，就可以御暴而卫弱，可以保障权利，可以拥护公理，但是武力一到了军国主义的形式，它就不问正当不正当，都是要滥用，而一国的执政者，甚至国家本身，都变成暴力的牺牲者。这种事实，在国际文书上，也就居然公开的承认，所以民族和民族间，国家和国家间，自己要分别的说你是几等几等的"强权"；如果它们结条约，它们就自称"缔约的强国"；遇着它们联合的来压迫什么弱小民族。它们就成了"同盟的列强"。而他们彼此相对的关系，就叫做什么"列强的均势"或"国际联盟"！一个国家到了能用强大的海陆飞行军表示威武之际，它纵是从前非常微弱，现在也要尊称"大强国"！人群间的接触往来，到了不以人之所以为人的共同性做标准，乃以武力的强弱做标准，而少数国家独自称曰

"大强国",这实不啻显示国际关系间一切新旧道德之绝灭。孟德斯鸠在十八世纪中叶,也就晓得说:"现在一种新病症已经传播于欧洲;它缠扰到我们的君主,使他们成立了无限制数量的军队。这种病症自有其危险性,而且是一定会变成流行病。因为只要一国增加了它的所谓武力,他国也马上就要增加它们的。所以,没有一国得到好处,只是大家陷落在共同的绝境。个个君主都怕他的子民有灭种的危险,所以都把所有的武力设备起来,于是这种大家互相对抗的军备竞争,就叫做和平。"孟德斯鸠的话,到现在还是适用的。只看现在世界所谓几大强国,哪一个不是沉迷在军国主义之中,它们哪里不是兢兢于维持其互相扩充兵备的和平?它们为什么如此呢?自然,掠夺他民族的土地和财源,是它们军国主义的显著目的。但是同时,民族间之互相猜忌,执政者寻求名誉和虚荣之野心,不同血统的种族间之互相仇恨,乃至一般宣传文化者之欲强迫未开化民族接受其自视较高的文化,都是和军国主义有不解的因缘。总而言之,自从人有了支配欲在作祟,什么宗教问题,种族问题,经济问题,都可以利用得了做发扬军国主义的导线。所以军国主义,本身就是一个支配人的强有力的武力组织。

第二,资本主义。简单一点,资本主义可以说是个人利用财产做支配工业商业财政和政治的工具,而这种支配的范围,不独施之于国内,抑且施之于国际。在农产社会时代,财产支配力还不十分横暴。可是经过十五十六两世纪的海航进步,东印度和美洲的海洋交通既开,和机器生产制开始立下根基而后,财产遂变为权力支配的中心。什么商业、制造业、航业、财政、铁道,和大规模的组合事业,到处都以资本主义为原则。在这种种事业中,个人主义的支配欲乃大大的获得满足发展的滋养料。于这种社会当中,多少人拿着资本制度做工具,便可以支配其他多少人或阶级的生产力,而所得的结果,就成了他们自己不必下相等劳力而归他们私人享用的财产。本来,财产也是和武力一样,本身并没有什么恶处。人如果不求生存则已,要生存就须得有一部分适用的物质来养活。而且人在文明的社会里面,不但是养生的物质,就是足以供节省劳力的工具,也是不可少的。无论是谁,要做一个自由的人,应该对于天然界的财源,对于人为的需要品,对于人类智识的总体,都要有一分,才能实现他自己的创造力。总言之,要在机会平等的世界里求自由人格的生存,一分财产的使用权是非有不可的。但是像资本制度底下的财产,就不只是培养个人创造力的工具,乃是支配人们的工具,或仅仅是满足个人占领欲的工具。只要你参加到资本制度里面去，不管你是生产者也好，资本家也好，你一心一意所企求的是要为你个人一方面获利益，你的劳力既非为创造而劳力，你的生产品也就并非为人们服务而生产。若论各人共同对于生产上贡献了相当能力就取得相当的报酬，不管报酬的形式是工银也好，租金也好，利息也好，赢利也好，只要这种报酬用意在于保养全部生产事业当中劳心劳力的分子的生产力，这未始不是一种很经济的方法。然而资本制度底下的浪费和种种不劳而获掠夺，则完全是个人主义支配生产的恶果。要是生产事业实际上一天受着个人主义的支配，则支配者必一天只是为自己获利打算，决不会为人类幸福上谋最经济的生产和分配打算。只要支配者一天为自己获利打算，而不为人类最经济的生产和分配的福利打算，则为社会而生产的原则，和获利而生产的原则，便一天不能调和，而少数人假经济的力量以支配大多数人的现象，便一天不会中止。

第三，官僚主义。无论何国，官僚几成一种通常而永久的特权阶级。官僚主义，论其只讲究政权的因袭而且只求维持其特殊势力于不替的特点，它是一种传统的职业；论其本身不事直接的生产，唯谋操纵政柄而为各种特殊利益的工具，它是一种寄生的势力；论其裹挟立法司法行政各种事权，占取一个吏治上下交连的系统，而一切滥权罔法徇私包苴舞弊的勾当皆所优为，它是一种掠夺的制度。这种以官为业的制度当中的人，自有其特异的心理。他们自己没有独立的经济利益或社会利益，但是代表其他特权阶级的利益，便是他们的利益；他们自己没有治国经世的主张或理论，但是阿附人家已成的理论，尤其摽窃民心所归的现成主张，便是他们的主张；他们争选举争政权时也有政纲政策，但是他们口里所讲的和手里所做的是不一样，而心里所想的和口里所讲的更不一样；他们所着重的只有战略。也许有人说这是说到共产党了，但是讲战略的官僚政客，古今中外都老早很普遍，而共产党还不过是拾其余唾。他们的战略专以维持个人权位的升降做出发点，换言之，就是以做官为出发点。他们崇拜权威，崇拜金钱，崇拜武力，崇拜对外侵略。因此，绝对的国家主义，黩武主义，资本主义，帝国主义，都是他们的宗教。他们崇拜这些，不只是迷信，而且是利用。在罗马帝国全盛的时代，罗马的官僚阶级强逼人民要崇拜罗马帝国如上帝。罗马帝国是不可分的，是永远不可磨灭的。近代普鲁士主义之下德国官僚，尊崇德意志的帝国主义，也有同样的神气。就是现在英日各国的帝国主义崇拜者，又何尝不是一样。他们都对一般人民这样的想着：我们就是帝国主义的柱石；我们扼守自己的海关，洞开他人的门户，扩充强大的海陆空军，占住各洲的殖民地，镇压一切弱小民族的喧闹；这才是我们的伟绩和权威，你们还敢不慑①服么？如果你们要反对我们，便是反对国家的权力；你们须得向我们起敬，须得肃静，须得懵懂！

这就是古今中外官僚阶级的最高思想。在这种最高思想基点上，军国主义者和资本主义者都是同官僚阶级沆瀣一气的。他们简直是心心相照的连合在一起。除了这三种恶势力外，还有什么国家主义保守主义干涉主义保护主义等，都和它们息息相通的。自然而然地，什么法律家宗教家教育家慈善家新闻记者各种守旧的势力，都和它们做了同盟。这些守旧的势力，我们不暇再来分析，但就军国主义资本主义官僚主义三者而论，我们已分析够了。这三种主要的和其附属的各种反革命势力，其间不知有多少复杂的连环关系。现在还须明了它们的连环关系，然后可以洞澈今日国际帝国主义就是它们相互促成的集合体。

二、世界反革命势力之连环

我们已经明了军国主义资本主义和官僚主义几种主要反革命势力的共同点，是出发于个人主义的支配欲。但是且让我们再来看这些反革命势力的连环性。

官僚资本家和军阀，根本上气味相投，这是很显明的。官僚，不管他是占国会前席的政治家，或阁员，或议员，或各部行政官吏，或政党的政客，他们的政策和主张，都不是着眼于人民全体的幸福，而是着眼于巩固他们的政权。要巩固他们的政权，遂不能不引资本家的势力为后援，而政策和主张，遂亦不能不靠资本阶级的利益来决定。他们要控制本国的商场，要保护地主，商人，制造家，和财政家，要实行保护税制，以鼓励本国个人主义的生产事业；为的是必如此他们的后援势力才能日见雄厚，他们支配选举，任命官吏，为的是要选择可以沟通经济阶级的人来占取议会和地方行政机关。他们直接间接支配一国的教育机关，言论机关，所为的是要制造有利于特权阶级的思想习惯，以防止人民对于彼等发生危险的反抗，才能维持他们官僚和资本家的势力。这些

---

① "慑"，原作"蹑"，误，校改。

事实，都表明官僚主义者乃息息通脉于资本主义者，而离却资本主义者的利害感情，便没有站得住的官僚。通常欧美各国一般人攻击政府官吏阁员议员辈代表资本家的利益，而我们就常常听见此辈不肯自承，但是近代欧美政治组织，完全是建在资本主义的基础上，则不必是马克思主义者也都一致的公认。在各国殖民地政府中的官吏和属于外交系统之下的领事官商业参赞之类，尤其赤裸裸地暴露了他们是纯粹代表资本家利益的官僚阶级。所以官僚主义直接勾连于资本主义，是极显明的事实。

官僚主义直接通连于资本主义，而资本主义则直接通连于军国主义，尤其是近代历史中彰明较著的线索。资本制度未发达的时候，一个国家要实行全国皆兵的制度去向外侵略，是财力上不可能的事。但是近代资本制度发达了以后，个人主义的大生产，固然增加了一国的经济力，同时也增加了一国的战斗力。资本主义，在它的特质上，需要盛大的军备为后援，而且依赖盛大的军备为前导；要是不然，资本主义便在国内不足以防患，在国外不足以进取。固然，军国主义者本身好大喜功，自有其独立的企图，然而黩武主义发展，资本主义也就占着了利益。当德意志帝国新兴时，普鲁士的统治阶级实行军国主义，而旧的封建制底下的地主，和新的生产制底下的资本家，都竭力举剩余的财力以赞助德意志军国主义之进展，所为的是地主和资本家都需武力来保护他们在国内的利益，都需武力去向国外发展，同各国的资本主义竞争。真的，凡是资本主义者，因为都要利用军国主义者去夺取原料和开辟市场，就乐于予军国主义以物质上的供养和精神上的鼓励，这固不必德意志的地主和资本家才如此的。英法意各国的殖民竞争史，总言之，实是资本主义者利用军国主义者最得力的成就。资本主义者掠夺殖民地的方法有两种。其一，资本主义者组织私人经营殖民地之公司，如东印度公司，南阿非利加公司，东阿非利加公司等，欺骗弱小民族的君主或酋长，或以条约，或以合同，或以金钱，取得某一领土内的经济权之后，遂在其地设立殖民政府，将其主权渐渐侵蚀过来，而这种经济侵略，同时就带着一切军国主义行动的因缘进来。其二，如果用不到缔结条约或收买的地方，资本主义者就施用移植侨民的方法；等到侨居商人渐渐增多，这便稳定了武力割取的根基。英国之于印度、埃及、南非洲等地，法国之于突尼斯，安南等地，从前德国之于非洲东部及其西部等地，就是施用第一种方法的例证。英国之于加拿大、澳地利亚，和以前德国之于喀麦隆，多哥兰等地，便是施用第二种方法的例证。日本对于朝鲜南满等处，则两种方法是同时并用的。在各国殖民史的历程当中，往往资本主义首先向外发迹，而军国主义随之以进，这是资本主义直接勾连于军国主义。只要资本主义抓着了一块可以发展的土地，军国主义就很容易寻衅把它征服下来。但是在军国主义方在跃跃欲试的以前，外交家政治家们早已对于那一块土地内的人民和政府，高唱"保护外侨生命财产"，"侮辱了我们帝国的尊严"，"要教训那些野蛮民族来认识白种人的文化"，种种挑战的言论和政策，都喧嚷起来。这便是军国主义复直接勾连于官僚主义。由官僚主义又通连到资本主义，便回复到我们前面所说的官僚主义和资本主义沆瀣一气的关系，而完成我们所要分析的大连环。

三、帝国主义是反革命势力连环的结晶

这一切，都不过将官僚主义资本主义和军国主义三者的连环性作一大体的说明罢了，还不是精深地分析。但是这样一种大体的说明，正是为下面精深的分析作一点准备。前面已经说过，官僚主义资本主义和军国主义三者，总合言之，就是帝国主义。所以我们要看这三种反革命势力的连环性，最紧要的是要考察这三种势力在帝国主义的结晶上是有若何的相互关系，换言之，就是要检查帝国主义的历史根源如何，内容的性质如何。

帝国主义的历史根源，实隐伏于十五世纪欧洲各国向海外寻求殖民地的运动。在那时候，欧洲情形，经过了几百年十字军的战争而后，上层阶级已是财力竭蹶。然而内部各国专制君主，仍是自相攻伐，敛财养兵。他们养兵而外，还要穷奢极欲。同时，意大利和沿地中海等处的城市渐渐勃兴，而当时最有利的商业，就是金银香料食品等物。但是金银的原料欧洲已告缺之，而香料食品是由东方输入的。意大利处在地中海的中心，所以它就扼着欧亚交接的咽喉，而当时敲剥欧洲各国君主贵族僧侣军人平民的唯一商业民族。各国君主要免除内部的穷乏和意大利商人的剥削，于是就急望另求金银矿的新地，和直接与东亚通商的新航路。葡萄牙首先在寻求新航路一方面成了功，因为它的航海家于一千四百九十八年绕过非洲的西岸，南经现在的好望角，直抵印度，装载了香料食品等物回来。自是葡萄牙人对于这条航路的商业就专利起来，和地中海专利的意大利商人竞争；葡萄牙国①王遂密派舰队保护葡萄牙商

---

① "国"，原作"王"，误，校改。

人，在非洲沿海波斯海湾印度沿海都设起商埠，荷兰、英国、法国等处的商人，都向里斯本的葡商贩买货物。葡王每年所收入的商品税额，据说有七八十万磅，而葡国的贵族官僚商人都一天富似一天了。各国君主看到葡萄牙辟了致富之路，当然不肯让人。西班牙自一千四百九十三年就发现了美洲的金矿，终十六世纪西班牙宫庭的财富，西班牙王国的威权，在欧洲各国当占一个极重要的位置。荷兰自一千六百零二年设立东印度公司后，无新航路可辟，就把葡萄牙的非洲好望角商业权抢夺而去，从此遂垄断东方和东印度群岛的商业。英法两国，殖民地的发迹虽稍迟，然而天天总想取葡萄牙西班牙荷兰的海外利益而代之，于是加拿大东部和美洲中东两部的殖民经营，也渐渐兴起。所以我们要明白后来帝国主义所以有伸张的地盘，不能不推始于十五世纪以来航路的发迹和新领土的发现。然而没有当时各国君主的穷奢黩武，便没有十五世纪那种航海的竞争，没有这种殖民竞争，便没有相因而起的商业竞争。只要从这一段历史的因缘看起，我们就晓得帝国主义在它发源的时候，已经有贵族军人商人三种势力为推进机了。

但在当时没有取得垄断东方航路权或没有取得金银矿地的国家，要和葡萄牙西班牙荷兰诸国竞争，便不能不另求所以致富之方。譬如法国，在当时就是不能和葡荷等国竞争的，它就要另想方法，讲求自足的国民经济。十七世纪法国政治家黎塞留 Richelieu 就是主张自足的国民经济的人。他主张法国必须要自造本国所需的商品，而不必靠荷兰等国之输入。他以为要这样，法兰西才能够"吸收他国金钱"。和他怀抱同样思想的，有当时欧洲经济学家约翰底韦特 John De Witt，勒黎 Raleigh 蒙克里天 Monchretien 蔡尔德 Sir Joshua Child 诸人做代表，而其所主张的中心思想，就是"殖民地，商业，制造业，三者缺一，即不足以富国强兵。"这种思想之普遍，可以实证于英法瑞典丹麦各国之向海外寻求殖民地，扶植航业，奖励工业，发展对外贸易。在法国鲁易十四一代，著名的苛尔伯特 Colbert，尤其是以国家的力量扶植本国工商业和殖民地发展最有力之人。十七世纪这种以国家专制的权力作殖民竞争航海竞争工商业竞争的历史的潮流，在法国遂得了苛尔伯特主义 Colbertism 之称，而通常经济史上所谓商业主义 Mercantilism 者，就是指此。这种商业主义背后挟着君主专制的权力，而且还有国家的财力和军力做后盾，其结果便非纯然为挈金式的葡萄牙西班牙海外商人所能抗争。简单言之，十五世纪葡萄牙西班牙等国向外经营，其目的不在殖民，而在贩输东方及西方的货物以售诸欧洲，或取得海外的金银辇回本国。十六十七世纪的英法等国向外经营，却是君主国家比较有计画有组织的对外侵略。它们不但把本国的军力和财力去殖民海外，而且要在殖民地以内树立政治宗教军事经济的一切基础起来。英法两国拿这样的商业主义去和葡萄牙西班牙荷兰诸国竞争，所以就一步一步把它们本来捷足先得的殖民地并吞了。我们不必将各国争殖民地的经过叙述出来，然而即此足以使我们树立一个根本论点，这就是：商业主义是十六十七两世纪欧洲各国殖民的商业政策，而这种政策的发展，就成为今日帝国主义的雏形。

然而商业主义没有其他的力量培养，也不会变成今日的帝国主义。要晓得十六十七两世纪是商业主义的时代，同时也是开明专制发展的时代。当十六世纪的末叶，强国的君主政体是风行欧洲的。虽然德意志和意大利还被专制王侯割据而不能统一，但是西班牙实际上已成各国君主所倾慕的专制国家。英国詹姆士斯图亚特 James Stuart 则公然宣言王权与上帝而俱尊，而英国君主之独裁，亦以十七世纪为特甚。将近十七世纪时，法国君主权力的伸张，且渐渐变为欧洲各国的最大而最强者，这个时代的趋势也可想而知了。这些君主都是野心勃勃而好大喜功的，而其操纵外交军政的重要官僚，也往往抱着马基雅弗里 Machiavelli 的思想，务以权谋术略以与他国争雄长。当时君主与君主有争，贵族与贵族有争，而在英国则平民和君主又有争。各国君主既然都是黩武为务，军费较前更要增大，军械军饷的需要增多，而兵士也较前成为一种固定的职业，非复如十五世纪以前未经训练的游民了。除此而外，海上要增造商船和兵舰，——虽然都不如现在的精巧，——又要供给殖民地政府一切的需费。君主的耗费既然增多，所以就不能不更谋有效率的海外商业矿产之开发。因为当时君主的耗费都希望取给于商业上的税金，和海外矿产事业上所抽取的赢利。这就可见纯粹的商业主义之外，还有风行当时的君主专制；这两种势力辗转相因的关系，才结晶而成后来帝国主义的基础。

然而帝国主义，尚有待于十八世纪的机械发明，才能继续发展。以前欧洲各国虽感觉殖民地和工商业发达的必要，然没有机器的生产方法之发明和应用，帝国主义就不能大踏步的猛进。十五世纪葡萄牙西班牙荷兰等国在海外首先获得的殖民地，到十七世纪就大部分给君主专制最强盛的商业主义的国家英法等国抢夺去了；然而这些抢夺而来的殖民地还是不稳固，假使没有十八世纪机械生产方法之发明再给它一个最有力的保障。英国是首先应用汽机的国家，而它的机器生产也首先发展。产业革命首先起于英国，从历史的立场看，实非偶然，因为产业革命，不啻为英国决定了一个殖民的工业的国家领袖的地位，从此以后，英国不但能够巩固已得的殖民地，而且能够从其他殖民的国家夺取新尾间，不但能够求自己国民经济的自足，而且能压法葡荷等国的工商业，使它们不能不让英国在政治上经济上占国际最强有力的地位。当时英国差不多独得机器生产新方法之秘，其他国家都望尘莫及，所以由十八世纪末叶到十九世纪中叶，英国的纺织棉纱钢铁等业，简直没有谁能同它竞争。甚至在一千八百七十年，英国所冶的钢铁，过全世界产额之半；它所产的棉织物，也差不多占全世界产额之半；它的对外贸易，比任何竞争的工业国多两倍。直到十九世纪末叶，法美德诸国新发展的工商业，经了长期的培植，才忽然起来同英国抗衡。这时美国钢铁产额之锐进，竟占第一位，而德国的产额也把英国压在第二位。在十九世纪最后的三十年间，美国对外贸易增加四倍，德国增到两倍，而英国不过增百分之四十五。

这种新兴的资本国家加入到殖民的商业的竞争里面来，便发生重大的影响。英国的局势，从独霸的工业国的地位，现在进到同法德美诸国竞争的地位。它们彼此竞争，便引起了绝大的变动。在经济上，它们要做生产过剩的竞争，资本过剩的竞争，交通垄断的竞争，和更剧烈的市场和原料之获取的竞争；这一切竞争之剧烈，是从前英国独占工商业的时候所无的。这一个大变动的重要意义，可以拿十九世纪末叶以前英国的自由主义和十九世纪末叶以后欧洲的国家主义两相比较，就能表现出来。从一千七百七十六年起，亚丹斯密士 Adam Smith 发表他的名著《国民之富》；边沁 Bentham 发表他的《道德和立法的原理》；李嘉多 David Ricavdo 发表他的《经济及财政之原理》；这些自由主义的经济学者，都主张放任主义，反对国家干涉私人手里的经济的生产事业。这个时候，政治上有底斯累利 Disraeli，葛拉德士吞 Gladstone，哥布登 Cobden，和伯莱特 Brighi 辈主张自由贸易政策，准许各殖民地自治；这都是力反以前殖民的商业主义的政策。一千七百七十六年美国独立，实当时殖民的帝国根本变更的先导。继其后者，有一千八百一十年至一千八百二十五年的南美洲脱离西班牙独立的革命运动。这些事实，所显示的历史意义，就是当时一种反乎十七世纪商业主义的离心运动，实在深入人心。杜尔孤 Turgot 在十八世纪中叶有一名言说："殖民地如生长在树上的果实，果到熟时，蒂就落了。"一千八百三十七年加拿大发生革命后，英国对于殖民地也就一个一个的给它们以自治权。葛拉德士吞在一千八百七十年也就说："等到殖民地自己发展到相当程度，它脱离母国而独立，乃事实之所必然，不应相强也。"总括言之，十九世纪末叶以前，在英国独占了欧洲工商业的优势之下，它的自由主义或放任主义，曾经一度的紧张，而从前由商业主义传统下来的政策，如羁绊殖民地，保护税则等，差不多一扫而空。但是十九世纪末叶以后，这种自由放任的趋势忽然中止，而欧美政治的经济浪潮，又回复到一种严重的干涉主义的地步，使十九世纪末叶以后的帝国主义，直接继承了十七世纪的商业主义的传统世界，这一个事实的大关键，就完全是由于十九世纪末叶美德法诸新兴的资本国家之勃起。英国遇着这几个机器生产的新国家起来同它竞争世界殖民地和工商交通投资事业的霸权，彷佛从梦中惊醒，遂竭力以求与各国相角逐。这种竞争一起，遂把所有的自由主义放任主义一齐搁开，而其他各国也就互相准备，以求角胜。在这个时候，各资本主义的竞争，便成了国家的竞争。半世纪以前，自由主义者主张个人主义的经济事业，用不着国家来干涉，而现在则国家不但要来干涉个人主义的经济事业，并且还要用权力来扶助个人主义的经济事业之发展；半世纪以前，国家干涉个人主义的生产，大家就说是恐怕走上了帝国主义的路，而现在则各国的政治家不但不怕他们的国家走上帝国主义的路，而且唯恐其帝国主义不成功。这一种由放任主义到干涉主义自由主义到帝国主义的大转变，完全是十九世纪末叶三十①年间发生的。不过三十年的时间，前后的趋势就大不相同。这种大转变是什么东西促成的呢？是美德法各国新起参加资本生产制和殖民地发展的运动，和英国来互相争衡这个事实促成的。因为这一个事实之促成，遂使十九世纪末叶以后的世界，一方面远绍十七世纪商业主义的传统，一方面也继承十七世纪专制主义的精神；自是而后，一方面是经济的帝国主义之积渐强大，一方面是政治的帝国主义之日趋完成；前者是资本主义冲破一国的国界而垄断全世界的生产，后者是资本主义的阶级专政而防制他民族的民主运动；而二者的真髓，遂结晶成了一个风行于十九世纪以来的国家主义。我们只要看在前面所述的两种历史的趋势正在开展的时候，欧美

---

① "十"，原脱，校补。

各国的国家主义的精神也是同时开展的。假使十九世纪后半期如果有所谓时代精神，则舍国家主义外是没有第二个时代精神的。这个时候，日耳曼民族在俾士麦的赤血和黑铁政策之下统一成德意志帝国；意大利由一个自罗马末代以来分裂的民族而造成一个统一的国家；美国由南北战争的分裂统一成个完整的联邦，自此以后，中央集权的思想战胜，而哲斐生那种邦权超越国权的地方分权主义也从此失势；俄罗斯开始实行它的俄化国家政策；波兰的一千八百六十三年的独立战争，虽然失败，但是于波兰国家主义运动总得一个有力的证明。至若巴尔干各民族的革命运动，引起近东百年来种种的风云，法国经普法战争后国家主义的精神勃兴，和奥匈联邦内被统治民族的蠢动，都是国家主义同时开展的史例。国家主义，是以民族求独立自主为其本意的，而帝国主义是以白种人征服有色人种为其本意的：这两种主义在理论上固有其不能相容之点，但是自有经济的国家主义发展的事实做了十九世纪的重心，则本来求政治的独立自主的国家主义，便很容易地转为侵略他人或防制他人独立自主的帝国主义。在这一个事实的枢纽转移的时候，欧洲的经济学也起了转变。从前代表自由主义和放任主义的英法正统派经济学，如英国曼彻斯德学派等，现在就变为受一般国家主义的经济学者之掊击。代表这新兴一派的国家主义经济学的，就是德国李士特。Friederich List 他的中心思想，力訾自由主义之不当，而着重国家的永久性和整一性，从而推论国家的安全和福利，必须健全的经济政策管理私人的工商事业。个人的利益必须听命于国家的需要；所以保护政策，实为培植工商农业而使之平衡发展的必要手段。李氏这种学说，实与当日的时代精神相协调，所以他便成为欧洲大陆经济学派的创始者。与这种学说同时风行的政治现象，在劳动方面，起了劳工立法的要求；在资本家方面，有保护税制的呼吁；在社会方面，有社会改良运动的勃兴；这一切，都是见露了帝国主义猛足的进展。可是经济的和政治的帝国主义展进，军事的帝国主义也展进。在英国，有一千八百七十四年保守党的握政权，而其领袖底斯累利则明白宣布帝国主义是保守党的最大政策。英国控制苏伊（原文为彝——方勇注）士运河，管理埃及财政，维多利亚皇后兼领印度女皇的头衔，俾路支变为英国保护国，非洲德兰士哇儿被英国并吞，英俄法三国对近东的干涉行动，这都是十九世纪末叶英帝国主义政治上经济上军事上的最大成就。在法国，东方则兼并西贡交趾支那和安南，非洲则吞灭阿尔几尼亚及突尼斯。德国俾斯（原文士——方勇注）麦也同时向近东非洲远东等处发展它的帝国主义。俄罗斯为要在帝国主义的路上竞争，亦尽力从波罗的海地中海及太平洋三方面寻求海口，直接与英法日各帝国主义周旋于政治的商业的军事的斗争之场。而这些帝国主义的斗争，集总在中国一方面的，便有自八国联军攻陷北京以来的种种侵略。这一切历史的事实，总括起来说，都证明一切压迫人类恶势力皆结晶于面目狞怪的帝国主义。我们如果把上面所述这五百年来历史的行程作一个总结算，就应该晓得在这五百年间占最强盛的地位的，除帝国主义外，是没有第二种支配全人类的力量了。

根据这五百年的历史，帝国主义的性质也就很显明。简括地说，它是十五世纪的殖民运动，十七世纪的商业主义和开明专制，十八世纪机器生产方法之利用，和十九世纪的国家主义所汇合而成的。它仿佛是一条大河，在时间上每次向前流了一程，便与某时代支配人类的强有力的制度方法和势力相汇合；汇合的愈多，它这河流的泛滥力和冲进力亦愈大；到了今日，这河流的冲泛力几于湮没了全世界，而且这河水所含的污积物，亦有如海洋之水的一般咸苦；人们在它浸淫沐浴之中，几于寻不着超出苦海之路。但是帝国主义是人造的锁链，人造的锁链，终须人力来铰断的啊！

四、连环的三民主义打破连环的世界反革命势力

依以上详细的分析，我们晓得了反革命势力的造成，经过五百年的历史行程，其总结晶是帝国主义。帝国主义的核心有三个：一是军阀主义，二是官僚主义，三是资本主义。这三个核心，在十五十六两世纪发为各国的殖民竞争，在十七世纪发为专制主义和殖民的商业主义，在十八世纪发为资本的生产制，在十九世纪发为经济的和政治的国家主义。到现在二十世纪呢，固然一方是五百年来积下的帝国主义占领了全世界，然而一方在帝国主义的积恶之下也养蓄了革命的潜势力。这革命的潜势力，虽然还没有能够表现完全推翻帝国主义的力量，虽然年龄还没有帝国主义的多，但是至少也潜伏了三百多年，而全世界十五万万人当中，至少也有十二万万五千万人和这革命的潜力有份的。这种年龄尚幼而人数最多的革命潜势力，只要得着适用的革命方法做指导，一定有掀翻帝国主义的最大可能性。在这三百多年的时间，革命潜势力爆发过多少次。举其最著的，第一次是英国革命，第二次是美国革命，第三次是

法国革命，第四次是中国革命，第五次是俄国革命，第六次是德国革命，第七次是土耳其革命。在这些革命潮流涌进之中，有两个重要意义是值得注意的。英国革命，克林威尔把查理士第一杀死，距美国革命一百多年；美国革命距法国革命则不过十年；法国革命后则全欧洲的革命思潮便一天盛行一天，推而普传到东方各民族；中国革命则为东方民族最先发动的，而我们革命不到六年就有俄国革命；俄国革命是欧战所触发的，而同时革命的就有德国和土耳其，这样，历史指示我们革命的势力是进一步便快一步，愈到后来愈推进得快，这是第一个可注意之点。英国革命只杀死查理士第一，而其君主政体，至今还保存着，在革命的立场说，真是毫无成绩；美法两国的革命，虽脱离了君主立宪那种最不彻底的轨道，然而还是阶级的民主，有了阶级政治便是帝国主义的产胎；俄国革命虽然推翻君主政体打破资本阶级，比美法两国的革命确是进了一大步，但是理论上的无产阶级专政，和事实上的史丹林个人专政，最大限度也终不能逃过阶级政治的批评，何况它的共产党的帝国主义，完全没有抛弃前俄帝国主义的精神；土耳其革命，单就目前的事实说，是脱了君主专制和阶级政治的痕迹，而同时也没有帝国主义的企图，但是它的生产制度会不会逼成将来的阶级政治和帝国主义，此时还没有多少事实给我们作精确的判断；至于我们中国的革命，在推翻君主专制一点上，比美法的革命无逊色，在努力打破军阀政治而使一切阶级政治的基础都建立不稳一点上，则比美法俄三国的革命都进步，而在依据三民主义的理论和计画以求革命目的之实现一点上，则比所有已得多少革命成绩的民族，都是最进步的，最彻底的。

何以中国革命必须依据三民主义而进行，何以三民主义是革命理论中最进步最彻底的革命主义？这问题是从几方面的观察肯定下来的。第一，从前面所述五百年来世界历史的趋势看，现在是一切反革命势力集中在帝国主义之下的时代，要打破这一个陶冶一切反革命势力的帝国主义，这时代正需一个对准一切反革命势力而予以迎头痛击的三民主义为武器。第二现在帝国主义全力所注射的是中国，而我们革命力量所注射的，一定是要打破侵略中国的这一个总合的帝国主义。旁的民族起来革命，尽管可以提出破片的单纯的理论为目标，而我们中国就舍三民主义外，没有旁的革命理论可以适合于集矢于中国的一切反革命势力的环境而一齐将它击破。第三，三民主义是近代几百年来革命的总结晶；一方面帝国主义在那儿发育成长，一方面革命的各种理论和趋势就发育起来，经过孙中山先生的审思明辨和博学笃行的努力，遂成为一个完全无缺的革命主义的大系统。帝国主义在五百年前发迹，到十九世纪大告成功；近代革命在三百年前发迹，到今日二十世纪，事实上则在各国的革命都受了阻障，思想上独在中国经中山先生集了大成，树立了一个三民主义；有思想上集了大成的三民主义，近代革命潮流，其总汇归必由是引起，而在事实上一定会冲破历史的阻障，重新展开，使二十世纪在将来的历史上为三民主义革命开展的新世纪，而二十世纪的世界为三民主义的世界，这是可以大胆预断的。总括这三点来说，目前这一个时期，是三民主义和帝国主义已经开始决斗的时期。在帝国主义那一个壁垒方面，一切反革命势力，正如上面曾经论述过的，都已有连环的结合。在三民主义这一个壁垒里面，各国革命潜势力，必将为实际的需要所迫，逐渐依皈三民主义的革命理论，大家都在同一的三民主义之下连环地结合起来。但是在各国革命的潜势力连环结合之前，各国革命者必须了解三民主义的连环性，而且迟早也自然要被迫的来研究三民主义的连环性，这也是可以预先断定的。因为各国革命势力在错综的和帝国主义交锋之际，迟早必定要发见各种反革命势力错综的连环关系，而共同感觉应用我们具有连环性的三民主义之必要。所以我们为革命前途一般的发展，彻底认识三民主义的连环性是当前革命者的最大责任。

三民主义的连环性是和一切反革命势力的连环性针锋相对，大体上既已肯定，于是我们就要分析三民主义的连环性的基点是如何。

第一个部分的基点：三民主义是从民族出发的，不是从个人出发的。换言之，三民主义的革命，在于打进帝国主义的营垒，将它个人主义这一个核心革去，另换一个以民族福利为出发点的核心，从新建造革命的文化起来。我们开始已经分析过帝国主义系统底下的反革命势力，都是以个人主义为出发点。人类自卫的武力，本来不坏，以个人主义为出发点就坏了，而其极端便变成掠人的军国主义。物质的享用，凡人都是需要的，但是以个人主义为出发点，则生产分配都变成了吃人的资本主义。人不能离开社会而生存，便不能没有政治生活，但是个人主义发达，便把人的公共管理权转移到少数人的手上，结果不是个人独裁，便是阶级专制，从君主到资本阶级专制，从资本阶级专制到无产阶级专制，简直看遍了的官僚政治，总不离个人主义在骨子里作祟。这个人主义，简直是西方几千年文化的老根，要西方拔掉它的老根，另换新种子，不是容易办得到的；只是东方，自从它的文化发生以来，都是压制个人主义，偏重社会道德，才有培植文化新种子的资格。东方近几十年称赞西方，要是称赞它的物质文明，还有可说，若论它的文化基础，则它那种铁骨森然的个人主义，实我们东方素所鄙弃的。孙中山先生说，西方行霸道，东方行王道，霸道本于武力，王道本于自然，这已指明东西文化之大较。西方的武力，完全建筑在个人主义上面，所以国家是强有力的个人造成的，而一个国家里面并吞了若干弱小民族，尤其表明个人主义超越于自然力所结合的民族之上。至于东方，个人主义完全被自然力所柔化，便不能如西方个人主义那样露骨。譬如中国人只有家族主义和宗族主义，这已比个人主义进了一大步；可惜限于物质文明的不发达，这种家族主义和宗族主义未曾扩张成为国族主义或民族主义。然而中山先生就说，我们中国要恢复民族精神，比西方要容易得多；因为西方是以个人为单位，由个人放大，便是国家，则个人和国家中间便是空的，而中国是宗族为单位，个人和宗族中间是很实在的，如果用宗族为单位再联成国族，便很自然，很容易。由此可知东西文化的基础，迥然两途：西方以个人为单位，所以政治的经济的社会的制度都是掠夺的工具；我们要以东方固有的天然团体为单位，扩张起来便要以民族为单位，一切制度都要从此点出发，才不会落到西方帝国主义的文化那条路上去。我们以三民主义来打倒帝国主义，根本上就是站在民族的单位上打破个人的单位。三民主义的连环性的基点，就在起首即以民族为单位。民族主义，固然不必说是以民族为单位的，就是民权主义和民生主义，也是要以民族为单位的。如果不以民族为单位，而以个人为单位，则民族主义便变成国家主义，民权主义便变成阶级政治，民生主义便变成资本主义，这是五百年来历史所予我们的铁律。丝毫不能逃过的。许多人不认识三民主义的连环性，而且不认识这连环性的基点是民族不是个人，所以妄心盲目地诋毁三民主义是国家主义阶级政治和资本主义，我只称许这种人满脑袋装着帝国主义的思想，丝毫看不出他们有什么革命头脑的。现在这种满脑袋装着帝国主义的思想的人，还天天自命是最革命的，我只好说："革命革命，天下许多罪恶假汝之名以行啊！"

第二个部分的基点：三民主义的作用或目的，就是求生存。所以孙中山先生说：因为求生存，人类就有两件大事，第一件是保，第二件是养。保和养，是自有人类以来天天不息的。不过求生存的方法，是各个时代不同。一个时代的情形变易，求生存的方法也要变易。譬如孙中山先生所说，洪荒时代，人同兽争，所用的是气力；神权时代，人同天争，所用的部落酋长的权力；自神权时代到君权时代，都是少数个人的力量。但是我们现在的时代，个人单位必须要打破，民族单位必须代之而兴。因为现在个人的生产不成问题，成问题的是民族的生存。所以合拢第一个部分的基点和第二个部分的基点，三民主义的基点是求以民族为单位的生存，而不是求以个人为单位的团体或民族或国家的生存。这一基点是非常重要，不能随便误解的。因为以个人为单位的社会制度，和经济组织，都会生出压迫者和被压迫的两种壁垒，甚至生出一层压迫一层的无数壁垒。如果以民族为单位的社会制度和经济组织，那便没有压迫者和被压迫者的分别。现在世界上所有压迫人和被人压迫的组织和制度，经过几百年来革命的搰击，有的已经消灭，有的还是存在。然而即此就可以晓得世界进化的趋势，已向消灭压迫者和被压迫的方向前进，而这一个进化趋势的新纪元，必定是以民族生存为出发点，而不复以个人生存为出发点。三民主义，就是树立在以民族为单位的生存问题的基点上。以民族为单位，所以才讲民族主义，才讲世界民族一律平等；以民族为单位，所以才讲民权主义，中国要四万万的人民都有自己管理自己的权，同时世界各民族的人民都要有自己管理自己的权；以民族为单位，所以民生主义，不但要中国民族的生计问题圆满解决，各民族的生计问题也同时要圆满解决。革命的文化，一切都要在民族的单位上面。认定民族的单位，则革命必定要掀翻一切以个人为单位的帝国主义的思想和制度，要掀翻跨着若干民族而组成的国家，要掀翻掠夺若干民族的生活需要品的经济制度。不但如此，认定民族为单位，则革命必定要实行连环的三民主义，而实行连环的三民主义，其要义就在：（一）实行民权主义和民生主义的民族主义；（二）实行民族主义和民生主义的民权主义；（三）实行民族主义和民权主义的民生主义。

这三个连环的意思，我们可以引孙中山先生的话来说明。先生说："要解决民族问题，同时不能不解决民权问题，要解决民权问题，同时①不能不解决民生问题。"他又说："三民主义的意思，就是民有民治民享；这个民有民治民享的意思，就是国家是人民所共有，政治是人民所共管，利益是人民所共享。"又说："不能有，焉能治；不能治，焉能享。"这已扼要地说明三民主义的连环关系了。我们要晓得，中山先生是站在以民族生存为单位的立场，而统筹革命的建设计划的，所以民有

---

① "时"，原作"是"，误，校改。

民治民享当中包含了三个连环的意义：第一，从民有的立场看，民有是目的，而民治民享是手段；第二，从民治的立场看，民治是目的，而民有民享是手段；第三，从民享的立场看，民享又是目的，而民有民治是手段；而总合起来，共有共治共享都是以民族生存为基础的共有共治共享，不是以个人为基础的共有共治共享，更不是以阶级为基础的共有共治共享。

这三段意思，须得分别地说明。何以说民族主义是目的，而民权主义和民生主义是手段呢？一个民族的力量，靠着两个条件而发生的：一个是政治的力量；一个是经济的力量。政治的力量要怎样才是效能大的呢？从前君主专制的力量，比起阶级专制的力量，当然小得多，所以世界上有两种趋势：一种趋势，把政治权力集中在资产阶级手里；一种趋势，把政治权力集中在无产阶级手里。这两种趋势的拥护者，以为两种阶级政治的力量都比君主政治强得多。但是孙中山先生所主张的民权主义，政府有能，而人民有权，权能分工，就是充实民权的最经济的手段，而使民权成为民族的民权，这种民族的民权，力量就要比一切君主政治阶级政治的力量大得多了。换言之，民权必须充实全民，民权的力量才大；民权的力量大了，就是民族的力量大了。所以民权主义，在充实民族的力量上，是一个必要的手段。可是民族的力量，同时还要靠经济的力量发展。要增加经济的力量，必须要全民族人人的衣食住行各项需要满足，没有大富和大贫的区别，只有人人各依其聪明才力之不同而为社会分工的区别；人人为社会分工而服务，则这样的民族，必定是世界经济效能最大的民族。所以民生主义的效果，能够充实一个民族的经济力量，是任何科学家所当公认的。这是从民族主义一方面看，民权主义和民生主义是增加一个民族的力量的最大工具。

但是从民权主义一方面看，民族主义和民生主义又成为发展民权主义的必要工具了。为什么呢？第一层，民族思想不发达，民权思想也一定不发达。人要晓得自己民族的生存要紧，才晓得自己个人对民族有什么责任。如果没有对民族的责任心，便没有要求民权的必要性。权是因责任而生的；没有责任，权也没有存在的必要和价值。我们革命者主张人民要有权，不是要人民有权去谋个人的私利，乃是要人民有权担当对人类的责任，而起点就要担当对民族的责任。如果民权是为个人谋私利而设，则民权也老早要和君权遭人们的深恶痛绝了。所以要求民权，始意就在把对自己民族的大责任放在人民个个人的肩上，认识这个对民族的大责任，便是民族主义精神。为求能够担得起对民族的大责任，所以就不能不要民权。所以民族主义，实在是民权主义的责任之对象；要民族精神浓厚，民权精神才随之而浓厚。这是理论上的关系如此。在事实上，则近代历史中，民权运动，往往伴民族冲突而起。每一个民族脱离一个帝国主义的国家而独立，成功则民主政治是它的新国家组织的根据，不管它的民主主义在事实上的成绩如何，失败则民主思想的潜势力越一天一天的澎涨，也不管它的民主思想的真际如何。至于孙总理的三民主义，是要中国民族精神恢复到足以抵抗帝国主义的一切压迫，然后才能负得起实现民权的思想；而同时也要中国人民实行民权主义，才能完全表现出中国民族的能力；这两方面的密切关系，是互为因果，不能分离的。第二层，民权主义，要靠民生主义实现才能有实际，这也是很显明的。所谓"衣食足而后礼义兴"，固然我们讲民权不是讲礼义，但是这句话所含的道理，如果改换字面来说，"衣食住行足而后民权兴"，就不错了。以中国民族现在穷乏的情形而论，假使没有军阀，没有内乱，民权也还是不能充分发达。为什么呢？因为四万万人大多数是大穷，少数比较好的，也是小穷，大家都穷，还有能力来行使民权么？不能的。所以要民生主义实行，把中国办到家给人足，民权主义才能普遍地充实地发达。再就欧美民权的现象说，他们是实行了一点代议政治，人民不过享了一点选举权，比中山先生的民权主义，可谓差得远了。然而欧美这一点民权，还是不能普及，最大的原因就是有钱的人才能行使选举权，而没有钱的人就没有心思去行使选举权，就要把应有的一份民权放弃。可见要衣食住行足，才能希望民权充分地发展，否则就是理论是理论，实际是实际。民生主义所以与民权主义同时实行，个中道理，正是因为要靠民生主义的实行，来把民权主义的理论和实际打成一片。像欧美各国那种民权发达史，它们的民权是跟着经济发达而来的。它们的资本生产制发达，民权只是资本阶级的民权；在资本生产充分发达以前，民权便只是中产阶级的民权；在中产阶级未发达以前，民权便只是贵族僧侣骑士的民权。它们的经济发达史，是沿着一条边走的，所以跟着经济发达而来的民权史，便也一条边的民权，而不是普及全民的民权。这一种历史的意义，是很足予我们以深刻的教训，这就是：民权是随着民生发展的力量而发展的，民生制度是阶级的制度，民权便一定成了阶级的民权，民生制度是全民的制度，民权便一定会成全民的民权。中山先生的主义，就是要四万万人的民族，其中个个要衣食住行满足，个个要行使选举权创制权复决权罢免权这四个直接民权，所以民生主义和民权主义要同时并行。总合前后两层意思，就是我们从民权主义的立场说，民族主义有提高民权主义所含的责任心的作用，民生主义有充实民权主义所含的可能性的作用；三民主义的连环作用，这是很显明的了。

再从民生主义一方面看，民族主义和民权主义又成了发展民生主义的必要手段。在今日世界经济生活复杂的时代，要计画一个民族的生计政策，发展一个民族的天然富源，扶植一个民族的农工商业而管理保障之，并非可以同其他民族断绝关系就能够做得到的。就世界的范围说，帝国主义的铁爪伸入五大洲，海陆空交通线突破了一切人为的和天然的藩篱，资本流通尤其是无孔不入，而生产品消畅的市场，简直是星罗棋布的遍于全世界，我们中国怎样能够锁闭国门来讲民生主义？就中国自己说，我们沿海腹地的险要门户，被帝国主义者洞开了；我们的矿产铁道，被帝国主义者抓住了；我们的海关被帝国主义者扼着了；另外还有许多不平等条约，把中国束缚起来，要我们单纯地讲民生主义，怎么行呢？由前之说，中国是不能在国际上孤立而可以行民生主义的；由后之说，中国是不能在国境以内单纯地行民生主义的。合而言之，中国非民族主义民权主义与民生主义同时并行不可。孙中山先生在民族主义讲演里，已经说我们中国民族所受的祸害，一是受政治力的压迫，二是受经济力的压迫，三是受列强人口的压迫。这三种压迫，其所以压迫的是政治问题范围内事，和经济问题范围内事，而受压迫的，却同时又是民族问题范围内事。我们要解除这些压迫，要靠民族主义来抵制外力，要靠民权主义来组织内部，然后才能靠民生主义来发展自己经济的力量。所以民族主义民权主义和民生主义，从这样看法，仿佛是三条战垒：民族主义所以固外防，民权主义所以固堂奥，民生主义所以固后方，撤了一垒，其他二垒都受牵动。我们要民生主义中的实业计画实行出来，先就要撤消扼着中国交通要塞的租借地，废除各种不平等条约，这是民族主义的事；次要实施县自治计画，使人民皆受四权使用的训练，这是民权主义的事；这两种事业办到相当的程度，然后土地的岁收，地价的增益，公地的生产，山林川泽的利益，才能有成绩，这就归到了民生主义的范围。就这种种关系看来，民生主义，一定要三民主义者来实行；因为我们是不能抛却民族主义和民权主义而能够希望民生主义的成功的。抛却民族主义的民生主义，甚至假定它能够成功，也是外国人来替中国发展经济的力量，这就叫做受帝国主义的经济侵略。抛却民权主义的民生主义，又假定它能够实行，也是君主，贵族军阀，官僚，资产阶级，无产阶级这一类少数人来掠夺国家的经济利益，这就叫做受特殊阶级的掠夺。所以民生主义，换任何一种不要民族主义或不要民权主义的人来讲，他不是要变成帝国主义者的走狗，便是要变成特殊阶级的家奴，二者必居其一。

　　总括地说，三民主义的连环性，其特点是：民族主义需要民权主义和民生主义来充实它的力量，成为一种对世界担负责任的民族；民权主义需要民族主义来牵系它的责任心，同时需要民生主义来推进它的实在性；民生主义需要民族主义来冲破它的前途的障碍，同时亦需要民权主义来保障它的敏活的实施。综括三民主义连环相通的关系，我可以引述刘芦隐先生前几年的话来说："三民主义，仿佛是一个三棱角的水晶体，一面是民族主义，一面是民权主义，一面是民生主义，而三面都是同一个基础，这一个基础就是救国主义。"他又说："我们更要晓得三棱角的水晶体，是面面通明的，由任何一面都可以看透到其他二面；尤其要晓得，由任何一面看时或由三面一齐看时，都不可忽略三面同体的底边是一个亮晶晶的救国主义。"这两段话很简明的说出三民主义所具的三面一体和三面相通的连环性。但是我要替他补充的，就是：这三棱角水晶体的顶点，是贯着世界进化的定律，而其底边，小而言之，是救国主义，大而言之，实是大同主义。又顶点直贯到底的中心，是生存的要求；沿着生存的要求这一个中心的，便是人的努力，而其努力的阶级，起点是博爱，过程是救国，终点是世界大同。我们要晓得三民主义的连环性，其总作用正是引导人们沿着进化定律而努力，由博爱起，经过国家的阶段，而终底于世界大同。这一个根本论点，我们就在下文来说明，同时亦可以把三民主义的连环性，阐明其较精深的含义和内容。

五、世界主义是民族主义的理想、
民族主义是世界主义的实行

　　孙中山先生说："民族主义，即世界人类各族平等，一种族绝不能为他种族所压制；民权主义，即人人平等，绝不能以少数人压制多数人；民生主义，即贫富均等，不能以富者压制贫者。"这话是孙先生用世界的立场来说明他的三民主义的最高概念的。换言之，孙先生这话，便不仅仅是以中国一个民族为实行三民主义的对象，而且是以全世界各民族为实行三民主义的对象。我们引申孙先生的思想的含义，就是：由一个民族做到共有共治共享的境界，到世界各民族做到共有共治共享的境界，由世界各民族做到共有共治共享的境界，到世界人类共有共治共享的境界。世界人类共有，这就是世界主义的极则；世界人类共治，这就是无政府主义的极则；世界人类共享，这就是共产主义的极则。何以孙先生的三民主义能够做到这种境界呢？我们的答案是，因为：（一）世界主义是民族主义的理想，民族主义是世界主义的实行；（二）无政府主义是民权主义的理想，民权主义是无政府主义的实行；（三）共产主义是民生主义的理想，民生主义是共产主义的实行。这三个答案也须分别的阐明，而本节且先从第一答案着手。

世界主义，在古代即为人类所有的理想。就古代的理想所经过的史迹，大概可分为下列几个时期。第一为宗教的世界主义，古代波斯印度希腊埃及的宗教，都含有世界主义的理想。第二为哲学的世界主义，自希腊斯多噶派 Stoics 和柏拉图 Plato 到中世纪汤麦士 Thomas of Aquinas 和但底 Dante 一辈，都是代表哲学的世界主义。他们一方面带着宗教的彩色，而一方面又受着政治制度的影响，所以他们的世界主义仍是空想，无足称述。第三为近代的世界主义，其间派别就不遑枚举，概括地可分为法学派，经济学派，唯心派，和唯实派。法学派的世界主义，实在不是世界主义，因为他们目的只在于研究国际间平时和战时的交际成规，而与世界将来的政治组织，关系非常微小，所以我们可以完全把它撇开。经济学派着眼在近代世界经济的实在现象。近代世界经济现象，头一件可注意的是输运的发达。现在输运的工具，铁道，公路，轮船，飞机等，把从前人迹不到之区，都开发起来，而旅行和贸易的速度，比一百五十年前快过十倍，结果就是：生产品不限于销售一个区域，而可以销售全世界；资本不限于流通一国，而可以流通到任何有利可以吸收的国家；劳工也变成非常流动的，可以到任何国境寻工作；财政商业，都不是地方的，而是世界的。其次可注意的是交通的进步。从前几个月才能交通的地方，现在有电报、邮政、电话、无线电等，只要几个钟头就可达。因此，一个地方政治的消息，财政的变化，智识上的新思想，和科学上的新发明，瞬息可以传遍全世界。这些事实的结果，便引起经济学派的世界主义：贸易是世界的，买和卖是以赢利为基础，不以国家主义为基础；金钱是不管国界的，甚至可以说是不爱国的，因为金钱之眼，只看着厚利走，不看着国界走；智识是人创造的，不是国家创造的，甚至你说它是国家创造的，但它却不是国家享用；科学是自然现象的定律，但自然现象又非国家所可得而私，乃到处一样地供人们考察的。这一派的最终结论，总是根本上希望生产最发达的若干国家或民族，结合起来成一个世界的联邦，从而统治了全世界。这一种世界主义，实质上不啻是世界帝国主义，而其短处也就用不着过细的批评。要是以学理的眼光批评它，那就两句话就够了，这就是：此派只看见现代经济的复杂生活现象普遍于全世界，却不了解这种普遍于世界的经济复杂现象是世界帝国主义而不是世界主义。它的根本错误，在于只看到世界的表面仿佛一切都准备好了给世界主义登台，却不看见世界的里面是个人资本主义搭起来的台柱！

唯心派的世界主义者，又称为演绎派的世界主义者。这一派的学者和实行家很多，我们不必细举，其根本的出发点，总认定世界人类无国界无种界无战争为一种无上目的，而在这一个大前提上面，各从其所能的方面，努力以企其理想的实现。远的不必说，近世如卢梭，孟德斯鸠，边沁，康德，都发表过对于世界主义的意见。卢梭的根本意思，以为国家组织是不得已的事，并非合理的事，最好是能够不要人为的社会，而返于自然的世界。因为人和人是天生相友爱的，只因有了人为的制度习惯，人同人就不能相处了。但是他对于国际公共法庭的制度，又认为是各民族平等结合不可少的基础。孟德斯鸠主张世界的联邦，而以君主统御之；然而这都不能供我们以世界主义的真实光明。边沁比较具体一点，他主张废除帝国主义，实行自由贸易，要各民族组织世界会议，限制兵备，颁布国际法等；然而他这种论调，究竟是限于当时情形的说法，没有多大价值。康德在《永久和平》一文里，赞同世界联邦组织，减少兵备，而并不否认国家的存在。他以为世界上每一国家必须建立民主的政府；人类共守的法律，必须由全世界的自由民主共立一联合机关做后盾；各自由民主国的人民，要有世界民的资格，人人可以自由往来于全世界，但不得在外国享受土地所有权。康德这一个思想，他以为是直接可以防制帝国主义之勃兴的。他以为人的天性，既能爱，亦能恨；所以人在社会中，一方有社会性，同时亦有反社会性；这两个倾向互相磨①砺，便可致人类于大同之境，而他所怀想的世界组织，便是适合于人类的矛盾性，因矛盾性的互相磨砺，使他们朝大同的方向进展。但是这些

①　"磨"，原作"摩"，误，校改。

唯心派对于世界主义的概念，大体上都可以说并无系统的理想，所以值不得什么批评。可是近代国际间政治的经济的冲突愈多，世界主义的思想愈加激增，除了宗教家政治家科学家劳动家资本家都各有其怀想的世界主义而表现于种种国际团体和活动外，值得我们注意的，就是唯实派或归纳派的世界主义者。

唯实派的世界主义者指摘国家主义的弊害，不遗余力。他们分析国家主义者所有的原则和辩辞，都是含糊的，笼统的，而且往往和实际不相干的。所谓"国家的尊严"，"国家的光荣的传统"，"维持列强的均势"，"人性不移"，"强者生存"，"在太阳中争地位"，"战争是一切的基本"，"白种人的责任"，"黄祸"，"黑祸"一类的思想，都是感情作用的滥调。人们对于这些似是而非的理论，只是当作真理去接受，丝毫不肯怀疑。国家最高主权论及其演绎出来的理论，结果只能导人类于战争，所以非严格地限制它不可。限制国家的根本理由是：国家阻碍人群的进步；人类应该有其共同利益所藉以保障的国际法，而少数国家就抢夺国际法的假面具，作压迫人类残害人类的行为；国家唯一的基础是武力，然武力是不可靠的，所以国家也是不稳固的，因为武力最强的，终敌不过二个以上较弱的国家联合起来的武力，假使武力可以奠国家永远的基础，斯巴达何以灭亡，罗马何以灭亡，拿破仑何以灭亡，最近威廉二世何以倒塌，国家主义现在与人类生活的实际不相适合：在经济生活和文化生活方面，人已经是世界的公民；只有政治生活还是国家性的，其原因就是由于国家是藉法律的概念来护持的，法律概念落后，而人类实际生活还是向前，所以国家还是包办了人群的政治生活，把人群阻止着而不得前进。国家主义者以为人性是不可改变的；战争是人类的天性，所以须得军国主义来发展勇的本能和自卫的本能。世界主义者就说：人性是可以改变的，否则古代原人的野蛮，何以今人不同他一样？如果勇是人的本能，自卫是本能，黩武主义何必怕它在和平世界衰歇下去，难道你又承认人性是可改的么？国家主义者以为战争是不可避免的，除非到人都变成安琪儿的时代；但是人性既不能改，战争是不可避免的。世界主义者说：死也是不可避免的，如果你服了毒药；但是服毒药是可避免的。同样地，战争不是人性的结果，是国家的制度存在而强迫人性向那一方面去工作的结果，换言之，是朝着相互仇视的国家制度，而这种国家制度是暂时强定的，是过渡的，不是永久适当的，更不是不可避免的。如果国家斗争的观念，为民族互助的观念所替代，战争便不需要，和平便是需要，只是一转移间的事，而人性丝毫不必有什么变动。美洲十三州的殖民地，本来是互相冲突的，但是合众国造起来之后，和平就在新的环境当中实现出来，而并没有经过人性改造的必要。许多不同血统不同言语不同宗教的民族合在一起是可能的；强定国家的疆域，叫它断绝交通是不可能的；商业和财政纯是世界性的；对外投资，得利的是少数资本家而不是资本家同国的一般人民，然而在国家制度底下，一般人民却被迫得要做投资者的后盾，甚至替他牺牲；这就足以使一般人怀疑国家主义的实在价值。像此类的理论，归纳派的世界主义者是滔滔不竭的，我们也引述不尽。他们比以前各派世界主义者都优长的地方，在于不是呆笨的认定世界主义为一种最高目的，但只认定它是自然的，合理的，而且是人类其他种种目的和活动的，必然结果。他们的理论，多批评，少建设，长处在前者，短处在后者。因此，我们可以说他们只见到世界主义的可能，而不能计画其必能。除了此一派而外，还有无政府主义的和社会主义的世界主义者，让我们留待后面来批评。

我们总核以上各派的世界主义者，晓得他们有几个共同点：第一，掊击战争；第二，反抗现在的国家组织；第三，除正统的经济学派的世界主义外，大多数掊击资本制度。而这三点，都是反对帝国主义，反对我们前面所分析各种含义的帝国主义。这是世界主义者对现在的批评。在理想的未来建设方面，他们抽象的概念，也有几点可以肯定的：第一个总概念是希望无种界无国界无战争无阶级冲突的世界之实现，第二个概念是各部分的民族都有民主自治的组织，第三个概念是各民族的民主自治之上，一种世界的政治总组织终于非有不可，无论这种组织的方式如何。我们把这种积极的概念和消极的批评总括起来说，世界主义的理想是和三民主义的理想相同的；所不同的，就是世界主义只有理想，而其实行的方法，可谓毫无系统，若三民主义，则由民权主义和民生主义同时并行的民族主义，就是实现世界主义的有系统有计画的方法。中山先生说："我们受屈的民族必先要把我们民族自由平等的地位恢复起来之后，才配得来讲世界主义。"因为"世界主义是从民族主义发生出来的"，"我们要发达世界主义，先要以民族主义巩固才行，如果民族主义不能巩固，世界主义也就不能发达，……如果丢弃民族主义，去讲世界主义，……那便是根本推翻"。这段话，就把实行世界主义的方法扼要说明出来了。因为世界主义如果不从民族主义做去，则世界主义终归是理想，而不能实行；要实行，就要了解世界主义是从民族主义发生出来的根源，而从根源上着手去实行，才能达到世界主义的理想，所谓从实行民族主义着手，就是要先把民族自由平等的地位恢复。要把自由平等的地位恢复，便须内部人民实行民权主义和民生主义，民族才是自由，才能同其他民族平等。如果不行民权主义和民生主义的民族，这种民族便是受屈的民族，所以孙先生才说："受屈的民族"，"是不配讲世界主义的"。换言之，要做到了个个民族不是受屈的民族，世界主义才能真实地实现。所谓个个民族不受屈辱，即世界各民族的平等，亦即实行人民有四权而政府有五权的民权主义之全世界各民族的平等，亦即实行满足人民衣食住行四大需要的民生主义之全世界民族的平等。这样做到全世界各民族平等的方法，就是实现世界主义的方法。

六、无政府主义是民权主义的理想、
　　民权主义是无政府主义的实行

中山先生说："民权主义，即人人平等"；又说："民权主义，就是政治为人民所共管。"把先生的意思扼要地说，就是要一个民族以内人人在政治上的地位平等，推而至于全世界以内人人在政治上的地位平等。所以民权主义的起点，是以民族为对象，而其最后目的，是以全人类为对象。无政府主义，是以全人类为对象的无治主义，所以它的目的，和中山先生的民权主义是相同的。

无政府主义中，有个人的无政府主义和共产的无政府主义两派：英国维廉·哥德温 William Godwin，法国蒲鲁东 Pierre Joseph Proudhon，美国波士顿无政府主义者和德国喜密次 Caspar Schmidt 等属于前者；巴枯宁 Michol Bakunin 和克鲁泡金 kropotkin 属于后者。我们且先将两派的思想引述一下。

哥德温以为我们个人的无上上道是全体的幸福，以什么为全体的幸福的标准呢？"由幸福的本质而定，即由心的本质而定。"因此，"幸福是不变的，与人类尚为人类的期间，同其继续性"。他以为人类除了极少数人，因天授的弱点和愚昧，不能作理性的生活外，最大多数人能自处其最善的幸福生活。所以他说："每一个人，都应该是聪明到能够自治的，而不需任何强制的约束和干涉；因为政府，甚至是最优良的，也是一种坏东西，所以我们就应该极力减少对于它的需要，直到维持社会和平的可能限度为止。"在我们个人一方面，"义务是行为的方式，而为全体的利益，规定个人能力之最善的适用"。在社会一方面，哥德温否认法律，否认国家；但在现有社会里，因为少数的愚昧和弱点还存在，以小社会组织之连合，防制罪犯，并抵御外侮，是必要的。但是政府的机关，到了以理服人而不以力制人的时候，也可以消灭。

　　哥德温的出发点是个人的幸福，和边沁的思想的出发点，同带英国政治理想的彩色，这是很显明的。蒲鲁东则和卢梭有相同的一点，以为人是天然平等的，人的权利就寓于天然的平等之中。但是他认定每人的权利，只有各人自享其劳力的结果，平等的实际就在此，舍此而外，人就没有其他所谓权利的，这就与卢梭分道而驰了。他由这一个根本思想所生的推论，就是工银劳动者甚至在已得工资之后，对于生产品，是还有一种自然的财产权存在的。所以地主和资本家于生产品是没有份的，有了份便是掠夺，因此，他所下的定义，就是"财产即劫掠"。他把人的一切活动纳在产业当中，所以无政府制度，是将政治的职务吸收于产业的职务之中，社会的秩序，顺着单纯职务之实施，而自然保持。到了这时期，各人可以说："我是我的主权者。"他阐发哥德温的理论，而分析的力量和辩论的才具，为哥德温之所不及。人是天然的有社会性的，这和亚理斯多德所说的意思相同。社会性于何表现呢？于三种程度表现的：第一，人与人的同情心；第二，人与人之间人格平等的互相承认；第三，人同人之间的待遇性，起于各人聪明才力之不同，而其表现，则聪明才力较优者能以慈悲待人，而以牺牲待己，聪明才力较小者能以恩谊敬意相报。三种不同程度的社会性，于合理的社会生活是极需要的。但各人的人格平等，被财产制度所毁，而政府的基础，即建筑在财产制度之上。所以蒲鲁东反对财产制，尤反对政府制度，最反对的是君主专制主义。他分别无政府主义与民主的政治和共产的政治，他说："共产主义，是以总体统治总体；民主主义，是以各人统治总体；无政府主义，是各人统治各人。"依他的批评，自从财产制度发生，人就不能不向平等里面找寻人格；自从政府制度发生，社会就不能不向无政府主义里面找寻秩序。因此，他就愤激地说："安那其——就是各人头上不戴什么主人，不戴什么统治者——这是我们一天快似一天要眼见实的政府的体制，只是人们头上惯于奉戴一个人做了主人，把他一人的意志奉为法律，便反而把安那其当作骚乱的代名，登峰造极的混沌。"不是的，无政府是唯一真正的自治政体。在无政府的社会里面，人只要循着科学的实在真理为社会生活的指南针，而并不须遵从任何统治者的意志。人民处置其公共问题，应该像社员处理其社务，而一切都取决于科学和统计。所谓政府，不过产业管理的选员。所以产业的管理权，应该在共同劳动于其产业全员的手中。无政府主义之特殊目的，可以说是以人民直接统治，替代了专制政治和代议政治。这样的组织，其共同生活，自然非分立为小团体不可。但是从其小团体的意思，而为团体间的同盟，也是自然的结果。所以蒲鲁东的结论是：唯一公道而真实的社会组织，是自由集合，自由——其唯一目的在保持生产的工具平等和交易的价值均等。政治是研究自由的科学。最完善的社会，是秩序和无政府并存的社会。

个人主义的无政府理想，蒲鲁东尚非极端派的代表。代表极端个人主义的要算德国喜密次。他著有《唯一者与其所有》Der Einzige und Sein Eigentum，发表他的极端个人主义的无政府主义，他说："人类不带有什么使命，没有固定的事业和职业，恰如动植物不带有什么神命一样。人类没有使命，但只有力。力是于其所存在，表现自己。"蒲鲁东的个人主义，尚容许真理，权利，自由，人道等等存在，喜密次的个人主义就连这一切都排除了。只看他更进一步的说："没有存立于我的面前使我服从的真理，以及权利，自由，人道。""若果因人类是人，有非奉献其生命与力的一个真理存在，那么，人类便是服从一种规则，支配，法律的奴役。"因为"你如果信真理，你便是不信自己，你是一种奴隶，奉教者。只有你是真理，不，你还在真理以上，真理在你之前受裁判的"。他以为人类是只为自己的幸福而建设社会的生活，对于各人无上至道，是各自的幸福。他说："我爱人，不止爱个人，而且爱各人。但是我爱他们，是以利己主义 Egoism 的意识去爱。我爱他们，是我于成为幸福的缘故。"他的主张走到这样极端，真可以说得是个人主义的无政府主义的极端个人主义者；不但如此，他差不多要并中国的杨朱庄周为一谈！

但是他究竟还要肯定社会的生活，不问他的出发点如何。拿他比较巴枯宁等的共产无政府主义，则他是标揭利己主义的意识的，而巴枯宁和克鲁泡金，于肯定社会生活外，还进一步主张自由互助的社会。在这一个基点上，巴枯宁等不但自别于喜密次，而且自别于一般个人主义的无政府主义者。一八六八年巴枯宁在瑞士创立"国际社会民主同盟"，其党纲大略是：（一）我同盟宣言自己是无神论者，希望废止一切宗教，希望信仰由科学而消灭，神之正义由人之正义而消灭；（二）希望废止政略的，宗教的，法律的，以及资产阶级的一切制度之结婚；（三）我同盟在万般事物上，彻头彻尾废止阶级，同时各个人无论男女皆得政治的经济的社会的平等；（四）要求禁止遗产相续制，而将来各人对于其劳动之结果，同等享有各个人的利益；（五）要求土地，劳动所用的机械，其他一切的资本，都成为全社会的共有，只是劳动者，即耕作的和制作的团体，始得使用之。巴枯宁对于具体的主张，除此而外，几不多见；其原因就是他的实际活动，多于文字的宣传，而且实际活动的结果，牢狱生活多于自由的生活。幸而他的思想，给他著名的门徒克鲁泡金阐发得较详尽。他们俩的中心理想是自由互助的社会，而克鲁泡金尤其努力提倡互助。巴枯宁认定团体不应靠社会或政治的强制，而要自由任意的集合，克鲁泡金就本着这一个理想，而设法从互助的实行上求其实现的方法。在他所著《农场，工厂，和制作所》及《面包之掠夺》，克鲁泡金努力证明的，就是如何可以使各人做最快乐的工作而全体获得最适意的生活需要品。他说："革命不只是政治组织的破坏，而是包含人类知识之觉醒，发明的精神之激进的；要放射新科学的新曙光；与其说制度的革命，毋宁说人心的革命。"所以他认为如果生产能够更科学一点，各人只须做时间比较短少的适意劳动，就足够全社会的人口得着安适的自给生活。如果文化和进步要与平等共存，那么，平等就不应该包容各人每日为区区一点生活需要品而作长时间的苦工。人类没有闲空从科学和美学中求进步，则科学和美学都要绝灭，而一切进步都不可能。所以克鲁泡金以为只要人的生产力的量和质，得着科学的新方法帮助，必能大大的增加；只要各人的生产力的量和质增加，则无政府主义便不致视为乌托邦了。对于工银制，克鲁泡金主张根本废除，而其理由就和许多共产主义者有别。因为他们以为各人的劳动，应该基于团体实际的需要，而得报酬，才是合理。克鲁泡金就更进一步说：无政府的社会，是没有劳动之必要和责任的，而全社会各人都平均享有一般事物。没有作工的责任，没有报酬，但是工作却人人愿做，因为克鲁泡金所见的无政府的社会当中，实际上人人都宁肯劳动而不肯旷闲的，为的是那时候的劳动，既非过分的，又非奴役的，且亦非如工业主义所产生的过分专门化的职业之限于一种特殊的工作，但各人不过每日作几小时劳动的活动，舒展舒展各人的自然创造冲动罢了。这种劳动，是快适的，各人几乎不觉着是劳动。没有丝毫的强制性，没有法律，没有政府使用任何强制力。一切社会的行动，皆基于人人普遍的同志，而非基于多数人的强迫，不，连最小数受强迫的人也没有。由此种见地，克鲁泡金不赞同马克斯派的权力集中主义和集产主义，是无足怪的。但是他比马克斯派物质幸福主义，还进一步为经济的平等，他说："我和劳动者及其同情者亲密交际之时，便看见他们尊重其个人利益，不如尊重其人格的自由之更真切。去今十五年前，他们为交换其物质的利益，想卖自己的人格自由于统治者，——不问统治者是什么，便是帝王，也是想卖，——现在可没有这样事了。""人格自由"是马克斯派著述中不容易遇见的，有时还要拼命的反对。

社会主义者，和无政府主义者几于水火不相容，这是许多人都晓得的。他们非难无政府主义，大抵不外两点：（一）以之为个人主义；（二）以为是空想。其实除喜密次一派极端个人主义特别揭橥利己的意识之外，如巴枯宁、克鲁泡金，何尝否认社会？他们所主张的自由互助的社会，这理想是无论如何看法，不能说它有恶意。本来从人类之自治的生活方面看，人是以个人而独立地存在的；而从协同的方面看，则人不能以个人而独立生存。从自治独立的方面说，有个人主义，则其短处在于以破片而梦想全体；从相互协助的方面说，有社会主义，则生出只知有社会不知有个人，和既知有社会亦知有个人的两条理路。如克鲁泡金一派，与其说它是"共产的无政府主义"，无宁说它是"社会主义的无政府主义"或"无政府的社会主义"。所以拿个人主义一点来抹尽无政府主义，实在过于简单。

社会主义者如英国的哈因德曼、德国的李布克内西，都以无政府主义为狂暴的个人主义，极端的和它反对，但是列宁一派自命为马克斯的正统派的，却不如是。列宁的《国家和革命》，举马克斯主义与无政府主义的差别，大要有三点。其一，两者虽同一期待国家和政治权力的废止，惟马克斯主义主张以社会革命最后的结果而国家死亡，无政府主义则立刻要求其废止。其二，马克斯主义于破坏了资产阶级的国家之后，还代以无产阶级的机关，无政府主义只要破坏国家，不言以何者为代。其三，无政府主义否认马克斯派于所谓过渡期间的利用现在国家权力为无产阶级准备革命以及革命的独裁。简括地说，两派的争点，并非理想的差异，而是方法的差异。马克斯主义不欲陷于无政府的空想，所以不赞同其主张。但是两派方法上的差异，所引起的剧烈争辩，完全是主张强权与否的问题。恩格斯称蒲鲁东一派为排权主义者，说他们反对任何一种威权，任何一种秩序，所以他驳诘他们说："试看工厂，铁路，轮船，就应该明白，凡是以使用机械及多数人之规律的共同作业为基础的复杂事务，非有种种权威和势力，便不能运用适宜。如我举出这种证据，则排权主义者只能这样作答：'不错，这里不是为的威权，我们给予我们的代表，乃是给予他以一种使命。'这种人以为名义既变，事实也就不同。""如果将来社会的组织，仅仅是产业条件不可避的限制以内，许有权威，那么他们可以谅解。但是他们关于这一切必要权威的事实，总没有看见。他们只对于威权一个名词，做梦也是反对。"恩格斯挟着阶级意识又说："排权主义的先生们曾见过革命的事吗？革命，无疑地是最要威权的。革命，是人民的一部，用着枪炮，即用着最有威权的手段，强制别一部人民意志的行动。得胜的一部，须掌握政权，予反对者以恐怖，剥夺其权利。假使巴黎公社不是靠着武装的民众，恐怕立刻维持不住。我们不是还把不能充分使用这种权威，去非难巴黎公社的么？排权主义者如果不懂这些，就只有陷于混乱；懂了还要辩，那末便反叛了革命的阶级，总之，在这两种情况之下，他们总替反动的利益努力而已。"这是列宁一派人所认为攻击无政府主义最适惬的理论，不是其他社会民主党所能拿得出。列宁说："社会民主党向来对无政府主义者的批难，只是说：'我们真要国家，无政府主义者不然。'这自然使有革命思想的劳动者闻而憎厌。"但是我们稍微勘察一下，恩格斯究竟是一面之词。他说无政府主义"反对任何一种秩序"，已说得过分。就是个人主义的无政府主义派的蒲鲁东，尚且说过"无政府主义与秩序并存"，何况主张无政府的社会主义的克鲁泡金呢？至于将工厂，铁路，轮船的管理事权，比例一切权威，真是"方寸之木可使高于岑楼"！马克斯和恩格斯的辩证唯物论，最欢迎科学家"由量变质"的名理，如上所述恩格斯的权力论，把蒲鲁东一派的"使命不是威权"只当作是名义上的变换，直是把质和量一概抹煞，而不必用着分析比较。他说无政府主义者做梦也记得反对威权，难道他自己却是做梦也记得主张威权吗？

第一国际劳动协会分裂的原因，就是关于将来社会的政治组织问题的意见不合，其问题是革命之后，应该维持绝对的中央政权呢，抑应该废止呢？在马克斯指导下的中央统一的社会民主主义者，主张以综合的财产与劳动生产组织而成立的社会主义时代，没有万能的中央政权，就到底不能建设维持。权力的主体，任用何种名称，在所不问，但是必须要有最后处分万般事件的权能。以巴枯宁为领袖的无政府主义者就说：这样的组织，乃是重演古代专制制度与奴隶制度，而更加以一种极端的形体。巴枯宁派，根本上固是主张团体自由任意的集合的，当然不赞同马克斯派的权力主张。马克斯派又说：这是维持自由竞争，而使之更加剧烈，因而陷此世界于最恶的纷乱中。所以巴枯宁派常诟厉马克斯派为国家主义者，为羡权的市侩，而马克斯派则说蒲鲁东是小商人，又说无政府主义是小资产阶级的意识。

我们且不必管这两派的互相诟厉，可是因马克斯派的批评无政府主义，我们也就可以拿三民主义和它比较，虽然详细的讨论只能留在后面来说。巴枯宁和克鲁泡金根本上着重平等的原则，以为自由是要从平等上求的，所谓"人不能不向平等里面找寻人格的自由"，这话完全和孙中山先生"如果不得平等便无从实现自由"的思想相同。蒲鲁东对于社会性的分析，三民主义也都承认。我们如果把克鲁泡金所描绘无政府社会中的人生，认识其个个各愿依其创造的冲动和能力而劳动的境界，再看中山先生所说："人人当以服务为目的，而不以夺取为目的，聪明才力愈大者，当尽其能力以服千万人之务，造千万人之福，聪明才力略小者，当尽其能力以服十百人之务，造十百人之福，至于全无聪明才力者，亦当尽一己之能力，以服一人之务，造一人之福，照这样做去，虽天生人之聪明才力有不平等，而人之服务道德心发达，必可使之成为平等了，"那就应该晓得三民主义和无政府主义的平等精义是如何的相通了。这是第一点。无政府主义以为自由须靠平等去把它解放出来，解放了之后，自由便是有两面的意义：从个人一面看，就如哥德温所说，自由，便是各人的聪明，至少能够自治；从社会协助的一面看，自治，便成了如蒲鲁东所说的人民的直接政治，和小团体的自由集合，也便成了如巴枯宁所说，彻头彻尾没有阶级的差分，没有男女地位的不平等，再加之以生产工具如土地资本之为社会所共有，但为直接生产者所使用，则此种理想之与中山先生三民主义复有何别呢？这是第二点。经济的组织，无政府主义所要求的是废除一切压迫，甚至工作本身的压迫也要尽力除去，使劳动时不觉着是劳动。为免除贫富的压迫，土地和资本是要共有的。在这一点上，无政府主义如巴枯宁和克鲁泡金，便与共产主义及三民主义同其理想，而此一理想的根本来由，都是由于看到私有资本的发达，变为压迫人的专制威权。这是第三点。由这一点所引出的政治问题，便生出社会主义的正统和无政府主义的吵闹。社会主义的正统派以为如果国家是唯一的资本所有者，则个人便可自由。无政府主义就说这不过是重演古代专制制度，把人类变做奴役，遂发生前面我们所引述过的争辩。但是要晓得，历史的经验所给予我们的教训，就是，土地能压迫人，资本能压迫人，威权也能压迫人，以资本归诸国家所有，则资本和威权并为一体，其压迫人将尤甚。因此，无政府主义反对正统派社会主义的威权论，实不仅仅是反对现有国家的威权，而且是反对资本和国家并为一体的那种最强大的威权。正唯如此，我们就要公认无政府主义之反对，其理由是十二万分的充足。但是国家的威权，一味否认它，是否认不了的。要设出方法来，把它节制，把它分开，分开了要把它向适当的地方配置住，使它不为少数人或阶级所可得而挟制以压迫人，才是最善的办法。三民主义所以优于无政府主义，就在于不落到感情作用的空口否认国家权力的论调上去，而从实际上打算权力的分配。权力的分配，就要把政权和治权分开，再把政权分开并治权分开。政权直接在人民手里，这就是无政府主义所主张的直接自治，但是如何直接自治，无政府主义者除以自由集合的小团体为理想外，就没有具体答案。三民主义就有了具体答案：直接民权，是要分为选举、创制、复决、罢免的四种。这四个民权，如孙中山先生自己所说的，"就是四个放水制，或是四个接电钮；我们有了放水制，便可直接管理自来水；有了接电钮，便可直接管理电流；有了四个民权，便可直接管理国家"。我们更引申说：直接管理了国家，便不怕国家专横，因为国家的政权分散在人民手里，国家就不能为暴，而人民就又能自治。无政府主义的目的，原亦要求废除国家的权力而同时各人又能自治的；但是于无政府主义就只有这个要求，而于三民主义则有满足这个要求的方法，岂不是三民主义明明优于无政府主义么？这是三民主义不同于无政府主义的第一点。无政府主义和各派的社会主义，从来有一个通病，就是往往把国家和政府两个名词的意义混为一谈。这不必引述旁的证据，只就无政府主义本身说，它的总目标是不要国家的，但是通常只当它不要国家又不要政府，其实甚至个人主义的蒲鲁东，也说"将政治的职务吸收于产业的职务之中"，就明明还不否认政治的职务之存在，何况讲自由互助社会的克鲁泡金，哪里还离得掉政府，不过它是另具一种形式罢了。我们既然将国家和政府分别清楚，则无政府主义所要求废止国家的一个问题，也就容易解决。国家是什么？如果把政府撤开，它就没有什么具体条件。工地是国家么？人民是国家么？当然不是，虽然一般政治学者亦往往把它混乱起来。着实说，国家是抽象的，除了政权，它就没有意义。中山先生把政权和治权分开，便是把国家和政府也分开了。所以依权能分别的原则，国家的政权给予人民管理，政府的治权给予五个有能的机关替人民作事，那么，人民就是权的管理者，国家便退处于无权的地位，换言之，国家本身就没有东西了。这岂不是实现了无政府主义废止国家的最好方法么？因为到了国家本身没有意义的时候，废止不废止，简直是不成问题的事。而这时候，所剩下来的都是有能的而替人民作事的五个政府机关。不但如此，它们亦直可以说是人民自己作事的自治机关。为什么呢？因为这五个有能的机关，其职务是人民所分配的，其人员是人民的考试机关所挑选的，其执行事务所经的程序，是要受人民的监督的。简括地说，它们是人民的公仆，但却不是人民的奴隶，是人民的五官，但却不是人民的机械。这样，甚至于在做人民公仆的，也是有其自由的人格，和其他的社会份子，全体都在自由的人格上来为公共幸福努力，这岂不是连无政府主义对于人格自由的理想也都能实现么？所以在政治问题一方，无政府主义只有理想，无办法，三民主义则不但有理想，而且有办法，这是三民主义不同于无政府主义的第二点。总合以前的三点，无政府主义的理想是与三民主义同；总合以后的两点，单是三民主义中的民权主义，就比无政府主义为优，因为民权主义实现大同的方法，是无政府主义之所无。我所以说，无政府主义不过是民权主义的理想，民权主义才是无政府主义的实行。

七、共产主义是民生主义的理想、
民生主义是共产主义的实行

共产主义，从希腊哲学家柏拉图到欧文 Robert Owen 和圣西门 Saint Simon 一派，都是乌托邦的理论，直到马克斯，才是专从历史的行程，发见共产的社会之实现，是资本制度自己造成的趋势所指向的必然结果。马克斯自己的学说，可以总括三部分，即唯物史观，资本集中，和阶级斗争。他自命是用科学方法，持客观的态度，把历史的定律，资本制度发展的行程，和其最终趋向共产社会的变迁，一一实写出来。所以，受物质条件支配的历史是好是坏，资本制度是好是坏，共产社会是好是坏，马克斯都不下主观的判断。他自己很知道，如果下了主观的判断，便犯了乌托邦主义者的毛病，而他平日对当代社会主义所下刻毒的讥评，就要变成打还自己的嘴巴了。但他虽不肯自落乌托邦派的窠蹊，却自命要做个预言家。所以他费了一生的精力，用实写和分析的

方法，发表他的全部著作。他的理论，入手就先证明一切社会现象，都是经济制度所决定，所谓政治，法律，宗教，文学，哲学，美术，都不过是经济组织的产物，经济制度起了变化，才决定历史上所有的一切政治变动或社会变动。过去封建的生产制度之崩坏和资本的生产制度之代兴，引起中产阶级对封建制度的革命。同样的，现在的资本生产制度孕育了未来崩败的条件，等到这些条件成熟，共产制度也就要代之而兴。在共产制度未成熟之前的过渡期间，劳动阶级必起而对资本阶级革命，其方式就是与历史中同形不同实的阶级斗争，和无产阶级专政。等到阶级专政成了功，由无产阶级的胜利就自然会到阶级之消灭，由无产阶级的国家集产，就自然会到社会共产，由无产阶级专政的国家，就自然会到国家的消灭。这是马克斯的整个思想之总体。这些思想，在一千八百四十七年年底为德国共产同盟所草的宣言，就已完全公表过。直到一千八百六十七年，距共产宣言发表后二十年，他的最重要著作，第一卷资本论，才现露于世。再经二三十年，第二卷（一千八百八十五年）和第三卷（一千八百九十四年）资本论才先后发表，而第三卷还是恩格斯续成的。我们只要仔细追寻他的思想生活的行程，就可以说马克斯并不是胸中全然无主观，不过努力搜求历史的客观事实，把主观炼成一种"科学的"铁律，而他乃以预言家的态度，反复指证社会势力必然的运命，就自然使劳动阶级狂热地生恨，资产阶级也仓皇无主地发抖。马克斯的煽动方法在此，而其煽动所以生出了大力量亦在此。①

要是不走死路，走生路，则唯一的生路，就是实行民生主义。民生主义中的两条方法，节制资本，平均地权，不过是防止社会生出阶级斗争的病症，还不是培养社会的生理的方法。所谓培养社会的生理，用什么方法呢？这也是中山先生已经计画好了的。先生说：我们单靠预防的方法，是不够的，还要制造国家的资本。何为制造国家资本呢？就是发展国家实业。发展国家实业的门径有三：第一是铁路；第二是工业；第三是矿产。这三种实业都发达，每年三种收入都是很大的。要是由国家经营，所得的利益归大家共享，那么全国人民便得享资本的利，不致受资本的害。所以先生就说："我们要解决中国的社会问题，和外国是有相同的目标。这个目标，就是要全国人民都可以得安乐，都不致受财产分配不均的痛苦。要不受这种痛苦的意思，就是共产。……我们三民主

① 以下略有删节。

义的意思，就是民有民治民享。……照这样说法，人民对于国家，不止
是共产，甚么事都可以共的。人民对于国家要甚么事都可以共，才是真
正达到民生主义的目的：此就是孔子所希望之大同世界。"

八、三民主义的世界

我们依上的观察，且来下两个总结论。第一个总结论是：三民主义
与世界主义，无政府主义，和共产主义，在最终目的是相同的，在实现
目的之方法是不同的。相同目的是什么呢？总括地说，就是无国界无种
界无阶级的一个全人类共有共治共享的世界之实现。对于现在的世界，
它们所掊击的目标亦是相同的。换言之，就是掊击军国主义资本主义官
僚主义这几种反革命势力，而尤一致地掊击帝国主义。它们对于现在的
世界之不满和对于未来世界的理想，既是相同，在情理上就应该是联合
一致，共同向改革现在和创造未来的目的奋斗的，但是事实上又何以不
然呢？其原因就是由于各种主义的方法不同。方法上的差异，在实行上
是一个重要关键，其重要实远过于理想上之差异。譬如十五世纪的时
候，欧洲人都是想同东方通商的。意大利所经的路线是由地中海东岸而
达波斯再抵印度。达加马 Da Gama 的路线是出了吉不罗尔托海峡向南
航行，绕非洲好望角再向东行而抵印度。哥仑布出了吉不罗尔托海峡就
向西航行，而他相信亦可以直抵印度的。他们往东方，目的相同，但是
所经的路线不同，结果也就大不同。不同的结果是什么呢？因哥仑布而
发现美洲，因达加马而完成非洲的发现，两人所发现的都是新世界，而
且所引起的世界大变动也特别重大，只有意大利商人只知走旧路，不肯
辟新路，于是从此失了海上的地位。这一个例子，就证明天下事许多目
的相同而方法不同的，其结果也就大差异。因此一例，也就可以晓得目
的之实现，于方法之选择实有重大关系。许多人在政治上往往主张为目
的就可以不择手段，其结果亦往往遭大失败，也就是一个道理。就世界
主义无政府主义和共产主义的学理来说，前二者是无完备的实行方法，
后者如马可[①]斯一派，虽提出阶级斗争和阶级专制的方法，然他这方法
就如意大利商人通东方，只晓得走旧路，不晓得辟新径。看到阶级斗争
是现成的，便以为这是唯一实现共产理想的方法，而不晓得阶级斗争只

① "可"，疑作"克"。

是社会的病状，而不是社会的生理，只是捣了资本主义的乱，却不能造出共产的新世界。三民主义的优点，不但在于目的和其他三个主义相同，而在于所指示的新途径，不仅可以消灭资本主义，并且可以创造新世界，这是兼达加马哥仑布航海新路之特点而有之，换言之，就是兼三种主义之长而无其短。依三民主义的方法，不但可以消灭资本主义，不但可以消灭军国主义，不但可以消灭官僚主义，并且可以实现世界共有共治共享的积极目的。这正如达加马和哥仑布的新航线，不但可以通东方，并且可以发现新大陆。因此，我们就问：三民主义所能实在创造的世界是怎样的呢？这问题的答案，且让我们下了第二个总结论之后，来详细说明。

第二个总结论是：从根本说，三民主义是整个的唯民主义。民族主义，依中山先生的简语，是民有，民权主义是民治，民生主义是民享。但各个的意义，实皆有三层。民有，不只是在民族意义上的民有，而且是在民权和民生的意义上的民有。政治上人民不能自己有权，不得谓之民有。经济上人民不能自己利用天然的富源，不能自己管理生产分配的条件，也不得谓之民有。民治，不只是在民权意义上的民治，而且是在民族和民生的意义上的民治。换言之，人民要自治，不仅是要有自治其县，自治其省，自治其国的权，而且要有能力发展其民族所具有的特点，如语言科学美术文学哲学优种学等，都要能够自己创造，自己发展，始得谓之民族。同样地，在民生的意义上，人民要自治，也不只是盲目地要求衣食住行各项需要之满足，要能够自己管理生产，自己分配平均，始得谓之民治。至于民生，也不但是人民经济上的欲望满足就谓之生，要同时政治清明民族不受压迫始得谓之生，要全民族以内个个有拥护民族独立的能力有发展文化的能力始得谓之生。就人类生存的立场说，求生存就是求生命的充实，不是求生命的空虚，空虚的生命，是不满足的生命；充实的生命，才是幸福的生命。然而在生命上求充实，要从个个人自治能力个个人有生活需要满足个个人有民族独立性表现这几方面去求。帝国主义在民族间所具的压迫性，官僚政治和阶级的经济所具的压迫性，一方面构成压迫者罪恶之充满，一方面引起被压迫者生命之穷乏，二者都是表现自由正义平等互助的空虚。革命的目的，就在于把自由正义平等互助这种种人生的价值来充实民族的生命和个人的生命，而将一切的压迫性和被压迫性根本扫尽。要负起这种使命，就当找出现有世界罪恶的根源，和人类所具有的力量，再拿人类的力量，去拔除世界罪恶的根源，重新创造起一个充满生命价值的新世界。但是世界的罪恶的根源是经济权力之不平和政治权力之不平，所以在民族以内就有贫富的差别，有军阀官僚等少数人包揽多数人的政治权力，在国际就有经济的政治的帝国主义的攻忤兼并。要打这种种不平而使之归于平，就要充实大多人和大多数民族的经济力和政治力，而其努力的方法就要从政治和经济两方面一齐下手，要从个人和民族两方面通盘打算。三民主义所以不是其他破片的狭隘的主义所可比拟，三民主义所以是全人类所当共同努力实现，也是为此。

在实行方面，三民主义所以优异于其他主义何在呢？三民主义所要创造的世界又是怎样呢？这问题就归到两个论点：其一是政治组织，其二是经济组织。

这两个基本论点是相连的。但是为便于明了起见，我们可以先从第一论点入手，以见三民主义何以优异于其他的主义。就三民主义无政府主义和共产主义的共同目的说，它们都是要做到共有的境界，换言之，就是要实现共产的理想。但是在方法上所发生的关于政治组织的问题，便是：共产是要怎样一种社会来共呢？无政府主义主张要自由结合的小组织之联合的社会来共有；马克斯派共产主义者主张要阶级独裁的国家来共有；三民主义则主张要民主的国家来共。但是三民主义所要的民主国家，不是欧美正统派社会主义者所要的那种民主国家，因为它们是主张代议制的民主，而三民主义主张直接的民主，所以马克斯主义无政府主义可以非难代议制的民主，却不能非难三民主义的民主。无政府主义非难马克斯主义的国家权力过于专制，而以小组织之连合的民主为能实现真正民主的目的。三民主义的国家则没有阶级专制的毛病，而又能实现无政府主义所怀想的真正民主的理想，所以三民主义在此点上面具有无政府主义之所长而无马克斯主义之短。马克斯主义非难无政府主义不用革命手段去推翻现社会，而主张不妥协的革命，三民主义则在此一点上又备具马克斯主义之所长而无无政府主义之所短。无政府主义非难马克斯主义者只知夺取威权，不惜牺牲民众的自由互助平等人道以徇之，而马克斯主义则非难无政府主义只知厌恶威权，而不知威权乃所以保障新社会于不堕，三民主义于此则兼具两者之所长而无两者之所短。总括言之，马克斯主义着重于破坏现社会的经济组织，结果，则归宿于绝对的威权论；无政府主义着重于消灭现社会的政治组织，结果并维持经济的自由互助社会的安全之权力而亦无从巩固；三民主义则兼具二者之长而独排其短，能使国际和民族两方政治的和经济的改造，同等注重，并多方并进。所以三民主义的实行性，为共产主义和无政府主义所不及，正非自夸之谈。

但是我们现在更具体一点来讨论三民主义对于经济改造的方法。我们既然知道，经济改造是要从土地和资本两方着手的，而其原则便要做到共有的地步。于此我们所要揭破一般人的迷惘的，就是要晓得土地和资本之共有，有的是社会，而对于土地和资本加以工作的还是靠人，其所产生的结果还是给人享受。土地和资本如果徒然给了社会公有，社会不加劳力上去，便是没有生产。所以共有的问题，实在不仅是土地和资本归了社会，就算完事，最重要的还有生产力如何组织和生产品如何分配两个连带的问题。所以单就共有这一个问题，我们也看得出三民主义的连环性来，因为（一）土地和资本归公有是共有范围内事；（二）生产力如何组织是共治范围内事；（三）生产品如何分配是共享范围内事。现在且分别来说明这三点。

（一）土地和资本要如何共有　依三民主义的观察，私有土地和资本之所以能成为压迫人的工具，在于土地和资本的权过大。如果把土地和资本的权用方法削平它，那就私有制度的罪恶完全可以消灭。因此，三民主义对于土地的入手办法，主张平均地权，对于资本入手办法，主张节制资本。依中国尚无外国那种大地主及大资本家的实际情形打算，则平均地权，须由政府规定土地之价，其法由地主自己报价，地方政府照价征税，如果地主以多报少，政府则照价收买，如果以少报多，政府则照价抽税，自此次报价之后，若土地因政治的改良社会的进步而增加地价，则所增加的利益归诸地方人民，原主不得归诸私有。至于节制资本，则欧美各资本国家，已实行征收累进税的办法，而三民主义以为这种办法实在不足以消灭资本制，所以主张把国家的生产事业，分为国家经营和个人企业两种；凡小资本小组织的企业，可以任个人经营，但为防止其资本积渐扩大故，政府当施行直接征税的办法，将小资本企业所获的利益百分之几归诸社会；但是凡各地的天然富源及大规模的工商事业，则归政府经营，而其所得的利益，完全归诸社会公有。除此之外，政府的经营，还要与人民协力共谋农业的发展，以足民食，共谋织造的发展，以裕民衣，建筑大计画的各种房屋，以乐民居，修治道路运河，以利民行。政府对于这种种国家经营和个人经营所获的利益及所抽的赋税，除用以经营人民衣食住行的四大需要外，还须用以发展育幼养老济贫救灾医病及其他种种的公共需要事业。总括起来，我们只须就平均地权和节制资本这两种办法，即可以看出民生主义的根本要义是：（一）将土地权和资本权分散在个人和国家的手里，既不是集中在国家手里促成国家资本主义以压迫全体人民，也不是集中在少数个人手里以养成个人资本主义以压迫多数人民，前者是流于马克斯的国家资本主义，后者是流于欧美个人资本主义，二者都是人类经济平等的公敌；（二）由节制资本和平均地权入手到社会共产的境界，要靠政府与人民共同协力，凡土地的岁收，山林川泽的利益，皆归全社会所有，这样，则所共的产是共将来，不是共现在，共现在的产是有限，共将来的产才是无穷；（三）衣食住行各种需要，要政府便宜供给于全体人民，但是同时还要人民都乐于为社会尽义务，使个个人都能尽其劳力，然后社会才能不断的以便宜的需要品供给人人。

（二）生产力要如何组织到共治境界　生产力的组织，要以能使人人乐于尽其劳力为标准；要使人人乐于尽其劳力为标准，便须做到全体人民劳动的时间减少而物质的生产额增加，才是最善方法。但是问题就在：我们能不能做到这一步呢？以前关于这问题的学理有两派。其一是马尔塞斯人口论所代表的，此派以为世界人口依几何的速率增加，而物质的需要品则只依数学的速率增加，所以此派的结论，就是物质的生产额少，人口的增加额多，其结果便是人口增加额因受物质生产额之制限，而只能增加到物质生产额所能给养的限度。依此派的结论，人类劳力时间减少而希望物质的生产额增加是不可能的。其二是正统派经济学者引起了一种普遍的议论，以为人类如果要使生产额超过于生活的需要额，便须大多数人做长时间的苦工，不令留下什么时间去休息和娱乐，才能办到。所以这一派的偏见，也认定减少劳动时间而增加生产额是不可能的事。但是两派的理论，到现在经科学进步的证明，已经失了效用。而且科学进步的力量，一定能够使人类工作时间减少而生产需要品反而增加。三民主义就认定科学方法可以使减少劳力和增加生产两件事同时并进的。孙中山先生在民生主义讲演和孙文学说里面已经举例不厌其详，我们不必引述。但是这里所要指明的，以科学的方法，来增加生产而减少劳力，这是三民主义所要努力追求的。如果这一件事做不到，生产力便无组织，便无消灭个人资本主义的能力，便无建立经济平等的社会的希望。究竟这一件事做得到做不到呢？做得到的。何以说做得到呢？以科学目前的进步而论，世界文明国家应用科学而增加生产力的事，实在是很多。譬如英国，以它区区三岛所有的原料地力人力，如果不靠科学的生产方法，一年之中所生产的物质品，便不够给养它现有的人口三个月，不到三个月便要起饥馑。日本也是一个岛国，如果不用科学的生产方法，它一年的生产，不够供养它的人口到十个月，不到十个月便要起饥馑。德国和日本一样，如果不靠科学的生产方法，它一年的生产，不够给养它现在人口到九个月，不到九个月便要发生饥馑。但是英日德这些国家，现在应用了科学生产方法，便不愁饥馑。以它们现在生产粮食的增加额而论，它们不但无饥馑，并且很富足。但是这些所谓文明的国家，还是野蛮，因为根据现在的调查，它们应用科学方法的生产事业当中，尚有一半是军用品的生产，换言之，全世界所谓文明国家，所有的人口，有一半是从事于武器的制造业，而只有一半是从事于真正生活需要品的制造业。假使世界完全改造过来，这一半从事于武器生产的人，都用之于生活需要品的生产之途，则科学的生产方法不必再求进步，世界做有用工作的人即可马上增加一半，全世界文明国做工的人增了一半，便是全世界文明国的工人作工的时间可以减少一半。如此，则从前各国工人每日做工八小时，现在每人每日做工四小时便够了。这犹不过就可能的方面立说，至于事实的方面，用科学方法增加生产而减少工作时间，是已经很普遍的现象。因为科学方法的主要作用，在于减少人力的作工，而增加天然力的作工。现在工业和农业的生产，用天然的汽力火力水力电力来替代人的气力，是大家都知道的。譬如用火车运送货物，一个火车头的力量，可以替代一万个挑夫的气力，一日火车所走的路程，可以代替一万个工人步行十天的路程，一次火车所消耗的费用，可以比一万个工人做工减少十倍的费用。其他如耕田织布做房屋的工作，用科学的方法，都有节省工人增加生产到十倍百倍的效果。中山先生说，我们如果把扬子江和黄河的水力，用新方法来发生电力①，大约可以发生一万万匹马力②，以供全国火车电车，和各种工厂之用，并且可以用来制造大宗的肥料。以一匹马力等于八个强壮人的气力计算，有一万万匹马力③，便等于八万万人的力④量。以一匹马力一日夜工作等于二十四个人的工作计算，那便有二十四万万个工人来做工。假如中国四万万人，除了老幼不做工，大多数女子不做工，和大多数少年强壮的靠分利不靠生利的人不做工，真正做工的人实在是最少

---

①②③④ "力"，原作"方"，误，校改。

数。中国有最少数人生产，所以中国全个民族都是穷。如果利用天然力来替我们做工，只须利用黄河长江的水力一项，就有二十四万万个人的生产力。中国有了二十四万万个人来生产，则不但可以变贫为富，并且可以使现在的四万万人个个都不必做什么劳苦的工作，而可以获得很安适的生活。所以生产力之组织，用科学方法来利用汽力水力电力火力，可以减少人类工作的量而同时增加生产的量，这是丝毫不足怀疑的事。但是依照减少人工增加生产这个标准，我们就应该应用科学方法到农业和工业上面去，才能达到目的。依中山先生的计画，我们对于农业，有七个增加生产的办法。第一是用机器。中国几千年来耕田都是用人工，没有用过机器。如果用机器来耕作，生产上可以加多一倍，而费用可以减轻几十倍或百倍。向来用人工的农业，农民每日做工十几点钟，才可以养四万万人，若用机器生产，则农民只须每日做七八点钟工作，而其生产力就可以养八万万人。第二是用科学方法制造肥料。中国向来所用的肥料，都是人和动物的粪料，和各种腐坏的植物。化学肥料，自来便没有用过。制造化学肥料的原料，不外硝质磷质钾质三种；这些原料，中国随在皆有。除此而外，近来还有用电来造成人工硝，像我们中国瀑布河滩的水力是很多的，如果用来制造人工硝以充肥料，农业的生产自然可以大大的增加。第三是换种。这就是一块土地，今年种植这种植物，明年改种别种植物，或同一种植物，今年种广东的种子，明年换四川的种子。用这种交换种子的方法，土壤可以交替休息，生产力便要增加。第四是除害。农植物之害有秕草，有害虫。如果用科学方法，秕草可以利用为肥料，害虫可以消灭，生产额才能增加。第五是制造。农产品要销运到远方，必须经过制造。无论鱼肉果蔬饼干之属，不是晒干，便是碱咸，要经过这一类干制方法，才能保存长久，销售远处。第六是运输。农产品销售，要靠更便宜快捷的运输方法，而运输就要靠实用科学，把铁道，运河和公路开辟起来，使各处的出产能够以有余而补不足，而各处的人民始不至忧不足而弃有余。第七是防灾。防水灾就要修河道，造森林；防旱灾就于造森林之外，兼要筑水闸，和利用抽水机。这七种科学的方法，用在农业方面，于国家就可以增加生产，于人民就可以减少工作时间。至若工业方面，我们主张利用科学，以增加生产，而解决民生问题，则有中山先生的全部实业计画，乃专是为此而作的。除了运输，交通，矿业三部分的基本工业，纯然用国家的力量，利用科学的工具和组织来发展而外，还有五种工业，这须由政府与人民协力经营，同时也是要尽量施用科学的生产方法的。这五种工业，第一是粮食工业。在这一部分工业当中，除原料的生产及食物的制造，我们已在农业范围内说及之外，最重要的就是自己制造农业机器，不必靠外国输入；次要的是茶叶和黄豆两种工业，前者须采用新方法以改良其品质，始足恢复中国的茶叶商业，后者须以新方法制成肉乳油酪输入欧美，可使品质极佳而价值低廉。第二是衣服工业。这一部分工业，可分为丝工业，麻工业，棉工业，毛织工业，皮工业，和制衣机器工业六种。凡蚕丝之改良，棉麻料之织造，羊毛兽革之制作，以及制衣机器工场之设置，都须以最新科学方法为之。第三是居室工业，这一部工业的范围甚广，由建筑材料之制造，以至于燃料，电光，电话，火炉，自来水种种家用品之供给，尤非施用科学新法制造不可。第四是行动工业。所谓行动工业，就是要建造公路，制造各式自动车，如农用车，工用车，商用车，旅行车，输运车等，以利人民的行动。依中国人口四万万计算，使每四百人至少需要公路一英里，全国至少需要公路一百万英里。如果我们能实行县自治计画，则每县以每四百人造一英里的公路，全国一百万英里的公路必可以最短期内造成。此种公路造成，同时即可设立制造各种自动车的工场，以供给全国人的要求。如果以大规模的计画来进行此种工业，实于政府与人民两得其利。第五是印刷工业。现在中国对于纸料墨胶印刷机及印刷物，实在需要甚急，但是自己的印刷工业不发达，而一切印刷纸料和机器，皆取给于外国，所以每年损失经济的利益也是不少。以后要挽回这种利益，当赶紧设立关于印刷业之主要的及辅助的工业，以新方法来经营管理之。以这五项工业，合起我们的农业，都由政府和人民协力来运用科学的生产方法，则我们全个民族的生产力可以增加到十倍百倍，而人工生产的劳苦也可以减少到相等的程度。到了那时，生产之丰裕，简直什么都可以共产，像现在各人死板板的为谋生计而劳动的时间可以大大减少，而适应各人的特长和兴趣的工作可以大大增多。那末，除了废病残疾的人而外，凡人都愿做特别有兴趣有专长的事，凡人都不愿专做一种工作而愿兼习一种以上的工作。这种社会，便是克鲁泡金所怀想而不得的社会，因为在这一种社会里面，才是像他所说的，"人人都是心力两方面的自由工作者，个个心力健全的人都是劳动者，而且个个人做田间的工作也能，做工厂里的工作都能。"不但如此，在这种社会里面，凡属衣食住行各项生活需要品，因为是科学的制造和科学的管理，都能做到像现在的马路一样，人人可以自由地公共享

用，则凡人的聪明才力，不必尽为粗略的工作所消磨，而可以为高尚的
文化和美的人生而努力。总括地说，我们由应用科学方法的生产，便一
定做到应用科学方法的管理；由科学的生产和管理，便一定做到生产增
加劳力减少的境界；到这个境界便是各人舒展其聪明才力而毫无物质的
忧虑的一种最自由的世界。

（三）生产品要如何分配到共享境界　分配问题，本源上要从土地
和资本分配做出发点。但是我们已经说过三民主义的社会，是要把土地
和资本的所有权削平，于是所剩下来的分配问题便是单纯地一个生产品
的分配问题。本来，从根本上作一个总打算，生产品之分配，只有两条
可能的路线：一条是经过工银制度的路线而生产品便由私人的卖和买当
中分配了出去；一条是废除工银制度而另造一条由政府或公共产业机关
分配出去的路。因为只有这两条可能的路，便引起社会主义者和无政府
主义者的主张之差异。严格的说，社会主义者由温和派以至于马克斯
派，都以为人人须得劳动，不劳动就不得衣食。在这种制度之下，工作
仍然是强迫的，虽然它是受国家的强迫而不是受个人资本家的强迫；一
种相当形式的工银制度仍然是存在的，虽然它的形式完全和现在个人资
本制度下的形式不同。唯有无政府主义者则极力坚持根本废除工银制度
的理想。他们的主张是：一切生活需要的产品，都给社会上人人自由的
享受，正如自来水的一般用之不竭的。克鲁泡金在他所著《无政府共产
主义》里说："不管我们这一世纪的商人生产怎样引动公众人的自利心，
共产的趋向是不断地涌现着，而且续续地侵入到公共生活中来。从前收
过河钱的桥，现在已为不收钱的公共桥所淘汰；从前过路钱的私路，现
在已为公路所消灭。同一的精神，已表现在其他无数的新制度上面。博
物馆，公开藏书楼，义务学校，公园和娱乐场，修造如水平的而且有电
灯照亮的街道，都是给人人自由的享用；自来水可以供给到个个人的住
宅，而且有不必问每人所消耗的水量究竟是多少的趋势；公共电车及火
车已开始采用卖季票的方法，或是缴纳一种划一的税金，这可断定它还
有更进步的可能，如果电车火车一旦由私有的财产而变为公有：这一切
都表明社会进步正是朝着一种什么方向走的，而且可见进步是如何可能
的一件事了。"克鲁泡金认定无政府共产社会里面，凡是生活需要品都
可以无限量的生产，所以就可以任人各取所需。即是产额有限量的物
品，如奢侈品之类，也要平均分配，而不取资。所以无政府主义的分配
方法，只是简单的"各取所需"一句话就可以尽其全部意义。我们依三

民主义的立场来观察，无政府主义的分配方法是很可能的。像克鲁泡金所举的例证，有许多生产品确已达到"各取所需"的地步。如果科学再进步，许多其他生产品也一定会达到共享的境界。不过这种分配方法，根本上要靠几个条件，而这些条件在三民主义当中已经有详细的主张。第一个条件，要运输和交通都由政府经营管理或监督，要做到这些分配的基本工具便宜而敏捷，然后自由分配才可以逐步达到目的。第二个条件，就是一切生产力要科学化，而且大规模的科学化，这已经在前段说过，不必再赘。第三个条件，除社会所经营管理的基本分配机关外，政府和人民要尽量发展合作制度的分配组织，使生产品的分配全部归于社会化，而免除商人的分配制度。因为商人的分配制是以赚钱为目的，而社会化的分配制才是以便利消费为目的。中山先生的实业计画和民生主义，关于分配问题，总括起来，就是要以科学发展我们生产的工具和条件，然后生产力增加到各种需要品都非常丰足的地步，一切生产品就可以分配到任人共享的境界。在这样的社会组织之下，生产条件和工具必须是科学的，生产力必须是科学的，生产组织和分配组织也必须是科学的。所以共享的世界，唯有科学才可以把我们引导进去，科学的进步愈快，我们进共享世界的速度也加快。我不相信工银制度是唯一可行的生产品分配的路线，虽然在科学尚未发达的时候，工银制度和商人分配的效用还于事实上不会完全消失。一般人以为金钱制度要消灭，各人因聪明才力之高下而得不同等的工资现象也要消灭，才是真正的共享，但是如果生产分配都能随科学的进步而进步，则人类不须做苦工而可以得到一切物质的满足，只须各尽所能而可以各享所需，那就已经达到共享的目的。

以上三点，依经济组织方面共有共治共享的意义，说明三民主义对于经济上的实行方法。将三民主义对于经济改造和政治改造的方法总合起来，则除上述土地和资本方面的共有，生产组织方面的共治，和分配组织方面的共享三种意义外，我们不可不回复到三民主义本身所具的共有共治共享的意义，而具体地作一个总结论。我们以前已从原则上分析三民主义的连环关系，但是经过上述经济方面具体方法之说明后，我们在下面就要从实行方法上来总合三个主义的连环性，而舍去我们所已考虑之各种理论上之比较的批评。

在一切实际问题的考虑之中，我们所不惜反覆估定的，就是军国主义官僚主义和资本主义所结合而成的帝国主义的环境。我们的革命，开始即要冲陷到这样连结而成的帝国主义的壁垒里面去。要想冲进帝国主义的壁垒,把它的三个柱石各个击破,所以就不能不有一个相当连环组合的三民主义。这并不是只说,用民族主义去打破军国主义,用民权主义去打破官僚主义,用民生主义去打破资本主义,就可以根本推翻帝国主义。不是这么单纯的。因为军国主义是连结了官僚主义和资本主义而造成的,官僚主义是连结了军国主义和资本主义而造成的,资本主义是连结了军国主义和官僚主义而造成的。这三个反动势力,缺其他二个,便不足以构成其一个。因此,三民主义所以能把这三个反动势力打破,不单单是以这边一个革命主义去打破那边相对的一个反革命势力,而是以三个有互相连环性的革命主义,才可以打破三个有互相连环性的反革命势力。所以在革命的壁垒里面,民族主义是要靠与民权主义民生主义连结成功,民权主义要靠与民族主义民生主义连结成功,民生主义要靠与民族主义民权主义连结成功。这三个革命主义,抛弃了一个,便不能成就其他二个。有了三个连环的革命主义,才可以击破三种反革命势力连环结成的帝国主义,才可以创造一个替代帝国主义环境的三民主义的世界。

这一个根本立场,是三民主义的实行的一切步骤和方略之所从出。我们最初的革命方略,以前第一步定了推翻满清建立民国平均地权,不料做到推翻满清以后,建立民国只是做到一个空名,平均地权就完全没有这回事。所以孙中山先生后来就说一切的失败,都是不实行革命方略之过。我们现在的革命方略,仍是孙先生所定的革命方略,而依此方略所定的三民主义,建国方略,建国大纲等等,内容更经先生一人尽了毕生的精力完成了。依先生之所昭示,我们对于民族主义民权主义和民生主义的建设,必须同时并进,决不能任意利用一部分而抛弃那一部分。诚然,以三民主义之无所不包的这种博大的革命主义,无论何人,都能割取其中一二点以为骗取政权的工具,但是割取一二点而成的政治运动,决不能成为整个三民主义的革命运动。孙先生逝世以后,中国革命,已流为破片的三民主义之革命,而非整个的三民主义之革命。我们以后要继承先生的遗志,非用全力恢复整个三民主义的革命运动不可。如果不然,大家只是割裂三民主义的片段,互相拿来策略化或手段化,结果一定只见若干反革命势力各争雄长,决没有整个三民主义的革命一气完成。所以我们此后的责任,不仅在于固执三民主义各个的原则,尤其在于坚持三个主义同时的实行。于此,三民主义连环实行的方法,乃今后进行革命最当注意的事。

孙先生规定了革命的程序，分军政训政宪政三时期。在这三个时期之间，本不说是三民主义中那一个实行在先，那一个实行在后，只教我们在进行革命的时候，去认识三民主义中那一件事和那一件有同时实行的必要，就依着步骤去做。然而我们至少也究竟要明白三民主义当中各个建设计画和政纲互相连带的关系，才晓得那些是应该先做，那些是应该同时的做，那些是应该分别的做。我们在军政时期，开始做打倒军阀的工作，当然非有革命武力不可。但是专靠武力就能打倒军阀吗？如果不从地方扶植民权的基础起来，即使军阀倒了，就能担保它不再生吗？这就晓得以革命的武力去北伐，和以革命的党员去指导地方人民做行使民权的准备，二者在打倒军阀上各占一半的意义。但是打倒军阀，固然是实行民权主义的第一步，而军阀所藉以为后援的帝国主义，不能不同时解决它，解决它的第一步，就要断绝军阀和帝国主义的政府间之结合，这已是引到民族主义的关系上面去了。但是要断绝军阀和帝国主义间的结合，于民族主义的意义上还要根本废除从前一切不平等条约。此种不平等条约，乃帝国主义所藉以利用中国军阀官僚从事内乱的门径。同时，外国军国主义和资本主义侵略中国，亦藉不平等条约为根据。所以不平等条约之废止，不独在民族主义观点上当如此，并且在民生主义观点上尤当如此，因为以后发展国家的实业，鼓励个人的企业，都须有待于各种在条约上已失的经济权利的收回。但是要在民生主义上做到收回各种经济权利，必须革命的政府能够确实树立整理内政的基础，换言之，就要在民权主义上扫除积弊，如官吏之贪婪，差卒之勒索，鸦片之流毒，抽捐之繁苛，都能一概扫尽，尤其要能规定公共度量权衡，制定训练民众团体的方案，确定民众团体在县自治之下的基本组织之完成，以及开办各地自治的市政，才能取得外交上的威信，使外国无所施其抵赖而将各种不平等条约上经济利权久假不归。总括地说，军政时期，于破坏方面，在民族主义的意义上要废除不平等条约，恢复国内经济能力①，发展之自由的地位，而截断军阀与帝国主义间的连锁关系。在民权主义上要打倒军阀政治，扫除一切传统的弊政，禁止官邪，剔除公共机关营私舞弊的陋规，杜绝胥吏差卒的勒索。在民生主义的意义上，要废止一切苛捐杂税，防止高利盘剥，严禁一切以个人地位或团体势力及

---

① "力"，原作"方"，误，校改。

土匪强盗鱼肉人民的行为，使共产党土豪劣绅地痞流氓土匪都不得凌虐一般的民众；于建设方面，在民族主义上，须唤起民众对于中国民族目前经济的地位和政治的地位之危险，和将来民族独立所必须共同努力的方向，同时于可能的范围内，分别实行本党所定的对外七大政策。在民权主义上，须保障一般民众团体组织之自由，而使之实行"民权初步"所具有的社会建设，并以法律和政治的力①量造成民主自治在地方的真实基础，而永远杜绝官僚政客的势力之再生。在民生主义上，须调查过去社会各方面的经济状况，施行社会测验经济测验土地清丈人口统计，扶植各种合作事业，宣传农工业之科学的生产方法和组织，提倡保护国内的新兴工业，保障农工，改革财政及商业金融的制度，并筹备公共济贫救灾的事业。如果军政时期内能像这样确定三民主义的指向去努力，则革命的军人就不至变为"新军阀"，革命党员就不至变为腐化恶化，整个革命的势力就不至力②量向内部互相抵消。

到了革命的武力完成统一之后，军政时期所应做的工作，都做好了，才谈得到训政时期。这两个时期的过渡，事实上固然不能如白纸上画了一条黑线一般明显，但总要革命的权力对内对外都巩固了，县自治所有训导直接民权的工具或条件都齐备了，民众也组织好了，人民所受过去制度风俗习惯和弊害的痛苦也解除多少了，然后训政时期才展开。以革命的总过程来说，训政时期是最要紧而最严重的时期。因为一切建设的事业，都是这个时期内立下深厚的基础。对于以前的军政时期，要紧接得住，对于未来的宪政时期，要开创得稳，所以训政时期实在是继往开来的最重要关头，在这个时期，我们于民生主义方面，就不能简单地专从外交上求浅薄的零碎的好处，要从内部建设上充实我们民族的政治组织，如果内部组织有了成绩，便是民族对外的大力量。内部建设的步骤，我主张要采用经济上"分工合作"的意义，确定各省于军事上"完全底定之日，则为训政开始之时"，由各省长官负实施"建国大纲"和"第一次全国代表大会宣言对内政策"的全责，而由中央策励其成绩。详言之，各省必须于民权主义方面，对于地方要提高人民的政治知识和能力，这就是要训导人民以行使选举权罢免权创制权复决权的知识和方法；对于地方政府，要有"曾经训练考试合格之人员到各县协助人民筹备自治，其程度以全县人口调查清楚，全县土地测量完竣，全县警

———————————

①② "力"，原作"方"，误，校改。

察卫生各种事项办理妥善，四境纵横之道路修筑成功，而其人民得有四权使用之训练，而完毕其国民之义务。誓行革命主义者，得选举县官，以执行一县之政事，选举议员，以议立一县之法律，始成为一完全自治之县"；对于与县自治完成有连带关系的政策，如"实行普通选举制，废除以资产为标准之阶级选举"，"厘订各种考试制度，以救选举制之穷"，"确定人民有集会，结社，言论，出版，信仰之完全自由权"，"于法律上，经济上，教育上，社会上，确认男女平等之原则，助进女权之发展"，"厉行教育普及，以全力发展儿童本位之教育，整理学制系统，增高教育经费，并保障其独立"，等等政纲，均须与中央协力合作的实施起来。于民生主义方面，必须于县自治开创之时，"规定全县私有土地之价，其法由地主自报之，地方政府则照价征税，并可随时照价收买，自此次报价之后，若土地因政治之改良，社会之进步而增价者，则其利益当为全县人民所共享，而原主不得而私之"；同时必须确定凡"土地之税收，地价之增益，公地之生产，土林川泽之息，矿产水力之利，皆为地方政府之所有，而用以经营地方人民之事业，及育幼养老济贫救灾卫生等各种公共之需要"；至于"各县之天然富源，及大规模之工商事业，本县资力不能发展兴办者，国家当加以协助，其所获纯利，国家与地方均之"。当各省负责实施这种政策之际，中央则必制定关于县自治的训政法，选举法，劳动法，土地法，土地使用法，土地征收法，地价税法等，以谋训政上之统一；党则必领导全国人民走上真实建设的途径，引起各项人才的事业心，使全民族在实际工作上事事能够求最大的效能，而矫正一切务虚荣而不务实际，只知盲目地活动而不知集中精神能力以求一件社会事业之成功的恶习。如果党与政府及各省负责同志和民众都能向训政的大路共同努力，那么一切革命过程中所有的困难，都能逐一打破。因为天下事，不过就是困难丛集，进则一切支节就无从横生。现时革命所以流为非整个三民主义的革命，其原因固然有其他非人所期的过去事实造成了一半，但是各省经过军事底定之后，不知紧接做训政工作，也居一半。如果各省同志负责实施训政时期的工作，则党的精神和力量，就能以实际的建设，去消灭一个无聊的纷纠之霉菌。但是这时候，赶紧着手做训政的准备，还是不迟。因为民众正是希望着，等待着，唯恐时局不由军政时期而展入训政时期，只有天天看各方互逞小刀细工的权谋术数，那才使民众生厌。现在有知识的民众，确是如此的心理。我们革命而不向民众所期望所心向的光明之路前进，则纵使全国的军事上成功，革命还是要失败的。反之，能于各省军事过渡期间，即着实施行训政计划，则不必待北伐之完成，而革命建设的风气，必能预先倾动全国的人心，确定革命前途的胜利。

训政工作既然有了相当成效，于是相因而至的便是宪政时期的开始。那时候，在民权主义方面，必须从县自治的直接民权的基础上，树立中央五权宪法的政府。宪法未起草以前，必首先依照建国大纲的原则，检查训政时期的成绩，如一省之内，是否"全数之县皆达完全自治"的程度，是否可以组织"国民代表会，选举省长，以为本省自治之监督"，各完全自治之县，其国民是否能行使"直接选举官员之权，直接罢免官员之权，直接创制法律之权，直接复决法律之权"。迨全国有过半数的省份，确有依照建国大纲办理县自治的成绩，而入于宪政开始时期，则宪法即可本建国大纲及训政宪政两时期的成绩而着手起草，并开国民大会决定而颁布之，同时关于中央统治权如何行使，地方与中央权限如何分配等问题，悉当依本民权主义建国大纲及实际需要来规划清楚。在此时期，民权和民生的基础，经训政程序之后必已巩固，所以最重要的工作，在于完成五权宪法的国家组织。只要国家的组织完成了，然后大规模的"实业计划"才能合国家与地方的力量逐步来发展。

总合军政训政宪政三时期的步骤，我们须得认识几个深大的意义。第一，一切破坏和建设，是为三民主义之实现而作的，不是为逞个人或阶级间的私愤而作的。在破坏时，我们要打倒军阀，为的是要除去民治的障碍，要废除不平等条约，为的是要除去民族和民生两方建设的障碍。离开了三民主义的意义，一切破坏便是造"乱"。我们革命所以能够把社会已成的风俗习惯制度和人物加以罪名，完全是由于用了三民主义去鉴别风俗习惯制度和人物，而详细审判过那些是三民主义的障碍物，那些非三民主义的障碍物，是障碍物的，便要破坏它，非障碍物的，便撇开它。我们的军队打仗，不能说因为我们是军人，就要把一切非同类的军人通通杀死，或把一切非军人都来歼灭，天地间断然没有这样的道理。我们开调出去的时候，打仗是从非军人当中认定一部敌人去打的，是从非同类的军人当中认定一部真正的敌军去打的，断没有逢人必杀逢军必打的怪事。同样地，革命只是破坏实行主义的障碍物，而不是把一切文化和制度，不分好坏都一齐毁灭的。到了建设的时期，亦复如此；我们要认识那些是主要的建设，主要的建设我们负责作起来，其他次要的建设，就自然有人会跟着作起来；那些是应该建设的，应该建设的我们作起来，不应该建设的就不要枉费精力①财力，而耽搁了正当建设事业。这许多话，归到一个原则上，便是我们破坏也好，建设也好，都要死心塌地依照孙中山先生的主义和计画去做，不能添加一分，不能减少一分，要是逞个人的奇才异能，来独出心裁，妄事增减，事实上只有劳民伤财的结果，而终久还是要让孙先生手定的主义和计画来把你剔除。这是第一个意义。

在实行三民主义和其计画上，我们要认识，实行的出发点是整个中国民族，不是那一个或那几个人，更不是那一个团体或那一个阶级。民族是超越一切的力量，在政治的观点上如此，经济的观点上亦如此。由实行的力量说到实行的方法，则科学是超越一切的方法，在理论上如此，在事实上尤其是如此。我们三民主义者，如果不承认民族是超越一切的，不承认科学是超越一切的，那根本上就是三民主义的叛道者，更说不上来在三民主义的旗帜之下作什么工作，出什么力量。我相信无论任何个人团体，任何学说，凡蔑视民族的，蔑视科学的，都是要被自己民族的力量压倒，都是要被现实科学的力量压倒。我把这些话归纳下来，又即是：世界主义无政府主义共产主义都只是非科学的哲理，即自命为科学的马克斯主义也不能逃出例外；它们所以只成为哲理，是因为科学的进步把它们原有的内容逐渐排压到哲理的空想的地位而去；至于它们的目的，唯有民族的力量加上科学的实施才能达到；三民主义所以十二万分自信可以达到它们所共怀的目的，完全是信赖民族的力量和信赖科学的方法。所以在中国革命的过程上，我们能否由起点奋斗到终点，完全靠我们能否唤起我们民族生出大力量来应用科学的方法，把我们民族做到共有共治共享的境界。然而这又要靠负革命责任的同志们，信赖自己的民族，信赖现实的科学；个人的力量，要向充实民族力量这一方面努力，个人的智力，要向科学这一方面去发展；如果自己没有充实民族力量的可能，没有追求科学智识的可能，那至少要虚心扶植有这种力量这种智识的青年们来做革命的基本力量；如果自己又没有这种虚心，那么革命前途是毫无希望的，民族前途是再不见有光明的，这是第二个意义。

总理手定的实现三民主义的程序和计画，本身是有科学的稳定的基础，但只是具备了一种博大的纲领，而其细节是须一般同志们和专门人

---

① "力"，原作"方"，误，校改。

才的补充，而且要在实施之际随客观的需要补充。因为如此，所以三民主义之实现，细节上不能单凭学理的成见，要靠实际的考验。在这一点上，我们要拿实用主义的精神来鼓励全国各种人才为三民主义之实施努力，要以思想落实际观察务真切做事求效能三个要义训导后起的青年，要以破除一切从个人主义权谋主义愚民主义出发的治国平天下的政治道德，澄清全国的空气。玩弄虚玄，戕贼人才，愚弄民众，都是三民主义实行上的最大仇敌。这是第三个意义。

千言万语，也许总不抵下面这个总意思：人是社会的，生存努力的基础，总须得从博爱起点，经由三民主义的各个和总合的途径，而底于大同世界。本来，民族主义民权主义民生主义这三个东西，与其说是思想，莫如说是力量。因为由亘古以及于无穷的将来，这三个力量实在是人群历史的发动机。孙中山先生在人类文化上所占的一个中心的地位，就是在于首先发见这三个力量是推进人群历史的力量，而总名之曰进化的重心，更由发见这三个力量而定出一个经由此三个力量连环纽结的总计画，去指示人们向世界大同的目的大踏步前进。在朝着世界大同这条大路前进的时候，人类所赖烛照前路的，不是武力，不是金钱，不是权谋，不是宗教，不是哲学，而是科学这个唯一的火把！三民主义的信徒们，要大家提着科学这个火把来革命呵！

训政大纲提案说明书 *
——十七年八月由欧洲归国作
（1928 年 8 月）

本党自总理领导革命以来，四十余年间之努力，始终企求依照所定军政训政宪政三大时期之程序，实现三民主义于中国。唯以军阀官僚帝国主义三者辗转勾连之恶势力，相续顽抗，国民革命，直至今日，赖全国同志与前方将士之戮力奋斗，始将军阀官僚帝国主义三者结构而成之军阀残余势力，根本推翻；同人因此敢以最热烈之血诚，对全体戮力及死义诸同志致革命之敬意。今北伐既已完成，军政渐以告终，本党目前所当致力，厥为荷负实施训政之一大责任，故同人于六月三日，由欧洲致电国内诸同志，向中央提出训政大纲之提案；其中包含二分，一为政治会议纲领，一为国民政府组织纲领。此提案有须为原则上之说明者四，有须为制度上之说明者五。兹分别言之如次：

（一）原则上之说明

凡一民族的政治新生命，一须因应世界之环境，二须适合国民之需要，始能期其树立与发展。总理数十年前，以时间上之预见，确定革命方略，以求三民主义之实现，至于今日世界形势之转变，国内情形之进展，空间上乃益证明此种预见，实为中国民族建造新生命必由之途径，从前国内反革命之势力，与国外帝国主义凭藉北方军阀得以逞其阻碍中国国民革命之阴谋，今北方军阀既倒，一切反革命势力及帝国主义，皆

---

* 本文出处：《胡汉民先生文集》，第 3 册，中国国民党中央委员会党史委员会，1978。署名：胡汉民。

已失其凭藉。而环列于本党之周围者，内则有喁喁属望之民心，外则有举世同情之舆论。然后确知中国革命事业，非经长期重大之牺牲与忍耐，不能获得真实之进展也。此一进展诚为本党革命武力所获之胜利，凡我同志，当不辞郑重言之。然革命武力之胜利，必当以革命的建设保障之，庶可垂久远。今后本党能否保持内外人心一致付与之信仰，完全以能否实行建设为判断。本党主义之完善，及扫平军阀之能力，即帝国主义者亦不能不公认之。惟本党今后主义之实施，建设国家之能力，则虽非帝国主义者亦欲伺隙而加之以讥评。是故今日中国国民革命之友与敌，咸集其视线于本党，而欲一瞻其军政告终训政开始时期之举措为何若。吾人能举训政之大任，以适应国民之需要，一新世界之耳目，则党与国俱兴。不然，则昔日凡为中国革命之敌者，必将卷土重来，今日凡为国民革命之友者，必将助敌以临我；则党必败，国必亡，今日非株守当前军事所获胜利之时期，乃领导同志提挈国民进而企求国家远大目的之时期。须从此种伟大之使命上，证实本党建国之能力，树立中国民族未来之丕基。此本大纲所据以为出发点者一。

自政治一方面言之：革命实为一政权移易之问题，本党于此问题所定之原则，始终薪求以军政之程序，夺取政权于帝制军阀之手，经训政之程序，而付诸国民。诚以积数千年来专制之余，大多数人民于政治意识与经验两皆缺乏，骤欲畀之以政权，其势必至复为强暴所劫取。总理在日，追怀往事，每以十余年来军阀劫持政权之肆恶流毒，实坐民国元年党员不遵训政程序之过，故生平于其所定革命方略，持之最坚。且本党之以建国大纲，明示三民主义实现之步骤，而犹虑国人之不易喻其精义也，更从而标其旨曰，以党建国，以党治国，期能喻于全国民众。夫以党建国者，本党为民众夺取政权，创立国民一切规模之谓也。以党治国者，本党以此规模策训政之效能，使人民自能确实使用政权之谓也。于建国治国之过程中，本党始终以政权之褓姆自任，其精神与目的，完全归宿于三民主义之具体的实现。不明斯义者，往往以本党训政之义，比附于一党专政与阶级专政之伦，此大谬也。一党专政与阶级专政，其精神与目的，皆以政权专于一党或一阶级为归宿。本党训政，则其精神与目的，实以政权付诸国民为归宿，前者为专制的，而后者为民主的，其趋诣盖正相反也。数年前欧美学者，亦曾以一党专制之流弊，质疑于总理。但一闻训政之说，即翕然叹服其所谋之远与所虑之周，而无可复难矣。且今之革命后新兴诸国家，莫不恃有贤明之政府领导一切，故其政治之进步甚速，惟不闻阐明训政之真义，其精神遂不免与民主主义背道而驰。本党独能标明斯旨，诚实的与全国民众，共期底于宪政之完成，此则其他革命新兴诸国所莫能及者。况自事实上言之，吾人既以党的力量扫除革命之障碍，则当以党的力量造成真实之统一，且必以党的力量负起训政之全责，促进全国民众，使人人有管理政事之能力，然后统一始有充实之生命，将来宪政始有深厚之础基。此本大纲所据以为原则者二。

本党训政之责任，第一种政治的褓姆之责任，前既言之矣，惟欲期真能尽褓姆之职责，和同时求褓姆本身之健全，为欲此种理论之实行，则必确定实行之方法。于此所当斟酌尽善者，则有三方面之关系。就党与政府之关系言，党必求其有完固之重心，政府必求其有适宜之组织。就权与能之关系言，党为训政之发动者，须有发动训政之全权。政府为训政之执行者，须有执行训政之全责。就党与政府二者在训政时期中与人民之关系言，则党之目的，在以政权逐步授诸全国之民众，政府之目的，在于逐步受国民全体直接之指挥与监督。此三者为训政时期建设制度上所必须周顾之根本原则，缺一不可为。欲企求三者之见诸实施，故于训政大纲中，分别规定政治会议，与国民政府之纲领。而其要旨，即不外明示党与政府之关系，与其蕲向训政目的所必经之途径而已。此本大纲所持以为原则者三。

抑从革命程度言之，训政之目的，在于宪政之完成。总理三民主义必与五权宪法并举，此二者之关系，国人至今尚鲜有知之者。再切近言之，三民主义，乃救国的宗旨，五权宪法，乃建国的制度。若以总理之用语说明之，即三民主义，乃五权宪法之目的；五权宪法，乃三民主义之实行。不经由五权宪法之制度，三民主义即无由而整个的实现。顾[①]宪政必恃训政为阶梯，犹诸训政必经军政为开创，非可一蹴而成也。故欲由训政时期以达宪政时期之行程中，本党责任在于培植五权宪法之基础，而期其最后完成。训政大纲与国民政府组织纲纪完全以此为原则。按以中国目前实际政治情形，施行五权制度，同时亦复予以多量之机会，使以后实际政治情况，得与五权制度而并通，以底于宪政完成之域。盖舍五权制度，则训政无目标，离现在之实际政治情况，则训政为空言，两者兼备，然后训政乃可期与国民共睹其实效。此本大纲所取以为原则者四。

---

① "顾"，疑作"故"。

（二） 制度上之说明

训政大纲，于制度上具有要点五项，前已提明，今分释之：

（一）政治会议，为全国训政之发动与指导机关，此其性质已首先标明于大纲之中。因此之故，政治会议，对于党为其隶属机关，但非处理常务之机关，对于政府，为其根本大计与政策方案所发源之机关，但非政府本身机关之一。换言之，政治会议，实际上总握训政时期一切根本方针之决择权，为党与政府间唯一之连锁。党与政府按建国大纲计及其对内对外政策有新发动，必须经此连锁而达于政府，始能期其必行。如是，在党一方面，一切政治的思想及主张，自有其酝酿回翔之余地，迨其成熟结晶为具体的政纲与政策，然后由政治会议之发动，正式输与于政府，措之于实施。在政府一方面，则凡所接受之政策与方案，皆有负责执行之义务，有政必施，有令必行。两方之权能分工，党国之系体有别，其间连锁之责任，亦复厘然有序，不致无可捉摸。简括言之，政治会议，在发动政治根本方案上，对党负责，而非在党以外也。国民政府，在执行政治方案上，对政治会议负责，但法理上，仍为国家最高机关，而非隶属政治会议之下也。明乎此，则政治会议纲领所具之精神，不待烦言而解矣。

（二）国民政府组织纲领之全部精神，基于五权制度之原则，前已述明。惟兹所当铨解者，即为国民政府与政治会议及五院间连锁相通之关系。自其与政治会议之关系言之，国民政府常务委员为政治会议之当然委员，则国民政府事实上为参与政治会议之机关，而非隶属政治会议之机关。此种规定，其要旨在于保持国家应有之尊严，与政府必具之独立系统。自其五院分立之关系言之，国民政府须有其五院汇集之总枢纽，否则五院不相连属，势且引起事权上之冲突，此非立国者所宜有也。为此之故，本大纲之所规定，系以五院委员为政府委员，以政府常务委员五人，分任五院之主席，合五院之组织，而总称之曰国民政府。常务委员五人中指定一人为政府主席。政府主席，除对外为国家代表外，其权力地位，莫不与其他常务委员同。盖此制之特点，于职掌，则求其因才分功①，于精神，则求其遇事合辙，庶几国政自归于统一，而

---

① "功"，疑作"工"。

建设始能进行一贯也。

（三）立法院与其他各院，应有相互的密切关系，此于国家统一上为必要之原则。惟在三权制度之国家，只有立法院与行政院之关系为比较密切，今本大纲之所规定，系取近世国家立法院行政院关系密切之优点，扩而充之于本院。同时亦复权宜五院事权之要繁与轻重而为之斟酌适当。故各院与立法院之关系，因有政府常务委员为立法院当然委员之规定，而得平衡的联结。同时因国家行政计画与政策之必须立法行政两院交互决议与执行，故于立法院，则设置分组委员会，于行政院各部，则予以出席立法院及其分组委员会之权。此制特点，完全适应于五权统一而分工发达之原则上的要求，且亦由此确立将来五权宪法逐步发展之根基。此于运用上所宜注意者也。

（四）总理五权宪法，原则上司法权之独立与考试监察各权同。惟于司法行政与司法审判二者制度上，应如何组织，未尝多所指示。但建国大纲中，司法院之外，仍有司法部之设置，是已有司法行政与司法审判之划分明甚。盖就五权制度而言，司法权如兼司法行政及审判二者，其弊将使二法权倾落于政府整个系体之外。而事实上司法行政一部分，转足以侵司法审判之独立。此不特失司法独立之本旨，且非国家创造之大经。因此，本大纲仍以司法部掌司法行政事物，以从建国大纲之所规定，而以司法院掌理独立审判之全责。如是则数年来司法独立方面所已得之改革，亦能保持其循序之发展矣。

（五）最后所当提明者为考试监察委员二院之职权，本大纲于此明示政府各院各部事务员吏必经考试铨叙，始得任用保障。而于行政院各部，及立法院分组委员，俱有任用专门人才之规定；以立革新吏治之楷模。至若全国公职人员之监察，财务出纳之审计，其需要亦尽人能言之，不俟赘辞。

今为总合全部之铨义言，即本大纲之根本原则，完全本于总理建国之旨，于在向宪政时期进行的程途中，所有军政训政，皆为本党建国时期之工作，一切权力皆由党集中，由党发施。政府由党负其褓姆之责，故由党指导，由党拥护，在人民未经政治训练及未完全了解实行三民主义以前，唯有党能代表全国人民负建国之大任，亦唯有党能领导全国人民向三民主义实现之目标而前进。盖国家在革命时期，非此不足以完成其使命也。吾人非迷信传统的国家论，但为创造三民主义的新国家，必须以党巩固国家统一之新基础，以党创造民族充实之新生命，故依总理遗教，树五权宪法之始基。于国家则确定主权之统一，于政府则确定功能之分配与体制之合一，不致因功能之划分而损害政府之整个性，亦不致因体制之合一而引起权限之冲突性。凡此皆为本大纲全案所以由之而定之总原则。至于实际上能否悉如吾人之所期望与实现总理之遗志，则视能否本此原则之精神与力行之程度及运用之当否三者以为衡。此即本大纲实施时所冀吾党同志共相策励者也。（大纲略）

党治的政府[*]
——十七年十二月一日对中央军校
教授部政治科演讲词
（1928 年 12 月 1 日）

　　前天接到贵校教授部的通知，要兄弟来这里演讲；而且拟定了题目，叫做《党政府》，要一次讲完。兄弟以前从没有见过《党政府》三个字，直到前天贵校来信，才看见有这三个字，很觉新奇！今天演讲的开始，先要把这个名辞研究一下，究竟妥不妥？

　　我们大家都知道现在的政府是"中华民国国民政府"，或简称为"国民政府"；如果同时又称为"党政府"，通不通呢？前天兄弟看见这个演题后，刚刚碰到戴季陶先生。戴先生觉得"党政府"三个字意义太不清楚了。他说："党，只是在政治上体现全国人民意思的合成人格；而不是在法律上表现全国人民意思的合成人格。"这句话兄弟以为非常严确，就是说："我们的党，只在政治上行使人民的政权；并非在法律上规定党为如何表现全国人民的。所以我们的政府称做"国民政府"；并不称做"国民党政府"。在戴先生这两句话中，我们要留心：甚么叫做"在政治上体现人民"？又甚么叫做"在法律上表现人民"？这其间很有分别。在这个分别上，就是说明政府还是中华民国国民的政府；至于"党政府"三个字的意义，当然要费解释了。我们要明白一个国家的政府始终应该属于全体国民所有。在兄弟的意见，"党政府"三字，必须改为"党治的政府"才算通，才可以做讲演的题目。何以国民政府可以说是"党治的政府"呢？这一点总理在三民主义中——尤其在民权主义

***

　　* 本文出处：《胡汉民先生文集》，第 3 册，中国国民党中央委员会党史委员会，1978。署名：胡汉民。

中，已经很明白的告诉我们了。总理以为党同人民的关系，正像商朝伊尹和太甲的关系：党是伊尹，国民便是太甲；因为太甲不能处理国事，所以由伊尹去代理；伊尹代理太甲是暂时的，不是永久的；我们国民党现在代人民行使政权，也是暂时的，不是永久的；将来训政告成，政权就要还给国民，和伊尹还给太甲一样。孟子说："有伊尹之志则可。"我们在这个时期，也要有伊尹之志，才合乎本党训政的意义。因此国民党根本上和苏维埃和法西斯蒂等不同：他们是厉行党的开明专制，而我们是要实现民权主义。我们训政的目的只在辅导人民去完成宪政，舍人民外别无所为。所以我们的政府始终只能说是"国民政府"，而不能说是"党政府"。如果我们可以说"党政府"，那么，商朝的天下也可以说是伊尹的天下了。

总理又曾说过："四万万人都是皇帝。不过和西蜀的阿斗一样，我们国民党要做诸葛亮去辅佐他们。"不过无论诸葛亮的本领怎样大，只能够替阿斗做事。至于西蜀这块地方，终是后主　阿斗　的。虽然先主临死的时候曾告诉诸葛亮说："嗣子可辅则辅之；如其不才，君可自取。"但这只是先主的一种说法，诸葛亮断不能——也万不肯便根据此话而取西蜀为己有。何况中国之归我们国民党所辅佐的阿斗所有，比较西蜀之归诸葛亮所辅佐的阿斗所有，格外来得有历史有根底呢？这些地方我们同志必须认识清楚。

我们的政府为甚么要叫做"国民政府"呢？总理又告诉我们："凡是政府，要依照林肯所说：OF THE PEOPLE，BY THE PEOPLE 和 FOR THE PEOPLE 的原则去组织。"译成中文，便是民有、民治、民享。现在所谓党治的政府，还是 OF THE PEOPLE，FOR THE PEOPLE，只有 BY THE PEOPLE 一层变了 BY THE PARTY（党治）。这也不过是训政时期暂时如此，将来仍旧要 BY THE PEOPLE（民治）的。如果照贵校教授部前天所定的演题说是"党政府"，那么，这个政府通通变成了 OF THE PARTY，BY THE PARTY 和 FOR THE PARTY——党有、党治、党享——了。那一来，把国民放到那里去呢？这种说法，不但在事实上没有根据，便是理论上也通不过。我们同志——尤其是武装同志，应该认识清楚。假定对于这类根本的思想还模糊不清，那就有很大的危险了！因为革命党是民众的先锋，而革命军人更是革命党的先锋；如果先锋还不能了解自己所处的地位，还不知道现在政府的性质，那么，将来本党变成法西斯蒂或鲍尔希维克，也是很容易的事；那是绝对违反党义的，大家不应该十分警惕吗？

我们在未谈"党治的政府"以前，首先要知道训政时期的必要，然后对于党治政府的性质和效能总能认识清楚。大家知道中国的共和与民权主义都是我们总理提倡的。兄弟觉得华盛顿被称为美国的国父，还不及我们总理被称为中国国父的恰当。因为华盛顿不能算是创造美国的人，美国的民主思想也并不是由他来的。至于我们总理，是一手创造民国，提倡三民主义的民权主义的人，他的地位不该高过华盛顿吗？总理在辛亥以前，已经研究出革命的方略，把革命的工作分成军政、训政和宪政三个时期。军政时期，我们大家都很明白，是要用革命的武力去扫除革命的障碍。现在军事已经告一段落，正是训政开始的时候了。训政最大的目的就是要完成宪政，要使五权宪法的主张见诸事实。所以训政时期的工作，最为重大，也最不容易做。"训政"这两个字，是总理所发明的。有许多人——不但是中国人，便是外国人，也都不懂。我们遇见好多外国人，对于训政的意义很怀疑。我们便告诉他们，用他们各国的事实去证明训政的必要，他们才佩服。在总理的革命方略中，过了军政时期以后，不直接到宪政，却在中间加一个训政时期。他所援引的例子，如商朝的太甲与伊尹，蜀汉的阿斗与孔明；都是历史上很显著的事实，而且随便甚么人都懂得的。但是他的精意，他的道理，能理会的人可就很少。自从我们经过了已往的种种事实以后，格外相信训政意义的重大。总理曾说过："民国元年的革命所以不能成功的最大原因就在不知训政。"因为在那时人民本身丝毫能力都没有，便贪图宪政的美名，颁布出什么约法来，以为大业告成，可长享安乐了。更奇怪的，所谓《约法》本来应该是革命方略上所说的约法，并不是民国元年所颁布的约法，这一点到现在还有人没有弄清楚。所谓约法，乃是约法三章的意思，是政府与人民相约：你如何对我，我如何对你；并不是明定多少条文，长篇累牍，如民元之所颁布的。照民元所颁布的约法，竟可说是宪法，因为内容完全是宪法的性质，在那时便颁布那种约法，分明是躐等而上，跳过了训政时期了。名义上已经到了宪政时期，而实际上人民并没有一点宪政的智识，也没有自治……种种的基础，其结果惟有将以前破坏革命的成绩通通废去；而以后民国十余年政治上的一切纠纷也就酿成。在人民，一切只是莫名其妙，无法可施；对于自己选举的国会议员和自己有甚么关系，且没有弄得清楚，无怪自袁世凯以下，大小军阀，专权捣乱，无恶不作，毫无顾忌了。我国已往应有训政而未有训政的结果就是如此。我们看来，训政这个时期，究竟重要不重要呢？

试再将外国的情形观察一下，觉得我们的训政格外不可少。照现在的事实看来，外国也多在那里做训政工作的，不过他们口上所说，不是"训政"两个字罢了。现在苏俄、意大利、土耳其、德意志等国统统是如此。再如法国，因为维持金融的缘故，由政府强分国会之权去修改宪法，究竟是甚么道理呢？有许多人以为这是那些国家厉行专制的起点，民治主义濒于破产的明证，其实大错。照总理发明的"行易知难"说来，他们那些国家，现在正是很容易的在那里实行训政。须知任何国家，经过大变乱之后，事实上总非有一段物质方面的休养生息，精神方面的启发训导的时期不可。在这个时期中，政府要集中一切的力量，去做这类训政的事情，而不可好高骛远，没有成算，我们现在和俄、土、德、意等国所闹的是同一个问题，大家都是要经过这一条过渡的路。不过各国国情民情不同，所以为训的不同，其为训则一也。我们提出"训政"两个字来，各国政治学者初虽莫名其妙，过后一定不能不首肯的。因此我们觉得总理的研究学问和政治上创造的天才，真非常人所及！

说到这里，训政时期的必要，我们已经很明白了。但是训政的目的和效能，如何才能够充分的表现出来呢？于是我们就要推论到实施训政的政府应该如何去工作。总理告诉我们说："政府是一副机器。"这句话真不错。我们平常说甚么"行政机关"、"司法机关"等等，这机关之机，便是机器之"机"；"机器"和"机关"实在是一个意思。平常只说"国民政府是行政的最高机关"，假如我们改说"国民政府是行政的最高机器"，大家一定认为可笑的，那不过因为不习惯罢了。我们知道机器有甚么用呢？用机器有甚么效能？得甚么结果呢？原来机器本身并没有目的，只有用机器的人用它去达人的目的。所以机器的如何配置，都由用机器的人去想法改良，求目的的达到。国民政府是全国最高的行政机关，也好说他是全国最高的行政机器。我们因为要全国最高的行政机关适合于训政时期的需要，能达到经过训政时期而完全实现三民主义的目的；我们便不能不使这副最高的行政机器有充分的效能。兄弟在巴黎时，就和几个同志想到：这次北伐，一定能统一中国了；而且军事既告一段落，训政马上就要开始。我们觉得从前国民政府的组织不太完善。好像一部机器，虽然马力很够，但是机械不充分，配置不得当；不论中国人、外国人，都看他像军政府一样。我们统一以后，开国中兴，非有一番开国的规模不可。像从前那种军政府式的国民政府，实在对内对外，都觉不够，必须有一番改进。而且总理讲过："我们要有一个很有能力的政府，一点毛病都没有的政府，万能的政府，不做坏事的政府。"所以我们几位同志便想就总理生平所主张的五权宪法，取它的意思来做训政时期的基础。先立下五权的规模，以便将来达到训政的终了，宪政的完成时去扩张。随将此意在五中会议内提出，经过了五中会议的决定。后来又由兄弟等拟定了国民政府组织法、五院组织法。这些法规，大概各位都已经见过了，都是依照总理五权宪法的大意编定的。总理生平的主张只有八个字："三民主义，五权宪法"。总理一生，始终如一，都这样主张。但是党内党外的人对于五权宪法比较不很留心。总理说五权宪法是他创造的，本党的同志要深切体会，努力实行。他注重五权宪法不下于注重三民主义。但是因为三民主义在军事时期比较宣传得厉害，所以注意的人多了；五权宪法以前未经切实宣传，大家便不很注意，便是注意的人也不大弄得清楚。我们知道：凡是研究自然科学的人，大概都是"知之为知之，不知为不知"；不敢乱说，不敢妄评。譬如各位研究军事科学，初时所学很粗浅，只是放枪和很简单的战术而已；许多高深的一时还不能懂，对于全部军事学，便也不敢说甚么话。至于学人文科学、社会科学的人就不然了：造诣虽浅，只要学到一点，就会批评人家，就容易怀疑。那些只学了一二年政治法律的人，都敢放言高论那一国的宪法好，那一国的宪法不好；表示些似是而非、一知半解的见解，真叫人没有办法。总理五权宪法的遭遇也是如此：不论党内、党外，许多研究不深的人，不是怀疑这里，便是怀疑那里；其实都靠不住。总理在三民主义上说过："有几个法律博士对于五权宪法都弄不清楚，虽然讲给他们听，不是不明白，便以为各国都不曾有过这种宪法，恐怕不能行。"不要说旁人，就是现在的司法院院长王宠惠同志，他也说当日对于五权宪法曾经有过非常的怀疑：这样太重了，那样太轻了；这个没有保障了，那个限制过严了：闹个不了。有些外国人常常问："这个五权是从那里来的呢？"我们不妨照总理所说的回答他们：五权是集的中外之大成。中国本有行政，考试，监察三权；外国本有行政，司法，立法三权；行政是大家有的，这样合起来，就成了五权宪法了。又有些人主张六权宪法，像美国学者又有讲四权宪法的；一个多了一权，一个又少了一权；按道理都不对。兄弟说这句话，并不止以为总理所定的五权宪法是神圣不可侵犯的，实在因为总理集中外之大成而定五权，确有精意存乎其间。世界各国的政治情形，可分二种；一种是人治，或称德治；一种是法治。我们中国向来称人治，不讲法治；而外国则早讲法治。各国在专制时代，只有一个君权，甚么东西都包括在内；行政、司法、立法都是君权的一部分。中国就在这样情形之下曾经过了几千年。后来觉得这样的行政权太大了。既讲人治，对于一个人怎么判别他的好坏呢？于是便另外定出一个考试权来。行政人员经考试以后虽然可以选着好的，但是到了实际行政时又怎么能保他不越轨呢？于是又另外定出一个监察权来了。我们中国因讲人治，注意于用人的缘故，在君权之中已有一个长时期是有这样三权的。外国虽称法治，起初也是行政、立法、司法都由一个人包办，后来觉得这样太专制了，便想出行政、立法、司法三权分立的办法来。说到司法一权，中国从前也未尝没有独立的思想。如汉文帝有一天出中渭桥，有一人犯跸，乘舆的马受惊，便执交廷尉张释之讯办。释之判这人罚金，文帝大不谓然，以为非重办不可。释之不同意，对文帝说："法者，天下之公共也，今法如是，更重之，是法不信于民也……。廷尉，天下之平也。一倾，天下用法皆为之轻重，民安所措其手足？"文帝也就答应他罚金的办法了。我们看这件事，不是很有司法独立的精神吗？至于立法，是很麻烦的事，中国自来立法也都是找专门人员去办，并非由司法的人兼理其事。所以立法、司法的独立，中国以前也有的，不过机关不完全独立罢了。同样，讲到外国，也有考试，而且非常严重；甚么文官考试、外交官考试等等都独立得很分明的。监察更不用说了。尤其可举例的，像苏俄立法与行政虽是一个机关，司法虽也可以受行政的干涉，但是行政与监察却分立对峙，有真正独立的精神。监察权独立一层，总理发明在前，俄国不过援用而已。所以一方面中国原有行政、考试、监察的事实，只是机关不完全；一方面外国所有的立法、司法的独立，中国也有，只是不发达。总理的五权宪法，就是采取中外政治上必有的办法：不完全的将他补充起来，不发达的将他提倡起来，然后变成了五权宪法。

我们这一次所定的各项法规，只能够引用总理五权的意思，在制度上却还不能使五权完全独立。因为现在并没有到宪政时期，人民还没有能够自治，还没有运用四权——选举权、罢免权、创制权、复决权——的能力。现在是以党来训政，先在训政时期作一个五权的准备而已；一定要等到将来宪政时期，才能完成五权分立的办法。所以训政时期，政府虽有五院，并不分立，使它们有连锁的关系，容易进行。有些人不明白，以为宪政时期还没有到，怎么就有起五权宪法来呢？也有人以为监察之权，应该属于国民代表大会，立法委员也应该完全由人民选举。殊不知这些都是宪政时期的事，我们现在只是根据五权宪法的精神，成立五个机器，用这五个机器去表显全部的治权；至于政权，还是在党。政治上的大问题，都要在党——中央执行委员会会议去解决。现在是以国民政府来行使治权，而以党来代理人民的政权。所以我们可以说现在的政府是"党治的政府"。所谓"党治的政府"，并不是说政府是党所有的；政府只是在训政时期为党所治而已，政府的本身还是国民的，还是OF THE PEOPLE 和 FOR THE PEOPLE 的，请各位注意！

三民主义之立法精义与立法方针*
——十七年十二月五日为立法院成立作
（1928 年 12 月 5 日）

一、三民主义是一切建国工作的最高原则

革命，是破坏与建设并进的事业。破坏，是建设的开始，建设，是破坏的告终。所以革命的进行，始终离不了一个做中心的三民主义。离开了三民主义，破坏便无目的，建设亦无方针。

总理的三民主义，最大目的，是告诉我们建国治国，必须从民族民权民生三方面同时努力，同时并进；如果不然，遗忘了任何那一方面，中国便会落到帝国主义，虚伪的民主主义，或个人资本主义的错路上去。这个要义，是实行三民主义时所必不可少的根本观念；因为没有这个根本观念，便有人可以割裂我们的民族主义去掩护国家主义或帝国主义，可以割裂我们的民权主义去掩护虚伪民主政治或无产阶级专政，可以割裂我们的民生主义去掩护个人资本主义或马克斯的共产主义。三民主义是和这些主义不相容的，然而因为三民主义之精深博大，不易得人正确地了解，所以稍不留意，便容易被人曲解割裂，去干种种反三民主义的勾当。因此，做纯粹三民主义的实行者，比做任何一种主义者都难。然而现在已经到了三民主义正当开始施行的时期，我们再也不能任人曲解它，或割裂它。要晓得总理教我们建造一个民有民治民享的新国家，断不能说是先做到民有，再来做民治，再来做民享。如若这样地做

---

* 本文出处：《胡汉民先生文集》，第 4 册，中国国民党中央委员会党史委员会，1978。署名：胡汉民。

起来，结果必将什么都做不像。大家只要想一想总理在三民主义的讲演中，固然是先讲民族主义，再讲民权主义，后讲民生主义，但在建国大纲中，就先及民生，次及民权，次及民族，而由民生民权民族三方面的计划所组织完成的民族，才成合于我们理想的新国家，这就可见三民主义在实际施行上是要同时连锁并进的。这一要义，在我们今日著手建国的时候，无论在政治上经济上外交上，都不可不深深地牢记。

将这一要义反过来说，就是我们中国现在的实际情况，是要求整个三民主义的实际建设。中国民族的地位低落，国家的组织崩坏，人民的生计破产，已经成了整个的问题，决非一方面的问题，尤非局部的问题。过去国家力量之衰弱，政治制度之瓦解，社会组织之颓败，与生产事业之落后，只有江河日下的趋势，而并无新的势力能够把它遏阻。现在国民革命军事上的成功，不过在整个破残的国家以内打倒了军阀恶势力，然而所承受下来的仍旧是这整个破残的国家。在这破残的旧国家当中，要重新创造一个三民主义的国家起来，建国的计划要整个的，建国的工作也要整个的。这就无异是说，国家今后的政治、经济、教育、法律、财政种种的计画，虽要从各方去分工进行，而同时都必须以三民主义为总出发点，才能建设得起一个整个的三民主义的中国。譬如我们要取消不平等条约，初看似乎只是单独关于民族主义的事情，然而实际上要得到取消不平等条约的实利，同时必须制定完备的民法商法土地法种种法律，要得到这种种法律的实惠，同时又必须人民有组织，经济有进展。举此一例，就可以推知一切的建国事业，都是与民族主义民权主义民生主义三方面有密切关连的，事实上若非同时进行，则将见每一新政，表面有利而实不至，里面有害而祸不知。简括言之，现在我们的工作，一方面要在整个三民主义之下，来计画一切方案，一方面要切合整个中国的实际需要，来求一切方案之实施。除在整个三民主义之下从事于整个国家之建设外，是没有第二个最高原则的。

现在国民党的中央，就是本着总理整个三民主义的遗教，来创造国家的新规模。因为总理主张以党建国和以党治国，所以训政的责任要党来担负，国民的政权要党来代行。因为总理发明权能分开的学说，而这个学说，又是国家组织的基本观念，所以政权既由党代行，治权就当然要授诸国民政府。但是政权虽由党代行，而党的努力方向，乃在训练人民以行使四种政权的智识和能力，使现在党所代行的政权，将来可以奉还于国民。同样地，治权现在虽然授诸国民政府，政府则首先依据总理的遗教，树立一个五权宪法的初基，而其努力的方向，乃在分工发达五种之治权，使之逐渐底于宪政完成之境。然而欲求政权和治权能够双方获得敏活的展进，则不能不求全国交通之发达；因为唯有便利的交通，才是造成国民思想统一，意志统一，和政治统一的伟大工具；所以国民政府，又不能不依据总理的实业计划，先将水陆交通的事业，分期举办起来。我们只要把最近数月来党国双方的主要措施细看一下，就知道现在中国的国家组织，是完全依据整个三民主义，而求其实施和开展。

综合以上的要义，就是：（一）唯整个三民主义，是一切建国工作的最高原则；（二）根据整个三民主义，目前的国家组织，在政权和治权两方面，都正在开创起来。归纳了这两点，便晓得中国现在立法的精义，一是不能离开整个三民主义，二是不能离开由三民主义所产生的国家组织。

二、离开三民主义不能立法

离开三民主义，便不能立法，这是根本的要点。我们不是为别的国家来立法，而是为中国来立法。法律的哲学家，通常也知道，法律是有三面的：第一，它必须是为一定的时代而立的，时代需要某种法律，它便能成立，时代不需要它了，它便要改变，或且要废弃；第二，它必须是为一定的领土范围而设的，在某个领土内，它是生效力的，出了这领土的范围，它就失了效能了；第三，它必须是为一定的事实而设的，世间没有支配一切事实的法，也没只可适应于一个普遍法律的事实，所以只有某种同类的事实，才生出某种的法律。将这三点总括地说，时间，空间，事实，是法律所赖以存在的条件。论时间，现在是革命到了训政的时代，要立法，当然就是为训政时代三民主义实行的计画和方略而立法，这就是一方面要把旧时不适用的法律革除，一方面要把适于新时代的法律定出来。论空间，我们现在是要在这个旧社会旧制度崩坏了的中国造起新国家新社会，所以要立法，当然就要准据我们建造新社会新国家的图案——三民主义——而应合中国现实的情形来立法。论事实，则我们现在所迫切的需要，是要谋人民生命财产之保障，然后社会才能安定；要确定国家和人民责任义务之分际，然后民族才算有组织；要使社会的经济利益能在平衡的保护和鼓励之下得以发达，然后民生才算有解决。法总是有目的有诣向的工具。我们要法律，因为它能够把社会的生活规范起来，向一定的目标求进步。现在中国的目标。是要建造三民主义的国家，所以立法的精神，就要注重于整个民族的社会生活和社会力量之规范，而使之集向于三民主义之实际建树。在这一个立法的精神之下，立法者就不能如欧洲十八世纪唯心主义的法律家，只是偏重于主观的理解，不亦能如十九世纪唯物主义的法律学者，只知注重物质的环境对于法律的影响，而忘记了法律是为人而立的，不是人为法律而设的。换言之，三民主义的立法，是富于创造性的；创造并不是离开事实而只顾理论，也不是离理论而迁就事实所能作得成的；它必须依三民主义为图案，以国家的实际情形为材料，从而立出新的法律，然后这个法律才有真实的新生命。世界已成的法律原理，能够适合于我们立法之用的，当然可以拿来应用，然而我们立法最高原则必须是三民主义，近代法律的学理，至多不过只足供我们立法的工具，而最扼要的，必须要我们所立的法能够施行出来确实切合于国民的需要。如果不然，一方面抛了三民主义，一方面又不合国民的需要，单是抄袭了一些外国的现成法律，那简直请外国人来立法，岂不更爽快吗？

由这样看来，我们在现在建国的时候，舍三民主义即无立法的根源，是已经明了了。然而三民主义的立法，究竟有什么特点呢？这个问题，如果解答下来，将使读者明白三民主义的立法，一方面要与中国过去的历史不同，一方面要与欧美的立法精神不同。

何以三民主义的立法，将与中国固有的历史不同呢？大家都知道，我国是素来不注重法制而注重人治的国家，自周公制礼作乐，以至于后来动辄以礼仪之邦自许，治国的观念，都是一贯地以礼为中心，而同时礼亦即是人治的中心。孔子之所以推崇三代，是因为人治的基础是从尧舜一直传了下来，即儒家治国平天下的大道，亦完全归于修身正心诚意，可见都是从礼字上面做工夫。大概当时的政治观念，以为治国只要治一般士大夫和普通读书人便够了，庶人以下是与治乱无关的，所以就拿礼来作治国经纶，便觉是万全之道。至于法之一字，只重在刑，则便作一种补礼之所不及的东西了。等到事实上礼亦行不通，还只说"刑不上大夫，礼不下庶人"，可见法是虽然有了，而礼实为主，刑究为副。秦并天下，把从前礼法的地位，翻转过来，重法而轻礼，可以称为礼法交替的一个大革命。譬如废封建，改郡县，严刑峻法，欲以统一国家，都是从来所未有的举措。然而秦代之所谓法，是专制的，是出于一人的意志的；如果不是因为君王一人的专制，说不定连这一个礼法交替的大革命也会发生不起来。到了汉朝，一切制度，都是因袭，绝无创作，故后儒遂有批评秦汉两句话，谓秦是"事不师古"，而汉则"因承秦弊"。汉承秦弊的原因，则由于当时周朝旧有的典章礼制，经秦改革，已无可考，所以只有因袭秦制，而所因袭下来的，一半是秦的旧法，一半是周的遗礼。这种因袭的制度行了多少时候，事实上礼不足以包法，而法的势力转以逐渐增大，结果，礼与法便分为两途：儒家用礼，法家用法；儒家守旧，法家维新。两者相抗，毕竟儒家守礼的势力，比法家任法的势力为强。譬如王安石变法的时候，严连坐，行青苗之制，而一般宋儒，便群起掊击，目为离经叛道。王安石因为儒者都如此反对，无人可以助其行法，于是新政就只有假手于吕惠卿一流的小人，而反以张一般宋儒之目，以致新法率遭失败。这种儒法两家相争的事实，几乎可以代表中国历史上全部的政治分野的根源，而两者在治道上都没有多大的成就和进步。推其所以没有进步的原因，就是两者皆犯同样的毛病，即一则二者以专制政体为中心，一则彼此皆因袭前代的制度，所以礼固不足以治人，法亦不见有何变更和进步。所以我说，中国从来的法律制度，一个特质是专制，二个特质是因袭，除此而外，便无可注意的了。现在我们根据三民主义来立法，根本上固然推翻从来中国旧法所维护的专制，同时亦打破数千年的因袭，为的我们这个时代，是三民主义的时代，我们的问题，是要建设三民主义的社会和制度，时代情形变更了，就不能再像从前的儒家法家，只靠主观上因袭古制的观念来求治了。三民主义的内容，是迎头赶上世界一切新学理新事实，而定下一个创造新国家新文化的伟大原则和计画，由此所生出来法律制度，当然再不会走上从来专制政体之下的因袭之路，这是毫无疑问的。从前中国的礼与法，完全是立于家族制度的基础上，我们现在的立法，是要立于民族利益的基础上，这是第一点和从前法律精神不同的。从前的立法维护君主专制，而我们现在的立法，不但是要拥护人民的利益，而且要保障以民族精神民权思想民生幸福为中心的一切新组织和新事业，这是第二点和从前中国法律精神不同的。从前立法，只有注意农业社会的家族经济之关系，而现在我们所要的立法，便要注重农业与工业并进的民族经济之关系，这是第三点和从前法律精神不同的。再就社会组织和国家组织的观点说，从来中国的法律，是公法与私法相混，也可以说私法完全纳于公法之中。个人与个人间的法律关系属于私法范围，个人与公法所承认的团体间之法律关系则属于公法范围，然而因为中国的家族主义，久已根深蒂固，所以个人关系所附丽的私法，便久已混入于家族主义的公法之中。这种简陋的法律制度，当然不能适用于现在公私法律观念分明的时代。现在三民主义的立法，不但要把公法和私法分清，而且要把法的基础置于全民族之上。这又可见三民主义的立法，与从前立法的基点不同。总此四端，可知三民主义的立法精神，完全与中国从来的法律精神两样。从前是人治，人治的基础在礼，到了礼不足以治民，则人治动摇，中间虽有法家之学，亦无以济礼之穷，而其故则由于法重因袭而无所创造；现在三民主义的法治，则不特与从前的人治不同，而且与从前的法家之治亦不同。所以不同的主要理由，就是三民主义的法治范围比从前大，内容比从前富，甚至一般所谓法治和人治对立的观念，也要在三民主义之下融合起来。

但是何以又说三民主义的立法与欧美立法精神不同呢？欧美的法学，虽然有十八世纪的唯心主义派和十九世纪的唯物主义派之争，但各国近代立法的根本基础，都是个人的，换言之，就是根本上认个人为法律的对象。拿破仑的法典，可以说是代表欧美个人思想的法律制度，亦可以说是欧洲中世纪的封建主义瓦解以后个人主义代之而兴的法律之结晶。直到十九世纪下半期与二十世纪开头，世界立法的趋向，始由个人的单位移到了社会的单位，所以现在欧美的法律，还多半是因袭从前认个人为社会单位的旧观念，而未曾大变。推究他们从前立法的基本原理，就是认定个人有其天赋的权利，有其不可违犯的自由。自然人的权利和自由，成为人权观念的内容，而人权则成为立法的基础。法律的效用，变为只有规范个人与个人间权利和自由的界限，而不知个人以外有其他社会的利益。以这种法律制度同我们中国历史上家族主义的法律制度比较，在原则上实在还比我们中国家族的制度落后一步；因为欧美以个人为立法的单位，而中国则已进而以家族团体为单位了。然而我们对于从前以家族为单位的法律制度，绳之以三民主义的原则，尚且不满，——家族单位的制度亦有许多已不能维持。——何况那种以个人为单位的欧美法律制度，怎能适用于三民主义的社会呢？所以我说三民主义的立法，不但要与中国固有的制度不同，并且要与欧美的制度异趣，就是这个理由。总而言之，三民主义是要开创一个立法的新趋势，由这一个新趋势之所表见，将使今后中国的社会组织和国家组织，与过去中西的法律制度完全两样。这个新趋势的内容和诣向如何，便是现在所要解说的问题。

三、总理给我们立法的原则

前面所说，一是三民主义始足以为今后立法的根据；二是依此主义，今后立法才能创出新的法律制度。我们所以有此信念，就是因为总理在三民主义中，已经给了我们许多立法的原则。本文不能尽把这许多原则详细解说，现在只说个概要。

首先当说明的，就是三民主义的国家组织和社会组织所共有一个总原则。总理说过："把几千年以来的政治拿来看看，就晓得政治里头有两个力量，一个是自由的力量，一个是维持秩序的力量。"这两个力量，总理比之于物理学里面之有离心力和向心力。离心力是要把物体里面的分子离开向外的，向心力是要把物体里面的分子吸收向内的。二者总要平衡，物体才能保持平常的状态。政治里头的自由力量太过，便成无政府；束缚力过太过，便成专制；也总要两力平衡，政治才能够保持稳定发展的状态。为求两方平衡的方法，所以总理又说："个人无自由，唯团体才有自由。"个人要把他的自由纳在团体之中，而求团体之自由，斯为保持自由的力量与维持秩序的力量于平衡发展的最适当的途径。推而言之，个人的聪明才力，亦须纳于团体之中，而求公共的福利，才能使个人与团体互相生存的意义发扬。所谓团体，总理的意思是指全社会或全民族的范围而言，而并非谓个人藉各个寻常团体组织，遂得以违反或侵害全社会全民族之公共福利。在三民主义的讲演中，总理曾反复说过，天下的事，先知先觉者要有一分，后知后觉者要有一分，不知不觉者也要有一分，这已明明认定个人之上，人人都有社会和民族国家的公共目的在。为这一个公共的目的，人人便须各以其聪明才力贡献到社会和民族里面来，所以总理才又说："人人当以服务为目的，而不当以夺取为目的。"总理的主张，认定个人是没有所谓离乎社会的自由和权利的。所谓天赋的人权，离开社会而为个人所有的那种自然的权利和自由，是总理生平所认为不合历史的事实和社会的实际条件之一种空论。人如果是一个自然人，在社会没有责任，在人群间没有相互的义务，那便在法律上没有地位，甚且可以说，人如果只是过一种自然人的生活，则他除受物质界的自然法所支配外，便无所以异于草木鸟兽的地方。所以人之所以为人，全是因为他是社会一分子，与其他的个人同此社会的目的，同此社会的生活。他的个人地位是因社会承认其为一分子而来

的。他的权利义务，都是因为社会的承认才能存在，否则便无权利义务
之可言。因此之故，总理于"民"的观念，一定要说是"有组织的众人
才是民"；于"权利"的见地，一定要说"民权"而不仅说"人权"。民
与民权，都是因社会的生活，民族的生存与国家的存在而确立的。这些
要义，总合起来，便是三民主义的立法观念，根本上从认定社会生活民
族生存和国家存在之关系而生的。无社会无国家无民族，则一切法律可
以不需要。有此最大团体之存在。便有最大团体之生存目的，然后法律
上所应规定的义务和权利才发生。我们要把这种最大团体的公共目的视
为三民主义立法的出发点，然后所立出来的法律，才不致违背三民主义
的原则。照前面所已说过的历史上立法的趋势而言，中国向来的立法是
家族的；欧美向来的立法是个人的；而我们现在三民主义的立法乃是社
会的。这是三民主义的立法所以异于历史上的立法精神和今后的趋势之
所在，不能不特别注意。

三民主义的立法原则，既然是社会的，换言之，即以社会的共同福
利，或民族的共同福利，为法律的目标，那末，将此原则施之于国家组
织和社会组织，其立法的内容又当如何呢？就国家的立场说，三民主义
的立法，是要把整个国家，组织到如同机器一般，人民是要成为管理机
器的技师，而政府就要成为一架机器。总理说："法律就是人事里头的
机器"；因为管理人事，要靠法律把政府这架机器造好，甚至要靠法律
把管理这架机器的人民应该如何去管理它的方法都要定好。宪法就是支
配人事的大机器，也就有调和政治里头的离心力和向心力——自由的力
量和维持秩序的力量——的大机器。有了宪法，人民如何管理政府，政
府如何执行职务，便都规定清楚，只要大家照法律行事，则国家就成整
个活动的机器，可以替我们工作了。固然，现在还没有到宪法成立的时
期，但是总理已将五权宪法的大纲和原则都规画好了，我们只要依着他
的遗教，把政府的五权和人民四权从头造起，则关于国家组织的立法，
也自然有了方针。在指向宪政的目标进行之中，关于国家组织上的立
法，所要注重的完全在于民权的训练这方面。因为五权宪法的基础在于
权与能之区分，权是发动机器的力量，能是做工的机器。依总理的新学
说，管能的部分是政府，管权的部分是人民；真实有能的五权宪法的政
府，将来一定是专靠真实能够行使四种直接民权的人民来产生。假使人
民行使直接民权的智识和能力，都训练不出来，或是训练而不成熟，则
决不能产生真实有能的宪政的政府。所以现在全国人都应该晓得，关于

训练民权这方面的工作，切不可任意阻挠或任意捣乱的，因为如果阻挠下去，便是离民权实现之期，愈弄愈远。在政府一方面，现在是实心实意要按步把训练民权的工作做起来，依照这种工作的成绩，逐步把训练民权的法律制定出来，然而在人民方面，自始就要有守法的决心和诚意，要真心接受训练，使自身运用民权的智识能力确有进步，这就不啻可以缩短宪政时期到临的时间，而且亦可以节省无穷的国力。至于现在国民政府本身，它是受国民党的付托而总揽治权的，如果民权不能训练成功，宪政的政府不能产生，它的治权便不能随便交给人民。所以人民如果真实作长治久安之想，一不可不真实守法，二不可不诚心受训练，三不可任意捣乱现政府；如果三者有一于此，宪政的实现便会遥遥无期。

就社会的立场说，三民主义认定法律之所以为必要，在于能够保障社会群体的利益。个人所有的权利是为社会生活和民族生存而有的，不是为他个人的生活或生存而有的，此意已于前文说过。这并不是说个人不应该生活或不应生存，而是说个人如视为完全与社会离立的一种人，则其生活或生存是没有法律的意义的。人的意义，真是有两种：一种如鲁滨孙之漂流孤岛的，完全无社会生活，只可视为自然人，只可视为非人；一种则为完全在社会生活中的人，这种人是有法律的意义的。法律不能变自然所赋予的男与女，却能变人为非人，或变非人为人。法律剥夺人的公权或收没人的财产，这是把人变为非人，而予各种社会团体以法律上的资格权利和地位，便是把非人变为人。人在法律上有无人的资格权利和地位，完全以他是否有益于社会或有损于社会为判断，可见社会生活或社会生存是法律所产生的源泉。法律上所以要承认生命财产之安全，这完全由于为社会的安全，不是纯粹为个人的安全。社会的生存寄托在它个人身上，社会的财产寄托在个人身上，社会的利益也寄托在个人身上：为了这个缘故，所以个人才须受法律的保障。换言之，法律之所以必须规范乃至干涉个人之生命财产和利益，盖因每个人的生命财产和利益，乃社会的生命财产和利益之一部。因此，个人之无权任意处置其自己之生命财产或利益，犹之人体上的一指一臂不能任其本身的意思而处置其自己，何况一指一臂本身无独立之意思可言，更足以喻个人之于社会，离开社会整个的公共利益和目的，不应更有任何违反社会的意思和行为。固然，个人的意思不是法律所深究的，但是个人行为如有反社会利益的，则法律之加以约束或制裁，乃社会之正当手段，亦即社会为全体利益而生之正当防卫。由此一贯的原则，三民主义之对于阶级斗争，必须预防而消弭之，对于个人以掠夺社会公共利益之制度，或其他足以防害社会平衡发展之壁障，必须打破之。而且在这一个一贯的原则上，总理才主张"个人无自由，社会有自由"；因为如果不是立在为社会公众利益的观点上，如果落到个人主义或天赋人权诸说的歧路上，则社会立即离心向外而陷于瓦解，而一切法律政制，皆无从谈起。总理认历史的重心为生存，生存的法则为社会的利益互相调和，都足以证三民主义的立法，必须立于社会公共利益平衡的基础上。依此基础，三民主义的立法，其所认为是社会的利益的，当不出左列之范围：

（一）关于社会之安全者　如人民生命的安全，公众身体的康健，秩序的维持，经济生活的安全和保障，都是于社会生活所必需的条件。为了社会生存和人群的福利，法律必须加之以维护。

（二）关于社会的团体和制度者　人不能离社会而生存，为求生存之有合理的进步及更经济的生活，遂有家庭的学术的宗教的政治的经济的种种社会集体。这些社会的集体，只要没有违反整个社会国家的公共利益，而且兼足以增进整个社会国家的福利，法律都该予以鼓励和保障。

（三）关于公共道德者　道德没有绝对性和神秘性，而只有社会性。有利于社会公共生活的行为，便是道德，反乎此者，便不是道德。譬如诲淫诲盗的行为，是因为它不利于公众的康健和社会的利益而受法律的禁止，并不是因为它本身有绝对或神秘的意义。为了公众的康健和利益，违反公共道德的行为是法律所应干涉的。

（四）关于社会材力之保育者　一切天然的财源之使用和保存，社会上残疾废病和鳏寡孤独之保护教养，都是于社会的物力和人力之保养问题有关的，法律也不能不予以注意。

（五）关于社会经济之进步发展者　社会经济的进步靠几种基本条件。譬以财物之使用和交易，生产之调节和管理，科学发明之鼓励和保障，都是经济进步的必要条件。法律应该对于这些条件加以规范，使之有平衡的进展，才于社会的公利有益。

（六）关于文化的进步者　思想的自由，出版的自由，应受法律的鼓励或约束。美术的进步及其社会化，于社会环境之美化上有大影响，法律也应加以鼓励或约束。

以上诸类的社会利益，举其大概，以见凡是社会公共利害有关的事情，都是法律所及的。然而同时我们也应晓得，法律对于各种社会的利益之内含价值，是随时随地而变的。譬如出版自由，在社会的基础未巩固时，法律必认社会秩序重于出版自由，而加之以约束。即此亦可知各种社会利益并不是有等量的价值，要因时因地而比较各种社会利益之需要程度如何，才能知道其中之差异。所以立法，总须观察时间和空间的实际情形。个人或有重视某种社会利益的，或有轻视某种公共的秩序的，然而立法则须站在全社会各种公共利益之比较的需要上，而定某种法律应该先立，某种应该后立，或某种社会利益应该看重，某种应该放轻。这种种立法上之考量，足以说明社会的利益之标准，实因时因地而决定。所以三民主义的立法，不是唯心主义的立场，而是科学的立场，其故即在此。

四、今后立法的方针和我们的努力

依前节所说，三民主义的立法，是以社会的公共福利为目标，而今后立法的方针，即可依是而定。以我们中国经历长期纷乱之余，社会之安定，为立法之第一方针；经济事业之保养发展，为第二方针；社会各种现实利益之调节平衡，为第三方针。因为这都是现在国家社会的实际急切需要。这并不是说中国除了这几项就没有其他的社会需要，不过我们必须如上节所说的，要先认清社会的利益，何者于目前为最要，何者为次要，因而决定各种问题立法之先后，始为合理。

因三民主义的立法，在一般的原则上，以社会公共福利为目标，则我们现在可以把这原则来应用到几个具体的问题上，或者因此可以使阅者更明了三民主义立法的性质和方针。第一问题是所谓财产所有权的问题。通常一般人对于所有权有许多争论和主张，而我们依三民主义之立法原则，就不能依附现成的学说，而须从头考察所有权的社会性。要知道，所有权的制度，是社会的制度，它不是为个人而设的，也不是任何一阶级而设的。它的起源，实在是以承认劳动者有权利为前提；以劳动之结果，归劳动者所有，然后人才肯将个人的全力去劳动；人人如此，则社会的生产才日增，经济的生活才日裕。所以所有权之起，是起于为社会的公共利益，而非为个人单独的利益。但是到了所有权偏歧的发展，而社会上有贫富大相悬绝的现象发生，则国家为保持社会公共利益故，简直可以拿法律的力量来限制这种所有权。共产主义者以为所有权应该废去，资本主义者以为所有权应该任其自然发展；二者都没有顾到所有权与社会生存的正当密切关系，而只认之为个人的制度，实是大错。我们只要设想，假如把所有权根本废除，社会不是要立即发生不安呢？反之，资本主义发达过甚，是不是社会亦要发生不安呢？两者都要发生不安，可见共产主义与资本主义都是错误了。简括言之，三民主义以为所有权是社会的制度，它不能任个人废弃，也不能任个人利用它谋一己的富利；只要个人把所有权用得不正当，法律就要起而干涉他。因此我们将来关于三民主义的社会立法政策，一方面就要限制财富之集积，一方面又要保障贫民之生活。依这一个方针而言，我们甚至要把欧美人之所谓自由契约，也都不置诸国家干涉之下。这就是所有权问题，可以概见三民主义立法的性质是如何了的。

其次，现在的劳动问题，是社会问题之一，我们亦可以用三民主义的立法原则来讨论它。劳动问题中最主要的是劳动条件，而劳动条件最主要的是工资和时间。假如工作的时间太长，是于劳动者的康健有害的，太短，是于生产力有损的。三民主义的立场，则认劳动者的康健与社会一般的康健有关，而生产力之减少又是与社会一般经济利益有关，所以国家不能任企业家与工人任意处置工作时期问题，而必须以法律的力量，就于社会利益的标准，来干涉工人的工作时间，为之规定一个最适宜的限度。同样地，三民主义的立法，不能任资本家以最低的工资给工人，因为最低的工资不足以保养工人的生活，同时亦不能任劳动者任意要求最高的工资，因为如此就不足以维持生产事业；必须就社会全体的利益，而以法律约束生产家与劳动者于相互有利的范围中，然后才可使再生产得不断地发展而保障社会全体之福利。当然，这不过是就私人所经营的生产业而言，然而即移此原则于国营的生产业之上，三民主义的立法精神亦必不变。总言之，社会公共的利益，是一切法律所应顾虑周到的标准。至于其他关于对来民生主义的政策所应立的法律，固非目前所能详，然而其所持的立法方针，则无以逾此。

总括本文的要义，我们可以明了，三民主义所给予于我们今后立法的原则，实在是极充分而健全的。我们不但立国的经纶要依它，即立法的原理也都要依它。不明三民主义的人，以为要借欧美的法律和制度来立法，实在是大误。从国家的组织起，一直到社会政策止，所有立法的性质和方针，都已包括在三民主义的里面，只是寻常人不肯认识其内容，而鲁莽灭裂的认三民主义为大而无当之学说，以至于随个人之所喜而割裂利用之，斯可真痛！斯篇所述，不过指出三民主义中所含的几个普遍原则，而其精义之有待详细阐发者实多；兹固不暇为此，只有俟诸他日。

整理军队的十大意义 *
——十七年十二月二十一日在中央
无线电播音台演讲
（1928 年 12 月 21 日）

现在来讲"整理军队的十大意义"。

在未涉本题之前，兄弟先附带说几句话：昨天英国公使蓝浦森代表英国向我国呈递国书，这件事情可说是今年外交上的一件大事。英国公使对人说："一八四二年，中英两国曾经订过一个《南京条约》；现在两国又在南京订条约，可算又是一个《南京条约》了。从前的《南京条约》，是中国不平等条约的恶纪念；现在的《南京条约》，是中英以平等相交的好纪念。"他还说："一八四二年，英国的船曾经在南京开炮，现在英国的船又在南京开炮了。从前的炮是打南京城的，现在的炮是贺炮，是礼炮：前后的光景，何等不同！"英国公使这几句话很有趣味，也说得很为得体。兄弟以为凡百国家总是内政先能修明，然后外交才能进步；所以一面讲外交，一面就要注重内政。中央现在所要开的编遣委员会，实在就是整顿一切内政的一个总枢纽。这件事情已经"见之于党义，成之为国是"了。凡我在党在政府服务的同志，对于"见之于党义，成之为国是"的事情，只有努力实行，毫无疑义了。但在我们努力实行之中，要向一般国民宣传，使得大家都认识目前政府的整理军队是怎么一回事而共同去促成。

现在将整理军事的意义，分十层来讲。——

第一，就军队的本身看来，要得军队精强，实在有澈底加以整理的

* 本文出处：《胡汉民先生文集》，第 3 册，中国国民党中央委员会党史委员会，1978。署名：胡汉民。

必要：中国自有新式军队以来，已经过了很久的时期了，而组织、训练、教育种种方面，依然不完善。这一层便是军人自己也不能不承认吧？以前在军事时期，在很短的时间内把全国的革命障碍通通扫除干净，所以只好就已有的军队，在已有的情状之下应用向前，没有功夫去整理。但是平常就在军事时期之中，每经一次战争以后虽然是一次小战争，也得赶紧将全军下一番整理的功夫；否则无论他这军队本来是怎样的好，也会一一退步下去。这凡是负过军事责任的人都晓得的。既然小小的一次战争以后尚且如此，何况现在我们经过了一段很长的军事时期，中间不知历了多少次的战役；论起全军的组织、教育、训练来，还不要作一度的切实整顿吗？况且军队这个东西好像货币一样：恶货①币会排斥良货②币，坏军队也会排斥好军队。再则军队间的同化力也很大，而坏的受好的同化终不如好的被坏的同化来得厉害。现在我国是坏军队多，好军队少。如果再不赶紧整理，定要弄得同归于尽，全部整顿不起来而后已；那是何等的危险！在这里我们可以喊一个简单的口号：

"要军队好，所以不能不整理军队！"

第二，就地方治安看，也有整理军队的必要：维持地方治安，是行政的第一件大事。地方治安用甚么去维持呢？除掉警就是兵了。但是兵总是在精不在多的。兵多反而非地方之福。以前的军队既然大都是杂乱无章，那么，纪律问题，饷糈问题，样样都足以为地方之累。地方越繁盛，越有甚么好处，受军队的蹂躏一定也越大。在军阀时代，我们看见有些地方本可让人民自治的，但是因为有军队在那里就不能自治了；有些地方警察本可维持治安的，因为有了军队，警察的效能简直给他取销了；有许多地方原可以兴种种事业的，因为军队一来，就弄得百务停顿了。总之：我们固然要军队好，同时更要地方好。地方如果真好了，军队将永久的得益；而军队如果不先有相当的整理，地方的一切再莫想真好起来。在这里，我们可以简单的喊一个口号：

"要地方好，所以不能不整理军队！"

第三，就巩固国防看，我们更有整理军队的必要。国家的军队本来是做甚么的？我们全国既经统一以后，军队更应该担负甚么责任？——当然，要我们的军队做国家的军队，做国防的军队。但是照我们已有的

---

① ②　"货"，原作"贷"，误，校改。

军队看来，就能够担负国防了么？现在世界各国的军备是怎样？我们敌人的军备又是怎样？到底我们要把军队整顿到何种程度才能达到国防无失，应敌有余的目的？凡属武装同志，心理总该明白吧！以我们目前的军队而论，恐怕对于"国家军队"的意义实在负不起，对于国防的责任也实在负不起。我们的整理，一方面要赶快充实种种军备，在科学上、物质上用功夫；一方面还要赶快启发军人的思想，在主义上、精神上去尽力。一般的军队差不多都还没有认识对于国家的责任，他们本身还不过是代表个人的军队、有感情作用的军队和地方的军队而已。还不能做到国家的军队，真正有主义的军队，真正能够到国际上去的军队。现在国家的环境已到了如何的一种情形？所谓军队的整理，还能有一时一刻的缓慢么？在这里我们可以简单的喊一个口号：

"要巩固国防，所以要整理军队！"

第四，就财政的情形看，我们也有整理军队的必要：大家都晓得，现在的中国几乎没有甚么叫做财务行政。"财政""财政"不过是"筹措军饷""供给军需"而已。但是我们如果把"财政部"简直名副其实的改做"筹饷部"或"军需处"还成一回甚么事呢？一个国家——如财政部等等极重要的机关向来都是名不副实的那还得了吗？现在我们所有的财政收入就完全拿去做军饷还是不够。固然这几年过的是军事时期，不如此是没有办法的。但现在军事既告一段落，我们国家的财政难道还应该照从前那样，一切收入通通放到军费上去吗？军费负担以外，其余的行政——如教育、实业等等的建设——难道还是通通不顾吗？现在既是训政时期，想起总理给我们的责任，我们应该怎样去进行建设才是？照目前的情形来看来，民脂民膏仍在养着无穷的无用的兵，把兵以外的甚么事情都搁下来；试问对总理、对人民、对自己都对得过吗？要整理财政，如不先整理军队，那无论怎样是无效的。照兄弟个人的经验说：民国元年在广东时，不过半年，便把广东全省的收支都适合了，而且把预算决算都确定了。当时并没有其他的巧妙，不过先把十多万民军决心裁去而已。如果那时仍把十多万民军长久维持下去，无论教那一位财政专家去都弄不好的。一省如此，一国又何尝不然！所以我们这里又可以简单的喊一个口号：

"要整理财政，不能不整理军队！"

第五，就现在的国民生计看，我们也有整理军队的必要：大家都晓得中国现在是穷到极点了。我国国民的生活同他国国民的生活比较起来，不知要相差多远。原因是全国的人生利的太少，分利的太多。做生利工作的人既少，生产品就不够日常生活的应用；但是实际生活上又不能不用；自己既没有，那就不得不用外国货了。金钱本来已少，又复无限制的外溢，全国的经济焉得不一天枯窘一天？国民的生活又焉得不一天艰苦一天呢？如果不能把人民生利分利的数目多寡倒转过来，国家经济和国民生活是永远不能渐入佳境的。军队是一种绝对分利的人，是陷国民生计于绝境的。而我国现在事实上究竟养着多少兵几乎不能知道确数，那还说甚么国民的生计呢！单就分利方面讲，我们不能一时主张把兵裁尽，最多也不能过五十万。唯一的限制，总要是国家真正的财政所能允许的。至于裁下的兵，一转身间，就要把他化为生利的人，到社会上去做工作，增加生产，那才是办法，在国民生计上才能收着猛进的效能。所以兵多不怕，只怕不裁；裁兵不算，还要能到用。要把短蹙国民生计的闲散军一变而为开发国民生路的生力军；这是整理军事中最要紧的一点。现在当局已定有计划，兵额至多不能过五十万，对于裁去的兵一一都有安插，对于社会又藉此可以新兴许多事业。总理早已给了我们一个"兵工政策"，我们现在只要照着总理的政策去实行，或筑路、或垦屯、或做其他的工作；这就是我们今后裁兵的办法。如果这样做得好，我国国民的生计本来是因为国家兵多而受累的，这一来反而变为生利的分子有益国民的生计了。所以我们第五个口号是：

"要发展国民生计，就要整理军队！"

第六，要根本清除军阀，也必须整理军队：民国十七年来所受军阀的祸害，已经很够了，现在革命军总算已把军阀打倒。但是必须更进一步，连军阀的思想和因素也铲除个干净。兵本不是好东西，如果再没有好组织、好训练、好教育那就更糟。最大的毛病是很容易变做个人的军队。军队成为个人的以后，权利、地盘种种坏思想就来了。有了这些思想以后，军人马上变成军阀。我们要根本上铲除军阀，必须先铲清这些恶劣的思想。我们已往所打倒的军阀是有形的，今后说不定还要有无形的军阀发生出来，都要靠我们事前去防止。防止的方法莫要于整理军队，把个个兵教训得深明大义、有思想、有道理，军队就变做国家的、主义的，而不是个人的、地方的，军阀也就真正能够绝种了。在这里我们简单的口号是：

"要打倒军阀，就要整理军队！"

第七，我们要防止共产党，也要赶紧整理军队：大家都晓得我们的敌人天天在那里搜寻我们的短处，扩大我们的弱点；这是不容掩饰的。我们如果没有漏洞，就永远不怕他们的搜寻和扩大。比方像德国的情形，兄弟已经屡次报告过，他们国内共产党尽管宣传，尽管运动，总煽惑不动工人，不会闹出杀人放火的乱子来。我们国内的实业还没有做到相当的程度，所谓"漏洞"本来太多了，自己要弥补也弥补不了，要遮盖也遮盖不住。所以社会上终于没有德国那样的安宁稳固。军队的性质；本来是一种极有效能的东西，但是所谓"漏洞"巧巧的落在他身上的就着实不少。好了，我们的敌人正向我们钻头觅缝，看见有这种性质的东西也放着无数的漏洞，又焉得不拼命的钻得来呢？一经被他们钻入军队以后，舞起金箍棒来，我们吃的亏又焉得不大呢？……但是如果我们的军队组织好、教育好、训练好，已经成为国家的、有主义的，而不是私人的、地方的了；便是物质上应有的供给，也没有甚么不足，各方面毫无漏洞了；俗语所谓"苍蝇不抱没缝的蛋"，那班想捣乱、想破坏、想煽惑的朋友们，又将从何着手呢？更好比一人的身体，要轻易不受外感，必须先要身体强健，有很大的抵抗力，对于微生物和一切妨碍健康的事物都不怕，然后才行；不然，外感一定好像是专门找着他发作似的，一定无可逃避与幸免。……在我们防止"共祸"的工作之中，如果能把军队先完全撇开去，丝毫不受沾染，好像救火一样，能把屋里的燃料先抢出来；那就有把握了。所以我们第七个简单的口号是：

"要打倒共产党，不能不整理军队！"

第八，兄弟已经报告过，外交的进步，必须靠内政的修明，这句话如此说法，似乎太简单、太笼统，现在不妨敷陈一下，我们中国的老道理："夫人必自侮而后人侮之。"我们要人家对我们没有欺侮的心思，不打我们的算盘，我们总得自己先尊重自己，好好的做一个国家。如果我们一点立国的力量都拿不出来，就不容易叫人家打消种种野心，种种坏意。外交不是专靠外交当局的手段的，同时还要靠国民的力量，靠政府的巩固，国家的安定，这是谁都明白的事。现在政府要充分表示出它的能力来，第一莫过于把军队整理的了。因为外人总以为我们的破坏革命虽然成功，诸将领一定仍不免拥兵自卫，中央虽要裁遣军队，无奈仍旧没有力量，就是勉强做去，仍不免是与虎谋皮，毫无效果的。拿这一层来验中国政府的能力，是绝对不会错的。并且民国以来，一直就是如此，不曾有过例外。在他们这样量度之中，我们政府如果一旦真能把军队整理好了，开了民国史上的新纪元，那么，我们政府在国际上所得的信仰与敬重，将何等的伟大！对外讲起话来，也就容易得多了。真能做到这一步，一定会收"好我者劝，恶我者惧"的结果，有许多帝国主义者最为猖獗，野心最大的，也该稍稍敛束，不肯任意乱来了吧！所以我们第八个口号是：

"要打倒帝国主义，必须赶紧整理我们的军队！"

第九，我们要真正完成国家的统一，必须整理军队：大家知道中国现在虽然已经统一了，但还加不上"真正"两个字。为甚么呢？也就是因为兵太多的缘故。我们听说四川目前又在打仗了。在号称统一的国情之中有这种事情发生，这是不幸得很！但我们离开四川老远，不知道四川到底为甚么常常关起门来打不清。我们从泛泛的去推求其故，就觉得四川一省兵有几十万之多，枪弹又很充足，随便那个把这许多东西拿在手里，都容易发生野心，想利用他去争地盘、营私利，乃至于闹乱子的。在这种拥有重兵的地位之上，谁是明大义、识大体、一心为民为国，而肯牺牲私荣私利的？谁能超环境，或善处环境，不受环境的诱惑与动摇呢？我们要免除这一类的内战，一定先要改造那些不革命的军人的环境，必须限制了各地方所有的兵额。好比一个人，身边既不怀挟利器，自然就少做杀人越货的举动了。因此，我们以为我国真正的统一，就在编遣委员会的成功上。假使现在能依照编遣委员会的计划把全国的兵都进步到国家的军队，而不是私人的军队和地方的军队；并且都能够担负起国防的责任，那么，统一便真正完全做到并且永久稳固了。所以我们第九个口号是：

"要完成真正的统一，必须整理军队！"

第十，现在要讲到总理建国的方略了：我们目前总算到了训政时期，总算扫除出一块地面来，可以建设了。到底要怎样去建设呢？固然要建设是不能没有物质方面的原动力——如经济等等，其实教全国的人民有一种建设的精神尤其来得重要。没有他，虽有很宽裕的经济也建设不了；有了他，物质方面的问题是容易解决的。但是现在因为兵太多，所有种种的建设计划都不能进行。这不但是因为军队多了政府的负担太重，没有财力去建设；尤其因为人民看见统一以后，各地方依然有这么多的兵，他们吓住了，起了怀疑了，觉得国家尚无太平气象，政府未曾与民更始，与民休息，对于建设的精神就提不起来了。这不只国内的人民如此，尤其是国外同志——华侨——跑回来一看，只见全国各地仍旧是旌旗满目，鼓角相闻；大家仍旧箭在弦刀出鞘的，严阵以待；岂不要吓得赶紧出国，叹说："祖国虽然破坏告成，而建设依旧尚早"吗？那么，我们打着建设的旗子到海外去募国债，谁肯放心大胆的投资呢？那一来，建设岂不要真的停顿起来吗？人民的意思一定很希望我们能够早日把军队整理好，以后再不会由军队生出乱子来而使他们的生活不安定，使他们做事无从着手，使他们将血汗的捐输赛过抛向水里去，甚至拿钱养兵不啻就是拿钱买祸。先把人民这类的疑虑除掉了，然后大家对于建设才能一致的振作起精神来干，说牺牲就牺牲，说拆房子就拆房子，说兴水利就兴水利。全国国民真有了这样的精神，我们建设的物质方面虽然拮据，要甚么紧！总理从前对于破坏革命中所主张的道理，精神为重，物质为轻；又恰恰可以应用到今后建设上来。真是无论破坏或建设，只要不离开革命的立场，道理总只一个呀！所以我们天天想建设，我们不能仅仅空言、空想，定要摸着根本，摸着关键，从实际上去努力工作。所谓根本、所谓关键，整理军队以振起国民建设的精神，就是一个。我们现在既然摸着了它，就得赶紧去做，不可放松。不要尽管忙建设的计划、建设的机关、建设的经费、建设的人才；而忘却了最要的一点。全国国民对于建设的莫大精神，仍旧教无穷的杂乱的军队存在着遏阻了这种精神的发荣滋长；这样，我们所有的人材就能尽用，所有的经费就能不白费，所有的机关就能有效能，所有的计划就能完全实现了吗？所以我们最后的一个口号是：

"要促成建设，就要整理军队！"

以上所讲的十层意思，虽然多有互相关系、互相通联之点，但是很容易分别说明，请大家注意！再则这许多也并不是徒唱高调，都是很实在的。这些道理我们同志也都该想得到，并没有甚么稀奇；兄弟所希望于我们同志的，并不是现在听兄弟讲了才明白这些道理，是希望同志能够把这种种意思去向普通人宣传，使得大家都明白，都注意都感到整理军队是目前第一件重要的事情。兄弟刚才说过：这件事已经是"见之于党义，成之为国是"的了。我们同志固然要身体力行，并且要去促成全国人民大家一致拥护国民党的政策和国民政府的政令，将这件关系全体国民万年大计的大事完全实现起来。这一次宣传周中，中央已经有几位同志讲过不少的理论了；我们要把他综合归纳起来，以企求实现。兄弟认为凡是国民党党员，凡是国民政府治下的人民，如果他说一句"不要整理军队"，我们可以很简截的下一个判决：这人一定是反革命！如果他虽赞成其事，而并不努力去求实现，我们又可以很简截的下一个判决：这人一定是不革命！万一不幸而事实上真有这种反革命、不革命的人存在，那就只能怪我们的宣传有未到之处。所以我们第一先要自己明白；第二还要使全体国民都明白。这一种宣传，是我们全党的一个重大的责任！这一件事情，是我们全民族的一个治乱存亡的大关键！

党外无政政外无党[*]

——十八年二月七日行政院党义研究会演讲词

（1929 年 2 月 7 日）

诸同志都服务于党治下的政府之中，对于党的一切，应该已经很明了了。本党既然以党治国，以党建国，党与政治，便不能分离，不可分离。我们知道现在全国已在训政期中，担负训政责任的是谁，便是党。党用甚么来行训政？用的是主义与政策。因为政治是完全由党而来，而党的主义也就完全靠政治去实施，所以今后事实上政治如果没有革命的主义，便不成其为革命的政治，而党如果没有革命的政治例不成其为革命的政党。政治与党既是一事，而非二事，那么，政府中同志在政治上所担负的一切工作，当然就是党所给与的；而今后政府一切施政的标准对与不对，首先就该问到是否遵照党的主义了。由此看来，方今全国统一，训政开始，不但应该说"党外无党"，并且应该说"党外无政，政外无党"啊。

兄弟每每看见在中央担任政治工作的人，对于党事，还有不明了的，各省的党务人员，对于政治，也常有同样的状态。这是什么缘故？应为做党务的工作人，每以办党自限；做政治工作的人，又每以行政自限：彼此划了界线，分了畛域，久而久之，彼此间便发生了裂痕，甚至弄到彼此不相容的地步。行政者每每倚仗他们有政治的能力、地位与经验，而轻视办党者为能力薄弱，经验缺乏，对他们一举一动，总是吹毛求疵，不以为"恶化"，即以为"近恶化"。办党者又每每恨行政者一切措施缓慢，遇事犹豫，甚至不恤舆情，尤其恨他们不容纳党部的意见，

---

* 本文出处：《胡汉民先生文集》，第 3 册，中国国民党中央委员会党史委员会，1978。署名：胡汉民。

不听党部的指挥。对他们一举一动，也是吹毛求疵，不以为"腐化"，即以为"近腐化"。如此你说我恶化，我说你腐化。起初彼此意见各不相下，既而遇事彼此各不相谋，到了后来，便彼此在地位上各不相容了。而追究起根源来，还是知二五而不知一十的缘故。所以单就行政人员方面来说，无论中央的与各省的，都不免有只知政情，而不能兼知党义的人，这是政与党之间种种龃龉的一个大病根。要免除此病根，惟有先自兼在党政两方面的人，丝毫部分畛域，彼此切实认识始。

兄弟又常见所谓在野者对于所谓在朝者，攻击不遗余力，甚至用从前大家一同攻击敌人的手段来攻击同党中所谓在朝的人，以为不如此不足以证明他们的气节之盛与政策之高。而在朝者又不免以为现在既是建设时代，凡是偏重破坏的工作，已用不着，无论何事，均以稳健慎密出之，对于所谓在野者遇事太积极，倡论太高的，每虑其为"恶化"或"准恶化"，这样一来，就和党政间的人员犯了同一个毛病。其实既属同党，即是为主义相同而结合，以领导革命为责志，无论此身在何种地位，只要党籍未除，总有着一种领导革命的责任在肩上，虽因一时所处的地位不同，所做的各方面的工作不同，那是没有关系的。大家既属同志，何能有一个时候丢开党说话，而专门就政治方面，分别出什么"在朝"、"在野"来呢？倘若因为其人正在政治上活动，便只认他是官，而抹杀掉他同时所有的党的关系，无形中把政治推到党以外去，那尤其不通了。中国向来所谓官僚，与外国的所谓官僚不同：外国的官僚不好之处，在呆呆板板的做事，而不肯于法定时间，法定范围，法定手续以外，多做一点点，或活做一点点；中国的官僚主义，则惟有借政治上不正当的活动，去升官发财而已。就政治的效能上说，外国的官僚主义尚且不可，何况中国的官僚主义呢？在一般政治中做官的人，尚且不甘于抱官僚主义，何况在三民主义政治之下服官的人呢？如果因为其人在朝，便说他是专门在那里做官，又因为他做官，便说他一定抱的是官僚主义，而滥施攻击，试问妥当不妥当呢？至于我国向来以"清"、"慎"、"勤"三字为居官的要诀，兄弟以为还不够。便算做到这三个字，至多也不过能够宁人息事，居常守法，不抱中国的官僚主义而已，未必连外国的官僚主义也脱离了。仅能机械式的做点死事，岂是现在国民政府所企求的官吏吗？训政时期的官吏，责任实在太大，所以如果专用此三字为服官的要诀，还是不够。这一层大家也不可以不体会到。

我们既常常读总理遗嘱，就该知道我们无论行政办党，所应遵循的途径为如何了。总理遗嘱上说："必须……共同奋斗，务须……继续努力，以求贯澈；尤须……促其实现"，无一句话不是肯定，断定的，决定的。总理明明白白的只教我们照他所定的主义和政策去努力实行，并没有教我们去研究或讨论。如果我们不去切实奉行，而仍去研究讨论，便不能算是总理的信徒。所以既是总理的信徒，对于总理已定的种种遗教，就该完全懂得，而且该绝对信仰。如果因为不相信，因为怀疑，而去研究讨论，或因为不明白，不了解，而去研究讨论，那都未免太滑稽了。然则我们现在组织党义研究会做什么？到底应该研究什么呢？兄弟以为总理定的主义政策，是无庸研究，不必讨论的；我们要研究和讨论的，是主义如何去实现，政策如何去推行，我们就现在的政府与人民，国内与国外的情形看去，一面是总理已经计划的、高远的、完美的主义与政策，一面是我国现实的人民社会，和最近所处的国际地位，这两面虽不能说是两极端，但其中距离却还很远，如何把这一面可以实现的理想与计划，完全向那一面国内与国外的实际上实现起来，这就是我们应该研究应该讨论的了。

总理说："行之匪艰，知之维艰"，所谓"知难行易"是也。我们对于总理的主义政策，既然认识与信仰了，就是对于这些已经"知"了。既知以后，如果决心去"行"，那一定是容易的，正不必畏难苟安。大家更须知道：理论与实行是一件事，我们总理，不但是从理论一方面创建三民主义的人，而且是及身自己去实行三民主义的人。他不仅是我们的一个理论的总理，而且是我们的一个实行的总理。俄国布哈林以为布尔希维克的理论是理论，实行是实行，所以他作列宁的小传，分为理论之部，与实行之部，实在大错！理论和实行实在是不可分的。惟其不可分，才能得到理论上深刻的剖解，和实行上精确的成就。总理的三民主义，绝不和从前的四书五经一样，只要人读读，晓得就算了的，重在要人人去实行。譬如一个①小孩子，何尝不可以熟读三民主义，何尝不可以明白三民主义，但是他熟读与明白以后，并不能实行，那他还不能就算是三民主义的信徒。所谓"信徒"的"信"，要用行为与实现来表示，不是仅仅用思想和言语文字就能表示完全的。总理留给我们的教训是些什么，我们就去实现些什么，那才配称做"总理的信徒"。

至于实行之时，又应该如何的应用理论呢？譬如行军，必须用地

---

① "个"，原作"果"，误，校改。

图；譬如航海，必须用罗盘，理论就是我们实行时的地图或罗盘。我们在行政机关服务，一面做工作，一面还要将手里所做的，随时去和心上所想的理论对照。如果只谈理论，不求实行，固属空想；若随意乱做，不顾理论，那么盲人瞎马，夜半深池，前途也更多危险了。况且惟其是有理论的人，惟其是常常顾到理论的人，在实行之中，才会有更进一步的真实的体认，才能得着更进一步的真实的效能。譬如我们伴着一个普通的人出去游玩，其人在客观上所注意的，无论对人对物，一定都平平淡淡，无甚精微独到之处；但我们如果伴着一个美术家同游，同一人同一物，他所注意的，所观感的，一定比平常更进一步，而游玩的乐趣，一定也跟着增进一步了。何以如此的呢？就是因为他有理论，有见解，所以对于客观的事物，便也有较真较实的感应。美术家如此，科学家亦然，政治家又何独不然？在应付政治方面千头万绪的客观之中，一个有主见的政治家，和一个没有主见的比较起来，成效相差得远了。更如我们在未曾向政治上努力以前，对于总理的主义，印象或许不深刻，认识或许不透澈，一旦我们已经实行政治工作了，将总理的主义政策所给予我们的印象再考量考量看，当然比较深刻，而认识也当然比较①透澈，实行也当然比较容易了。所以我们如果一面做政治工作，一面又去认识主义，对于理解的体会固然真确，对于实行的效能也就增进，这是敢断言的。古人为甚么说"仕而优则学，学而优则仕"呢？也就是这个道理啊。

我国四万万人当中，现在最少应该有三万多万人是不反对三民主义的了。但从积极方面而看，真正认识三民主义的人能有几何？进一步能身体力行，百折不挠的人又能有几何？这就实在难言了。有些人说他们未尝不想实行三民主义的，无奈没有机会，没有权力；这句话是又当别论的。至于我们现在既是做政治工作的人，有实行主义的机会，又有实行主义的专责，还有甚么话可以推托？如果再不由我们手里，将主义实现到事业上去，那真对不起总理，对不起四万万国民，并且对不起自己了！但是如果抛开理论，我们集十分努力，又能够实现些甚么？而我们的专责又怎么能负呢？我们想到这一层以后，应该格外警惕，对于理论——主义和政策，今后格外不能忽略一点点了。这是兄弟特地提出来，请诸君再三致意的。

---

① "当然比较"，原作"比当然较"，误，校改。

世界上的政治，无非"法治"与"人治"两种。外国讲法制，我国讲人治。法律既定，便可依照施行，所以法治易有标准。至于人治，自然以人为本体，一切标准，就要靠人的公共行为来做规范，所谓"名教"，所谓"伦理"是也。这种最高伦理，既是人治的一切的标准，所以法在其下，人亦在其下。本来这种标准，不但人治为然，法治亦然。凡法治的国家，遇事有法的依法，无法的依习惯，以济法律之穷。但什么是好习惯，什么是恶习惯，又全赖道德宗教去决定，就是赖伦理去决定了。现在中国的伦理如何？我们可以说，三民主义就是中国现在最高的伦理，总理的遗教就是中国的先天宪法。也可以说总理遗嘱上所说的建国方略、建国大纲、三民主义及第一次全国代表大会宣言，就是中国的不成文的宪法。这些既是先天宪法与最高伦理，可见我们对它只有服从遵守，努力实行，更无一点怀疑或变更的余地。中国为伦理的国家，一切的支配，以伦理为最高原则。从前居我国最高伦理的地位的是孔子；数千年来，中国人的思想行为，受孔子学说的支配的最大。现在居我国最高伦理地位的是总理，他集合中外的文化思想，融冶于一炉，又常常站在时代的前面，所以能把我国数千年来所遗传的思想，完全放在他的思想之下。昔日的孔子只是宪章文武，仪范百王而已，今日的总理，才真可谓为集古今中外之大成。

总理的学术思想，不但在人格上、道德上，已取得全国最高伦理的地位；同时，在法律上、事实上，也可算取得全国最高宪法的地位。何以言之？我们知道民权最发达最进步的办法，是人民直接投票，而直接投票的表示，还不如直接发誓的表示来得切实。现在全国人民大多数已对着总理的遗嘱发誓。总理说要"必须"怎样，我们也就服从他"必须"怎样，总理说要"务须"怎样，我们也就服从他"务须"怎样；总理说要"尤须"怎样，我们也就服从他"尤须"怎样。这种发誓式的承认与服从，比较直接投票简直更进了一步。再则我们现在既有了总理的全部遗教为最高伦理，我们当然已得到人治中的一切标准，而一般人还顾虑到一件事，就是新旧文化的冲突，有人说新的不好，有人说旧的太坏，到底谁好谁坏，以为还是漫无标准。其实在我国文化中，那些是好的，要保存，要发扬光大；那些是坏的，要废除，要改革禁止，总理遗著上早已告诉我们了。不独此也，连现在物质科学应该如何前进，精神思想应该如何发展，总理也都很清楚详细的告诉我们了。我们只要信仰他的话去做，那里还有甚么新旧文化的冲突不能解决呢？

我国现在还是民权未能实现之时，代行政权者为党；党有主义，有政纲，政府遵照党的主义政纲去实行，就是尊重民意，否则就是违反民意，就称不起为"国民政府"。同时党在他的实现主义与推行政纲之中，又该切合民情，定出缓急轻重来，逐步的去做，方不负它的代行民权。当军事方终，建设开始之时，人民惩前毖后，心理上的要求，一定很大。有许多事不是马上就能做的，尤其有许多事马上虽可以做，而不是马上就有成绩可言的。人民的要求既大，如果各方面不能满足他们，他们很容易失望；如果教他们错觉到失望以后，我们的事便更难办了。何况我们从前总是本着总理的主义和政策，对人民发了许多的宣言，现在如果既不能处处满足人民的要求，又不能自己实践自己以前所说的话，那就格外为人民所不许，大家都要说我们国民党是常发不兑现的支票的了。对于别种大小支票一时不能兑现还当别论，如果我们自己天天宣读的遗嘱，人民跟着天天发誓似的所读的"必须"、"务须"、"尤须"种种，亦复不能实行，不能兑现，那如何说得过去呢？兄弟觉得诸同志于行政工作百忙之中，犹能共同研究党义的如何实行推进，一面顾理论，一面做工作，既可于理论中求诸实行，又可于实行中认真理论，是最美满的办法。今天谨就受总理遗嘱所有的意义，反复敷陈一点意见，以供采择，还望大家共同研究。

新民法的新精神 *
——十八年四月十五日立法院
总理纪念周演讲词
（1929 年 4 月 15 日）

前一星期本院有一个很重要的工作，就是起草民法总则。关于民法的立法原则，早经本院议定，由政治会议通过。我们根据那个原则，先编成第一部分总则，作民法中债编、物权编、亲属编、继承编等等的基础。这一步工作是很基本，很重要的。我们知道本院的立法工作，对内对外，都有一个很急切，很特殊的要求。一切重要的法典，如民法商法之类，都得尽今年一年之内，通通弄好。而民法的需要，尤其急切，尤其要先行完成。民法在从前已经起过两次草了，但是都不满意，都不算成功。这一次的起草，大家一致努力，求于最短期间，完成这件伟大的工作，立起中国法制的规模，所以截至现在，已开了五六十次的会议了。就中兄弟也曾参加审查会，觉得大家很认真，很努力，是值得安慰的。在本院同人努力起草民法时，全国人民以及国际间，也都十分关心。但是民法内容非常广博，一般人往往不易得其端绪，或明了其所以然。因此我们又编了一个说明书，将所编总则应说明地方，通通不厌求详地说明了，这是很需要的工作。兄弟今天趁这个机会，先拣几点重要的来口头说明一下：

我们知道民法是规定人民日常生活的法律。法律根据于我们做人的关系，分出私法和公法两种来。简单说一句：所谓私法，就是规律大家不直接关系国家的生活的法律，而公法就是规律直接关系国家的生活的

* 本文出处：《胡汉民先生文集》，第 4 册，中国国民党中央委员会党史委员会，1978。署名：胡汉民。

法律。除了直接和国家组织有利害关系的公法之外，所有关系私法的出本来可算通通在民法的范围以内。我们以前把民法看得太轻了，其实它关系民族与民生的很大。记得以前留学国外时，还没有十分懂得革命的道理，总以为私法的研究不妨稍缓，要去定出大国家的宪法来，才是革命党所应做的工作。那知宪法的作用，固然重要，但只能解决民权主义的问题，若解决民族主义、民生主义中的问题，是必须应用私法民法的。从实际上看来，民法的关系是何等重大呢！

民法范围既广，头绪既繁，在全部细则之前，当然非有一部总则不可。但是民法的总则与一般理论上学问上的原则不同，凭空是想不出来的，是不能在细则尚无把握之先就订定的，一定要对于各部分所有的条文都预先想得大概了，然后才能把它抽象的订出来。这种总则要适应国家社会民族的要求，将来各部分的细则由它产生出来，也才能适应那种要求。国民对于民法总则的意义，都要深切领会，它是法制国家任何人所当具备的常识。在上面所谓说明书里，对于我们所订的民法的效能和原理，列有四项很严格的解释，是大家不可不知的，现在大略报告一下：

第一是对于习惯的采用。民法在应用时，如果有已具的适用的条文可以依据，当然依据它，如果原来没有适用的条文时，便得酌量情形，依据习惯。对于这一点，有许多不同的主张，因为各人对于习惯的力量和地位，有种种不同的观察。如拿破仑法典，当时在自然法学说很盛的时候，便绝对用不到习惯，他以为只是法定的条文才算得是法律。后来法律家逐渐认识习惯之重要，知道它不可轻视，于是有许多地方便以习惯法来补充法律的遗漏了。不过在什么地方才适用习惯，也是由法律明定。这一派是以习惯补充法律所不及，此外还有一派更新的主张，以为习惯不只是足以补充法律而已，实在应该和法律处于同等的地位。因为无论什么法律，都是从习惯来的，法律不过是依据习惯而规定的条文。所以有些事情的处理，尽可像根据法律一样的去根据习惯。这一派学者看法律本身几乎是应受习惯的约束；他们以为习惯既有产生法律、补充法律、修正法律的作用，那么，和法律站在同等的地位，并不为过。至于在我们现在所订的民法中，还是采取第一派，认习惯对于法律，仅能补充而已。因为我们知道我国的习惯坏的多，好的少。如果扩大了习惯的适用，国民法制精神更将提不起来，而一切政治社会的进步，更将纡缓了，如果那样一来，试问我们如何去推行我们的主义与政策呢？政治会议给我们的立法原则中有这样的规定："凡民法中无规定者,适用习惯;若既无明文规定,又无习惯可以适用时,得由法官用由法律推演而得之法理解决一切。"政治会议也因为看到我国社会上不良的习惯居多,所以不肯扩大它的作用。认习惯与法律立于同等的地位,固是一种很新的学说,就是以习惯补充法律所不足的主张,也不失其为新。在外国人民的法治观念很强,守法的精神很富,多适用一点习惯,不至有什么流弊,可以采用第一派的学说;我们国情既然有异于他们,自以采用第二派的学说为宜了。

第二是对于团体利益的注重。我们的民法极注重社会团体的公益,与从前个人主义的民法立足点不同。固然,民法是私法,其目的在确定人的生活的轨范,其间自然脱不了个人的关系,在我们的民法中,个人主义的原则也是不能绝对的消灭和铲除的。但是团体的生活尤其重要,个人主义的存在,总不能妨碍及社会主义的推进。所谓个人主义的原则有三:一是个人意思的自由,一是个人的责任,一是个人财产的保障。这三个原则都是从个人方面着想的,如果放到人人所共有的社会组织里去,就不免要发生许多阻碍了。所以到了近代,社会组织发达,这三大原则便很受摇动。我们编订民法,首先注意到:凡是公众所认为不良的,有损于公共利益的习惯,通通革除掉,以纠正个人主义的错误。不过在不妨及整个社会的公益之下,个人的行为、责任、财产。当然仍受法律的保护。例如一个公司为达到它自家获利的目的,而破坏他人的营业时,法律定不能允许它。所以现在民法总则里定明:"法院于法人之目的或行为,有违反法律,或公共秩序、善良风俗时,得因主管官署检察官,或利害关系人之声请,宣告解散;清算之后,所有剩余财产,除章程另有规定或总会另有决议者外,归给地方自治团体,以举办地方公益事业。"这就是所以注重社会的公益的。因为社会的存在,绝不是专为许多个人,社会的公益必须尽力提高。我们今后立法,应该注意到社会全体。这层意思,兄弟自本院开始以来,已屡次报告过了。

第三是男女平等问题。这一层本党政纲中早已有了明白的规定,远在从前同盟会时代,就经确定了。我们的这一种平等精神,是近代很多国家所没有的。例如凡是已结婚的女子,所谓"妻"者,在外国法律上,往往不能有完全的能力和行为。在日本尤其如此。她们的自身,几乎纯粹是一个准禁治产者。关于财产的处分,以及借债,或保证、诉讼、赠与、和解及仲裁、契约等等,都须得她夫的许可,方能进行。她们的地位，简直完全是服从者，和被支配者。这些规定，日本在新民法中依然照旧，差不多已有了二十年的历史了。我们现在所编订的民法，却绝对免除这类不平等的情形。在条文中，我们只讲"人"，而不分性别。无论男子女子，其行为能力的种种限制与保障，在法律上是完全相同，没有区别的。向来民法上的毛病，对于已嫁的女子——妻，仍旧不给她处分自己财产的权，现在我们却把它改正过来了。我们的初意还想再添出一条来，专替女子说话；后来经大会讨论，认为可以不必。因为用一个"人"字，男女便都在内了，如果专为女子再说什么话，反引起误会，而且条文又要多出来。照我们现在的规定，已经很能够显出男女平等精神的精神了。事实上关于男女财产的处分，我国各省的情形不同。有的已认为不成问题，有的却认为大问题。例如广东中等社会女子，处分个人所有的财产，并不算什么，差不多已成习惯了。他省就未必尽然。有人以为要使夫妻的共同生活圆满，对于彼此财产的管理，一定要有许多限制，不能听其自然。这些理论，现在也不暇多说。总之：我们现在的立法，当然按照本党的政纲，无论何种限制，总是男女一体，不会男女不平等的。全国男女同胞，以及全党男女同志，不要再虑本院立法上，对于男女之间，或有不平，大家只要准备享受那法律范围以内的权利，使法律所规定的种种，能充分实现于事实。那才格外见得我们民法中所有男女平等的精神呢。

第四是民法的编制问题。这一层自来学者有各种不同的意见，定着各种不同的方式。大概说来，可分为罗马式和德意志式两种。我们的民法总则，酌采各式的长处，除上两式外，如暹罗、苏俄等国的新法典的编制，其可取的地方，我们也曾采择了。我们民法中所有的总则，不但是理论的原则，而且很真切的事实的原则。将来由此抽象出来，便可得各种需要的条文，而不至于泛滥无所归。一般民法的条文，往往失之太多、太杂。我国人做事，尤其好偏重在量的方面，例如同一个题目，第一个人做一篇文章一千字，第二个人见了以后，如果要重做，一定做一篇三千字的以胜过第一篇；究竟内容需要不需要一千字或三千字，大家都不大管。编订法律也会犯这个病。你先编的有一百几十条，我后编的非有二百几十条不可，好像非此不足以示我后编的格外美备。这种偏重于量的积习，在我们这一次编订民法中，一定革除。条文贪多，不但容易前后形成重复矛盾，而且容易离开事实，定着许多永远应用不到的理想，徒然增加将来读法的学法的麻烦而已。我们现在编订民法，从总则起，就力求简要。如日本及欧洲各国的民法总则中，所有许多没用的条文，我们一概删去。凡是总则上所规定的，都是可以产生事实上需要的条文的，我们力求简要明显。在条文章节上非常注意。现在将全篇通用的法则，另编成一章，放在全部的前面。更把自然人和法人合在一起。契约则按它的性质，分别规定在债的一章中。把许多共同适用的条文，也另编专节，冠于其余的之前。这样在体例上大概可以免驳杂不纯的弊病了。

今天兄弟并不是专做民法的讲演，不过我们觉得这些要点，是人人应该注意。尤其是现在，本党的政策如何推进，社会国家如何改造，都和法律息息相关，大家不容不注意法律。我们知道立法的工作实在很重大。单就民法讲，现在总则虽已大体就绪，但是还有其余的四部分，急待完成。恐怕每一部分的条文，将来还要多过于总则，至少也需要与起草总则一样的时间和精力。如果我们对于民法的工作，不幸因大家的努力未到而有遗误，那不但有失国民的喁望，就在国际间，也丧失我们国家的信用，这是本院同人千万要注意的。民法以外，与民法有关系的，如商法、公司法、保险法、票据法、劳动法等等，再次如土地、地方自治法等，统统要从速制定。土地立法，对内对外，都有特殊的关系，在事实上不容久缺。劳动法所以保护劳动者，也所以保障社会的安全；票据法等更关系整个社会的事业。社会上常常有劳资纠纷问题，我们如何能眼看看它们全无法律上的准绳，而随意胡搅呢！所以这些法典，通通要赶快编订。由此看来，本年以内，我们的工作是何等忙迫！在立法委员固然要特别认真的做，便是其他同志同人，工作也何能不特别加紧，以尽辅助之功！本党以往所发的支票已经不少，现在已是国民来兑现的时期了。但是这些支票上如果不由法律来签字，如何能领得现款？我们的立法，就是这种签字的工作。如果我们老耽搁下去不签字，我们固无以对人民，也无以对本党啊！

国民政府的经过及其将来

——十八年七月一日国民政府四周年^①纪念演讲词

（1929 年 7 月 1 日）

今天是国民政府成立四周年纪念日。我们要知道四年前成立国民政府的经过，就应该先明了成立国民政府完全是总理的遗志，而不是我们后死同志所凭空设想的。民国元年时，我们以国民党的前身——中国同盟会，领导国民，成功革命。当时国民党功成不居，并不掌握政权，而仍在民间从事革命主义的推行；于是感觉实力缺乏，遇着无限的阻碍，国家便闹了十多年的乱子，民国只剩一个空名，挂一块招牌而已。民国以后，本党所遇到的困难实在比以前更多，但是总理奋斗的精神不但不以此稍挫，反而更强烈起来。他是抱定了他的救国主义，去和一切反动势力拼命的。这个救国主义是甚么呢？就是三民主义。总理一生的努力，是以完成他的救国主义为目的；这种完成的步骤，是先以党建国，再以党治国。这些话，总理在时，常常对我们同志讲，尤其在民国八九年以后，更加注意这种宣传。

我们推总理的意思，完成他的救国主义，就是要救治目前这一个民族民权民生都没有立场的中国。这是我们应怀抱的目的，应具有的决心。至于实行上何以定为以党建国，以党治国？其意义究竟如何呢？我们只要看十三年总理在第一次全国代表大会中所有的一篇极沉痛的演讲就可知道了。他有几句最严重而最悲痛的话道："二次革命，逃亡至日本的时候，……各同志均极灰心，以为我们已得政权，而且归于失败。……那时我没有法子，只得我一个人肩起这革命的担子……现在有

＊ 本文出处：《胡汉民先生文集》，第 3 册，中国国民党中央委员会党史委员会，1978。署名：胡汉民。

① 原文为"四周"，为"四周年"之误，校改。

很多有新思想的青年出来了，人民的程度也增高起来了……本党此次改组，就是本总理把个人担负的革命重大责任分之众人，希望大家起来奋斗，使本党不要因为本总理一人而有所兴废。"那次大会中，总理便提出组织国民政府的议案来，而且有一番很恳切的说明，说明成立政府的种种必要。同时他并且提出后来遗嘱中所载的建国大纲，请大会批准。当时大会决议通过总理所定的一切原则，使全党对于这两点先努力宣传起来，等到相当的时期就组织政府，实行建国大纲。这是民国十三年第一次代表大会时的情形。

我们再回溯到以前，在民国九年一月一日，广州军政府成立时，总理就说过组织政府的必要。当时非法的北京政府，本党当然不承认，那么，我们自己便不能没有个政府，为对内对外的地位。到了这年五月五日，总理便由非常国会选为非常大总统，正式组织了政府，而且积极进行北伐。可是当时本党中的叛逆陈炯明等一班人，总是反对总理，北伐的事业也给他们闹糟了，甚至革命策源地的广州，也给陈炯明蹂躏了一番，于是两广陷于极纷乱的状态中。总理民国十二年回广州，所以没有再组织政府，而只以"大元帅"名义支撑一切的，就是因为当时的军事更比政治急切，对于叛将的肃清，是一件急不容缓的事，那时不暇组织政府。直到民国十三年代表大会中，总理才再有组织国民政府的议案提出，"国民政府"四个字才出现于世界而标入革命史的记录中，连同建国大纲也就正式与国人相见了。

后来总理北上逝世，兄弟便召集在广州的担负政治责任的同志到大本营来商量以后的办法，这是成立国民政府的动机。本来总理北行的时期，叫兄弟留守广州，主持大本营一切事务，兄弟因为当时的环境，在事实上无可推让，才勉力负起这个责任；后来屡接总理病的消息，乃至病剧的噩耗，兄弟便深觉党政一切，断断不是兄弟以"代理大元帅"的名义所能办下去了。同时又觉得在这个时期，我们正应该完成总理的遗志，正式组织起国民政府来，由全党同志去负荷救国的大责任。所以在那次商量之中，兄弟便坚决主张组织国民政府。离开总理逝世不到四个月，国民政府便以中央执行委员会政治会议的决定，在四年前的今天，于广州市公园内开成立大会而成立了。

那时广东方面，东江已经平定，杨刘等叛将已经消灭，军事早就没有像总理在世时那样困难。同时因总理在十三年代表大会以来的提倡与指导，党的能力，党的精神，也比以前不同。同志之中都认识这个时候非按照总理的政策，总理的主张，就国民政府这个组织去切实施政不可，于是赶将政府之下的各部，一一成立起来；虽然组织上不能如现在的完备，但是大辂椎轮，规模已经粗具了。当时国民政府委员也是十六人；此外又有监察委员会，相当于现在的监察院。国民政府以下，同时并组织了省政府，与广州市政府，以确立行政系统。军事则有军事委员会，与行政机关一同受党的指挥。自从我们在广东成立了国民政府以后，政治军事，不久都有了显著的进展，全国人民对于本党的革命能力，也增加了信仰，而国际间也认识了中华民族并不是没有真正的领导，它的复兴的机会就要遇着了。这是今天回想起来，觉得极可庆祝的一件大事。

至于在国民政府的过去四年之中，还是以军事上的成功为多。这种军事的成功，完全是靠党的领导而得的。这一点，同志们幸而不曾负总理的遗志。但是，党能够领导出这样军事上的成功来，又全靠的什么？是靠它的本身又受着总理精神的领导。在过去军政时期中，我们从平东江，平杨刘，以至北伐的勘定武汉、规抚江南、收复幽燕、完成统一，我们军队的一切物质，统统够不上敌人的，而我们终能得到胜利，扫除革命的障碍，结束军政时期。在物质以外，我们到底凭借了一种什么东西呢？这是大家都明白的，总理对于革命大业虽未能及身完成，虽未能继续领导，可是他遗留下的他的主义和政策，就是遗留下他全部的精神，却永远不损不灭的。有这种精神一直贯注在本党整个革命事业的过程之中，彻头彻尾，从没有感觉不足的时候。如果以后全党同志能继续过去四年中的精神，不断地努力，始终不负总理的遗志，那我国的革命事业，于最短期间，一定可以完成的。

不过国民政府以往的工作是破坏工作居多；我们敢说：在全部革命工作中，这是比较容易的一部分。至于以后，训政开始了；第三次全国代表大会已经根据总理遗教，定下一切政治建设的大方针了；最近二次全会，更根据大会的决议，详细厘定，而且还附以时限了；日前由中央政治会议①移文到国民政府以后，政府已经完全接受下这些使命了：责任的逼紧，既已到此，国民政府应该如何加倍的奋斗，再去实行总理所订的建设革命！政府断不能因为训政时期环境较为平稳，自家地位较为稳固，而于不知不觉之中，有所懈怠、疏忽、或贪图舒服、逸豫、甚至

---

① "议"，原作"义"，误，校改。

以为六年的训政时期很长，凡事不用怎样加紧，那就完全违反了革命的精神了！凡属"政府"既是权势威力之所积，最容易引诱或陷溺它的本身于腐败，如果把一个至大至公的机关，维持在它的各个份子的私心上，那是最危险的！国民政府是产生于革命的根源上的，应该要力矫此弊。不过大家更须明白：我们以往四年中，可算是专门去做破坏工作，而结果不过剪除了国内已成形的最大的几个军阀，扫去革命前途一重最大的障碍。今后的训政时期的时限，只比过去的军政时期多了两年，表面上虽说是专门去做建设工作，而实在临到建设时，一定还要遇着大大小小各种障碍的，一定还要随时随地，随事随人，做种种大大小小的破坏的。可见今后的工作，是破坏与建设兼而有之，要比以前加倍的繁重，而时间仅不过较多二年，大家对于这几年的光阴，还能有一分一秒的抛废吗？国民政府今后一定要不负总理在第一次代表大会时所给予我们的一条遗训，就是"革命救国的责任，应由同志们分担"，然后才能不负四万万同胞以及举世各国的期望。政府今后要认清总理所谓"革命尚未成功，同志仍须努力"的话，以及遗嘱上所称"最短期间，促其实现"等话。四年前广州南路还未平静，军阀的反动，更时时思逞，至于更大一点的范围，广东的四面，格外都是敌人，可是因为我们信仰主义极笃，认为本党的主义一定会成功；又因为能矢志实行主义，所以自信力也很强；再将对于主义的这种信仰，对于自己的这种自信，传播于同志同胞，于是发生极大的力量，而于最短期间，打破一切革命障碍，完成统一。政府同人现在仍然要照那样信仰主义，坚定意志，由信仰与自信之中，生出一种力量来，并且推广出去，一定要于未来六年之中，完成训政，那么结果的事实成功，与所坚决的意志一定会若合符节的。

实在说：自从北伐完成以后，以及最近的未来，我们还谈不到甚么建设；一切事情，只在那里整理而已。但在这种整理之中，我们已遇到许多的障碍了。已往如此，以后在准备各种建设之中，我们所遇到的各种奇奇怪怪，始料不及的障碍，正不知要有多少！这是政府同人心上应当有的一个总预料，而在进行计画之中，就应当有一个总预防。一方面我们将来所遭遇的实际程度是往往如此的低下，而一方面我们心中所有的总理的遗教，却又极高。对于极低的，我们固然只有一个打算去提高它，断无迁就妥协之理；同时我们对于极高的目标，也只能有一个志愿，就是贯澈始终地到达它为止。以前许多同志，都以总理的理想为太高，便把总理的理论分做了纯粹理论部分，与可以采行的部分，那是很错误的！国民政府今后万不可也存这样的心理。再则国民政府是在本党领导之下的，本党同志应该认清总理遗教的程限在那里，领导政府，拿定方针去做。党既是政府的灵魂，政府的脑筋，要推动政府，便如机器中原动力的马达一样：究竟总理教本党去做电力，还是汽力，还是人力，本党先不可弄错了，或降了格，或减了力，或失了时。本党的原动力如果充分在相当时期以后，才能考核政府的成绩如何。总理在时，有些同志常生误解，对于总理的信仰，和对于自己的自信力都嫌淡薄，每以总理为立于万仞高峰之上，而自己妄自菲薄，不肯努力踏着总理的脚步跟上去，以致国家一误十多年！现在总理虽逝，但是一切遗教，完全确定，不容谁有误解。如果本党同志的心理，以后还是不免摇惑不定，那一定不能推动政府去做成一个实行三民主义的政府，实行五权宪法的政府。这一层，在今天庆祝国民政府成立典礼之中，大家应该各自提撕警觉的！

甚么是监察院的责职[*]

——十八年九月十六日立法院 总理纪念周演讲词

（1929 年 9 月 16 日）

　　上星期有一件值得注意的事，就是国民政府监察院成立了。在党治之下，我们早就希望造成一个廉洁公正的政府，以实施训政；可是监察机关未成立，监察权未使行，无论如何，我们对于政府都不敢放心，所以我们对于监察院的需要，非常急迫。我们在未谈监察权以前，先要明白党治下的政府，究竟负着何种责任。党一面代表人民行使政权，一面组织好一个政府，将治权交给它。党的政权行得好不好，全看政府的治权行得好不好。党治之下，如果没有好政治表现出来，党怎么配代表人民呢！政府如果有几分不善，无以满足人民之所期望，政府的信仰就有一部分丧失，党的信仰一定也随之而减轻了。如此，一般反动者，造谣者，便有机会来离间人民与政府，或人民与党了！所以政府的成绩不好，足以累得党国人民，同陷于困难之境，其责任，其关系，是何等的重大！

　　照总理权能分开的学说，政府所有的治权，可以认为"能"。以与党所代行的政权的"权"相对峙。总理又说过："我们要有一个万能的政府。"的确，政府的"能"，是十分要紧的。但是好比个人一样，才德两端，相提并论，才固要紧，德尤要紧；政府固然要"能"，尤其要"好"。政府遇事不行固然糟，政府遇事如果不好尤其糟！好政府可以进而充实力量，逐渐"行"起来；如果能力很行，而操守不好的政府，妄

---

　　* 本文出处：《胡汉民先生文集》，第 3 册，中国国民党中央委员会党史委员会，1978。署名：胡汉民。

用其能力，其流弊将更大，势必至于越做越不好，绝不会做做便转到好处去的。所以政府的公正廉洁，尤重于它的精明干练。党要代人民谋的，以及人民所要求的，第一步总是一个公正廉洁的最高行政机关，由它把所管辖的大小行政机关统统训练的公正廉洁了，然后人民眼前的及身的痛苦才可免除。免除痛苦，就是消极的幸福；先有了这一层，然后再上下齐力，去求精明干练起来，慢慢地为人民谋积极的幸福不迟。所以政府本是重"能"的，但在"能"之前，还要早早达到"好"的一步。

我们要使政府负起上面所说的责任，要政府立刻成为一个好政府，惟有赶紧督促监察院行使监察权。党治下的政府，原受着党的监察；替国民办事的政府，原受着国民的监察：合这两方面的监察精神，实行而表现之，其专责则在监察院。挑起党与人民间行政关系的担子的，是行政院，至于挑起党与人民所有监察责任的担子的，当然就是监察院。从前行政不好，监察不力，党与人民都不知找谁讲话，今后有了监察院，大家都可以责问监察院了。所以国民政府的监察院，是兼对党与人民负责的，二者必不可缺一。

上星期监察院正副院长就职，中央代表致训辞，先曾就"清""勤""慎"三个字立论。后又补充了"公""明""严"三个字。这六个字当然都很要紧。"清""勤""慎"三个字，不只监察院应用得着，凡是党治下的官吏，国民政府管辖下的服务人员，都该遵守。监察院如果能称职，行政人员中的腐化份子，恶化份子，一定都要被清肃了。监察院如果能完全实行了这六个字，又何患不能称职！这六个字中，"清""勤""明"三个字是在自己一方面的，"慎""公""严"三个字是兼对人对事的。要实行这六个字，当然应由己而及人。兄弟刚才在另一个题目下曾说过：做党政工作的人，近来有两大毛病，一是迁就事实，一是瞻徇情面，非痛加革除不可；这两种病，就是不公，不慎，不严。今后用"公""慎""严"的精神来帮助一切政治工作人员革除了这两种毛病，而跻政治于正轨，当然就是监察院的任务了。

有人问：有了监察院，可以监察一切行政人员；假若监察院本身不好，甚么人再去监察它呢？这句话的答案是很清楚的：在训政时期，国民政府的五院同受党命而组织，假如监察院不称职，不能如人民之所期望，本党立刻可以予以改组。又有人说：在满洲政府时代，在袁世凯时代，不也有监察机关么？何以政治的结果，仍旧糟的呢？我们今后虽有监察院，若和从前的都察院肃政厅等一样，那怎么办呢？这一层也可以勿庸顾虑，因为刚才兄弟已经说过，监察院的监察行政，不仅对人民一方面负责，而且兼对党负责，不仅人民在监察它，同时党也在监察它。比从前的监察机关多了个党的制裁，情形一定大不相同。而且监察院的组织，根本注重人选，不是随便找些人来，教他担任了监察职责以后，才各自开始"清""明""勤"的，乃在确定人选时，便十分注重其人的生平，可是早已有了"清""明""勤"的过去成绩，不然，是绝不授以监察之职的。人选之严，既然绝非以前御史之类可比，而除掉人民方面的监督之外，还多一重党的更严厉的监督，那么我们敢说有把握，我们今后的监察院，一定会开我国历史上自来未有的监察成绩的。

说起从前的监察官吏，其缺点很多，最显著的是人选不当，而奉职①无论宽严，动机都不能无私。从前的所谓御史，大抵是翰林或部曹考取的。本来就是清苦的京官，而可以半公开的收受外官的冰炭二敬。则其操守也就可知。在初到任后，每每要随便找一个人开一开刀，无中生有的参他一本。在这个人当然是倒霉，在都老爷却不过是卖广告，出风头，博一个直言之名，甚至另图升迁之道而已。等到一炮放过以后，如果一切还是照旧，便什么都完了。从前有过一个笑话：一位御史做衣服，裁缝问他："都老爷已荣任几年了？"他很奇怪地说："你问这话干什么？"裁缝说："假如大人荣任不久，气度一定是昂昂然，胸脯一定挺得很高，衣服必须前面长些，后面短些；如果荣任久了，那么胸脯一定不挺，而且腰一定会呵下来，衣服就得后面长些，前面短些。"从这个笑话中，就可知从前的监察精神是如何了。到了袁世凯时代，依然是前清的风气，所以他要做皇帝，那些肃政使个个都不敢讲话。惟其人选差，存心差，所以不讲话固然不对，就是讲话也未必尽对，这是我们的监察人员今后所要痛戒的。

去年兄弟在欧洲时，知道我们的北伐快完成了，便提议成立五院，回国后中央党部便实行起来，拟定国府组织法。有许多人不明白，训政时期如何便实行五权，当时费了许多解释的功夫，大家才了解。其实现在的五院制，与将来党政时期的正式五院不同。现在是以党建国，以党治国，乃由党授政权于政府，使分别组织五院，而仍然合起来成为一个国民政府。将来宪政时期的五院，是完全分立的：我们假如不在训政时

---

① "职"，原作"织"，误，校改。

期先有试行五院的预备，将来到宪政时期，骤然行起那种分立的五权来，一定不行。总理没有说非到宪政时期不能有五院的组织。我们察看国内情形，觉得这种试行，这种预备，实在是必要的，所以就决定组织起来。只要看前此民国十五年，国民政府初成立时，早已就有过监察委员会，与行政立法司法的机关并立了。现在本党统治的地方加大，政府的组织如何能不更求周密与完善？五院的成立，又如何能延缓呢？

我国向来为注重人治的国家，监察权的独立行使，秦汉以来，一直就如此了。后来因为官制变更，大官多而小官少，大官不大做事，都拱着手在那里做床上架床的官长。因而有人说：做事的人少，而做官的人反多。只有知县是亲民之官；知县上面有知府，有道台，有三司，还有督抚，差不多都是管官之官，而实际做事的职务反少。到了现在，省政府直接县政府，从一方面看，是汰去许多不做事的大官，从另一方面看，却是在县长上面，陡然抽去了两层耳目较为接近的监察人员，如果没有其他的补救，那是很危险的！现在各省政府对于所辖的各县政府，每感耳目太远，精神不能笼罩。县长在地方上有所不法，虽经人举发，也极易被他蒙蔽粉饰。虽然有些特殊区域，分为行政区、绥靖区等，另设几个委员办事，但这些区分，这些委员，都不含有监察地方的性质，省与县之间，终于隔阂着。究竟不能提纲挈领，至于中央对各省之间，也有这种毛病。动辄发现省自为政的坏现象。一省有什么事情，中央也无从洞悉。尤其是交通不便的省份，如云、贵、陕、甘、新疆、西藏等省，隔膜得格外厉害。我们对于华盛顿、柏林、巴黎、伦敦等处的消息，反不隔膜，而对我们自己的国界之中，反而有一切情形莫名其妙的。与欧美通电，数点钟即可，至多不过一二日，而贵州新疆等处的电报，有非一月以上不能达到的。如此，政治的效能又如何能贯注周到呢？有什么民隐又如何会马上宣达中央呢？官吏的不法殃民，临时有什么事故发生，中央又如何能迅速地加以制裁呢？所以中央如果在平日便设有监察专司，再派监察使到各省去，巡回监察，对于这种种情形，庶乎可以救济。

外国把监察权分做两种：政务官以内阁为最高机关，有国会来监察它；内阁以外的官吏，其监察权都付托于行政长官。如此很容易发生一种毛病，就是中国人所谓"官官相护"，以行政官监察行政官，终于监察得不澈底。但是如苏俄的制度却不然了：他们的立法权与行政权差不多是合而为一的，惟有监察权却绝不与行政权相混。在他国只对于主计机关，财务行政上，监察比较严密，此外便几乎没有监察了：在苏俄却不然，他们对于监察权的重视，简直和总理的意思相合，监察机关不但监察行政，连司法也在它监察之下，所以俄国决无"官官相护"的毛病。他们的监察人员对于任何的官都不怕监察不了，只怕以党治国，党如果出面作梗，它便无所用其监察权了。他们的省也很多，不过省的地位不如我们的大。他们的省苏维埃人员，就是省政府委员，没有一个非党员的。他们起初所成立的省监察机关，叫做农工监察委员会，因为委员都是从农人工人里面找出来的，其监察权很大，并非专门监察农工。但行了不久，便感觉权限还不够。因为他们对党还不能讲话，监察权还是不能畅行无阻。再进一步，便想得最完美的办法了：把党的监察委员会，和所谓农工监察委员会，合并起来，成为一个无限制的监察机关，无论党政，可以所向无阻。这样一个监察机关中的人员，比行政人员的资格要好，经验要足，什么事情都懂得，所以监察作用大著，贪官污吏，以及各种弊窦黑幕，都无所逃遁，而政治就此清明了。

苏俄的监察机关，有许多办法和外国银行信用调查一般，把行政官吏的历史、生活，平日早就调查得清清楚楚。每一个官有什么嗜好，什么习惯，来往的有些什么朋友，有多少财产，一一登记起来。到一个时期，出了什么事情，马上可以根据那些登记的材料，加以审核、断定，谁贪污，谁不贪污，一点不会错。兄弟上次说赤塔政府的五个委员，因被监察委员察出舞弊的情事，立刻被捕，就是一件例子。苏俄的法律，不问党员非党员，财产有一定的限制。例如每月有二百三十卢布进款的人，不能积存过六千卢布的现金，不能有值过一万五千卢布的不动产。有些美国工程师，并不是党员，在高加索一带办理工程的，差不多每月要得二万多卢布的薪金；在旁的地方专门建筑的，而可以赚到二千多卢布一月。这些人与党和政治没有关系，但是也受同样的限制，不许积储现金过六千卢布，不动产值到两万卢布以上。政府要他们有了钱便用去，真正的"量入为出"。苏俄的革命本来是以共产无产做幌子的，当然大家都要无产才对。不过这也是他们根本上铲除贪污的办法，也算得是监察范围以内的事业。他们为使人民官吏都廉洁，每每编些戏剧出来表演，以资观感警惕。兄弟曾见过他们一出戏，名叫《空气之点心》，情节很好，大致是描写他们在行新经济政策以后，官吏如何贪赃舞弊，政府如何施行监察权，如何揭发官吏的种种弊端，使人看了很受感动。

现在服务于国民政府治下的人员，固然有许多不只廉洁，而且能牺牲奋斗，但是贪污的不法的，一定也不免。我们究竟有什么可靠的方法去处理他们呢？自然非借重监察机关不可了。贪官污吏绝非标语所能打倒。标语的作用，还远不如演戏。戏剧的作用已经不够，如果贪官污吏都可以因演戏而化除干净，那真好办了，何况如标语等等，作用更不如演戏，我们能永远倚赖它吗？我们的监察院现在既已成立，大家要随同赵院长与陈副院长，去尽量培养起它的力量来，以增进它的效能于无限，实现公正廉洁的政府，而完成了党治的使命。监察院既然兼对国民与党，两方面负责，国民与党员，必都要对它尽督促之责才是。这是兄弟今天拉杂报告这些话的意思。

从党义研究说到知难行易[*]
——十八年九月二十三日立法院党义研究会成立会训词
（1929 年 9 月 23 日）

今天本院党义研究会开成立会，是值得注意的一件事。本院对于此会，筹备已久，以前已经有过几次想成立了，但都未能实现。国民政府属下的各机关，成立此会的已经很多，而我们今天也居然成立，虽然迟些，却也值得欣慰！

我们对于此会，先应明白这"研究"二字的意义。普通所谓"研究"，有两种情形：一是对于某事简直不明了，很怀疑，要从事研究以后，去确定关于它的一切；一是对于某事已大概明了，但尚不能算真知，所以尚未去行；必欲其行，便说："待我研究研究再定吧"。这两种所谓"研究"，当然都不适用于党义。党义研究会中的研究，是我们对于党的主义，已经坚决信仰，毫无动摇余地，不过如何把它运用到各方面的事实上去，还未能全知，换言之，还未能逐件有头绪，有程序，有方案，而有待于研究。我们对于每件事情，由"毫无所知"到"略知大概"的研究，固然是不可少的初步研究，至于最后一步，达到"真知""全知"的研究，却格外重要！世界的进化，是各种事实的具体表现，这种事实的具体表现，是人类许多理想意识因积贮而表现而形成的。所以一切专门家、学问家，所具有的专门学问，专门理论，不过是一切事业的一种基础；必须这种基础已十分坚固，不致动摇，就它再作进一步的研究，求得到事实上的表现，然后事业才真得成就。我国人向来对于

---

* 本文出处：《胡汉民先生文集》，第 3 册，中国国民党中央委员会党史委员会，1978。署名：胡汉民。

学问，都只做初步的研究，顶多自己成为一个饱学之士就算了，不肯进一步，再做那最后的重要研究，而求益于社会，于是国家便一切衰颓，凡百落后了。我们现在对于一个无尽宝藏的三民主义，如果又犯了这种毛病，只一知半解为足，不求其真知全知而见诸行，一再蹉跎，国家便将永远无望！我们现在对于党义的研究，是已经认识它，已经信仰它，而赶紧凭藉这种认识与信仰，再作进一步的研究，去求阐发它，实现它。这一层关系很重要，所以兄弟特别说明一下。

世界越进化，人事越繁复，事理的精微奥妙，事情的错综变化，断非那知行俱无研究的人所能应付。宋儒说："……至于用力之久，而一旦豁然贯通焉，则众物之表里精粗无不到，而吾心之全体大用无不明矣"。这种一旦豁然贯通的用力，是完全离开事实的，是禅家"顿悟"的说法，不但不适用于今后的世界，且不足以解释以前儒家原有的格物、致知、诚意、正心、修身、齐家、治国、平天下的道理。中国人在过去的时期中，很多被这种"用力"的主张所误，要求什么"一旦豁然贯通"。却终于不能临到这"一旦"。总理以为这个错误非急加纠正不可，于是打翻古来"非知之艰，行之惟艰"的成说，而创"知难行易"的学说。总理说："这个学说，在中国为创作，在欧美却是普通的常识"。我们自来相信总理此说之精确，没有丝毫可怀疑处；而现在有些人发于种种误谬的思想，不正当的动机，竟以为非，淆惑观听，误己误人，实在太荒谬了！传说的"非知之艰，行之惟①艰"两句话，见于梅绩的伪古文尚书，后来的人不究其源委，竟把这种伪说当作天经地义，岂不可笑！以知为易，便视学问为不足道，而不肯深几极研；以行为艰，便事事畏难苟安，废弛停顿。如果以知为难，才会努力求知；因为努力求知，便自然生出行易的结果来，人人去行，日日去行，处处去行，然后才能使世界不息地前进。

总理讲知难行易，举了许多事实做例子，证明知固能行，不知亦能行。有人说："总理讲知难行易，总不曾用医药来证明过"。其实医药方面，他曾用蜾蠃螟蛉来证明过，何尝独讳言于医药！蜾蠃以螟蛉的肉为粮食，便禁锢螟蛉于泥窝中，而以毒液注入其脑髓，使它麻木，好逐渐去吃它的肉。蜾蠃的注射毒液，就是医药上用蒙药的作用。西医应用蒙药，才有几年的历史？岂足比于蜾蠃用蒙药去储粮的长久！这分明是

---

① "惟"，原作"维"，误，校改。

"行之而不著，习焉而不察"，还不就是"知难行易"的道理么？再就普通医药情形看：究竟是给病人药吃难呢？还是决定给病人什么药吃难呢？给药吃是"行"，给什么药吃是"知"。医生如果打破第一重难关，已知病人是何病，应吃何药，然后行起来便很容易了。任何高明的医生，总会遇到自己所不能诊治之症，这并非行难，而是知难，如果知得彻底，行起来决不成问题的。以饮食为证，总理早已说过了，其实饮食就与医药有密切关系。到底吃什么东西最合卫生？食物中滋养料的分配，到底以如何为最当？这些问题，现代医药家还在争论研究之中，并未得着最后的解决。有人主张吃素，有人主张吃荤，但总不能十分肯定而画一之。据兄弟所知，李石曾先生，吴稚晖先生，都是吃素的。李先生行得最有恒，很为得益，但他至今还不能将吃素所以得益的道理告人，不过他个人确信吃素很有益处罢了。世界上凡是最易行的事，最难知其所以然。饮食男女，最易行了，而其理最难知。古代不明男女之理，觉得神秘，甚至崇拜起生殖器来。近世所知的，虽然较多了，但一个胎儿，无论是男是女，都由父母二人亲自的行为造成的，且已好好的造成在肚里，而问起他们来，"究竟是男是女呢"？父母二人自己都不能知道。就是生理学家，医药学家，至今也还未发明一种百试百验的方法，足以断定胎儿的男女。全人类行了千万年的事实，而仍不能明其中的情理，岂不明明是"知难行易"么？

有人说：编遣会议的议决案是容易产生的，编遣的事实是很难实现的。据兄弟看来，不是实现编遣难，而是负责实现者心里切实觉悟何以要实现编遣难。兄弟民元在广东时，见民军二十万之多，深知道非加遣散不可，不裁兵是百事不能举的。于是下大决心，在最短期间，将所有军额点验一过，一面或裁汰，或归并，一面严令禁止招募补缺，事情便解决了。惟其当事人没有把国家民族的环境与前途弄清楚，各个人还恋着过去军阀的游魂，贪图目前"物"的享受，终于没有知道编遣之要，与编遣之道，因而不肯去"行"。如果一经动手行起来，本着已有的决心和办法，逐步去求实现，有甚么难处？孟子说："为长者折枝，语人曰：'我不能'，是不为也，非不能也"。编遣一事，也是"不为"，而不是"不能"；其所以"不为"的，还是由于"不知"，或知之不深，绝非由于难为，这是很明显的理由。

非难"知难行易"学说的人，往往拖出王阳明来做保障，说什么"知难，行亦不易"。我们过细把这句话想一想，觉得它的结果与效用，通通是等于零。阳明说："知是行的主意，行是知的功夫；知是行之始，行是知之成"。又说："知之真切笃实处，即是行；行之明觉精察处，即是知。知行功夫，本不可离"。因此形成了他的"即知即行，知中有行，行中有知"的"知行合一"说。我们要认识：王阳明的学说虽继承陆象山的系统，可是他也很受程伊川的影响。伊川说："知之深则行之必至，无有知之而不能行者。知而不能行，只是知得浅。"这简直就是"知难行易"的注脚了。"知行合一"之说，在理学家的修省功夫上，诚然有相当的价值，但是理论则与事实不符。总理说："我们不应该把知同行不问场合，都放在一个人身上。"王阳明不懂得分工的道理，以为行的人便得知，而不知道"终身由之，而不知其道者众也"，已是一个普遍明显的定例。例如我们能定出一个整个的财政方案来，是"知"，照这个方案去做，才是"行"。行的时候，某也司收入，某也司支付，当其为收与支的行动时，所知的只是整个方案范围内的一部分，并非每支一笔账，或每收一笔账，都将整个的方案提到脑子里头来的。一般事情中，实行者之所知，大抵不过是全部"知"当中的一部分，算不得是真知，这一层要看清楚。我们不能曲就阳明的说法，把"知"看做极简单的一回事。要晓得"一知半解"的"知"算不得是"真知"。总理说："凡真知特识，必从科学而来；舍科学而外之所谓知识者，多非真知识也"。所以没有经过真切的研究，没有找到确实的基点的，不能说是知。实行者临"行"之时，事理上所暗合之知虽甚大，但脑筋中所应用之知则甚微。知与行的道理，的确应该相应合，但知与行的两回事，两种工作，却无从合一。

更可笑的！有人以为"知难行易"的学说成立以后，便将产生"打倒知识阶级"的口号与事实了。殊不知我国自古以来不曾有过"打倒智识阶级"的话，对于智识界只有特别尊重。在古书中，在历代文献上，随处可以看出这一点。我们国民党尤其重视智识，从来没有打倒知识阶级的荒谬口号。总理一生孜孜为学，揭出"知难"之说，教人努力求知，求真正由科学而来的知。他说："革命的基础在高深的学问。"其尊重智识，可谓超人一等。他又说："唯其难行易，我们才要求知。"他主张"以行求知，以知进行"。"以知进行"是大家明白的，什么是"以行求知"呢？比方我们确定一个方针，去试验一件事情，一次试验失败，再接再厉地干去，终于得到一个结果出来而后已，这就是"以行求知"。探险及科学上的发明等等，都属此类。更如日本的维新，总理以为也可算是"以行求知"。他们起初的口号是"尊王攘夷",后来觉得不对,变"攘夷"为"师夷",不久便成功维新的事业。如此是行而后知,就是以行求知。所以"以行求知"在学问上如此,在事业上也是如此,在"知难行易"的学说中,知与行是并重的,绝无畸重畸轻之弊,实行家固不会被蔑视,知识阶级也绝不会被打倒,这是稍具知识的人就可以相信的;其故作疑虑者,殆别有用心耳。

至于近来有人顾虑:假如不要舆论,一切由党里深明主义的人主持大计,去担任了"知难",所剩下的"行易",便随便让什么人去"行";武人也好,书生也好,甚至一切不识不知之徒都无不好,其结果一定很危险,那就是"知难行易"学说的流弊了。其实这是一种笑话,在这一个顾虑之中,实在并无整个的"知难行易"的学说存在,其所谓流弊,完全与"知难行易"学说无关。何以呢?正如刚才所说,"知难行易"是一个整个的道理;"知难"与"行易"两层,是有一贯的系统的,不能分作两撅看。这个道理的实现,虽在各种人的分工上面看出,但所知的与所行的,一定要始终相拍合,相衔接,大家确实在一个原则上。所谓"行易"之"行",一定要按照所谓"知难"之"知";所谓"知难"之"知",一定要应合所谓"行易"之"行"。绝非知此事之难,而可以行彼事之易;也绝非将此事之"行易",附会在彼事之"知难"上面。所谓"知",既是"真知",就是指的主义、政策,或合乎主义政策的种种方案。所谓"行易",一定是按照这些主义、政策、方案去行的,然后才能与总理已经担任了的"知难"有关。一切不识不知之徒之所行,如果胡作胡为,其"行"完全不合于"知"的,其结果虽危险,究与"知难"何干呢?随便指些无根的"败行",来与总理所定的"真知"配搭在一起,强指为就是"知难行易",强指那些败行的危险,就是"知难行易"学说的流弊,不识笑谈么?如果有人打着中国国民党的旗号,肩着三民主义的招牌,去杀人放火,祸国殃民,难道都是总理的不是,都是"知难行易"学说的流弊吗?

唯其一般人的"行"不能依照总理的"知",而且大家每每以为依照总理所知去行太难,所以总理一面教人服从他去行,一面又告诉人,行是从来不难的,已经有知的行更加不难,而且行了决不会错的。但是为求行的效能与速度提高并且经久,当然以既行且知为最好。所以总理又教本党去施行训政。训政就是既教国民去行同时又教国民去知。"民可使由,不可使知"的封建思想,专制办法,总理是决不主张的。在本党施行训政的时期中，必须有所谓"舆论"，这种舆论，应以督促大家努力实行主义为标准，谁不照总理的主义去行，舆论就攻击谁！就制裁谁！至于总理已定的主义、政策、方略，舆论当然无批评辩论的余地，当然要绝对去巩固它们，使成为一种共信。谁摇撼这个共信的，我们为国家民族前途计，就要制裁谁！这正是舆论所应该主张的，舆论自身决不当反而进行这种摇撼。直接摇撼国民的共信，间接就是摇撼国家民族的前途！这种摇撼完全是反动！一定发于反动者本身的糊涂与误解，或不纯洁的动机，它岂足以代表舆论！在这种反动言论之下，总理的主义固然受了侮辱，就是所谓舆论二字，也完全已被诬蔑了！

现在还有一种流行的错谬观念，便是主张赶紧立宪。其实国家过去十几年的纷扰，都是这个错误观念所造成，万不料它现在又来了！总理在民国八年已经说过，民元颁布约法，是如何如何的错误，万不料那时大家不注意的，而十年以来，仍不注意，国民思想的停滞与倒退，一至于此，可发一叹！民国以来，我们是有临时约法的，其内容很有宪法的规模；不过那时大家还指望日后再有一种正式的宪法，所以替它定名为《临时约法》。那时我们不但有宪法，而且有国会与代议士，但是虽有这些东西，而真的民主政治究竟在哪里？十几年来，可曾实现没有呢？国会议员十有九出卖职权，出卖人格，一般的国民从来不负责任，固然说不到监督，且还不知道他们究竟是怎么一回事。后来各省的省议员也都如此，弄得纲纪荡然，国民也只管忍受下去。再后来国会被军阀解散了，国民也莫名其妙。这完全是国民"知"太差的表现，虽有宪法，而国家的一切，仍无办法，徒争宪法何益？更如满清当年，曾定下九年立宪的话，试问这种宪法如果真的按时产生了，我们可要不要呢？再如所谓天坛草案，甚至贿选宪法，我们又要不要呢？这些宪法到手以后，国民的幸福真能随之俱来吗？如果忘记了过去的事实，而强不知以为知，或根据于一知半解，发些似是而非的议论，那时极容易的事，可是这种谬说，又配算舆论吗？

总理在同盟会时代，与同志们所定的"约法之治"。这和汉高祖入关的《约法三章》是一样的意思，是在"军法之治"以后，以革命主义，革命政策来治国，和人民相约，以资信守。但是后来竟弄成宪法性质的约法，已非总理的意思。总理确信中国人民非经过训政不能实现民治。训政没有实施，地方自治没有办法，便是民治的基础没有稳固。试问如何能实现民治呢？以现在的情形论，编遣未定，军事未能尽妥，不是还有反动的武人发生乱事，国家虽有宪法，又有何用！结果还不是走上民元以来已经走过的那一条路么？

还有一层：我们现在并不是没有根本大法，总理的遗教，以及第一次代表大会宣言，便是我们的宪法。而训政纲领，更是本党施行训政的要典。在党的最高决议中，和国民政府公布执行的法令中，早已规定了人民最根本的权利，及全国高级官吏的重要的职权。三全大会的决议案中，更显有这种规定，稍稍关心国事的人，应该无不知道。至于训政一层，更为任何国家所必经的。总理初时所决定的"约法之治"，其实就等于现在训政的作用，现在改为训政，不过意义上更为明显罢了。知有宪法而不知有训政的，可谓不明治理！一切国家，经过一番大变动以后，马上就该训政。俄罗斯的鲍尔希维克；意大利的法西斯蒂组织内阁，那是最显著的。此外如法国内阁为维持纸币的价格，而领袖人物侵占了国会的立法权，由它自己在宪法上另加一条说："维持纸币的事，交给内阁全权办理"。德国应时势的需要，曾造成一个领袖内阁来统治国家的政权。土耳其一时不能不采用军国主义，而不明白的人便以为民治制度将自此破产。殊不知凡此种种，都是各国的训政，事实上万不可少的。在他们自己只懂这样做。并不知道什么"训政"不"训政"，这也是"知难行易"的例子之一。假如我们相信世界进化的道理，我们便可断定，在民治主义已经昌明的今日，各国断不会再开倒车，回复到君权，神权时代的老路上去。无论列宁也好，慕沙里尼也好，米乌拉也好，表面似乎都是专制，其实都是一种训政的手段。既以专制为一时的手段，那么所以专制，总要有一种目的。如鲍尔维克现在以无产阶级专政，这种专政如果无目的地延长下去，又何优于革命以前的俄皇的专政？他们所主张的学说的老祖宗马克斯说过："无产阶级是为的德模克拉西而夺取政权"。这话如果是真的，那么无产阶级专政的最后结果，一定在求民主主义的实现。否则不但违反进化原理，时代潮流，而且与自己的主张也矛盾起来，除掉失败覆灭以外，还能有什么其他的结果吗？

至于重用专门家去解决一切建设的问题，那当然是一件极重要的事。政府对此，本很注意。因为国内的专家太少，且不得不借材于外国。即以本院立法而论，就早已如此办了。每一问题发生，总是召集院内外各方面有专门学识或实际经验的人，共同研究，以求最善的结果。我们诚然已有三民主义为我们立法的原则，但所立的法如何才能对此原则，丝毫无憾，而且果然应合国民目前的需要，那实在不是易事。除掉自己责职所在，尽量努力外，如何能不集思广益，咨询于专门家之前呢？引用专门人才一层，必须事业进行的方向已定，然后才好引用，所引用的专门家才好致力。现在财政方面的外国顾问就说："你们自己要先定了主意，我们才好替你们规画；否则我们是无能为力的。"足见我们人民现在对于国家民族的根本救济法，万不可再有一毫犹豫或反顾，万不可在一部分人的行为偶有不依轨道时，便根本连那轨道究竟是否正轨，也疑虑起来，那样迟疑不前，或自相惊扰，实在是自误！自杀！因为我们的环境太坏，实在不容我们再迟疑下去。再迟疑就终不免于危亡！真正忧国之士，一定要看到这一点。国内无论什么专门家，都要挺出身子来服务，以共救危亡。大家在根本上无猜无嫌，同抱一团为国家民族的热诚，然后知无不言，言无不尽，意无不善，善无不从，所谓专门家，才不自负负人，误己误国。至于本党，只恨从来没有遇过忠诚直谅之友，所遇的对它不是诱骗，就是攘夺。它诚然有时不健康，但它从来就没有遇着党外什么好医生，能够指出它的真病象，告诉它应吃什么药，并且便把那种药递给它吃，这是它所最遗憾的！

现在仍旧归结到党义研究上来。总理最初学医，对于自然科学极有研究。以后周游各国，对于政治经济等等，有了广博的考察，便得了精深的悟解。加以他好学不倦，又经过几十年的实际革命工作，然后才确定他的学说和主义。同志们对于他的学说和主义的信仰，应该确切不可摇动，并且积极地谋增进，与日俱新，然后才能真如总理所说："以科学的精神，本知难的省悟，努力去求知，在真知中得着实现主义的各种详细方案。"总理生平求知的方法，我们应该仿效。仅仅死读书，是不会求得真知的。所以我们研究党义，也不能仅以书本为工具，阅书以外，至少讨论是不可无的。此后我们可以组织讨论会，兄弟也可以参加讨论。

总之：各机关研究党义一事，绝非官样文章，绝非奉行故事。党义与我们平日的一举一动，都很相关，无地无时不当留意。更无人可以自满，以为他是不用研究了。如果这样，其人的一切，一定只有退化，而不会进步。主张维新的康有为先生，原是一个很聪明的人，学问也很不错，很有些独到的见解，但他自己太自负了，从戊戌以后，便不事学问，一切自以为是的胡搅，一切便一天一天地退化下去。兄弟在民国前七八年，就断定康有为的一切，以为此后只有退化，而不会进步，结果果然如此，也太可惜了！所以如今各机关同人，于工作之余，研究党义，不但对于党义可以有精进，并且也是促进各人一切学问事业的一个总枢纽。同志们行之既久，当能证明兄弟这句话不错。

编纂法典是革命建设的基本工作[*]
——十八年十一月四日立法院总理纪念周演讲词
（1929 年 11 月 4 日）

兄弟上星期曾说，我们责备自己要重而周，责备他人要轻以约，明显的说，是要以超人待己，以物观待人。照本党目前的情形，做党员的以及身负政治责任的同志，即使唯日孜孜，还不能尽我们所负责任之十一。自五院成立，政治的组织，比较已有端绪，负政治责任的人，都已划定专职，可以各个分别去努力。兄弟想，假如我们个个人对于自己的职务，能竭力扩大他的可能范围，努力去做，一定可以减少一般无谓的责备，自己也可以不负党和政府的托付，共同负起真正推进政治的责任了。做工作的人，——尤其做政治工作的人，对于自己的工作，应该是狂于进取者，而不是偷闲取巧者。这所谓狂于进取者的"狂"，是要狂到和神经病者一般，所做的工作，才有效率可观。从前人说革命党人是犯神经病的，因为革命者的生活，以革命为中心。日有所思，思革命；夜有所梦，梦革命。一制度，一事物，都在想如何去革他的命。总理致力革命四十年，精诚无间，愈挫愈奋，再接再厉，莫非以"狂者"的精神为其工作的原动力。古人说："用志不纷，乃凝于神"。"凝于神"便是精诚无间的注脚了。

立法院是负荷立法责任的机关，在过去一年中，大家很能认清本职，拼命努力，在工作上，总算已有相当的成绩。本院的外国顾问，曾对兄弟说，中国立法院的立法工作，真是紧张得可惊，多数委员，都不辞劳瘁，猛烈进行，草案条文，都字斟句酌，不肯放松丝毫。据他说，

---

[*] 本文出处：《胡汉民先生文集》，第 3 册，中国国民党中央委员会党史委员会，1978。署名：胡汉民。

他所经过的——曾做过顾问的几个国家，对于立法工作，从来没有像我们立法院这样努力的。我们听到这种话，一方面诚然觉得在以往的时期中，我们对于工作，总算还不失职，而一方面想到立法院立法工作的繁重，职责的重大，更不能不再接再厉，冀得更大的成绩。过去一星期中，兄弟除上午出席旁的会议外，自星期三起，连日下午主席本院民法债篇审查会议，平均自三时起至晚十时止，足有六小时以上的审查会议，搅到晚上睡觉，便晚晚做着修正条文的梦，这也许由于兄弟的脑力不充分，才发生这种现象。但是兄弟相信，本院委员中，一定也有如兄弟这种情形的。这一星期中，自星期二起，除上下午开大会外，每日晚间，还得重开审查会议，审查民法条文，希望本院同志，能再以迈①往的精神，继续努力，完成这编纂民法的第二步工作。

在革命的过程中，法的地位和要求，是最重要而急迫的。刚才说过：国民革命的目的，是要建设一个三民主义的国家。而三民主义的法律，乃是建造三民主义的国家的唯一工具。因为它是整个民族的社会生活和社会力量之规范，能使之集向于三民主义的实际建树的。我们承军事破坏之后，所承受下来的，是整个空虚残破的中国，略一观察，便知道已处处异常急切的期待着三民主义的建设了。概括来说，社会要求安定，就需要谋人民生命财产的保障，民族要有组织，便需要确定国家和人民责任义务的分际，民生要求解决，便要求社会经济利益，能在平衡的保护和鼓励之下，得以发达。试问这些任务，出法律以外，更有什么能负荷的呢？

从另一方面说，法律的性质，又有似乎教科书。因为法，原是教导人民于日常生活中得到共同的规律，而整齐社会的组织的。古人说："君子怀刑"，又说："刑不上大夫"，这两句话，骤视之似乎矛盾，因为刑既不能及上大夫，更何必去怀他呢？可是我们细绎其义，便知所谓刑或法，乃在使人明了公私的分际，君子大夫，能怀刑，便能有法的意识，不致随意犯法，受法律的制裁了。可知法之为物，正是一册伦理实践的教科书，是人民共同生活的基本训练。我们中国，数千年来，不注重法治而注重人治。儒家治国平天下的大道，都归本于正心诚意，历代相承，文人学士，都耻言法，以为非尧舜之道。如苏东坡之流，攻击王安石，目为离经叛道，以及一般学者，攻击秦之"事不师古"，汉之

① "迈"，疑作"过"。

"因承秦弊"，都是排斥法的表现，这种见解之偏颇错谬，一半亦由于时代观念之不同，到现在也不待我们来纠正了。不过现在乃是三民主义的时代。我们今日所要解决的，是如何建设三民主义的社会和制度的问题。要达到这个目的，已绝对不能如儒家和古代的法家，只靠主观上承袭古制的观念来求治，而急须根据着三民主义的内容，定出创造新国家新文化的伟大原则和计画，以及一切规范人民公共生活的法律，已无疑义。所以这个时期的立法者，固然要有深邃的眼光，以主义政策作立法的根据，便是国民，也都当增加法律的智识，养成法治的精神，期使所立的法，真能尽法的效用，早纳人民于轨范之中。

末了，兄弟要附带报告关于公私法编订的先后问题，民国五六年时，兄弟与许多同志，曾经将这个问题，请示过总理，当时国内的智识阶级，都主张速颁宪法，以为这是挽回国运的不二法门，而我们却觉得要解决政治问题、社会问题，非专靠公法所能成功。尤其推进民族，改良社会，私法的力量，更较公法为大；在日常生活中，人民与私法的关系，也较公法为密切。所以先定私法，以轨范人民的生活，比较更为重要。总理对于我们的见解，很以为然。现在民法债篇，本星期内大致可望通过，物篇已在起草审查中，年内也可以完成。此外如工厂法、公司法、海商法、破产法、保险法……等，亦正分别起草，尽年内公布。本院同志，要深切认识党和政府，既以立法的责任，付托我们，我们惟有黾勉坚忍，提起精神去干，须知辛苦我们个人的事小，而稽延国家民族的建设事大①，何况我们既许身党国，便早已牺牲了我们的自由，赤心为党国来努力的呢？我们希望院内个个同志，在这个时期，都要加倍努力，先求尽自己的本职。总使彼此之间，大家能不愧对才好。

---

① "建设事大"，原作"建事设大"，误，校改。

撤废领判权的现状与我们今后的努力 [*]
（1930 年 1 月 6 日）

各位同志：去年国民政府明令宣布自今年一月一日起，撤废领事裁判权。到今日，已有多天了。我们在报纸上见到各国对于我们撤废领事裁判权的态度，虽不能尽如我们之所期，但也不闻有什么坚决反对的议论和任何反对的理由。可知我们宣布撤废领事裁判权，在理论上，事实上，都有坚强不拔的根据，为任何强横的国家，所不能阻扰或非难的。

在过去数日中，各关系国对于我们撤废领事裁判权表示更多同情的，要推英国。英国外相汉德森氏，发表牒文，声称"英政府甚欲竭力造成良好空气，愿俟允以一九三〇年一月一日为逐渐废止领判权的办法在大纲上业已开始的日期。英政府并准备从事于详细的谈判"云。同时并训令英国驻华公使蓝浦森爵士，离平来京，从事谈判。我们对于英政府这种真诚友好的表示，认为更将促进中英间的友谊；而于他们这种远大的目光，实更予我们以深刻良好的印象。

总理在遗嘱中，曾很明白的告诉我们，要："联合世界上以平等待我之民族，共同奋斗。"自总理逝世，我们便以这一句遗训，为我们外交上唯一的政策。明白说来，凡能以平等待我的民族，我们便与之为友，且与之联合而共同奋斗；凡不能以平等待我之民族，我们便认为我们革命的障碍，而不能不力与抗争。兄弟前年在英国时，英国外交当局，曾问兄弟说："在过去的时期中，中国政府，何以同俄国十分亲善，而于英国，则十分仇视呢？"兄弟很简单的回答说："我们前此之与俄国亲善，完全为他们肯放弃帝国主义者传统的侵略政策，而以平等待我。

---

* 本文出处：《胡汉民先生文集》，第 2 册，中国国民党中央委员会党史委员会，1978。署名：胡汉民。

后来他们不守信约，且借他们在我国的外交机关妨碍我们国民革命的进行，我们当然不能再与为友，甚且绝交了。至于英国，在已往的时期中，实未能以平等待我。我们认定中华民族，非反对帝国主义，便无以自存。英国是帝国主义的首班，我们首先反对，自更不能有丝毫异议！"的确，这是我们在外交上数年以来所抱持的大方针。我们今后，更将秉此进行，以废除不平等条约，贯彻我们求取中国的自由平等的主张。

在条约上，最先取得领事裁判权的，是英国，而最先在条约上允诺撤废领事裁判权的，也是英国。一九〇二年中英马凯条约，对于撤废领判权一点固已有明白的规定，而此后历次宣言，很明显切实赞同我们修约的，也以英国为最。一九二六年英国北平使馆代办公使向华盛顿条约关系各国代表所提出之说帖，即主张"修改条约之事，及其他悬案，俟华人自行组成有权力之政府时，即与之交涉"。"各国对于中国当局，应表明无论处何境地，若其所提议合于情理者，……亦愿予以同情之考量，以答中国对于外人利益公允周密之待遇，更应表明各国之政策，力求维持中外辑睦之邦交，固不必坚持中国先行成立强固政府之说。"虽然这种种良好的表示，为事实所限，至今未有具体的成绩。但是现在他们能首先对于我们十九年一月一日撤废领事裁判权的原则，表示赞可，并立即遣使和我们接洽。我们相信以素重信义著闻的英伦政治家，决然本其宿愿，使今后中英间关于撤废领事裁判权的交涉，益趋顺利。我们对于他们此次真诚友好的表示，也不能不认为更将促进中英间的友谊了！

兄弟曾说过："一切帝国主义者，如果为拥护固有的权利，维持既得的地位，对于弱小民族，只知道压迫榨取，而不知道扶助；只知道承袭八十余年来一贯的传统的侵略政策，而不知道此种政策之背叛时代潮流。其结果必归失败。"因为一个民族，——尤其是已经觉醒了的民族，当他企求复兴，企求恢复固有的地位时，任何巨大的压力，都不能阻遏它，使它雌伏的。中华民族，现在已深切明了所处的地位，是次殖民地的地位，为求恢复我们固有的自由平等，已决计本着总理的昭示，努力于不平等条约的废除。我们的目的一日不达到，我们的努力，也一日不敢松懈。实在，凡一切有远见的，以及真以维护正谊公道自命的友邦，在此时期，早该从事实上显示其同情和援助，自行主张抛弃其一切不正当的权利，革除沽恋旧物的毛病了。

记得十三年，总理北上，绕道日本，陈说日本应协助中国废除不平等条约的理由时，曾对神户新闻记者说："日本在三十年前，也受过了这种痛苦。如果有同情心，推己及人，自己受过了痛苦，当然不愿别人再受。当然要帮助中国，废除那些条约。"又对门司的新闻记者说："所有中国同外国所立的一切不平等条约，统统要改良，……日本的二十一条，也当然在改良之列。中国的古语说：'己所不欲，勿施于人。'假若英国对于日本，也有二十一条的要求，你们日本是不是情愿承受呢。"总理这种话，一般日本人，固然未必能懂。但我们现在推想总理所言，觉实含有深切而浓厚的意义。总理所说的同情心，便是大学的"絜矩之道"，"絜矩"的成立，完全根据于"平等对待的关系"。明白说来，在消极方面，是"己所不欲，勿施于人"。在积极方面，尤其要"己立立人，己达达人"。这一个观念的尽量扩大，便足以致世界于大同。我们相信世界各民族的自由和繁荣，必须以互助做基础。人类社会，所以天天过着猜忌攻击残杀的生活，实由贪图目前的小利，昧于互助的真义而起。今番英国赞同我们撤废领事裁判权的表示，虽然真实的结果，还有待于两方谈判。但他们能不斤斤于固持既得权利，而肯从事协商，这种远大的目光，在现代世界的情形之下，已够得上予我们以深刻而良好的印象了。

今天举行十九年度第一次纪念周，同时是我们十九年度正式开始工作的第一天。兄弟屡屡说过，在革命过程中，法的地位和要求，是非常严重而急迫的。因此本院同人的工作，最为繁重，而所需要的努力，也最为迫切。过去一年中，我们的立法工作，幸有相当的成绩。但兄弟静眼观察院中同志，在工作上，固不见如何荒怠，而遵守规则，服从纪律的精神，还未免太嫌欠缺。一个人，最要不得的是习于浪漫，不要规则，不守纪律，散漫杂乱，惟意所欲。如果如此，其结果必至于堕落而无可救药。中国人所以陷于贫弱，为一切帝国主义者所鱼肉。这些习于浪漫，——不知尊重时间，实为一个最大的原因！

普通人都说名誉是人的第二生命，兄弟便说，工作与时间，是人的第一生命，并觉得第二生命——名誉，必须从第一生命而来，方为确切。我们生存于世，生存的时期，便是时间。我们在这些时间中，必须有优良的工作，才算获得有意义的人生。世界是不断地进化的，人类是该不息地创造的。所以生命的根本，是不断的自我创造，亦为不断的自我表现之努力。而时间与工作，也便不期然而成为生命的唯一要素了。兄弟常想，中国人最大的毛病，在缺少进取的勇气，和创造的能力。徒以卑屈之懦性，进而为习惯上的顺氓。萎靡不振，了不知人生之意义与价值，归根究底，则不知时间之可贵，和工作的重要，这种情形不用说是致此唯一的原因了。就国家来说，有此顺氓，为金钱之虚掷，就种族而言，养此顺氓，乃精力之浪费。流毒所届，非至亡国灭种不止，本院同人，应先深识此意，力图自拔，才不至虚耗宝贵的人生，陷国家民族于万劫不复！

从一国人民的是否宝贵时间，便可以断定一国的盛衰强弱，从一个人之是否宝贵时间，也可以断定这个人之有无价值。中国人不宝贵时间，便不知道遵守规则与纪律，我们的国家，也就以此而益陷贫弱，人民的生活，也就以此而益趋颓放了！在本院中，有许多同志，也不知谨守时间，做纪念周时，往往过时而到，或竟至缺席。这样，在办公时间，一定也有类似的情形了。试问以此精神，做立法的工作，能否不愧对总理给我们"奋斗""努力"的遗教呢？我们要十分认识我们的学问，未必便过人，能力，未必便胜人；在工作上，孜孜不怠，尚决不定能得到优良的成绩，告无愧于职责。所以律以"勤能补拙"之义，则宝贵时间，并力工作，实为我们必须具备的精神。兄弟常觉得欧美人的珍惜时间，严守纪律，实为一种最良好的道德，为我们所必须则效的。据说拿破仑有一个私人秘书，来办公时，天天迟到。一天拿破仑问他："你为什么天天迟到呢？"这秘书说："因为我的表，已不准了。"拿破仑说："这样，我现在有两个解决的办法；不是你换你的表吗，便是我换我的秘书，用那一个办法，就请你决定吧！"我们试想，这是何等严峻而深切的言辞！从这种言辞中，我们已可知道拿破仑对于时间，是如何重视了。最近王亮俦委员，自海外归来，告诉兄弟一件事，尤足使兄弟发生无量的感慨；他说："国际法庭中，有一位年逾八十的法官有一次开会，偶以配表不准，迟到五分钟。这位老法官，在大会中，便自承认错过，请大会予以相当的惩戒。"我们看，这种精神，又该是如何的可佩！本来，谨守时间，在各项集会中，尤其感得重要。一个盛大的集会，如果与会者都不能遵守时间。那么我迟五分钟，你迟五分钟，他也迟五分钟，并合算来，各人浪费的时间，便很可观了。更把一年到头的集会统合计算起来，那种损失尤其利害了。所以兄弟个人在工作上虽不见如何忙碌，但和本院同志相比，总算不得是较为闲空的一个人，然而从不因不守时间，致耽误了你们宝贵的光阴，这些地方大概也值得我们自己来检点和督责的吧！

　　兄弟向来不敢轻于责人，惟有纪律所在，却不能丝毫假借。民国元年，在广东都督任内，因为都督府人员，不很得用，便用裁遣民军的办法一日之间把他们一律裁撤，另行任用，并不敢有丝毫敷衍。大家要知道，我们担任了什么职务，便该负什么责任，如果不能称职，便是党国的罪人。尤其本院同志，大家都做立法的工作，如果自己不能守法，更将何以责人？今天兄弟讲这些话，希望各位同志，本"有则改之，无则加勉"之意，先痛痛的自己检点一番！

民族国际与第三国际[*]
——十九年七月二十日讲于南京新亚细亚学会
（1930 年 7 月 20 日）

一、民族国际的始议与讨论

帝国主义者之间常常有临时缔结攻守同盟，和维持帝国主义者优越地位处分平均分配掠夺利益的国际联盟的组织，共产党也有谋全世界共产党联合的国际运动，从第一国际第二国际乃至现在为苏俄所操纵的第三国际；那么被压迫的弱小民族，在图谋独立解放的共同利害的立场上也应该有国际的联合，这一种谋民族解放的国际运动就叫做"民族国际"。

民族国际的主张本是总理的遗志，可惜这个主张没有实现，总理倒先去世了！这是被压迫民族间一个何等重大的损失！

当时总理主张民族国际的动机和内容，我也不大清楚；不过民族国际这件事是由我向总理提出来讨论的。我对总理说：

> 我们中国民族实在太大，所以中国民族的革命一定要得到国际间联络和帮忙；我们中国民族自己对于革命当然负责甚重，而对于一般的弱小民族也应该扶植起来，为扩大革命势力确定革命基础起见，应有民族国际的组织。同时我们对于共产党的态度，固然以我们自己能造成自己的力量能和他们离开为首要，但此时我们不可不知他们的内容。

---

* 本文出处：《胡汉民先生文集》，第 4 册，中国国民党中央委员会党史委员会，1978。署名：胡汉民。

总理就答道：

> 就你所举的第一点是很对的，我们正应该向着这个目标去做，譬如菲列滨的革命我们是联络他并且帮助他的。对于其他的民族也是这样。至于第二点所说的我们要商量一下才行。

我是完全接受总理的话，并且申说第二点的理由：

> 商量也是很好的，不过我觉得这件事总不可少。现在共产党寄生我党，偷偷摸摸好像当侦探一样，此时我们实在不可不自己主动，自己把民族国际组织起来。

后来总理把鲍罗廷找来，说明要组织一个主持国际活动流通国际消息的机关，总理并且把我所提出组织民族国际的主张也告诉鲍罗廷。鲍罗廷在表面上是很同意这种主张的，他当场说："我很赞成，不过这个责任是要胡先生担任下来的。"我摸不着鲍罗廷的意思，而且我的外国文不大行，当然不便担负这种责任。我对总理说明此意，总理似乎也是要我负这个责任。因此我也就提出我的办法来，我对鲍罗廷说：

> 第一步我们就要组织国际局，首先就是要和你们联络。你们把材料随时供给我们，我们可以随时来找材料。同时呢，更希望你们共同来参加！

我说了这番话，鲍罗廷就当场说可以找人来帮我们，可是我等了多时，他始终没有给我回答，这可奇怪了。

不久我便离开广州，也有甚么东方被压迫民族的组织，其内容如何，我不大清楚了。不过我当时所以要提出组织民族国际的主张，就是因为要打破共产党的阴谋诡计。

二、我提议国民党加入第三国际的经过和用意

提议将国民党加入第三国际，我要到俄国去的时候，对于这件事还是始终不忘情的。我曾将此事告诉过精卫，又问过鲍罗廷可以不可以进行，鲍罗廷还是说："这件事是可以进行的。"总之，我之所以为此，是要计算共产党，并不是为共产党所计算。

我到了俄国，看见反对派杜洛斯基（Taotaky）正在反对干部派斯达林（Stalin），他们的互相反对，却是以中国问题为争执之目标。我看了这种现象就很不高兴，以为拿别一个民族革命的事情来作为自己权利

之争，这就是最不革命。当时候季诺维夫（Zinohviev）刚刚和杜洛斯基联合反对史达林，就是被称为新反对派首领。季诺维夫是主张把中国问题分开放在第三国际里面，而不要史达林暗中偷偷摸摸地揽。我的主张在表面是和季诺维夫相同的，而根本上是不同的。我也是主张中国问题应该公开地放在第三国际里面，这是和季诺维夫相同的；不过我提出这种主张我是站在中国国民党的立场，主张国民党公开加入第三国际，第三国际里面的一切情形我们都要晓得，一切事情都要国民党自己负责，这完全是为国民党自身打算。这是和季诺维夫根本不同的。季诺维夫晓得我要把中国问题公开放在第三国际里面的主张，他很高兴，他认为利用的机会到了。

事情是很巧的，刚刚史达林也晓得我有这种主张。这明明是对于史达林的不利。他马上就找我谈话。带着严重的神气对我说：

> 你这一个主张是站在国民党左派的立场上提出来的，国民党的右派是否同意你这一个主张呢？如果不同意，那你这个主张根本还没有得到国民党本身的同意。况且全世界的帝国主义者都注意中国问题，你们把中国问题公开放在第三国际里面，恐怕弄巧成拙，事情反而弄不好了！

我说：

> 不错，不过我的意思却不是这样。我以为你们如果承认国民党是同志，就应该正正式式联络，断断不可用暗昧的手段。因为用暗昧的手段就不是同志，这种暗昧的手段无异是暗中去弄他。我们国民党仍旧是国民党，如果要联合，那我们只有直接参加第三国际。

我说这几句话明明是反驳史达林的，弄得史达林也无话可答了。接着我又说：

> 我们公开加入了第三国际，世界帝国主义便要忌嫉我们，其实是不成问题的。假使我们的联络是真的，要么就是他们忌嫉我们，我们有什么惧怕呢？况且我们在暗中联络，他们也是一样忌嫉我们，或者他们的疑忌还会因不明真相而更甚呢！

我说这许多话，理由是很正大的，史达林要想在理论上驳我，当然没有办法，于是史达林的说话就转变了一个方式，他回答的话似乎在说话之外别含深意。他更带着严重的神气说：

你这个主张在党部还没有决议案，非得审慎不可。同时我们要晓得凡事不能过于求速，看我们俄国的革命自一九一七年至一九二三年才能收回远东共和国，为的未到时期，且留他作一个缓冲；今回你所提的案子，我想请你保留半年！

我细看史达林的神气，细味史达林的语意，我明明白白晓得季诺维夫和史达林对于我的提议，一个欢喜，一个生气，都是想拿中国问题来作为政争的工具。史达林用暗昧手段处理中国问题固然不对，而季诺维夫想把中国问题公开放在第三国际，也未始不是出于利用投机的心理。况且我在俄国是赤手空拳，在史达林、季诺维夫互相斗争与利用之下，我自己固然有我自己的主张，但是我何苦做他们争斗的工具呢？所以我仔细想了一想，这个提案就是保留半年也未尝不可，反正我们的态度已经表示明白了。我因此轻淡地回史达林道：

我是一个提案人，不过提案到第三国际来商量罢了；决议的权还是在第三国际，我是没有权的。

史达林听了这话才放心了，我平日和史达林谈话时间都是很短的，惟有这一次谈话，前后几乎费了五六个钟头，史达林几乎费了九牛二虎之力来对这个问题，于此更可见史达林对于中国问题的暗昧与私心了。

后来史达林一面用了种种方法叫我不要坚持原案，一面又运动东方委员会委员长鲁意，他是印度人，在革命军攻下武汉后，他曾经到过武汉的。由他提出异议，说是中国共产党反对，不愿意中国国民党公开加入第三国际。当时我这个提案，季诺维夫已经完全赞成了，英法德的共产党也是赞成了；可是这个案子的审查是归于东方股，这自然落在史达林的圈套里面了。

第三国际委员会开会那一天，他们会将开完，季诺维夫是在主席团，就邀我到主席团的台上谈话，季诺维夫就问我：

这个案子现在我们决定尚待保留，这是一层；第二层呢，我们认为中国国民党尽可来参加，有话尽可来说，实际上，等于参加我们了。请问胡先生满意这个决议吗？

我看大家的神气似乎都怕与史达林闹翻，我当场答道：

"我是一个提案人，提案不通过我当然不赞成的；不过大家的意思既然这样决定了，我提案人也不好有什么异议；况且大家都是革命同志，我何必坚持原案呢？"

为我提了这案使他们闹了一场，事情总算就是这样结束了。

三、容共与加入第三国际不能相提并论

总之，我之所以提议中国国民党直接加入第三国际并不是讨好季诺维夫；我之所以不坚持原案也不是讨好史达林，我纯然是站在中国国民党的立场为中国国民党打算。

总理在日，我向总理提出组织民族国际的主张是要我们国民党自己来领导国际的民族革命运动；我到俄国提议中国国民党直接参加第三国际，就是要我们国民党自动的加入第三国际，自己便有自己的地位，可以不受共产党的操纵与暗弄。所以民族国际的主张和加入第三国际的主张是前后一贯的，精神统一的。我的用心，可以很坦白地完全给人家看。记得前年精卫在巴黎，有人写一封信给他说："汪先生主张国民党容共联共，胡先生主张国民党加入第三国际，如果汪先生有罪，那么胡先生更有罪了。"这几句话简直太巧妙。试问我主张国民党加入第三国际，是不是把国民党送给第三国际呢？假使我也是用国民党送给共产党的做法，把国民党送给第三国际，那么我对总理是大逆，对国民党是大罪，而共产党的史丹林、鲍罗廷等，有什么不愿意呢？老实说：我所以主张加入第三国际，就是本着当时的组织民族国际的原意，使中国国民党独立自主，不受共产党的操纵愚弄，同时可以拆穿共产党第三国际的西洋镜，我的意思实在和这位写信给精卫的人的意思完全相反的呵！

四、将来民族国际之组织

将来我们是否再需要民族国际的组织呢？民族国际的组织，确是很需要的，况且这个主张本是总理的遗志。我们早已和俄国绝交，第三国际的假招牌，又已揭穿，我们自己组织民族国际，在事实上是绝对的需要，毫无疑义的。不过要组织民族国际就要在我们自己的力量上和外交政策上有详细考虑之必要；否则有时会"非徒无益，而又害之"。将来民族国际在何时组织并且怎样组织，我们同志应大家仔细来研究。

考察新土耳其的经过和感想*
——十九年九月二十日讲于南京新亚细亚学会
（1930 年 9 月 20 日）

一、对于新土耳其立国根本两点的批评

土耳其是一个新兴的国家，我在赴欧考察的时候，专门到土耳其去考察了一下。

固然走马看花式的考察，不能完全看清他们真实的情形，但在匆匆的一瞥中，耳之所闻，目之所见，也往往发生很多的感想。

我对于新兴土耳其的立国根本有两个疑问，当我和土耳其新政府教育总长见面的时候就把这两点提出来询问：

第一点我问的是："土耳其现在已不要回教，单拿纯粹的国家主义来代替了回教了，但这种国家主义是否能充分代替回教的信仰呢？"第二点我问的是："现在土耳其以民族主义立国，土耳其的能创建新国，以得力于民族主义者为多，但对于民权民生却不大注意，将来是不是要百尺竿头，更进一步呢？"

关于第一点的回答，他说："我们不要回教，因为回教已不行，已不够我们应用了。有人说：'回教的精神很勇猛，土耳其新兴建国的精神，大概得之于回教'。其实从事实上证明这句话并不见得真确，历次御外侮而作战，其中最勇猛的，是非回教徒，而不是回教徒。"这些话诚然也有理由，不过我以为土耳其的复兴，回教的精神所给予他的力

---

* 本文出处：《胡汉民先生文集》，第 4 册，中国国民党中央委员会党史委员会，1978。署名：胡汉民。

量，是不能一笔抹煞的，回教徒有一手执利剑一手执可兰经的勇猛精神，古代回教徒，干许多轰轰烈烈的创国建国的事业，都是根据于这种精神：这种精神化合在土耳其人的血液中，在这一个内忧外患的时代，就变成最崭新最精进的复国兴国的精神了。可是他们行之其不知所由，以为得到这种惊人的成功，完全是国家主义的精神的感召，真所谓"不知庐山真面目，只缘身在此山中"，土耳其人自己不了解自己，我们局外人是一看便能明白的。

关于第二点的回答，他说："我们立国之初，当然要侧重民族主义，然后才可以建立一个强盛的民族国家，所以对于民权民生不能顾及的地方。但我们是必须要渐渐注意到这些问题的。单就民生问题来说，土耳其工人很少，机械工业的工人简直可以说没有，农人也是这样；所以共产党在土耳其是暴动不起来的。现在土耳其对于民生问题的解决，不是侧重分配，而是留心到生产的创造。帝国主义的经济侵略是我们新政府所最注意而防御最严密的，凡是外国人在土耳其开设商店，只许经理者用外国人，以下的管账伙计工人通通改用土耳其人。外国人在土耳其经商的只好服从这种法令，这个办法为土耳其人解决了不少的生计问题。"从这个回答中，我们可以晓得土耳其所以能很快地造成兴国的大业，就是因为他们的意旨精神和能力通通很坚确很强烈地集中在民族主义上面。它的成功，就由他的纯民族主义的力量。至于他的缺陷，也就是在偏于民族主义，而对于民权民生便不免有所偏废。土耳其对于民权方面有种种不合宜的地方，而对于民生的解决办法，也是采取民族的民生主义，单纯的取缔外国人经商的经济侵略。所以土耳其在以民族主义兴国以后，更要努力民权民生的解决，这样，土耳其的政治，才可以达到完善的境地。

二、和土耳其创国领袖之一席谈

谁都晓得凯末尔（Must apha Kemal Pasha）是创造新土耳其的第一个大功人。说到他很有趣味，他近二年来什么事也不管了，因为他有病，不能处理繁剧，所以他总是到处"微行"。土耳其的人民都很崇拜他，原谅他，大家说："他是我们新土耳其的唯一的功人，唯一的恩人，让他去游散游散吧！"所以要找凯末尔真难极了，什么人都不容易会到他。我们在土京的时候，要想会凯末尔，可是不晓得他究竟到了何处

去。代理凯末尔执政的，也可以说是借凯末尔之名以掌权的是伊斯美帕
沙，（Ismet Pasha）他是一个军事出身，而很勇猛精进的人。我就和伊
斯美帕沙会见，作一度深切的谈话。

伊斯美帕沙神气奕奕，目光炯炯，确像一个英明的创国的领袖。他
是出席洛桑会议（Lauanne congress）的总代表，在会议席上，是争得
很凶而使许多欧洲代表惊倒的令人咄咄称奇的一个奇特人物。我们会见
的时候，我就说："你们在洛桑会议席上实在算是大成功了。"

他很庄重的回答说："这算不得什么成功，我们是战胜国，当然会
得到这种结果的。"

我说："你们在外交上不是成功了吗？"

"这也不尽然，我常说这不是我们外交的成功，而是我们全体国民
总团结的力量的成功。那时我们全体国民都上下一心，拼命努力，如果
洛桑会议席上我们不能得利，我们马上可以退出和他们开仗的！所以这
并不能算是单纯的我们外交上的成功。"

这些回答的话，都很有道理，可见他们当时的成功，并非出于偶然
了。后来我们又谈到党政的一般关系。我问："你们的党和政府的关系
是怎样的呢？"

他说："说到我们的党和政府的关系，我可以拿一个很明显的事实来
奉告：凯末尔是我们的大总统，同时是我们党的总理；我是内阁总理，
同时是代表凯末尔行使权力的，所以我也是代表凯末尔做党的总理的。"

这几句话很可以表现伊斯美帕沙的精神，同时，也可以包括土耳其
的新政治的精神。

继续以上的谈话，我们又谈到委员制的问题，我问到委员制的利弊
和土耳其政府对于委员制的情形，他老老实实说："我不相信委员制能
有多大的成效，在一个贤明的能干的领袖之下做出来的事业，一定要比
委员制之下所做的成效来得快而多。我想将来的政治的组织，委员制的
功效恐怕是很小的吧！"

后来他也问我们中国革命所抱的主义和与党政的关系，我就概括地
一样样地告诉了他。并且问他："土耳其将来能不能像我们中国这样做
呢？"他说："这是各国的情形不同，中国有中国的特殊情形，拿我们土
耳其来和中国比较不过等于中国的一个行省罢了。所以我们现在还不能
照中国这样做。"他这几句话，确实"有所见而云然"的。

我在土耳其和新政府当局会见谈话的情形，约略如此。

三、土耳其新政府之特点

土耳其新政府的特点我们可以看得到的有几点：

第一是努力于教育的普及。土耳其人民一般的知识程度，本来很差，新政府要创建新事业，必须有新知识，才可以做得通。例如土政府命令外商在土所设商店除经理外通通用土耳其人，外商固然不能不服从土耳其政府的法令，然而土耳其人的知识程度都不够做这种商业，这也不能不算是一种缺陷。所以在这种地方，所注重的，并不是权的问题，而是能的问题。权的问题可以力争，而能却是由修习而来的。新政府因此大办师范教育，以师范教育为普及全国教育之初步。我们相信土耳其新政治，在教育上一定可以得到很大的成就。

第二是财政的统一。土耳其政治上最可以表现新精神的，就是财政的有条不紊，毫无私弊。别国财政上种种恶习惯坏现象在土耳其都找不到。当凯末尔提师作战的时候，曾一度败退于安哥拉① （Angora），他当时就命令各军的财政都要统一于陆军部，后来各军财政固然统一于陆军部了，他认为还不够，他再下命令陆军部的财政要统一于财政部，结果都统一于财政部了。凯末尔这种统一财政的魄力和毅力，确是可以佩服的。新政治的成功与失败，所关于财政的统一与不统一的关系上是很大的！

第三是命令的统一。命令的统一，也算是土耳其新政府的特殊精神，凯末尔平日创造新政，也最注重这一点。他曾下令在二十四小时之内把土耳其全国人民所戴的红帽子通通脱下，结果土耳其全国人民果然遵命把红帽子统统除掉了。要举办新政，最要紧的是全国人民都能服从命令，都能立刻实行，否则政府的命令无论如何有道理，政府的三申五令，等于打在木头上面，请问新政如何能够推行呢？

土耳其的新兴不是偶然的，我们负三民主义建国使命的同志，眼看土耳其一日千里的进步，将作何感想呢！

---

① "安哥拉"，原作"安拉哥"，误，校改。

谈所谓 "言论自由" *
（1930 年 11 月 10 日）

　　各位同志：阎锡山已于上星期通电下野，许多人都以为讨逆军事，从此可告一段落了；不过事实上究竟是否能如我人所预期，还不能作确实的判断。据最近北方情报：知道阎锡山还有兵十余万，现时除太原各处大规模的兵工厂，仍继续赶造枪弹外，还别求帝国主义的接济，可知阎之通电下野是一件事，而发号施令，阴谋蠢动又是一件事。在这种情形之下，要结束北方军事，实还有待我们最后的努力！

　　总理说过："国民革命之目的，在造成独立自由之国家，以拥护国家及民众之利益。"在过去的时期中，军阀便是阻碍我们国民革命的唯一的敌人，所以军阀不打倒，国民革命便没有成功的可能！这是很显然的。总理又说："北伐之目的，不仅在覆灭曹吴，尤在曹吴覆灭之后，永无同样继起之人。"这一段话，尤其来得深刻精警，为我们讨逆工作上不可移易的原则。就眼前的事实来看，阎锡山虽然通电下野，似还没有打消他再起的决心。这样连阎的本身都会再起，那更不必说 "以后永无同样继起之人" 了。这一点，全国人民，目前都已有相当的认识，所以希望政府对于一切军阀，以后不宜姑息，而务必取断然严正的处置！此外广西方面，李黄诸逆，也有通电下野之说。但是我们对于李黄等等，正如对于阎锡山一般，最少须等到他们真实觉悟，释兵远行，才能停止我们军事的行动。

　　军事料理完毕，政府的第一件大事，便是肃清 "匪共"。最近政府曾派好多军队到湖南江西等处，负绥靖地方的责任，现在都已经到达

---

　　* 本文出处：《胡汉民先生文集》，第 2 册，中国国民党中央委员会党史委员会，1978。署名：胡汉民。

了，到达以后，便要开始围剿作澈底的解决！兄弟对于肃清"匪共"这件事，向来十分重视，而且认为军事当局看肃清"匪共"，应该比扫除军阀还要重要。历来军人，都有一个错误的观念，以为"匪共"是乌合之众，胜之不为武，败亦不算辱，于是遇到"匪共"，只是随随便便的对付，有的愈弄愈糟，甚至拱手敛避任人民受他"蹂躏"了。殊不知军队是应该保护人民的，军阀因为殃民祸国，所以需要军队去讨伐，土匪共产党也是同样的殃民祸国，何以所谓革命的军队，便要掉以轻心，懒于剿灭呢？前几天有一位武装同志，曾把这个意思训谕部属，并说："我们对于肃清匪共这件事，必须格外的努力，讨伐阎冯是卫国，肃清匪共是救民，所以肃清匪共的用兵，其意义不在讨伐阎冯军阀之下。"我们从这位武装同志的"见理之明"，便可料定他的"任事之勇"。如果个个武装同志，都有这种觉悟，不能不使我们十分感幸了。

最近工商部在南京召开全国工商会议，兄弟因为中央国府和立法院的种种会议，没有功夫去参加，但就一星期来工商会议的经过来看，很可见得中国工商界的进步。以前兄弟在广东，广东人把商人批评做"虎头牌"，甚么是"虎头牌"呢！就是政府立甚么捐税，那些商人便争着承包，在商店门口挂起一块牌，写着"此是重地，闲人免进"的话：商人本来要懋迁有无，转运货物的，现在却反其道而行之，专门代替政府来征税，这样的商人，不是很可笑么。后来兄弟到上海、南京各地，听见上海商人都欢喜交易所和买卖标金地产等等，便知道上海商人，并不比承包捐税的广东商人高明，因为这种商人，还没有明了商人的意义与任务，专门在仅有的饭团中抢食，实在太可怜了！可是此次工商会议中，集合了几百个工商界代表和专家，各种提案都应有尽有，而且着眼点很广阔，并不偏于一隅，专以利己为前提，尤其对于发展国际贸易等等，有很完美的建议，这与广东的虎头牌，与上海的交易所，无论精神形式都已有很大的不同，所以在事实上，我们不能不承认中国工商界，近年来已有极大的进步。

有人说，参与工商会议的代表，所提的案，都站在各个的立场上，并没有一个能从全部工商事业来着想的，这不能不说是一个很大的缺憾。可是兄弟想来，假如个个代表，真能站在各个的立场上，说出自己的需要和期望，并厘定今后一切改进的方案，这比专门家所代筹的，一定要高明切实得多，我们能把它综合起来，不是可认为整个中国工商业的需要、期望，并获得了今后改进的方案么？大凡召集一种会议，最主要的目的，是在集思广益。所以工商会议的代表能站在各个的立场上，提出自己的主张和要求，就某种看法，是不能认为缺憾的。不过所谓各个的立场，各个的希望，是比较的？不是肯定的。归根结底，总不能失却国家民族的立脚点，报载，吴稚晖先生在工商会议闭幕时说："我们无论做那种事业，可以做好，也可以做坏。"又说："中国人做事，是先想为子孙发财，西洋人做事，则完全出于好奇心，他的大目的，是想以小造物与大造物争胜，一切科学的发明，技术的进步，都渊源于此。"这真是有见之言。我们归纳这两段话，乃是希望一切做事的人，不要为自己来打算，而当彻头彻尾为全体人民整个社会来着想。兄弟觉得任何人，——尤其从事工商事业的同志，于此必须有深刻的体会！

总理说："人人应该以服务为目的，不当以夺取为目的。"这是我们持躬涉世一条最简单最严明的训条。甚么是服务呢？服务是以牺牲的精神，努力工作，谋最大多数的最大幸福的工作的对象。不是自己个人，而是全体人民与整个社会。本来就社会学的观点，个人是社会的，不是个人的，明白说来，必须有了社会，才有所谓个人的价值；如果竞求一己之利，则皮之不存，毛将焉附？所谓个人者也，一定十分空洞了。根本这个道理，更可知道法律上的所谓权利，也纯粹不是绝对的，不过在某种情形之下，我们暂认义务为权利，在文字上予以假定而已。吴先生说："中国人做事，是先想为子孙发财。"发财的本身，并不是一件坏事。但为子孙发财，便完全失却服务的目的，我们要如总理所言，为整个中国来发财，才厘然有当，不至陷于严重的错误。中国过去，唯其人人想为子孙发财，所以泪①没了好奇性与创造性，大家鸡鸣而起不肯孳孳为义，却去孳孳为利，贪赃枉法剥削人民的——军阀官僚，也就层出不穷，使无告小民，天天过着呻吟憔悴的生活，我们把整个中国来算一算，为子孙所发的财究竟何在呢？这些事实，真可做我们——尤其是从事工商业者的严重的鉴戒。

上星期中，中央常务会决定停止新闻检查，想各位都已经知道了。检查新闻原是军事时期不得已的办法，这种办法，也许为若干新闻记者所欢迎。记得兄弟前年由欧洲回国，在上海遇到几位记者，兄弟便问："各位对于检查新闻究竟有什么见解？"他们说："假如政局平静，没有军事发生的时候，新闻检查，是绝对不必要的，如果时局不好，那就又

---

① "泪"，原作"泪"，误，校改。

当别论。因为这个时候，我们做新闻记者的或许不明了政治的实情，在记载上难保没有错误和偏见，有政府检查，我们的责任，便可以轻卸了。"这段话，确实具有相当的理由。但是这所谓新闻检查，依兄弟看来，虽然因不得已而举行，然而事实上，终于是非常困难的，举例来说：检查新闻的人，见解不一，去留稿件，往往没有一定的标准，一篇同样的新闻，南京的新闻检查者认为可以登载，上海的新闻检查者，却认为不妥，把它扣留了，有时同在上海，这家报馆的检查者认为可登，而那家的检查者却偏偏不许，这使报馆当局，常发生很多的疑问，以为同一稿件，而检查者的处置各异，或许有什么作用吧！这是在过去的时期中，常常发现的事实，所以军事一定，我们便把它停止了！

其实，在军事时期，我们也不一定要检查新闻，而后来所以不能免于检查的原因；也是若干报纸所引起的。当阎冯未叛的时候，中央本"与人为善"的决心，对待他们是十分优渥的，后来愈闹愈糟，中央已不能不取断然的处置，可是若干报纸，还登载着许多偏阎冯的新闻，有的甚至特别敷陈些阎冯谬误的主张，为叛逆来张目，中央与地方，固已没有分际，是非与顺逆，也竟不再计及了。一个国家，应该有一定的国是，政府也应该有严正的纪纲，照当时若干新闻纸错误的认识，糊涂的心理，试问国是如何能定？纪纲又如何能立呢？这是我们希望各地新闻纸能十分明了十分谅解的一点。那天中央常会，讨论这个问题的时候，有人以为湖南江西等处，正在肃清"匪共"，对于停止各该地检查新闻一事主张暂缓，兄弟以为不然，因为假如湖南江西各地，还有报纸为"匪共"讲话，那办报者的本身，一定是"匪共"无疑，只须严重惩治，更不必去检查了。不过新闻检查停止以后，正如刘芦隐同志所言：完全将言论的责任交还给新闻界了，新闻界今后尤其要本对于国家民族利益的认识，做发表言论的张本，才能负起新闻界真实的责任。

言论自由，是民族国家人民的基本权利，为任何人所不能剥夺的。但是所谓自由必须在法律范围以内，换言之，必须在国家民族的利益范围以内，如果超越这个范围，那是放任，不是自由，我们认放任为自由，则我们中国人的自由，早已为欧洲人所不及了。所以总理说"……我们的革命目的，是和欧洲的革命目的相反，欧洲从前因为太没有自由，所以革命要争自由，我们是因为自由太多，没有团结没有抵抗力，成一片散沙"；接着，总理并警戒我们说："因为是一片散沙，所以受外国帝国主义的侵略，受列强经济商战的压迫，我们现在便不能抵抗，要将来能够抵抗外国的压迫,就要打破各人的自由,结成坚固的团体,像把士敏土参加到散沙里面,结成一块坚固的石头一样。"

可知这种危害国家民族利益的放任式的自由,中国过去,实在已经太充分了。今日中国所要求的自由,不是这种放任式的自由,而是国家民族的自由。换句话说:我们自由的精神,要用到为国家民族争自由的上面去,更要以不妨害国家民族之自由为范围,因为只有国家民族,才是自由的源泉,舍国家民族的自由,而别寻所谓个人的自由,我们可以断然地说是一种重大的错误。

事实是很明显的:处于次殖民地的中国民族,帝国主义的侵略,已经剥夺了我们整个民族的自主权。在这种情形之下,试问我们个人,还有什么自由可言!除了遵照总理遗嘱,于最短期内废除一切不平等条约解除帝国主义的羁绊以外,我们确信已再没有自由可求了。这个道理,是全党同志,乃至全国同胞所共同承认,没有疑义的。可是最近见到中国有一切求自由的所谓哲学博士,在伦敦泰晤士报上发表一篇长长的论文,认为废除不平等条约不是中国急切的要求。于是泰晤士报的编者便在题下注着说:"下面是中国一位著名学者的论文,他的主张,自然可以代表中国智识阶级的意见,可见中国政府要求废除不平等条约,我们尽有辞可以答复之。"当我们正在苦心孤诣,向帝国主义者交涉废约的时候,而我们中国的所谓著名学者,都会来此一著,加多一切帝国主义者的藉口,以稽迟我们自由平等的求取!在他个人,无论是想藉此取得帝国主义者的赞助和荣宠,或发挥他"遇见溥仪称皇上"的自由,然而影响所及,究竟又如何呢?此其居心之险恶,行为之卑劣,真可以"不与共中国"了!

罗兰夫人说:"自由自由,天下几多罪恶,假汝名以行。"我们看到上面的事实,更加证实了这句话的真确性。这些所谓著名的学者,每以争言论自由为标榜,并竖起了所谓"人权""宪法"等牌号,他以为现在要求真正的言论自由,并达到保障人权的目的,非用英文与外国人打交道不可了。于是在外国报纸上,大发其十分荒谬的言论,希望一切帝国主义者,加紧其对于中国的侵略,继续维护其中国已得的特权。照此看来,还不如爽爽快快的入英国籍,做英国人,言论可以自由,人权也得以保障了。吴稚晖先生说:"在久乱之世,而欲求一日之安者,决当立一偶像标准,无人敢叛,方能相安一时。"又说:"否则人各一理由,根本原则不立,任何代价,亦不能获得和平也。"这几句话,是吴先生为对求和平而说，其实要求得所谓自由，甚至要保障什么十八世纪的人权，又何能外此！

对于随便什么事，先要拿所谓学者的态度去研究，原不是一件坏事。但要明了：要我们研究，是一件事，而不须研究，务须执行，又是一件事。即使务须执行的事，也要把它研究一番，也必须纯粹拿"中国"学者的态度来研究，才不致上帝国主义的大当，做帝国主义的工具！至于废除不平等条约，乃是总理的遗教，全国人民一致的要求只有执行，更无所用其研究的了。在过去的甚么国际会议中，我们中国常常拿什么问题去供他们研究，这简直是笑话！即以撤销领事裁判权收回租界来说。我们的主权，是要完整的，外国人在中国，不能管中国的法律如何，监狱如何，必须受中国法庭的管辖。有什么研究可言！我们所要研究的，是人类应该讲公理，不尚强权。何以我们海外的华侨，被帝国主义者的殖民地政府横加压迫呢？一切弱小民族，如台番等等，又何以被帝国主义者侵略残杀呢……这些问题，我们研究清楚之后，便要马上想方法来救济和扶助，这才是我们的责任，才是所谓学者的态度！如果以国家已经决定的政策，举国一致的要求，再去研究，甚至想什么方法来中伤这个政策的进行，那简直是受人穿鼻为虎作伥。以此而为学者，这所谓学者的价值究竟又何在呢？

总而言之，任何自由，都各有各的限制，所谓言论自由，如英国法国等宪政国家，应该算自由到极底了。然而事实又不然，记得以前英国有一个官吏辞职，某报不察，误载"辞职"为"免职"，一字之误，这个官吏竟大大的发怒，向法庭控告，要求赔偿名誉损失，结果报馆竟破费了几万金。再如法国当欧战时，一位财政部长死了，某报误载了财长夫人的闲事，这夫人便和报馆交涉，结果竟把报馆记者打死了。闹到法庭上，财长夫人以为开枪是自卫的行动，不能称做有罪，这个案也终于不能了结。可知报纸之所谓言论自由，也不是无的放矢，随便可以乱来的。尤其可笑的，民元二年兄弟在广东，有一个报批评兄弟说："这个人，本来什么事都行，只是鸦片烟的瘾太大，未免太自废了！"兄弟看了，却没有如英国某官吏这样到法庭去和它涉讼，不过觉得可笑而己！因为第一兄弟生平，早上从不过五点钟起身，试问这样早起的人，会抽大烟么？其次，兄弟在广东事情之忙，凡相知的，都十分明白，甚至天未明就要批答函牍，或见客人；到厕所，还要看书报，或想做文章，试问这样忙的人，又会抽大烟么？兄弟虽从来不屑与这种无聊的报馆计较并且常劝军政界的同志不必理论，但是此类的言论自由，先已自灭其价值，而随口造谣，遇着认真一些的人，诉之法律，便不得了了。这是好讲言论自由的人，所要认清的。

我们十二分希望中国舆论界真能代表人民的意思，担起指导政府监督政府的仔肩。因为从舆论的有力与否，可以看出一个民族的文野，而政府的本身，又是时时需要舆论的指导和监督的。不过同时舆论界对于发表的言论，必须负荷政治的道德的责任。换言之，必须完全在国家民族的利益范围以内，至于甘心做帝国主义的走狗，以国家民族为牺牲的，那简直是丧心病狂者流，自不值我们来齿及了。

二年来立法工作之回顾[*]

——十九年十二月五日立法院
二周年纪念会演讲辞

（1930 年 12 月 5 日）

今天是本院成立两周年的纪念日。遵照国民政府组织法立法委员以二年为一任，所以今天除本院两周年纪念外，又是立法委员任满而本院立法会议暂时宣告闭会的日子。在一周年纪念的时候，兄弟曾说过："我们的立法，是以三民主义为最高原则的。"的确，在训政时期，立法院是奉从党的命令，推行党的政策而施以治权的机关之一，其一切自然应该以党的主义为依归。所以我们立法，必须先由中央政治会议确定原则，然后由本院按照原则起草条文和法案，并不敢有所增删和损益。我们确信唯有三民主义的法律，才是实现三民主义的工具。所以三民主义在立法上，正如航海的罗盘，远行的南针，应该遵行毋悖，自不待烦言了。

二年以来，我们在这个精深博大的三民主义的原则之下，负荷着莫大的立法的使命。所以黾勉坚忍，资为工作的路向的，便是"胆大心细"四个字。唯胆大，所以要不顾一切把把凡不合于本党主义者摧陷廓清，摒除我们革命的障碍；唯心细，所以"卑之无甚高论"，务使一切法律，真实做到"令今可行"的地步。记得有一位外国法学者，曾这样的说过："天下最容易的事，莫过于立法者立一条行不通的法律。"假使我们不顾时间，不顾空间，只依一己的便利，拣那如这位外国学者所言最容易的做去，我们的立法，便全然失却本意，总理给我们的使命，固

---

　　* 本文出处：《胡汉民先生文集》，第 4 册，中国国民党中央委员会党史委员会，1978。署名：胡汉民。

不特无由完成，人民对我们的期望，也必无法满足。这更是我们两年以来，所刻刻提心，引为深戒的。

兄弟去年说过：我们举行周年纪念会，（一）在自己检查自己；（二）在自己慰劳自己。今天我们举行二周年纪念会，其意义仍然如此。就第一点来说，自去年举行周年纪念会以来，时序推移，到今日又已整整的一年。一般人都知道立法院的工作很紧张，的确，这一年中重要的法典如商法、海商法、保险法、乃至实施总理民生主义的土地法，和规范人民生活的民法等等，都已全部完成。此外，如体行民权主义的自治法保障劳工利益的劳动法等，也全都制定了。院会共开过五十八次，两年合计共有一百二十一次，不但每星期没有流会过，而且还时时增开临时会议，故就工作的质量来看，与去年相较，虽然不见得有特殊的进步，但也并不比去年怠慢。

有人说：立法院的工作，所以质量兼优，全在制度良好，为什么呢！因为在立法上有政治会议为他决定原则，所有委员，既不是职业代表制也不是地方代表制，而是纯粹由党所选任的。由于如此，各个委员，便没有所谓个人的背景，遇到任何案件，都平心静气地研究，自然尊奉党的意志，一心一意的努力立法了。这个说法，在事实上实在非常确当，在外国往往对于某一案件，要研究几多年，起草完成，还要慢慢的通过，固然，细心审慎，是立法者必具的精神，不过我们的立法虽速但也并不敢草率忽略，更没有如苏俄一般今日一法，明日一法，搅成前后矛盾，使人民罔所适从。这更是我们可特别告慰的一点。可是自上述的这些法典公布以后，社会上对它颇有不同的批评。有的以为这些法典是真实合乎三民主义的原则，为整个民族谋利益的。有的站在某一阶级的观点上以为这些法典，对于我们的利益未免太冲突了。与某一阶级的利益冲突，确是我们所订的法典中无可避免的事实。然而三民主义的精神，乃至三民主义的革命，其对象不在某一阶级，而在整个民族。这样，三民主义的立法，在某一时间、空间的限制之下，必须斟酌损益，以达到其为全民谋利益的目的，是不容有疑议的。

就第二点来说：所谓自己慰劳自己，正如农人商人一般，既已辛苦了一年，到年终便斗酒只鸡，全家欢饮一下。不过以兄弟论，在过去一年中因为政务太忙，中央、国府有甚么会议，总要出席去参加，于是虽想对于某一事件整顿全神的努力一下，而时间、空间都不够我支配，在党部方面，诚然如兄弟于四中全会时所言，没有贡献过一半聪明才力；

在国府乃至本院方面，也同样的不能贡献一半聪明才力。可是各位委员乃至全体同事都是能勇猛精进，在工作上可告无罪的，所以兄弟今天，对于本院同人，要先表示一番慰劳的意思！

在这完成许多法典的工作中，兄弟该特别提出慰劳的，便是担负审查责任的各委员。制定一部法典，是外部的工作，内里的——完成这部法典的努力，却潜伏着不易使人感觉。这种努力，兄弟无名之，名之曰"中间工作"。或者以为立法院立法，何尝是一件难事，原则是政治会议决定的一切方针计划又都有总理遗教为根据，尤其中外的法典草案，都可为起草委员的参考，其实不然。根本一个主义，而在种种派别不同，种类繁杂的材料中，草成合于这个主义的具体的法律条文，正是一件难能可贵的事。从这种情形之下所产生的法典，容易是未必然，能如总理所说的"后来居上"却为我们所确信。因为参考的材料丰富，我们便多所取资了。其次，法学湛深经验宏富的顾问王亮俦先生，在我们审查法案的时期，很多给予我们有益的帮助。在最后审查时，又每会必到，审慎去取，兄弟对于王先生的努力，今天也要代表本院敬致谢意！

检查过去的工作，觉得对于去年所预定要完成的法典，都如期完成。这是很可以自慰的。但是自慰只是自慰，并不能由此生出自夸与自满。兄弟向来对于任何事件，怀于责任之重大，只有责望过甚，所以今天在检查自己工作并自相慰劳之余，对于本院同人，尤其是立法委员，还有一个更重大的希望。这个希望是甚么呢？便是希望大家在立法以外，要多做解释法律的工作。兄弟觉得法律本身，是十分复杂而不轻容易解释的。我们过去，只注重立法，对于立法以后的阐述的工作，却漫不加意。举例来说：我们曾立了个工会法，同时又立了一个工厂法，社会上对于这两个法案却发生了很多的误会，在立法院立法的原意，订工厂法则多注意于保护工人，使工商企业者改良其对于工人之待遇，而于工会法，则注意于劳资合作，尤其注重社会全般利益；此因对罢工及团体契约，有所限制。苦心制定，实几于"与父言慈"，"与子言孝"之意。可是商人看了工会法，每以为太过平凡了，看了工厂法，每为震惊，以为不知又走上几多时才能实现的社会主义的道路了。反之，工人看了工厂法，也每视为平凡，而工会法他们却一定也要震惊，以为对于劳工，不但不保护，且反走入外国资本主义的道路了。这种片面的看法，所获得的，往往是偏见和愤慨，其不能有公允的评断，不待言是没有疑义的。于是在过去的时期中，党部责难，社团责难，而中央党部等便不能不一再解释了。这次工商会议，我们若干委员，也曾向少数出席会议的代表将工会法详加解释，后来大家才十分了解，可知今后我们在立法之余，还要努力解释法律，使我们所立的法，得到普遍的认识，以求推行的尽利。须知解释法律，不是一件容易的事，若干法官，对于法律条文，兄弟往往见其误会，所以这个责任，是必须由本院来负担的。

三民主义与中国革命
（1933 年 1 月 15 日）

我们办这个刊物，叫做《三民主义月刊》。在这里，我要简单地说明我们办这个刊物的意义及其命名的理由。

无疑的，在过去数年中，三民主义是中国人一种熟习的主义，同时，也是一种崇信的主义；在今日，却已开始有人在那里怀疑了。过去之崇信，绝非是一种盲目的崇信，今日的怀疑，亦不尽算是一种盲目的怀疑。原因是：在过去基于三民主义而组织之中国国民党，其政治力量之膨胀，其军事力量之开展，都只在党的主义的精神孕育之下，集于一个单纯的目标进行，这个目标就是要实行三民主义。——要扫除一切殃民祸国的军阀与官僚，要彻底解除民众的压迫与痛苦，要创建一个新的中华民国，使中国成为一个自由平等的国家。这种主义，这种党的伟大深厚的救国精神与行动，如何会不被国人所崇信？可是今日呢？党的精神丧失了。——党权为军阀所篡夺，依于党所产生的政治，是军阀独裁专断的政治，党，只是军阀运用的工具，三民主义，只是军阀政治的幌子。虽然三民主义的本身，决不会因军阀的篡窃而失其深厚与博大，甚且反因其一次一次惨痛的失败，而更充实更丰富更切合中国人民的需要；更伟大，更深厚，更能获得一切革命志士的拥护。可是一切殷殷望治的国民，——一切盼着"解此倒悬"的忠实纯厚的老百姓，对于党，对于主义，都不能不兴起他们必然的疑虑！

老百姓说："孙中山先生当然是好的，三民主义或者也是好的。可是革命，革命，革来革去，还是这么一套。东打仗，西战争，仍旧连年不绝；苛捐杂税，仍旧有加无已。年岁不好，固不能过，年岁好了，尤

＊ 本文出处：《三民主义月刊》，第 1 卷第 1 期。署名：胡汉民。

其不能活命！共产党到处作反，听说东三省也被日本夺去了一年了。只听见自家人相打，却不见向日本人抗争。到现在，益发不成样子了！唉！这是什么世界？这个年头儿，真真不好过呢？"

一部分叫做"智识分子"（?）的说："三民主义本身原是不健全的东西。""把握住现实的，就是最值得相信的道理。三民主义的发明者，无疑地会尽了他自己的伟大的时代任务。三民主义的信徒，却也自知三民主义的理论太空疏，而又没有阐发补充的能力。……当前事实所宣示的，是三民主义不能实行管领社会群众的政治理想，无论是由于现统治之挂羊头，卖狗肉，或他本身之欠缺。"

又一部分，或者是自命为通人（?）而想谈谈其所谓"政治理论"的份子，无论是有见及此，或者是想替人捧场，依存于军阀去求出路，便索性丢开了三民主义，为军阀御用的中国国民党，建立其反革命的理论。这便是所谓"资产阶级的政治论"。它的内容是：

> 现在的根本问题，是如何使国民党或非国民党能够与资产阶级相团结，以制裁武力的问题。最好是于党治的现制之旁，创立一个资产阶级和知识阶级的代议机关，把财政权完全拿到手里，然后再以财政权制裁武力。

> 在目前的中国政府与资本家，应该结合：政府帮助资本家发展工业，以促成中国的统一；资本家帮助政府统一中国，俾产业有发展的可能。这是解决中国问题惟一的方法。（这里的所谓资本家，据说是指金融资本家，买办阶级，民族资本的代表。——国内的有产阶级。）

诸如这一类的东西太多，不胜条举。在这种现象之下，于是：

（一）憧憬著黄金国的繁荣和文明的名流学者，在"兴趣浓厚"中，尝试着大谈其"建国大同盟"的原则和办法。

（二）向来以欺诳青年吃革命饭的叫做"革命理论"家，摇身一变，大嚷着，"中国要走资本家的道路。"

（三）自称为三民主义信徒，曾宣誓过决心奉行三民主义的，忽然盛道其"宪政论"。据说这是扫除主观的见解，把握着客观的事实。

（四）最严重的，是专断独裁的军阀。——个人主义的寡头政治之抬头者，篡夺中国国民党党权之不足，还想运用其"偷天换日"之故技，去三民主义而代之以所谓法茜斯蒂主义，无论是所谓"蓝衣社"或所谓"救亡社"，其扩展，虽然充类至尽，只能做到流氓式的侦探或暗杀为止。然而这一个反革命势力之孕育，无疑的是征示着三民主义前途的又一劫运！

而附带而来的；

（五）是听说学校中之所谓党义教育，教育当局，也酝酿着要取消了。

的确，我坚决反对目前各级学校中之所谓党义教育，因为目前各级学校中之所谓党义教育，其价值还远不及教会牧师之"讲"经，还远不及和尚道士的"念"经。然而我们所要求的，不是消极的取消，而是积极的改进。同时，我相信一切三民主义的信徒，忠诚于中国革命的同志，一定要坚决反对黄金国崇拜者之"建国论"，"革命理论"（？）者之"资本论"，变化多端者之"宪政论"，和独裁军阀之"独裁论"。因为这些，都背弃了三民主义，背弃了中国革命的最高原则，公然竭力主张：

中国国民党的基础，应该完全建筑在所谓资产阶级的基础上。

中国国民党，应该走所谓"资产阶级"虚伪的民主政治之路线。

中国应该拼命踏上所谓资本主义的独裁专断的法茜斯主义的途径。

在此刻，在这篇文章里，我不想指斥上述种种主张之错误。因为这是我以后想根据三民主义来做的工作。我单简地铺陈这些，只是想约略指出目前三民主义的中国革命，已到了一个最严重的阶段，要使一切三民主义的革命者，感觉出目前最重要的工作是什么，我们所当努力的又究竟是什么。根于这种认识，去找出努力的途径，使一切由于现状之败坏而怀疑三民主义者，重新获得对于三民主义的正确的理解。这个任务，是严重的，是伟大的，简单说：是要重新发扬三民主义的精神，揭开中国未来的革命之序幕。这个革命，是遵依孙中山先生遗教所垂示，要求民族独立，民权普遍，民生发展的。这一个革命的成功，就在求得中国的自由与平等！

去年五月，我发表了一篇论文叫做《党治与军治》。在这篇文章里，我大概叙述了我个人对于党治的意见，我至今还根据着客观的事实，认定：

过去五年中，所有的，只是军治，没有党治，——即三民主义之治。

民国十五年北伐的成功，只是军阀的成功，不是党的成功；不是革命的政治的成功，唯其军事的力量，并未受着党的主义的统制，所以这一幕北伐的结果，只是军阀治权的转移，而不是革命政权之建立。唯其革命政权之未能建立，所以五年以来的一切，只是军阀的行动，而不是党的行动，更不是主义的行动。这一个重大的证明，就在主义与现实之对比。因此，我们更要坚决地说，或者是退一万步说：最近只有过一次北伐，而不曾有过革命，尤其不曾有过三民主义的革命。

我们当初之所以信仰三民主义，是因为三民主义是孙中山先生从古今中外所有革命的历史事实归纳出来的最高革命原则。孙中山先生将历史的事实归纳为以争生存为中心之各种各别的斗争，又归纳而为三种革命：即民族革命，政治革命，社会革命。这三个革命，同时并进，便使人无从割裂我们的民族主义，去掩护国家主义或帝国主义；亦使人无从割裂我们的民权主义，去掩护虚伪民主政治或无产阶级专政；更使人无从割裂我们的民生主义，去掩护个人资本主义或马克斯等等的共产主义。这三种主义同时并进的革命便是三民主义的革命。这可见三民主义的精深与博大。

我们现在何以还相信三民主义？因为三民主义有其普遍性，也有其悠久性。就三民主义的本身说：它是孙中山先生根据一切客观的事实所归纳出来的革命最高原则。这一点已如前文所详示。我们当初之信仰三民主义，已经经过一番客观的体验，由于客观的体验，才转而为主观的认识，这种认识，是以客观的事实做基础的，是由体验而来的，不是盲目的。孙中山先生说："主义就是一种思想，一种信仰，一种力量。大凡人类对于一件事研究当中的道理，最先发生思想，思想贯通以后，便起信仰，有了信仰，就生出力量。"这可见所谓信仰之意义。有人说我们把握住了孙中山先生所言革命的程序，求推进三民主义，是惑于主观。却不知道主观之形成，是如何缘因？这可见其单简与浅陋！

更可笑的是上文所举一部分称作"知识分子"（？）之说。他说："三民主义的信徒，却也自知三民主义的理论太空疏，而又没有阐发补充的能力。"

我是数十年来三民主义的信仰者，我并未有此感觉，同时，我相信一切忠于三民主义的中国革命的同志，也断不会有此感觉。所谓"三民主义的信徒"，大概是些游离的份子，投机的信仰者吧，否则正不知其何所根据而云然！

我们办这一个刊物，径直标出这一个"三民主义"的名辞，这是因为我们确信三民主义是我们一切的中心，我们要重新提出这一个三民主义的名辞，来洗刷一般因现实之败坏而加于它的误解，我们要揭露三民主义真实的面目，归还它固有的伟大永久的价值。在这个刊物中：

我们要根据三民主义，批判时事。无论是中国的抑或世界的。

我们要根据三民主义，评衡学术。无论是社会科学抑或自然科学。

我们确信唯有三民主义，是我们一切的中心，是我们信仰的归宿，是中国革命的道路。因此我们确信三民主义必定实现，中国革命必定成功。

从苏俄建设想到总理的建国方略[*]
（1933 年 2 月 15 日）

（一）研究苏俄建设的意义

（二）战时共产主义与新经济政策之检讨

（三）五年计划的实际及其批判

（四）五年计划与建国方略

      ——我们今后的建设途径

一

研究苏俄，到今日几乎成了一种趋向。谈政治，谈经济，谈宗教，谈国际形势，甚至探讨到将来世界的问题的，纵不至都以苏俄为中心，但至少要以他为一个重要的题材。这在近来国内的刊物中，随在可以获得明显的证据。

在中国，自中俄绝交以后，大部分人不是以苏俄为一个神秘的国家，便是以苏俄为一个狰狞可怕的国家。到近来，因为大家留心研究，慢慢的透露出他的真象来。苏俄这几年来，全国上下，节衣缩食从事建设的精神，显示了他真实为大众而革命的面目，使一般人知道苏俄的所谓革命，不是标语符号式的革命，也不是以暴易暴的革命，而是真实在那里奉行其主义，实施其政策的。虽然这主义与政策的本身，有很多要留待检讨，可是退一万步说：肯做与能做，就胜过不肯做与不能做。苏俄与意大利，尽管国家的组织不同，政治的形态殊异，然而就其肯做与能做的一点上，他们定了计划而能计日呈功，便应该都算是成功者。这

---

    * 本文出处：《三民主义月刊》，第 1 卷第 2 期。署名：胡汉民。

在我们徒事叫号着革命口号的中国，尤其是一个重大的教训。只是他做的好坏，做的结果，及他所影响于将来的，要我们详尽地加以研讨罢了。

因此，在今日研究苏俄，实在是一件严重而必要的事。有人说：所谓苏俄五年计划的成绩，多半是出于苏俄自己的炫耀，即使你亲往考察，也不能得其真象的。理由是："俄人招待游客与记者，皆其党中经专门训练之能者任之，得材料于此辈手中口中，自己引为得意，而不知彼亦得意或更过我也。"以是之故，苏俄之光明面易知，苏俄之黑暗面不易知。这亦是事实。去年秋天，美国的 Howard woolston 教授，做了一篇关于论述苏俄宣传的文章，其中叙述到新闻纸，叙述到教育理论，叙述到舞台剧以及其他种种，很引起了我当时在俄所得的印象。我在苏俄的时候，正是实施新经济政策开始的时期，我为了它关于宣传方面的周密布置，曾一度引起我对于它宣传术的考察的兴味。Howard Woolston 说：

> 到苏俄境内，一个往访者所看到的，便是普遍的利用旗帜广告纸和招牌以宣示政府的某种训令或纲领。……这些是传布共产主义的箴言和呐喊声的。……这种特别的方法，可使人们的注意固定于普罗塔利亚的胜利之上。

又说：

> 当往访者要得一份新闻纸时，他就会正面遇着宣传的一个显明的例：只有政府官吏准许发行的杂志，才允许流通，这些政府或党的喉舌，将允准披露的消息，传布给民众。举一个例子：有各种给兵士看的刊物，他们是说明何以要出兵到满洲去的。……虽然农民杂志与壁报对于官吏的行为，颇有加以讥刺的批评的，但是对于行政政策有所不利的根本的抨击或短评，则禁止其出版。……鲍尔希维克相信为要维持党的精神这是必须的。

> 苏俄教育上一种通行的理论，是社会必须栽培一文化模式，使之适应于它的民众的基本需要。

由此看来，在这样一个荒寒幽渺的国家里，关于苏俄的事，除了苏俄自己，宣传自己，炫耀自己表扬自己外，简直不容人有插口的余地。纵使你眼光锐利，观察细致，也必须要运用种种宣传的方法，使你眩晕模糊而后已！这种事实是真的，是我所亲历的。当我在苏俄时，要参观甚么场所，几乎要在三个星期前通知，等他们布置妥备了，才派人来引导我去。而考察所得，往往与背后私人谈话所得结果不同。然而我个人的经验虽如此，可是我们却不应为了苏俄如此，便否定了苏俄建设的一切，因为鲍尔希维克说："为要维持党的精神，这是必须的。"我想有革命经历的同志在某种情形之下，无论如何，会深切体会到这一句话所包含的精义。

在帝俄时代有好些人说："俄国的财政，在乎酒的专卖与外债，俄国的工业，仅仅是茶壶和壁炉。"这两句话把帝俄时代的财政与经济状况，完全暴露了。可是现在如何呢？在苏俄一九一七年十月革命以后，我们还是下那样的评断吗？即或可以则一九二八年十月以后的苏俄，我们还是可以下那样的评断吗？如果不然，那无论是苏俄的进步，或者是苏俄的退步，总之，苏俄都已有了变异，这革命后的新兴国家之变异，无论变异的是好是坏，都值得我们来检讨。何况苏俄五年计划之推进与成功，是一件彰明昭著的事实！

总之：苏俄这种经济建设的成功，（或者说是苏俄这种经济建设的猛进）在中国，尤其是一个严重的教训。苏俄是一个以共产主义为主义而革命的国家，同时是一个以无产阶级专政为手段而革命的国家。这种努力，是否能完成共产主义的建设，甚至说它已投降了资本主义，固为许多人纷纭聚讼的问题。然而它定了计划，定了目标，能按步就班不顾一切的做，或突飞猛进的做，这种毅力与精神，无论如何，是值得赞扬与钦佩的。

德国史学家 Emil Ludwig 于游历苏俄之后，在纽约发表一篇文章，内中有一段说：

> 现在苏俄，正埋头于建设的工作，对于保存和平的渴望，实较任何一切国家为深。虽然有人告诉我：苏俄有极大的军队，但我终不失去我的信心，觉得世界各国对于和平的需要，多不如苏俄之甚，而各国保守和平，亦多不如苏俄之诚。苏俄于三五年间，决不愿战祸之发见，而苏俄最不愿见的，就是世界革命的爆发。

这可以见到苏俄一切努力建设的精神。在这种精神之下，纵使今日所做的不一定能完成共产主义的建设，但有这种精神在，有所谓无产阶级专政的基础在，何虞共产主义之不能实现。回头看我们中国，五十余年来，高唱着革命，这个革命是三民主义的革命。主义的内容，是深博宏远，涵盖一切的；革命的方法，是集合一切被压迫者来共同奋斗的。

有鲜明的步骤，有严肃的进程。然而领导权不集中，党的组织不严密，党的基础不巩固。于是党权一再为军阀所篡窃，革命的进行，也一再跟着失败了。党志未酬，徒然有完满的主义，完美的方略，到今日党危国破，究复何补？关于党的组织——苏俄建设的原始的根据，我此时不暇论列。我所要说的，是苏俄建设的内容是甚么？其成功的经过是怎样？其与我们三民主义相符合的又是如何？我这样概括的叙述，希望反映出中国今后建设的途径，激发起我们努力建设的精神与埋头苦做的认识，这便是我写这一篇文章的理由和动机。

二

列宁在一九一八年与左派共产主义者争论时，关于苏俄的经济形态曾有左列①的分析：

第一：家长制的经济，即大部分自给自足的农民经济。

第二：小规模的商品生产。

第三：私有经济的资本主义的生产。

第四：国家资本主义的质素。

第五：社会主义的质素。

这个分析，是列宁对苏俄的经济的基本认识。他所主持的一切关于苏俄建设的经济计划，便是根据上述的分析来拟定的。至于苏俄经济政策的根本意义，则在一九一八年所制定的宪法中，曾有下列比较重要的几点：

（一）使土地、矿山、铁路、工厂等一切基本的生产力社会化。

（二）以一定的统一的科学的计划，为生产力之组织及指导。

（三）摒除私人利润，将一切经济的剩余归社会使用。

（四）一切身体健全之成人，均负有从事某种生产的或有用的工作之义务。（即"不劳动者不得食"）

（五）劳动者对于经济生活之指导，应积极参加。

（六）对于从事生产及从事有用工作者，务必予以充分的衣、食、住及保健的资料。并使他们都享受教育、娱乐、及文化设施。

（七）废除相互榨取的制度，完全撤废民众之阶级的分裂；压迫榨

———————————

① 原文为从右到左的竖排版。

取者，以建设社会主义之社会，并求实现万国社会主义的胜利。

上面所列的苏俄经济政策的根本原则，很明显的是要朝着社会主义（或共产主义）的程途前进的。然而原则是如此，如何做，却是一个难于解决的问题。因为做法不同，达到这个目的的手段不同，曾使苏俄内部，几次起了剧烈的理论的斗争；同时苏俄国内经济情势，苏俄对国内的经济设施，亦时时有不同的转变。其转变的趋势大约如左：

第一期　战时共产主义 Military Commission 一九一八年七月至一九二一年三月。这是当苏俄革命的翌年，于解剖了客观的形态之后，便坚决地急激转换一切制度的存在方向，力求社会主义的方法之实行。主要的是加强阶级战争，集中统制，禁止个人主义，试行非货币会计 Moneyless Accounting，努力破坏过去的雏形的资本主义的秩序。

第二期　新经济政策（Nep）一九二一年三月至一九二八年十月。正确的说，是始于一九二二年春季。这是苏俄经济政策之殊变。在这一个时期中国家政策的要点，不是社会主义方法之实行，而是资本主义方法的实行。所努力的是缓和阶级斗争，分化统制权，容忍个人主义，恢复货币和商业会计。总言之：是回复经济生活。这便是列宁所谓"进一步退二步"的政策。据苏俄的宣传者说：他是为谋生产力的恢复上无可避免的路程。其更进一步的实行资本主义方法的政策的，叫做新经济政策，这便是在一九二五年秋季以后的一段。

第三期　实施五年计划的时期自一九二八年十月起。有人称这一个时期为 Socialist Offensive（社会主义的反攻）。此时期的国家政策，在于社会主义方法之再现。所以努力于阶级斗争的肃清，统制权的再集中，在社会主义化的范围内，重新施行 Moneyless Accounting。假如说实行新经济政策是社会主义政策的退却政策，则这一个时代，便是由退却而转取攻势的时代。

在下面一段里，我想先单简地检讨战时共产主义与新经济政策，然后再论及五年计划的内容和成绩。

实行所谓战时共产主义，一般地说，并不是一件值得特别叙述的事。因为战时共产主义，并不能说是苏俄自发的经济建设的政策，只是世界大战中各国所行的军事的经济统制，即合理化独占等更进一步的东西而已。所以战时共产主义，不仅在苏俄实行，即当时参加大战的各国几乎都没有例外地实行了。不过在苏俄，因为他是由混乱的革命后的经济过渡到新经济政策乃至五年计划的一个阶段，而且这一个政策，影响于苏俄后来的建设者很大，在检阅苏俄的建设时，比较起来，自然更有其特殊的意义。

战时共产主义之根本的特征，是要在内忧外患交相侵迫的非常时期，废除货币制度，实现社会化的有组织的自然经济。它把一切产业，集中于国家手里，灭绝商业的营利的资本主义的制度。以此之故更要使劳动者和农民结成同盟，尽量压抑一切资本家和地主的份子，使之无从抬头。这一个重要的意义，在于企图不经过市场交易制度，而依从于由国家所创制之物物交换制度。

在这一个重要的意义之下，首先在谋经济的国有。苏俄对于此事的设施，大概如下：

（一）一九一八年六月，令以全国大工业的产业，全部收归国有。最高经济会议，并制定国有计划案。

（二）一九一八年十一月令一切国内商业国有化，同时并整顿合作社，禁止其中资产阶级之发言权。

（三）一九一八年十二月，以莫斯科国民银行收归国有。

而最彻底的，使企业国有最彻底地厉行的是：

（四）一九二〇年十一月二十九日的最高经济会议的布告：凡用机械力的工厂，有劳动者五人以上；不用机械力的工厂，使用劳动者十人以上的，一律移归国营。

另外的是：

（五）一九二〇年一月的皆劳法令。这法令不特把它适用于工厂工业，而且适用于农业，只要是苏俄联邦的一员，便一定要被决定在国内的工厂或农场里工作。

经济国有化，（战时共产主义的推展）在上列的命令中，形成为事实。这些事实，确定全体国民在国有化的产业中，从事劳动，是一种义务；在"不劳动者不得食"的原则之下，实现了杜洛斯基所说的"劳动之军事化"。在国民方面，全部是国家劳动者，所以在国家方面，也必须供应国民的生活资料，除了衣、食、住之外，并须使之满足关于书籍、报章、病院、学校、剧场等等的欲望。

因此农民没有自己的地位，他只是国家的雇佣，苏俄对于农业，采取了和对于工业同一的政策，它不以农民为土地的所有者，而是工作于国有土地的劳动者；农民的生产物，应全部归给于国家，他只能留存自己家族所必要的和明年播种所必需的谷物，其余都为国家以现物征收了去。

工业生产物亦同样被收用于国家。它不采取交换的方式，在经过公营分配的手续之后，便自然无偿地分给各人。此外如燃料机器之类，亦皆如此。这便是上文所谓力求自然经济之回复。由此而商业便成为不必要，非货币运动，也就一步一步强烈地突进！

然而事实并不能如预想的顺利。苏俄当局，虽然竭力摧破商业制度，使商业成为不必要，试行 Moneyless Accounting，（非货币会计）使货币成为历史的遗迹。可是事实上，货币并没有立刻被废止，且以纸币之滥发，终于成了无价值的东西，其增加的程度，略示如左：

年次	纸币流通额（单位 百万卢布）
一九一八·一·一	二七·三一二
一九二〇·一·一	二二五·〇一四
一九二一·一·一	一·一六八·五九六

以美金（弗）的比例来表示：在一九一八年初，一弗等于九卢布，一九一九年初，等于八〇卢布，到一九二〇年初，等于一二〇〇卢布。如此跌落不已，与过去成反比例，即物价却日益腾贵起来，据说物价的指数，一九一八年的比战前一九一三年的物价指数高二十三倍半；到一九二〇年高到二千四百二十倍；在一九二一年更成为一九一三年的一万六千八百倍。原因是甚么？最基本的是生产减退。生产的所以减退，则在于经济组织（战时共产主义）的失败。明白地说：在极端经济国有化的现象之下，劳动者和农民都不满意于自己劳动的结果全部被国家所征收，对于生产的兴趣，一天消失过一天，几至于没有。

概括的估计，以最重要的产业来看，于一九二〇年在纺织业中，每一劳动者的生产力激减到一九一二年时生产力的百分之二二，在煤矿业中激减到百分之二五，工业生产低落到战前的约十一分之二，农业生产低落二分之一，而运输则低落到五分之一，整个苏俄，从此便陷于贫乏的深渊中，于是死亡率之增高，工农劳动者之暴动，一时并起：一幕幕凄惨的景象，便相继著映演起来。这一种严刻的沉痛的教训，便促成苏俄经济政策之转变，此一转变，便是新经济政策之决定和实施。

一九二一年三月八日的第十次共产党大会，便是通过采用新经济政策的大会。在这次会议中，列宁说："我们因为陷于这样厉害的劳农阶级的贫困，衰亡，及生产力萎靡的状态，所以即使暂时放下旁的事情，首先也须增加生产。"从知实行新经济政策，便在以增加生产为基点。

甚么是新经济政策呢？一九二一年三月二十三日，（第十次共产党大会以后）苏俄发布法令说："废止谷物征收制，而代之以现物税，以收获估计额之百分之十为纳税用，余剩生产，可由农民自由处分。"

这个法令，废除了农业的国家统制，及农作物的国有制度，承认农业（以后且及于工业）之基于个人意志的经营，以农作物为主，以麦子的现物税（后改为金物税）去代替强制征发。这个政策所发生的影响，是容许交换，承认商业。且因而不得不容认工业品的市场进出，所以不久对于工业生产物，亦承认那生产者可以拿它的百分之五至百分之十，直接与食粮品相交换了。

关于容许自由交换一事，除一九二一年公布原则之外，更于十月二十七日，以人民委员会名义，发出"脱离国家给与的企业"之生产物的自由处分令，规定：在离脱国家给与之企业中，为备工资及薪金之支付，原料的批入，及其他的支出，得依市价而卖出其生产品。这些新的法令，为全国农民开了日夕仰盼的新机，蜂起的农民暴动，也日即平静。可是①不幸的很，农民的喘息甫定，而伏尔加流域的饥馑，却又降临了。这种状态，自一九二一年夏起，继续到第二年，濒于饿死者，达三千五百万人，陷于半饿状态者，达一千五百万人，以此而丧失生命者，约五百万人至九百万人。结果：燃料与原料不足，工业又渐衰微，新经济政策便不得不确实转变，适用于工业及其他方面。大要是：

（一）一九二一年十二月十日，发出法令，废止使用二十名以下之劳动者的小企业之国有。此外虽为大企业，而于事实上尚未收为国有的，得照旧继续维持私有状态。

（二）一九二一年十月，发出国立银行令，十二月又正式发出私营商业令，个人经济的活动，一般地成为自由，农工商业的诸关系，恢复旧观。

（三）一九二二年五月，规定私产私有权可容许于一般市民。这便复活了私有财产的一部分。

（四）一九二三年三月，规定凡经过利权让渡契约的手续的，无论何种大企业，都得一时停止国有。

这些政策的实施，使人说："苏俄已投降了资本主义。"列宁也不自讳地说："进一步，退两步。"

---

① "是"字下，原有衍文"可是"，今删。

然而单单就新经济政策的本身论，这个政策是确实成功的。第一是农工业的开始发达，就耕种地亩来看，一九二一年为五千四百万俄亩，一九二二年减少到四千七百万俄亩，至一九二七年则几达八千三百万俄亩。（接近于一九一六年的广度）因而小麦的收获，也从一九二四年之二十二亿五千万普特，成了一九二六年的四十五亿普特。其次是工业生产力的恢复，例如煤的产额，一九二二——二三年度减到一千一百五十万吨，但在一九二五——二六年度，便恢复到二千四百五十万吨。又如纺织工厂，其棉布产额，从一九二二年——二三年的五亿六千米突，激增到一九二五——二六年的二十亿米突，金融的再建，亦赖以完成，金卢布钞票的发行权，亦于一九二三年承认了。至于商业的状况，在当时的商业中，亦有不少个人资本在活动著，不过其数量较少而已。从左列的表中，我们可以看出从大战前起以至于这两个时期间（战时共产主义与新经济政策）苏俄经济状况之演变：

苏联经济总生产额（单位基于战前价格的十亿卢布）　　与一九一三年之百分比

年度	全工业	制造工业	农业	全生产额	工业	农业	合计
一九一三	八,四三	六,三九	一一,六一	二〇,〇四	一〇〇,〇	一〇〇,〇	一〇〇,〇
一九一四	八,四三	六,四三	一一,三六	一九,七九	一〇〇,一	九七,八	九八,八
一九一五	八,六六	七,〇六	一一,七五	二〇,四一	一〇二,七	一〇一,二	一〇一,八
一九一六	九,二二	七,四二	一一,五〇	二〇,七二	一〇九,五	九二,〇	一〇三,四
一九一七	六,三八	四,七八	一〇,七二	一七,一〇	七五,五	九二,三	八五,三
一九一八	三,六六	二,一六	一〇,六二	一四,二八	四三,四	九一,五	七一,三
一九一九	一,九五	〇,九五	八,八六	一〇,八一	二三,一	七六,三	五三,八
一九二〇	一,七二	〇,八二	八,〇〇	九,七二	二〇,四	六八,九	四八,五
一九二〇—二一	二,〇八	一,〇八	七,四二	九,五〇	二四,七	六三,八	四七,四
一九二一—二二	二,五四	一,四四	六,三一	八,八五	三〇,一	五四,四	四四,二
一九二二—二三	三,三二	二,一三	八,五四	一一,八七	三九,五	七三,六	五九,二
一九二三—二四	四,〇五	二,五九	九,二八	一三,三三	四八,〇	七九,九	六六,四
一九二四—二五	五,六五	三,九六	九,七五	一五,四〇	六七,〇	八四,〇	七六,八
一九二五—二六	七,五八	五,七一	一一,七六	一九,三四	八九,九	一〇一,三	九六,五
一九二六—二七	八,七六	六,七二	一二,三七	二一,一三	一〇三,九	一〇六,五	一〇五,四
一九二七—二八	一〇,〇八	八,一	一二,二六	二二,三四	一一九,六	一〇五,六	一一五,五

三

从上文看来，苏俄从战时共产主义，转向新经济政策，虽然为增加生产所无可避，可是实施的结果，显然是现代资本主义之回复。苏俄的宣传者说：新经济政策的精义：（一）在于充实国家资本主义而作成到社会主义完成的经济的前提条件；（二）在于维持苏维埃政权，而达到最后的目的，对于农民实行让步；（三）在于断然与外国资本家妥协，谋经济力的恢复。其实还不如说新经济政策的实施，是在于承认商品的复活，是奖励资本的复活，是单纯商品生产之再现，甚至是资本主义的生产之再来。总言之：是整个苏俄对资本主义的屈伏。

所以劳工反对派（Workers opposition）反对实行新经济政策，攻击列宁说："列宁牺牲了自己的主义和工人的利益，以与所谓小资产[①]阶级的农民妥协，致使苏俄有走向资本主义道路的危险。"杜洛斯基、金诺维夫 Zinoviev、卡米涅夫 Kameniev 等在一度赞成新经济政策之后，也纷起反对，理由是："自新经济政策实行以后，乡间富农及中农的势力，不住的增加，城市新兴的所谓资产阶级（即所谓 Nepman）的地位，不断地提高，农业的发展快于工业，这是苏俄的危机应加补救。"何以呢？据杜洛斯基的等意见，以为农业的发展快，农民的势力就增加的快，而农民的占有观念很重，如果这般农民的势力大于无产阶级，则苏俄之走向资本主义的道路必无疑义；若是工业发展的快，无产阶级专政便能巩固，而苏俄便有走向社会主义的保障。

杜洛斯基等的意见，的确是一个事实。当时农民（富农）势力的强大是很可惊的。举例来说：在实行新经济政策的时期中，国家农庄和集体所收入的谷类，不够全国人民的需要，而富农所出之谷类，尚占统治地位。据苏俄最高国民经济委员会报告：一九二六年至一九二七年，市场谷物之全体储藏量为六十二万万普特，中间富农和中农所占的部分为十二万万六百万普特，国家农庄和苏维埃农庄不过三万万八百万普特，只是一极可注意的比较。在这个例子之下，假如苏俄不想放弃它实行社会主义的道路而回复到资本主义，那就有改弦易辙的必要。这便是苏俄统治者，在杜洛斯基的"不断革命论"、斯丹林的"单独一国有建设社会主义可能论"和布哈林的"向社会主义化的攻势尚早论"等各样激烈的论辩之后，确实实施五年计划的总因。

推前些说：五年计划的原始，只是列宁的一个农村电气化计划。列宁曾说："没有电气化计划，就不足以言建设。所谓共产主义，便是苏

---

① "产"，原作"者"，误，校改。

维埃政权与全国电气化集合而成。……国家而不电气化，我们始终囿于小农国家而未由摆脱。……国家而能电气化，一切工业、农业、运输均置于现代大工业技术基础之上，则最后之胜利，一定是我们的。"列宁用种种方法，证实苏俄产业化与农村电气化之必要。从那时起，便在莫斯科、列宁格勒，与黑海附近，建筑许多电台来试办电气化计划。

列宁当时的电气化计划[①]，如果泛泛地说，是完全失败的。第一是如上文所举，由于当时苏俄经济情况的太过恶劣；其次是由于海牙苏俄经济问题会议谋借外债的失败。所以这个计划，曾一再被称为"电气化的幻想"。然而苏俄统治者并不灰心，它一方面于一九二二年六月间，提出自己创造资本的口号，努力增加生产，为今后建设的准备，同时积极规划关于今后建设的方针与程序。现行的五年计划，（即第一五年计一九二八——三三）是经过三度的修改，两度的试行才决定的。

第一五年计划之主要的方法，在于机械和生产者的财货之努力集中。苏俄自己的宣传说：它特从一个优越的农业基础，转移到优越的工业基础上去，重新实行社会主义的新方法，沿着社会主义的路线，努力再造。可是在我看来，如果承认这个计划是想望着推进到社会主义的园地的，与其说在于社会主义方法之再现，毋宁说在于一定资本主义方法之采用，阶级斗争的再弛缓，统制权的再分化，会计中严格的货币基础之重新树立。就这个计划的本身说，它的范围极广阔，它的意义很复杂，它包括到：（1）国民经济，（2）财政，（3）金融，（4）国防，（5）工业，（6）农业，（7）运输，（8）商业，（9）全国国民所得，（10）全国劳力分配，（11）劳动者的生活水准。斯丹林说："大部的革命问题，已经得到解决了。（The main problem of the revolution has been solved）。这便是说：经济建设的方向，已经转变了；一切的一切，我们都已有了预计和准备。"

五年计划的内容，在叙述上是比较费事的，单简地说，就有一张简明的表，可以引用如左：

（甲）关于工业原料和动力的：

（一）电力增加三倍半至四倍半。

（二）煤和煤油增加一倍。

（三）冶金业及机械业，则改组旧厂建设新厂，除增加钢铁生产外，

---

① "划"，原脱，校补。

机械的制造及化学品的生产，亦同时增加。

（四）农业品的改良，增加建筑材料及保护森林等。

（乙）关于劳动问题的：

（一）研究如何使专门技术人材增加，和尽量发展工农之本能。

（二）用科学方法改组工厂之管理及生产品，增加生产，减低生产成本。

（三）增加产业工人数，提高工资。工作时间，每日减至六小时至八小时，并废除星期，实行每隔四日休息一日之"不断生产周"，使各工厂各机关，全年不断工作。

（丙）关于改造农业经济的：

（一）大规模投资于农业部门，使散漫之小农经济，能有组织的社会化，如集体农庄、国家农庄、农村公社等。并利用电力，作大规模之农村集体化运动，使农民走向社会主义之路。

（二）消灭富农阶级，铲除农村中资本主义之残余。

（三）开辟肥沃的农地，增加农业生产品，使谷类收获，每亩增加百分之二十五，棉花百分之三十四，亚麻及麻百分之五十七。

（四）供给农民汽犁及新式农业机械，改善农民生活，提高农民教育。

（五）使农村与工厂发生密切的联系，以消灭农村与城市之对立状态。

（丁）关于工人生活的：

（一）建筑工人宿舍，公共饭厅及俱乐部，使工人生活安定和舒适。

（戊）关于交通的：

（一）交通计划用电气化，使运费减低，添设新铁路，使苏俄铁路长度增达九万四千启罗米突。此外，开凿运河，建筑海港，发展航空，使全国幅员缩小，政治及文化的组织，更形完密。

（己）关于对外贸易的：

（一）增加商品之输出。

（二）输入品之规定，奢侈品完全禁止，限制输入消耗品，极力增加向国外购买新式机械。

从上面这张表里，我们就五年计划的根本方法来看，则五年计划，可以说是一个国家资本主义产业合理化的计划。单简说，它要：（一）使生产技术合理化；（二）使劳动者之组织合理化；（三）使交通机关合理化；（四）使各企业地方的分布合理化；（五）使农产农业合理化；（六）使时间合理化。而进程方面——或者说是目的方面，则在求：（一）全国经济计划化；（二）生产手段之社会化；（三）工业之大规模化；（四）农业之大规模化与工业化；（五）全国国民之劳动化。

五年计划的概略及实施后之成绩，据苏俄自己所拟议，可记大要如左：

（甲）国民收入与国家预算之增加

（一）国民总收入在五年计划的第一年（一九二八）为二百四十万万卢布，至最后一年（一九三三）增加到四百三十二万万卢布；（二）五年总计划与五年间之收入，为一千七百五十万万卢布；（三）国家预算在一九二七——八年度为一百九十万万卢布①，在五年计划之间为五百一十万万卢布；（四）国家预算与国民收入之比较在五年计划之第一年度（一九二八）为25.9％，最后一年（一九三三）为30.9％；（五）在五年计划中，国民收入被移作国家预算者计八百六十万万卢布②，等于国民收入48％；（六）五年中用于行政、文化、教育、国防等设施——即非经济建设者为18％。用于经济建设者82％。

（乙）工业之发展（新工厂之添建及生产量之加增）

依五年计划第二案，在工业方面，五年间应投之资本总额为一百八十六亿四千万卢布，其至要目标，在发展重工业。所以重工业占78％，轻工业则为22％。其预定投资的，有如下表：

重工业五年间投资分配额

工业部门	所投资本额（百万卢布）	全体比例％
金属工业	五，五五一	三一，八
燃料工业	三，〇七〇	一七，六
纤维工业	二，六二六	一二，九
化学工业	二，〇四六	一一，七
建筑材料工业	一，二三六	七，一
食料品工业	一，一六〇	六，六

其中五年间，为新工业而投下的资本总额，如电气、冶金、汽车、化学等工业，合计实共六十四万万卢布。五年间所拟建设之新式大工厂数为二千四百九十个。此外有一万万五千万以上资本之炼铁工厂九个，一万万资本的自动车工厂一个，六千五百万资本的火车机头制造厂一

_____

①② 各漏一"万"字，校补。

个，Tractor 制造厂二个，并煤炭工业与毛制品工厂等。预定的工业生产结果，在五年计划的前一年为 18.3；动力之使用，在五年计划以前为 38.1（单位十万万 Kilowatt），在五年计划之最后一年为 5.88；关于运输事业，铁路线增加两万启罗米突，货物运输数量增加 84%。

（丙）农业之发展（农业之集团化与机械化）

在五年计划中，关于农业发展的最基本的方案，是农村的再组织。其确定之方针如下：（一）由于社会主义之工业化，而提高农业的技术设备之向上；（二）提高贫农、中农、大农的经济之向上；（三）与农村榨取之上层阶级斗争；（四）从速建设国营农业、集团农业及农业合作之组织；（五）为提高农村之生产力必须强迫全体农村之文化设施，以农村之机械化与技术的向上及化学化为基础，再组织成为社会主义的农村。为实现此目的，故依五年计划五年间对农业所投的资本总额，包含农民各个的投资（建筑物家畜农具及其他）实为二百二十亿。（第一案）乃至二百三十亿，（第二案）经过国家预算而直接投下的由五十亿乃至八十亿，预计五年计划的第一年度（一九二八）占有二百三十万埃克达（每埃克达约等我国十亩）的耕作面积，到五年计划的最后一年要有二千六百万埃克达（国营农业五百万埃克达，集团农业二千一百万埃克达）。据苏俄的宣传，则这一个计划在二年中间已突破了五年计划的预定。

农业机械的总价格，由五年计划最初一年约十亿卢布加至二十四亿，增加二倍以上。耕种机在最后一年中总额价格要达三十亿卢布，由于机械的增加与应用，预计生产额也增加到三倍以上。至于劳动力的变化，有如下表：

		一九二七—三三年度	一九三二—三三年度	增加率
成年劳动者平均每人动力		三二‧四	三九‧一	一二〇‧七%
内	机电动力	二七‧四	七四‧四	二七四‧一%
	电气动力	〇‧五四	三‧〇	五五六‧〇%

（丁）劳①工和社会政策

关于劳动者的工资，因社会保险生活改良，工作时间之缩短而渐次提高。工资之种类有二：（一）名目工资，（二）实际工资。名目工资由

---

① "劳"，原作"动"，误，校改。

一〇〇增加至一四五，实际工资因物价低落，增至一七一，不分性别，就其熟练之程度，平等支付。社会保险，住宅改良，以及关于其他对待劳工之设施，工人社会保险之总算，自一九二八到一九三〇三年间，由九亿八千万增加到十四亿卢布，工人住宅建筑金，同时期的三年间由国家支出的总额为十八亿八千万。真正无产阶级的人数，在五年计划之中，工资劳动者增加四百万，全体人数为一千一百万，至五年计划最后一年，总人数增至一千五百万人，其比例为 10：138％，反之在农村方面富农减 95％，中农增 68％。

从计划的假定，到实际的成绩，我们根据一九三〇年苏联最高国民经济委员会的报告，得材料如下：

五年经济计划之二年中（一九二八——一九三〇）的各种成绩

对于五年经济计划之二年的预算 （单位千万卢布）		实际的成绩	
		绝对数	百分数
国民收入	五八，三	五九，五	一〇二
国家岁计	一七，〇	二一，〇	一二四
投资于经济之社会化部门中的固定资本（以当年度价值为标准）	一二，七	一三，八	一〇九
工业及生活资料之总生产（以一九二六—二七年之价值基础为标准）	二九，三	三〇，五	一〇四
耕种面积（单位百万埃克达）	二三九，〇	二四五，八	一〇三
市场商品之谷物（单位百万磅）	二二一，二	二六七，三	一二一
货物流通（单位百万吨）	二五〇，九	四〇九，二	一一七

如果逐一来说，则据苏俄自己的报告有数点可注意。别标如左：

（一）工业长成，总生产额的突增。

在过去二年中，总生产价值，从九万万五千万卢布，增加到十五万万六千万卢布，与五年计划原定的数字相较，百分数由四增至六四。重工业总生产额，增加百分之一百九十三，约增加二倍，机械工业，约增二倍，农业机械的制造，竟增至二倍半以上。电气业则已完全贯彻了列宁所创的电气化国家委员会之目的。

从总生产额的统计中，我们更可以看到苏俄工业化迅速进步的程度，即全国生产部门，在一九二八年至一九三〇年中，工业和农业一起的总生产，由百分之五十七增加到百分之六十七，这是证明过去年度中之工业生产，已构成国民经济全部生产之三分之二。

（二）农业发展，——集体化之完成。

集体农庄，据五年计划的最高预算，应于一九三三年供给三万万普特之市场谷物，而实际则一九三〇年已能提出四万万六千万普特，超过了五年计划之集体农庄的市场谷物的预定数目。在国家农庄方面，据五年计划之最高预定，应在一九三三年提出二万万七百万普特之市场谷物，但在一九三一年中，已能提出一万万九千万至一万万九千五百万普特的市场谷物。

从左面的表中，我们可以看出苏俄农业经济集体化速度之增进：

集体农庄可包含之农民个人经营

时期	集体农场包含之个人经营数	全部个人经营之集体化百分数
一九二七，十，一	二八六，〇〇〇	一，一
一九二八，十，一	五九五，〇〇〇	二，三
一九二九，十，一	二，一三一，〇〇〇	八，一
一九三〇，十，一	五，五六五，〇〇〇	二二，二
一九三一，十，一	八，八三〇，〇〇〇	三五，三

农业经济集体化，一九三一年决定至少要把农民百分之五十集体化，而实际则据一九三一年五月的统计，苏俄农民之集体化者，已达百分之五六。播种运动之总面积，一九三一年春季为九万万七千万埃克达，较一九三〇年增九百万埃克达，一九三一年棉花的播种比一九三〇年增百分之一百五十，麻则为百分之一百三十五，甜菜为百分之一百二十，向日葵为百分之一百三十一，黄烟叶为百分之一百三十六。

此外，如国民经济之发展，失业工人之减少以至于没有，都值得注意。

（三）对外贸易之推进。

在对外贸易方面，这三年来的情形，估计如左：（单位百万卢布）

	输出	输入	总计
一九二九年	八七八，〇〇〇	八三六，〇〇〇	一，七一四，〇〇〇
一九三〇年	一，〇三六，四〇〇	一，〇六八，八〇〇	二，一〇五，二〇〇
一九三一年	八一一，二〇〇	一，一〇五，〇〇〇	一九一六，二〇〇
一九三二年（九个月间）	四一〇，九〇〇	五五二，九〇〇	九六三，八〇〇

这三年中，一九三〇年之对外贸易，比较减少，这是为各国反对苏俄货物的"倾销"政策之故。此外其可以注意之点，即苏俄的对外贸

易，在将国内原料和商品输出，购回机器努力进行建设，奠定工业的基础，故输出品为木材、煤、煤油，甚至人民日常必需品如牛油、鸡蛋等，也尽量节缩，输往国外去交换机器。故其输入品的大部为机器、汽犁、农业机械、钢、铁等。

一般地看来，苏俄的五年计划是完成了。农业社会化，超过了五年计划的预定；集团农业到第二年度，已达五年的规定；煤油的开发，完全采用美国的新式方法，以二年半的时间，完成①五年的产量；泥炭的出产，也在二年半中完成；电气工业，在第三年度达到五年的规定；国民经济的发展，据说尤有惊人的成绩！所以斯达林在五年计划实行之第二年，便高唱着"四年完成"的口号，说一九三二年，便可完成五年经济建设了。据去年年尾和本年元旦所见到的莫斯科电讯，则谓：

（甲）三日后为一九三二年之结束期，亦即五年计划四年成功之期，苏联各报，现均欣欣乐道四年来经济努力之成功，最受注意者，为工业之发展，次之为农业。在五年计划中，苏联已创立钢业之基础。在一九二八年仅十五电力熔炉，现已有一百处。有三十三厂能产最佳质之钢。其共同产量为六七六，〇〇〇吨。四年来投资于此业之数，达三〇〇，〇〇〇，〇〇〇卢布，本日伊士凡斯太报于社论中，谓苏联已成一钢铁国。据称苏联每月所产铸铁量，在一九二五年为一二八，〇〇〇吨，现已增至五七六，〇〇〇吨，在欧洲居第一位，且接近美国之记录。据美国史录报发表，十月份美国平均每日产铁二〇，八〇〇吨，苏联平均每日产一八，六〇〇吨。四年来苏联之农业，亦已创立强固之基础，此种成功，尤为重要，因其与农村劳动者之福利至有关系也。一九二八至三二年间，耕地自一一三，〇〇〇，〇〇〇增至一三七，〇〇〇，〇〇〇公顷，其中社会主义化之部分即国营及集体农场，计自百分之三。三字增至百分之八〇。同时农业文化，亦大有发展，其最显著者，识字农民，在一九二八年仅百分之四十九，现已增至百分之八十二云。

（乙）第一届五年计划，已届结束，各报均指各种工业建设之成功。据今日发表之报告，一九三二年苏联生产之总价值，约为二七，〇〇〇，〇〇〇，〇〇〇卢布，照五年计划规定之二四，〇〇〇，〇〇〇，〇〇〇卢布，可超过三，〇〇〇，〇〇〇，〇〇〇卢布。五年计划中在石油、电气工程及机械制造厂等数项工业，于二年半至三年间，即完成

---

① "完成"，原作"成完"，误，校改。

计划之规定。石油生产在计划之第三年，即达二二三，〇〇〇，〇〇〇吨，而计划规定至第五年后，仅二一，七〇〇，〇〇〇吨也。电力生产在一九三二年为一二三，〇〇〇，〇〇〇吨时，较之战前之每年生产一，九〇〇，〇〇〇吨时，已超出无数倍。在此方面，五年计划亦于三年间完成。电力建设之最大成功，则为尼伯水电厂，该厂在世界亦称最大者，四年来苏联之机械生产，较前增三倍，在本年首十一月中，生产价值达五，七〇〇，〇〇〇，〇〇〇卢布，煤之生产，较战前增二倍，自一九二八至三二年间，铸铁生产自世界第六位进至第三位，电力生产自第六位进至第二位。农业建设方面，以集合化及机械化之成功为最著，目前社会主义部分之农场，已达一四，〇〇〇，〇〇〇或全部农场之百分之八十，在少数农场中，有七，〇〇〇，〇〇〇处设有机关车站三千处，生产力已较佃农增加二倍半。目前苏俄农场，共有机关车一四七，〇〇〇辆，收获联合机一四，〇〇〇架，他种新式农具并有增加。棉业之发展颇可观，在一九一五年俄国之棉为八一五，〇〇〇公顷，现已达二三，四八〇，〇〇〇公顷云。

与上述两个消息同时传来的，便是第二五年计划，即将继续第一五年计划而于一九三三年间开始。这个计划的任务，据苏俄十七次共产党会议关于新五年计划编成的指令中有如下述：

> 全联邦共产党第十七次会议，认苏联的天然资源，社会主义建设的锐进劳动大众和集团农人活动的飞跃，与党的正确方针，充分保证新五年计划中社会主义经济生产力量的开展。根据新五年计划，苏俄资本主义的份子，将完全肃清。

> 大会认定新五年计划中根本的政治任务，在彻底肃清资本主义份子及一般阶级，排除生产中之阶级的差别，及榨取原因，克服潜在经济及人类的意识中之资本主义的残滓，且要使国内的全劳动大众为有意识的能动，及无产阶级的社会主义社会之建设者，为求此等任务之[①]实现，必将全般国民经济——即工业、运输、农业等，都加以技术的再组织。

> 规定技术的再组织之成否，就是机械的制作力。第二五年计划之最后时期，不能不增大机械之生产力为三倍乃至三倍半，而于工业、运输、通讯、农业、商业等之再组织所需要的一切东西，均须

---

① "任务之"，原作"任之务"，误，校改。

应用最完全，最新式的国产机械。

四

列宁说："我们如何组织社会主义国家，不可不从资本家那里学习。""务必顺适现存周围的状况。关于经营的方法，亦要从资产阶级那里学习。"他又反复说明努力经济建设的必要条件：（一）统制；（二）监视；（三）算定。并说："我们要使劳动大众，去参加国民经济的管理事业法中，挑选出一切能为生产组织者。"苏俄过去的经济建设，正是遵依了列宁的指示。

假如苏俄自己的宣传不错，五年计划的建设，确有殊异的成绩。则我想：这些成绩，应该全部归功于

（一）严密的、有组织的、有统制的计划本身。

（二）极力奖励最新技术之发明与组织的成立。换言之是最新科学方法之充分运用。

（三）随在予劳动者以创制的机会，Laborers' Initiative 培养其组织能力及发明新技术的能力。而根本的，是：

（四）全国上下，都有刻苦、奋斗、努力建设的坚强意志和一贯的精神。

关于第一点：五年计划的本身，便是一个显明的例证。这个经济建设计划，设计的范围，普遍到全国，它包括了生产、消费和分配，某种经济（如私制经济）之退却，是退却之范围与程度，同样与某种经济（如公营事业）之突进，其突进的范围与程度，为计划所预想到的。它不是部分的计划，而是整个的计划。它的目的并不在以建立某种独占事业为能事，而忽视其他，乃在乎以次能满足各级人民的需要，完成一个预想的社会的经济建设。所以煤的生产、水电的发展、钢铁事业的进步、农业集团化的完成，与国家财政、国民经济、甚至教育方案、人民文化水平线的提高（如识字运动）等等，同在一般的规划之中。这种严密伟大的设计，是从来任何资本主义国家的计划不能望其项背的。

其次是最新科学方法之充分运用，——极力奖励最新技术之发明与组织的成立，这种精神，便是渊源于列宁"我们组织社会主义国家，不可不从资本家那里学习"的指示的。德国学者 Emil Ludwig 说："苏俄在科学上的进步，确有登峰造极之势，科学在苏俄，已成为无宗教人民

的一种新信仰。……无论在官署中，工厂中，公共食堂中，都有试验室、医生等设备及管理。……倘使有一部新的扫雪机器出现于莫斯科街上，顷刻之间，便可成为全城谈话的资料。"在技术方面，苏俄向美德两国雇请高等技师与工头数千，在每一工厂内附设学校，训练乡间的青年农民，据说苏俄现有的中级人材数量，将超过英国，追踪美国了。

关于第三点，最明显的便是苏俄之所谓生产竞赛。这种竞赛，不同于普通资本主义国家的竞赛，因为它并不在为资本家私人谋成本的减少与利润的加增，而在如何赶速完成经济的建设，求整个社会幸福的增进。它要使劳动者自动地直接干涉生产与主持生产，不从属于工厂，为工厂所支配，并且明了工厂生产率之加增与出品成本之减低，为工厂的荣誉，工人自己的荣誉。苏俄当局认定非有大众的积极干涉，五年计划的实现，实为不可能，所以在五年计划实行之初，策励青年工人组织所谓突击队，预定某种工作标准，自告奋勇，以求贯彻。这种突击队的员额，不久扩充到工厂全部，乃在整个的苏俄。至全国上下都有刻苦、奋斗、努力建设的坚强意志和一贯精神，则过去十年间的事实，都是最基本的证明。

对于革命后的苏俄建设，我们总理曾有过一段精辟的批评。他说："共产主义之实行，并非创自俄国，我国数十年前，洪秀全在太平天国，已经实行，且其功效较俄国尤大。后为英国戈登①所破坏。……若俄国今日所行之政策，实非纯粹共产主义，不过为解决民生问题而已。"

总理讲这段话，是在民国十三年。（一九二四年）正是苏俄因实行战时共产主义失败而转变到新经济政策的时期。这个时期，苏俄虽然还号召着向社会主义之路前进，而实际则实为对农民之让步，对资本主义之屈伏。这种让步与屈服，只是当时解决民生问题之政策，既非所谓社会主义的实现，尤其不是我们总理所主张的民生主义之实行。总理这一个对于苏俄的批评，甚至可以贯彻到实行五年计划后的今日。不过苏俄如能以这样的精神，迈步前进，保持苏俄所谓无产阶级的统治，彻底求生产之社会化，生产组织、生产分配之社会化，则如苏俄所谓之社会主义国家的建设，是非不可能的。不仅苏俄，甚至现代一切资本主义的国家，顺着今日经济的必然的演变，为事实所逼，无疑也会朝着我们总理民生主义的政策之途径而前进。关于前者，我在上文已陆续有附带的

---

① "戈"，原作"弋"，误，校改。

说明，关于后者，则总理说："欧美近年来之经济进化，（一）社会与工业之改良；（二）运输与交通收归公有；（三）直接征税；（四）分配之社会化，都会渐进于民生主义的领域。"目前一切资本主义的国家，波逐于世界经济恐慌的怒潮中，不得不以国家之力量，转移其生产的方向，经营对外贸易，励行失业保险等等，力求生产方法之合理化与分配、管理方法之社会化，都是明显的事实。

人类一切努力的最高目标，应该是我们总理的三民主义的民生主义之实现。总理何不以说社会主义而用民生主义呢？总理说："社会主义的范围，是研究社会经济和人类生活的问题。就是研究人民生计问题。所以我用民生主义来替代社会主义，始意就在止本清源。"又说："本党既服从民生主义，则所谓社会主义、共产主义与集产主义，均包括其中。以图示之如次：

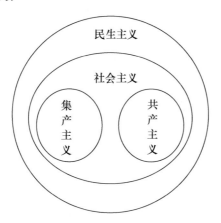

这个解释之根本要义，在认定经济问题之生产与分配，悉当以解决民生问题为依归。更扩大言之，则因总理确认民生就是政治的中心、经济的中心，和种种历史活动的中心。

总理批评苏俄的经济建设，为实行解决民生问题的政策。这是很精到的。列宁何以要实行新经济政策？是因为他鉴于战时共产主义之后，经济凋敝，死亡遍野，实行新经济政策是为增加生产，增加生产便是为解决当时的民生问题。苏俄何以要实行五年计划？是因为他要采用资本主义的生产方法与生产技术，向社会主义之路前进。向社会主义之路前进，只是一种解决民生问题之政策，而不是社会主义之实现，这便是总理所说"并非纯粹共产主义"（即民生主义）。我这种说法并不在否定苏俄的建设，要义是在辩明苏俄的建设的本质之意义，与总理民生主义的

精神。民生主义的建设不是局促于部分的，在建设的进程上，它在求

（一）土地与资本之共有，

（二）生产力组织之共治，

（三）生产品分配之共享，

而最后的目标则在求：

（四）全民的共存。

这四端苏俄今日所做到的，还与此相差很远。要实现了上面四端，才算是纯粹共产主义，才算是实行民生主义。我们大约检阅了苏俄的建设，明白了苏俄建设的本质的意义，及其成功的限度。我们不能不回想到总理的民生主义建设之伟大，从而对于民生主义建设的进程，不能不作一度概括的研究，提示其方略，为我们今后努力的途径。

（一）土地与资本之共有。总理在民生主义第二讲中对于实行民生主义的办法，有一种说明。他说：

> 国民党对于民生主义，定了两个办法。第一个是平均地权，第二个是节制资本。只要照这两个办法，便可以解决了中国的民生问题。

与民生主义处于绝对地反对地位的，便是资本主义。资本主义的发展与成长，其基地就在土地与资本。总理看到近代社会问题的症结在此，便提示这两个办法，防范土地私有制的形成，和资本私有制的推展。关于平均地权的，总理在建国大纲中规定：

> 每县开创自治之时，必须先规定全县私有土地之价，其法由地主自报之，地方政府则照价征税，并可随时照价收买。自此次报价之后，若土地因政治之改良，社会之进步而增价者，则其利益当为全县人民所共享，而原主不得而私之。

至于节制资本，在欧美已实行征收累进税率的办法，在另一方面说，这是资本主义已经过度发展后急谋补救的方策，我们中国生产事业落后，是整个大贫小贫之局，所谓节制资本，只是防范未然。所以实行民生主义，其要义还在努力开发实业，增进生产。开发的方针是什么呢？总理在实业计划中说："中国实业之开发，应分两路进行：（一）个人企业，（二）国家经营是也。"

凡是小资本小组织的企业，任个人经营；假如资本渐积渐大，便要设法节制，与欧美资本主义的国家一般，施行直接征税等等，将它所获盈利的百分之几，归诸社会，务使他不会形成生产的独占，蹈欧美资本

主义的覆辙。此外各地的天然富源和大规模的工商事业，要由国家来经营，所得的利益，完全为社会公有。所以节制资本，在发展生产事业上，不是消极的防制，而是积极的开展，总理说：

> 要解决民生问题，一定要发达资本，振兴实业。振兴实业的方法很多，第一是交通事业，像铁路、运河，都要兴大规模的建筑；第二是矿产，中国矿产极其丰富，货藏于地，实在可惜，一定是要开辟的；第三是工业，中国的工业非要赶快振兴不可，……用国家的力量来振兴工业，用机器来生产，令全国的工人都有工作。……如果不用国家的力量来经营，任用中国私人或者外国商人来经营，将来的结果，也不过是私人的资本发达，也要生出大富阶级的不平均。

这一个意义，——民生主义的意义最表显的清楚的，是总理在建国大纲里所写的一段：

> 建设之首要在民生，故对于全国人民之衣、食、住、行四大需要，政府当与人民协力共谋农业之发展，以足民食；共谋织造之发展，以裕民衣；建筑大计划之各式屋舍，以乐民居；修治道路、运河，以利民行。

由此，我们可知在民生主义中，土地与资本之共有，是最澈底的。而在主张个人企业与国家经营并进的一点上，尤其不是普通所谓国家集产主义或国家资本主义所能包括的。所以总理又说：

> 我们要解决中国的社会问题，和外国是有相同的目标。这个目标，就是要全国人民都可以得安乐，都不致受财产分配不均的痛苦。要不受这种痛苦的意思，就是共产。……我们三民主义的意思，就是民有、民治、民享。……照这样说法，人民对于国家不止是共产，甚么事都可以共的。人民对于国家要甚么事都可以共，才是真正达到民生主义的目的，此就是孔子所希望之大同世界。

（二）生产力组织之共治。就原则说，能做到土地与资本之共有，必然会达到生产力组织的共治。单简的理由，是：在私有制度之下，资本为资本家所独占，依于独占的资本所发生的生产力组织，无疑的亦必为资本家所操纵。所以要求生产力组织之共治，首先在求土地与资本的共有。总理主张实行民生主义，而先之以平均地权与节制资本，正是这个意义。

其次，所谓生产力组织之共治，主要的目标，在使人人乐于尽其劳力。要做到这一步，有一个前提，即劳动者的时间减少，但物质的生产额仍能增加，这便要学苏俄一般充分去运用科学方法。三民主义的民生主义，确认科学方法可以使减少劳力和增加生产两件事同时并进的。譬如机器发明，造成工业革命，使手工业的小量生产，增加到资本主义制度下的巨额生产，便是例证之一。总理说：

> 这几十年来，各国的物质文明极进步，工业很发达，人类的生产力忽然增加。着实言之，就是由于发明了机器，世界文明先进的人类，便逐渐不用人力来做工，而用天然力来做工，就是用天然的汽力、火力、水力及电力来替代人的气力，用金属的铜铁来替代人的筋骨。机器发明之后，用一个人管理一副机器，便可以做一百人或一千人的工夫，所以机器的生产力，和人工的生产力，便有大大的分别。

科学方法的主要作用，在于减少人力的作工，增加天然力的作工。譬如以火车运送货物，火车头的力量至少可以替代一万个挑夫的气力。一日火车所走的路程，至少可以替代一万个挑夫步行十日的路程，一日火车所消耗的费用，也至少可以比一万个工人做工减少十倍的费用。这些事实，总理在建国方略和民生主义中，叙述极详，不必再赘。我们的要求，在将这些方法，在土地与资本共有的原则之下，——充分应用到工业和农业上面去，无论是国家经营也好，个人企业也好，完全树立在科学方法的基础上面，则生产组织力的共治，一定会达到，人人乐尽其力的理想，也一定会实现。

在农业方面，总理在民生主义中对于增加生产，有七个科学方法：

第一是机器问题。他说："如果用机器来耕田，生产上至少可以多加一倍，费用可减轻十倍或百倍。向来用人工生产可以养四万万人，若是用机器生产，可养八万万人。"

第二是肥料问题。他说："要增加农业的生产，便要用肥料，要用肥料，我们便要研究科学，用化学的方法来制造肥料。"（尤其利用电力水力来制造，可以节省人工，增加出产。）

第三是换种问题。他说："用交换种子的方法，就是土壤可以交替休息，生产力便可以增加，而种子落在新土壤，生于空气，强壮必加，结实必伙。所以换种，则生产增加。"

第四是除害问题。他说："我们要用国家的大力量，仿效美国的办法来消除害虫，然后全国农业的灾害，才可以减少，全国的生产额，才可以增加。"

第五是制造问题。他说："粮食要留存得长久，要运送到远方，就必须要经一度之制造方可。……无论甚么鱼、肉、果、蔬、饼食，皆可制为罐头，分配全国，或卖出外洋。"

第六是运送问题。他说："粮食到了有余的时候，我们还要彼此调剂，此地有余的去补彼处的不足。……要解决运输粮食的问题，第一是运河，第二是铁路，第三是车路，第四是挑夫。要把这四个方法做到圆满解决，我们四万万人，才有很便宜的饭吃。"

第七是防灾问题。他说："防止水灾与旱灾的根本方法，都是要造森林，要造全国大规模的森林；至于水旱雨灾的治标方法，都是要用机器来抽水，和建筑高堤与浚深河道。"

总理所说的上述七种方法，都是现代所重视的科学的方法。苏俄在五年计划的经济建设中，便充分运用了这些。以此之故，从农业的开发，科学方法之运用，便必然会转变到工业的提倡，从轻工业基础的确立，也必然地转变到重工业建设的推展。因为要利用机器，研究化学，非注重工业不可。总理在工业方面，也注意到此。所以除由国家经营交通等事业外，在实业计划中，另外提出五种工业须由政府与人民协力经营，同时也是要尽量施用科学方法来生产的。这五种工业便是：（一）粮食工业；（二）衣服工业；（三）居室工业；（四）行动工业；（五）印刷工业①。换言之，便是——要政府与人民共同协力来解决人民的衣食住行四种需要。以这五种工业合之国营的交通、矿产等事业，和农业上的开发，完全用科学方法来生产，我们的生产能力，便可突增到数十倍。那时生产丰裕，家给人足，便到真正是一个共产的社会，同时因为土地与资本共有，一切生产由社会去节制，便不会过剧发生，如现代资本主义国家所有的矛盾和危险。可知科学是一个绝对有利的东西，但要看其用法如何？民生主义与资本②主义，根本的性质不同，故运用科学方法的结果也不同。苏俄能实施解决民生问题的政策，故在五年计划中，一切新技术的运用，都收殊效，我们今后，如果能根据民生主义去运用科学

---

① "（五）印刷工业"，原脱，校补。
② "本"字，原脱，校补。

方法，一定会收驾乎苏俄以上的功效。

（三）生产品分配之共享。这个问题，是接着前面两节而发生的。其重要性，且不下于土地与资本的共有，和生产力组织之共治。但是假如土地与资本能共有，生产力组织能共治，则生产品分配之共享，也正是必然的趋势。不过如何分配，还是一个问题而已。

总理在民生主义的演讲中十分注意关于分配的问题。在讲吃饭一段中，有这样的话：

> 美国近来是很注重农业的国家，所以关于农业运输的铁路，……都是很完全的。……但是……美国的吃饭问题，还是没有解决，……这个原因，就是由于美国的农业还是在资本家之手，美国还是私人资本制度。在那些私人资本制度之下，生产的方法太发达，分配的方法便完全不管，所以民生问题便不能够解决。

又说：

> 我们要完全解决民生问题，不但是要解决生产的问题，就是分配的问题，也是要同时注重的。

> 我们要实行民生主义，还要注重分配问题，我们所注重的分配方法，目标不是在赚钱，是要供给大家公众来使用。

总理这一段话完全是一种事实，最近由美国回来的一位同志，谈起关于美国的情形，他说："美国是黄金之国，可是今日凄惨矛盾的状况，触目皆是。一边尽管有人衣食无着，啼饥号寒，一边尽管有人拿鸡蛋来喂鸡，说是无法推销。"这显然是生产过剩了。在同一国内，同一境内却有人在那里患不均，这种现象，便是由于不讲分配，甚至没有分配。这位同志又说："我深信不经过资本主义一阶段，也同样会走向社会主义之路。"这是有见之言，不仅苏俄的努力是一个证明，而且还深合我们总理的遗教。至于像美国这样的情形，岂仅美国为然，在资本主义支配之下之各国，又何不皆然！

向来关于生产品分配之共享一问题，有两个可能的拟议：（一）是经过工银制度的路线；将生产品由卖和买中分配出去；（二）是废除工银的制度，由政府或公共产业机关将生产品分配出去。前者是社会主义者的意思，后者是无政府主义者的理想。同样的根据是：社会主义者以为不劳动者不得食，这明示工作还含有强迫的意义，受国家的支配，便相当存在了过去的工银制度。无政府主义者以为一切的生产品，当给人人自由来享用，正如游公园和公共博物馆同样的自由，简单的说，便在于各取所需，民生主义的生产品分配之共享，是如何呢？关于这一点，总理并没有具体的说明，可是我们就事实来看，则工银制度并不是立刻可以废除的，然而从科学的发明，生产力之增进，则在分配方面的各取所需，也一定会达到的。因此我们今日所说的共享，只要能各尽所能，而各享所需，便算已达到了共享的目的。

在过渡期中，在分配上总理最注意的是合作社之组织与推广，即所谓分配之社会化。总理说：

> 分配之社会化，是欧美社会最近的进化事业，人类自发明了金钱，有了买卖制度以后，一切日常消耗货物，都是由商人间接买来的，商人用极低的价钱，从出产者买得货物，再卖到消耗者，一转手之劳，便赚许多佣钱，这种货物分配制度，可以说是买卖制度，也可以说是商人分配制度，……近来研究得这种制度，可以改良，可以不必由商人分配，可以由社会组织团体来分配，或者由政府来分配，譬如英国新发明的消费合作社，就是由社会组织团体来分配货物。欧美各国最新的市政府，供给水、电、煤气，以及面包、牛奶、牛油等食物，就是由政府来分配货物，……就这种新分配方法的原理讲，就可以说是分配之社会化，就是行社会主义来分配货物。

这种分配组织，在欧美各国，虽然还是依存于资本主义之下，可是实际上已大不同其精神，换言之，虽然并不是各取所需，如民生主义者所预想，可是不失其为部分的分配之社会化，假如生产方法与生产组织能日益演进，则如合作社之类，正是分配之共享的最好工具。

在过去十年间的苏俄建设中，合作社正处于一个极重要的地位。合作社在苏俄是企业经营的主体，介于国家与私人之间而有独立存在理由的东西。当苏俄实施新经济政策的时期，关于商业状况，便以国营资本或合作社资本为多，在一九二四年十月，活动中的商业资本共计十八亿三百万八千卢布，其中国营商业占百分之四二，合作社商业占百分之四十八，个人商业占百分之十，以个人商业为最少，以合作社资本的活动量为最大。到一九二五年，苏俄更决定于该年度后半期的国家预算里，由政府以长期放款的名义，支出一千万卢布支给合作。其支给方法如左：

消费合作社　　　　　四百万卢布

农村合作社　　　　　四百万卢布

顿尼次基煤田工会　　一百五十万卢布

手工业合作社　　　　五十万卢布

关于合作社的数字，至一九二八年止，大略如左：

消费合作社

年次	社员数 （单位千人）	职场数	股份资本 （单位百万卢布）	前年度交易额 （单位百万卢布）
一九二四，一〇，一	七，〇九三	三五，七〇〇	一五，九	一，三八四
一九二五，一〇，一	九，四三六	四九，七〇〇	三〇，八	二，五六八
一九二六，一〇，一	一二，四〇六	六二，〇〇〇	四九，二	四，四八三
一九二七，一〇，一	一五，九九一	七二，〇〇〇	七六，〇	一〇，一四八
一九二八，一〇，一	二三，五八一	八五，〇〇〇	一七二，〇	一四，八八三

这些消费者合作社，都自己领有工厂，制造社员的必要品，并经营著食粮及日用品的制造上所必要的各种工厂。关于日常用品的分配，殆已全部由合作社负担。依这种形式来推断，则今日苏俄之合作社，一定更有长足的发展。这是到分配的社会化的必由之路。民生主义的经济建设，合作社正是一条无可避免而且亟须履行的路程。

古人有两句话："与其临渊羡鱼，不如退而结网。"我们看到苏俄建设之猛进，无论果否与事实相符，都不能不引起如上的感觉。我在上文，约略指陈三民主义的民生建设的内容，在求（一）土地与资本之共有；（二）生产力组织之共治；与（三）生产品分配之共享；并提示总理所说实行建设的要纲，如发展国家实业在分向"个人企业"与"国家经营"这两条路去进行之类。要我们不要震骇于苏俄的之所谓五年计划而混忘了总理给我们的建设方针。固然，五年计划是伟大的，是严密的，是任何资本主义国家的建设计划所[①]不及的。然而我们何须自馁！我们未尝没有计划，我们的计划，未尝不及苏俄五年计划之详备与伟大。这个计划是甚么？便是根于三民主义而来的民生主义建设计划。——总理手自草定的建国方略。而提示这一个计划的纲要的，则为总理所指为革命典型的建国大纲。

总理的建国方略共分三部：（一）心理建设；（二）物质建设；（三）社

---

① "计划所"，原作"计所划"，误，校改。

会建设。社会建设又称为民权初步，这是到"民本发达"以至于登峰造极的阶梯，是三民主义国家国民的一种基本的训练。心理建设是心理改造的张本，其主要意义，在破除①过去"知之非艰行之唯艰"的谬说。总理说："夫心也者，万事之本源也。满清之颠覆者，此心成之也；民国之建设者，此心败之也。"

总理认为过去建设之失败，是革命党人心理的错误所致。要实行建设，非改革国民的心理不为功。所以在草拟物质建设之先，便先之以心理的建设，他说："故先作学说（心理建设）以破此心理之大敌，而出国人之思想于迷津，庶几吾之建国方略，或不致再被国人视为理想空谈也。"

从这一点上，我们可以明了革命的根本意义，是在于建设。无论在求民族解放之后，或民族解放之中，都必须励行革命的建设。总理一生所企求的，便在求民生主义的经济建设。总理说："我是为实现民生主义而革命的。"民生主义如何实现？就在切实遵行总理手订的《物质建设计划——实业计划》。实业计划的总纲；大概如左：

（甲）交通之开发。

子　铁道一十万英里。

丑　碎石路一百万英里。

寅　修浚现有运河。

（一）杭州天津间运河。

（二）西江扬子江间运河。

卯　新开运河。

（一）辽河松花江间运河。

（二）其他运河。

辰　治河。

（一）扬子江筑堤浚水路，起汉口迄于海，以便航洋船直达该港。

（二）黄河筑堤浚水路，以免洪水。

（三）导西江。

（四）导淮。

（五）导其他河流。

巳　增设电报线路、电话，及无线电等，使遍布于全国。

---

① "在破除"，原作"破在除"，误，校改。

（乙）商港之开辟①。

子　于中国中部、北部南部各建一大洋港口，如纽约港者。

丑　沿海岸建种种之商业港，及渔业港。

寅　于通航河流沿岸建商场船埠。

（丙）铁路中心及终点并商港地，设新式市街，各具公用设备。

（丁）水力之发展。

（戊）设冶②铁、制钢，并造士敏土之大工厂，以供上列各项之需。

（己）矿业之发③展。

（庚）农业之发展。

（辛）蒙古新疆之灌溉。

（壬）于中国北部及中部建造森林。

（癸）移民于东三省、蒙古、新疆、青海、西藏。

在进行上，总理又确定了四个原则。即：

（一）必选最有利之途，以吸外资。

（二）必应国民之所最需要。

（三）必期抵抗之至少。

（四）必择地位之适宜。

根于这四个原则，总理又确定他的建设计划，如左：

第一计划——以筑北方大港为计划中心。

（一）筑北方大港于直隶湾。

（二）建铁路统系，起北方大港，迄中国西极端。

（三）殖民蒙古、新疆。

（四）开浚运河，以联络中国北部、中部通渠及北方大港。

（五）开发山西煤铁矿源，设立制铁、炼钢工厂。

第二计划——以筑东方大港（即计划港）为计划中心。

（一）东方大港。

（二）整治扬子江水路及河岸。

（三）建设内河商埠。

（四）改良扬子江之现存水路及运河。

（五）创建大士敏土厂。

---

① "辟"，原作"避"，误，校改。
② "冶"，原作"治"，误，校改。
③ "发"，原作"之"，误，校改。

第三计划——以建设南方大港为计划中心。

（一）改良广州为一世界港。

（二）改良广州水路系统。

（三）建设中国西南铁路系统。

（四）建设沿海商埠及渔业港。

（五）创立造船厂。

第四计划——这是总理对于所拟建筑一十万英里铁路计划之说明，这一十万英里铁路，其建筑之分别如左：

（一）中央铁路系统。

（二）东南铁路系统。

（三）东北铁路系统。

（四）扩张西北铁路系统。

（五）高原铁路系统。

（六）创立机关车、客货车制造厂。

第五计划——这一个计划，是继续上一计划而来的，上一计划在计划根本工业的发达方法，第五计划则在计划本部工业的发达方法。其计划如下：

（一）粮食工业。

（二）衣服工业。

（三）居室工业。

（四）行动工业。

（五）印刷工业。

在这篇文章里，我不惜篇幅叙述这些，只是要我们知道三民主义的经济建设，总理早已替我们规定了严密伟大的计划，要我们不要震骇于苏俄之成功，而忘记了自己的东西。有很多人每每批评总理为过于理想，就实业计划言，也以为太过于夸大不合实际。这我们可以说：无异欧美的资本主义者批评苏俄的五年计划，"为鲍尔希维克的幻想"。苏俄的五年计划，实行之初，除了苏俄当局者外，有谁相信能成功。然而努力的结果，五年完成的，变为四年完成，而且有多种建设，在二年乃至三年时即已超过了预期的限度。总理的实业计划，我们愿被称为"民生主义建设的幻想"，只要我们肯做和能做，则深信做的结果，一定会由计划而成为事实。

实业计划的本身，并不是空洞的，更不是夸大的。地理的测量，资财的运用，步骤的先后，原料的产量，各方面的联系，在计划中都已经过周密的统计和规定。而基础的原则，也早已在民生主义中确定下来。计划本身，有几个要点，可以促起我们的注意：

第一：在根本上，实业计划首先注重于铁路、道路之建筑，运河、水道之修治，商港、市街之建设。认为这些是发展实业的利器。没有这种交通、运输、屯集的利器，则虽备具发展实业之要素，而发展终为不可能。

第二则注重于移民、垦荒、冶铁、炼钢诸端。换言之，便是努力求农矿工业之开发。总理说："农矿工业，实为①其他种种事业之母也。"农矿一兴，其他事业也可由之而兴，而钢铁之产量，在现代一切资本主义的国家中正与其实业之发达为正比例。

第三在方法上，实业计划所重视的，是外国资本之充分利用。所以实业计划的原名，叫做"国际共同发展实业计划"，这是在欧战以后，消纳世界剩余机械的最良方策。造巨炮之机器厂，可以改制蒸汽辗压，以治中国之道路；制装甲自动车之厂，可制货车以输送中国之生货；凡诸战争机器，一一可变成平和器具，以开发中国潜在地中之富。这与苏俄初时想利用外资来努力建设，正具同一的意义。现势变时异，则转而效苏俄之"自己创造资本"，亦正非不可能。

第四是：专门技术之充分使用。明言之，便是解决人才问题。总理对于这一点，有两种计议，根本的是：（一）多设学堂，多派学生到各国之科学专门校肄业，毕业后再入各种工厂练习数年，必使所学能升堂入室，回国能独当一面以经营实业。救急的是：（二）广罗各国之实业人才，为我经营创造。他说："生产方法不良，工力失去甚多，此一切之根本救治为用外国资本及专门家，发达工业。……若外国资本不可得，至少亦须用其专门家、发明家以为吾国制造机器。"

实业计划②中所重视的四端，正合于我们现时的需要，而在苏俄建设中，也正顺依了我们总理的指示。总理过去曾很慨叹的说："我的民生主义政策，未行于中国却先行于苏俄。"假如总理在世看见了苏俄现时的努力与建设的猛进，正不知要作何感想！这样下去，苏俄的前途，还可以限量吗？

————————

① "实为"，原作"为实"，误，校改。
② "划"，原作"创"，误，校改。

我们要确定认识总理的民生主义，是我们今后建设的唯一方针；总理的实业计划，是我们今后建设的唯一的①计划，算做五年计划固是，算做十年计划亦是。总之无论五年十年，总理都已详尽地为我们准备著。我们更要认识：革命之完成，必须赖建设的成功。建设有一分进步便是革命有一分成功。过去革命之失败，是失败于不建设，失败于空洞的标语与口号，绝未奉行总理的主义与计划。这个深刻的教训，我们更要时时的警惕到。

Enne Ludwig 说："有一次，我在街道上步行，因为水门汀稍有不平，几乎使我倾跌，旁边有人向我说：'将来五年计划完成，街上就不致再有洞了。'"

斯丹林于一月九日在苏俄共产党大会演说道："我们目前的成功，已引起全世界劳动阶级的惊佩！这种成功，实有其非常的历史价值，而造成此历史事迹之主力，则为我们的活力，牺牲的精神，和创造的热诚。"

我们要问问自己：我们对于总理的主义与计划，有没有如苏俄人民对于五年计划这般的信仰？我们对于未来的建设，有没有为苏俄当局这般的活力，牺牲的精神与创造的热诚。如果没有，那我们必须要增长与补足；如果有，则革命的成功，建设的完成，便已在我们的目前了。

---

① "唯一的"，原作"唯的一"，误，校改。

三民主义的历史观[*]
——序叶译贝尔 Max Beer 所著社会斗争通史
(1933 年 3 月 15 日)

这仅仅是一篇序,对于总理的三民主义的历史观,只是偶然的疏略的引用,未及为深切的探讨与发挥。我把它在这里发表,希望能引起同志们研究的兴趣。

德国学者贝尔 Max Beer 著社会斗争通史,以斗争唯物论和社会主义的观点,分析有史以来一切社会的斗争。内容证引极宏博,编排极精审,序[①]述极深刻,是一部历史的名作。全书共五卷,其中四五两卷,我于民国十五年在上海时,曾根据日译本把它翻译出来,交民智书局出版,题为《产业革命时代社会主义史》,和《马克思主义时代社会史》。我当时译这两卷书,有一个小小的意思:以为国内的智识分子,虽有一部分在大谈其唯物论,可是当时所谈的,实在很浅薄;至于能运用唯物史观的方法,去解释历史的,所见更稀少;我译这两卷书,一方面想介绍这唯物史观[②]的方法之应用,这个意义,是相等于我从前做《唯物史观的伦理之研究》的;一方面我从产业时代译起,要我们明了近两世纪西欧社会主义思想的演进,究竟是一个怎样的情形。

最近叶启芳同志,把贝尔的这部《社会斗争通史》全部译出来了。叶同志是根据史天宁(H. J. Stenning)的英译本译的。据说史氏的英译本,曾经过原作者的校订,则这部英译本可靠的程度,当在我所根据的

---

* 本文出处:《三民主义月刊》,第 1 卷第 3 期。署名:胡汉民。
① "序",疑作"叙"。
② "唯物史观",原作"唯史物观",误,校改。

日译本之上。前数天，接到叶同志的信，并附译本四册，以我曾译过此书的四五两卷，具有因缘，希望我为这书的合订本写一篇序，信中还说："该书虽全述西土社会，不及吾邦，然其主张斗争，持论未纯，允宜于序文中加以纠正，俾惠后学而伸正理。"惠后学与否是一件事，可是以唯物论的观点来解释社会的进化，最后并归著于阶级的斗争，这一层，我却有一点单简的意思，要稍加申说。

孙中山先生在民生主义的演讲中，曾有过这样的一段话："古今人类的努力，都是求解决自己的生存问题。人类求解决生存问题，才是历史的重心。马克思的唯物主义，没有发明社会进化的定律，不是历史的重心。"于例举了若干关于社会进化的实事之后，孙中山先生又说："古今一切人类之所以要努力，就是因为要求生存。人类因为要有不间断的生存，所以社会才有不停止的进化，所以社会进化的定律是人类求生存，人类求生存，才是社会进化的原因。阶级战争，是社会当进化的时候所发生的一种病症，这种病症的原因，是人类不能生存。所以这种病症的结果，便起战争。……再不可说物质问题是历史中的中心，要把历史上的政治和社会经济种种中心，都归之民生问题。"

孙中山先生这两段话，单简明了，在民生主义中所举的实例，更其极"能近取譬"之能事！贝尔的这部社会斗争通史，是纯乎站在斗争的唯物论的立场上来解释历史的；换言之：是纯乎以马克思的唯物史观的观点来分析社会的斗争的，所以他的根本主旨，显然与孙中山先生不合。甚么是马克思的唯物史观的教义呢？这类文献，多不胜举。马克思在他的《经济学批判》里，有一段最基础的说明。兹录其一节如次：

> 人类在他们生活之社会的生产上，加入于一定的、必然的、非他们意志所能支配的一种关系里面，就是加入于生产关系里面。这生产关系，是和他们的物质生产力的一定发展阶段相适应的。这些生产关系的总和，构成社会之经济的构造，这经济的构造，是法制上、政治上的上部建筑物所藉以存立的，真实的基础。而且一定的社会的意识形态，也是和这基础相适应的。物质生活的生产方法，一般为限制社会上、政治上及精神上的生活过程的条件。并非人类的意识，决定他们的存在，倒是他们的社会的存在，决定他们的意识。

恩格斯和马克思，同样是所谓科学的社会主义之建设者。恩格斯在一八八五年马克思著三版 Der achzehnte Brumaire des Louis Napoleon

的序言中说：

> 马克思是历史进行的大法则之最初发见者。根据这个法则，一切历史上的争斗，不问其为政治上、宗教上、哲学上的争斗，或是起于精神的方面的争斗，实在都不外是社会诸阶级的争斗的——或则是较为明了或则是不甚清楚——表现，而这阶级的存在与冲突，又是由于经济状态的发达程度，由于他们的生产方法、交换方法如何而定的。

从上文看来，所谓唯物史观，正如孙中山先生所言在认定：物是社会进化的定律，它以物为中心，以经济为中心，社会的演变，都要以经济的结构为说明；所以唯物史观便不啻为一种经济一元论。唯物史观者认定由生产力、生产方法、生产关系以制定社会的全部经济制度。由社会的全部经济制度建筑起制度的文化来，如法律制度、政治制度等。社会之经济制度，合之制度之文化，又制定我们的精神的文化。制度文化，是第一上层建筑。精神文化，在精神的生产方面的，如思想、哲学、主义等；属于社会的心意形态的，如宗教、教育、道德等；这是第二上层建筑。生产力、生产方法和生产关系有变动时，社会的经济结构也变动，而制度的文化和精神的文化，也随之变动，总之上层的建筑，其建立与崩溃，都要以下层为转移。这便是唯物史观的大较。

我并不全部否定唯物论者的学说，正如我并不全部否定唯心论者的学说一般，亦正如孙中山先生并未全部否定唯物论者与唯心论者的学说一般。我以为马克思的学说，未尝不含有部分的真理，如阐明社会的相互关系，说制度的文化会影响及于精神的文化等等；如阐明人类的偏见，说人们重视其自身的利益，在任何场合，都以各个的利益为前提，以此形成所谓阶级的斗争等等。虽然这种见解很单简，可是应用唯物论的方法来解释历史的时候，也往往头头是道。记得斯宾诺莎曾有过这样的一句话："真理是一串理论。"在某一范围内，一个学说的倡导者，能把他的思想编配起来，把他的理论组织起来，成为一串。在这一串之中，能无所不通，如梳发一般，梳得很顺溜，并没有什么障碍之处，就发言：这发是梳通了；就学说言：则这一学说，在某一范围内，便是真理了。所以所谓真理，本是有限度的，不是绝对的，而是相对的；即使某一时期有其绝对性，但这绝对真理，也是由相对真理而成立的。关于这一点，恩格斯和列宁说得最清楚，恩格斯说：

真理和错误，与一切流动在两极对立中之思维规定一般，在极有限制的领域内，具有绝对的妥当性。……假如我们在那个领域之外，要用作绝对妥当性的东西，必归于失败。

至于列宁，他便是以绝对的真理为相对真理之一总和的。他确信人类的思维能力，能给予我们以绝对的真理，而且已给予我们以绝对的真理，但他说：

科学发达之每一步骤，对于绝对真理这种总和加上新的份子。但每种科学定理的界限是相对的，并且因知识之继续增加，会使这个界限缩小或扩大。

恩格斯和列宁的话，是一种事实，在任何一门科学上，我们都可以找到实证。当然在这一个论点之下，在某一个限度之下，我们同样承认唯物论是未尝不含有真理的。然而我们要记得：这仅仅是在这一个论点之下和某一个限度之下，假如出了这一个限度，则唯物论云云，也必如恩格斯所云："必归于失败。"

根据这个认识，我们便可以来检阅一下，贝尔这部社会斗争通史。我已说过他是站在斗争的唯物论的立场上解释历史的。这部著作的完成，完全是马克思的唯物史观学说之应用。固然，在解释历史方面，这部更未尝不头头是道，如梳发一般，梳得顺溜。因此如斯宾诺莎之说，并不能全部否定其为真理。可是唯物史观的应用的界限，应该在何处呢？唯物史观的应用，是否"放诸四海而皆准，百世以俟圣人而不惑"呢？我以为最好举马克思自己所说的一个例。马克思在他的《工资劳动与资本》（Lohnarbeit und Kapital）里，解释关于生产的社会关系时，曾说："例如所谓火器（铳炮）的新武器，一经发明，那军队内部的组织，必随着全部改变，各个人所举以组织一队，和作为一队能够行动的关系，必因而变换其形式；又各队间的相互关系，亦必跟着同样变化。"新武器之发明，影响及于军队内部的组织，这确如恩格斯所说"在极有限度的领域内，具有绝对的妥当性"的一个例。换言之，便是适用唯物史观学说的一个最确切的例。唯其唯物史观应用的界限，很分明与严格，所以如贝尔以唯物论解释社会进化史时，虽然似乎头头是道，可是在很多方面，确实未能把握到社会进化的真际。能把握到社会进化的真际的，不是"物"，不是由"物"所产生的斗争，而是由于人类求生存的意欲，这便是孙中山先生所说："因为人类不间断的求生存，所以社会才有不停止的进化。"

人类求生存，是一件最明显而无待解说的事实。一个人要求生存，一家要求生存，一社会要求生存，一国家要求生存，一民族要求生存，一切的演变，都以求"生"这个意欲做原动力。孙中山先生还说："人类保全生存的方法，一方面是觅食，一方面是自卫。"为要觅食，所以在人类社会进化史上，会由穴居野处的生活，逐步推进到游牧、农耕、小工业，以至近代资本主义的工业的生活；为要自卫，所以会由洪荒时代混沌的生活，逐步推进到神权时代、君权时代、军国主义时代，以至现代帝国主义时代的凄苦的生活。唯物史观中经济结构的基础，所谓生产力、生产方法，只是为求生而觅食的一种工具，其上层的建筑，如制度的文化等等，只是为求生而自卫的必要的设施。文化的转变，经济结构的转变，都随著求"生"的方式而转变，把握住社会进化的原动力的，不是"物"，而是人类求生的意欲。所以根本的动力，仍然是"生"，不是"物"。人类的意欲，是没有尽止的，不能生，要求能生，能生了，要求有富裕之生与畅遂之生。更明白的说：没"有"，要求"有"，有了，要求"多有"，初时是要求维持生活，继而是要求过丰裕的生活，最后是要求过享乐的奢侈的生活，归结起来，从无生到享乐之生奢侈之生的过程中，由一切努力所发生的种种现象，种种变迁，都只是求生存一念的演变。我可断定贝尔这书，全部便是以生存为中心的这个事实作说明，而与求生之贪欲的无限度之发展相反的，便是社会主义思想的澎涨与建立。

在第一卷第四十七页中，贝尔叙述到犹太社会主义——禁欲派时，引犹太知识主义者菲罗 Philo 的话说：

> 柏勒斯庭有四千个禁欲派的善行人生存着，他们居于村落之中，避免城市之纷华，因为放恣与淫侠，是城居人所惯常的。……他们不积聚金银，也不需要土地，以获得大部分之收入。他们只是工作以赚得生活供给的必需手段。所以他们是无财产拥有的人，其原因并不由于机会之不幸，而只由于他们不追求富有。……他们轻视统治者及官吏，不特因为他们破坏平等反抗公义，这因为他们不信上帝消灭自然组织。……一切东西，都系真正而可爱的兄弟一样有一种关系，只是这种关系，被胜利的狡猾及贪婪所灭毁了，把荒疏替代信赖，把憎恨替代仁爱。禁欲派所学习的，是有神、圣洁，和公道之原理。所谓公道，不特在政治组织及集团中，也在善恶之

认识中。所以他们接纳三种道德概念和原则，就是：爱上帝，爱道德，及爱人类。爱人类之表示，就是慈善、公平，与物品之公有。

我当时偶然翻到这段话，我不自已的提起笔来，批下书眉道："人类社会间的一切纷争起于贪，贪即为满足自己生的要求。"犹太之禁欲派，以戒贪为第一义，以淡泊、公义为第一义，这便是只求能生，不求享乐之生与奢侈之生。总理说："阶级斗争，只是当社会进化时所发生的一种病症，于此更可得一证明。"其实像这样的例，在这部社会斗争通史中，连篇皆是。且看：

在本书第三章斯巴达社会主义之实施：黎哥尔格斯（Lycorgus）之法制项下，贝尔引用普拉塔（Plutarch）的话说："黎哥尔格斯之第二种而且是最勇敢的革新，是土地之重新分配，因为他觉得当时存着一种非常之不平等，城市中充塞着无片土寸地的贫民，而财富全集中于少数人手里，所以他决意把傲慢、妒忌、贪欲及奢侈等罪恶，从根拔除，而且把一个国家中所习以为常和定命的恶性，一律扫除净尽。……唯一的区别，只由于鄙视恶行和崇拜善德而已。"（第一卷第六十四页）

把这个意思说得最明显的是：

贝尔引用海西德关于希腊大哲柏拉图的记述。[①] 他说：柏拉图以一种颇为神秘的态度，论证人类一代一代地智能堕落，发生争论，很多为金钱、贪欲、土地、房屋、金银、货币，而互相竞争，于是而有彼此反抗的战争，后来人们便互相同意，把土地房屋分配起来，私有财产成立了，人民方面便分成统治者及被统治者。又说：当一个独立的个人，请求他人帮助的时候，他只在与他人合作之中，才能满足他的躯体上之需要，因此人便协合起来，组成一个国家，每一个公民，却有他自己的职业。……他们把自己的生产品，互相交易，由是便有商业及金钱，不久人们又不单纯以必需品为满足，他们更要求各种奢侈品，装饰及淫佚，便尔发生。更产生贪欲和征服之战争，由是而武力之制造成为必要，国家更成复杂了，贫富均有存在，内部之和谐消灭，国家内部分成两个仇视集团。

柏拉图的最后希望，是："只要除去地主之贪欲，主张公义"，

---

① 此处原文排版有误，校改。

要做到"一切物品，与朋友共"。（第一卷第九十三——九十九页）

接着我们可以看看亚里斯多德的意见。亚里斯多德在某一方面看，虽然非难柏拉图，反对社会主义，可是他的意见，却是我前述求生的意欲之发展的有力的提供。亚里斯多德说：

> 所要平均的，不是产业，而是人类的想望。……人类中有希望满足某几种把他捕捉着的热情，也有切望着享受，不必痛苦而可以得愉乐，这样他们便犯罪了。然则怎样可以救治这三种疾病呢？对于第一种要有适度的产业及职业，对于第二种要有节制之习惯，对于第三种，假若他们希望愉乐，则他们应该晓得除却在哲学之外，更没有满足他们希望的地方。由事实可以见出犯罪之成立，不由于"必需"而由于"过度"。（第一卷第一〇七页）

犯罪之成立，不由"必需"而由"过度"，这是一语破的的名言。这是在能维持生以后，再求享乐之生与奢侈之生所形成的必然的现象。原始的基督教社会主义者，如安普罗斯（Ambrosins）等，都抱持着同一的见解，安普罗斯的学生奥格斯丁（Augustine）更说道："假若我们只取必需品，其他不取，则我们是绰绰有余的。他所供给你的是若干，你便取用够额就好了。其他一切遗留着多余品物，必是他人的必需品，所以富者之丰余，就是贫者之需要。你要为上帝的原故，用够便好了，决不可为满足你的贪欲而多取。"到中世纪，教皇葛里高利七世（Gregory VII 一〇七三至一〇八五之教皇）在一封通告各主教的信札里面，很愤闷的写着："谁不知道君王及诸侯的原始及名号，必不从上帝处来的。它是从骄傲、抢劫、狡猾和残杀来的，总说一句，是从各种犯罪来的。他们以魔鬼的力量，提拔自己的地位，高出侪辈，而他们统治的特记，就是盲目的贪欲及不可容忍的要求。"为了求生之故，使贪欲极度发展，造成贫富间的悬隔与阨嗫，于是就需要节制和克治，这个需要，在法律方面，便充实了法律之祖的罗马法的自然律之内容。贝尔在这部书中，曾有一段简明的叙述：

> 为罗马帝国及罗马法学家所接纳的教义，无一不为自然律所影响。……在中世纪的早期，自然律和罗马法学家的观念，互相混合。（第二卷第二十八页）

实际，当时罗马法学家对于自然律的认识，还是很疏略的。他们只企图证实人为律之合理，——确定国家权力及社会阶级化之存在。可是在旁的方面，如加拉丁法案，（Decretum Gratiani 属于圣经法典 Gorpus Juris Canonici 之一部）都公认物产公有是最甘美的，又以为"我的"或"你的"这种词句，是由于罪恶情境产生的。它虽然不肯定拥有私产便是罪恶，但它却肯定地说："物主应该以生活必要品为限。"（第二卷第三十九页至第四十页）再如一五二五年，德国农民运动所计划的十二条款等，也充分显示必须回复到自然生活的精神。印度甘地先生在所创办的 Satyagraha Ashram 中，定有十一信条，（Observances）其第五条第六条是：

> 不偷窃。（Non-Stealing）——不得别人的许可不取，还是不足，即假此物以作彼用，或使用过了一定的时间，亦成为偷窃之罪过。再者若非真正需要而收受，亦为偷窃，此信条之根本真理，因自然供给恰好适足，无多余以应我们的额外需求。

> 不私有或清贫。（Non-Possession or Poverty）——此条实即前条之一部分，正因一个人不是真正需要不应收受任何财物，故亦不应私有任何财物。例如一个人能不用桌子，即不应保桌子。守此信条，可使一个人进于简单的生活。

这种严格的规定，这种加拉丁法案的基本的要义，以及社会主义者努力的目标，只有一个：就是要打破人类由求生存所产生的贪欲，和改革由贪欲所产生的一切偏见与制度。这些事实，——乃至贝尔所标举的一切，并未确切证实了唯物史观的"物"为一切的中心之理论，却倒坚实地证明了孙中山先生"古今人类之一切努力，是因为要求生存"的遗教。因此，我在这部书中，我处处觉得贝尔用最优良的排编的方法所证引的一切文献和史料，只证实了孙中山先生的历史观的坚确与翔实。这一部社会斗争通史，虽然想站在所谓斗争的唯物论的立场来剖解一切历史的社会斗争的事实，可是它的目的，它的努力，其结果只是充分表明了人类求生的急切，和由求生的努力所发生的种种变故与扰动。

这是一个事实，并不是一个凭空捏造的理论：英国学者希克斯（R. D. Hicks）在他讨论斯多亚派与伊壁鸠学派的学说的书中，（Stoic and Epicurean）曾有过这样的一段话："欲望起于希求，求不到便发生痛苦，当人们发为行动去求满足他的欲望时，其主旨即在解除从求不到所发生的痛苦。"人类有求生存的要求，有求生存的欲望，人类的一切行动，只在努力求满足其要求与欲望。照希克斯的话，便在解除由求不到所发生的痛苦，这便是我在上文屡屡说过的求能维持"生"。一个理想的社会是社会人人只要求能维持生。假如①有享乐之生与奢侈之生的话，则这个享乐之生，与奢侈之生，是属于社会人人的，不单是为社会中部分的人所专有的。这样的时代，便是共产主义的时代，便是孙中山先生所说的民生主义的时代。然而事实上还不可能，当人类各个去求生之时，依于智力之高下，体力之强弱，各人所得的便有多寡之差，厚薄之异！依于人类之欲望，渐渐造成贫富的两个悬绝的壁垒，这便是亚里斯多德所说的犯罪之成立，不由于"必需"而由于"过度"。最好的说明，是唯物史观者咀咀②的资本主义，他说资本主义的制度，是一种人吃人的制度，这与我们信仰三民主义的同志，怀抱同一的意见。人吃人的制度何以会形成？便是由于求生的要求者，其要求超过了"必需"而陷于"过度"。就某一方面来看，所谓资本主义制度之形成，可以说是一种人性的必然的趋势，由这种人性的必然的趋势，确定了经济的必然的定向，因为这种制度，无非是由于独占享有等观念之强烈化与具体化。当这种制度未形成前，将形成时，已形成后，一部分人会感觉到其不当与有害，认识它与公道正义及自然的教义相违反，这便是一切社会主义思想所以产生的理由。同时人必须保持其既得的利益，维护其既得的财富，与由财富所产生的政治组织与政治力量。这样，在资本主义——财富的独占方面，必须运用种种方法加厚其基础和加高其壁垒。假如社会而有斗争，则斗争的原因，便应该在此，换言之，便在欲望之不知餍足。

最粗浅的认识，都知道自古以来的道德哲学或伦理哲学，都注意到两点：（一）正义的维护，（二）欲望的节制。这与欧洲中世纪法律的自然律有同一的意义，即在禁遏关于财富方面的贪欲之发展。孔子说："无欲则刚。"儒家的经济学说，其要纲是："不患寡而患不均"。其理想的世界，是"大道之行也，天下为公。……货与其弃于地也，不必藏于己……"的大同世界。孔子的门弟子如颜渊等，都以正义的追求为乐，不以箪食瓢饮伏处陋巷为忧。宋明理学，更注意到"昌天理而抑人欲"。甚么是天理与人欲呢？王心齐说得好："天理者，天然自由之理也。才欲安排如何，便是人欲。"

（注）关于天理与人欲，我引宋儒的主张只为便于说明起见。

---

① "如"，原作"加"，误，校改。

② "咀"，疑作"诅"。

孙中山先生对于这一点，曾有过极精辟的见解。这见解不见于总理全集，是当民国三年时，在东京与我面谈的。那时先生阅读宋明理学，一天，我们闲谈。我问："先生对于宋儒之学，有什么意见？"他说："宋儒的道理，也有许多很精辟的。但①用的名辞太差，譬如天理与人欲，便不当这样用。"我说何以？他说："据我看，宋儒所说之天理，倒是人欲。宋儒所说的人欲，倒是天理。譬如饮食、男女，这是天理，是天然自由之理，不是人欲。人要如何如何安排，如节制，如修省，如用种种伦理教条来拘束它，这便是人欲了。"这段见解很精当，非本文所及，未能在此作详细的阐发。

宋明学者，都处处以无欲为第一义。孔子也说："放于利而行多怨。""君子喻于义，小人喻于利。""喻于义"，是正义的维护，"喻于利"，是欲望之不节制。这两者是君子与小人的分际。在中国的学派里，关于这一点说的最清楚的，要推墨子。墨子经济学的消费公例是："以自苦为极。"（《庄子天下篇》）"凡足以奉给民用则止。"（《节用中》）

他以为人类的欲望，应该以维持生命所必需的最低限度为标准。所以于饮食，则："黍稷不二羹，胾不重，饭于土塯，啜于土铏。"（《节用中》）于衣服，则："冬以圉寒，夏以圉暑。"（《节用上》）于居处，则："高足以辟润湿，边足以圉风寒，上足以待霜雪雨露，墙高足以别男女。"（《辞过》）这样就够了。超过了这个限度，便是贪欲，便是享乐与奢侈，凡此，都为墨子所深恶，谥之为"暴夺人衣食之财"（《节用中》）的。"暴夺人衣食之财"，与唯物史观者艳称的"掠夺"同义。墨子的学说，是私产制度已经确立时代的学说，所以很注意从消极的节制，到积极的建设。自然，这学说之内容，合之上文的儒家学说、宋明学说等等，都没有这样的单纯，其包含的意义，应该提出的论证，是比较复杂的。这里，我为行文便捷起见，不过姑举一例而已！

中国的情形是如此，西方又何独不然！苏格拉底主张的诸德，如勇敢，如虔敬，如公正，如谨敕，（即节制）都含有克制欲望的意义，其弟子亚里斯脱布斯，（Aristippus 435－305 B. C.）确认人生是有所追求的，追求的目的，在乎求乐。乐如何得？在乎增进智识。智识是甚么？他祖述他老师苏格拉底的话说："智识即道德。"所谓道德便是苏格拉底所提出的节制欲望的诸德。假如我解释的话并未越轨，则应该说：人生

---

① "但"字下，原有衍文"的"，今删。

的追求，人生的乐，都在于欲望的节制。

苏格拉底以后，我们应当数到的，是柏拉图与亚里斯多德：柏拉图的两个世界：（一）现象世界，（二）观念世界。他说我们应当脱离现世界，而归还于观念世界。假如我们仍旧留居在现世界那我们应该竭力模仿观念世界而求其近似。其主要的学说，贝尔在这部社会斗争通史中，引述海西德的记述，已颇详备。在人生的进程上，柏拉图是主张绝欲的，他认为人心有两部分：一是欲，一是义，欲属于现世界，义属于观念世界，我们能断绝物欲，我们便可转入观念的世界。至于亚里斯多德，他极力主张人应该过理智的生活。（Life of Contemplation）他认为过理智的生活，便是人生的目的。这个学说的根本意义，是渊源于他的全部哲学观念的，在这里只就其所主张的理智方面，稍加叙述，他首先要人充分发展其理智，理智的发展，有两条路：（一）是理智的自身发展，使之发达到最高度，（二）是使理智能控制欲望，统御欲望，指导欲望，使欲望能绝对受理智的支配。前者是理智之单独活动，后者是理智之统御欲望。亚里斯多德的学说，内容很宏博，其属于伦理哲学方面的，概略如此。总言之，仍是充分包含着节制贪欲的意义。

最足以证实"节制贪欲"的信念的，是人所熟知的西洋哲学上两个相反的主义：一个是快乐主义，（Hedonism）一个是苦行主义，（Asceticism）此外是叔本华的意欲一元论，（Voluntariticmorlism）和康德的意志的自律（Autonomy of Will）。快乐主义的代表者，无论为抱持为我主义的如伊壁鸠鲁（Epicurus 341－270 B. C.）或抱持兼利主义的如功利论者边沁（J. Bentham）与弥儿（J. S. Mill）他们的学说，凡稍涉西洋哲学的藩篱的，都很清楚：前者主张求乐的方法，在制欲而不在纵欲，他说真正的快乐，在求心之安静，在乎控制扰乱精神安适的欲念，能致快乐的生活的，不是饮食、男女、奢侈、浮华，而是冷静的推理与缜密的考虑。功利论者的①中心主张，在求最大多数最大幸福，但他并不主张率然满足欲望，他主张的最大幸福，在转化欲望，使它由直接的率然合理的满足，为间接的合理的满足，尤其不单求个人的满足，而要求大众的最大多数的满足。至于苦行主义者对于克制欲望的一层，自然更澈底了，无论是犬儒学派或斯多亚派，实行的方法，实行的旨趣，虽有所不同，可是对于制欲与绝欲两点，是可以相通的。犬儒学派

---

① "的"，原作"是"，误，校改。

的安蒂斯撒尼斯，（Antisthenes 444－366 B. C.）便是苦行主义的躬自力行者，除一衣两袭，一杖一囊外，别无所需。斯多亚派，则以汛神论的宇宙观为出发点，他们主张人之所以为人，不在依从欲望，追随情感，而在乎依本性为生活，要能宰制情（Passion）、欲（Desire），不为情欲所奴隶。他们以为做情欲的奴隶，便是违反了本性，亦且是违反了宇宙的本性。（这一派的宇宙观是有计划的定命论，他们认宇宙万物，都为 Ruling Principle 所统制。）所以人不仅要节制情欲，而且要灭绝情欲。叔本华的意欲一元论，是根于他的"存在是意欲"的观念的，所谓意欲便是求生的意欲（Will to Live），他要我们绝灭意欲，不能则一切行为，也要逆此意欲去做，他的哲学是厌世的，具有部分的印度佛学的气味，他的结论，在乎求人生之真解脱，似不值多论。至于康德之意志的自律，是纯乎一种理性的克治，其立说之严肃，命辞之纯正，都是为我们所共知的。

详细的叙述，与众多的证引，以及其他人性与社会心理的分析等等，都是必要的题材。可是在这篇简短的序文里，实为不可能。好在伦理哲学者，与心理学者都已有详明的提供，我徒然铺叙，似没有更多的意义。我此时写这么些，根本的意思，只希望在提示出几个伦理哲学上主要的思潮，旁证求生的努力与欲望的推展，是人类活动的中心。唯物史观者之所谓"物"，只是求生的努力与欲望的推展之外物，是结果，不是原因，是枝叶，不是根本。贝尔以斗争的唯物论，剖析历史的社会的斗争，只是证实了孙中山先生的"人类求生，为社会进化的定律"的遗教。假如讲唯物史观而必须推及马克思，则孙中山先生所说："马克思只是一个社会病理家，不能说是一个社会生理家"，于此当获得较多的证明。

其实，在马克思的唯物史观中，假如照恩格斯的话，则马克思①是并未忘记著求生的努力的。忘记了求生的努力，只是些浅薄的唯物史观者，和那些被苏俄卢布催眠了的唯物史观者。恩格斯说：马克思不如是，我也不如是。一八八四年，当《家族、私有财产与国家的起源》（Des Ursprung der Familie des Privateigenthums und des Stnats）出版时，恩格斯在他的序言中说过这么几句：

> 照唯物史观说来，历史之最后的决定要素，为"直接生命"之

---

① 此处原文用"马克斯"，全文统一起见，校改。

"生产及复生产"。这又分为两种，一为生活资料的产出，即衣食住的产出，和因此所必需的工具的产出；二为人类的产出，即种族的繁殖。

在一八九〇年的书简中，又有下面的文句：

> 照唯物史观说来，历史之最后的决定的要素，为真实生命之生产及复生产，无论是马克思或是我，向无比此更进一步的主张。

这种主张，是坚决的，是唯一的。晚年的主张，应该是一生的主张的定论。恩格斯所谓"真实生命"或"直接生命"的生产，完全是指的维持人类的生命，所谓复生产，就是指人类生命的复生产，即子孙的生殖。我们不论马克思如何，可是恩格斯已坚决地说："无论是马克思或是我，向无比此更进一步的主张"了。则更可证明历史之最后的决定的要素，是生，不是物。

就人类的欲望来说，马克思本身也并未忘记了欲望的重要，虽然他的欲望说，满沾著唯物的意味。马克思的欲望说，起源于社会而非起源于求生，所以结果还是随物为转移。关于这一层，马克思在他的《工资、劳动与资本》里，有这么一段话：一栋屋子，无论其为大为小，只要四邻的屋子和它的大小一样，那它对于住宅，可以满足社会一切的要求。可是小屋子旁边，如果建筑一座皇宫，它便相形见绌，小的不像样子了。这小屋子现在所表现的，是它的主人没有体面，或只有极小的体面，在文明进步之中，它固然可以改造的高耸天空，但当它旁边的皇宫，依前此的比例或更大的比例，向天空升起时，那么这比较矮小的屋子的居民，总是感觉不舒服，不满足，总是感觉局促不安的。……我们的欲望与享乐，是由社会中发生出来的。

马克思这一段话，只在指证我们的欲望与享乐，是发生于社会。狭义的讲：自然具有部分的理由，因为他同样揭示了社会的相互关系；广义的讲：则这样的话，是见其一，未见其二，见其偏，未见其全的。因为如马克思所说的，只是指出了已成社会的欲望的比较性，（即由比较而生的欲望）却并未明白从原始的人类进化史上，说出欲望的基本的意义。换句话说：马克思所说的欲望，只是因为人如此，所以我也要如此，因为人有高大的皇宫，所以我也不能住矮小的屋子，可是除此之外，是不是便没有欲望呢？是不是社会能发生欲望而欲望不能推动社会呢？是不是一定社会先于欲望而欲望不能先于社会呢？马克思为要坚强

其"经济的一元论"，同时又不能忽视欲望，便强以欲望为比附，以为
欲望一定附丽于社会，发生于社会，却无视人类求生的欲望，是社会进
化的动力。这是一切尊重客观事实的人，所不能承认的。

关于这一点，罗素的批判最清楚。罗素在他的《鲍尔希维克：理论
与实际》（Bolshevism：Theory and Practice）中，有很多批评马克思的
话。主要的几段是：

> 决定一时代或一民族的政治和信仰，经济的原因，自然很关重
> 要。但是把一切非经济的原因，一概不顾，只以经济的原因断定一
> 切的运命而以为一无错误，我却有些不信！有一种最显著的非经济
> 的原因，为社会主义者所最忽视的，便是民族主义。……单看大战
> 中全世界的佣雇工人，——除极少数的例外——都被民族主义的感
> 情所支配着，把共产党宝贵的"全世界劳动者联合"的格言，完全
> 忘掉了。

> 马克思派说：所谓人群，（Man's herd）只是阶级。人总是和
> 利益相同的人互相联合的。这句话，只含着一部分的真理。因为从
> 人类长时期的历史来看，宗教乃是断定人类运命的最主要的原因。

> 人的欲望，在于经济的向上。这句话，只是比较的合理。马克
> 思学说，渊源于十八世纪唯理的心理学派，与英国正统派经济学者
> 同出一源，所以他以自私心（Self-enrichment）为人类政治行动的
> 自然要求。但是近代心理学，已经从病的心理的浮面上探下去，为
> 更进步的证明。过去时代的文化的乐观主义，已给近代心理学者根
> 本推翻，可是马克思主义还以这种思想做根据，这不能不使马克思
> 派的本能生活观，有残刻呆板之诮！

罗素的意见，很多与我向来批评马克思主义的主张相应合。马克思
以后，大部分唯物史观的解释者，自恩格斯以次如考茨基（K. Kautsky），
如克诺（H. Cunow）等，对于这一个学说的本身，时有必要的修正和
补充。他们在以唯物史观解释道德时，便说："道德由进化而出，在动
物是一种本能，在人类是一种风俗。其背境都在于人类的生存。"

从上面的意见，与若干未完备的引述中，我们可以认识唯物史观的
本来的意义，已有过急剧的转变，甚至转变到丧失其固有的真面目。这
不是解释者之迁就，而是事实的必然的推演，与真理之必然的发露。根
本这个认识，我们可知道贝尔根据斗争的唯物论来解释历史的这部社会
斗争通史，并未能把握到社会进化的真际，虽然它的唯物史观的方法之

应用，是很周密的，这书内容，是提供着很多可贵的材料的，它的文辞，又是优美而犀利的。

我向来的见解：学术的研究，应该恢扩而不应该狭隘，所以纯学术的研究与探讨，所谓"思想自由"的原则，应该确立，也该维护。以我自身来讲，在十多年前，我就应用今日一部分国内青年所艳称的唯物的辩证法，来剖解中国过去的伦理，到民国十五年，我还部分的介绍贝尔这部社会斗争通史，想提示研究社会问题者以唯物史观的方法之运用。我以为要是我们的信仰不错，三民主义的本身真确，则一切学说与方法，都是我们应用的材料，这些学说与方法，不但不能损我，而且还足以增加三民主义的坚确性。所以我说：不否定唯物论者的学说，正如我不否定唯心论者的学说一般。亦正如孙中山先生不否定唯物论与唯心论者的学说一般。我认为以唯物史观的看法，去看一切历史的演变，——用唯物的辩证法，去探究一切历史的事实，并由此去推求出一种结论，这是很可能的。马克思如此，恩格斯亦是如此，这可能的程度，我想与用实用主义（Progmatism）或形式逻辑同样会得到各别的成绩。在中国的学术史上，老子以"无名"的方法，产生他的无为主义，孔子以"正名"的方法，产生他的伦理哲学，宋明学者，则以"顿悟"的方法，产生一种专讲性理的理学。这种种色色的方法，都并未失了它的效用，同样都生出"持之有故，言之成理"的学说。所以我们不必说某种史观或学说一定不适用，某种方法一定不合宜。应该说：无论何种方法，无论何种史观，都有它范围内的成就，不过这个成就，是不是真实的，是不是确切的，是不是已探索到一切历史的事实之真际，则为另一问题而已。守旧派的宗教信仰者，中国社会中的神佛虔信者，就他们的思想去分析，这些人都可以说是唯神论者，就他们的思想，去考察他们对于历史的看法，对于社会的看法，则这些人而亦有所谓史观的话，这些人的史观，一定不是唯物史观而是唯神史观。他们相信人生是命定的，然而假如求神的话，或能得神的喜悦的话，命定是未尝不可以改变的；他们相信神的地位，是至高无上的，神的权力，是绝对无限的：世界之生灭，人类的祸福，都在于神的掌握之中。所以思想以神为中心，行动以神为中心，唯物固不值一顾，唯心也不值一谈。无论是太上感应篇的人生观与宇宙观，无论是安士全书的人生观与宇宙观，总之都有其基础的理由。我说：我们对于马克思的唯物史观的看法，正如对于宗教虔信者之唯神史观的看法，一般无二。

我的终结的意见：认为无论是唯物唯心，或所谓唯神，只是在社会进化的过程中所发生的各别的现象。一切历史的事实，使我们确信能把握住社会进化的动向的，把握住所谓唯物、唯心或唯神的，只有这个"生"。贝尔的这部社会斗争通史，用一般的眼光去看，固然是一部获有成绩的名著，用唯物史观的眼光去看，在某种限度之下，它也是一部能够成功的好书。可是在根本上，在实际上，它所引用的材料，所铺叙的一切，只都证实了"人类求生的努力，是社会进化的定律"。根本这一点，我仍旧很欢喜的做这一篇序，继续表示我过去所以介绍此书的本意。

党权与军权之消长及今后之补救[*]
（1933 年 6 月 15 日）

一

在本刊第一期《三民主义与中国革命》一文中，我曾简单剖析过目前国内的政治思潮，并指陈这些思潮的错误，最后归结到：要完成中国革命，必须真确地实行三民主义。

三民主义的中国革命，就本质来说，自始至终没有失败过。失败的，只是依存于三民主义革命的军阀政治。在三民主义革命的过程中，中国的新兴军阀，继承北洋军阀的余绪，取北京政府而代之，这只是过去专制政治史上之朝代更迭。这种更迭，是以暴易暴，只能相等于唐宋专制政治的递嬗，尚不能与元明清的移易，相提并论，因为元明清的移易，还多少包含著民族主义的成分的。因此，在那篇文章中，我曾坚决地说：

我至今还根据著客观的事实，认定过去五年中所有的，只是军治，没有党治——即三民主义之治。

又说：

民国十五年北伐的成功，只是军阀的成功，不是党的成功，不是革命的政治的成功。唯其军事的力量，并未受著党的主义的统制，所以这一幕北伐的结果，只是军阀政权之转移，而不是革命政权的建立。唯其革命政权之未能建立，所以五年以来的一切，只是

---

* 本文出处：《三民主义月刊》，第 1 卷第 6 期。署名：胡汉民。

军阀的行动，而不是党的行动，更不是主义的行动。这一个重大的证明，就在主义与现实之对比。因此，我们更要坚决地说，或者是退一万步说："最近只有过一次北伐，不曾有过革命，尤其不曾有过三民主义的革命"。

甚么是三民主义的革命？三民主义的革命，是要求民族独立，民权普遍，民生发展的革命。主义是实行革命的根据，党是奉行革命的一个组织，军队是党推行革命的一种工具。党的组织必须根据于主义，这个党才是革命的有主义的党；军队必须受党的统制，这样的军队，才是革命的有主义的军队；所策动的工作，也才是奉行主义的党所需要的工作。可是过去的实际，并不如此。过去所表显出来的，主义是一橛，党是一橛，军队又是一橛。党与主义，固没有联系，军队与党，也没有关系。因此，主义是主义，党是党，军队是军队，党固不是奉行主义的一个组织，军队尤其不是党推行主义的一①种工具。结果便变成：

（一）主义是纸上空谈。内容虽然精深博大，在实行上虽然平易切近，可是因为没有主义的组织，主义便无从表显到事实上来。所以言民族主义，而帝国主义的压迫，日益加甚；言民权主义，而寡头政治的力量，日益开展；言民生主义而人民的生活，社会的生存，日益困窘。

（二）党是有了，然而党的统制权，不属于主义而属于个人。所以党的一切，并不在推行主义，只是依傍个人。为个人发展野心的工具；党的同志，不是决心革命，奉行主义的同志，只是阿附军阀，为个人求出路的同志。党在根本上，已经丧失其本质的意义。

（三）军队所承袭的，大部是万恶的北洋军阀的余孽。民十五年北伐的结果，只是以暴易暴，完成了军阀治权之转移。这好比沈鸿英驱逐了陈炯明，而沈鸿英还是陈炯明第二。原因是沈鸿英不认识主义，不认识党，他的军队，并没有受党的主义的统制，根本是一个反革命的东西。我们不能为沈鸿英曾驱逐过反革命的陈炯明，便承认沈鸿英为革命；同样，我们不能为目前的新兴军阀，曾贪天之功，打倒过北洋军阀，便容许他一切反革命的行动。

从上面的三端来看，可以证实过去五年中，中国并没有三民主义之治。它较优于北洋军阀的，是能假冒到革命的三民主义的牌号，掩护在革命的三民主义的牌号之后，施展其一切军阀的行动。他之较聪明于沈

---

① "一"字，原脱，校补。

鸿英者在此；中国革命之所以不幸者亦在此。因之，名目是党治，而实际却是军治。军治的罪恶，也就统统写到党治的账上来。这是党的不幸，也是主义的不幸，亦即是一切忠诚于党与主义的同志的不幸。不过事实是明显地摆列着：沈鸿英不能藉驱逐陈炯明以掩护其反革命，结果惟有溃败；目前的军阀，不能藉党以久远维持其反动的统治，则此反动统治的结局，也就可想而知。

从那篇《三民主义与中国革命》在本刊发表以后，许多海内外的同志，来信表示同情。有许多同志，因此特地来访，申述他们对于那篇文章的感想。所接来信既多，申述的感想也很繁复，不能在这里——披露。我归纳他们的意见，大致可以得到左列两端：

第一：对于目前的中国革命，表示怀疑和失望。他们感觉三民主义的中国革命，已经失败了：领袖们，腐化的腐化，变节的变节，言行矛盾，恬不知耻，早已不能获得革命志士的信仰，不配再负担革命的任务。但现在明了：过去革命之失败，不是主义的失败；三民主义仍然是中国革命的唯一的准则。其所要问的：乃是我们将如何铲除军治，复兴三民主义的革命？

第二：充分同情我所说的军治与党治的分际。从我的文章，深深明白了过去所有的是军治，不是党治；是军阀的成功，不是党的主义的成功。因此，对于目下流行的反对党治论，都知道其为不辨是非不察事实的谬说。其所要问的，是在革命的进程中，军事的力量何以会大过党的力量，而使武力会脱离主义的统制？今后我们将如何避免这样的危机，使三民主义的中国革命，不再为军阀所篡窃？

这些都是严重而切要的问题。凡是中国人，凡是中国国民党的同志，如果他还关心到中国的将来，他对于这些问题，至少要经过深刻的思考，纵然这种思考，未必就会产生需要的答案。我写这篇文章，要旨在抒述我个人对于这些问题的意见，也就是上面所述的两点：

（甲）在革命的进程中，军事的力量，何以会大过党的力量？何以武力会脱离主义的统制？

（乙）今后我们将如何避免那样的危机，使三民主义的革命，不再为军阀所篡窃？

至于如何复兴三民主义的革命一问题，我打算在另外一篇文章里，表示我较为具体的意见。

二

要说明军阀之所以能篡窃党权，是一种历史的工作。历史的叙述，虽然不必追溯到很远，然而每一想起，却不由得悲从中来！扼要言之：军阀能篡窃党权，是始于总理逝世以后。总理在生，党的革命工作，在总理的领导负担之下，党的同志，在总理的耳提面命之下，大家本著总理的教诲，兢兢业业的做去。党权为总理所执掌；依于党所产生的军权，也同样为总理所执掌；其间纵然有反革命的军阀，但是这种军阀，其军权本不是党所赋与，其结果，也往往为党的武力所扑灭。况且主义乃总理所发明，党又为总理所创建，有总理在，军阀便无从来假借主义，更无从来篡窃党权。所以我们讨论这个问题，便应该回溯到总理逝世以后。

总理逝世以后的党，是一个怎样的党呢？总理逝世以后的历史，又是一种怎样的历史呢？不待身与，凡是稍稍留心到这七八年来的党的变迁的，便断然会深刻沉痛的感觉到共产党之篡窃党权，拆散中国国民党的阵线是一件；同志们之为领袖欲所支配，自相残杀，甘心为共产党作工具又是一件。前者是中国国民党的外患，后者是中国国民党的内忧，内忧外患相迫而来，可怜的中国国民党，因失却总理的领导，一部分同志，不但不能抵抗，简直只有低头屈伏下去。当时脍炙一时的漂亮口号，是：

革命的向左来，不革命的走开去！

于是在共产党的孕育之下，便卵翼出了一个所谓中国国民党的左派。而中国国民党的左派，在党里，也居然成功为一种组织。（注一）同样，反共护党的同志，眼看著共产党的猖狂；为维持党的生存，也不得不有一种必要的防卫，党的分裂，便真实实现了。共产党的作祟，是党分裂的原因①，党的分裂，是党权旁落的原因，党权旁落，却又是军阀所以能篡窃党权的原因。这是共产党分裂本党，（占领机关为其左派）的策略的大成功。

这样，我们对于军阀之能篡窃党权，可以得到一种答案；这个答案，假如要明白的叙述，只好不顾累赘的自始至终，逐步的分成下面

---

① 本文及下文中类似的不实之词恰恰反映了胡汉民的立场，请注意辨析。

五点：

（甲）共产党阴谋分化本党，——始于十三年本党改组，实现于十四年总理逝世以后。

（乙）本党一部分同志，甘心为共产党利用，（其实亦是想利用共产党，抬高自己的地位），排挤同志，自为左派，完成共产党分化本党的策略。

（丙）共产党擅窃党权，更进而攫取军权，在军队中厉行所谓党代表制和政治训练，（注二）巩固其军权的基础。

（丁）共产党为集中其所谓中国革命的领导权，重复运用"左派"，使自分裂，于是有所谓十五年三月二十日的中山舰之变。（注三）经此一变，在与共产党某种谅解之下，使军事独裁的形态，突呈稳定。

（戊）十五年秋的北伐，使卵翼于共产党下的军事独裁力量，与共产党分裂，造成所谓宁汉的国共之争。此时党内，便发生两种现象：（一）反共的同志，集中京沪，这是"与其与共，毋宁与宁"的不得已的途径。（二）准共的份子，集中武汉，抱的什么主意却不甚知；其中一部分，大概是为的继承"左派领袖"的伟业。结果，共产党虽失败，而军事独裁的力量，竟以此种分裂而益固。

这种叙述，也许太简单，但是我不愿意再详细。明白的说，以我和党的关系，如再详细些说，似不免有算旧账之嫌；虽然我自始没有这样的成见，只是据实的公表。我上面写的，乃是大家所深知的；我一条一条的列出来，只希望从这些惨痛的史实中，能多得一分教训而已。由这样的条举，也可以看出军权演进的概略。总合说：则形成这种现象的，应该归结于后列两点：

（一）共产党的破坏本党。

（二）本党组织不健全，同志们对于主义的信仰不坚定。

由此原因，党才会分裂，同志才甘为共产党利用，甚至妄想利用共产党，造成自己的地位，攘权夺利，使党失了机构，于是三民主义的中国革命，便遭受了挫折，军事独裁的力量，便掩盖了党的力量，承袭了整个北洋军阀的绪业。

共产党加入本党，自始就想篡夺党权，阴谋垄断中国的革命。共产党对中国的手段与策略，在苏俄分有两派：一是杜洛斯基派。一是史丹林派。杜洛斯基派主张："中国的国民党归国民党，共产党归共产党，两下不必相混，中国的革命，从前列宁说过：'不问其社会革命如何，但问其民族革命如何？假如我们从旁善意的帮助中国，使中国的民族革命成功，苏俄便可以获得莫大的利益'。"史丹林派的主张，刚刚和前派相反，他们以为："共产党定须加入中国国民党，否则机会不能成熟；尤其要夺取中国国民党的领导权，不问中国的民族革命，有何损失。"代表第三国际而实在秉承史丹林到中国来捣鬼的鲍罗廷，曾为"中国国民党左派"奉为太上领袖的，便抱持着这一派的方针。民国十五年三月二十日之变以后，共产党更进一步为篡窃本党之计划，它想撤开了"和平派的官僚"，（注四）扶植一个能总持军权的军人，（注五）代表共产党施行对于军队的统制。这能总持军权的军人，也就将计就计的接受了共产党的要求，获得其在共产党卵翼下的军事独裁的地位。这一幕变化，产生了两个结果：一是党的军权，由于共产党之阴谋篡夺，和共产党①与军人间的相互利用而归于军人掌握。二是这种变动，因为只是相互利用，便预伏着国共分裂的因素。共产党之失败，其主因在此，军权之能掩盖党权，其主因也在此。

贝斯杜夫斯基 Gregory Bessedovsky 著的 Revelation of A Soviet Diplomat（即杨译《苏俄外交秘幕》）其中有很多材料，足以为我们佐证，虽然其中关于苏俄的东方政策，我也已屡次公开的宣述过。他在《鲍罗廷失败真相》一章中，有这样的几段：

> 我心里非常烦恼，因为那招人厌的鲍罗廷，这时正派遣一班有危险性的煽动者到中国去。苏俄驻华大使馆的人员和军事教练，时常来到东京。其中有一位使馆参赞维德涅柯夫，消息最灵，……也讲鲍罗廷领导的中国革命运动，一天比一天左倾，他手下的人员，从谈吐当中，渐渐透露了赤化的意向。

> 鲍罗廷曾经召集蒋介石部下的苏俄教练，各别的吩咐他们和第三国际的代表合作，叫那些代表看一般的政情行事。实际上，就等于命令他们采取"颓废主义"，（defeatism）……以便于有一个比较愿意接受共产主义的人，代替蒋氏。

在《宁案内幕》的一章里，又说：

> 中国情势，瞬息万变。鲍罗廷的一套把戏，危害中国的国民革命运动，所以使国民党望而生畏。

---

① "党"字，原脱，校补。

鲍罗廷是中国国民革命运动的一个肉刺，他在汉口，俨然以中国革命的太上皇自命。

苏俄和蒋介石决裂以后，想寻求一个较极端的领袖，后来他们属意于汪精卫。……汪精卫是一个"和平的官僚"，他本人没有领导流血革命的能耐，所以最后要找蒋介石第二的希望断绝了。

而在《斯丹林素描》的一章里，所纪述的，尤可注意。斯丹林说：

我们需要一个中国政府，做成我们在亚洲和印度支那宣传革命的机关。一个基玛尔化的中国，只会产生受外国金钱收买的政客。中国的革命，可以拿农民做先驱，达到赤化。

这是叙述北伐军到达长江以后的情形，也正是所谓宁汉分裂时期的情形。这些叙述都是事实，在我从民十六到民十七年的反共讲演中，也曾详细的申说过。

当时为共产党所把持的武汉，是怎样的情形呢？贝斯杜夫斯基说"鲍罗廷在武汉，俨然以中国革命的太上皇自命"，武汉的情形，也就可想而知。几个月前，有一位湖北的同志，送我一本王素编的《去年的□□□》，用《起居注》的章法，记载当时武汉的实情。他没有批评，但说："纪事贵实，不能为贤者讳。"我摘几段如次，当然了纪载事实，也无从为贤者讳。

中华民国十六年四月十日，午后六时，□□□①由上海潜抵汉口。是晚寓汉口特一区西门子洋行。（即鲍罗廷寓所）晚十时，即在寓召开谈话会，参加者不满十人。鲍罗廷等要求□氏决定态度，并公开表示革命的意志。

四月十一日午前八时，即在寓召②开对宁沪执监联席会议讨论会，至暮始散。决议通电反对宁沪执监联席会议。是日□□并亲书"革命的向左来，不革命的走开去"两句很坚决的话，遍载武汉各报，盖履行鲍罗廷等要求公开表示之条件。

……

四月十三日……晚九时，□□□、鲍罗廷，与国际代表团，及

---

① 原文如此，应为"汪精卫"所代者。
② "召"字，原作"招"，误，校改。

全国总工会执委苏兆征等讨论共产党公开活动案。并决定下经济动员（即现金集中），粮食动员（即粮食集中），诸令。

四月十四日下午一时，汉口各团体在德国球场开欢迎□□□大会。……是日□□□演说三大政策，是：（一）联合世界上革命的民族，共同反对帝国主义，这就是联俄政策。（二）联合国内一切革命分子来反对帝国主义，这就是联共政策。（三）要把全国最贫苦，最受经济压迫的份子唤起来，做革命的领导者，这就是农工政策。演说毕，□□□提案如下：（一）……（二）巩固共产党联合战线。（三）拥护总理三大政策。（四）严办以反共产名义，实行反革命的一切反动分子。提案通过后，共产党高呼三大政策万岁，□□□同志万岁。闻者不寒而栗，□氏尤极尽痛快淋漓之致！

……

四月十五日□□□发表《一年来之经过》一文，叙述十五年三月二十日广州事变及其被迫离职之原因，系革命派与反革命派斗争之结果。并谓：余之回国，取绝对秘密态度，仅与苏俄党部领袖，讨论中国革命与世界革命关系之重要问题而已。……

我这种转录，绝对不想攻讦任何人。因为已成的历史的事实，谁都无从隐讳，即使我不证引，凡是留心到六七年来的政情的，谁都能清楚地知道。我把他转录出来，只在证实当时的情势，是一个逼到个个同志，非反共不可的情势，尤其是非跑到南京上海去反共不可的情势。诚然，维护军阀不见得是一件好事。但是与其把中国国民党断送在共产党手上，还不如先设法清除了共产党，再求补救。于是一切认识主义，不肯认贼作父，不甘心为共产党工具的同志，在当时反共的旗帜之下，都一致团结了。（注六）这便造成了宁汉的对立，——中国国民党和苏俄共产党与准共产党的对立。现在的军事独裁者，便是当时的坚决反共者。他是口口声声宣誓着要做中国国民党的文天祥与陆秀夫的。试想中国国民党在危急存亡的时候，居然有人做文天祥与陆秀夫，则忠诚于党的同志，自然不忍打倒文天祥与陆秀夫，去拥护"非我族类"的清人和元人。

然而反共不能不依赖武力，尤其当时的情形——武汉共产党与准共产党高唱着实行东征的情形，不能不依赖武力。党失其序，失了党的驾御的军权，便由清共而益形发展。经反共清党之役，而军事独裁的力量，也就益发稳定下来。（注七）虽然后来在武汉的同志，也自以为

"觉悟"，自命为"从夹攻中奋斗"出来，可惜事态已成，党的损失，中国革命的损失，已经无从挽回了。

三

上面的叙述，虽然未能详尽，但是这六七年来军权所以能这样扩展的原因，已经可以概括地显示出来。要实现主义，要完成革命，必须赖有主义的和革命的武力。苏俄和土耳其的革命所以能成功，过去中国的革命，所以会失败，其原因在此。总理晚年，曾再三说：中国的革命，必须效法苏俄。效法甚么？效法苏俄能造成一种为主义所统制的武力。这种武力，是能为党去效用，能为主义去奋斗的。所以黄埔陆军军官学校开学时，总理的训辞中曾有这样的一段，（注八）虽然总理当时的希望，到现在是落空了。

> 我们革命的时期，比较俄国要长一半，所遇的障碍，又不及俄国的大，为甚么弄到至今，革命还是不能成功呢？由于中国和俄国革命不同。推求当中原因，便是我们的一大教训。因为知道了这个教训，所以有今天这个开学的日期。这个教训是甚么呢？就是俄国发生革命的时候，虽然是一般革命党员做先锋，去同俄皇奋斗，但是革命一经成功，便马上组织革命军。后来因为有了革命军做革命党的后援，继续去奋斗，所以就遇到了许多大障碍，还是能够在短时间之内大告成功。……至于说到民国的基础，一点都没有。这个原因，简单说：就是由于我们革命，只有革命党的奋斗，没有革命军的奋斗。……成了革命军，我们的革命事业，便可以成功。如果没有革命军，中国的革命，永远还是要失败。

这所谓革命的武力，要旨在能奉行主义，为国家民族而奋斗。军队是党的，是主义的，换言之：也是国家的和人民的。记得本党过去，对于革命军曾有过两个这样的口号：

第一步，使武力与民众相结合；

第二步，使武力成为民众的武力。

革命的武力，便是为民众奋斗的武力，因之也便是与民众相结合的民众的武力，现在还没有革命的武力，所有的，只是军阀的武力，只是摧残民众的武力，只是如北洋军阀统制下一般的武力，所以仍如总理所说："中国的革命，还是要失败。"

当前的问题，是怎样重新建立我们革命的武力？假如有了革命的武力，我们将怎样能使其不再为军阀所篡窃。这种问题，是严重的，是急要的，而且是难于解决的。就我看：这实在不单是重新建立我们革命武力的问题，而是整个中国革命应该怎样复兴的问题。因为要建立革命的武力，必须先有革命的组织，由革命的组织，产生革命的武力，这种武力才是真的革命的主义的武力。换句话说：则如总理所言："有革命党的奋斗，再有革命军的奋斗，革命方可以成功。"所以这个问题，牵涉较大，我只能如前文所示，先说明后面的一半——即革命的武力，如何能不再为军阀所篡窃。

关于这一层，我以为可以分几点来说明：

第一，必须重新建立党的组织，使党成为真的革命的组织。扼要的理由：革命的武力，必须产生于革命的党。党不能革命，则依于党的武力，也自然无由革命。军阀何以能篡窃军权？便在他能利用武力，先篡窃党权，党权篡窃到手以后，军权自然更在他的掌握中了。所以三民主义的牌号就可以利用，而北洋军阀的行径，也可以同样的施展。但这些账，是写在党治的账上，没有写在军阀的账上，这是军阀的幸运处，亦是党的不幸处。过去的组织所以松懈，最先是由于共产党分化，共产党是由内里攻出来，这便如孙悟空在猪精肚内翻跟斗，使金箍棒，总算一致努力，把他清了出去，但因为清孙悟空出去，靠的是枪，结果这个肚，便又为枪所霸占了。共产党分化和军阀霸占，都是党的致命伤。今后，如果我们要保存中国国民党，——我们总理唯一的遗产，我们必须重新清党，清出军阀和一切附从于军阀的假革命者，使党的本身健全，有领导革命的能力；这样，我们才能建立起新的革命的武力。

第二，必须在军队中澈底厉行主义的训练，和党的统制，使军队与党合一。军队是为主义奋斗的武器，所以军队人人必须明了主义，才有为主义奋斗的决心。军队是为党推行政策的工具，军队必须受党的统制，才能为党发挥其实际的力量。这是就原则上说，军队必须彻底厉行主义的训练和党的统制的理由。苏俄何以会有红军？土耳其何以会有国民军？意大利德意志法茜斯蒂，何以会有黑衫队和挺进队？这些队伍，又何以都能发生那样的效用？杜罗斯基能造成红军，何以不能据红军为己有？这是讨论这些问题的人所不能不注意的。在《汪精卫先生最近言论集》中，曾有过这样的几句话："民国十四年七月一日以后，本党曾厉行过以党治军了。……见之于事实的，如党代表制度，如政治训练，都未尝没有相当的效果。"这些话当然是事实,也许是以"党"治军。可惜这个党,是共产党,是准共产党,是为共产党所统制的中国国民党,而不是我们总理三民主义的中国国民党。所以最后的结果还是失败,甚且还造成共产党猖獗的原因。但是军阀不惜用九牛二虎之力,取消党的训练制度,则这种制度之不便于军阀的独裁,(注九)也可想见。我们今后要采取怎样的制度,那是专门问题,这里不能详论。但军队必须有主义的训练,必须由党去统制,这是绝对无疑的。

第三,必须注意军队的本身,和士兵的素质,随时为实际的改进。这一端,就军队方面论,是造成革命无力的基本的要求。固然,对于既成的军队,我们该施行主义的训练和党的统制,但是军队的来源如何,其本身有没有革命的意识,有没有接受主义的可能,甚至有没有努力革命的决心,都是重要的问题。总理说:"中国此刻,民穷财尽,一般都是谋生无路。那些人,在没有得志之先。因为生计困难,受了室家之累,都是说要来革命,到了后来,稍为得志,便将所服从的甚么革命主义,都置之于九霄云外,一概不理了。所以在二年以前,竟有号称革命同志的陈炯明军,炮攻观音山,拆南方政府的台。从前叫做革命军,同在一个革命政府之下的军队,因为利害不同,竟会倒戈相向,做敌人所做不到的行为。"(注十)这更可看出军队本身和兵士素质之不可不注意。中国过去的军队,采用招募制度,这些人大半是游手好闲的流氓分子,他们不需要革命,便不懂得革命。革命的武力,是革命分子的产物,造成革命的武力,第一步要搜集革命的份子,其次要采取征兵的制度,采取征兵制度,可以使兵士的素质,趋于良好,主义的训练,也易于生效。

第四,必须依据总理权能分别的学说,使党有权,军队有能,并使军令军需,离军队而独立。总理权能分开的学说,是近代民治主义最高的发明。这个学理,不但适用于政治,同样可以把它用到军队中来。单简说,军队的权,属于产生军队的党,军队的能,属于军队组织的本身。权在党,军队便会绝对接受党的命令,服从党的指挥;能在军队,军队便能充分发挥军队的效用,所谓党的统制,才能根据这一点切切实实的实现出来。军队独裁力量的形成,在于军事领袖能总揽军权,兵士只是军事领袖的奴役,军队只是军事领袖的私产;军队的大众,需要军事领袖个人来维系,军队的向背,也便只以军事领袖个人的意旨为转移。所以军事领袖不要党,整个军队便不要党,军事领袖反革命,整个军队便随之反革命。这固然是军事领袖怀着封建思想之过,实在也是军制本身之过。根本的改造，惟有引用总理权能分别的学说。依总理的话，则所谓军队，本来只是推行党的政策的一架机器，发之动之，其权本操之于人，并不是操于机器。要造成革命的武力，便该将军队的权能分别，凡军队的内部工作，如训练，如作战计划，如作战中的调遣，指挥，命令等等，可划归军队；军队的成立，解散，调防，组织，决定动向，凡一切根本的权力，则属之于党，而军需则另由政府来执掌，不附属于同一的军事系统之下。

上面四项，只是随写随想。要建置一个革命的军队，其原则计划，当然没有这样的单纯。我这篇文章的主要意思，只在简单说明在革命的过程中，军权所以能掩护党权，篡窃党权的原因。从沉痛的历史的回忆，推想到将来的改革，便附带叙述上面的意见。本来军阀的崩溃，是迟早间事，在《汪精卫先生最近言论集》中，也说："新军阀崩溃，比旧军阀更快。"虽然这是汪先生两年以前的话，到现在恐怕已不同其观感，可是其本质的意义，却为我所同情。三民主义的中国革命，断然不会以军阀的背叛，而归于失败。军阀的背叛，只足以证实三民主义之充实与丰富，尤足以证实中国革命之需要与迫切，这是一切革命的同志，所应该举以自勉的。

[注一] 从"革命的向左来"这个口号提出以后，很多人都目我为中国国民党的右派领袖。因为当时，我曾因坚决反对共产党而被认为"不革命""走开去"的。于是便被送往苏俄。至今外国刊物，受共产党和当时准共产党宣传的影响，还称我为 The rightwing leader of Kuomingtang，这是我所绝对不能承认的。我向来的主张，革命的不能向左转，也不能向右去，应该向中国国民党来。中国国民党是整个的，总理要我们信仰同一的主义，实行同一的政策，在原则上便不应该有左右，尤其不应该大张旗鼓的自以为左，或自以为右。为要做领袖而分裂党，这无疑地是党的罪人。

[注二] 有一本叫做《汪精卫先生最近言论集》的，其中有一段说："民国十四年七月一日以后，本党曾厉行过以党治军了"。其实这所谓党，是"党其所党，非我所谓党"。因为那时的党，是鲍罗庭指挥之下的共产党，不是孙先生所创建的中国国民党。当时共产党之此种措施目的在统制军权，扩大其在本党的力量，故影响于本党者绝大。

[注三] 在那本《汪精卫先生最近言论集》里说："十五年三月二十

之变，是革命与反革命之战。"甚么是革命？甚么是反革命？和为甚么要战却都没有说出来。另外一个当事人，却口口声声说：这件事要等他死了，才能公布；一样的使人莫名其妙。其实，干脆说：都是共产党捣的鬼，自己利用了共产党，最后又被卖于共产党，或卖了共产党，便难于启齿而已。

〔注四〕见杨历樵译贝斯杜夫斯基（Gregory Bessedovsky）《苏俄外交秘幕》第八〇页。

〔注五〕就事实来考察：共产党不是想扶植一个能总持军队的军人，便是想压迫这样的一个军人，使之不能生存。所以他要取不及掩耳的手段，来敌对共产党的排挤。他能胜利，共产党只有屈服，这才做到了互相利用的一步。

〔注六〕我当时从苏俄回国，在上海从事著述。十六年春，共产党在武汉，益形猖獗，一批莫名其妙的同志，还曲解其所谓总理的三大政策，高唱着联俄和容共，党亡国危，很多同志来找我商量大计。我在苏俄六月，深知苏俄破坏中国革命的阴谋，便坚决说："非以壮士断腕的决心，反共清党不可"。询谋众佥同，我才入了南京，在党务政治方面，帮各同志的忙，澈底反共。

〔注七〕十七年秋以后的一段，在这里有补注的必要。我病时由欧回国，有许多同志劝我不可入南京，原因是对某怀疑，以为其人断不是革命的同志。我当时也同情他们的话，但我另外有两点意见：（一）孙先生领导中国革命，已有四十余年之久，未能及身使四分五裂的中国归于统一。我们继承遗志，这次能从广东到长江，事非容易，而且人之好善，谁不如我，我们在其叛迹未彰前，实在应该好好的辅助他，希望他能始终革命。（二）党内不能再起纷争。十六年国共之争，在党在国，都遭受莫大的损失。现在大局方定，而北洋余孽，尚未肃清，我们至少要先维持一个统一的局面，设法推进今后的建设。否则，国民对党，将益发失望，革命的前途，也益发危险了。我到南京以后，有许多同志，还以我不当入京为言。有一天晚上，我住在汤山，夜不成寐，早起，便很沉痛的写了一封长信给邓泽如先生。我大略叙述了过去党的惨痛的历史之后，便说：我为了党，为了国，为了已死的孙先生，我愿意放弃一切，帮助一个中国的基玛尔。但假如这人要做袁世凯，我将绝不犹疑的反对他。这封信，在非常会议时，记得广州民国日报曾经影印出来。我入南京，我不负实际的行政责任，原因在此。在我留居南京的几年中，我一方面是尽忠职守，努力立法；同时对于党务，政治，也曾尽力所及，设法改进。许多被人嫉视的指摘党政腐败的言论，也不断地公开发表出来。我向来只问事，不问人。孙先生在世，我还时时会和他争得面红耳赤，何况他人。人既要背叛主义，做袁世凯，那我之被羁汤山，还成疑问吗？我之入京出京，与军阀篡窃党权，极有密切的关系，所以单简的把我当时的意思，在这里补叙出来。

[注八] 见《总理全集》第二集第四六一页：《革命的基础在高深的学问》。

[注九] 党代表制度，取消于十五年三月二十日以后。这种制度，当时虽施行过，然其荒唐腐败，凡身与其事的，都很清楚。推本溯源：党代表要能代表党，才符合于党代表的原义。可是当时的党代表，并不能代表党，只是代表了共产党与准共产党，有的甚至只代表了自己。其被取消，自是必然的结果。可是这个制度，在苏俄，应该算是成功的，在法国大革命当时，也应该算是有效的。一九二四年弗仑哉 Frunze 改组红军，逐杜罗斯基下台，便是一例。所以制度的本身，并不坏，只是十四年七月一日以后的广东，把他用坏而已。这还是由于党的组织没有健全之过。

[注十] 见《总理全集》第二集第四六一页：《革命的基础在高深的学问》。

辟谬——法茜斯蒂与立宪政治之检讨 *
（1933 年 8 月 15 日）

一

　　我在本刊第六期，发表《党权与军权之消长及今后之补救》一文，是由历史的追溯，探求党治成为军治的远因，和训政成为军政的理由。我这一篇文章，便想继续那篇文章的意思，指出中国乃至中国国民党所要求的是一种怎样的政治，对于目前反动的政治思潮和反动的军权扩展运动，作一个比较的批判，和概括的检阅。

　　中国乃至中国国民党所要求的是一种怎样的政治呢？单简说：所要求的是三民主义的全民政治。这种政治，必须依于孙中山先生所领导的中国革命运动，和孙中山先生所指示的中国革命方略，才能够真实产生出来。在本刊第五期《论所谓法茜斯蒂》一文中，我对于这一点，曾有过简略的揭示：孙中山先生的政治目的，在实现三民主义的全民政治。这不同于资本主义的议会政治，也不同于鲍尔希维克的阶级专政，更不同于法茜斯蒂者之贤明的独裁。它由直接民权与间接民权的相互为用，达到全民的共有，全民的共治，与全民的共享。这是世界政治的极轨，也是政治理论的根本的础石。我说：推翻了鲍尔希维克无产者专政的路，推翻了法茜斯蒂资本者专政的路，所仅存的，只有三民主义的全民政治的路。这一条路，便是今后的世界政治所必须归向的一条路。

　　因此，一切真的中国国民党同志，必须固持这个信念，并彻底反对

---

　　* 本文出处：《三民主义月刊》，第 2 卷第 2 期。署名：胡汉民。

下列的三条政治路线。与之作坚决的斗争，即：

（一）虚伪的欧美民主政治之路线。

（二）狂妄的苏俄无产者专政之路线。

（三）反动的意德法茜斯蒂专政之路线。

我们的政治路线，是三民主义的全民政治的路线。我们要能遵依这一条路线去努力，才能够实现孙中山先生的遗志，才能够适应中国人民的要求，完成中国的革命。

二

有人说：自民国十六年至今，中国已经在中国国民党统治之下。假使中国国民党所主张的是三民主义的全民政治，那么这个主张，到现在便应该实现了。但事实不然，可见实现所谓三民主义的全民政治，正大有问题。

作这种主张的，不在少数。如浅薄空洞的立宪论者，如法茜斯蒂迷梦者，甚至如过去的一部分所谓民主政治论者。有的根据客观的事实，对于中国的政治，文化，历史，社会作详细的分析，断定中国社会，是一个异乎寻常的社会，中国民族，也是一个异乎寻常的民族，因此，一般的政治理论和政治制度，殆不能适用于中国。有的，则是毫无见解，徒凭一时的冲动，发表其茫无根据的政治主张。主张可以时时变，只以时势为转移。但这些政治主张者，对于"中国国民党党治"之怀疑，我以为并非绝无理由，他们之所见，亦正是各个注意政治现状者之所欲言。谁不能满意中国的政治现状，谁就该诋责统治中国者，所以有批评固好，有主张更好。不过批评与主张，必须依据客观的事实，适应中国的需要，以求中国的福利为前提，而并不能以此为标榜，如现在那班人，做一派一系的升官发财之阶。

我是不满现状的一人，亦是严重抨击南京统治之一人，但同时，我又是主张实行三民主义的全民政治之一人。我同情于一切不满现状者，也同情于一切对中国国民党之善意的批评者，但我们必须问：

（甲）我们能否承认目前的南京统治，便是真的中国国民党之治？——即中国国民党的主义与政策之治？

（乙）我们反对三民主义的全民政治，是否承认中国应该走欧美的虚伪民主政治之路？或鲍尔希维克与法茜斯蒂专政的路？

不能圆满解答第一个问题，便不能因不满现状而怀疑中国国民党的主义与政策；不能详细解答第二个问题，便不能空洞的反对三民主义的全民政治。

我屡屡说过：南京统治，只是反动的军阀统治，不是真的中国国民党党治。过去五年中所有的，只是军治，没有党治，——即三民主义之治。因此我认为：

> 最近只有过一次北伐，不曾有过革命，尤其不曾有过三民主义的革命。

革命不即是民十五六年间的北伐，革命是要遵依党的主义与政策，去旧布新，造成一个为主义所统制的新国家，把中国民族，从帝国主义的压迫之下解放出来，把中国人民，从军阀官僚的宰制之下扶救起来，把劳苦民众，从地主资产者的困厄之下苏息过来，使民族，民权，民生三个主义，一一实现，建置一个三民主义的新国家。但北伐不尔，这北伐的结果，只是以暴易暴，完成了军阀治权的转移。我们应该认识的是：

> 这好比沈鸿英驱逐了陈炯明，而沈鸿英还是陈炯明第二。……我们不能为沈鸿英驱逐过反革命的陈炯明，便承认沈鸿英为革命，同样，我们不能为目前的新兴军阀，曾贪天之功，打倒过北洋军阀，便容许他一切反革命的行动。

把这一个意思明白来说，则：

第一，中国国民党的主义与政策，只叫我们打倒帝国主义，保障民族的独立，并没有叫我们向帝国主义去屈伏，做帝国主义的顺民。不但如此，而且还要抱定"济弱扶倾"的志愿，尽我民族的天职。总理说：

> 我们对于弱小民族，要扶持他，对于世界的列强，要抵抗他，如果全国人民都立定这个志愿，中国民族才可以发达。……我们今日在没有发达之先，立定扶倾济弱的志愿，……我们便要把那些帝国主义来消灭，那才算是治国平天下。（民族主义第六讲）

中国国民党政纲，关于民族的，是：

> 一切不平等条约，为外人租借地，领事裁判权，外人管理关税权，以及外人在中国境内行使一切政治的权力，侵害中国主权者，皆当取消，重订双方平等，互尊主权之条约。（对外政策第一条）
>
> 中国与列强所订其他条约，有损中国之利益者，须重新审定，

务以不害双方主权为原则。（对外政策第三条）

但号称党治的南京统治如何？日本那样的侵略中国，侵占中国领土至四省之多，而南京统治并没有抵抗，只有屈服。总理要我们把那些帝国主义来消灭，南京统治却向帝国主义去叩头。政纲上规定："外人在中国境内行使一切政治的权力，侵害中国主权者，皆当取消，重订双方平等互尊主权之条约"，南京统治却断送国土至达四十六万方里，不但不取消其在中国境内行使的政治权力，反而公开容许其在中国境内的政治权力，不但容许，而且还予以协定的保障，造成中国民族在历史上空前的奇耻。这样，我们可断定南京统治，是民族主义的罪人，亦即是中国国民党的罪人。

第二，中国国民党的主义与政策，只叫我们颠覆军阀，实施训政，确立民权的基础，并没有叫我们打倒旧军阀，扶植新军阀，回复到民十六以前北洋军阀统治的局面。它要使人民管理政事，掌握政权，以人民为国家的主体，故在总理手订的建国大纲中，曾说：

> 其次为民权，故对于人民之政治知识能力，政府当训导之，以行使其选举权。行使其罢官权，行使其创制权，行使其复决权。（建国大纲第三条）

在中国国民党政纲上，关于民权的也规定：

> 确定县为自治单位，自治之县，其人民有直接选举及罢免官吏之权，有直接创制及复决法律之权。（对内政策第三条第一节）
>
> 实行普通选举制，废除以资产为标准之阶级选举。（对内政策第四条）
>
> 确定人民有集会，结社，言论，出版，居住，信仰之完全自由权，（对内政策第六条）

从十七年十月开始训政，颁布训政纲领，一切的努力，本都希望能集向于这一个目标来进行。所以当时之训政宣言，便明白昭示：

> 今后之努力，则以训政为中心，实行建国大纲所指示之直接民权之训练，与五权宪法之完成。

然而号称训政的南京统治，并没有如此。这几年来，我们并没有看到在训政的设施上，有何种成绩。我在南京的时候，职司立法，原期藉党治的掩护，完成法治，再由法治过渡到民治，使训政的工作，能确实建树起来。可是我的企图，完全失败了。我所立的法，能实行的是那几种？我不能说。能稍稍压抑枪杆子的威权，使有枪阶级有所慑伏的，则可断言其绝无。到如今，连舆论也有所谓"指导委员"，国家的行政，立法，司法种种大权，都一律在军阀统制之下，南京的军事委员会，便是实际的政治发动机关，政府负责者之移樽就教，往来请训，几于无日无之。新军阀的作恶，比旧军阀尤为深重，以此为训政，以此为党治，我们能够承认吗？从这些事实中，我们可断言南京统治是民权主义的罪人，亦是中国国民党的罪人。

第三，中国国民党的主义与政策，只叫我们努力建设，发展人民的生产能力，满足全国人民食，衣，住，行四大需要，求民生的乐利。并没有叫我们残虐人民，吮吸人民汗血，满足统治者的私欲。总理明白说：

> 建设之首要在民生，故对于全国人民之食，衣，住，行四大需要，政府当与人民协力，共谋农业之发展，以足民食；共谋织造之发展，以裕民衣；建筑大计划之各种屋舍，以乐民居，修治道路运河，以利民行。（建国大纲第二条）

关于实行民生主义的，在民生主义与中国国民党政纲中，规定的尤为详尽。可是数年以来，南京政府只有破坏，并无建设，更谈不上所谓"建设之首要在民生"。民不尽死，已是大幸，又何处求生？我曾说过："南京政府发行内国公债，已十二万万，盖无一钱用于生产建设者，亦无一钱用于国防设备上者。"我不必详举这十二万万内国公债的内容和用途，更不必详举南京政府对人民压榨、勒索的事实，人民这几年来的困穷痛楚，已明显地摆列在眼前。南京政府这种"反民生主义"政策之实施，结果，使：

（一）国家财政破产。寅吃卯粮，财政当局，天天在张罗，弥缝，典押，借贷中度日。简言之：财政当局之所谓财政，除压榨勒索外无财，除挖肉补疮外无政。

（二）都市经济凋蔽。在政府极度的公债勒索政策之下，金融之周转，失其灵便，生产机能，也日趋消失。

（三）农村经济崩溃。因厉行公债政策，吸收民间现金，集中都市，为投机者投机之用，农村失其调剂，重以捐税繁苛，陷农村于残破。

目前的南京政府，知道国内罗掘已穷，便转移其目标于国外，于是五千万美金的大借款，又转瞬告成了。为的是甚么？为的是维持这南京军阀的反动统治，以国家命脉，人民血汗，来巩固这军阀统治的基础。由此，我们可断言南京统治，是民生主义的罪人，亦是中国国民党的罪人。

关于南京统治的一切，我所想说的，仅此而止。我这样叙述，要旨只在指明南京统治，并不能代表中国国民党党治，其所作为，还处处和中国国民党的主义与政策相反。主义与政策，是党的精神所寄托。军阀能假冒党的招牌，但不能侵占党的精神。党的主义与政策一日未实行，党的精神一日未表显到事实上来，则军阀之篡窃党权，适愈足以证实其反革命，同时也适愈足以证实此主义政策之伟大与需要。而以现在的南京军阀统治为中国国民党党治者，在事实上，实已陷于严重的错误。

军治的现势如何形成？这个问题，我在《党权与军权之消长及今后之补救》一文中，曾根据历史的事实，扼要述说过。我对于那篇文章，就目前的形势来看，觉得有两点意思，必须申说：

一　军阀之能完成军治，其咎固在军阀之立心背叛革命，但可痛惜的，还是在于一部分不肖党人之趋附与无耻。就过去的事实说：共产党虽欲篡窃本党，但假如没有人庞然自大地自为其"左派领袖"，为共产的抬字诀和拆字诀所中，排斥同志，藉共产党以攘夺权位，则我人可信，共产党之诡计必无所施，而党的破裂，也不会至于今日的惨痛。南京军阀，有甚么值得重视的？无德，无能，无学，无识。他所有的，只是流氓式的呃，吓，拆，他好以名器利禄来收买人；他有一部分枪杆子做资本；他能盘据南京，以所谓"中央"为名义；他又幸运，有这许多无出息的不肖党人做其运用的工具。南京军阀的军治，便维系在这几个条件之下。

这一年以来的南京军治，是谁维系它的？似无待赘言。民国二十一年一月，有人做了行政院长，九省联盟的形势一威逼，觉得飘飘然不可久居，便竭诚尽谨的恭请这军阀出山，想丏他做行政院院长的保镖，而所谓军阀也者，也居然自豪，以为我而不出，"如苍生何"了。烟霞洞会议的结果，保镖的没有感恩图报，行政院院长却成了牺牲品。新院长上台，军事委员长的名号，（注一）也随之而来，新院长的口号，很维系了这军治的重心，使人们一时受其麻醉，时局变动不常，口号的发明，也随之而演进。其大要，可表示如左：

（甲）长期抵抗。——这是上海事变初发生，向洛阳避难时的口吻。

（乙）一面交涉一面抵抗。——这是进行签订上海屈辱协定时的口吻。

（丙）跳火坑去求一死所。——这是"和议不可，战又不能"的再度上台，一筹莫展时的口吻。

（丁）养成人民生产能力，始能抗日。——这是热河形势严重，南京仍持不抵抗主义时的口吻。

（戊）不能以武力抗日，应以国力抗日。——这是企图"在中日互相谅解下求和平"时的口吻。

（巳）塘沽协定只及军事不及政治。——这是对日屈辱和议业已完成时的口吻。

（庚）签订塘沽协定，系弟所主张。——这是协定告成在江西"请训"以后的口吻。

（辛）农村建设与"以建设求统一"。——这是辩护卖国的棉麦大借款以为努力建设时的口吻。

南京的军阀统治，靠这种"言辩而伪"的口号和宣传来帮忙者不少。最重要的，是有发明口号者的文过饰非，军阀的卖国罪状，便有所隐遁。他有傀儡可牵引，更何乐而不为？我们痛心军阀之篡窃党权，背叛革命，我们实尤痛心于不肖党人之无聊与无耻，甘心为军阀的傀儡与工具。

二　军权的扩展与党权之衰落，不是一件偶然的事。原因是：党的组织不健全，党的训练未成熟，党的分子也欠齐整，才发生这种不幸的结果。我在《党权与军权之消长及今后之补救》一文中，分析民十六年前军权演进的概况，归结于（一）共产党的破坏本党。（二）本党组织不健全，同志们对于主义的信仰不坚定。

今昔所不同的，从前是利用共产党造成自己的地位，攘夺权利，不惜使三民主义的中国革命，遭受挫折。现在呢，是转而利用军阀，保持自己的利禄，不惜依附取容，使民族国家，日趋于万劫不复之地。从前是依附共产党来卖党，今日是依附军阀来卖国，而其前后的精神，与此精神的荒谬，则初无二致。其实，过去之依附共产党，不能不转为共产党所卖，结果，除戴到一顶空无所有的高帽子外，一无所得。今日依附军阀"鞠躬尽瘁"的当傀儡，是否即能依此终老，贯彻其数年以来"以血去求其实现"的"革命"的主张，正为疑问。在《汪精卫先生最近之言论集》中，有一篇叫做《怎样做文人》的，我读之生感。他说：

一般文人，生当今日，不用凶年想食肉糜的去想得到民主势力的保障，只有与不正当势力奋斗，才可以消灭不正当势力，同时，民主势力，也可以由此产生出来。

一般文人，须认清楚只有站在不正当势力的对面，与之奋斗，万不宜卖身投靠于不正当势力之下，以过狡诈，怠惰，贪污，怯懦等生活。无论到做院长部长，他的生活，比起妓院中的捞毛还下贱些。

一般文人与不正当势力奋斗的时候，须认清楚自己所凭藉的是什么？一是革命的民众势力，一是革命的武力。……

不然，为文人的，就只有卖身投靠于武人势力之下去做王婆，做刘姥姥，那么不如去妓院里去做捞毛还高贵些。

我以为这种文字，说的恰当，竟可以把标题改做《怎样做党人》或《怎样做同志》。我不能以人废言，觉得这种有气节，知廉耻，明大义的"特立独行"的革命信念，是任何革命党人所必须具备的。这个意思，我在以前关于《革命与人格》的讲演中，曾详细申说过。假如党人能有此觉悟，则助桀为虐者无人，目前军权的崩溃，一定是指顾间事。

三

总上所述，我们可以看出中国国民党在过去数年中，实未尝一日得行其政策。民族的衰落，民权的败坏，民生的凋蔽，非党之罪，更非党的主义与政策之罪，而实为军阀之罪，与不肖党人之罪。这种事实，忠实于党的同志与一切尊重客观事实的人，都不能否认。因此三民主义的全民政治，仍然是未来的中国政治之前路。努力于三民主义革命的同志，要在这个信念之下，推倒军治，实行党治，完成我们革命的目的。不然，我们的政治方针，惟有决于：

（一）虚伪的欧美民主政治。

（二）狂妄的苏俄阶级专政。

（三）反动的法茜斯蒂独裁。

但在事实上，我们能否承认中国政治应该走上列的任何一条路线呢？走上列的任何一条路线，是否即能满足我们政治的企望呢？这是一个大众应该注意的问题。

在我《论所谓法茜斯蒂》一文中，已经详举事实，并由理论的提供，证明中国不能实行法西斯蒂。最近有一位美国记者来访问，在谈完了中国和世界的政情之后，他问："先生对于中国之法西斯蒂运动，有甚么观感？"

我说："我只觉得这中国法茜斯蒂迷梦者之幼稚与可笑。他的成功，最多只是流氓式的侦探与暗杀。但法茜斯蒂的真精神，何尝在此？法茜斯蒂的要义，虽在推崇'贤明的独裁'，造成个人统治，对国家施行一种严切有力的统制，但根本上，仍在根据其狭隘的国家主义，维护国权，保障民族利益。中国不然。中国的法茜斯蒂迷梦者，主张不抵抗主义，甘心对日屈辱，签订卖国协定，并竭力压迫抗日将领。你能承认这是法茜斯蒂的精神吗？我不必讲更多理论，只要看这些事实，便可明了中国的所谓法西斯蒂，是一种怎样可笑的东西。"

这位美国记者听了我的话，不禁大笑。他说："甚么侦探与暗杀，仅仅杀一个杨杏佛，还不知化了几多钱。照我想：如胡先生所言，所谓流氓式的侦探与暗杀，还是非钱不行。可知中国的所谓法茜斯蒂，非驴非马，并不是主义的革命的结合，而是临时的金钱的雇佣。"

这两个月来，鼓吹法茜斯蒂主义的文章，似乎特别风行。有些人，为迎合法茜斯蒂迷梦者的意旨，而又不敢显然舍弃三民主义的立场，同时又深感于不能没有理论的根据，便发明了一种使人忍俊不禁的政治论，这便是所谓"民主的独裁"。既民主，又独裁，而此独裁，又被称为民主的，我不知在逻辑上，将何以自完其说？这种说法，假托于总理权能分开的学说。总理曾说过："国民是主人，就是有权的人。政府是专门家，就是有能的人。"（民权主义第五讲）

于是剽窃总理的意思，谓：专门家因为有能，就应该独裁。但"国民是主人"，不能如法茜斯蒂一般径直主张剥夺其权，便美其名曰："民主的独裁"，法茜斯蒂的"贤明的独裁"，在一转移间，便以为可以藉民权主义的掩护而透露。其实，这根本是错误。总理权能分开的学说，曾以诸葛亮治蜀的事实为说明。总理说："诸葛亮是很有才学的，很有能干的，他所辅的主，先是刘备，后是阿斗。……刘备死了以后，诸葛亮的道德还是很好，阿斗虽然没有用，诸葛亮依然是忠心辅佐，所谓鞠躬尽瘁，死而后已。"（民权主义第五讲）

在这个说明中，我们应注意两点：

（甲）诸葛亮之忠心辅佐。便是总理所说："刘备死了，诸葛亮的道德，还是很好。"他并不念着刘备的遗命："可辅则辅之，不可辅，则取而代之。"便存篡窃之心，否则取而代之，不但有刘备的遗命，且又全权在握。即使不能及身而成，还可以学曹操的"我其为周文王乎"。但诸葛亮不然，终于"鞠躬尽瘁，死而后已"。

（乙）诸葛亮之绝不独裁。所谓独裁，是镇压其他，使自己的权力高于一切之谓。（至少是高于人民，以人民为刍狗。）诸葛亮治蜀，完全不是这样的恣张跋扈。宫中府中之事，是献议到阿斗该如何执行，而上出师表，还是抱着一种"临表涕泣，不知所云"的精神。

这两点，是想藉民权主义的掩护而迷梦着法茜斯蒂的独裁企图者所应该认识的。总理讲训政；"有伊尹之志则可，无伊尹之志则不可。"假如伊尹当时，无相太甲以平治天下之志，只在使他自己的权力，高于一切以造成其独裁。则如伊尹这样的作为，在所谓"民主的独裁"口号之下，是否可以谥之为"君主的独裁"呢？如果不能，则衡以总理遗教，便可反证这"所谓民主的独裁"是如何的荒谬了。

总理的民权主义，决不能为独裁的迷梦者所假托。民权主义不能与独裁主义并立，全民政治也不能与寡头政治并存。总理之所谓权能分开，能者必没有权，有权的不必有能，而有能的，也必无从独裁。因为权能分开，是为的实行三民主义的全民政治。甚么是全民政治？总理说：

> 全民政治是甚么意思呢？就是从前讲过了的用四万万人来做皇帝。四万万人要怎么样才可以做皇帝呢？就是要有这四个民权（选举罢免创制复决四权），来管理国家大事。所以这四个民权，就是这四个放水制，或者是四个接电钮。我们有了放水制，便可以直接管理自来水，有了接电钮，便可以直接管理电灯，有了四个民权，便可以直接管理国家的政治。这四个民权，又叫做政权，就是管理政府的权。……人民随时要他停止，他便要停止。总而言之，人民真有直接管理政府之权，便要政府的动作，随时受人民的指挥。

从这一段遗教，证实三民主义的全民政治，是直接民权与间接民权之相互为用所组成的。既不会有独裁，更何从有"民主的独裁"？罗马的屋大维，是执政不是皇帝，历史家自屋大维起，便正名为罗马的帝政时代。但屋大维终其身未尝以皇帝自居，且还处处以民意为标榜，可是在事实上，他确是罗马的独裁者，历史家便也不得不以执政之政，为帝皇之政了。"民主的独裁"，如果可以成立，历史家也应该大书特书道：这是"中华民国的帝政时代"。法茜斯蒂的迷梦者，到这个时代，便应该心满意足了吧！

许多人，为贯彻其自私的主张，急不暇择地想移植欧美的政治制度到中国来。因此：

（一）梦想独裁的，便大讲其法茜斯蒂，以总理民权主义为掩护，产生其荒谬无稽的"民主的独裁"论。

（二）梦想分润政权的，便大讲其开放政权，以总理的立宪主张为标榜，产生其浅薄空疏的"立宪"论。

这两种相反的政治论，目前正莫名其妙的同时推进着：流氓式的法茜斯蒂的力量，急激开展；所谓"百年大计"的立宪工作，也比例地前进。冲突矛盾，是世界政治史上特有的现象。前者固谈不上法茜斯蒂，它要驱迫中国，进入流氓阶级的恐怖统治之下，后者也谈不上宪政，它要诱骗中国进入官僚阶级和小资产者的虚伪民主统治之下。①

法茜斯蒂的路不通，无产阶级专政的路不通，有一部分人，便转而至于立宪的路，这条立宪的路，是假托于总理的宪政主张的。所不同的，欧美的立宪政治，其基干在于国会的代议制度，在中国，便附会及于总理的国民大会，和缘饰之以立宪论者之"五权制度"。（注二）其非真正的宪政，和非总理所主张的宪政，实无疑义。中国须要何种宪政？总理说："全国有过半数省份达至宪政开始时期，即全省之地方自治完全成立时期，则开国民大会，决定宪法而颁布之。"（建国大纲第十三条）

宪政开始，人民的权力便立刻扩大，人民这时，便有了放水制和接电钮。总理权能分开的学说，在宪政时期中，便充分的实用。所以总理又说："宪法颁布之后，中央统治权，则归于国民大会行使之，即国民大会对于中央政府官员，有选举权，有罢免权；对于中央法律，有创制权，有复决权。"（建国大纲第廿四条）

人人有此四权，人人掌握着放水制和接电钮，选贤与能，主持政府的工作，这便是三民主义的全民政治。实行的步骤，实行的方法，在建国大纲中，以及总理其他的遗著中，都已详细提供出来。总之：要先铲除军阀，铲除官僚，杜绝帝国主义的侵略，完成自治，使人民有四权运用之训练，所谓宪政，才会真正的实现。

目前这批人，想以欧美的虚伪民主政治，比附我们总理的立宪主张，使这种资产阶级的立宪政治，移植中国，造成中国军阀官僚豪绅的

---

① 以下略有删节。

联合统治，这断不是我们的要求。何以故？总理说："因为欧美有欧美的社会，我们有我们的社会，彼此的人情风土，各不相同，我们能够照自己的社会情形，迎合世界潮流做去，社会才可以改良，国家才可以进步，如果不照自己社会的情形，迎合世界潮流去做，国家便要退化，民族便受危险。"（民权主义第五讲）

迎合中国自己社会的情形而又迎合世界潮流的，只有实行总理三民主义的全民政治。在此时，中国不能实施宪政。浅近些说，其原因如次：

（一）军阀的力量没有铲除。军权高于一切，这只能军主而不会有民主，数年以来的政治设施，都是明确的证据。

（二）人民的智识太幼稚，他是中世纪的 Guildman，不是近代的市民，没有参预政治的自觉，更没有参预政治的能力。

（三）交通不便利。交通不便，人民的见闻便锢塞，彼此间的关系便疏淡，对于政治的兴趣，也便减低，中国广土众民，处此形势，欲民主而无从。

（四）生产事业太落后。尤以工商业的发展为绝未成熟。民生疾苦，一切生产事业为帝国主义者所操纵垄断，人民求生不能，无从过问政治。

欧美虚伪民主政治之成立，自有其历史的因缘与时代的背景。一方面是贵族僧侣阶级之专横，引起城市新兴中间阶级的积愤与对抗，一方面是感受文艺复兴与宗教改革的影响，延累而至于十九世纪的文化大改造，使新式工业的组织权力，掩盖一切，完成其现代国家的新组织。这个改造，正如乌尔弗（Leoneard Woolf）所说："相沿传下之封建制度、君主，贵族，特权，驿车，烛光为特征的欧洲文化，归于破产，代之而起者，即今日之所谓西洋文化，这个文化的特征，乃是平民主义，选举制度，工厂，机器，铁路，汽车，飞机，电报，电话和电灯。"所以：

> 散居村落的农民，因以改变而为工商业的城市居民，这些十九世纪工业化的国家，较之十八世纪的农业国，还没有自足自给的可能，所以不能不发展一种组织完密而复杂的国际商业制度。我们可以说，这个时代，是机器，工厂，股份公司，资本主义，工业，商业，及财政国际化的时代，这是关于经济方面的情形。再看政治方面，……各工业国家的政治权力，转移到新兴中间阶级的手里，尤其这个阶级里面的有势力份子，如财政家，工业制造家，与商人操

纵了政权，所有政府机关，是完全仰承这个阶级的意旨，而这个时期，文化的特色，便是工商业的权威，公私财富的积累，物质事物的先占，理性和科学的心理态度，物质昌盛的与自由平等的思潮。

在这种条件之下，可知要单单移植欧美虚伪的民主政治到中国，尚有所不能。假定中国现在便可以立宪，可以实行宪政，则所有的，必定是军阀，官僚，豪绅的权威，及这些权威者的财富之积累。今后的中国，必定为军阀所篡窃，为帝国主义的代表人——买办所统制，地方为官僚豪绅所宰割。总之，数百条宪法条文，和一个"三民主义共和国"的名辞，不能使中国实行宪政。这是关心中国政治的人，观察现状，顾念将来，所不能不警惕的。这一个趋势，从法茜斯蒂迷梦者之积极推展其力量，企图造成所谓蓝色的恐怖，是更可以明白的预想到的。

四

我写这篇文章，目的只在概括检阅国内那些主要而狂妄的政治思潮，并予以简单的批判，核要地说：法茜斯蒂的迷梦者，不能以"民主的独裁论"，假托于三民主义的全民政治，以掩盖其反革命；立宪政治的迷梦者，不能以完成宪法，比附于总理的建国大纲，以讳饰其反动性。我们不求改造中国政治则已，要改造中国政治，必须以革命的力量，推翻目前继承北洋军阀而来的军治，厉行三民主义之治，使三民主义的全民政治，能真实实现起来。一部分人在军阀统制之下，梦想实行宪政，其居心何在？是真想治国呢？还是想依附军阀去求出路呢？我们都不必深问。但结果，可断言其落空，尤可断言其必重蹈过去北洋军阀立宪的覆辙。"国民会议"和"训政时期约法"，都一幕一幕做过了，但中国仍然为军阀所统治，并未有所改观。南京的军阀，对一切寻求政治的出路者，现在正袭取刘邦的故技。刘邦说："贤士大夫，有肯从我游者，我能尊显之。田横来，大者王，小者乃侯耳。"

主要的条件，是必须"忠顺效命，无或有背。"能如是，则来者便"大者院长，小者乃部长委员"了。尊而显之，其道在此。所以所谓"共赴国难"的人，抱着甚么政治主张而去，那简直是笑谈，不过是肯从军阀游耳。就目前的情形看，如一面拼命扩展流氓式的法茜斯蒂的力量，一面却努力制宪，说要完成宪政。我们该相信立宪为真呢？抑还是造成反动的法茜斯蒂为真呢？最可叹的，是呼号了三四年"树立民主政治"和"培养民主势力"的人，过去要"以血去求其实现"的，到今日，却到南京去求其实现。这所谓"立宪"，所谓"民主势力"，大概只是南京的刘邦，给"贤士大夫"的一条尊显之路吧！

总理说："我从前见得中国太纷乱，民智太幼稚，国民没有正确的政治思想，所以便主张以党治国。但到今天思想，我觉得这句话还是太早，此刻的国家，还是太乱，社会还是退步，所以现在革命党的责任，还是要先建国，尚未到治国。"

总理民国十三年的这段遗教，我们应该郑重引用于今日。谈宪政而开放政权，我们何能容忍一部分政棍的恢复五色旗运动，……尤何能容忍军阀，官僚，豪绅的假借三民主义来扩张其反革命行动。谈法茜斯蒂而努力于流氓式的侦探与暗杀，我们也何能容忍这种反革命力量的扩展，危害中国国民党革命的前途。我们慢谈治国，当前的任务，是要以革命的力量来建国，并正确国民的政治思想，使中国政治，能步步踏入三民主义的全民政治之路。总理所谓今日革命党的责任，便是在此。

[注一] 世界上没有如军事委员会这样的制度和组织。有军政部，有海军部，而另设一军事委员会，且又独于北平有分会，这是何所取义？当时汪精卫先生提出，说是为求对日作战有统制，但军事委员长上台，我们只听见他"绝对不得言抗日"的名言，却没有看见他统制军队去抗日的事实，其后，又有人以"军事委员长"的头衔，不够崇高，便有再上"陆海空军总司令"尊号的主张。党人无耻，可发一叹！军权之扩展，我人又当何责？

[注二] 我大略看过南京的所谓宪法草案，内中规定，对于总理之五权制度，全系穿凿附会，所以我只能说："缘饰之以立宪论者的五权制度。"这种草案，实违反中国国民党的精神，对于总理遗教，尤为隔靴搔痒，暂不欲有所评述。

革命过程中之几件史实[*]
（1933 年 12 月 15 日）

　　这篇文章，是应东方杂志三十周年纪念专号之请而写的。全文分六节，约六万余字，因字数过多，故先发表第五第六两节；除已寄交东方杂志外，兹再发表于此。

汉民识

　　东方杂志为纪念出版三十周年，于新年元旦，发行专号，要我写一篇自传。我向来无意于写自传，虽然数年来要求我写自传的很多。写自传，是一种历史的纪述，这类记述，每不免讳饰诬枉，如数年来出版的关于中国国民党史作品，太半便犯了这样的弊病。民国八年，我和朱执信先生在上海办建设杂志，当时有人要我写自传，我向执信说："你对于写自传，有甚么意见？"

　　执信说："写自传，是表示这人将过去了。将他的经历——立身行事……等等写些出来，留给后人看看。有好经历，自然写得，为后人楷模，但为了自己写自己，往往会不尽不实，这种纪述，究竟是一件难事。"

　　执信不幸死了，我的自传，也当然没有动笔。我自己考察我自己，再看看目前的党国情形，所谓个人的革命经历，只是一篇惨痛的史实。民国十七年秋，我在南京，中央党部印了一种"党员调查表"，要我填写，调查表中有"革命经历"一项，我在这一项下写过这样的两句："余生犹在已堪惭，说不尽从来积惨。"

　　组庵（谭延闿）、楚伧……等见了，都十分慨叹。说："胡先生为甚么不写些经历出来，单单写这么两句，未免太沉痛了。"

---

　　* 本文出处：《三民主义月刊》，第 2 卷第 6 期。署名：胡汉民。

我说："沉痛么？事实是如此。除此之外，我想不出甚么可以写的。如果一定要，或者多少写些。"

便随便写了几段。东方杂志征求我写自传，又复来信催稿，我不能固却，姑记革命过程中的几件史实如左。这些史实，只是"余生犹在已堪惭，说不尽从来积惨"的注脚；今日民族危亡，民力疲敝，而号称革命的还在努力朝著殃民祸国的路向走，不能不使我有这种沉痛的感觉！

一　镇南关之役（略）
二　河口之役（略）
三　三月二十九日之役（略）
四　海珠会议之变（略）

五　从代理大元帅到被逐赴俄

十三年商团事起，我奉命为广东省长兼大本营秘书长。孙先生督师北伐，奉命留守，代行大元帅职权。十月以省长名义缴商团械，全市复业。是年冬，先生北行，主张召开国民会议解决国是。先生行时授以北伐东征方略，兼命代理政治会议主席，军事委员会主席，统制后方。潮汕粗定，先生已薨于北平，滇桂军谋变，檄调党军、粤军，与谭延闿、朱培德所部讨平之。当先生到协和医院诊视认为不治之症的电报到的那一天，我即召集党政军负重责的人员伍朝枢、廖仲恺诸人，我说："先生以后方党、政、军诸事交给我一个人负责，今先生病危，万一不幸，我主张改组大元帅府为政府，用委员制共同负责。"

仲恺等皆默然无言。这时组庵（谭延闿）还在江西，先生逝世，组庵赶回粤垣，我一见面，即提出我的组府主张，我当时极有感触，不很经意的说："书生弄军事，终于弄不惯。委员制实现，继起有人，我们也可以息肩了。"

组庵不赞成，他说："你的道理很对。但此时万万不能卸责。如果一卸责，便闹大乱子了。"甚么乱子？（一）共产党捣蛋，攘夺党权，阴谋愈露；（二）滇桂军不稳，受人煽惑，谋叛甚亟。我甚然其说，因此到滇桂军事解决后，始改组大元帅府为国民政府，我解除代理大元帅职，即欲辞免一切政治责务往外国一行，而为诸人苦苦挽留，乃为政府常务委员兼外交部长，仍代理政治会议主席。隔月余，而有廖仲恺被刺之事。

仲恺被刺，是八月二十日早上。这天中央党部开会，我生平做事，谨守时间，尤以开会之类，是从来没有稍迟到的。这一天，在开会前一小时，我预备进早餐，陈伯南来找我，谈了一会。伯南是熟人，我一面谈，一面便叫人拿面包来吃。我说："快开会了。"伯南走后，朱益之的师长朱世贵来，比较客气些，不能推他走，便坐下谈话。他讲了一大篇军队苦况，要我在军饷方面设法帮忙。我推他说："我现在辞了省长，又不负党政责任，你的事，我不能主持，只能从旁协助。"我看看时间已到，刚要起身上车，中央党部忽来电话说："仲恺被刺，已入医院。"那时吴铁城任公安局长，我在痛悼之中立刻找了他来，同伯南铁城到医院去看仲恺，仲恺已死了。我便折往许汝为处。我说："仲恺在中央党部被刺，事情重大，应该澈查究办！"

其时精卫亦在汝为处，力主邀鲍罗庭来，他说："必须请鲍先生来大家共同研究。"鲍罗庭来后，便说："应该组织一个特别委员会，办理此事。"于是开临时会议，由鲍罗庭提出汪精卫，许崇智，蒋介石三人为特别委员，将当时的党部，政治会议，国民政府各机关职权，一律交特别委员会统制。这个委员会，有党政军一切大权，汪许二人，并推鲍罗庭为最高顾问。那时共党猖獗，谭平山等盘踞党部，我做外交部长，已不甚闻问党政。这几个人如此的一唱百和，更令人无从置喙。后来在特别委员会之下，又设一个所谓检察委员会，澈查关于仲恺被刺的案。

第二天，我遇到精卫，我问："对于廖案进行，有无头绪？"精卫不答。我说明仲恺最近的觉悟与反共主张，希望在这种诡秘的形势之下，不要将这重大的事件，统统办错了。

仲恺的灵枢，停在中央党部。第三天，我到党部，见到廖夫人何香凝女士，很悲痛的坐在灵旁。我趋前慰勉了几句。廖夫人说："今天接到一个消息，说刺廖先生是毅生主使的。"

毅生是我的堂弟，我听了一惊。我说："根据什么消息？可以知道吗？仲恺这样牺牲，太痛心了。谁犯法，谁该受法律的裁判。"

廖夫人不做声，我也无从知道她的话何所根据，就走了。我综合两日来的情形，觉得这件事很奇怪，便再访精卫，虽然精卫昨日并没有理我①。

---

① "我"字下，原有衍文"我"，今删。

见到精卫，我说："仲恺这件案有端绪吗？"

精卫又不答。我向来讲话坦率，总是"知无不言言无不尽的"。就说："照这两日来的情势看，内外危机潜伏。特别委员会对于这件案应该审慎办理。照我推测，仲恺被刺，有三个重要原因：（一）军阀作闹。被打倒的军队不平，（如滇桂军）未被打的军队不安，由军阀之不平与不安，便造此轩然大波，混乱粤局。（二）同志反共。先生逝世后，共党猖獗，盘踞党部，干预军政，一般同志，或疑仲恺亲共，愤激之极，故思有以对付之。（三）自相疑忌。这是受共产党催眠，或积愤难泄，便做出这样的事来，而共党可以藉此铲除异己，破坏革命。"

我接着又问："这是我对仲恺被刺案的观察，你以为怎样？"精卫又不答。我看精卫神色不佳，忖测大乱将作，又转访介石，见了介石，我把上面的话同样说了一遍。

介石说："很是。我也这么想。但是汪先生的意思呢？"

我说："奇怪得很，找他几次，说了几遍，他尽是不做声。"

介石说："胡先生的三点意见，我以为第一点尤属事实。办理这一案，对于军队反侧，不能不特别注意。"

介石当时，除长黄埔军校外，还兼汝为的参谋长。他努力想把党军与粤军合并，所以对于军队的情形，尤其留心。我事后想想，这一篇话，虽然精卫不睬，但以后我所以能够只被逐，而不至于丧命，实在是很大的关键。

八月二十四日，是旧历七月初七。晚上，我到璧君那里去谈天，我当时住在德宣西路大家兄青瑞先生家里，精卫住在双槐二巷，只隔开两条街。那晚谈到三更忽然下起雨来，璧君坚留我住，我不许，才冒雨回寓。廿五日早上五点钟，我刚起身解手洗脸完毕，突然房门外枪声大作，打门声，呼喝声，一时并起。我想难道强盗来吗？没想完，一大伙人已经冲进我房中来了，为首的人，擎着枪，很凶狠的问我说："你是胡毅生吗？胡毅生那里去了？你不是胡毅生，该是胡毅生的兄弟吗？"

我兀然不动。我说："你是那里来的，干甚么这样凶狠？"

"我是黄埔来的。廖先生死了，还有甚么说的？"

这时淑子（我的内人）、亚容（淑子的女佣）从睡梦中惊醒，见了这些声势汹汹的黄埔军人，淑子便跑向前来把身体障住了我。这为首的人，恶声说："女人出去，男人不能动。"

淑子和亚容不理。一个前面拉，一个后面推，把我推到屋后，由后门入一个蓦不相识的人家里面。所谓从黄埔来的人，见我走，也不阻止，后来才晓得他们，是要翻箱倒箧抢东西的。我走进的这家，是一个卖菜的旗人住的，是一间破烂的小屋子。一家数口，他们也以为不是贼来，便是兵变。有半个钟头，他便出去探听消息，一会回来，慌张地说："外间传说是李福林造反呢！"

我想："那有这回事，不知道是谁故作谣言。登同（李福林）造反，黄埔军人会搜抢到我一家吗？"

他又问我："先生想找什么人吗？我可以替先生奔走。"

我这时，心血来潮想起了谭延闿来，虽然随和，无论军队闹到甚么程度，组庵应没有干系，或者还能说话，我便答他说："好！谭总司令的住址，你知道吗？可以替我找找他。"

旗人赶紧去了，约莫过了一点钟，旗人回来，他说："交通断了，没有找得到谭总司令。"我无可奈何，也就罢了。

这一天，出了几件事：

（一）林直勉被拘捕了去，说：直勉"刺廖有据"。直勉最冤枉，罗织入罪，又患肺病，下狱两年，不死实幸！到十六年春，得真如、稚晖、泽如等昭雪，才平反出狱。近著党狱一文，详叙诬陷事实，读之生慨。（注一）

（二）大家见青瑞先生被拘捕了去，当日下午，经璧君诸人力争，旋即释放。

（三）堂弟毅生，捕而未获。毅生在家中，兵士到门，他仓忙从后门走了。这时邹殿邦在毅生处坐，兵士想拘邹，邹说："我是商会会长，拘我干么？"便放了他去。（注二）

当时我走避在卖菜人家中的时间，淑子慌得很，便跑往精卫那里去问："究竟是甚么一回事？"璧君打电话给介石，也转问"究竟是甚么一回事？"久而久之，介石派王世和来，拿了通行证，带同璧君淑子来找我。世和拿了介石的一封信，这信是给我的，内中说："此事与先生无涉，仅毅生有嫌疑，故派人搜捕"云云。可知早上来搜检的黄埔军人，是奉介石的命令的了。不过这信不由早上搜检我的人带来，而由王世和补交，其中原因，外间人不易明白罢了。世和来后，将我带到介石那里去住。我无处安身，自然随了他去。介石与仲恺比邻而居，我到了介石那里，又转送到黄埔，介石来应酬一会，就走了。我最不能忘记的是璧君，她大著肚子，往来奔走，在黄埔又陪①了我两天，第三天，我过意不去，而且她快要生产了，力劝她回去，临走，她说："胡先生有甚么意见，可以写一封信给精卫，我给你带去。"

我就写了一封信，原文我不记得了。大意是："关于办理仲恺的案，我虽未能与闻，惟兄等主持此案，不当枉法，亦不宜徇情，务须根据事实，以求真相。弟与兄久共患难，不久以前，尚相与戮力，肃清滇桂军等，巩固后方，此日思之，彷如隔世矣。"

这信带去后，精卫给我一封回信，这信太奇妙，大意说："昨开中央政治会议，读遗嘱时，不觉泪下。兄于兄个人事，有何意见，仍乞写示。"

中央政治会议，本来是我主席。精卫读遗嘱时，不觉泪下，不知道是为的我不能主席，身为"阶下囚"而泪下呢？还是因为遗嘱中有"联合平等待我之民族共同奋斗"的话，而一般同志，竟主张反共，闹出这样的风波，便不觉泪下呢？这是我至今不愿求甚解的问题。

我在黄埔第三天，湘勤（古应芬）益之（朱培德）来看我。他们俩是奉特别委员会命令前来向我问话的。先一天，我知道大家兄青瑞先生被扣，我写信给介石，大旨说："弟果有罪，则罪在弟身，不能累家兄。弟革命三十年，已累家庭不少。务请迅将家兄省释，使弟稍轻尤愆，幸甚。"

湘勤很悲愤，他的颜容，始终是慈祥正直的。抚慰我说："这是甚么话？既说刺仲恺，又说是受英国人运动，以二百万元谋叛，又说运动登同造反，这些事尽可侦查，与胡先生何关？"

外面的消息，我一概不知，就不做声。益之听见湘勤的话，也喃喃地说："尽可侦查，与胡先生无关。"

三天之后，真如（陈铭枢）来看我，精卫大概不好意思，也同来了。真如慰问我。精卫的态度却奇怪。我听见他嘱真如做公安局长，好似说：你做了公安局长，一切就有办法了。谈话之间，很有驱逐许崇智的意思。（注三）我不便干预，顺手拿一本书来翻检。他们谈完了，我告诉精卫："听说直勉被捕时甚狼狈，在狱很苦。"

直勉患的是肺病，常常卧床不起，他反共最力，对党最忠实，对共产党最痛切。赋性硬直，看见甚么事不对，无论何人，都会拍桌大骂

① "陪"，原作"倍"，误，校改。

的。十一年先生蒙难，他从总统府扶卫先生脱险，先生到上海，他便留在香港办善后。忠于党，忠于先生，是一个不可多得的同志。那知精卫听了，很不耐烦，大声说："没有的事！"

我看精卫神气不好，肝火太旺，似乎寻人打骂似的。"座上客"与"阶下囚"，何能并论？我便没有做声。（注四）

约莫过了一个星期，介石来看我。他说："鲍先生的意思，希望胡先生到俄国去一趟，休息休息。到俄以后，胡先生的生命安全，鲍先生是绝对担保的。大概鲍先生还要亲自来看看先生，鲍先生来过之后，先生就可以动身了。"

我想：出去走走，总比幽禁在黄埔好。而且苏俄的情形，也可以趁此考察考察。我知道广东局面，在共产党操纵之下，大家尊敬鲍罗庭如神圣，是无从会有希望的。就在这一天，我因患肠胃病甚剧，便请求准我移住在颐养园。

好容易鲍罗庭来了。一见面，却非常亲密，我只淡然坐着。鲍罗庭说："苏俄的同志，一定欢迎胡先生前去，如胡先生理论之深博，与态度之光明，我敢以人格担保苏俄政府欢迎胡先生，一定比欢迎任何大使公使要热烈。一般人以廖同志的案怀疑胡先生，这是没有的事。不过因此，也不宜在广东，不如到苏俄走走，可以考察考察。"

鲍罗庭的话很巧妙，但我不动声色，仍旧淡然坐着。

他说："但胡先生去，必须坐俄国船，不能在上海停靠。我们并不是不放心胡先生，不过以胡先生的声望地位，怕反动分子会利用胡先生的招牌，搅出危害革命的事情来。"

我尽坐著不作声。十月二日，搭俄国轮列宁号赴俄，同行的有朱和中、李文范、杜松和我的女儿木兰。到俄经过，和几乎不能回国的事实，朱和中曾有纪述。（注五）我不再在这里续写了。

从代理大元帅到被逐赴俄，这曲曲折折拉拉杂杂的经过，究竟是甚么一回事呢？我可以把汝为、精卫、介石三个人在事后告诉我的话写在这里：

（甲）汝为说：当时特别委员会成立后，鲍罗庭力主兴大狱，更说：非"排胡"不可。精卫脸红红，介石则主张镇压军队，怕军队有毛病。鲍罗庭力争，说：不"排胡"，便没有意义。我不答应，我说：不能这样随你们干，要是这样干，我就走了。这是汝为之说。汝为这番话是民国十七年，我从欧洲回来，在上海见面时讲的。

（乙）精卫说：特别委员会成立后，我竭力主张不能把胡先生牵涉在里面。因为我相信胡先生断不会作这种残杀同志的事。但汝为有"报复"之意，以为非"排胡"不可，我当时是最反对汝为这种主张的。精卫这番话，是民国十五年夏，从海外回来，在上海没有和陈独秀联名宣言到武汉去之前同我讲的。

（丙）介石说：仲恺的案发生，我实在救了胡先生的命。要是胡先生当时不住在黄埔，早发生意外了。鲍罗庭、精卫、汝为，都主张乘机"除胡"，我大反对，才邀胡先生到黄埔去。这是胡先生应该明白的。介石这番话，是民国二十年二月二十八晚，在南京总司令部监禁我的时候对我说的。

这究竟是甚么一回事？我不愿再下批判。从这三个人的不同的自白中，小有智识的人，一定可以明白的推想出来。

六　十七年入京与汤山被禁

关于十七年入京一事，我在三民主义月①刊第一卷第六期《党权与军权之消长及今后之补救》一文中，曾有如下的补注：

十七年秋以后的一段，在这里有补注的必要。我当时由欧回国，有许多同志劝我不可入南京。原因是：对某怀疑，以为其人断不是革命的同志。我当时也同情他们的话，但我另外有两点意见：

（一）孙先生领导中国革命，已有四十余年之久，未能及身使四分五裂的中国，归于统一。我们继承遗志，这次能从广东到长江，事非容易，而且"人之好善，谁不如我"，我们在其叛迹未彰前，实在应该好好的补助他，希望使他能②始终革命。

（二）党内不能再起纷争，十六年国共之争，在党在国，都遭受莫大的损失。现在大局方定，而北洋余孽，尚未肃清，我们至少要先维持一个统一的局面，设法推进今后的建设。否则，国民对党将益发失望，革命的前途，也益发危险。

我到南京以后，有许多同志，还以我不当入京为言。有一天晚上，我住在汤山，夜不成寐，早起，便很沉痛的写了一封长信给邓

---

① "月"字，原脱，校补。
② "使他能"，原作"他能使"，误，校改。

泽如先生。我大略叙述了过去党的惨痛的历史之后，便说：我为了党，为了国，为了已死的孙先生，我愿意放弃一切，帮助一个中国的凯末尔。但假如这人要做袁世凯，我将绝不犹疑的反对他。这封信，在非常会议时，记得广州民国日报曾经影印出来。我入南京，我不负实际的行政责任，原因在此。在我留居南京的几年中，我一方面是尽忠职守，努力立法，同时对于党务政治，也尽力所及，设法改进。许多被人嫉视的指摘党政腐败的言论，也不断地公开发表出来。我向来只问事，不问人，孙先生在世，我还时时会和他争得面红耳赤，何况他人。人既要背叛主义做袁世凯，那我之被羁汤山，还成疑问吗？我之入京出京，与军阀篡窃党权，极有密切的关系，所以单简的把我当时的意思，在这里补叙出来。

在那篇文章的前段，我客观的叙述了民十五年武汉容共的形势之后，我又扼要说明十六年必须到南京反共的原因，我说："……我这种转录，绝对不想攻讦任何人。因为已成的历史的事实，谁都无从隐讳，即使我不证引，凡是留心到六七年来的政情的，谁都能清楚地知道。我把他转录出来，只在证实当时的情势，是一个逼到个个同志非反共不可的情势，尤其是非跑到南京、上海去反共不可的情势。诚然，维护军阀，不见得是一件好事，但是与其把中国国民党送在共产党手上，还不如先设法清除了共产党，再求补救，于是一切认识主义，不肯认贼作父，不甘心为共产党工具的同志在当时反共的旗帜之下，都一致团结了。这便造成宁汉的对立，——中国国民党和苏俄共产党与准共产党的对立。现在的军事独裁者，便是当时的坚决反共者，他是口口声声宣誓着要做中国国民党的文天祥与陆秀夫的。试想：中国国民党在危急存亡的时候，居然有人做文天祥与陆秀夫，则忠诚于党的同志，自然不忍打倒文天祥与陆秀夫。去拥护'非我族类'的清人和元人。然而反共不能不依赖武力，尤其当时的情形，——武汉共产党与准共产党高唱着实行东征时的情形，不能不依赖武力，党失其序，失了党的驾御的军权便由清共而益形发展，经反共清党之后，而军事独裁的力量，也就益发稳定下来。虽然后来在武汉的'同志'，也自以为'觉悟'，自命为'从夹攻中奋斗'出来，可惜事态已成，党的损失，中国革命的损失，已经无从挽回了。"

我叙述这种历史，惟有感觉痛心。不过事实不能不明，只有忍痛的写出来。十七年八月，我从欧洲经香港到上海，在香港时，许多同志婉劝我不可入京。到了上海，数十同志，如汝为、觉生（居正）、慧生（谢持）……等也围著我阻我入京。他们诚恳地说："胡先生，以你这样的历史地位，竟到南京去帮助蒋介石吗？"

我觉得他们的说话太过，未免把我的目的弄错了，我说："中国需要统一，统一需要建设，实行建设，需要一个健全的中枢。我到南京，并不是帮助个人，我是想帮助中华民国，完成中国国民党的革命使命，你们该把对人的观念，改易为对事的观念，这样，便不致误解我了。"

"退一步说，假如我到南京是帮助介石个人，则我希望这所谓个人，是凯末①尔不是袁世凯。如果这所谓'个人'是袁世凯，我必首先反对他，任何牺牲，在所不辞，请你们放心吧！"

当时危机潜伏，国际帝国主义者，尤其环伺左右，看我们喊了几年的"打倒帝国主义"和"废除不平等条约②"的口号，将如何著手？军阀官僚，蠢蠢欲动，以不堪闻问的心理，试验中国国民党的建国能力。我是一个数十年的中国国民党党员，久经患难，在搀和着血泪的党的奋斗历史的回忆中，我想不出已统一的垂成之局，该重行分裂的理由，"人之好善，谁不如我？"此时自己的同志不肯帮忙，结果：南京必须找军阀官僚的余孽来帮忙。这不是愈趋愈岐？数万革命将士的肝脑涂地，与数十万革命同志的奋斗牺牲，所为何来？我在极苦闷的状态中，一再考虑，并决定了主张和办法，才毅然入京。

　　初到南京，我报告在欧考察经过，有一段关于土耳其的，说：从前我们在广东的时候，已常常说："军队'党化'，党'军队化'。"可是我们从前虽这样说，一直还没有能做到。这次我们在土耳其，却看到它把"军队党化党军队化"这两句话，做出很好的成绩来了。我们先要晓得土耳其也是"以党治国"的，它现在并且真像做到了一个"党外无党，党内无派"，非常统一、整齐、严肃、活动的国家。当它从事国民革命时，它是先做到了"军队党化"，其次又做到了"党军队化"。然后才有这样的结果。军队怎样党化呢？军队最怕的是变为人人自相残杀的乱民，再干脆点讲，军队若不党化，可以成为军阀。土耳其的军队力量，在革命初期，是不甚强大的，但它却无割据的毛病，而完全是整个党的精神结晶起来

---

① "末"，原作"未"，误，校改。
② "约"字，原脱，校补。

的。那时各军军需，已经统一到陆军部，后来更统一到财政部，由
财政部更统一到国会。譬如各军的军费预算，要先送交财政部，经
过财政部送交国会，经过国会的审查核定，然后成为法案，法案既
立，则各军费用，皆经财政部所派司库员签字照发，如有不合于预
算案的款项，则财政部司库员概不签字，便没处领取。上自军长，
下至士兵，所有一切费用，都照此预算，照此办法而行，无有违
犯。至于政府各部，地方各机关，也都有确定的预算，都是一样的
办法。所以土耳其的国会，是统一全国的机关，一切政策及预算
案，都由国会决定，国会所讨论的法案，又是由党预先决定的，如
果国会有不依从党的意思的时候，党可以召国会议员来开会，命令
他们要通过党的政策，使之成为法律。这又是它"党军队化"的情
形。同时，也真可算得是"以党治国"了。（见《革命理论与革命
工作》第一辑一○二页）

我的希望是"军队党化"，使军队不成为军阀的军队，而成为国家
的军队。民国十九年九月，我还提出这样的主张。关于土耳其，我又
说：土耳其新政府的特点，我们可以看得到的有几点：
……

第二是财政统一。土耳其政治上最可表现新精神的，就是财政
的有条不紊，毫无私弊。别国财政上种种恶习惯坏现象，在土耳其
都找不到。当凯末尔提师作战的时候，曾一度败退于安哥拉，
（Angora）他当时就命令各军的财政，都要统一于陆军部，后来各
军财政，固然统一于陆军部了，他认为还不够，他再下命令，陆军
部的财政，要统一于财政部，结果都统一于财政部了。凯末尔这种
统一财政的魄力和毅力，确是可以佩服的。新政治的成功与失败，
在财政的统一与不统一的关系上，是很大的。……（见《革命理论
与革命工作》第七辑二三五页）

凯末尔在提师作战的时候，能奋其大勇，划分军队和财政为两端，
并使军队的军需，统一到国会和党，严守预算，不稍迁就，这种远大的
规划，不是一般军阀所能企及的。单单这一点，凯末尔之为人，已够我
们颂赞的了。我说："我到南京，可以帮人做凯末尔，不能帮人做袁世
凯"，便是这个意思。在我所发表的《训政大纲提案说明书》中，和所
草拟的《训政纲领》中，无处不表显我对党对国的坚确立场。

在每次会议中，我坚持我这样的意见。一天，亮俦（王宠惠）来找我，在长谈之中，他说："胡先生何妨随和些，你天天讲欧美，讲土耳其，讲建设，又讲军队与财政，这批人懂些甚么呢？你要知道：我们贵国的中国鬼，是没有办法教导得来的。"

亮俦说起中国人，总是说："我的贵国的中国鬼"。广东人称外国人，叫做老番、鬼佬或红毛鬼。亮俦说："我们贵国人，何尝比鬼佬高明，外国人是番鬼佬，我们贵国人便是中国鬼。"他常常劝我随和些，以为同"中国鬼"办事，是不能那样认真的。

亮俦的话，自是经验之谈。我为事事认真，便事事阻障。十七年十一月，南京中央党部颁布关于党部工作的决议案，便起了反响了。南京市党务指导委员会，如段锡朋、梅思平、谷正纲之类，都是当时所谓"中央党务学校"的教员，不肯执行中央党部的决议案，竟说中央"有意欺骗民众"。我接见他们，便严重教训了一顿。事后写信给我，说我"说话的态度太严厉"。这样一来，江苏上海的党务指导委员会，不是来一个建议，便是来一个抗议，都集矢于我。这批人，处于辇毂之下，这种行动，是自出主张，抑或受人指使，当然是无待言的。

事后，我曾说："余自弱冠追随总理革命，迄今三十余年，此三十余年中，初受满清政府之仇视，继受保皇党之攻击，乃至自袁世凯以下一般南北军阀之种种中伤，更历既多，应付尚能裕如，故视此辈技①俩，不值一笑也。"

这时（十七年十一月五日），我在中央党部公开发表了一个报告，题目是《党员无自由》。有几段说：

> 我的性情，不大愿意管不当管的事，因而对于当管的事，便不敢放松，凡关于党务，目前有在我职分以内的，我不能不负责任，所以无论大小，总勉力去做。……同志来专门讨论党务的，我不但愿意多谈，而且谈得非常认真，虽一个字也不轻易放过。有许多人以为我这样太认真，而且讲话时的态度，对同志好像对学生一样，未免太过。……朱执信先生就这样说过。……但是遇事不敷衍，尤其不说假话，无论如何，总是应该的。

> 党不是树立在总理的主义和方略的基础上面，或是向那一方倾侧了一点，还要兄弟说敷衍恭维的话，那是绝对办不到的。

----

① "技"，疑作"伎"。

在敷陈了建设工作的重要之后，又说：

> 身为党员，身为民众的领导者，而常识缺乏如此，我不该发急，倒反要说："卓见极是，佩服之至"吗？

从十七年九月入京，到二十年二月被禁，在这二年又六月的时期中，我始终抱着这样的态度，——其实也只是我历来对事的态度。

详细的纪述，在这短篇幅的文章中未免费事。简言之：我因为反对李书华（同时如易培基等）当教育部长，曾在政治会议席上公开责备过石曾，以为不能利用国民党清客的地位，貌为清高，却藉党营私，专干这些不光明的勾当。为了介石和宋子文径邀拉西曼来华，我在国民政府会议席上，公开质问过子文究竟是甚么一回事？我说：中国既然是一个国家，便不应该这样没有体统。十八年三月，武汉事起，介石拉拢冯焕章，说是共同合作，给冯焕章位置了几个部长委员之类，我当时即反对。后来冯焕章也反对南京了，阎百川没有响应，又把阎百川委做陆海空军副司令，赵戴文的监察院长，赵丕廉的内政部部长，也因此有了著落。在这案没有决定之先，组庵来找我，说出介石这样的主张，并叹气道："从前给冯焕章的，现在又可以给阎百川，这种做法，怕不对吧！"

我说："何止不对，而且不该。"

一天，介石来找我，把这件事征询我的意见。我详陈利害，一力反对。但终于反对不来。这是行政院的事，我也无从深问。到阎百川冯焕章都反对南京时，又去拉拢了张汉卿，做了陆海空军副司令。十九年冬，汉卿到南京，大家欢喜得了不得，要简某人做国府委员，又要简某人做××部部长。事先，介石，季陶，稚晖一流人来说："现在要与汉卿合作，非这样办不可。胡先生以为如何？"

我仍旧反对。我说："在一个政府的立场，不应该用这种拉拢凑合的卑劣手段。我们不能自己做郑庄公，把人家当公叔段。在过去，把这种手段，施之于阎冯，我已经反对。现在施之于汉卿，我也当然反对。我以为合作并不在分配官职，国家的名器，也不应该这么滥给人，而且既然是一个中央政府，在'中央'的意义之下，对于国内的任何个人都谈不到甚么'合作'。"

"胡先生向来看功名权力之事，不是很平淡的吗？何以对于几个国府委员和部长之类，竟这么隆重起来？"介石站起身说。

"把功名权力之事看得平淡，这是我对于我自己。把国府委员和部长之类看得隆重，这是我对于国家的名器。前者是个人的立场，后者是国家的立场，这其间，显然不同。我不是无政府主义的标榜者，因此，看重国家看重政府，不肯随个人好恶，把名器滥给人。尤其不能把国家名器，做拉拢私人的手段。我最痛恨的，是自己标榜无政府主义，而实际则热衷①利禄，无所不至，标榜无政府，却滥窃政府名器，这类人，其心尤可诛!"

这一场谈话，没有结果而散。过了几天，亮俦来谈天。他说："为了胡先生反对把几个委员部长给汉卿，介石发愤要辞职了。这是石曾，稚晖说的。他们要我转告你。"

"介石要辞职，何必告诉我。我只问道理对不对，政府像不像政府，其余的，我都不管。他们闹这些，全没体统，这些冒牌的无政府主义者，尤其虚伪得可恶。石曾稚晖他们，根本不该把介石辞职的话告诉我，倒反应该把我的话转告介石和汉卿。他们现在告诉我的这些话，有甚么意思。我怕介石辞职，便不讲话了吗?"

"既然他们请你来告诉我，我也请你去告诉他们：第一，我们爱护汉卿不在给他做副司令，或分他几个委员部长。汉卿年纪还轻，前程很远大，我们要好好的训导他，使他明白革命大义，将来能为党为国出一番力，这是爱人以德，不是啗之以名利。第二，这些把戏，过去施之于阎冯，现在施之于汉卿，汉卿而聪明，他何尝不会知道这是我们虚伪的羁縻②手段，他知道了，将以我们为何如人？汉卿而不懂，我们用这种手段去欺骗人，我们居心如此，又自以为何如人？总之：无论论事论理，我对于这种办法，绝没有可以苟同的地方。"

有一次，在中央党部会议，议决了甚么案。这案议决了，陈立夫说："还得问问介石的意思。"这时介石在前方，我听见立夫这么说，先站起身，组庵向来最圆通，大概也忍不住了，慨然说："既然党部的决议，还不能作准，又何必提出来?"

有一次，我在中央党部告诉立夫说："其实甚么机关都可以不要，只存一个陆海空军总司令部，便可以了。既简捷，又经济，这样一实行，对于减少目前的财政恐慌，大概也不无小补!"

介石是不是什么事都要闻问，我不得而知。但陈立夫、陈果夫等，对任何事件，总说："介石不知意思如何如何。"其实，既然有中央党部，有国民政府，有陆海空军总司令部，又有各院部会，事有专司，何

---

① "衷"，原作"中"，误，校改。
② "縻"，原作"糜"，误，校改。

可以某一个的意思来掩盖各机关。难道在政府、党部之外，又有一个太上政府和太上党部，总持一切吗？

十九年秋，军事大定，我指摘党、政、军腐败的言论，不断地公开发表出来。我之入南京，既然为"与人为善"，和"确定了党的立场"，自不敢遇事敷衍。我一方面尽我立法院院长的职责，一方面便以党员的地位，弹谬纠邪。重要的报告，有如下各篇。

较先的，有：

> 为党服务的人，绝不应有权力思想。
> 同志们应有的反省。
> 肃清党治下一切腐化分子。
> ……

较后的，有：

> 同志们自己一切的检查。
> 对大局乐观中之"努力"与"奋斗"。
> 官吏无自由。
> ……

（详见《革命理论与革命工作》）

我这些言论，指摘办党者之立派营私，指摘官吏之经营地产，指摘执政者之把持垄断，指摘公务人员之为腐化官僚。……

中日关税协定签订，立法院提出质问，介石在前方慌了，发电给人问："军情紧急，胡先生这样干，是不是想推翻政府？"

这人告诉了我，组庵也这么对我讲。我说："签订法律案，不经立法院认可，是违法。王儒堂昏聩糊涂，擅签协定，遽许日本以利益，使关税自主政策，大受打击，就国家纪律说，应该撤职查办。提出质问，是立法院职责所在，我职责范围内，我不能不问，不能因为提出质问，就说想推翻政府。"

后来才知道这中日关税协定，子文，儒堂诸人，预先商量定了，介石也同意了，便不顾一切的鬼鬼祟祟和重光葵签订下来。其荒谬糊涂，与中东路交涉，如出一辙。（注六）

在这里，我可记述我二十年二月二十八晚被禁的经过：

大概是二十年二月廿六日，我接到介石请柬，邀我在二十八晚到总司令部晚餐。二十八日是星期六，星期六是立法院例会。那天讨论银行法案，从上午八时起，会议到十二时；从下午三时起，又继续会议到晚上八时还没有完结。我看介石邀请晚餐的时间到了，而且全日会议九小时，人也困倦了，便宣告休会。休会后，又回到院长办公室勾当些重要公务，然后驱车到总司令部。这时候，大约是八时三刻。

介石住所，在总司令部后面。晚餐在总司令部，款客却在介石住宅之内。我的车直驶介石住所，刚到门，便有十余名总司令部警卫军，荷枪实弹的围上前来。把我的四名便衣卫士，四名武装卫士，邀进别室去了。我自己拿著呢帽手杖，大踏步进门，进门是一条甬道，甬道尽头，一并排两间屋，右边一间房中，我望见季陶、益之、稚晖、亮俦、敬之、楚伧、芦隐、果夫、立夫……等等，都已经到了。楚伧见了我，忘形似的大声说："好了，胡先生到了。"

接着，高凌百迎了出来，接了我的呢帽，手杖，让我到左边一间屋中。一面让，一面说："来了，请胡先生过那边坐。"

我以为有甚么事商量，便随了他去。一入室，谁都没有在，只有首都警察厅长吴思豫，静静的坐在那里。我便起了一阵疑虑。

这一间屋布置楚楚，中间一张大菜台，两旁两排椅子，我向大菜台席位的正中一坐，高凌百和吴思豫便在两旁站着，情形很严肃。高、吴向我招呼一会，便拿上一封信来。这信很厚，大概有十几张纸，不是介石亲笔，但介石在旁边加了许多注，下面又签了他的名字，我看过这信，便被高凌百收了去。信的内容是这样的：

先说介石如何尊重崇拜我，说除总理以后，第一个为他所尊重崇拜的便是我。次说我近来反对政府，反对介石，无论在党务政治方面，处处与他为难。

接着便罗列了很多条款，算是我的罪状。重要的，有：

一　勾结汝为。（许崇智）

二　运动军队。

三　包庇陈温。（陈群，温建刚）

四　反对约法。

五　破坏行政。

……

在每一条款之旁，介石自己注了几句，最后注①的几句，大意是：

---

① "注"，原作"驻"，误，校改。

"先生每以史丹林自命，但我不敢自称托罗斯基。中正欲努力革命，必须竭我能力，不顾一切做去，断不敢放弃自身责任也。"

我看完这信，又气又笑。高凌百收这信时，我吩咐他说："找介石来，我有话说。"

高吴两人很忸怩，呐呐不能出口的说："总司令开会，怕没有时候吧，胡先生先吃饭吧，有甚么话，吃了饭再商量。"一面说，一面便传饭。

"我不想吃饭。"我正色说。

这两个人无法，一个假装打电话，一个在室内走几圈，挨了约莫半个钟头，邵元冲来了。元冲诚惶诚恐的问我："胡先生有甚么意思?"

"甚么意思?"我问。"你去找介石来，我要问他是甚么意思?"

元冲似乎不敢尽其辞，悄悄走了。一会，元冲又来，吞吞吐吐说："蒋先生没有甚么意思"，他好似没有敢把我和介石的话，完全传述出来。

"没有甚么意思。干甚么这般做作?"我愤然说。

"蒋先生想胡先生辞立法院院长。"元冲明知挨延不了，便找我入另一屋子，讲了这么一句。

"何止辞立法院院长。我甚么都可以不干。组庵未死时，我已经说过辞职了，但必须找介石来，这样便可以了事了吗?"

这时候，大概有十点钟了。

到十二点钟，介石来了。随着十几名卫士，他一入来，卫士统统站在门外。王世和戎装持枪，跟了进来。介石坐在我对面，王世和也不客气，居然按着枪坐在我和介石边旁的一个椅子上。高凌百吴思豫两人，有时坐一会，有时出去走一走，我也不理。

"你近来有病吗?"我问介石。

"没有病。"

"那很好。我以为你发了神经病了。"我笑笑说。"你给我的信，我已经看了。但你何所据而云然? 你应该明白告诉我。"

介石不做声。

"你说我勾结汝为，这是甚么根据?"我问。

"这是听人说如此。"介石说。

"汝为在党是一个同志，在私人是数十年共患难的朋友，就党的历史来说，你配说我勾结他吗?"我愤然了，我说。"退一步，从十七年到今天，我没出过南京，汝为也没到过南京，我何从同他见面？你拿证据来，证明我有和汝为通信通电，甚至勾结了搅些甚么事出来，这才算事实。做一个人，想说话，不能这样不负责任。"

"撤销汝为通缉令，不是胡先生也赞同的吗？"大概没话讲了，介石才这么说。

我笑起来了，我说："原来你这么幼稚！下一个通缉令，于汝为何损？撤销一个通缉令，于汝为何恩？我觉得你们之所谓通缉与否，狐掘狐埋，根本不值得重视。且就事实来说，撤销汝为通缉令，是谁提议的？溥泉（张继）提出，静江，雪竹（何成濬）附和，你是会议主席，同意通过了的，与我何干？我看这类案简直小孩子玩的把戏，既不值得我赞同，也不值得我反对，即使我赞同或反对，也不过是相当的罢了。你何以不能去问问溥泉、静江和雪竹，是不是为了勾结汝为，才主张撤销他的通缉呢？"

介石依然不作声。

"再说到运动军队，那在你心目中，一定有你的军队和我的军队了。你的军队是些什么人？你发电或找他们来问一下，问我对他们说的是些甚么话？？"

"我从不同人密谈，我的事无有不可公开。如果敬之（何应钦）、益之、经扶（刘峙）、雪竹……等等算是你的军队中人，那我告诉他们的话，不但可以公之于天下，而且可以刻之为"军人格言"，如果你以为真如（陈铭枢）、伯南（陈济棠）是我的军队中人，（其实我根本没有军队，也从不想有我的军队）。那我对他们又说了些甚么话？你可以派人到立法院搜检我的文电，讯问我的办理文件者。否则，你也该拿出你的证据来。"

我说了一大篇，介石尽不作声。

"陈、温是甚么人？我为甚么要包庇他们？"我问。"我不认识温建刚，民国十六年，你找他做南京公安局长，你又扣留他，以后我又没有看见，何从包庇？一天，立夫对我说：'建刚很可怜，人实无他，不如帮帮他的忙。'说到包庇温建刚，还不如去问问立夫，而且陈、温是甚么人，无权无勇，纵使包庇他，又成了罪案吗？"

"胡先生不知道，温建刚是要打死我的呢！我在上海几乎被刺，便是建刚搅的。"介石想了一会，支吾著回答说。

"立夫知道吗？"我诧异了，我问。

"立夫怎么会知道。"

"那你糊涂了，你为甚么不告诉立夫，还任立夫去帮他忙。"

介石又不作声。

"这两年，陈群在何处，我简直不知道。扩大会议时，果夫、立夫在中央党部告诉我：'前方军情紧急，人鹤（陈群）还在做反政府运动，毒骂蒋先生。听说他甚么人的话都不肯听，只听胡先生的话，就请胡先生劝导劝导他吧。'我不知道人鹤住处，问芦隐，芦隐找到邓祖禹，说祖禹可以带信去，我当着果夫、立夫的面，在中央党部写信给人鹤，大意说：'我人皆数十年之同志，必须谨守党的立场，不自丧失其所守，庶几无愧衾影。近年之事，实为整个党的问题，不能以一己之恩怨，集矢于个人，故凡一切无益之毒骂，均甚不必也。'后来接人鹤来信，我在中央党部当著果夫、立夫的面，开封给他们看。人鹤回信，大意说：'年来潜踪沪渎，闭户静修，不闻世事，外传云云，皆模糊影响之谈，殊不可信。今承教督，当更自勉耳。'果夫、立夫很欢喜，问我该弄些甚么事给人鹤做，我没有甚么可以给人做的，结果，在党史编纂委员会给他当一名编纂。我说：'人鹤做党史编纂也相当，读读书，做做文章，也是一件大事。'这些经过，果夫、立夫都清楚。党史编纂委员会是属于中央党部的，我一个人便可以包庇了吗？其实，滥以名器授人，买人来不骂，根本不是办法，何况人鹤又未必受人买。'"

我尽说介石尽不作声。迟了一会，才说："胡先生，你反对我的约法呢？"

我不听则已，一听却动了气了。我严厉的问："你的约法吗？你有你的约法给我反对吗？"

"开国民会议是一回事，订约法又是一回事。我在立法院纪念周上公开演讲：《遵依总理遗教召开国民会议》，（注七）这有错误吗？不依总理遗教来召开国民会议，可以冒牌算总理主张的国民会议吗？我在中央日报发表的谈话，（注八）有谁敢说我不合总理的遗教吗？"

"关于约法并不是我个人反对。稚晖，季陶，亮俦，和你，……又何尝赞同了？国民会议不讨论约法，是中央党部的决议，即使我首倡，但你也附和了，既经成为党的决议，便不是我个人的主张。再退一步说，你前四天不还是赞同不要约法吗？（注九）何以你今日又变卦了？到底是今是而昨非呢？还是昨是而今非呢？"

介石迟疑了一会，便说："胡先生讲话，向来那么严正，我既不会说话，自然只有赞同。"

我说："你这人竟这么奇怪。这样的大事，既已赞同，不久便可以算我反对。你究竟是甚么居心呢？即使你可以操纵一个国民会议，定出一个约法来，这个约法的价值，又究竟何在呢？"

介石没作声。

"破坏行政，是何所指？"

"是与行政院为难。"介石很困难地说。

"为难些甚么？"

"听说交通部的邮政储金法，交到立法院，至今没有拟定。"

介石想了一会，才期期艾艾的说了这么几句。我想：做一个人，何至冥顽至此！我开头问："你做政府主席兼行政院长，究竟有没有懂得邮政储金法是甚么一回事？经过立法院，又是甚么缘因？你举出这邮政储金法案，便足证实立法院和行政院为难了吗？"

接著我说："我为了交涉收回领事裁判权，可以不分昼夜，督率立法院同人在数月之内，编订新民法海商法，……等数千百条法律案。委员和职员，可以因开会过久，治事过繁而昏晕生病，但立法的精神，绝不曾因此而减退。我主持立法，并未因求急速而有所草率，这是事实已经表显出来的。邮政储金法，虽没有通过，但交通部的邮政储金，是不是在法规未颁之前，已经实行了呢？你到街上去走走，不是南京也已成立了邮政储金局吗？我不责备交通部违法，（在法律未颁之前率先施行）你反说立法院对行政院为难吗？

所谓邮政储金，就整个国民经济、国家财政来看，并不是一件小事。很多国家的财政，是藉邮政储金来周转和挹注的。这与国民经济，尤其息息相关。因此，我对于这样法案，不能不持重审慎。交通部做些甚么事，你有没有清楚？招商局如此糊涂，舞弊案层见叠出，我不是行政当局，又不是监察当局，当然无从过问，但在政治会议中，我早就指斥过。在我立法的责任上，我更该想方法来补救。否则，我便是失职。立法并不想讨人欢喜，立法者只该忠于党，忠于国，忠于由法律案所产生的政治设施。我告诉你，你不懂立法与行政的道理及其相互间的关系，便不配责人。"

介石听了我的话，益发木然了。最后说："不过胡先生常常严责党务政治工作人员也太过。这些人都不自安，对于胡先生，恐怕印象也不好。"

我严重的说："我严责这些人，正是我看重他们。任情胡为，擅离职责，国家体统何在？这批人，还不该受我的教导吗?"

"胡先生责备他们，还不如责备我吧。"介石狡诡地说。

"他们且不能责备，何况你？我亦未尝不责备过你，但可惜你不能听受，转而发生其他感想罢了。

总之：这些事都不必提了。老实说，一切政治上的策略手腕，我经验得多了，不过我只能懂，不愿做。因为我数十年来，从不肯丧失我的革命立场，而以什么手腕对付党中同志。除真正忠实同志以外，我也不暇求其谅解。但我总不料前有汪精卫，后有你蒋先生会误解我。

"不过我要忠告你：为你个人计，约法并不能再增高你的声价，反只能减低你的信用。做总司令，做主席，做行政院长，而国事至此！进一步说：你操纵一个国民会议，通过约法，再选举你做总统，你能做得好，我也许可以相当赞成，但你万不能怀疑我会和你争总统，因此而以去我为快。你要这么存心，便没有能认识我。其实，主席或总统，能值几文一斤？我革命数十年，只是愧对国民，愧对总理，真正是：'余生犹在已堪惭，说不尽从来积惨!'"

"再就事实来说：民国十六年，同你进南京，那一个主席不是我做了？中央党部，政治会议，国民政府的主席是我，甚至军事委员会的主席也是我。但我可以使人不称我为主席，而仍称我为胡先生。他人能做得到吗？再者，民国十三年，总理北上后的革命策源地——广东，党权、政权、军权都交付于我。但总理逝世，我可以立刻自动的交回党，我可断言，像我这种做法，不敢说'后无来者'，但可以说'前无古人'，非你们所能及的。精卫等不能认识我，才借廖案帮着共产党尽量来兴大狱，几欲置我于死地。"

我说到这里，介石插口说："胡先生不要误会了。仲恺的案发生，我实在救了胡先生的命。要是胡先生当时不住黄埔，早发生意外了。精卫、汝为、鲍罗庭，都主张乘机"除胡"。我大反对，才邀胡先生到黄埔去，这是胡先生该明白的。"

我说："好了，你救了我的命，精卫和汝为也说救了我的命，你们三位都是我救命恩人，我只有对你们感谢万分。本来只有鲍罗庭这东西，才是认真要害我的。但你又错了，精卫、汝为都主张趁机除我，这是他们不认识我，你肯救我的命，这是证明你比他们聪明，你现在又怀疑我，以为有我在，你不能为所欲为，会争夺你的总统地位。这样看来，不是也和精卫等一样糊涂吗?

"假如我真想做总统，或者运动军队，自为其政，我却没有这么蠢。你在前方与阎冯相持，我有什么做不得的？前方的形势愈紧急，后方的地位愈艰危，整个南京城，跑来跑去在党部、政府开会的，几乎只有我一个人。其余的人，虽然也算在政府负责，但不是养病，便是请假，或是到上海别处去了。你查看当时的签名簿，是不是许多会议，往往只有我一个人出席，连谈话都开不成吗？我不在那时推翻政府，却到现在战事定了，你也回来了，才来推翻政府，这种蠢事，大概平常人脑筋都会想得出来，决不是我做的。

"民国十五年，季陶要到广东，他来问我可去不可去。我告诉他：'到广东，只有帮两个人，一个是鲍罗庭，一个是蒋中正。帮鲍罗庭是帮共产党来消灭国民党，帮蒋中正是希望能帮助国民党来打倒共产党。这是形势如此，当然很痛心。我先问你：'你去是帮哪一个？''照胡先生这么说，那只有帮介石。''对了，但帮介石应该有一个限度。''甚么限度？'季陶问。'最高的限度，在帮助介石做到土耳其的凯末尔。要是做了中国的袁世凯，我们必须反对。这是最清楚的界线。'季陶听了我们的话，才到了广东。我这段话，曾经老实告诉过你。你现在不是想做袁世凯，何至于怕我反对！而且你如果想做袁世凯，那就反对的人多得很，不仅是我。"

我正要滔滔不绝的说下去，介石说："胡先生反对我，但我只想革命，何尝要做袁世凯。不过胡先生何以又反对汉卿（张学良）呢？"

"反对汉卿甚么？"

"胡先生不赞成给汉卿做陆海空军副司令。"

"不错，我的确不赞成。但这是行政院的事，我无从干预。我虽然反对，你们还是那样做了。我不赞成，为的是顾惜国家名器。做一个政府，不应该常常以自己为郑庄公，把人家当公叔段。你这一套把戏，施之于冯焕章，施之于阎百川，又施之于张汉卿，我以为不对。我这段话，是当著季陶、稚晖……诸人的面公开说的。我不是反对汉卿，是爱惜汉卿，尤其是爱惜国家名器。我更以为行政治军，用不得这种卑鄙手段。其实，假如我真要运动军队，有所企图，我正该交好汉卿，做一套'远交近攻'的政治策略。但天下人都会知道我并不是这类人。"

接着，我又说："人的历史，自己创造，自己毁坏，一个人有好历史，自己不毁坏，没有人可以代替毁坏，自己毁坏了，没有人可以代替补好。这是我自己创造的格言。这句格言，可以用之于你，也可以用之于我，甚至可以用之于世界人人。

"去年组庵在世时，我已经说过'不干'了。从今天起，我什么都可以不问。"

"胡先生能辞职，很好。但不能不问事，我除总理以外，最尊敬的便是胡先生，今后遇事，还是要向胡先生请教。"

"今晚胡先生火气太盛，我又不会说话，讲什么事，向来辩不过胡先生。不过我蒋中正断不肯冤枉胡先生。如果冤枉了胡先生，我蒋中正不姓蒋。"

一面说，一面拍胸脯。介石向来擅长发誓，我笑笑不出声。最后我告诉他："你不对，只有我教训你。除我以外，怕没有人再能教训你了。你不当以为我不敢教训你，如果我畏死，也不至今日才畏死，早就不出来革命了。我现在已经五十余岁，妻子老了，也能自立，女儿大了，也已出嫁。我更脱然无累。除党国以外，更有什么值得我置念的？"

介石默然，过一会，道了休息，便"鞠躬如也"的出门去了。按枪旁坐的王世和，也跟了出去。这时，大概是深夜两点多钟。

高凌百和吴思豫两人，坐一会，走一会，介石走后，便又传饭。高吴两人吃饭，我只喝了些汤。这一晚，我没有睡觉。

第二天早上，我写了一封辞职书。内容很简单。只说："因身体衰弱，所有党部政府职务，概行辞去。"（注十）

又写了一封信给介石，大意说："我平生昭然揭日月而行，你必有明白的时候。……去年我亦早已提出辞职之议，且自去年与组庵、湘勤等唱和以还，竟自审我非政治中人，而发现自己有做诗的天才。实可为一诗家，当十五年自苏俄返国，避居上海，从事译述著作生活者年余，以维生计，以遣长日，竟颇有成就。今后必将以数年之时间，度我诗人之生活也。"

信末，我还附了几句，谓："留居此间，室小人杂，诸多不便，能往汤山亦好。"就在这天上午九点钟，由吴思豫、邵元冲等以十余名兵警送我到汤山。这日我告诉邵元冲，要求准邓真德医士来看我。邓医生来了，过一天，我的女儿木兰，也由上海到汤山。听说允许邓医生来，还是孙哲生的帮忙。

在汤山的幽居生活，的确清净得可以。除我以外，有邓医生，木兰和男女工人各一名。我的个人生活，向来最有规律，在南京数年，（其实是历来如此）一家之中，除我外，便是些工人卫士。此外还有三个寄居的工作同志。我工作之余，除读书写字外，晚上或有些同志来谈天，每晚九点半洗澡，十时睡，早晨三时半办起床、大便，洗澡，运动，进餐，五时看书办公。重要宾客往往在这时约见。八时后出席会议，到党部、国府，或立法院批阅文件。二十八日晚，通夜没有睡，而且讲话太多，未免太兴奋了些，到汤山后便觉得头脑发胀，而且幽居一室，空气恶劣，窗外便是兵警，擎着枪，枪影从窗中照映入来，更令人难堪！这天（三月一日）下午，稚晖，季陶来看我，我对稚晖，季陶说："我是一个手无缚鸡之力的书生。介石这么防范我，还怕我插翅飞上天吗？"

季陶说："胡先生，这些都不用说了。我劝胡先生以后还是学学佛。"季陶这人真可怜，我知道他自己有许多矛盾，愈矛盾，愈想克服矛盾，而矛盾愈烈。天天哭丧着脸，讲些"忠孝、仁爱、信义、和平"的话，算昌明总理遗教，而自己所作所为，往往相反。他劝我学佛，我倒动气了。

"我已经成了神，为甚么要学佛？《左传》说：'神者，聪明正直而一者也。'像我这个人，不是聪明正直而一者吗？"

我刚要说下去，稚晖接口道："胡先生，不必动怒。这种事应该看破些。我有一个朋友，襟怀潇洒，从不想做事，在××部当一个挂名差事，每月拿几百块钱，东走西窜。他说：'中国的政治还搅不好，有甚么事可以做的，让他们在台上做戏，我们在台下看戏，不很舒服吗？'我也是抱这个主张。中国的事，无论如何是弄不好的。"

季陶的话，只是可笑，稚晖的话，却是无耻。我听了这一说，却动了真气了。我说："你不应该这样无耻。这些话，不是革命党人应该说的。你存心在看戏，便不必同我谈这些。不过我劝你们要识些廉耻，有些气节，才配做一个人。""党一天一天糟下去，政治一天一天腐败下去，这是看戏的时候吗？你们尽力纠正些，还怕人砍了你的头吗？亮俦常常说：'中国人平均寿命，只有三十五岁，我们活到现在这般年纪，不但过了头，而且转了弯①了。'我今年五十多岁，死不为夭，便是你们今天死，也不该说短命了。"

这两人听我这么说，面面相觑，无精打采的坐了一会，便走了。这时刘瑞恒同一个助手入来，替我检验身体，一会出去，便同邓医生在门外窃窃私议。邓医生进来说："刚才他们检验先生血压，竟高到一九〇度以上，刘瑞恒惊惶失色的说：'非替先生打针不可。'我阻止了他。"

① "弯"，原作"湾"，误，校改。

"血压高，有甚么要紧？我向来不注意这些。"

"那不然，先生应该小心些。少看书，少说话，少想些闲事，脚放高些，头放低些，静静的躺著，自然会低了。"邓医生一面说一面替我布置被褥。

"刘瑞恒想替我打甚么针呢？"我问。

"没有意思。他一定要打针，我一定不许。他说：'如果不打针，胡先生有甚么危险，你一个人负责。'我说：'当然。胡先生既然找了我来，我自然负全责。'"邓医生说著，又招呼工人，对于饮料食物，要加意小心。

这几天，我读《韩昌黎集》，做了很多首《读韩》诗。精神很困疲，但还能支持。过了七天，木兰去找哲生（孙科），联同亮畴诸人去向介石说："胡先生这么病，不应该禁在汤山。万一不测，谁负得这个责任？还不如回到双龙巷住，外面也好看些。"第二天，（三月八日）便由吴思豫，邵元冲诸人，把我押送了回来，这时可以看我的，只有邵元冲，孔祥熙两人。立法院秘书李晓生，则为办理家务，由邵元冲特许出入，不过出入必须受驻守兵警的检查。亮畴，哲生诸人都不能来，或到门而不得入。一次，亮畴以司法院长的衔头，硬冲入来，谈了半小时才走。但从此以后，这些兵警，把双龙巷两头都堵塞起来，交通都断绝了。此外，除邵元冲外，可以来去的，有三名诗友，在考试院服务的。直到六月初，才许增多几个人来访问。

五月五日，南京召集所谓国民会议，这时，西南同志为反对军阀独裁，在广州召开中央执监委员非常会议，昭告中外，声罪致讨。内外要求恢复我自由的声浪，也一天高似一天。尤以海外各级党部——如美国，加拿大，古巴，南洋，欧洲……各地，函电纷驰，主张甚力。大概是五月一日，孔庸之（祥熙）来探问，一见面，便问："胡先生精神好些吗？"

"没有什么。"

"说起这些事，不由人不发气。但替胡先生想想，这类人算得甚么，不过是小孩子罢了。实在值不得同他们计较的。"庸之好像安慰我似的这么说。"现在又想请胡先生出席国民会议，大概也说说罢了。"坐了一会，庸之就走了。

五月四日，介石自己来，上了楼，握一握手，我坐在沙发上，介石便坐在我对面一张椅子上。

"胡先生身体好吗？"介石问。

"不过如此，只是血压高些。……"我谈了些血压高的病状。

"日常看看书吧?"

"是的，我的日常生活，全都改过了。报纸没得看，信札当然没有，从前常看的书，都收了起来，现在看的，都是些线装书。"我一面说，一面指著我室内的五六个书架，这些书架中，满装著古人的诗集文集之类。

"大家的意思，想请胡先生明天出席国民会议，胡先生可以允许吧?"沉默了三四分钟，介石吞吞吐吐的说了这么一句。

"我身体不大好，怕不能出席。"顿了一顿，我这样说。接著又说："而且军警监视着，也不便出席，即使出席，怕也不大好看吧!"

介石没作声，又沉默了三四分钟，起身辞行。我送他到楼梯旁。我说："不送了，你知道我是不能下楼的。"

我自从汤山回双龙巷，楼下住的，都是派来监视我的兵警，这些事，介石当然很清楚。到七月十三日，又迁往香铺营。香铺营是庸之的住所，当时外面风声很紧，西南又有北伐之说，庸之一再劝我移居，说那边地方大些，至再至三，我才迁居了去。

到九月中，真如，溥泉，子民(蔡元培)诸人，奔走粤宁倡甚么和议，十月十一日，真如到我处。他说："介石因粤方坚持须先恢复先生自由到上海，然后再谈和议，所以已有意送先生到上海了。我看先生要快些走，一迟怕又要变卦。"

十月十二日上午，真如，溥泉等又来。他们说："介石想来见一见先生。"

"我可以去看他。礼尚往来，他上一次来过，这一次我应该去。"

当时约定十三日下午三时，与介石在总理陵园会面。十三日这天下午，由真如，溥泉诸人陪①我到陵园。见了介石，寒暄一会，那时是九一八以后，介石问我对日办法，我略为谈了些我的意见，(注十一)并力说依赖国联之非。大约谈了十分钟，便辞出了。这一日，决定十四日早快车到上海。介石还说："明早一定来拜候送行。"

十四日早上八点钟，介石同了静江来。介石说："过去的一切，我都错了。请胡先生原谅。以后遇事，还得请胡先生指教。"

我说："不然。你说过去的一切都错，这又错了。你应当检查出在

---

① "陪"，原作"倍"，误，校改。

过去的一切中，那几样是错的，然后痛自改正。错而能改，并不算错。如果说统统错了，便无从改起，这却是大错。"

"据胡先生看，错些甚么呢?"

"过去最大的错，是大家并没有为党、为国、为中国革命去奋斗，只是努力于私人权利的斗争。[①] 把共产党'呃'、'吓'、'拆'的三字诀，整套学了来。人人将所有的心思才力，用以对付党内同志，党以此不能团结，党的力量，以此不能表显，整个中国革命，也以此完全失败。这种错误，谁都有份，不过我个人要比你们少些，先生逝世以后的一切，你都是很清楚的。从今以后……"

我正想继续发挥我的意见，要介石注意。静江大概怕说岔了话，便顾左右而言他。高声说："今日天气倒凉爽，胡先生到上海去，长途中也舒服些。"

又说："时候不早了，怕应该动身了吧。"

"八点钟我本要开会，现在迟了，我先走了。"那天不知是党部开甚么会议，所以介石这么说。

我起身送他们。临别，介石说："到上海再见，我一定要来上海的。"说著，便握别了。这天上午，我搭九点多的京沪特别快车到上海。

从二月二十八晚被禁起，到十月十四日下午到上海，这种幽居的生活，足足过了八个月又十四天。从十七年九月到南京，到二十年十月离京，在南京的生活，也足足过了三年又一个半月。

（附言）我写完了上面这段史实，翻检一回，觉得并没有"讳饰诬枉"，犯了我篇首序言中所说的毛病。有人说："你这么写，似乎有意算旧账了。"其实不然，个人关系的旧账，可以不算，但历史的纪述，却不能不忠实。如果不忠实，便失了纪述的本义，这种纪述，便丝毫没有价值了。

我每次写这种史实，往往感觉到"有算旧账之嫌。"但我总不能因避嫌而不写下去。在我个人的经历中，对于党的关系太深，因此我的经历，对于国家也就往往发生了不少的影响。我们重视历史，正为考察既往，教戒将来，所以纪述过去，不能不努力"求真"。我这样写，不是算旧账，而是忠于党史，忠于事实，忠于我过去所经历的一切。

———————————

① 此处略有删节。

我有一句格言，叫做："对事不对人。"假如有人以我这种纪述为算旧账，则这种文字，只是"算事的旧账"，不是"算人的旧账"。算事的旧账，不仅应该而且必要。我又说过一句话，叫做："换药不换汤。"换药不换汤，便是我向来对事的态度，而"对事不对人"，却是"换药不换汤"的注脚。民国十七年，我入南京之时，稚晖，石曾他们，怕我反对陈果夫等造作派系，把持党务，因有主张撤换之意。一天，稚晖来问我。我说："我不是不满意陈氏兄弟，而是不能同意他们对党的办法。办法不肯变，虽换了人，不过是'换汤不换药'而已。'换汤不换药'，断不是我的希望。人可以不换，但办法不能不改变。换言之：药一定要换，至于说什么汤头，我却可以不问的。"引用这一个意思到我这篇纪述中，我这篇纪述，原只在纪我经过的"事"，并不在纪"人"。申言之：不是"换汤"，只希望能"换药"。这是读我这篇自传的人，所应该明白的。

[注一] 直勉作党狱一文，记其被陷经过甚详，录节如次：（上略）

（丙）诬陷时之审问。十四年八月，廖仲恺被凶徒狙击于广州，彼共党由是乘机遽兴大狱，余抱病寓中，竟于月之二十五日无故被捕。是日午间，即有所谓检察委员，会同审讯。

问官首问曰：英人图粤，以二百万元运动你等作乱，你知之乎？

余曰：不知。只略闻邓泽如言，风闻魏邦平有谋反之说，此外别无所闻。（后汪精卫报告全国第二次代表大会，则又云："英之运动，直勉闻之，便托病不理，尚有良心。"可见渠当时明知余非有罪，特借故牵涉，以入余罪耳。）

次问曰：廖仲恺被杀事，你有所闻否？

余曰：事后邓泽如来寓云："廖仲恺顷被暗杀，幸凶手已捉获，我亦防为敌人暗杀，故多带盐警二三名自卫。"

又问曰："胡毅生作反，你知之乎？

余曰：胡未必作反。

彼便曰：你罪大矣！何出此言？

余曰：你以为胡真作反乎？若确，则可见余实在不知其事也。焉有身陷囹圄，尚无故为人辩护者。

又问曰：何以有人控告你？

余曰：或以直言招祸耳。得罪坏人，受坏人中伤，亦常事。

彼曰：胡毅生祸你否？

余曰：否。

彼曰：胡曾言"你比他清楚"。

余曰：胡是否有此言，另一问题。即有此言，而无上下文贯串则了无意义，殊不知究何所指也？如云："我家藏有几本书"我自比他清楚。今你所云，是何所指？

彼无言。

又问曰：廖案与你甚有关系？

余曰：何所据而云然？

彼曰：你在文华堂，曾骂廖仲恺该死否？

余曰：一月余未曾到该店，有店伴可讯，有开饭簿可查。余久已结了饭账，只在家养病，此非大证据，亦可为小证据。你等诬我，连小证据亦不能说出，只胡乱倾陷，又焉足为信谳。

彼曰：有信报告你。

余曰：信作何语？

彼不能言。

余曰：原信可交出与我指其谬误之点。彼不肯交。

余曰：你以为既须秘密此信，故不肯交出乎？惟俟你以为可交出时，乃有可研究也。彼无言。

余曰：证人对审，乃能研究真相，何以又不交证人？

彼又无言。且有难色。

余曰：若是，则凭空诬陷而已。

（丁）诬陷罪名不成，横欲枉杀。查是日汪精卫本不欲提讯，谓审时，直勉不服，必哗噪抗辩，不如不审，即了却他。闻孚木等主张审讯，汪不得已从之耳。

午后陈孚木来言：你有何话交讬？盖暗示余将就死也。

余曰：政府可以违法刑人乎？杀一不辜，不可为也。杀不杀之权，今虽操之于强权者，使杀一人而有补于彼等私图，无怪其悍然为之，若杀一人而反自暴其非法之恶，不特使同志解体，抑亦为天下后世所窃笑。吾甚为若辈所不取也。

孚木曰：彼现在以快刀斩乱麻之法斩人。

余曰：彼刀诚快，但余非乱麻比耳。余复曰，吾等为图谋护党救国，被人诬陷，你当为抱不平。戴季陶亦略知吾等工作，盍去电询戴，则其真相可知矣。你是我友，我非向你求情，惟事理真伪，不可诬耳。政府若不惜违法杀人，我亦何惜一死，死后是非若能显明，届时望仍为我表白。余家尚有数千元余资可供生活，我死，请为购一薄棺，盖棺后，方可通知领回，免致家人见我遗体，难为情也。此时你等有怀疑，何不一一问明。

孚木云：无暇及此，明早九时，循例一过堂，便枪毙矣。言罢遂行。汪等之横欲枉杀，诚不知其何心也。

……下略。

[注二] 毅生匿避后，曾致书精卫，于所谓检察委员之罗织人罪，有所纠正。我当时亦被禁，后据毅生告诉我，该书大意，分三点：

（一）以毅生、直勉、林树巍……等在文华堂谋定计杀廖，实为诬陷。文华堂非秘密机关，精卫亦尝涉足，以"莫须有"三字强人入罪，果又何故？法重证据，果证据确凿，人自折服。

（二）以国民新闻反共，故以直勉毅生等为杀廖主犯，实为同样无稽。岂共即廖，廖即共耶？仲恺亲共，事实具在，精卫尤尔。然一面公然骂廖，一面秘密杀廖，同人虽愚，宁至于此！

（三）以毅生为运动李福林谋叛，事之真伪，福林在省，可以指证。且谓毅生曾遣人往商，毅生与福林为旧交，谋叛为何等事，同住省城，尚假磋商之役于人。据耳食之谈，以为信谳，枉法弄权，甘为共匪利用而不辞，窃为检察委员会不取。

[注三] 汝为被驱逐，也在我被迫赴俄之时，到十五年三月二十日之变，精卫不安于位走了。此中原因，我在三民主义月刊第一卷第六期《党权与军权之消长及今后之补救》一文中，曾扼要推论过。至于驱逐汝为的事，共产党早有计议，而我即为反对最力之一人。

滇桂军肃清以后，国民政府改组以前，一天，鲍罗庭来找我，他说："广东的军队，应该改造一下，胡先生看汝为如何？"

我说："你有甚么意见，可以贡献出来，斟酌办理。"

我历来对鲍罗庭，总是抱懔然不可犯的态度，丝毫不假词色的。接着说："汝为在党，历史很深长，对孙先生很忠实，你难道不清楚吗？"

鲍罗庭说："当然清楚。但胡先生相信汝为可以做革命军人吗？"

我说："汝为这人，可与为善，亦可与为不善，全在领导的人怎样。就他为党奋斗的历史来看，他总是一个深明大义的军人。"

我批评人向来不苟且。论政治党务，尤其认真。大概随侍先生久了，不会说假话，便成了习惯了。

一天，鲍罗庭和仲恺来找我，主张组织一个类似宪兵司令部的东西，越乎军队之上。这个组织，权力大于一切，随时可以拿办任何军人的。据说介石也赞成，精卫也同意。这时候，共产党正想垄断一切，尽量与中国国民党争领导权，分化离间，无所不用其极。我本来主张军队应该受党的统制，但必须反对受共产党统制。我为这个组织，意有所指，尤其集矢于汝为，便坚决表示不赞同。这个组织，也终于没有能成立。

我的主张与共党相左，这不过是一端而已。记得在国民政府改组前，先由政治会议商量人选名单，自先生北行至逝世，我一直代理先生为政治会议主席。此外有常务委员三名，即我、仲恺和梯云。后来精卫回来，又加入了精卫，一共四个人。我们四个人便把政府委员人选名单商量拟定了，精卫和仲恺把名单拿去，说："和汝为介石他们斟酌斟酌。"几天没拿回来。外面传说：某人加入，某人添进，连报纸都宣布了。一天，我和精卫两人在政治会议办公，我写了个纸条问他：政治组织的人选名单拟定后，你拿了去，至今未拿回。现在外面又有新名单出现，报纸亦竟宣布，未知是何原因？"

精卫不答，折起我写的纸条走了。

过几天开政治会议，我主席。精卫、仲恺交出名单，与当时拟定的不相同，与报纸宣布的却一般无二。我就问精卫、仲恺、鲍罗庭说："政府组织名单，原来已这样定了。我还没有知道，外面却已经宣布了。这是闹的甚么玄虚？"

"我不知道可以，但不能在我未知道以前向外宣布。先生死了，我甚么事都可以不问，但不能不顾党。我与你们之间，只就历史关系来说，也不该这样相欺。"

说完，仲恺和精卫都脸红红没有做声。我等了一会，大家都没有说话，便把笔一掷，跑回休息室里去了。过一会，鲍罗庭入来。他说："名单原没有定准，只是不小心向外面公布了。他们犯幼稚病，胡先生还得原谅他们。"卑躬屈节的说了一大套，我也没甚理他。

[注四] 我移住黄埔后，何应钦知道我家遭劫，便把为首冲进我家里的人，查明枪决了。起出的贼物，仍旧还了淑子。介石表示：那天搜捕我，原是王懋功的事，与他无关。王懋功当时是卫戍部的参谋长，卫戍司令是介石。

［注五］据朱和中说：他原是奉鲍罗庭，汪精卫之派，监察我的行动的。哪知一上船，和中也反共了。他懂得德文，我在俄国，他帮我翻译。我还学了些俄文，很有趣味。杜松是黄埔生，曾在介石部下当过团长，先前做过我的卫士。木兰那时，只是一个十五六岁的小孩子。

［注六］关于中东路案交涉，我在三民主义月刊第二卷第五期《论中日直接交涉》一文中，有简要叙述，可以参看。

［注七］见《革命理论与革命工作》第三辑 756 页。

［注八］在我被禁前四日，中央日报记者来访问我，征询我对于约法的意见。我说："总理主张召开国民会议，但没有说国民会议当编订约法。"

［注九］大概是二月二十四日，我，季陶，稚晖，张群，都在介石那里，谈到约法问题，我尽量发挥我的意见，大家都同意了。介石也说："只有照胡先生的话去做，不要约法。"这天的谈话，在这里有补述的必要。那天介石约去谈话，我到时，张群、季陶，他们都已经先在了。张群是政学系余孽，竭力在那里敷陈其"立宪救国"论。我听了不耐烦，便痛辟了他。

我说："我并不是不主张约法和宪法，我自信是真的为约法宪法而奋斗者。实在说一句，当开始反对满清，提倡民权主义的时候，我还不知道你们何在？而且也无处去认识你们。我维护民权的意思，并不会比你们减少，而且还比你们热烈，只要看我在广东时的言论自由的程度，和我执政时的行政措施便可以了然了。

我在立法院，未尝不可大出风头，立出一个约法宪法来，但立出一个约法或宪法来，是不是算实行了民权主义呢？我所以不愿自己出风头，因为深知做政治党务工作的人，是不应该不顾实际，乱唱高调的。现在各项法律案还没有完备，已有的，又因为军权高于一切，无从发挥其效用，徒然定出根本大事来，有而不行，或政与法违，不但益发减低了人民对党的信用，法的本身，也连带丧失了价值。所以我不主张马上有约法或宪法，不但是为党计，为法的本身计，甚至也为了目无法纪者的军阀自身计。

在人民方面，真正的人民，何尝要求一个①空洞的法来保障他们的利益？约法这件东西，寒不能为衣，饥不能为食，有而不能行，或行而

---

① "个"字下，原有衍文"的"，今删。

枉之，只于人民有害，不会于人民有益。真的人民的要求，是希望我们能实行建设，减少些苛捐杂税，摧毁军阀暴力，努力把交通、农业、工商业等充分发展起来，使人民食、衣、住、行四大需要，渐次解决，人民的希望便满足了。至于官僚政客，何尝懂得法？他们或者看过几本法律书，在似通非通的状态之下，舞文弄墨，无论你的法定的好或不好，如果于他们本身无利，或为自己出风头，便会造作巧言，吹毛求疵，结果：是为官僚政客立法，并没有为人民立法，立法的本旨，何尝在此！我的话，句句根据事实，你们看我的立法院工作六年计划，便可以明了了。如果你们能多读些中国书，多研究些中国实际情况，多留心考察些世界法治的演进史实，便知道我的话是没有理由可以辩驳的。"

......

我说完了这些话，张群没出声，季陶、稚晖都赞成。介石也说："很是，我们只有照胡先生的话去做。"

这天的谈话，就这样的完结了。

[注十] 后来报纸刊布，听说有"况国民会议开会在即，尤不胜繁剧"等语。这是吴稚晖等冒我的名，私自添加上去的。我不能承认。

[注十一] 我当时对于中日问题的主张，详见第二卷第五期《三民主义月刊》：《论中日直接交涉》一文。

论均权制度*
(1934 年 2 月 15 日)

一

　　民国二十年十一月，我从上海到广州，在中央执监委员非常会议和国民政府联合纪念周中，曾讲过这样几句话：满清以集权而亡，袁世凯以集权而死，今之人以集权而乱。我这几句话，本不那么单简，其下还附带举出了若干例子，作一种简要的说明。我反对集权，是为的主张均权，主张均权，是为的奉行总理遗教。我并深信惟有实行均权制度，才能使中国政治上轨道，使一切建设，有可以著手之处。

　　就在那一次，我和孙哲生、陈伯南、李德邻、伍梯云诸委员，在中国国民党第四次全国代表大会中，提出一个《实行均权以求共治案》。这案的原文，我不记得了，大意是：

　　（一）各地组织执行部，办理地方党务，以协助中央党部之所不及。

　　（二）各地组织政务委员会，处理地方政务，以协助中央政府之所不及。

　　（三）各地组织军事委员会，节制地方军务，以协助中央军事机关之所不及。

　　在这里，应该有一个说明：所谓各地，不是指每一省区，而是指两省以上的地方区域。所谓协助中央，是指的秉承中央命令以处理各该区域内的党务、政治、军事，但可以依照地方实际情势，便宜行事。这一案的精神，是遵依总理关于实行均权制度的遗教的。总理对于均

---

　　* 本文出处：《三民主义月刊》，第 3 卷第 2 期。署名：胡汉民。

权一事，似乎没有详细的规划，但已给予我们最严密的根本原则。总理说："中央与省之权限，采均权制度，凡事务有全国一致之性质者，划归中央，有因地制宜之性质者，划归地方。不偏于中央集权或地方分权。"

不许中央集权，又不许地方分权，便只有实行中央与地方间之均权，而均权之分际，则区为"全国一致之性质"与"因地制宜之性质"两种。就政治上的意义说，均权制度，可以说是一种调和计划。其目的，在寓分治于统一，使国家及地方，在种种方面各能尽量发展，达到各个的任务。就中央言，外交、军政、币制、……各大权，都操于中央政府，似乎是极端的集权制度，就地方言，一切内政完全独立自治，在一定的范围内，中央无从干预，又似乎是极端的分权制度。均权制度，便调和此二者，使中央与地方，成立一种联立而相从的政治组织，在维护国家利益的大目标之下，各个发展其政治机能。这种政治组织，只希望其联立而相从，但不希望其为融化整齐的结合。（union without unity）申言之：中央与地方，为国家利益而努力是一致的，但在地方的设施上，是因"因地制宜"而各不相同的。

自我在民国二十年十一月，把这个主张，联同孙、陈、李、伍诸委员提出后，即经中国国民党第四次全国代表大会接受通过。现在西南的党政组织，——中国国民党西南执行部和国民政府西南政务委员会——便是根据这一案而成立的。我至今希望这一案的主张，能充分实现，使这种组织，由西南扩充到华中，华北，西北，华东，华西，东北，内外蒙各地方，并在组织上，再加以更进步的改造，以贯彻总理实行均权制度的遗教。

二

在政治学上，任何政治学说，都有其理论和根据。因此，本没有一种历久无弊的政治制度，也没有一种颠扑不破的政治学说。三民主义的伟大，在于其能笼罩一切，提示出人类求生的基本动向，并由这种动向，依时代需要去产生各种实际的人类组织。（无论其为政治的，经济的，或社会的……）其最后的要求，在企图民族独立，民权普遍，和民生发展，以实现世界的"大同之治"。这个企图，是历万古而不变的。因此只有三民主义的精神，为无可置议，与无可动摇。我说过："世界主义是民族主义的理想，民族主义是世界主义的实行；无政府主义是民权主义的理想，民权主义是无政府主义的实行；共产主义是民生主义的理想，民生主义是共产主义的实行。"所谓均权制度，便是在实现三民主义的政治目的中应有的设施之一端。在目前这个形势之下，应该力求其推进的。

我在以往几篇关于论政治问题的文章中，曾一再说过这样的话。我说："我对于立法的见解，认为在立法上从来只注重一个'需要'……。"我对于政治制度，也当然如此。我们不需要专制的集权，也不需要分裂的分权，则联立而又相从的均权组织，必然将为我们所需要。举例来说：在五十年前，今日欧美的所谓民主政治，尚为英国统治阶级所视为不经，但到一九〇〇年以后，即保守党也视为天经地义了。凡具有进步眼光的人，几认全民主政治为绝对的最良的制度。欧战之后，威尔逊以"使民主政治的安全存在于全世界"为号召，各国都翕然从之。但最近十余年来的形势呢？民生主义的民族主义之突展，（即经济的民族主义之突展）使过去认为绝对优良的民主政治制度，逐渐丧失其地位，而集权的独裁制度，——无论是一党的或个人的——却逐渐抬头。何以故？国与国间的经济战，因经济的民族主义之开展，日趋剧烈，国家对于这种战斗的应付，有采取敏捷的处置之必要。在民主政治制度之下国家权力有限制，各政党又互相牵制，代议士不与生产组织有关系，议会不易作敏捷有力的决议，生产力之增加，往往迟缓到不能如预期，而生产与消费之间，也以无严格的统制而不能维持其应有的均衡。这些事实，需要废除迟钝的民主政治制度，而代之以另一政治制度，使新的政治制度，能弥缝旧的政治制度的缺憾。可知国家对于政治制度，也从来只注意一个需要。而现在的需要，则是实行均权制度。

实行均权制度，是中国今日唯一的需要。论中国政治问题的人，对于政治制度，历来有几种主张，核要说：

（甲）主张采用立宪的君主政体。如外国学者精奇、古得诺等，谓：君主立宪，为最适宜于我国国情之制度。蒲来士在他所著《近世平民主义》一书中，也说："中国革命后之共和政体，全由国中极少数欧美化分子抄袭附和，国民什九无改建共和之愿望，故从历史习惯各方面观之，君主政体，似较共和政体为适宜于中国！"民国五六年以前，这一派的主张还是那样张扬传述。

（乙）主张采用欧美的民主政体。这确如蒲来[1]士所说，全由国中

---

[1] "来"，原作"东"，误，校改。

极少数之欧美化份子,抄袭附和。这种主张,至今还有人在那里张扬著。虽然民主政体的本身早已到了末路。他们主张代议政治,以代议政治为政治制度的最高理想。如威尔逊当时所想望的一般。其空洞虚伪是不待言的。汪精卫先生也曾提倡过民主政治,谓:"当以血求其实现。"但主张的内容不详。大致这类人,只在抄袭口号,寻求出路,对民主政治本身,未必有何种信仰。所以当福建提出所谓"生产人民的生产政权"而组织"中华共和国"时,或独裁军阀去提倡拥护所谓"民主的独裁"而组织"蓝衣党"时,也可以去卖身投靠。如无聊的所谓"国家主义"份子,……即其一例。

(丙)主张采用苏俄的阶级专政。这种主张,盛行于民十三年,到民十六年直到现在,还不绝如缕。这是以马克斯学说为背景,而以苏俄的现实为模范的。最近准共产匪徒之在福建,其所谓政治设施,也微微的带有这种倾向。这一派人,一方面提醒所谓无产阶级的阶级意识,一方面则痛诋民主政治之虚伪,这种主张的利弊,我在过去论党政问题①的各文中,已经详细批判过。以苏俄言,无产阶级专政之结果,使全国高速度的工业化,经济统制政策之彻底厉行,使人民只能服从国家命令而工作,就应付经济的民族主义之开展的现势论,这种措施,自有其不可忽视的价值。这一点,我在《从苏俄建设想到总理的建国方略》一文中,(本刊第一卷第二期)曾详细论述过。但非所语于中国而已。

(丁)主张采用意德的独裁制度。这个主张,依于南京军阀的蓝衣党组织而开展。由酝酿以至成形,前后快有两年了。我对于这个运动,在本刊第一卷第五期《论所谓法茜斯蒂》一文中,已详尽提供我个人的意见。

当前的标榜,是提倡"民主的独裁"是"拥护领袖制"。我对于这种谬论,曾一再列举事实,根本否定其存在。我说:所谓蓝衣党只是"邯郸学步"的"画虎不成已类犬"的所谓法茜斯蒂组织。我是不相信中国会产生出甚么法茜斯蒂来的,更不相信现在的南京军阀配充所谓独裁的领袖,如墨索里尼之在意大利的。

这四种政治主张,错误,谬妄,落伍,与不切实际,无待申述。我们的需要,是实行三民主义的全民政治,这个政治组织之需要与其特点,有如我以前各文所论述,而要充分达到这三民主义全民政治之目

---

① "题",原作"起",误,校改。

的，均权制度，却是一条必由的大道。

三

有人说："中国需要一个有力的中央政府。"不错，国家没有有力的中央政府，便不成其为国家，而且也无从发挥这政府的政治效能。但中央政府要如何才会有力？便有人下转语曰："要集权"，要"拥护领袖制"。这是现在蓝色运动者的得意口调。所谓"集权"，是要集权于南京军阀，所谓"拥护领袖制"，是要拥护南京军阀去专制一切。换言之：只希望维护目前的南京军阀统治而巩固之，使这万恶的现军阀统治，能继续去实施其殃民卖国的政策。

平心而论：独裁制度能推行，未尝不可容许，姑不论德国、土耳其和意大利之独裁，便已著有显明的成绩的。土耳其实行一党专政，（国民党）党的重心，在于基玛尔个人。土耳其有国会，有选举，但其他政党，既不能存在，则国会不啻是国民党的集团，和基玛尔的工具。国民党掌握了政权、军权、和组织人民之权，国家的权力，自然扩大到无限，独裁的结果，使土耳其脱离帝国主义的羁绊，成为近东的崭新的国家，提高了土耳其人的文化，使土耳其人做了现代国家的新国民。不独裁，这样的革命建设，怕不易推行，即能推行，也许获不到这样神速的功效！

意大利的情形，正复仿佛。它是独裁的国家，国家权力无限，这无限的权力由一党专享，而一党之内，则为一握有无限权力的领袖，这个领袖是被法茜斯蒂称为"贤明的执政者"的。自一九二二年以还，意大利的内政、外交、经济、……在这"贤明的执政者"总持之下，居然能获得长足的进步。在形式上，它仍旧奉行一八四八年的民主宪法，而事实上，法西斯蒂的力量，早已控制了一切。这个独裁制度，就意大利看，也应该说是成功的。

观察苏俄，土耳其，意大利的现势，可知独裁与集权，并算不得一件坏事。假如做的得当，仍然是一种可采用的制度。但我何以说"满清以集权而亡，袁世凯以集权而死，今之人以集权而乱"呢？这有两种原因：

第一，中国无可集权的条件。

第二，政府无能集权的人材。

　　过去有许多人讨论共和政体，研究中国是不是可以行共和政体的单一制度，（Unitary system）有一部分人主张可以，他们以为中国久大一统，中央集权，为数千年来的政治习惯，采用单一制度，实为势宜事易。在这种主张者的想望中，希望各行省做中央政府的行政代表，如法兰西之八十六区，（Eighty-six Departments）各省地方县市实行地方自治，如法兰西之三万二千余市乡（Commnne）使中央对地方，有身手指臂之使，而地方对中央，无尾大不掉之忧。其实不然，法国人口，不足当我国之什一，土地不足当我国之一大省，人民生活、经济状况，语言习惯，又在在一致，政府的法令，可以直达闾巷，所以中央政府可以兼掌地方政权之大半而无有隔阂。在这样的国家中，中央集权，自然是绝无阻梗的。中国呢？土地辽阔，人口众多，语言习惯，不仅五族互殊，即同为汉族，黄河、长江、珠江三流域也各不相同。经济状况，滨海繁盛之区与内地山泽之境，固已不侔，即一省之内，也各有天地。这样的国家，欲求一集权的中央政府，长驾远御，措施裕如，何啻缘木求鱼？国家没有具备可以集权的条件，而自袁世凯以下之一切军阀，强欲集权，便非至于"死"、"乱"不止。单看南京政府政令之不出都门，西藏，西北，新疆，滇，黔，两粤，内外蒙，四川，青海，两湖之各为其政，纷乱日甚，便是明确的证据。

　　君主专制时代，何以中央能集权？主要的原因，中央大权，全在君主个人之手，而君主之位置，又是代代相承，比较固定的。在一种神秘的崇拜君权观念之下，和极度的君主淫威笼罩之下，人民对于君主集权，认为当然而不知其不可然，更由已然而认其为必须然。而实际上，君主对于各省，也并未真能做到集权，所谓集权者，只是对于地方长官之略施监督而已，地方上的事，还是如俗谚所谓："天高皇帝远"，无从为君主去过问的。虽然如此，这空洞的君主集权制度，到满清末叶，也不能维持了。在闭关自守、政事单纯的时代，所谓君主集权，已是尽足撑持，道咸以后，强邻环伺，门户洞开，内乱滋生，外祸频仍，文化的进步愈速，人民的需要愈多，社会的状态日益复杂，政府的责任日益繁重，一个孤立的中央政府，早已不能经纪万端，总理内外。但满清政府不悟，仍然推行其传统的集权政治，立宪是虚伪的，各省区设谘议机关是装点门面的，不能集权而勉强集权，结果便至于分裂与崩溃。我所谓"满清以集权而亡"，原因在此。

　　"今之人"——南京的军阀及其附从者，提倡所谓"民主的独裁"，和"拥护"所谓"领袖制",其无稽、荒谬,适于前述。其结果,则必如满清与袁世凯。——("亡"与"死")而眼前的状况,又必为纷乱不治,日即毁灭。理由是:中国非土耳其或意大利,地理的、历史的、种族的、社会的、经济的、政治的、习俗的原因,都无从产生集权的个人独裁,即有,亦必归于失败。(参阅拙著《论所谓法茜斯蒂》一文)所以所谓民主的独裁,固是笑谈(参阅拙著《辟谬——法茜斯蒂与立宪政治之检讨》一文)而所谓"拥护领袖制",实尤为不经!意、德法茜斯蒂之推崇所谓"贤明的执政者",在名辞的衡量上,不能谓为错误,因为一个国家,在某一时期,也许需要独裁,需要有"贤明的执政者"。执政者而贤明,必不为个人求利益,且必为国家谋幸福,这种执政者,更当然应该拥护,但中国呢?"今之人"所要求拥护的领袖制,这所谓领袖是贤明的呢?还是不贤不明的呢?是为个人求利益的呢?还是为国家谋幸福的呢?都有郑重审察的必要。据事实所示,这所谓领袖者,正国家民族之蟊贼,不但不配拥护,而且应该"摒诸四夷,不与同中国"的。

扼要说:

1. 拥护领袖,希望这领袖能维护国家利益。但"今之人"不然。——他提倡"三日亡国论",对敌国外患,持不抵抗主义,对卫国部队务压迫摧残。是一个十足的出卖民族利益的领袖人物。

2. 拥护领袖,希望这领袖能保障民众利益。但"今之人"不然。——他为完成其武力统治的迷梦,滥发公债,举借巨款,达十余万万以上。农村破产,工商凋蔽,民不聊生。是一个十足的摧残民众利益的领袖人物。

3. 拥护领袖,希望这领袖能绥靖地方,肃清匪患。但"今之人"不然。——他不能攘外且不能安内,尤其只能乱内。排除异己,予智自雄,故剿匪数年,只敷衍门面,而对付异己,却必出全力。如对付抗日的冯、方、吉各部,如对付屯垦的孙殿英部,如对付血战长城的宋明轩部,如最近之以十余个师,毒气利器,进攻福建,都证明是一个十足的利己主义的领袖人物。

就上面三端来看,证实这样的所谓领袖,谈不上所谓"拥护"更不配说"独裁"。有许多人说:"中国应该信任一个有力量的领袖去试验几年。"其实,中国过去,何尝没有给人去试验。但试验的结果如何?赶得上苏俄吗?赶得上土耳其吗?又赶得上意大利吗?这些事实,都彰明较著的摆在眼前。如果不认识事实，再任其继续试验下去，中国便非亡国不可。何况中国的情况，根本又不与俄、土、意、德相同。在内忧外患中的中国，不是该任人试验的中国，诚然，制度可以试验，但国家民族，却不该做军阀的试验品，尤其已经试验失败，而还可以继续让他去试验的。

四

怎样实行均权制度？这是我们应该研究的问题。我此时不暇为这一问题作根本的说明，所要说的，是现在我们该实行均权制度的重要意义。

我以为此时实行均权制度，有两种理由：（一）挽救南京军阀的集权错误；（二）完成国内地方的训政建设（地方自治）。

由上面的论述，知道南京军阀的集权政策，断不能成功。集权的结果，只能陷中国于大乱，集权而幸成也，无从能完成训政的建设。有人以南京军阀为独裁，我认为在政治学上，独裁并不算是一个坏名辞，所可惜的，中国并不能实现真正的独裁，目前的所谓独裁，是军阀的自恣，非国家的建设。而实际上，尤不免于"独而不裁"。这样的"独裁和集权"，推衍所至，必陷中国于大乱。我们要防止军阀的集权错误，惟有以实行均权制度，为唯一的挽救方法。

我每说："南京军阀之所谓集权，实际是包而不办"。包而能办，正与独而能裁一般，不见得是一件坏事。但包而不办却大坏了。中国讲集权，其实权并不能集，地方行政，却处处受中央政府的掣肘。中央政府的行政官吏，五日京兆，并不与各地方痛痒相关，也并不能真实明了各地方的实际情形，他以集权为名，有利于中央的，便一一举办起来，至于有利于地方与否，却不必问。无利于中央的，便一一压制下去，确为地方所需要与否，也不必问。最可笑的，南京军事领袖的剿匪总司令部，权力扩大到无限，鄂皖诸省下级党部之撤废，省府各厅间之权限的规定，杭州西湖之当为永远放生池，上海某商业社团之成立备案，都可由军事委员长去"电令饬遵"。中央党部，国民政府，行政立法，司法……各院部会，都一古脑儿一脚踢开。如以这种措施为独裁，我敢断然说：这种独裁现象，为号称独裁的意，土，俄，德所必无，而中国的现实又确然如此。这全国地方的训政建设，由甘，青，新，藏到内外蒙，由川，滇，黔到西南东北，可以在这样的独裁制度下完成，有谁可以相信吗？

我最近草拟了一个实行均权制度的纲领，在序言中，我有几句说：数年以来，党失重心，中枢失驭，狡黠之徒，以中央集权为名，为固持权位之实，凡所措施，既不察地方之情形，又不符集权之真义，驯致全国上下交受其困，此有地方之责者，所当改弦易辙，急起自救也。

这个纲领，是为应付当前的现实的。大致是：

（上略）

凡……各地方，组织政务委员会（或军事委员会）等，全权处理各该区域内之政务军事。

……

政务委员会，为各该区域内之政治最高权力机关，自省政府绥靖公署以下，各级政治军事机关，……胥受其指导及监督。

……

政务委员会隶于中央政府，但在法定范围内，得独立行使其职权，不受中央政府之干涉。其职权如左：

一、对中央政府之建议及请求。

二、任免所属区域内政务军事官吏。（官吏之惩戒属之）

三、确定施行方针及军事计划。

四、拟订建设计划并监督所属各机关推行之。

五、审计财政。

六、……

七、……

……

（下略）

在这个纲领中，我根本的意思，还注重到两点：（甲）实行均权制度，必须努力地方自治。申言之，要如我前文所说，完成国内地方的训政建设。（乙）实行均权制度，完全依于总理的遗教，要做到以党御政以政治军的地步。

如果做不到这两点，即为"均权其名，割据其实"。同样为我们所反对的。我在这两个意义之下，草拟这个纲领，是认实行均权制度，为目前地方自救的切要途径。必须如此，地方才能自保，也才能由自保以保国。否则，军阀集权的结果，军阀本身，必逐渐成为土崩之局，而国内各地方，也必趋于鱼烂之势。

我这一篇文章，匆匆命笔，对于均权制度本身，自无从为细密的发挥。但我确信实行均权制度，在目前，可以挽救军阀的集权错误，在未来，可以实现三民主义的全民政治，申言之：实行均权制度，是完成三民主义建设的必经阶梯。我提示这一点意见，希望同志们对于这一个问题，能根据总理遗教，作更精密深邃的探讨，具体的公开发表出来，为今后实行建设的参考。

军治党治与同志对中国政治应有的自觉*
（1935 年 2 月 15 日）

这几年在我所发表的关于中国政治问题的论文中，有这样几个方面：

第一，阐明甚么是党治或训政，从主义与现实之对比，说明现实的政治形态是军权统治，不是三民主义之治。

第二，根据中国国民党的主义政策，和中国民族的实际需要，说明法西斯主义，虚伪的民治主义，和无产阶级专政之不可与不可能。

第三，说明中国当前的需要，是推翻军权统治，建立一个能收拾既往，实行建设的革命政权，其要点为：（甲）以政治力或军事力变更现势，（乙）确立一种有效的政治制度，负建立国家之全责。（丙）此一制度，必须有充分的行政效率，以实行三民主义之治。（丁）今后工作之内涵，在积极完成地方自治与交通建设⋯⋯等，具备中国为现代国家的基础条件。

在过去发表的关于这一方面的文章中，我一再说：目前中国政治上最重大而主要的问题，还不是如何去强大这国家，而在怎样造成一个国家。

我们过去数十年中之所以革命，其目的在此。总理遗嘱："余致力国民革命凡四十年，其目的在求中国之自由平等。"没有自由平等的，算不得是一个国家，只是国际帝国主义者的次殖民地。中国从"满清帝国"改成"中华民国"，结果却变成"中华军国"或"中华官国"，可知"中华民国"，始终没有能建立起来。有人以目前为"中华党国"，其实不然。我们虽希望"党治国"，但并不是"党国"，然而事实上又只有

---

* 本文出处：《三民主义月刊》，第 5 卷第 2 期。署名：胡汉民。

"军国"，何况当初之所以有所谓"党治国"，原只为建立真的"民国"。申言之："党治国"只是建立"民国"的一个手段，但这个希望，显然又落空了。

有许多人误解了所谓"党治国"，以为它是永久要以"民国"为"党国"的，他们误认"党治为党的独裁"，甚至一方面虽承认现政治为个人独裁，但又说这是"党治的必然结果"，这种说法，在理论上为矛盾，在事实上为背谬。七年以前，我解释党治与训政，即说：

> 革命实为一政权移易之问题，本党于此问题所定之原则，始终蕲求以军政之程序，夺取政权于帝制军阀之手，经训政之程序而付诸国民。

> 且本党之以建国大纲，明示三民主义实现之步骤而犹虑国人之不易喻其精义也，更从而标其旨曰：以党建国，以党治国，期能喻于全国民众。夫以党建国者，本党为民众夺取政权，创立民国一切规模之谓也；以党治国者，本党以此规模，策训政之效能，使人民自能确实使用政权之谓也；于建国治国之过程中，本党始终以政权之保姆自任，其精神与目的，完全归宿于三民主义之具体的实现。

训政是党治的主要步骤，是以政权的保姆自任的唯一方式。它是"当仁不让"，而不是"久假不归"。有一次，有一个外报记者问我训政与专制的区别，我说："这道理太长，讲出来你未必就能清楚，我可以打一个浅近的比喻。需要训政的国家，正如一个小孩子，不会讲话，不能行动，便得请一个保姆教养。这保姆只教养到小孩子成立为止，小孩子能成立，他的教养责任便终结了。专政不然，他譬如强占一个女子，用暴力与恐怖的方法据为己有，他抹煞了这女子的人格，做了他自己的附属品，他不准这女子有自由而为自己的私产，这便是训政与专政的区别。"

总理说得很明白，他说："有伊尹之志则可，无伊尹之志则不可也。"太甲太愚蠢，太荒淫，伊尹非代理一切不可，但主权仍然属于太甲的，伊尹并没有久假不归，他之假，不是攘权的野心之暴露，而是责任之无可推卸。姬旦、诸葛亮都如伊尹一般，代姬发和刘禅掌握过政权，到太甲姬发和刘禅能自立，他们便归政了。这便是训政不是专政。

中国国民党之负责训政，是基于一种事实的要求：第一，革命的目的，在名符其实的建立"民国"，然而经过多次的失败，始终没有能把真正的"民国"建立起来。第二，革命不仅在破坏，尤重在建设，破坏与建设，没有把握政权的集团与时间，是决不容许实现的。

经过多少次的失败，经过多少次的教训，才知道训政之必不可少，这正如我所说："诚以积数千年来专制之余，大多数人民，于政治意识与经验两皆缺乏，骤欲畀之以政权，其势必至复为强暴所劫取，总理在日，追怀往事，每以十余年来军阀劫持政权之肆恶流毒，实坐民国元年党员不遵训政程序之过，故生平于其所定革命方略，持之最坚。"中国国民党在辛亥以前，赤手空拳，费了很大的力量推翻满清，但造成的民国，却是空的。二十余年来，都在军阀政客的争夺扰攘中，总理颁布建国大纲正式确定革命程序为军政、训政、宪政三时期，这经过沉痛的事实的教训所归纳出来的革命步骤。

在制定建国大纲宣言中说："建国大纲者，以扫除障碍为开始，以完成建设为依归，所谓本末先后，秩然不紊者也。夫革命为非常之破坏，故不可无非常之建设以继之，积十三年痛苦之经验，当知所谓人民权利与人民幸福，当务其实，不当徒袭其名，倘能依建国大纲以行，则军权时代，已能肃清反侧，训政时代，已能扶植民治，虽无宪政之名，而人民所得权利与幸福，已非藉宪法而行专政者所可同日而语，且由此以至宪政时期，所历者皆为坦途，无欹蹶之虑，为民国计，为国民计，莫善于此。"

总理从这等痛苦的经历中，确定一条中国政治的新道路，这条路，便是值得我们重视的训政之路。民国二十三年以前，有过国会，但国会不能使中国为"民国"，国会议员，甚且会变了猪仔，出卖了选举他们的国民。又有过约法和宪法，但约法和宪法，也不曾使中国为"民国"，甚至变了军阀政客御用的工具，在约法和宪法上，纵然大书"中华民国之主权属于国民全体，"而实际上仍然属于"拥兵自卫""残民以逞"的军阀统治。现在有些人忽视历史的教训，高唱着"宪法之治"，和空洞落寞的"民主政治"，我想劝劝他们多研究些民十三年以前的中国政治，和多看一下总理的建国大纲。

训政的工作很平实，在建国大纲中所言的，如（一）协助人民，筹备自治；（二）成立地方自治政府，组织代表会，参预中央政事；（三）测量土地；（四）确定中央与地方收入之分配；（五）注定官员资格，目的则在完成自治，使"国民有直接选举官员之权，有直接罢免官员之权，有直接创制法律之权，有直接复决法律之权。"目的是：它要训政，予人民以四权运用之训练，更由训政，以解决人民衣、食、住、行四大需要。一是实现真正民主的全民政治，一是真的解决人民的生计问题，而民族之独立与自由，亦即包括其中。像这种切实平正的实际工作，是每个讲求国家建设的人所不能放弃的，所以所谓训政云者，从党的革命历史看，固然必要，从立国的实际要求看，尤不能忽略。

在目前，党治之所以被攻评，是因为训政七年绝无成效，而中国这一个国家，却日益败坏下来！其实，这是一种误认，党治只会建立国家，决不会败坏国家，败坏国家的，显然别有事实在，这是什么呢？就是军权统治。申言之：过去七年中，没有党治，只有军治。我在本刊上期《和平协作的真伪》一文中，剖析现政治说："实际支配南京政治者，实际操著对人民和官吏的生杀予夺之权者，实际可以变更法律和变更政制者，甚至实际可以任意调动军队或以国家之领土主权予人者，是不是握有军事权力的军事当局呢？军事当局所依持而会有这种权力的，是不是靠著蓄养如私产的数十万军队呢？依于此种军队而来的权力，到底是军权统治呢？或民权政治呢？"既然是军治，便非民治，更非党治，军治的账不能写到党治的账上来，有人把现政治败坏的事实，一律归到"党治"上去，但不知可否归到"革命"这一方面去？我想，他也许可以振振有辞的说：只为中国国民党实行革命才有这党治，有了党治，才弄出这七年的军权统治，便说革命产生军治，便可以"革命"为多事。又不知是否可以把军治的罪恶归到"推倒满清"方面去，说：这二十余年①来的军阀政治，都在推倒满清之后才发生。所以"推倒满清"，便是祸乱之源。假定这个推理是通的，则辛亥之役为多事，而满清臣民也必定会鼓舞不止，假定这个推理是不通的，则为军治而归咎于党治，正与为民二十年来的祸变不止而归咎于"推倒满清，"一般的不通与无聊。若不然，汪精卫先生之"国难不始于九一八，"把九一八事变的罪责，推到数十年以前的中国本身去，不更为"不刊之论"吗？

我早就说过："民国十五年北伐的结果，只是军阀治权之转移，不是革命政权的建立，唯其革命政权之未能建立，所以五年以来的一切，只是军阀的行动，不是党的行动，更不是主义的行动。这一个重大的证明，就在主义与现实之对比。"训政之无害于中国，等于民国之无愧于中国。我们该问的是：过去数年中，中国有没有实行训政？有没有使中华民国能名符其实？该奋勉的，是今后将怎样训政？更将如何使中国成

---

① "年"字，原脱，校补。

为真的"中华民国"？我们不能因噎废食，为了憎恶军治，便不要党治，正如不能为了民国以来的扰攘不息，便以为可以不要民国。

近数年来，关于政治方面的主张论调，似乎特别庞杂，有善意的建议，有恶意的讥评，有张冠李戴的议论，有私心自用的主张，在军治现状之下，表示了政治思想的极度混乱。约略检视，大概有如下几类：

（一）提倡法西斯蒂的政治形态，主张一个民族，只该有一个领袖。有人以为中国应该行独裁政治，但为了没有拥戴领袖，便被訾为自私。

（二）实行民主政治。只有民主政治，才是中国政治的真正出路。但民主政治这个名辞，用得太滥了，而且不很时髦了，便提出所谓"修正的民主政治"来，说要"去其偏枯，救其过甚"。

（三）认独裁政治是适宜的，实行民主政治的可能的程度，还远在独裁政治之下。英国的专家政治，罗斯福治下的国会授权，和所谓智囊团，都是新式的独裁政治之抬头。

（四）立宪救国的民治论，要在白纸黑字的宪法条文上，建立起"三民主义共和国"来，虽然这个运动是沉寂了，而且自始就没被人重视。

（五）空洞落寞的民主论，只说中国应该民主，但没有说出甚么是民主的原则和办法，更没有说出怎样去实现民主。

我所看到的，便有这么几类。在我以前的文章中，我对于这种主张和见解，都曾扼要批判过，第一类不必说，这是军权统治者的传声器，七年的军阀专政，已经弄到天怒人怨，还冥不悔祸，要拥护这殃民祸国的"领袖"，这怕不是有良知的人们所能出口的了，更不是有理智的国民所能容忍的了。至于新式的独裁，一方面是不切事实，一方面是不合需要。去年二月，我发表《论均权制度》一文，在论述苏俄，土耳其，意大利的独裁政治之后，说：观察苏俄，土耳其，意大利的现势，可知独裁与集权，并算不得一件坏事，假如做的得当，仍然是一种可采用的制度。但我何以说："满清以集权而亡，袁世凯以集权而死，今之人以集权而乱"呢？这有两种原因：第一，中国无可集权的条件，第二，中国无能集权的人材。对于这一段话，似乎无须旁证，在那篇文章中，我早就论述过了。提倡所谓"新式的独裁"者，似乎也明了这一点，所以对于"谁配独裁"和"如何独裁"，成了一个悬不能决的大问题。这种独裁论者，以为在道理上也许该如此，而事实上，知道未必能如此。其实，事实固不能如此，即道理又何尝能如此？抽象的道理，解决不了纷乱的现实，此一主张，彼一献议，那样多的理路，也不过徒乱人意而已。

为反对军治而反对党治，是一种误解，为反对党治而提出民治，更是一种错觉。民治不很容易那样希求，十余年来的教训，都已经证实过了，而且究竟哪一种政治形态，才能叫做民治呢？有些人主张利用如国会那种制度，建立一个中央与各省交通联贯的中枢，认为："它是统一国家的一个最显明的象征，是全国向心力之起点"，但事实决不能这样简单。国会曾经几次产生过，国家却并未曾因此统一过，甚至为了有国会，更把国家分裂了些，民七八年间的护法，便是以国会做主体的。再进一步说：国会又怎样产生呢？又怎样才算能代表民意呢？"要人民能使用公权"，不是一件容易的事，许多民主国家，经过了几乎一世纪的训练，还没有能真正做好，所谓选举权，名为操于公民，而选举权的使用，始终是那样被动的，有资产者，办宣传业务者，都做了运用选举权的中心，这是民治吗？民国二十年那样的国民会议，代表都从各省集合而来，算能代表民意吗？又算是中央与各省交通联贯的中枢吗？所制定的约法，又曾给予人民以较多的自由与福利吗？

就民治主义的本身看，近年来国内政治论者的民治解释，也觉的愈出愈奇。照林肯的看法：民治主义，是"为民所有，为民所治，为民所享"的民主政治，是拥护理智的权力，是诉之于理性的政治，然而向以"民主"为号召的汪精卫先生最近竟说："一国人民之所视为独裁者，在直接有关之人民视之，或不作同等观念，一国人民所期望于政府，他国人民，未必相同，所关重要者，惟在政府真能为人民服务耳，此即民主政治之意义。"

由"或不作"与"未必"这两个助辞，把民主政治的意义，确定在政府真能为人民服务，我说：由此推论，马克斯是真诚的民治主义者，因为他主张"以无产阶级专政，为德模克拉西而战"。法茜斯主义者，也该说是民治主义者，因为他们并没有否认要为人民服务，而且他们主张要为人民服务。又有人说："大家的事，大家来管，只有大家来管大家的事，才能知道甚么是大家的切身利害，共同去谋最大多数的最大幸福，谋最大多数的最大幸福，便是民主政治的真精神。"其实，自有民主政治以来，大家就没有管过大家的事，所以竟也有人会懂得：维多利亚时代，以为人民识了字，有了选举权，政权当然在大家手里，不料数十年来的经验，知道竟不是这么一回事。据说："威尔斯和罗素，对民治表示失望和悲观"，又"据说，梅因和麦洛克，对民治加以诋毁"。我们姑不谈这些，这种民治论者，仍希望有真的代表民意的国会出现，在他们的想望中，以为国会一开场，民治就实现了，但甚么是"真的代表民意的国会"呢？自有民主政治以来，有过真的代表民意的国会吗？人家不曾有。中国现时便有出现真的国会的可能吗？

大家知道这种事实之不可能，所以有所谓修正的民主政治出来，是可以"各国得依环境、情势，与时代要求而设法变化之，以得适应"的。这就发生了这样的妙论。

> 俄国之所以有共产党专政，在我们看来，是和英国之所以有混合内阁一样，意大利之所以有棒喝团专政，亦正和俄国之所以有共产党专政一样。……但却不可认为这是与民治原则相违背。

这正与汪精卫先生之民主政治论，异曲同工。然而假如说"党治"也是"依他们环境、情势与时代要求而设法变化之，以得适应"的，也许会"攘臂而起"，决不认可了。据说：这种民治论，是所谓国家社会主义者的立说，我没有听见过这一套怪名辞，我也决不想会有这种牵强附会的民治解释，纵使有，则其不通与无聊，是很显明的。

我以为讲中国政治的，大家应该有几个觉悟：

第一，不可从空洞处的立论，要向平实处用功。军权统治的现势，是必须要推翻的，从政制方面说：为党治也好，为民治也好，为"新式的独裁"也好，都必须从推翻军权统治的现势做起，否则，一切议论，都是空洞的。从政治方面说：外交需要政策，内政需要更新，军制需要改变，财政需要整理，行政效率需要增进，也必须从推翻军权统治的现势做起，否则，一切计划，也都是空洞的。过去的一切失败，失败于主张太多，计划太杂，辛亥革命成功，是成功于总理所提出的民族革命这个口号之下，这个口号，单纯而统一，便发生了最大的实际力量，然而革命的工作，为甚么又中途变卦呢？因为议论多了，意志分歧，力量便由此分散。我复汪蒋两先生的信说："国家大计，弟以为总理已垂示甚周，故数年以来，仍悉心体认而莫敢外。"我认定中国的唯一出路，只有实行三民主义，只有以党治来完成民有、民治、民享的全民政治。我们今日之反对军权统治，理由在此，我们反对其他一切庞杂的政治论，理由亦在此。我们要为一个目标去努力，实行建国大纲所规定的建设程序，实行本党党纲所规定的内外政策，我们不需要许多东西洋贩来的不成熟的政治学说，却要奉行以建设中国政治为本位的总理主张。我们反对法西斯主义者"一个民族一个领袖"的谬论，但该坚持著中国该实行中国的政制的基本信念。这个政制是依于三民主义的建国遗教所产生的。我希望政治论者如此，尤希望本党的同志如此，政治主张之单纯与统一，是政治改革最有效的途径，否则，军权统治的现势，固不易破除，破除之后，也决不能马上在一个确定的主张之下实行建设，而整个中国，不难就葬送在这个空洞的纷纷论议之中。何况我们对三民主义之治，本不该再有疑问的呢？

第二，不要就问题来议论问题，要就主义来解决问题。过去数十年中之论政者，我敢说：除总理以外，都忽视了这个重要原则，讲民治主义而牵连附会，讲所谓"新式独裁"或"国会"组织而矛盾难通，都是犯了这种毛病。保皇党、立宪党、进步党、共和党，都成了历史上的陈迹，这也是一个重要的原因，因为他们只对付问题，从不讲主义。问题本来是重要的，但解决问题，决不是单纯的，尤其整个国家的改造，与全部政制的建设，决不能以对付问题的方法去逐一解决的。民治主义是一种主义，但内容太贫乏空泛了，"修正的"，"科学的"，层出不穷，他们以为法国一九二六年的往事，美国一九三三年的往事，都不背民主政治的原则的，甚至苏俄、意大利之政治形态，也说是合于民主政治的精神，这究竟是什么主义呢？这个主义，现在竟成了问题，它不能解决中国的政治问题，却做了被讨论的中国的政治问题中之一个。有人说：议会政治，不是民主政治的唯一方式，然则民治的唯一方式，又究竟是甚么呢？假定民治本没有唯一的方式，则唯二唯三的方式，又是甚么呢？一个问题来了，我们想方法来解决，这是应付问题，不是解决问题。这是"头痛医头，脚痛医脚"的手段，决不是"正本清源，顺理成章"的办法，而真正的问题也终于解决不了。所以我们要多认识及依从主义，由主义去解决问题，问题便可以解决了。主义是尺度，以主义去衡量一切，便可以分别长短差别，主义是明镜，以主义去对照一切，便可以看出善恶美丑，何况国家政制的改造，整个政治的建设，是全部的，不是局部的，是有本原的，不是临时的，是要继续努力的，不是能适可而止的。假如不依照主义去对付，便失了"一以贯之"的精神，不能"一以贯之"的，无论进退，定会都无是处。

能明了如上两端，则在一切政治的建设上，现在的目标和未来的改革，都已经很明白的确定在我们前面。甚么是党治？该不该反对党治？怎样去实现党治？已经毋庸我们去犹疑。大家能集中精力于此，齐一我们的趋向，确定我们的主张，则整个政制之重新改建，正不是一件繁难的事，而一切幽渺空洞的论调，也可以不攻自破了。

大亚细亚主义与抗日[*]
（1936 年 2 月 20 日）

　　本篇为二月二十日余对日本松井大将之谈话全文，当时曾披露各报，兹特刊载于此。

　　今日于广州，获见松井先生，私衷甚快，忆自民十六年在南京晤谈之后，瞬将十年，当年之谈话，至今尚使余留有深刻之印象，松井先生曾言："中日两国，必须本孙中山先生之遗教，体行大亚细亚主义，以维系远东之和平，谋中日之共存共荣，倘中日两国不能协力于此，至使中国不得已而与苏俄及其他国家相携手，实将为日本之过，尤为余松井个人之过"云，余对松井先生此种光明勇敢负责之言论至今引为幸慰。

　　今中日两国之关系如何，无待深言，余认为凡倡导大亚细亚主义者，于今日之情状，均应痛自刻责，不仅松井先生应引为个人之过已也。民二十一年，犬养木堂先生组阁时，余已在港养疴，曾致函痛论远东事件，就主义、党谊、历史事实各点，督责木堂先生至为严切，当时木堂先生曾以长函复余，详析中日事件之源起症结，谓："鲜有能明孙总理之亚细亚主义者为其主因"，其言亦甚沉痛，木堂先生并誓以最大努力，解除中日间当时所有之危难，所以督促余者，亦至殷厚，自谓在政友会仅有数年之历史，余在国民党则有数十年之历史，且为寝馈于孙先生遗教最深之人，中日关系至此，余亦不能自逃其责云。木堂先生为深明孙先生大亚细亚主义之一人，尤为最能赞助中国革命之一人，不幸

---

　　* 本文出处：《三民主义月刊》，第 7 卷第 3 期。署名：胡汉民。

被击殒命，赍志以终，实为我人所深惜。余以为在日本政治上，少一眼光远大之明智的政治家如犬养木堂其人者，不仅为日本之不幸，实为远东之不幸。

孙中山先生之大亚细亚主义，含义至为明显，约言之：为东方的王道主义的，非西方的霸道主义的，为济弱扶倾主义的，非巧取豪夺主义的，为三民主义的民族主义的，非帝国主义的独占主义的，故与近时日人所艳称之所谓亚洲门罗主义，亦大异其趣。松井先生或能忆及一历史的事实，民国二年时，余侍孙先生赴东京，曾访首相桂太郎，孙先生语桂太郎云："就大亚细亚主义之精神言，实以真正平等友善为原则，日俄战前，中国同情于日本，日俄战后，中国反而不表同情，其原因，在日本乘战胜之势，举朝鲜而有之，朝鲜果何补于日本？然由日本之占有朝鲜，影响于今后之一切者，不可以估量，此种措施，为明智者所必不肯为"。桂太郎闻言悚然，语孙先生云："余此次受命组阁，仅三阅月，使余能主政一年，必力反所为，有以报命。"此一经过，为松井先生所亲历，想当能忆之。

又有一事，容为松井先生所不及知者，余曾详纪于论著中。民国四年日本政府提出二十一条件，胁迫袁世凯承认时，余与孙先生等正亡命日本，反对甚烈，住友人头山满家，与寺尾博士比屋而居，某日，寺尾博士招集若干学者，请孙先生演讲，并询孙先生云："我人有一甚怀疑之问题，即日本固凌侮中国，侵占中国之权利，然欧美各国，亦未尝不凌侮中国，侵占中国权利，何以中国人恨恶日本，较恨恶欧美为尤甚，先生能解释其故否？"孙先生云："中日两国同文同种，谊如手足，中国如兄，日本如弟，在种种方面，本当提携协作，至中国之于欧美，仅泛泛之友人而已；泛泛之友人，予我以凌辱，已为难堪，乃为之弟者，既不能同舟共济，且进而凌侮乃兄，其凌侮之手段，尤较泛泛之友人为甚，为之兄者将恨恶友人多乎？抑恨恶乃弟多乎？其理甚明，无待诠释。"依此事实，亦知孙先生之大亚细亚主义，实以平等互助为原则，注意于民族之济弱扶倾，各个发展，以共同抵抗外来之侵夺为主旨者，其非独占的，与巧取豪夺的，彰彰明甚。今日之日本，在政治上，故无桂太郎其人，即如犬养木堂者亦未可亟得，至名人学者如寺尾博士者，亦不恒见，惟迁就事实，曲解亚细亚主义者，则所在多有，我人在历史之回忆中，每引为痛惜！

依余观察，日本近年来对于中国之举措，实甚失策，中国政府固颟顸可笑，然日本亦正未为有得，种种协定，如所谓塘沽协定、何梅协定等等，所得于中国者究为何事？如冀东殷汝耕之一幕，更属无聊。或以日本在华北之种种，皆诿诸防俄，然中国人民今日之恨恶日本，已较恨恶苏俄为甚，潜伏之反日情绪，任何人不能遏抑之，中国人人，实有"与其亡于日本，毋宁亡于共党"之痛感，民族主义之精神，已深入于人民骨髓之中；惟政府不能领导，且多方压抑，然此种压抑，必属徒然，压之愈甚，暴发愈烈，反民族主义政权之颠覆，与民族斗争之壮烈的一幕，期在不远，此余所敢断言者。又如日本最近三原则之提出，就文字之解释言，殊属无意义无理由，在真正了解中日政治关系者必且掩耳而走。大致近年日本军政之负责者，似勇士多而谋臣少，故果于实行，短于计虑，只求一时之快意，未为久远之筹策，循此以往，远东必成糜烂之局而不可收拾，所谓亚细亚主义，适得其反而已。

余所欲郑重申言者，余为一亚细亚主义者。同时又为一抗日之主张者。余欧游半载，所到之处，人皆目余为中国抗日之领袖，余亦引受不辞。余之主张政策，中国人人，几已尽知之。余以为余之主张抗日，正所以体行大亚细亚主义，以继承孙先生之遗志，苟日本不能改变其对于中国之手段，则中国民族之抗日情绪，纵为政府压抑，亦必愈益滋长，而出于最后之抗战。孙中山先生为大亚细亚主义之首创者，然反对二十一条件最力，余忠实体行大亚细亚主义，然必反对日本之侵略政策最力。余之此种主张态度，无丝毫矛盾之处，且必不以时地之转移而有所变易。松井先生同为受教于孙中山先生之一人，又为近今倡导大亚细亚主义最力之一人，余甚愿松井先生能矫正过去之错误，并启发日本国民之心理，以进于正义轨道之为也。

民族主义与自力更生[*]
（1936 年 3 月 15 日）

二月二十一日，我发表《亚细亚主义与抗日》一文，有一段说："民族主义之精神，已深入于人民骨髓之中，惟政府不能领导，且多方压抑，然此种压抑，必属徒然，……反民族主义政权之颠覆，与民族斗争之壮烈的一幕，期在不远。"

这种事实，是无庸再加诠释的。中国人民，日在危疑震撼中，帝国主义的侵略，日甚一日，土地主权的丧失，日多一日，最近怒潮般的学生爱国运动，又在被摧残的形势下惨痛地高压下去。但种种高压，只是加深了人民的积愤，反民族利益的措施，只是加多了被革命的条件。基于民族生存的民族复兴运动，一定还要一天比一天的普遍与扩大。

"国亡族灭"，是我们当前的忧虞！我们对于帝国主义的侵略，究竟期待退让到何时何地为止呢？从民国二十年九月，期待到今日，（二十五年三月）时间不可谓不久；从东北退让到黄河流域，甚至召致遍地的帝国主义之骚扰，地域不可谓不广。然敌人之贪欲无厌，再期待退让，我们不能不问：中国民族，是否还需要永恒的生存？

我归国后，曾数次听人讲起过民族主义，把一切退让期待的事实，都归纳到民族主义中去。甚么是民族主义？孙先生的民族主义六讲，说得很清楚了。但有人说：民族主义需要新的解释。这种解释，是以过去数年间的退让期待，为根据于民族主义的原则的。孙先生的民族主义不够，必须这样解释了，民族主义才算得充实，他迁就事实，附会民族主义并抹煞了孙先生的民族主义之真面目和真精神。

本党所领导的国民革命，原始便是一种民族复兴运动。兴中会章程

---

　　* 本文出处：《三民主义月刊》，第 7 卷第 3 期。署名：胡汉民。

第二条："本会之设，专为联络中外有志华人，讲求富强之学，以振兴中华，维持团体起见。盖中国今日，政治日非，纲维日坏，强邻轻侮百姓，其原因皆由众心不一，……倘不及早维持，乘时发愤，则数千年声明文物之邦，累世代冠裳礼义之俗，从以沦亡，由兹泯灭，是谁之咎？识者贤者，能无责乎？"

同盟会四纲，一、二两条，即为"驱除鞑虏"，"恢复中华"，驱除鞑虏条下有云："今之满洲，本塞外东胡，昔在明朝，屡为边患，后乘中国多事，长驱入关，灭我中国，据我政府，迫我汉人为奴隶，有不从者，杀戮亿万。我汉人为亡国之民者二百六十年于斯，满洲政府，穷凶极恶，今已贯盈，义师所指，覆彼政府，还我主权，其满洲汉军人等，如悔悟来降者，免其罪，敢有抵抗，杀无赦，汉人有为满奴作汉奸者，亦如之。"

恢复中华条下有云："中国者，中国人之中国，中国之政治，中国人任之，驱除鞑虏之后，光复我民族的国家，敢有为石敬瑭吴三桂之所为者，天下共击之。"

观上所引，民族主义的精神，跃然纸上。当时本党的宣传，如民报，如其他各报，如邹容的革命军……等，都以民族主义为宣传中心，收效之大，已无待言。本党自十三年改组以还，这种精神，表现的尤其清楚，如中国国民党政纲之对外政策，和"北伐"、"北上"诸宣言，实全为民族主义的精神所集注。

孙先生在《北上宣言》中说："凡武力与帝国主义结合者，无不败；反之与国民结合以速国民革命之进行者，无不胜。"依此事实，孙先生所希望代之而兴的，"第一步使武力与国民相结合，第二步使武力为国民之武力。"必如此，"国民革命，乃能告厥成功。"如何使武力与国民相结合呢？孙先生指示途径如次："一、使时局之发展，能适应于国民之需要。二、使国民能自选择其需要。"孙先生说："以上二者，为国民革命之新时代与旧时代之鸿沟划然，盖旧时代之武力，为帝国主义所利用，新时代之武力，则用以拥护国民利益而扫除其障碍者。"以是之故，本党北伐之三大口号，是："打倒军阀"、"打倒帝国主义"、"废除不平等条约"。这三个口号，都是适应于国民之需要的，都是使当时的革命武力能与国民相结合而发生伟大的国民革命运动的。

这个运动，忽忽十年了。今日时局已不能适应国民的需要，而国民自选择之需要，又未被当道所采纳。旧时代之武力，固为帝国主义所利用，但新时代之武力，是否仍在拥护国民利益而扫除其障碍呢？当前的事实，是民族主义精神之没落，不是民族主义之充实，是中国国民党国民革命之中断，却不是孙先生所倡导的民族复兴运动之贯彻。

民族主义是国民革命的基本主义，民族复兴斗争，是国民革命运动的唯一核心。现在是中国民族复兴斗争的尖锐时代，是需要三民主义的民族主义的急迫时代，民族的生存，成了我们当前的急切要求。我们要发动广大的民族复兴斗争运动，自力更生，抵抗一切帝国主义之侵略。

在《亚细亚主义与抗日》一文中，我说："余为一亚细亚主义者，同时又为一抗日之主张者。……余以为余之主张抗日，正所以体行大亚细亚主义，以继承孙先生之遗志。"

任何革命主义，决不能没有三民主义的民族主义做基础。大亚细亚主义亦然。否则，中国人讲大亚细亚主义，仅仅是中国对于日本的投降主义，而日本人讲大亚细亚主义，也不过是日本对于中国的侵略主义。我们今日所深惧的，是民族意识之含混，是民族情绪之颓丧，简言之：是民族主义之被遗忘。结果：民族沦亡，所谓自力更生，也终于无望。所以我们企求：

（一）党和政府，要固持孙先生的民族主义之遗教，充分激发国民的民族情绪，继续领导伟大的民族复兴斗争运动。

（二）国民——尤其青年们，要固持孙先生的民族主义的精神，激发全民的民族意识，迫促政府依从全民族的意志和需要，做更广大更普遍的民族复兴运动。

党和政府不能如此，必将成为革命的对象，基于民族主义而发动的国民革命，便由此没落，我们对于党的艰苦缔造的历史，将只有不堪回首的悲怆！国民——尤其青年们不能如此，中华民族，必将丧失其前途，"国亡族灭"，不只是忧虞，简直要成事实了。

民权主义与民生主义的民族主义[*]
（1936 年 5 月 2 日）

　　我们鉴于古今民族生存的道理，要救中国，想中国民族永远存在，必要提倡民族主义；要提倡民族主义，必要先把这种主义完全了解，然后才能发扬光大去救国家。

　　总理在民族主义第一讲中，就说了这样的话。关于民族主义，如甚么是民族主义，为甚么要提倡民族主义，和中国有没有民族主义等等，在以前《民族主义与自力更生》和《民族主义的民族复兴运动》两文中，都有过简要的提示。上面所引总理这段话，在说明提倡民族主义，必须先明了民族主义；明了了民族主义，才能激发民族意识，从事于中国民族的复兴运动。

　　我以前关于解释民族主义的，仅仅注意到我们所倡导的民族主义的特征，和提倡民族主义的最终目的。我曾说："总理提倡民族主义，就为的中国人根本不甚重视民族主义。"并说："我们从中国历史来观察，与其说中国人有民族观念，毋宁说中国人有文化观念。……文化的统属，掩盖了民族的争端，这是为其他民族所不及的。"总理也曾这样说过：

　　　　按中国历史上社会习惯诸情形讲，我可以用一句简单话说：民族主义就是国族主义。中国人最崇拜的是家族主义和宗族主义，所以中国人只有家族主义和宗族主义，没有国族主义。

　　所谓国族，仅仅是民族而已。民族是自然力结合而成的。所谓自然力，是指的血统、生活、语言、宗教、风俗、习惯等五种力，人群具有这五种力，便可以构成民族。（Nationality）但不能产生民族主义。

---

　　* 本文出处：《三民主义月刊》，第 7 卷第 5 期。署名：胡汉民。

（Nationalism）民族主义之产生，是缘于民族之求生存，因而民族与民族间发生利害冲突，由此便激发出一种民族情感，和民族的自觉意识，构成一种所以保障民族生存的思想，以维系民族的生命。

总理说："因为求生存，人类就有两件大事，第一件，是保，第二件，是养。"又说："主义就是一种思想，一种信仰，和一种力量。大凡人类对于一件事，研究当中的道理，最先发生思想，思想贯通以后，便起信仰，有了信仰，就生出力量，所以主义是先由思想，再起信仰，次由信仰生出力量，然后完全成立。"

总理这个对于主义的解释，是非常适应实际的。当"民族生存"成为问题时，人群便发生关于民族问题之思想，更缘以产生解决民族问题之主义，从民族主义的历史的观察，可以推求出发生民族主义的原因。我们现在为甚么要提倡民族主义呢？为甚么要提倡民族主义的民族复兴运动呢？就为了中国民族的生存，现在已成了很大的问题。

总理所说的"明了民族主义"①，要旨在明了现阶段的民族危机，并明了挽救这现阶段民族危机的方法与途径，这必须有三个必要之点：第一是确立自己的民族地位，认定自己这个民族，是不该受其他民族的凌侮的，是必须独立表示其民族之自尊性的。如咸丰元年洪秀全建号太平天国，移檄天下，以"恢复中原，扫除胡虏"为辞。谓：

> 天下者，上帝之天下，非胡虏之天下，衣食为上帝之衣食，非胡虏之衣食，子女人民，为上帝之子女人民，非胡虏之子女人民。
>
> 总计满洲之众，不过数万，而我国之众，不下五千余万。盖以五千余万之众，受制于十万，亦孔之丑矣！今幸天道好还，中国有永兴之兆，人心思治，胡虏有必灭之征。

又如"忍令上国衣冠沦于禽兽，相率中原豪杰，还我河山"，都不啻为一种太平天国的民族宣言。本党在兴中会同盟会时代，文告教令，均与此相类。第二是确定如何挽救中国民族或复兴中国民族。这是民族主义的性质问题或内容问题。换言之，亦即为民族革命的方法问题。第三为实行民族主义的目的与界限问题，如民族主义之最终任务是甚么之类。这如本党第一次全国代表大会宣言："民族主义有两方面之意义，一则中国民族自求解放，二则中国境内各民族一律平等。"并"郑重宣言，承认中国以内各民族之自决权，于反对帝国主义及军阀之革命获得

----

① "民族主义"，原作"民主族义"，误，校改。

胜利以后，要组织自由统一的（各民族自由联合的）中华民国"之类，当然，三民主义的民族主义，是并不这样单纯的，它是要本王道精神，求世界各民族之一律平等的。

民族主义的性质问题是值得我们特别提出检讨的。我在《民族主义的民族复兴运动》一文中，曾指出三民主义的民族主义的精神是甚么？又曾指出过去民族主义失败的原因是甚么？我以为民族主义的活动，就时间说，只有一百四五十年的历史，但这些史实所指证的，是民族主义之失败。因为民族主义的高尚理想，已改易为国家主义的狭隘观念，又进而变为帝国主义的残酷手段。因此，我又提出三民主义的民族主义的名辞来，认定只有三民主义的民族主义，才是真正的民族主义，亦即为我们所应倡导的民族主义。

所谓三民主义的民族主义，简单说：是民权主义的民族主义，和民生主义的民族主义。九年以前，我写过一本《三民主义的连环性》，反复说明过这个理由。主要的是：三民主义，是从民族出发。唯其从民族出发，所以不会落个人主义的窠臼，变成反民族主义的帝国主义，反民权主义的专制主义，与反民生主义的资本主义，三民主义的目的，在于求生存，求生存，仍然是从民族出发的，简言之：是树立在以民族为单位的生存问题之基点上的。唯其以民族为单位，所以讲民族主义，——讲世界各民族一律平等。亦唯其以民族为单位，所以讲民权主义，要实行全民政治，——中国国民，都有自己管理自己的权，同时，世界各民族的人民，都要有自己管理自己的权。更唯其以民族为单位，所以民生主义，不但要中国民族的生计问题圆满解决，世界各民族的生计问题，也要圆满解决。因此，侵略弱小民族的帝国主义，剥削国民权利的寡头政治，吮吸大众血汗的资本制度，都是反民族主义的，尤其是反三民主义的，一律在排斥摧毁之列。

关于三民主义的民族主义之体行，我们可以引总理的一段话来说明。总理说："要解决民族问题，同时不能不解决民权问题，要解决民权问题，同时不能不解决民生问题。"这是说明三民主义的连环关系。一个民族在藉自然力形成之后，这民族的力量，必须依靠两个条件来发生。一是政治力量，二是经济力量。政治力量之强大，在近代有两种途径：非集中政治权力在资本阶级手里，即集中政治权力在无产阶级手里，这便是列强与苏俄的政治形态；但总理的民权主义则不然，政府有能，人民有权，一方面是权能分开，一方面是使全民族的人民都有权。

这样，民权的力量才大，民权的力量大，民族的力量才大，这是民权主义的民族主义。就经济力量一方面说，民族力量，还得靠经济力量来发展，增加经济力量，必须全民族人人的生计问题解决，衣食住行的需要满足，人人依其聪明才力之不同而为社会服务，这样的民族，必然是世界经济效能最大之民族，这是民生主义的民族主义。

然而民权主义之发展，也必须以民族主义与民生主义为工具的。民族不能生存，民权思想便无从发生；民生不能解决，民权主义也无从实行。我们要求人民有权，并不在谋个人私利，而在要求人人能负起对于整个民族的大责任。所以民族主义实在又是民权主义的对象，三民主义的民族主义，是要我们的民族精神足以恢复到抵抗一切帝国主义的压迫，同时，又要我们推倒一切包办政治之军阀官僚，负起实现民权主义的责任求国家之共治。所以民权主义，又必须是民族主义的。其次，民权主义又要靠民生主义实现，才有实际。人民穷困，求生无路，如何会有心思来行使民权？所以又必须民生主义实行，做到家给人足，民权主义才能普遍发达。资本主义之民权，只有资产阶级才能获得，故此种民权只是资产阶级的民权，决不是普及全民的民权，可知民权主义又必须依于民生主义，所以民权主义，又必须是民生主义的。

再就民生主义一方面看，又少不了民族主义和民权主义。民生主义之实施，当然以整个民族为对象，计划一民族的生计政策。民族如不健全，在帝国主义的压迫凌侮状态下，根本已做了人家的经济殖民地，生产机关、矿产、铁道、海关权等等，都在人家掌握中，这种民族如何谈得上民生主义？同时，人民无政治权力，政治为军阀官僚所操纵，由这类人掠夺了国家经济利益，把国民的应有权益变成某种特殊阶级的权益，又如何称得起民生主义？所以，民生主义又必须以民族主义与民权主义做基点。

总上三端，不过概略地述说三民主义的相互关系，尤其在藉三民主义的相互关系，提示民族主义的特性，说明我们所倡导的民族主义绝不是单纯的，民族主义之实行，是决不能忽略民权主义和民生主义的。总之：我们因为了民族生存而要实行民族主义，但同时，又为了民权普遍民生发展而实行民族主义。

依于此种要求，我们归纳全文，可简列如下四点：

（一）提倡民族主义，挽救危亡，必须先使国民明了民族主义，故民族主义之宣传为必要。

（二）民族主义，必须是三民主义的，务须保持各个主义间的相互关系，庶不致成为反三民主义的帝国主义，专制主义，与资本主义。

（三）基于上项，故三民主义的民族主义之实行，第一在抵抗帝国主义之侵略，第二在消灭军阀官僚之钳制，谋民权之行使，并使人民生计，能进获昭苏发展的机会。

（四）实行三民主义的民族主义之最终目的，在中国民族之自求解放，进求与世界各民族共同解放，尤在进求各民族民权民生问题之一律解决。

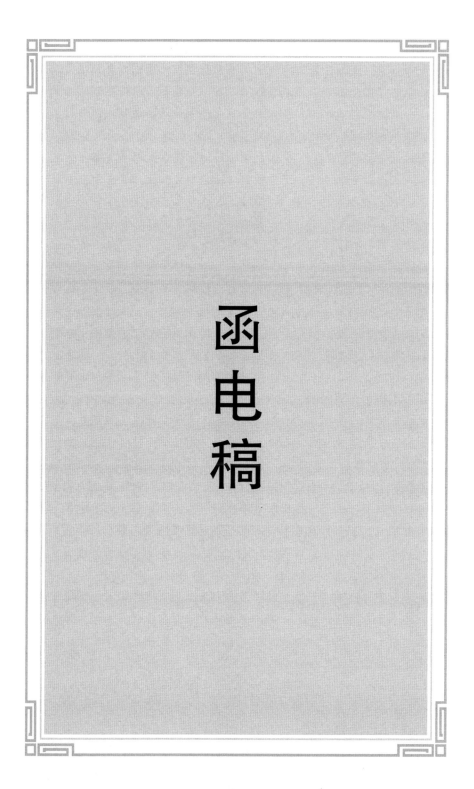

函电稿

胡主席汉民致冯总司令玉祥青电稿[*]
（1927 年 12 月 9 日发于上海）

焕章先生同志惠鉴：远荷张、何两同志携书辱问，适汉民避地养疴，未及亲承，至为歉愧。比闻大旆遂克徐州，孙、张（1）逆竖濒于歼火。捷音传来，真距跃三百矣。此次公与百川（2）同志力抵强虏，苦战殊勋，使山河壮色，而东南适有讨唐（3）之役，不获以全力追随，事非得已。讵武汉方定，而广州变起，张发奎、黄琪翔等实为共产党所操纵，其策略系窃据两广，同时推翻东南，以制吾党之生命，为祸实大于唐氏。汉民在党中与共产派斗争最久，深知其阴谋百出，抵御之方，惟有坚壁清野，不可轻与为缘。今值危机，一发千钧，将视党中领袖诸同志觉悟之程度奚若，不知公何以教之，何以救之？汉民认孙总理遗训人人当以服务为目的，不当以辱取为目的，二语不独表示民党之精神，亦即国民党与共派之分界，故尤不愿以党为个人政争之工具。区区微意，专求确定三民主义之信仰，抵御狂邪。数月来从事著述，俱本此念，或可为完成国民革命伟业者之微助耳。专覆。即颂勋祺。弟胡汉民叩。青。印。

注释：（1）孙传芳、张作霖；（2）阎锡山；（3）唐生智。

胡汉民致陈济棠萧佛成邹鲁等函稿
（1933 年 3 月 4 日）

伯南、佛成、海滨、德邻、择如、芦隐（1）同志诸兄惠鉴：自张

＊ 以下所有函电来自哈佛大学哈佛燕京图书馆（Harvard－Yenching Library）藏"胡汉民函电稿"。注释为编者所作。

被迫去职，华北局面突趋紧张，总括近日形势，某（2）必将设法移植其力量于华北，为巩固其华北之地盘，对日必力谋妥协。华北将领不安于某之威胁，亦必另谋出路，是今后之华北危机隐伏。而日伪密约成立，积极南侵，中国前途尤可深虑。事实证明，某为固持不抵抗主义者，华北为某所有，则抗战之希望已濒灭绝。故此时对内对外非设法打破某在华北之阴谋，必无以策善后。华北将领深感于此，亦拟采法西南，团结内部，内以拒某之囊括，外以抗日本之侵略。据北方消息，方振武、宋哲元等之参加抗战，阎百川（3）实赞其事。而旧西北军方面亦经推鹿瑞伯（4）总持，力求复起。东北旧部衔某刺骨，苟善加运用，从同殆无疑义。今日华北将领所瞩望于西南者，惟深切之同情，实际之援助而已。故弟以为此时需要为：

（一）速简军北上参加抗日，一以示西南抗日之诚，一以作华北将领之气，亦以戢某对日妥协之谋。此项部队对内对外必须与华北反某将领取同一之态度，庶抗日能不托之空谈（因某至今未抗日且进行妥协）；

（二）成立华北军事组织，西南同志不仅为同情之赞助，且须为实际方面之促进，如人材之调遣，经济之接济，皆当积极帮忙，以提摄此局势；

（三）此项组织仍以抗日救国为名，并须笼罩鹿、韩、阎、冯（5）及东北各旧部，西南军事当局亦应选派军事人员参加主持，盖华【北】将领薄于对党且革命精神，非如此无以贯彻我人对党对国之主张；

（四）在北方成立西南统一之办事机关，委派富有资望能力之同志北往主持，统筹外交政治党务军事方面之应付，如是则可免意志分歧，并增进工作效能。

现在时势危迫，我同志苟能先国家民族之急，则万不能更持排徊观望之态度，视整个中国之存亡问题如秦越之肥瘠，故惟有投袂奋起，知其不可而为，前途始有万一之望。说者谓某先平华北，后定西南，姑无论其是否，然华北即未可平，或非其对内之力有未足，即日人之灭我北方实为迟早间事。彼时我人方起而抗日，起而救亡，何乃太晚。日幸而能抗，亡幸而能救，我人亦已无以对党国矣。凡此数端，弟不惮痛切言之，决计定策，惟冀审议，党国实利赖之，如何，并盼示覆。专此。顺候

党祺

（自签）　三月四日

　　注释：（1）陈济棠、萧佛成、邹鲁、李宗仁、邓泽如、刘芦隐；
（2）蒋介石；（3）阎锡山；（4）鹿钟麟；（5）鹿钟麟、阎锡山、冯
玉祥。

胡汉民致方振武函稿
（1933 年 4 月 28 日）

　　叔平先生同志勋鉴：前奉尊电，知率旧部北上抗日，当即奉覆一电由
沪转达，略陈近意，想荷察及。徐午阳、方芷南两同志过港，获诵手教，
益稔我兄排万难冒万险，决心抗日之精神，而指陈（革命）过去革命所以
失败者，尤极切至，无任慰感。当即介徐、方两同志到粤省谒访德邻、伯
（南）、贤初（1）诸兄，详细情形即托归报。此间同志认为抗日、剿共与推
独裁三者必须同时并进，非推倒独裁无以言抗日、剿共，非抗日、剿共亦
无以言推倒独裁。事功艰巨，南北之意志行动又往往不能齐一，重以此间
财政困难，一切每不能放手做去，故实际进行倍感滞缓。今则一方面出兵
抗日，一方面简师剿共，同时在内政方面，则坚决反对临全代会，将视环
境之推移，定师行之趋向。弟意今后南北两方惟有各尽所能，努力做去，
申言之，则当相互促进而不可相互观望。今日华北之要在能团结将领，铲
除不抵抗主义之力量，形成一坚固之阵线，庶北方全局能不为桀黠者所分
化，今后一切措施亦庶有向前推进之望。近者华北变化日在酝酿中，内容
如何，发展至如何程度，尚未悉知。将如何策动运用，俾能贯彻本党革命
救国之主张，惟赖我兄与诸同志有以策之。弟血压尚高，精神尚未全复原。
兹以徐、方两同志北返，率白所怀，匆匆奉覆。顺颂
勋祺

（自签）　二十二、四、二十八

　　注释：（1）李宗仁、陈济棠、蔡廷锴。

胡汉民致张学良函稿
（1933 年 7 月 4 日）

　　汉卿我兄惠鉴：自榆关陷落，即得陈言同志来电，谓兄已决心抵抗，顾荏苒经月，未见有实际之表现。弟谓日之于中国，其侵方式为蚕食而非鲸吞，故经一度之攻城略地，即出之以延宕和缓之手段，巧为解脱，使当局受其愚蒙，国联被其欺谝，而日人之计乃大售。苟不能窥破此点，积极抵抗，并进而收复失地，则日人本此政策进行，华北终必沦亡，中国且为日有。兄前以不抵抗而丧失东北，兹又以不抵抗而丧失榆关，长此以往，国将不国，虽云负最终之责任者当别有人在，顾兄身当其任，究何以自解于国人？纵不为个人计，独不为数万万人民之身家性命计耶？西南同志持抗日、剿共之旨，戮力经年，限于地域，效命无所，然所以期望于兄者至极殷厚，切盼毅然决然，先求华北将领步调之一致，振奋一心与日抗战，使中国不至自此而亡，则绵薄所及，必当力为应援也。兹以陈中孚同志北上之便，顺致拳拳，尚希审察而笃行之。专此。即颂
近祺

（自签）　入七月四日

胡汉民致于学忠函稿
（1933 年 10 月 14 日）

　　孝候主席同志勋鉴：何英武君来港，缕述华北现势及左右近旨，备悉一是。时事至此，救国救民凡属国民责无旁贷。自塘沽协定以还，日

寇势焰益张，滦东沦为匪区，平津尤岌岌可危。当局者不为改弦易辙之计，且变本加厉，日以勾结敌逆排除异己为务，使日寇于华北政治经济之侵略益以加甚，当局有所措施亦动为所制，华北几已与日共之，不图补救必沦为东北之续无疑义也。弟数年以来，以主张不行，息养海隅，尝昭示国人谓治标之计厥为抗日、剿共，然非内除奸宄必无以外攘凶残，故抗日、剿共仍以改造内政为第一义。西南同志率本此义以相戮力，不幸共势坐大，当局复迫使南审，竭三省之力，仅能防堵，分兵北出之谋行而未果。北方诸将领或因循观望，或助桀为虐，致南北精神未能契合，荏苒经年，国事益不堪问矣。弟以为不能改造华北，则华北必亡，不亡于敌，必亡于逆，亡于逆即亡于敌，其亡一也。坐而待亡孰若起而救亡，此仁人志士所期，有守土之责者所宜当仁不让者，此就救国之理论言，华北现局之必须改造者一。日寇利我国之纷扰，不利我国之统一，事变果作，日必先抽手为要挟地。察事初起，冯氏得从容复多伦，收康宝者以此。今我人不以抗日为标榜，而以安定华北为主张，内奸既除再筹御外，蒋日夹攻谋必可戢。此就日本之情势言，无碍于华北现局之改造者又一。今日所急在求东（华）北将领之团结，诚能步伐一致，建此伟绩，则西南政府当于政治军事方面予以助力。因何英武君之来，特贡所见，惟左右图之。书有未尽，统由何君面报，今后倘有所见，即由何君转告，共图策进为幸。顺颂
勋祺

（自签）廿二、十、十四

胡汉民致何子佩函稿
（1933 年 10 月 19 日）

子佩我兄同志惠鉴：顷间兄论列华北诸事及今后计划，备征伟略。弟意种种经已面谈。国事至此，救亡图存凡我同志责无旁贷。华北现局之必须改造，无论理论事实盖有断然不可疑者。今华北诸将领其阁识大义屈意从贼者不足具论，若其苟且因循徘徊，却顾但求为自保计者，实

可深叹。此古人所谓处积薪之上，而自谓安者也。负党国负人民，与卖国奸徒究复何择？民族覆亡则忠佞判，然有无可逃于天下之公议者。兹即派兄北返，任华北军事联络专员，遵顷间所谈各节，努力推进。目前任务可拆其大要如次：

（一）华北不乏有识同志，其于党有历史，于军事有专长者尤多，盼兄斟酌情形，分别代致慰问，并阐明救华北即所以救中国之意，促其团结一致，服从三民主义，共同为革命而奋斗；

（二）对于华北将领，就可能范围内分别晓以革命大义及弟对于内政外交之主张，并最近对于全局之规划，俾能共同努力，改造华北，使南北一致，竟革命之功；

至着手改造华北现局，除顷间所谈者外，于进行步骤应补充如下各点：

（一）依据上文第二项之意，思切团结华北革命将领通电讨贼，并肃清盘据北平之反动势力，树立华【北】之中心救国组织；

（二）华北中心之救国组织，就内政外交之现势论，为避免独负对内对外之重任计，以相等于政务委员会军事委员会之组织为最宜。华北将领之通电发出，组织成立，西南即树立党政中枢，正式宣告与卖国政府断绝关系，并领导华北及长江之革命力量，声讨独夫，从事抗日；

（三）华北组织为外交上运用计，不妨暂以安定华北为主张，而不以抗日为标榜，但华北将领之通电必须痛数独夫罪状，示与卖国政府绝缘，无复有妥协余地；

（四）华北将领通电发出，组织成立后，此间即派遣大员北来规划一切，其财政、外交上之责任纯由西南革命政府负之，但华北将领必须于救国目标下切实坚持，并接受西南革命政府之领导，完成讨贼抗日之全功。

上述诸端皆为大者要者，望兄即持此意北返进行，以兄过去努力革命之史实，知必有以副我党之望也。匆此。顺颂

旅祺

（自签） 二十二、十、十九

胡汉民致上海各同志函稿
（1933 年 11 月）

护黄、烈武、颂云、复生、锦帆、怀久、靖尘、季陆、崇基（1）诸先生均鉴：简电奉悉，承示各点经即转诸同志协商，经决定如下：

（一）在上海设一地方干部，此干部之工作范围暂规定为苏浙皖赣鄂湘川七省区，每省再设分部，其组织及职权如干部及分部条例；

（二）干部条例规定，干部由委员三人至五人组织之，兹拟请护黄、锦帆、烈武、颂云、芦隐（2）五兄任干部委员，并请芦隐兄兼任书记长；

（三）关于入党手续，弟九月三十日函所列各端系为补充条例之所未及：

（甲）呈由中央核准方举行手续，纯为纠正过去重量不重质之错误，严密党之组织及其加入之分子（近来各处送来加盟单，干部同志发现其中可疑分子多人，故金主多经审查斟酌，以免此弊）；

（乙）入党条例第四条云，"党员誓约填具后，由主盟人汇呈中央主管部审核认可方得登记……"，弟九月三十日函所言各点亦正合于此条之精神。盖如经主管部审核而不予认可，必不予登记，不能承认其为党员。弟意与其于事后审核而不认可，则不如先呈请认可，而后履行手续，此于招收党员上为更慎密，于办事上为多便利；

（四）关于分部组织有贡献者数项：

（甲）烈武……诸兄可为兼皖分部委员；

（乙）靖尘、崇基……诸兄可为赣分部委员；

（丙）护黄、颂云、怀久……诸兄可兼为两湖分部委员；

（丁）复生、锦帆、季陆……诸兄可兼为川分部委员；

（戊）芦隐、思毅、人鹤（3）……诸兄可兼为江浙及沪分部委员。

此种区分，在工作上为确定责任计虽为必要，惟根本上实仍如誓约所定，当亲爱敦笃，事业相匡济。诸兄久共患难，此意宜所共谅，至究将如何进行，仍候商决；

（五）北方工作极重且要，现有人员殆未足膺此重任，极希望烈武、锦帆诸兄将来能参加负责。

上列五项系此间同志所商决，敬并奉达诸兄，计虑所及，并希随时惠示，至所企盼。顺颂

党祺

（自签） 二十二、十一月

附政纲初稿一份、干部分部组织条例等一份。

注释：（1）陈嘉祐、柏文蔚、程潜、复生、熊克武、怀久、靖尘、黄季陆、桂崇基；（2）刘芦隐；（3）何世桢、陈群。

胡汉民致邹鲁函稿
（1934 年 1 月 12 日）

海兄大鉴：裴鸣宇兄来，携到津同志报告及建议书数份。兹转奉察阅。自津部改组后，对于天津方面工作，中央仅派遣人员，而于工作进行并无详晰指示，令人无所适从，而中央历来对于各地同志之工作，事先既不指示方针，事后又不考（一）成绩，实为缺点。弟前时拟具一基础方案，详列根本原则及工作纲领，即欲痛惩前弊，从事改进，而于中央干部之现组织，亦期依此方案进图易辙，使党之组织渐臻严密，党之工作务重实际，且使各同志能循我人之方针，以推进党之力量也。细阅津同志来呈，并据鸣宇报告，及参以前此景瑞（1）所言，则在津诸负责同志彼此间实不能融洽共事。今四勿（2）负责交通处，【不】党务组织月款为七千五百元，各地党务费用纯由交通处负责转发，尤使工作同志之间发生隙望，而岱岑（3）负责之政治工作与鸣宇负责之宣传工作，今亦各开列预算，请增经费。检阅数目，两共实达七千三百元之巨。景瑞之民运工作经费尚不在内。倘准如其请，则天津一隅即此三项已月需一万四千八百元，再益以所谓临时费等，恐非月拨二万数千元不办。此与我人办理党务之旨

固不相合，即此项经费亦实无处取支（至于组织政治活动委员会等，其无补于实际之政治尤可断言）。鸣宇、岱岑、景瑞诸人均望将四勿调回，谓其与各方情感不合。弟以为苟四勿确属可用，兄正不妨调使返粤，在大学中任一职务，谅亦适合。然后将津方今后工作计划及经费支配重行厘定，彻底整顿为事，择人切事进行，庶几前弊可矫，而前此所定办法亦得见诸实施。弟意如此，不识兄意云何？乞详审之。顺颂

党祺

（自签）一、十二

注释：（1）蒋景瑞；（2）曹任远；（3）张岱岑。

胡汉民致邹鲁函稿
（1934 年 1 月 14 日）

海兄大鉴：昨函言北方党务事，计已达览，顷奉手示所列七端备悉。殷英（1）处款月底即可汇出，请即转告相如，并略言因金融风潮，不能不稍迟之故。此外各点条答如下：

（一）华北军事政治目前无大希望，关于北方工作，弟以为有彻底更张之必要，今津部中人互相攻讦，即采取会议制，其工作成绩最多亦惟与过去等耳（即改组等于不改组），党之方针计划固未能藉以推行也。弟意津部实不需如许人，能将四勿、景瑞、岱岑（2）调回（景瑞、岱岑等曾中央仅给予名，不予工作），只留鸣宇（3）继续办理一部分宣传工作，另易一与各方情感融洽之人（对四勿不满者不仅为津部中人，四勿自有长处，今或用非所长也）主持电台及其他应接事务，庶工作可符实际，经费方面亦可节减甚多；

（二）鸣宇等所拟宣传预算为三千五百元，属于《民兴报》者为二千元。弟近检阅民兴等报，似无甚精彩，且此时公开办报在津沪一带色彩不能鲜明，否则必遭禁忌，不准发行，即能发行，亦无从与各大报争衡，而态度和平又失我人拨款办报之本旨，故弟以为在津宣传工作应注重发行秘密刊物，定期固好，不定期尤好，式样务取玲珑，言论务求犀

利，则收效必大；

（三）《新路》、《民风》两旬刊内容粗疏浅陋，每转载报章文字以塞篇幅，装订亦极简劣，此种刊物实无从在智识界中发生力量，亟应从严整顿，大加改革。弟意应即将两刊物合并为一，延能文之同志主持其事，务使材料充实，并将原有《新路》旬刊经费裁节，如如（此）办理，关于宣传方面月可节省经费二千元，而宣传之功效必能较大于前；

（四）政治活动委员会，弟以为无成立必要，岱岑延揽在华北有资望之同志，恐岱岑资望亦嫌不够，真有资望者亦未必肯来。而此项委员会之工作内容亦极难规定，至谓凡所延揽之人各人月送二百元，此等方法，尤非我人所宜引用也。故关于北方党务望能如第一项所言办理，以贯彻弟前拟之改革党务办法；

（五）军事特驻员固可裁撤，即军事委员会亦不必组织。锦帆（4）或可嘱其南回，如仍愿在津，亦可任之而月予以若干生活费。以后关于军事之工作，集中全权于中央，有所接洽则迳向中央商承，毋庸在津再组织，如此则可免组织中人之自生纠纷。而各方之军事秘密亦可保守，中央亦可观察北方各部队之需要，随时派遣人员接洽联络。个别运用较之组一委员会，罗致各方人员于一处而事不能举者为佳，且来函中所列诸人，其中数名亦断非月送贰百元即可使其来归，真为我党效力也；

（六）接济叔平（5）事即如来拟，函协之设法可就省与商。

以上数端，请兄察之，并斟酌实行为幸。顺颂

党祺

（自签）廿三、一、十四

注释：（1）孙殿英；（2）曹任远、蒋景瑞、张岱岑；（3）裴鸣宇；（4）熊克武；（5）方振武。

胡汉民致刘芦隐函稿
（1934 年 6 月 3 日）

湄兄大鉴："仲元学校章程草案"经翻阅一过，大致尚妥。功课方

面，初中与高中一年纯为普通科课程支配，亦无不合。惟所列高中商科选修科目一项，可予删除。除因高中分科不仅分商科，而止列此一项，有偏而不全之弊，而商科一科又非我人将来所欲办也。弟主张办学之意，前经与兄谈及，一方面在养成良好学风，作育青年，一方面在为党训练人材，扶植党的基础。故关于教务、训育方针，更望本弟意思，于校章外详为厘定，切实执行。职教员为实施我人计划之人，尤须严格选用，约言其标准：（一）必须为忠实于党之同志；（二）必须有从事教育事业之兴趣；（三）必须有刻苦耐劳之精神；（四）必须有始终其事之决心。凡一切浮薄庸碌，不以教育为职志，视学校如传舍之辈，均可不用，即用亦不能畀以方面之任。关于教务、训育种种，由兄参酌弟意负责设计，而畀类如校务主任者，以实行统制之全责，庶几责任分明，校务推行亦易见效。此则于校章中尚须酌加修正者。此外，校董会章程其四、五、六、八、九各条，均不甚适合，似当重拟。又，学校经费困难，教职员薪给当从最低限度，在省同志其已有职务者，当使兼任教务，不另支薪，以减轻学校负担。为党服劳，义固应尔。其必须向外延聘者，亦恐难以优厚，且第一年开办之始，仅设两级，故预算书尚当力缩，便中望与协兄（1）商之。第二年高中部实行分科，可再斟酌实情，量为扩充，循序渐进，于校务发展反多便益。此等处知兄必已审虑及之。又，弟前促中敏（2）南来，昨得其书，谓七月中旬必南来一行，其人耐劳刻苦，又极富于教育兴趣，用当其材，则协助办理学校，中敏实宜其选。故弟拟留使在粤。兄决心办学，甚所欣慰，诚移兄心力成此一事，则于党于社会为益实大。一切务希勉力为之。校章及立案事宜，望能于此十日内办理完竣，至迟于本月中旬即应开始招生。关于校舍之接收及房屋之修葺，经命李仲澄主持其事。将来学校事务，即可委其办理。仲澄熟于广州情形，且有办学经验，驾轻就熟，舍此亦不易相当也。顺颂

近祺

廿三、六、三

注释：（1）陈融；（2）任中敏。

胡汉民致《三民主义月刊》社函稿
（1934 年 6 月 3 日）

　　迳启者：月刊编辑方法，微嫌沉闷，内容亦觉呆板，自第四卷第一期（本年七月）起应加改革。计月刊每期约为十二万字，可即列为：（一）社评；（二）时论；（三）研究；（四）介绍；（五）论选；（六）专载；（七）其他各栏。社论定为四篇，相当于其他杂志之"时事述评"之类，惟内容务取精警，字数则不必求长，以四号字排印，总计不能超过七千字。时论约为三篇或四篇，包括国内外时事之批判，每篇由四千字至八千字，约共为三万字。研究一栏偏重于理论方面之文字，如主义、党务、政治、外交、国际、社会、教育、经济、建设等问题，可由事实之记述，以及于学理之探讨，每期约为五万字。介绍栏则凡译述之文均属之，其性质相当于研究栏，并旁及于各国之党政制度、学者之重要论述、国际之重要事件、各国之实际状况……等，总以能切合实际，适应需要者为尚，其取材或如时事类编，惟范围之广阔过之，每期约为二万字至三万字。选编栏专对其他杂志报章之文字以有兴趣，或议论畅达，与月刊宗旨相同者为当，每期约为一万字。专载一栏性质如旧，苟有其他文字，如前刊之革命史料等性质不同于上列六项者，当别列专栏，故以"其他"隶之。大致在编辑方面取稿固当精审，然亦不必太严，其有论旨适合，即文字微涉枝蔓，亦不妨酌于修改刊载，以奖来者。倘能出一二专号讨论一二重要问题，更就经费中别拨若干为收买外稿，或特约撰述专论之用，自更妥善。切望斟酌行之。此外，社中职务分酌（配）当从严规定，各人一责，勉力将事。凡社中诸兄，不论有无专责，均当扩大其可能范围，各尽其力，为月刊服劳，庶几有造于党，无愧于己。不胜企盼之至。此致
《三民主义月刊》社

　　　　　　　　　　　　　　　　　　（自签）廿三、六、三

胡汉民致刘湘函稿
（1934 年 7 月 11 日）

甫澄先生同志勋鉴：陈嘉异同志来港，备稔左右爱护党国之情，至引为慰。惟自通车实行，国难益增，当局不自悔悟，仍继续施行其对外不抵抗，对内不妥协之政策，言之可慨。此次何芸樵（1）等来粤，亦觉值兹内忧外患交迫之秋，对国防及剿匪问题，非西南联络不足以应付目前危难。左右负川中重望，护党救国，卓著勋绩。尚希领导群伦，挽兹危局，使川中力量与西南为一致之策进，实所翘企。陈同志此来，与各方接洽甚为圆满，不日西返，详情经嘱面报，即希荃察为幸。顺颂
勋祺

（自签）廿三、七、十一

注释：（1）何键。

胡汉民致邓泽如萧佛成邹鲁函稿
（1934 年 7 月 18 日）

泽如、佛成先生、海滨我兄大鉴：手示言党务事奉悉。养冲（1）归述中央实况，弟以为非极端郑重不可。关于重新组织一节，即从缓办，中央干部（2）组织尤不妨任其维持现状，惟各地工作颇望就可能范围内加以改进，如工作方法之改革，工作内容之重行厘定，工作人员之审核，经费之增损，中央与地方工作机构上之联系，与中央领导工作之切实加紧等等，皆可在我人范围内，以慎密之法渐求改革，或可不致引起某方之误会与反感也。至在港设立办事机关一节，亦可为中央留后

日基础，似可速办。如何，仍乞裁审。顺颂
党祺

（自签）廿三、七、十八

注释：（1）王养冲。（2）指新国民党的中央机构。

胡汉民致邹鲁函稿
（1934 年 7 月 30 日）

海兄大鉴：改善党务一在求组织上之严密，一在求宣传效能之增进。年来对此两点十九未达，环境艰困实为主因。现在入手办法：（甲）切实收缩各地组织，改组为实际行动之团体；（乙）放弃征求党员政策，就原有人切实训练，并分界以宣传及其他实地工作之责任；（丙）中央当注重经济审计及工作考成，以杜各地工作人员之浮滥行为。至在工作推动方面，暂以扩大宣传工作为此时党的活动纲领。而于中央干部之组织则不妨一切照旧。大致在宣传方面，《三民主义月刊》分量过重，传递困难，且其性质亦不易普遍，而前定发行临时刊物计划，各地都未奉行，即有一二刊物，内容浅陋，以视反动刊物瞠乎后矣。故拟由中央方面另办一小刊物，以为领导。此项计划及办理各地宣传事项，经已确定，前送阅之党务改进纲领中亦及其概。弟意党务工作，宣传亦居首要，今本党活动，徒重征求党员，其他一切皆无成绩表显，而宣传工作尤贫乏可怜，实为大憾，亟应从速更张，而于各地工作人员之督责考成，尤不可无。办事机关以董其事，事极必要而行动可秘，则于进行上固无须多所顾虑也。务乞于最短期内著手办理。即希察照，并告泽、佛（1）两先生为荷。顺颂
党祺

请将各地已派遣人员名单、经济支出、小组内容、工作实况，并党员人数种种，即开列见示，俾加审核且便指导，并设法使工作机构稍臻完密。又，征求党员，弟意亦可暂行停止，因征求之后既乏训练，亦无考察，实失征求原义。颇闻各地无聊分子改名加入投机活动者，数不在少，亟应切

实整顿，以维党纪。附致津、沪两处训令电稿。如兄同意，即希照发。

（自签）廿三、七、三十

注释：（1）邓泽如、萧佛成。

胡汉民致邹鲁函稿
（1934 年 8 月 28 日）

海兄大鉴：李德纯同志前曾与居励今等办理关于湖北方面党务，组有若干小组，分布公私各社团间。经过情形，闻迭经呈报尊处，想荷察及。此外，有前护黄（1）先生所组织之励进社，其中同志除一部分已在上海设有地方干部时代加入本党外，其余散处华北者迄未加入，该部分同志于今春办有复兴中学及国民通讯社等两项事业，闻尚具成绩，顷一并请求指示方略，俾得继续进行。弟对于此事意见经面告李同志，大致对于华北方面，前励进社同志应以现办事业为中心，考察其成绩，并准其现在实际工作中之同志特许加入本党，履行手续，然后再指示其活动范围及活动方针，使负一部份之党务工作。至湖北方面原有经已加入本党之分子，自然继续维系，互通声气，并随时予以指导，使有遵循。兹嘱李同志趋前面报一切，即希近晤为幸。顺颂
党祺

（自签）廿三、八、廿八

注释：（1）陈嘉祐。

胡汉民致邓泽如邹鲁函稿
（1934 年 9 月 2 日）

泽如先生、海滨我兄大鉴：迭据各地同志呈报各处交来盟单，谓有

经过年余尚未加以审核登给党证者。日前萧跃鲸派刘文清来呈报湘中党务七事，其第一项亦以发给党证为请，此外如最近南来之湖北、江西、浙江方面同志亦皆以此为言。弟意关于审核党员入党及发给党证诸事，确有赶速办理必要，否则，甚易引起各地同志之误会，而中央于地方同志之分布状况亦不易考察指导，训练工作亦更无从实施，拟请尊处即行派定妥员，将所有盟单分别清理，详加审核，如兄等事繁，一时不能即办，甚望能将所存党员名册及应行审核之件一并带港，俾弟能于最短期内将之清理完毕，并继冬通令之后续有规划。再者，在宣传方面，弟以为尚须设法改进，月刊（1）分量太重，文字亦较艰深，在宣传上亦较极难普遍，故拟另办《青年同盟周刊》一种，专为大中学学生及一般青年说法。兹拟具计划备阅，所费不多而收效较大，如何，统希裁核，示覆为荷。顺颂

党祺

（自签）　廿三、九、二

注释：（1）《三民主义月刊》。

胡汉民致邹鲁等函稿
（1934 年 9 月 30 日）

佛成、泽如先生惠鉴、海兄大鉴：阅廿五日执行部临时常务会议关于选举各省代表决议案，及致各地电文，备悉大会代表选举除查照广州四全会之代表始终不变之同志外，其不足之数由中央以忠实同志补充之，简便易行，事甚妥善。惟昨阅沪、津等处来电所陈办理情形，并请求发给选举费用，拟于代表名额自为补充，以示一体云云。似各地于中央意旨尚未能领悟，亟应纠正，致乘原意。查选举代表事，原为与南京争同等代表权，故廿五日决议有选出代表，各以各该省党员名义电南京党部、西南执行部及发表于沪、津、汉、港、粤各报。发表其电文之规定，是一方面重在宣传，一方面重在维持自非常会议以来之党部系统，

表示我人在党之严正立场。故关于选举进行无须各地分别办理，仅须迳由中央查照广州四全会代表名单，详细审核，并就各省缺额由中央确定补充人员，然后指令各地遵照中央所定名单通电发表。如此则条理清楚，办理亦可迅捷，且免将来争选代表之种种纠纷，即费用方面亦可节省多多。至补充代表缺额，弟以为当先确定如下之原则：

一、自西山会议反共后至今未入宁工作者；

二、自民二十年二月（1）后脱离宁方始终不变者；

三、过去三年中担任干部、分部工作（2），并无劣绩者。

依此原则，则一切忠实同志皆可罗致且免违之。大会召集，本不求人数众多，惟期意致（志）统一。故将来即代表不齐，亦作为各地党员代表之偶然集合，表示党员对党对国之严正立场与基本主张，而此我人目的即已达到，无须乎此时之纷纷选举也。弟对召集大会，认为不问环境如何，在任何方式下皆须达到召集目的。今后实际形势未易逆睹，故一切亟宜从简，将来开会事亦单简，仅为：（一）讨论并通过齐日电所拟议题；（二）包括确定党务、政治、外交、军事、经济等基本方针，列举××等叛党卖国罪状，确定开除其党籍；（三）确定党务组织方案，并特别授权于未来本党特定中枢执行一切事宜。对于中委选举则万不可行，以免纠纷，且盖中委分配实非易易（事），似不妨到临时为一决议，附加说明，谓国事严重，无暇更选，承认第四届中委，庶使游移者来归，胁从者自新，其第五届之不能当选于宁者，亦可转而就我，计莫便于此。至今后党务之真实的运用，则于授权于未来特定之党务中枢一节中固大有伸缩也。触想所及，率布一二。关于各地选举一事，望即能纠正，各省区代表名单，尤望即行确定，交弟一阅，通饬各地遵照通电发表，以利进行。广州四全会代表名册，便中并乞检交一份，藉备参酌。

顺颂

党祺

（自签）廿三、九、卅

纷纷猎选为我人向来所痛心，而其结果必不得人，仍然多数失望，而且演出许多怪剧，受人指摘。或言如此可使人踊跃而来，则此时暂保相当秘密，不使各处人皆知并不改选中委，亦是办法。惟投机分子无益于事，果以无望当选中委而不来者，其人亦不甚足惜。我且持此为一种试金之石，而赴会同志之洁白已可得天下之同情，此正以反大世界一幕（3）之行为也，此点于齐电未发前，曾为华侨同志数人抽象言之，甚以为然。函中各节，如得同意，其有不便即时宣布周知者，自应保留，惟不可不内定而准备之耳。

（注明附加在尾，此乃亲笔者。）

注释：（1）1931 年 2 月底胡汉民被蒋介石软禁，部分亲胡人士离南京；（2）"新国民党"的中央与地方负责人；（3）1931 年底，汪精卫派在上海大世界举行第四次全国代表大会，以争权夺利而著名。

胡汉民致邹鲁函稿
（1934 年 11 月 20 日）

海兄大鉴：四勿（1）携来手书，询关于党务事。弟意全部党务在机构上失其灵便，就党言党，非改途易辙不可。在过去时期中，中央对各地党务只有应付而无办法，对各地工作分配自始原无一定计划，于各该同志到达所在地后，在工作上亦鲜指示与考成，组织散漫，纪律太宽，即有一二同志欲为党效力，亦有无所秉承之苦，由失望而怨望，乃发生内部纠纷。凡此诸端并如何改革之方，弟思虑所及，亦既为一再言之，今欲求改进主要方法，弟意以为中央对地（方）党务，首当注重区分。去年八月以后，党务改组并取消干部分部、小组等等，其精（神）原在于此。津、沪两地设立交通处，原只为传达消息之用，交通处本身及主持交通处事务者原不欲使之有主观的作用，仅为收发电讯、转达消息之一种组织，各地各种工作、团体及工作人员皆直接受中央之指导监督，而中央对于其监督指导任务之执行，则务求严格，如此始能使全部党务为有计划之推进。一年以来此种方法未能完全做到，内部同志间之纠纷亦竟较以前为甚，各地负责人员太久于其事，亦为致弊之一原因，此时力图补救，尚不为晚，则在可能范围内亟应重为规划，姑拟纲要如下：

（一）厘整各地交通组织并确定其任务与权责。

（二）党务组织及工作内容区分如次：

甲　取消空洞之分部及小组（华北尚有此项组织），凡一种党务组织，必须有其特定之业务。

乙　党务组织须打破地域制，采取业务制。

丙　业务之区分包括下列各项：1. 属于政治运动者；2. 属于文化运动者；3. 属于军事运动者；4. 属于青年运动者；5. 属于农工运动者；6. 属于特务工作者；7. 属于交通联系者；8. 其他。除交通及特务工作外，其他各项工作运动概暂以宣传为各该项工作之中心。

丁　党之组织及活动，对外绝对秘密，在党的个体活动之相互间，亦守秘密。

（三）指派党务工作人员应依据如下之原则：

甲　当根据党之固定计划，不为临时之应付。

乙　委派人员之先，应先详细考察被派人员之素行、能力，因材任使。

丙　被派人员出发前，应予以工作纲领及最低限度之工作范围，附以期限，督促其做到。

前项期限，除有经常性之交通工作外，不得超过六个月，在限期内中央仍应随时指导之。期限满时，被派人员应向中央报告成绩，其不能胜任工作者，即撤换或另调之。

丁　经费支给以工作成绩及工作范围为标准，并须有单据呈交中央审核其用途，以端正同志之趋向。

以上所列仅为一种纲领，而党务改进之大要，亦必不出乎此。弟前请将全部党务组织及党务经费重行审核分配，意即在此。大致北方及其他各地工作人员已久于其事者，不妨根据上项纲领，先行酌为更调，免其他同志对各该工作者更增误会。在中央亦可将各项工作彻底整理，俾贯彻我人历来所持之一贯主张，至于今后人员之调派及调派后在工作与考成方面，弟亦当逐一负责，为兄规划也。如何仍候酌之。顺颂

党祺

（自签）廿三、十一、廿

交曹四勿带省。

（1）曹任远。

胡汉民致陈融函[*]

　　力兄大鉴：梅仔来，得书苦思良久，几于失眠。鸣（1）老表示不干则走，衣（2）兄谓不能开会只有散场，所见已若合符节。弟亦曾以党取攻势之说语不（3）兄，不亦并无异议。绅（4）所顾虑只因此而门（5）遽以兵戎相见耳。其实门能来否，大体无关，我有政治立场，总是较胜，今姑置重此点，留其个人与门讲话余地。例如称病告假期中，忽然来大世界之一幕，则绅可不完全负责。大会自动在粤开会，不由任何召集，更无从干涉。又大会可开于彼方，开会之后如四全故事（6），则我一切占长筹，而门不能挟持以作威福。此或须打通后壁，预先由鸣老以抽象的办法为门言之，谓弟意亦复如此。（进言亦不可太早，）非畏绅也，畏人有太愚拙不谙事理者，令我人内部闹出笑话也。因此各处代表不求多量，代表之来不宜过速，此宜以电密为约来。前上三翁书已见及之。同时经费亦须力求节省，须以十数万为标准，过此以往，则无从筹措。前周弟再三求援于云（7）翁，其实即间接求援于绅也，承其并不拒绝，于此亦可稍窥绅之态度。然广东纸币虽然低折，而使用之者则常以为当百当千，决无过于十万之希望，既要其勉强将就种种，又要其大破悭囊，则事必败坏。季陆（8）曾云，只要绅等能先倾助若干，洗湿了头，不忧其不负责任。此亦善揣摩之术。然绅所知者为争党籍，争代表出席于宁耳，届时若仍持此说，则头未全湿，尽可变计，而要负全责者乃在我人。此弟所为苦思失眠者也。我人常忧"虎头蛇尾"四字，今只从党找办法已非上乘，若并此无之，则立场全失，敌方全胜，天下其谓之何？且环境现象总比西山会议为佳，主张、立场更视大世界为远胜，有此而泾渭遂分。党之历史非武力所能扫除，有此而正义益伸，讨伐不患无词。弟尝谓，天下之大利害必与天下之大是非同途，正为此等事诠

---

[*]　原件无日期。

释注脚。想鸣老、衣兄亦必以为然也。（其实即就绅个人论，亦利多而害少。关于此点，可使季陆时时眡其左右。季陆尝言芳记甚好，而不愿意多发电即出于芳何耶。然季陆有高兴，能说话自不可少。）专此。

即颂

近祺   四工（9）再拜 五日早

两翁（10）均此。

又启者：我人对于原则当无何等问题，兹所当注意者，则如何办法耳。弟以为一切当取以简驭繁之手续，在此时即须避免许多繁费，人不求多，来粤不求其早，已见另函。其实即不必招呼远地而只由在粤之本省外省同志集会，已可以充数而为全国之代表。且虑外来者不尽可靠与能听话，反为罗嗦。闻今已有若干人选举到省，好在我们尚未一切告以在粤开会之真相，而彼等目的原本为到宁出席者，则不如趁早遣之。其次，若为忠实同志，将来真堪派定者，或系南洋美洲从远道来，既无毛病又不便令其往返徒劳者，则可假借公共地方，如中大（11）旧地为招待处，自可较为省费。穷人有穷的做法。弟曾与南洋同志谈过，渠等并不以为忤。故往例之日须招待费若干元，此不能援为成例，而我人于此亦一试金石也。弟于开会之经验尚少，惟从好坏两方推想，开口奶一吃，错开盘过大，即费大款仍无益于事，仍无以满拉杂分子之欲望，万不宜贪图热闹。至于实际受亏，则弟自信其判断之不误也。即开会亦不在乎几多日，愈捷速完事愈佳也。书到此，适得来电云，开会事鸣老主迫绅决缓（定），衣兄主必干，须吾人自己决心。此点于别函已覆大概。弟盖折衷两翁所主张，以为两翁意见亦是大同小异，不外视绅士而抽象的征其意思，便已尽我人对同志之义务。以弟料之，渠必无明确极端之表示，不过不敢负责耳。（如于是非利害之原有所怀疑，则宜由鸣老详为剖晰。鸣老已使咳翁代表去留之大义，说话已极严重，故渠必不至有绝对反对之事。但于是非利害之详，则咳翁素拙于言词，能畅为解譬，非鸣老不能办也。）故得其完全赞成固佳，得其含糊默认或含糊推诿都无问题。故开得成会，则任渠与门之一方如何说法。即两翁等亦可云事由全国代表，得弟之暗示而自动开会，非任何人所能进退，则内部亦可不伤感情。固此事纯系对门，不要弄到对内，失我人原来之宗旨目的也。此番各事弟总是在港高谈，不能不使两翁等直当其冲，正自过意不去，从而一切归责亦分所应尔。至准备要好，要干净，而开会须在宁方之后，不必急之，则已详别函，兹不复赘。上述归责于弟，尚有一点为普通所无者，近来绅等于对外之事颇想找弟，而弟又在港，无如何办法和我吵闹也。草草又写如许说话，均请与鸣老、衣兄审察之。

四工 又白 十月五午

又有一点。衣翁素急进，此时或宜力持镇静。鸣老老成而表示强硬，则使人有长厚者亦复为之之感。此上上策也。

注释：（1）萧佛成；（2）邹鲁；（3）李宗仁；（4）陈济棠；（5）蒋介石；（6）指在广州召开国民党第四次全国代表大会后，以中央委员进京而逼蒋介石下野的故事；（7）林云陔；（8）黄季陆；（9）胡汉民自署；（10）萧佛成、邹鲁；（11）中山大学。

胡汉民致陈融函 *

力翁惠鉴：云翁（1）来，畅谈两日，大致为时局以及党的将来，就于对门神（2）者为最详，着重者仍须以攻为守。政治宣传我可为其前锋，而某（3）只须为后盾，联络北方亦然。（例如北方军事联络推进，须有当局所密派者参加。）军事可以桂为前方，而某兄须为后方，推诚相与，切实补助。（例如彼方有四团人参加剿共，则我方宜补助之，使其另加增一二师之力。）对闽每月既省三十方，即宜以此款作种种实用。（应于对门神之目的）。上焉者可做出南北并起之局，次亦使门神不能以全付精神图我也。

溥仪傀儡于三月即演登极把戏，此一重要关头不能放过，应做一次大宣传，由党动员，外而华侨，内而津、沪，各地俱宜有所表示，攻击南京政府误国卖国。华侨只须有电，各地宣传则同时为一种刊物，忽然散布，使无从踪迹禁阻。如认先攻容甫（4）为合宜，则侧重容甫亦佳。其较详之办法，即请与衣、湄（5）两兄商议，急速进行。云翁亦趑先攻□之说，弟为言宁、沪间持此议者甚多。顾其出发点不同，个人平昔亦不甚融洽，故串不起来，亦无做法。今宜由粤先起一弹劾之稿（用监

---

* 原件无日期，据内容推断写于1932年3月之后。

委名义），对外屈辱为重要，余亦可多说些，交晓翁（6）带沪联同署名，云翁亦信其可以办到。但此事须迅速，而进行间仍须秘密，则不能不烦兄与衣兄之脑力矣。

云翁允与伯兄共电邀佛老（7）返，如已发电，请为弟另拟一电促之。此翁道义感情或不致掉头不顾也。

贵州来电（郑系财政厅厅长），不知所云。此举系何事，意当指龙云做滇黔两省绥靖主任耶。然形成包围云云，又似不止此事。或者湘滇川更有联络，同时图黔耶？前闻伯兄有教桂如何应付滇黔之说，其策若何？对于黔局，弟于德邻未回桂时已要其必与伯兄（8）商一粤桂一体一致之小法矣。今先译上第二电，即乞示以各种关系。弟前 礼拜已电宋述樵，使其联络宁沪之黔人，设法反对。述樵亦慷慨答复（指滇龙任命事），但如出门神一种计划，则敬之、伯群（9）一系必不说公道话，而在外之黔人惟恐天下无事，则反对者难望生效力。黔王（10）之意，殆欲我（西南）人为其张目。我曾为张蕴良言，恐西南争之，门神更以为得计也。此固言之成理，然王氏等情急，又似不能一切推却。究竟如何才好？专此。即颂
近祺

工 （11）再拜 十二早

蕴良曾言，欲阻止此事，最好以王绍武加第四集团，为其一副总司令，不审伯南先生以为如何？恐其不谅解也。我答以此事当无不谅解之处，惟不知桂肯负此责否，且是否即可阻止而不至引起其他之纠纷否？后数日，季×、任×、述×来见我，引此与谈，季等亦认为未是良策。草草附补。

注释：（1）林云陔；（2）蒋介石；（3）（8）陈济棠；（4）汪精卫；（5）邹鲁、刘芦隐；（6）李晓生；（7）萧佛成；（9）何应钦、王伯群；（19）王家烈；（11）胡汉民自署。

胡汉民致陈融函 *

力翁惠鉴：昨晨上一电，下午转德邻（1）兄一电，德电足证拙意，同时罪责宁方为不可少。入夜得沪上鹤、毅（2）电，拟复如另纸，请

---

* 原件无日期，据内容推断写于 1933 年底福建事变爆发后。

即密译，由省拍发。此未是彻底办法，而目前应付则有益无损。盖（一）转移天下之视线，集中革命的力量，如沪电所言；（二）折衷于德、伯（3）两兄缓急之间；（三）与弟前日提出不授人以隙，不幸灾乐祸，不助纣为虐三义亦不矛盾；（四）使闽不能以讨蒋为名对粤用兵，使蒋等不能以讨闽为名延其寿命，号令天下，使两者不能久久相持，予倭、共（4）收渔人之利；（五）纵不能悉如吾人所期，亦使内外人认清西南立场，而非旁皇（彷徨）中立也。惟如弟昨函所言，不同时责备宁方，则我且失内外之同情，更谈不到一切。此则盼在省诸公速为决定执行者。

昨函已陈说种种利害，料蒋（5）之必不遽走，今更料其不敢于此时失广东之欢。然且能否以全力对闽，一心为粤，更显然易见。闽果整个入其掌握是否广东之利，亦须虑及。彼但严重监视闽北，使不能出兵江浙，迫闽之十九号（6）向粤为鹬蚌相持，此等处是其惯技，我纵向其如何表示好感，亦不能打破此种计划。故饷弹之稍为接济，尽可以军事之虚与委蛇，而得之不必鳃之过虑也。闽不犯我，我当然不能攻闽，使人谓我助纣为虐。曲直所在即胜负所在。若闽来犯，则其势反此。故与其一味徘徊且熟知蒋之未必为我大助，则何如决心一切弹谬纠邪，以主义为立场，得道多助之为愈耶？弟为此问题思之烂熟，前后所陈亦似已无遗漏。乞请佛老（7）、伯兄诸公速审决之，急脉缓受决非此时所宜。而态度不明，则我人继此难以说话。专此。即颂
公安

　　　　　　　　弟　四公（8）再拜　二十五晨
覆沪电，反蒋数语是弟对此问题之原则。

注释：（1）李宗仁；（2）陈群、何世桢；（3）陈济棠；（4）日本、共产党；（5）蒋介石；（6）十九路军；（7）萧佛成；（8）胡汉民自署。

胡汉民致陈融函 *

力兄鉴：尧翁（1）昨来，即嘱其晋省报告一切。适得手翰，藉悉

＊　原件无日期，据内容推断写于1934年福建事变失败后。

门神（2）对湘责言，其用心路人皆知。而以闽事为例，则于将用兵之际，辄有一种手段对我，即尧翁前虑，亦不为无见矣。惟此番不比前事之单简，故欲听同志诸兄对此之批评意见，而谋所以应付之，函不能尽，统由尧（3）面述种种。

弟所以主张由两广提召西南国防会议，即为对内对外预占地步。门神之为人，究竟不出欺善怕恶。我人既知一味敷衍示弱不能了事，即不能不于政治、外交等事，以攻为守，而提出国防，可以作士气而得人心，且即因此而启衅，亦非无价值之牺牲，胜于一味退膺者实多也。刘为莘同志言前者门神既得闽而不进兵，系因未得倭人（4）之同意。尧闻之，某某谓门神两次电雨岩（5）向日报告，此种消息皆值得研究。要之必做出若干形势，然后对外对内有话好说，弟所提议盖至轻微。

注释：（1）（3）李晓生；（2）蒋介石；（4）日本；（5）蒋作宾。

日

记

（1928年2月——7月）

说明：胡汉民平日并无记日记的习惯，此文字记于一小本上，主要为 1928 年初胡汉民出访各国时的记事。原件藏于哈佛大学哈佛燕京图书馆（Harvard－Yenching Library）。

四月十四 晨到南京。①

三时，开中央执行委员全体会议预备会，定十五日上午十时开会。吴②报告汪③致张④书及汪等来（灰）、（真）、（□）、（元）电。旋由吴拟稿统覆之。五时，有监察委员会，决定提出议案交中央执行委员。根据此案，不认武汉联席会议以后之组织变更。党之最高机关、政府军队之最高权一如武汉联席会议以前。党部略有推定，以南昌决定为根据。其不能适合者另定之。

金字塔

两朝金塔最巍峨，不数长城与运河，地下河满应中笑，□如疑冢费无多。

运河水闸

山关纵横点水无，尼罗流入变膏腴，计臣旱潦供空节，平准河渠是一书。⑤

木乃伊

思将不朽化长生，迷信能教方药精，几度沧桑经世变，推坛争说古文明。

跃马石⑥

（谟罕默德阿黎杀其将四百人，相传有一骑后至跃马而逃。）

检点一朝作天子，可能杯酒释兵权，防风后至翻逃死，跃马冈头恨不传。

神物登天遗蛟藏，有山为樽不为床，客来不识中眠地，荒冢犹疑古帝王。

二月廿八⑦ 晨八时由船上波昔至誓署，纳卫生、交通两保验照，

---

① 此应为 1927 年 4 月 14 日记事。胡汉民 1927 年 4 月自上海到南京，参与建立南京国民政府。

② 吴稚晖。

③ 汪精卫。

④ 张静江。

⑤ 胡汉民著《不匮室诗钞》（出版于 1930 年代初期）卷二中收录"从埃及经耶路撒林至土耳其集诗"六首，分别是："跃马冈"、"牛冢"、"水闸"、"顽石"、"里海"和"面幕"。有几首显然是以日记中的原稿修改而成。"水闸"为："金字塔成沙漠地，尼罗河畔叹为鱼，计臣心计古无有，平准河渠共一书。"

⑥ 《不匮室诗钞》将诗名改为"跃马冈"，内容未变。

⑦ 以下为 1928 年记事。

又至税关。十二时乘火车，四时到加路，宿 Helcopolis Palac Hotel du Caire。

廿九 游博物馆。纵观埃及古代木乃伊。有阿门之子者，为无名之王，而极至侈。埃人精于为木乃伊，甚至翕干草木乃存于馆者，亦数千年前物也。下午游市街，再订定至土耳其行程。

一日① 游阿拉伯教堂。二又游其旧堡垒。下午游金字塔。同行诸人皆试乘骆驼。金塔之最大者，建于五千六百年前。其王在位五十余年，故由外增加五十余层。砖约二百五十万，每重约二吨，以三十万人筑之二十年而后成，成为世界最伟大之建筑。秦皇长城、隋帝运河，殆不逮也。人首狮身之口坟其王，则更在前。人面稍剥蚀。闻回族占埃时，以为炮射之的云。

乡道言，埃古王穷欲虐民，上帝震怒，乃降以罚，于是埃地有虱云。

五日 下午六时，从埃及开罗乘火车。六日上午九时到耶路撒冷。游耶稣钉十字架故地之礼拜堂。尝为希腊、罗马各教派所共有，则于其中各有建筑，以自表异。土耳其征服此地时，门户之争不已，乃授其钥于四赤人掌之。俄、德最后始有建筑物，德更因威廉第二亲善回人，乃开城欢迎，且赠以二地，而德皇则分赠新旧教徒，使建筑焉。

六日 乘汽车至死海及其上游口佐顿。相传为耶稣受洗处。耶路撒冷山高出海平线二千八百余尺，而死海则在海平线千余尺之下，盖天下最低处也。海水极咸且重过于他海，英人方授其利权于一公司，使经营之。佐顿泉颇温。既饭，游橄榄山，则传为耶稣上升之地，有玛利亚坟，盖亦仿佛其遗址耳。是日天气颇寒，惟到低地时则尚暖。

犹太村

万派从来出一源，纷纷门户莫轻论，耶稣不死宁无教，犹太虽亡尚有村。

---

① 3月1日。

<h3 style="text-align:center">死海</h3>

佐顿相传圣者踪，□为死海不能东，谁知天下最低处，亦在英人垄断中。①

七日　上午至查花 Jaffa，游犹太城。城始创于 1909 年，地为沙漠。其始有 550 人，递至 1926 年，则 40 000 人矣。为自治市，颇行国家社会主义，气象熙攘。又至查花旧城，则污垢不堪，大抵穷民窟也。下午返，过所谓共产村者，其实白俄之犹太人游居而为农村合作社之经营也。梯云②叩其何以逃出共产之邦而复行共产。其人怫然曰，彼辈何尝为共产者，吾人乃真共产耳。

<h3 style="text-align:center">共产村</h3>

共产为名大有人，谁欤识曲听其真，并耕而食平生志，莫谓桃源抵避秦。

八日　游耶稣产生地。所谓伯里行也。

<h3 style="text-align:center">圣石</h3>

回人欢喜犹人哭，一石之争总不平，石若有灵应自忏，饱看人世作牺牲。③

琐（所）罗门祭天之地，回教据为教堂，中经十字军篡夺，既而乃为回教所有。堂中巨石（可坐人）本陈牺牲祭物，回教中人则神圣之。神话相传种种不一其说。余笑谓同行者，不随教转我心，匪石不丁转也。

九日　到 galilee 湖。

十日　下午五时到 Syria，欧战后改为法属。即前年有土人独立问题者也。尘土甚大。法人路政较英人之在 Palestine 不如矣。

---

①　《不匮室诗钞》中有"里海"："约翰钓鱼何所获，耶稣受洗有遗风，独嫌天下最低处，也在今人垄断中。"
②　伍朝枢。
③　《不匮室诗钞》中有"顽石"："回人欢喜犹人哭，一石之争尚不平，石若有灵应自忏，饱看人世作牺牲。"

十一日 住 Damao in Victoria Hotel。游回教大庙,为罗马建筑,回人得之。其始中分,继则独占矣。庙甚宏丽,亦回教有数之教堂也。午后转游郊外,即返ホーテル。①

十二 到 Baclek,住大新ホーテル。观罗马建筑遗址,盖耶稣出生后数十年之物,相传以十万人为之三百五十年而后成。相其所用石材,犹可想见其伟大也。有三石长六丈余,为世界建筑最大之石云。

经费三百五十载,余事犹夸雕刻奇,麦□生种莺粟死,不闻华夏有先知。

十三 早七时趁大车到恰姑布。下午四时到,改乘大半夜过土耳其界。

十四 到大站即有地方州长及军队长官偕民众欢迎。土人少谙英语者,故悉由梯云操法语应酬。

十五 下午五时廿五分至君士坦丁,有地方长官及外交部特派员来迎,本党支部持国旗欢迎(支部有学生二十余人,小商人、工人十余人),同志王曾善(常务委员、山东人、在大学)能操土语及法文。乃住 Tokatlian Hotel。闻土外长适将往日内瓦开减军会议,约以明早十时半相晤。

十六(星[期]五) 上午晤土外长,谈一时半,甚洽且及遣使驻南京及订约事。定星期一入莺哥拉。下午游观两回教堂。土外长 S. S. Dr. Tecefik Rorsschdy 颇疑南京、武汉尚各有政府。梯云②再三解释之。大抵内部不统一,则对外难言也。

十七 访省长、市长。下午入市观其手织丝毯,有值至五千元美金者。观蓄水池,在地下,石柱数百,可放舟行,盖地底别□其潴而为池,蓄水备献城,今则皆成古迹矣。

---

① 日文"旅馆"之意。
② 伍朝枢。

十八　上午十时，省长回拜，略与谈其省政府组织，以行政长而兼省议会长。省议会不得问国政，地方施设则由之。每年开会二次，每次开会四十日。观军事博物院。土耳其盖以武功立国者也。有铁锁甚长，询之，则亦有铁锁横江故事。得家书二：一、二月四号；一、二月九号。

十九日　上午复家信。下午七时乘汽车入莺各拉，孙、伍、刘、傅①及王增善同行。

二十　晨九时抵土新都。下午七时晤其内务部长兼外交部长。所谈与外长相仿。

廿一　参观国会，得观独立当时议事处。晤教育次长、商务总长。夜八时，晤总理于国务院。谈话概要芦隐②别有记载。

教次言土将以国家思想代其从来之宗教，小学、高小有宗教一科，于星〔期〕一下午讲之，为自由科，中学以上则废。盖为家庭习惯，使其父兄不至骤生反感也。梯③询以回教人服从而勇于战斗，宗教淘汰得无有害？教次答云，然独立时之将官不尽有宗教，甚得之信仰，而阿拉伯信仰过于土人，又未见其善战也。土教育注意物质实用（如织造、工艺、化学），又以教材缺乏，极重师范，方为男、女师范学校之筹议。

土以成功复兴，故与吾人言及注重统一与政事之独裁，惟总理 Yismet Pasfa④ 独言，革命时期委员制为宜，但时期过长则亦不无一尊。询其党与政府之关系。答此甚单简，如我为政府总理，同时亦为党的总理也。

财政统一定为法律（派科员于军民各机关），管理预算。一九二〇年以前国防部自审之，总额为十七万万元，最近始定之，并据其报告为之增减。外债用金达百分之三十八，国际管理债务委员会不许其关，已允移于巴黎索债家其费。

① 孙科、伍朝枢、刘芦隐、傅秉常。
② 刘芦隐。
③ 伍朝枢。
④ 与下文"依土密"为同一人，今译为"伊斯迈·帕夏"。

党部总书记，党员九十万。资格甚严，不得有犯罪及不道德行为。军人无入党之必要，职员先受严格检查，为自然之党员，但不使加入政治的运动。对于政府拥护而监视之。有人（九人）为总长。党费出于党员，由各省分征之，量出以为入。凯末尔为终身总理，平时以依士密（国务总理）代之，国事悉决于国会，议员莫非党员，有大事，则议员先密议于党部，而后在国会讨论。党会议时，凯末尔出席发表意见，则党员惟有接受而无讨论云。盖其集权专制过于苏俄也。

余等所遗憾者，则土耳其与共党绝缘之经过，苦不知其详。土当道颇讳言。盖已与俄弃仇寻好，此时方亲俄而恶英，故不欲言。然共党在土宣传活动，则严禁。在各旅馆执役者，颇多俄人，则皆白俄，切齿于苏俄政府者也。

廿五日 九时乘伦敦号船往雅典。下午过鞑丁尼海峡。土与英剧战处，英分三道进兵，悉被其击退。英人受伤甚多，并沉船十余艘，半亦形势险要为之也。轮船重仅二千余吨，幸无风浪，同人皆安。

廿四 在君士坦丁发一函致蔡先生①，由焕廷②转交，请蔡寄教育材料，并请王曾善官费。土邮（内国）例，函面不写土文者不为传达。余在莺哥拉致汉崙③等书竟未达，虑寄沪、港者亦然，拟亦抄函寄焕④也。

廿六日 九时半经士勉尼坚，停泊七小时，同人俱登陆，以马车游览，见希腊人退兵时所焚烧地。此地为土耳其第二名胜，次于君士坦丁。港湾三面有山环抱，贸易颇盛，虽兵燹之余烬未复，然尚远胜于他港也。

廿七日 于九时半到辟里犹斯，登陆验照、验行李。径到雅典，住大不列颠旅馆。其宏伟不及开罗，而华美过之。呼铃绘有给事之人物，即不识文字者亦可无误。雨甚而天气不寒，如沪上阴历三月。是晚，体大发痒，饮水并搽白树油乃止。或其□为之，馆中出金银币给□，亦须

---

① 蔡元培。
② 林焕廷，上海民智书局负责人，胡汉民的儿女亲家。
③ 林汉崙，林焕廷之子，胡汉民女儿胡木兰的丈夫。
④ 林焕廷。

纳费，则他处所未尝见也。

廿八　游呃天拿女神庙。其建筑物尚少逊于包而弼之朱必大（Ju-
piter）天神庙也，惟方事修葺（希腊 Zreus），其破坏不及包而弼。又游
希腊古戏城园，园可坐五万人，建于二千年前，修于五十年前，费工千
余万，在园前有石像观然，即出费之人也。

三十　十一时乘船，午后三时过运河。Corinthe 河深二十六尺，径
约四哩，宽七十五尺，铁桥在山上，船桅约二百尺可径过。一八八一年
起启，一八九三年竣，费二百四十万磅云。

卅一　十一时到 Brindiei，□游海边，入海军司令部地院。出，乃
知其禁止行人也。居民多小屋，二三妇女及数小孩，不过赁庙方丈耳。
然衣服颇丽，而居外与街道亦洁甚，方之犹太城，竟如天上人间。顾意
大利人乃在欧洲以不洁闻也。到此地时，税关检查颇严，尤注意烟草
（N'aple 意文）、地毯等物。

四月一日　九时乘火车到 Naples[1]。晚九时到，住妙高旅馆。

二日　游观博物馆。馆藏ボンビー（Bornbec）[2] 古物甚多，有其
沦落之前模型，谷米等皆成焦炭。夜观歌剧，为法国革命时一党人以彼
女子故受刑。

三日　坐小船游 Soriento，约一小时半。浪甚大，船客多不能支。
梯云亦强适，俱患腹痛。□□在山上升降机刚坏，两人皆籍人扶隐，力
疾而登，旋即愈，想食水为之。下午游 amalfi，绕山道而行。山纳海如
大流片，浪为锯齿形，车行不啻跋万仞也。回转四望，适小雨，复暗，
山色水光，益增其美。既至旅馆小憩，即返。
　　夜观意大利人乡间跳舞，入场每人约一元。

---

① 那波里。
② 庞贝。

四日 乘自动车游 pompei 故城，城以受火山喷故，没于纪元后七十年，迄今百余年前乃确证其为磅湃①遗址，续之发掘，全城具在，遂成一极大之历史博物院，有会议场、剧院、浴场。议场容万数千人，大剧院容五千人，其小者只容数百人，大者演悲剧，小者则演滑稽喜剧。优伶即寓于剧院之后，舞台前隧地蓄水，盖以木板，俾其传声。浴场分男女、公私室，有数富人之室，虽不大，有池为□，有喷水景，临池为饭处，则为侧非而食之形，池边有圆穴，以备呕吐。闻当时之富人每日八餐，既吐而复食也。有一室至大，壁画至美。

妓院门首有石作男子生殖器形，屋内壁画为极拙劣之春宫，禁妇人入视也。

下午，登火山，以电车，其上山陡削处则下有网徕，如上香港扯旗山轨道，中复有作凿形之铁轨，车次之□置，别有一机，如欲制止其滑下，即用之。既登山，望见喷火处，得离数百米远，喷焰时如隔岸观火，有一大口最烈，喷火时复作雷鸣，颇足骇人也。薄暮返 Naples。

五日 乘火车到罗马，以下午三时到达。

六日 游博物院，观罗马旧剧场及议场遗迹。登古塔，塔高二百五十六级。

是日，得焕廷②微电，内有政府复我等由土耳其所发电，并知晓生③阳日往法。

十日 得上海佳电，述外交经过事，且云任潮、真如④日内返粤。下午，偕梯云、芦隐⑤访意机关报编辑达歪提，谈询其党事二小时。达为四执行委员之一，殆长于宣传者。大略谓法西斯蒂在以国家为工具，而谋人类社会之幸福与其文化之进展，故目的有先于组织者。欧战以后，民主自由国家已显露其弱点，而法西斯蒂则最得其救正之方法者也。普逻如法不能得人民权，如英工潮无力制止。法西斯以为，立于生

---

① 庞贝。
② 林焕廷。
③ 李晓生，法国华侨，曾任国民政府印铸局局长，与胡汉民关系密切，后为立法院秘书。
④ 陈铭枢、李济深。
⑤ 伍朝枢、刘芦隐。

产的社会一切平等，不生阶级问题。意之工团亦不得定阶级，不得国际
为其特色，劳资有问题，则诉诸法定裁判机关，无能违反者。询以工农
人有无不满者耶，则曰，无之。询其是否专制，则曰，诚然，惟为人类
得专制耳。

十二　到弗劳伦斯①，所谓花城，竟为别一美术环境。

十四　游辟邪②，观斜塔，从底至顶斜出十四英尺。

十五　到文尼斯③水城。

十六　游马可教堂，观玻璃庭。下午七时启程，夜十一时半到米
兰，登教堂高塔，塔凡四百九十级。

十六　九时乘车至满地卡尔。

十九　游卡拉斯。至米兰时，报言日本大捕共党。

廿一日　由满地加尔乘火车（下午四时）往巴黎。（梯云④先归，
同日往西班牙，约五月一日到法。）

廿二日　上午十时到巴黎，住 Regma Hotel。

廿三日　寄书王亮俦⑤。

廿四日　偕哲生等游巴黎市，参观美术院。

廿五日　致电上海，为李□海事。是日下午七时，石曾⑥、郑毓秀

---

① 佛罗伦萨。
② 比萨。
③ 威尼斯。
④ 伍朝枢。
⑤ 王宠惠。
⑥ 李石曾。

到晤。

廿六　早，张南、吴秀峰到，谈法党事颇详。晚，郑毓秀请餐。亮俦①到。稍谈国际运动事，并得明日食简，住哲生处。

一、分功（工）；二、设□；三、费用；四、电南京。……（有一整页字迹无法辨识。）

廿八　再会商，往哲生处。郑毓秀处所就中餐（中国菜），后游某商花园。

廿九　观歌剧。

三十　观□□会。食中国菜□，……（有两行无法辨识。）
会商于郑②处。并商法国党务事，托郑与三民诸同志，使为一致对外，并嘱其略□稿件，始先□过。
本日，□得时报，已明昨日（与□）访事之经次。

三日　见法外交部政务次长不独鲁。

四日　见各访事，午饭于武底家。其人为能□□索助中国者，十余年前□助中国，有总理相而运动。定七号星期一十二点半在列支那午饭，李、孙、伍、王、邹③。

星期　上午九时动程到石曾处。

中日问题，自三号即有所闻，迄未得其详，□电□，五号共发宣言，……（以下约有半页无法辨识。）以忍辱为北伐大计，再图补救。又电言，交涉运动宜内外一致，消息互通。

七号　得静江④电云，日军在济挑衅，射杀交涉员，割耳鼻，射杀

---

① 王宠惠。
② 郑毓秀。
③ 李石曾、孙科、伍朝枢、王宠惠、邹鲁。
④ 张静江。

职员十……（以下有一页无法辨识。）……学生同志请到旅法华侨反对日本出兵山东大会，告以分功［工］进行之理，并拟"为日本入寇山东告华侨书"予之。

九日　晨，致书促哲、梯①之行。报言日已致哀的美敦书于国民军，两方于庚日复□冲突。

北外部②电：日本此次派兵来华，迭经本部严重抗议，乃日政府捍［悍］然不顾，酿成济南事件。以经本部重申抗议，而彼方略无反省，转藉此增调军队来华。近接奉、直等省来电，满洲驻军业向关内开拨，以驻鲜③之军入满填防，天津日军并增调飞艇队，有向地方强借飞行场之事。似此步步之进逼，显系预定计划。现在济案真象正在确查，日本公布全系片面宣传。总之，日方无论对南对北，蓄意激起事变，冀复其往年在鲁状态，甚或别图侵略。请酌量宣布，并告各该国政府当局，免淆视听。转欧洲各馆。外交部。八日。

驻法使馆电：日本启衅山东，逞兵南北，居心叵测。大祸当前，南北两方同时抗议对外，既能一致内争□□然篡，应请当局速蠲嫌怨，立息战争，同御外侮，以行国难。陈箓、刘崇杰、王景政、王廷璋、罗忠治。九日。

十日（灰）　下午，得政府灰电（述庚日日兵再攻情形，并促梯云往美），及焕廷青电。上午九时，亮俦启程赴英，锦海有电致梯，附余日辛电。

十一日　早，梯、哲来晤，石曾继来。

是日，□日报因梯往美事（电报言黄郛声言，将请梯往，请美干涉山东之件），登梯谈话。毓秀言，法报多受日运动，而以我消息较迟为藉口。又，南京有电致国际联盟，蒋、黄④有辞职消息，并闻以冯、王⑤代任。

---

① 孙科、伍朝枢。
② 北京政府外交部。
③ 朝鲜。
④ 蒋介石、黄郛。
⑤ 冯玉祥、王正廷。

十二日 得膺白①真电。又得南京蒸电（李石曾、郑毓秀），以为对国际联盟为不平之诉，于宣传自合，然南方尚未承认，须得北廷委任始能提议，且日人至政治服，而美非会员，我实无胜诉之望。石曾、毓秀熟与法等门家商，皆以为不宜继续进行。

是日上午十时，本约会商李、郑，后期我与孙、伍已往与陈篆接洽，并发电致罗文干，使任陈，因如此方合乎手续。旋缮长电致南京。李、郑颇不谓然。哲生则谓，紧急之际，若事事求完全把握，则惟有束手。陈篆个人无问题，且名义于北京权实无损。于是遂发公电，用三人名义。是晚，续发一电，述□部意见。同日，函告亮俦一切情形，并请其同意出席为专诉代表。

十三 田中②宣言在鲁军停止进行。日驻法使言，日住山东不过警察行动，联盟□□记云，因得谭③电，趁回日内瓦并询陈篆有无得北京之电。自援□公约，商请各国派兵防止日本兵到津。各国得略同意，美国不赞成。下午尚人昆与一英人名科到（由伦敦），其人言能为……（以下有一页无法辨识。）

余亟辨正之。是日，晓生来。

十五 送梯云行，晤班乐卫。班言，日本似已缓和。余答，彼素有野心，一面以空言和缓国际间之空气，一面实行其侵略，一面强迫中国以屈服。吾人殊未乐观也。晚，移 Prince Albert Hotel。

十六 关于对日交涉，与哲生共发电致南京。罗文干有覆电，其词似别有作用，即孙、李、王、伍④。十六早，陈篆来，更交罗与伊电，则在商榷进行中。陈篆谓，稍后……（两行无法辨识。）

十七 报载，已接受日人条件，因电南京质问。

十八 与亮、哲会商于哲生所。旋发报告南京。另电稚晖⑤，欲有

---

① 黄郛。
② 日本首相田中义一。
③ 谭延闿。
④ 孙科、李石曾、王宠惠、伍朝枢。
⑤ 吴稚晖。

提案，问其意见。

十九　约亮至哲处，未见。旋游凡尔赛。

二十　致梯云书，略云，报载蒋①已接受日人条件（果然，则吾人前此为过于杞忧。然观过知仁，弟前此已引伊苏桂太郎故事为譬，且即休战之约强订，而对日问题初未告终，但使人难于措词矣），弟等急致南京，问"果如此，是否已解决？国际运动是否停止进行？"今日尚未复电。观膺白覆删电，与介②长电，则都似未与日人妥协之口调，大约迟一二日即可得其分晓矣。

又，昨、今两日报载，日本对东三省，对张作霖之表示，俨然认东省为保护地而公然干涉中国内政，国际上尚无议其非者，我侪立场固益加困难，英美于此亦殊不智也。

连日无甚可记者，只哲生濒行时，曾起草"训政大纲"，既与斟酌同意，乃联名发电（江日）。

礼一　下午两点，约见学生。

礼二　下午三点，约见新闻 Siegfried。

四日　确知我军恢复燕京③。Siegfried 长于实际，熟知英美经济，又尝游中国南北。彼言中国宜发达农业，如奖励工业，亦须择本国之所宜与特色，否则奖励捐如俄国，然无益也。产业上如复国不可矣，保护顾亦不宜滥用。

五日　参观上议院。

六日　与法党部同志谈于邹所。关于使馆问题，劝使候政府命令，微日已发长电。

---

① ②　蒋介石。
③　北京。

得支电（组安①），言奉张②已走，我政府已授阎③为京津卫戍总司令。致书伍梯云。

十日 八时半，由巴黎启程，同行六人五时到克龙④，就旅馆晚餐，十时再乘火车。

十一 七时十五分到柏林，寓恺撒ホーテル……

---

① 谭延闿。
② 张作霖。
③ 阎锡山。
④ 科隆。

胡汉民年谱简编

1879 年（清光绪五年）1 岁
12 月 9 日　生于广东番禺，排行四。

1886 年（清光绪十二年）8 岁
迁居广州，与兄从张德瀛读书。

1891 年（清光绪十七年）13 岁
是年秋，父病逝。因家贫辍学，在家自修。

1893 年（清光绪十九年）15 岁
母病殁。

1894 年（清光绪二十年）16 岁
开始教私塾谋生。

1895—97 年（清光绪二十一至二十三年）17—19 岁
就读于学海堂、菊坡书院。在读期间，结识史坚如等，了解孙中山及其活动。

1899—1900 年年（清光绪二十四至二十六年）20—22 岁
任广州《岭海报》记者。以提倡新思想自任。同时萌发留学以寻求救国之路的想法。

1900 年（清光绪二十六年）23 岁

乡试中举。

1902 年（清光绪二十八年）24 岁

春　与陈淑子结婚。

6 月　为人"捉刀"筹得费用，赴日留学，入弘文学校师范科。

8 月　因成城学校入学事件退学归国。

1903 年（清光绪二十九年）25 岁

执教于梧州中学、香山中学，宣传反满爱国。

1904 年（清光绪三十年）26 岁

以广东官费生资格再次赴日留学，入东京法政大学速成法政科。

1905 年（清光绪三十一年）27 岁

9 月 1 日　与孙中山见面。加入中国同盟会，任本部秘书。

11 月 26 日　同盟会机关报《民报》创刊，负责编辑工作，开始以"汉民"笔名。

1906 年（清光绪三十二年）28 岁

由法政大学速成科毕业，进入专门部学习。

在《民报》第 3 号上发表《民报之六大主义》。

在《民报》第 4～13 号上发表《排外与国际法》（连载）。

6 月，《民报》编辑工作由章太炎接手，仍为主要撰稿人。

在《民报》第 12 号发表《告非难民生主义者》。

1907 年（清光绪三十三年）29 岁

3 月 4 日　随孙中山离日本到河内设立革命机关，化名陈同。

4 月　到香港策应黄冈、惠州起义。

9 月　由香港回河内协助领导防城起义。

12 月 4 日　与孙中山、黄兴等登镇南关炮台，第一次亲临反清战地。

1908 年（清光绪三十四年）30 岁

3 月　与黄兴代孙中山领导粤、桂、滇三省的军事行动。策应钦廉上思起义。

4 月　协助领导河口起义。

5、6 月　匿居河内，料理河口起义善后事宜。

7 月　由河内到香港转赴新加坡。

8 月 5 日　在《新世纪》发表《粤中女子之不嫁者》，提倡女权。

8、9、10 月　在《中兴日报》撰文，与保皇派论战。

10 月 28 日至 11 月 3 日　随孙中山至芙蓉、吉隆坡、槟榔屿等地发展党务，筹集经费。

11 月 20 日　与孙中山赴暹罗，在曼谷建立同盟会分会。

是年秋，在新加坡成立同盟会南洋支部，任支部长。

1909 年（清宣统元年）31 岁

2 月 24 日　到仰光为孙中山筹集赴欧旅费。

5 月　孙中山由新加坡启程赴欧，委托其与黄兴共同负责领导国内革命运动。

5 月　由新加坡到香港主持工作。

10 月　同盟会南方支部在香港成立，任支部长。着手筹备广州新军起义。

1910 年（清宣统二年）32 岁

2 月　领导新军起义。

3 月 26 日　同黄兴、赵声赴新加坡筹款。

4 月　得汪精卫谋刺摄政王未遂被捕的消息，设法营救。

7 月　奉孙中山命到安南筹款。

11 月 13 日　参加孙中山在槟榔屿召开的会议，决定在广州举行起义。

12 月　在马来西亚各埠筹款。

1911 年（清宣统三年）33 岁

1 月 1 日　由新加坡到安南、暹罗筹款。

2 月初　由西贡抵香港，参加统筹部工作。

4月27日（三月二十九日）　晚乘船由港到穗，起义失败后，返回香港。

6月　处理完"三二九"起义善后事宜，到西贡发展当地党务。

10月29日　得知武昌起义的消息，赶赴香港，与朱执信等筹划光复广东。

11月9日　广东光复，被推为广东都督。

12月21日　到香港迎接由欧归国的孙中山。

12月25日　随孙中山抵上海。

1912年（民国元年）34岁

1月3日　任南京临时政府秘书长。

4月3日　南京临时政府解散，随孙中山离南京到上海、武汉等地。

4月25日　到广州，复任广州都督。

10月10日　举行首次国庆，检阅广东陆、海军。

1913年（民国二年）35岁

1月26日　同盟会粤支部易名为国民党粤支部，仍任支部长。

5月1日　通电抗议袁世凯政府非法大贷款。

6月14日　被袁世凯免广东都督职，调为西藏宣抚使，拒不赴任。

7月　二次革命爆发，到沪。二次革命失败后，与孙中山流亡日本。

1914年（民国三年）36岁

5月1日　加入中华革命党。

5月10日　《民国》杂志创刊，任主编并撰发刊词。

7月8日　中华革命党正式成立，任政治部长。参与制定中华革命党《革命方略》。

1915年（民国四年）37岁

8月14日　撰文声讨杨度与"筹安会"。

11月12日　赴菲律宾筹款。

1916 年（民国五年）38 岁

4 月　化名从日本回到上海，协助陈其美进行讨袁工作。

9 月　与廖仲恺到北京考察政局。

1917 年（民国六年）39 岁

1 月 19 日　被总统黎元洪授智威将军上将衔。

5 月 12 日　各界在上海公祭陈其美，代表总统黎元洪致祭。

6 月　到广州、南宁联络护法力量。协助孙中山领导护法。

9 月　护法军政府成立，任交通总长。

1918 年（民国七年）40 岁

3 月　代表粤方参加"护法各省联合会议"。

5 月　护法军政府改选，孙中山辞大元帅职。随孙中山到上海。

12 月　受孙中山委派，担任南北议和代表。

1919 年（民国八年）41 岁

2 月　参加南北议和，在会中坚持孙中山恢复国会，取消密约的主张。

7 月　辞南北议和代表。

8 月 1 日　《建设》杂志创刊，任总编辑。

12 月　在《建设》发表《唯物史观批评之批评》。

1920 年（民国九年）42 岁

1 月　在《建设》发表《阶级与道德学说》。

5 月　在《建设》发表《从经济的基础观察家族制度》。

1921 年（民国十年）43 岁

4 月　应孙中山电召由沪回粤。

5 月　孙中山任非常大总统。被任命为总参议兼文官长、政治部长。

7 月 25 日　广州市民大学开学，任教授，讲授"社会主义伦理学"。

8 月 7 日　奉孙中山命到南宁与陈炯明商讨北伐事宜。

10 月 15 日　随孙中山巡广西。

12 月 4 日　孙中山在桂林设大本营,任大本营文官长兼政务处长。

1922 年（民国十一年）44 岁

3 月 26 日　陈炯明阻挠北伐。大本营决定班师回粤。随大本营回广州。

5 月 6 日　随孙中山及大本营到韶关。

6 月 1 日　孙中山回驻广州总统府。奉命留守韶关大本营。

6 月 27 日　陈炯明叛乱,到赣州前线召集各军将领会议,决定回师救难。

8 月　回师不成,由江西经福建到上海。

11 月 15 日　被推与汪精卫起草国民党改进宣言。

1923 年（民国十二年）45 岁

1 月 25 日　受孙中山委任,就广东省长职。

1 月 26 日　沈鸿英策动"江防会议"事变,险遭不测,次日到香港。

2 月 28 日　受孙中山委派,为驻沪办理和平统一代表。

5 月　由上海到广州协助孙中山主持后方。

6 月　代理孙中山大元帅职权,任大本营总参议。

10 月 25 日　国民党临时中央执行委员会成立,为九委员之一。

10 月 28 日　召开第一次国民党临时中央执行委员会会议,与汪精卫等五人组织上海执行部,负责上海地区改组工作。

1924 年（民国十三年）46 岁

1 月 12 日　参加临时中央执行委员会议,筹备国民党第一次全国代表大会。

1 月 20 日　国民党一大召开,为大会主席团主席。会议期间,以大会主席主持会议,否定"本党党员不得加入他党"的提议,使党章顺利通过。当选中央执行委员。

2 月　任国民党上海执行部组织部长。

5 月　应孙中山电召回粤。任黄埔军校政治教官,讲授党义（三民主义）。

9月5日　孙中山决定出师北伐，奉命留守广州，代行大元帅职权并兼广东省长。

11月3日　就任广东省长，处理商团事件。

11月4日　孙中山决定北上，命代行大元帅职权。

1925年（民国十四年）47岁

3月14日　向前方将领通电孙中山逝世。

6月　平定刘振寰、杨希闵叛乱。

7月1日　国民政府成立，任外交部长，卸代理大元帅及广东省长职。

8月25日　住宅被军队包围，避居黄埔。

9月22日　离粤赴俄。抵莫斯科后，受到隆重欢迎。

11月　在《真理报》发表《苏俄十月革命的感想》。访苏期间，在《前进报》发表文章，称赞苏联与列宁。

11月25日　致电汪精卫，谴责"西山会议"。

1926年（民国十五年）48岁

1月1日　中国国民党第二次全国代表大会召开，缺席，被选为中央执行委员会常务委员、中央工人部部长。

1月　拜访斯大林等联共（布）中央重要领导人。

2月17日　列席第三国际执行委员会第六次扩大会议并发表演说，提出国民党加入第三国际，未被接受。

3月13日　离莫斯科返国。

5月3日　在广州出席国民党第138次中央政治会议，报告考察苏俄经过。

5月　被解除外交部长职。

5月11日　经香港转赴上海。闭门读书，以译述著作维持生计。

1927年（民国十六年）49岁

4月15日　在南京出席国民党会议，会议决定在宁组织国民政府，实行反共。

4月18日　南京国民政府成立，代表政府接印，发表演讲，号召将士拥护蒋介石。主持南京政府工作。

5月5日　提出《清党原则六条》。发表《清党之意义》等多篇反共文章。

6月20日　参加徐州会议，促冯玉祥反共，反对武汉政府。

9月16日　国民党中央特别委员会成立，列名国民政府常委和特委会委员。

1928年（民国十七年）50岁

1月25日　与孙科、伍朝枢等启程赴欧考察。途经菲律宾、新加坡、庇能、埃及、科伦坡、印度、伊朗等地。

3月16日　访土耳其，受影响极大，归国后作《考察新土耳其的经过和感想》。

5月　"五三"济南惨案发生，在法国进行外交努力，主张继续北伐。

6月3日　在巴黎发电，向国民党二届五中全会提出《训政大纲案》。后由柏林寄回《训政大纲提案说明书》。

7月　经奥地利、波兰、捷克、匈牙利等国，抵英国。会见朝野要人，讨论废除在华不平等条约事宜。

8月8日　自法国乘船东归，经越南，28日抵香港。广东军政要人劝留在广州，拒之。主张与蒋介石合作。

9月3日　抵上海，与蒋介石会见。被推为中央常委，负责新政府的筹组。

10月　国民政府改组，出任立法院长。12月5日宣誓就职，发表《三民主义之立法精义与立法方针》演讲。

是年，发表《三民主义的连环性》。

1929年（民国十八年）51岁

1月　参加编遣会议。

3月18日　出席国民党三全大会，当选中央执行委员。

8月　参加国民党军队编遣实施会议，主张加紧编遣。

12月16日　发表《目前局势与处分汪精卫经过》，赞成永远开除汪精卫国民党党籍。

1930年（民国十九年）52岁

11月12日　在国民党三届四中全会上致开幕词，主张有条件地召开国民会议，反对制定约法。

1931 年（民国二十年）53 岁

1 月 13 日　就召集国民会议发表谈话，坚持不能制定约法。之后，与蒋介石等谈约法问题，不欢而散。

2 月 28 日　应蒋介石约请赴宴，被拘禁并被迫提出辞职。是为"约法之争"。

3 月 2 日　被国民党中常会免国民政府委员、立法院长本兼各职。

3 月 8 日　被软禁于南京原宅。

5 月 4 日　蒋介石来访，邀参加次日国民会议，拒之。

6 月 15 日　被三届五中全会选为中政会委员、国民政府委员，拒不就职。

9 月 21 日　了解"九一八"事变经过，提出与日本交涉等四条解决办法。

10 月 13 日　因粤方要求，获释。与蒋介石等在中山陵见面。次日由宁抵沪。拒绝蒋介石"合作"要求。

12 月 5 日　在粤四全大会致闭会词。被推为临时常务执委。领衔通电，促蒋介石下野并解除兵权。

12 月 28 日　在国民党四届一中全会上被推选为中执会常会、中政会常务、国民政府委员。并决定设立中央党部西南执行部等机构，被推主持一切。

12 月　严词拒绝日本特务土肥原贤二的拉拢。

1932 年（民国二十一年）54 岁

1 月 18 日　获知蒋汪实行合作，公开表示反对。

1 月 30 日　支持十九路军将士抗日，提出武装抗日四项要求。

8 月　由 1927 年后之演讲选编而成的《革命理论与革命工作》一书在上海出版。

10 月 13 日　发表《对国际联盟调查报告书意见》，批评调查团在日本侵略东北问题上的偏见。

是年，邹鲁等人联络各方反对蒋介石的军政势力，组成政治团体（一般人称为"新国民党"），与南京对立。自任领袖，以邹鲁为委员长，以抗日、"剿共"、反蒋为三项政治主张。

1933 年（民国二十二年）55 岁

1 月 5 日　发表对时局主张，力主抗日。

1 月 15 日　主编的《三民主义月刊》在广州出版。此为其晚年重要的宣传阵地。在创刊号上发表《三民主义与中国革命》。

3 月 15 日　发表《什么是我们的生路》，全面阐述抗日主张，反对"攘外安内"政策，提出"抗日重于剿共"口号。

9 月　在广州仲元学校内办"政治经济训练班"，培养干部，自任董事长。

11 月 22 日　福建事变发生，复电陈铭枢等，对闽变既表同情，又有批评，表明其不合作立场。

12 月 15 日　发表《对时局宣言》，对宁闽双方均有责难，坚持抗日、反对军阀统治、剿共三项政治主张，交提出八项具体主张。

是年，完成《革命过程中之几件史实》，记述 1925—1931 年间个人经历。

1934 年（民国二十三年）56 岁

1 月 22 日　致电南京国民政府，请停止追击十九路军。

4 月 20 日　在宋庆龄、何香凝等领衔发表的《中华人民对日作战基本纲领》（《抗日救国六大纲领》）上签名。

10 月 15 日　发表《为五全大会告同志》，反对召开五全大会。

12 月 8 日　孙科、王宠惠为宁粤合作事来访，托带信给蒋介石，表明立场。

1935 年（民国二十四年）57 岁

1 月 9 日　派刘芦隐到上海，与王宠惠、孙科等会商宁粤合作。

3 月 2 日　与土肥原贤二谈中日关系，批评日本的侵华政策。

6 月 9 日　乘船离香港赴西欧，此行先后经过意大利、法国、瑞士、新加坡等地。

12 月 7 日　在国民党五届一中全会上被推为中央常委、常务委员会主席。

12 月 20 日　孔祥熙受蒋介石之命，寄款四万元为旅费。谢绝之。

12 月 29 日　自法国里昂启程归国。

1936 年（民国二十五年）58 岁

1 月 19 日　归抵香港，受到南京政府代表及西南军政大员的欢迎。至广州后发表"对于党与政府之希望"的演讲。

2 月 3 日　出席西南执行部会议，讲述整理党务计划及今后实施方针。

2 月 20 日　日本大将松井石根来访，以大亚细亚主义为侵华张目。严斥之，并将言论整理成《大亚细亚主义与抗日》发表。

2 月 22 日　对记者谈话，称决定不北上与蒋介石合作。

5 月 9 日　应邀去陈融家赴宴，晚餐后下棋，忽患脑溢血。自知将不起，口授遗嘱，称"确信三民主义为唯一救国主义"。

5 月 12 日　逝于广州。

6 月 17 日　国民政府明令褒奖国葬。后葬于广东番禺的龙眼洞狮岭斗文塱。

中国近代思想家文库

丁文江卷	宋广波　编
钱玄同卷	张荣华　编
张君劢卷	翁贺凯　编
赵紫宸卷	赵晓阳　编
李大钊卷	杨琥　编
李达卷	宋俭、宋镜明　编
张慰慈卷	李源　编
晏阳初卷	宋恩荣　编
陶行知卷	余子侠　编
戴季陶卷	桑兵、朱凤林　编
胡适卷	耿云志　编
郭沫若卷	谢保成、魏红珊、潘素龙　编
卢作孚卷	王果　编
汤用彤卷	汤一介、赵建永　编
吴耀宗卷	赵晓阳　编
顾颉刚卷	顾潮　编
张申府卷	雷颐　编
梁漱溟卷	梁培宽、王宗昱　编
恽代英卷	刘辉　编
金岳霖卷	王中江　编
冯友兰卷	李中华　编
傅斯年卷	欧阳哲生　编
罗家伦卷	张晓京　编
萧公权卷	张允起　编
常乃惪卷	查晓英　编
余家菊卷	余子侠、郑刚　编
瞿秋白卷	陈铁健　编
潘光旦卷	吕文浩　编
朱谦之卷	黄夏年　编
陶希圣卷	陈峰　编
钱端升卷	孙宏云　编
王亚南卷	夏明方、杨双利　编
黄文山卷	赵立彬　编

图书在版编目（CIP）数据

中国近代思想家文库. 胡汉民卷/陈红民，方勇编. —北京：中国人民大学出版社，2014.9

ISBN 978-7-300-19903-0

Ⅰ. ①中… Ⅱ. ①陈…②方… Ⅲ. ①思想史-研究-中国-近代②胡汉民（1879～1936）-思想评论 Ⅳ. ①B250.5

中国版本图书馆 CIP 数据核字（2014）第 207484 号

中国近代思想家文库
胡汉民卷
陈红民　方勇　编
Hu Hanmin Juan

出版发行	中国人民大学出版社			
社　址	北京中关村大街 31 号	**邮政编码**	100080	
电　话	010 - 62511242（总编室）	010 - 62511770（质管部）		
	010 - 82501766（邮购部）	010 - 62514148（门市部）		
	010 - 62515195（发行公司）	010 - 62515275（盗版举报）		
网　址	http：//www.crup.com.cn			
经　销	新华书店			
印　刷	涿州市星河印刷有限公司			
开　本	720 mm×1000 mm　1/16	**版　次**	2014 年 10 月第 1 版	
印　张	33 插页 1	**印　次**	2025 年 1 月第 3 次印刷	
字　数	531 000	**定　价**	102.00 元	